Die Berner Vorlesungen über
Theorie und Klinik der Psychoanalyse

Hannelore Wildbolz-Weber

Die Berner Vorlesungen
über
Theorie und Klinik
der
Psychoanalyse

Herausgegeben von Alexander Wildbolz

EditionSolo

Herausgeber: Alexander Wildbolz, Bern
Gestaltung Titelbild: Salvador Ubago, Genf
Gestaltung Buch und Satz: Heiner Rohner, Bern
Druck und Buchbindung: Alpina Druck GmbH, Innsbruck

1. Auflage   Druck 5 4 3 2 1   Jahr 2015 14 13 12 11
Alle Drucke dieser Auflage sind inhaltlich unverändert.

© 2011 EditionSolo und Alexander Wildbolz, Bern
Das Werk und seine Teile sind urheberrechtlich geschützt.
Jede Verwendung in anderen als den gesetzlich zugelassenen Fällen
bedarf deshalb der vorherigen schriftlichen Einwilligung des Verlags.

ISBN 978-3-9523374-3-1   bestellungen@freud-zentrum.ch

Inhalt

Vorwort ix
Préface x

Vorlesungen
    I. Einführung in die Psychoanalyse I 1
        Einleitung 1
        100 Jahre Psychoanalyse: 1895–1995 1
        Drei klinische Beispiele 3
    II. Einführung in die Psychoanalyse II 7
        Zur Person Freuds und der psychoanalytischen Bewegung 7
        Hauptentwicklungslinien der Freud'schen Theoriebildung 9
    III. Zur Geschichte der Psychoanalyse 15
        Die Anfänge einer informellen Gruppe 16
        Weitere Entwicklungen 17
        Zur Entwicklung in der Schweiz 20
    IV. Die Indikation zur Psychoanalyse 21
        Historisches 22
        Einzelne Themen zur Indikationsstellung 24
    V. Zur psychoanalytischen Technik 28
        Grundsätzliches zur Entwicklung der Technik 28
        Zur Interpretation 29
    VI. Die psychoanalytische Situation und der psychoanalytische Prozess 35
        Der psychoanalytische Rahmen 35
        Der psychoanalytische Prozess 36
    VII. Der Widerstand 42
        Klinische Erscheinungsbilder des Widerstands 42
        Die Entwicklung des Widerstands im Werk Freuds 45
        Die Technik der Widerstandsanalyse 46
        Zusammenfassung Widerstandsanalyse 49
    VIII. Übertragung und Gegenübertragung 50
        Zur Übertragung 50
        Die Entdeckung der Übertragung durch Freud 52
        Zur Gegenübertragung 53
        Die Gegenübertragung bei Freud 54
    IX. Zum Begriff der Identifizierung 55
        Die Inkorporation oder Einverleibung 55
        Die primäre Identifizierung 56
        Die Introjektion 56
        Die narzisstische oder depressive Identifizierung 57
        Die sekundäre Identifizierung (eigentliche Identifizierung) 57
        Die Internalisierung oder Verinnerlichung 58
        Die Identifizierung mit dem Angreifer 59
    X. Die projektive Identifizierung 60
        Die pathologische projektive Identifizierung 62
        Der Begriff der Projektion bei Freud 62
    XI. Der Ödipuskomplex heute 65
        Der Ödipusmythos 65
        Der Ödipuskomplex im Freud'schen Werk 66
        Der Ödipuskomplex heute 68

- XII. Die klassische Traumtheorie ... 71
  - Der Irma-Traum ... 71
  - Die Traumdeutung ... 73
  - Spätere Ergänzungen zur Traumlehre ... 78
- XIII. Der Traum jenseits der Wunscherfüllung ... 80
  - Weitere Autoren zur Bedeutung des Traumes ... 81
  - Der Traum – woher, wohin oder wozu? ... 82
  - Ein ungelöster Traum ... 83
- XIV. Stufen der Sexualorganisation ... 85
  - Die orale Phase ... 85
  - Die anale Phase ... 86
  - Die phallische Phase ... 87
  - Die Latenz ... 87
  - Die Genitalität ... 89
  - Bemerkungen zur Entwicklungsstörung – Fixierung und Regression ... 89
- XV. Die Trieblehre ... 90
  - Historisches ... 90
  - Der Triebbegriff ... 90
  - Die 1. Triebtheorie: Selbsterhaltungs- und Sexualtriebe ... 91
  - Die 2. Triebtheorie: Lebens- und Todestrieb ... 92
  - Der Todestrieb in der psychoanalytischen Theorie ... 92
  - Triebschicksale ... 95
- XVI. Zum Masochismus ... 98
  - Theoretische Überlegungen ... 99
- XVII. Metapsychologie I ... 103
  - Historisches ... 103
  - Zur Bedeutung der Begriffe *unbewusst* und *vorbewusst* bei Freud ... 104
  - Freuds Begründung der Annahme unbewusster Prozesse ... 105
  - Das 1. topische Modell: Ubw - Vbw - Bw ... 107
- XVIII. Metapsychologie II ... 111
  - Das 2. topische Modell: Es - Ich - Über-Ich ... 111
- XIX. Die negative psychische Arbeit ... 119
  - Die destruktive Seite der negativen psychischen Arbeit ... 119
  - Die konstruktive Seite der negativen psychischen Arbeit ... 121
- XX. Die negative therapeutische Reaktion ... 124
  - Die negative therapeutische Reaktion bei Freud ... 124
  - Einige Beiträge zur negativen therapeutischen Reaktion nach Freud ... 125
  - Zusammenfassung negative therapeutische Reaktion ... 132
- XXI. Die Bedeutung der Angst in der Psychoanalyse ... 133
  - Die 1. Angsttheorie ... 133
  - Die 2. Angsttheorie ... 136
  - Zusammenfassende Schlussbemerkungen ... 138
- XXII. Neurosen ... 140
  - Die Abtrennung der Aktualneurosen von den Psychoneurosen ... 140
  - Das Verständnis der Neurose im Rahmen der Verführungstheorie ... 141
  - Das Verständnis der Neurose im Lichte der ödipalen Konflikte ... 141
  - Strukturtheoretische Neurosemodelle ... 142
- XXIII. Perversion ... 147
- XXIV. Depression und Manie ... 153
  - Das klinische Bild der manisch-depressiven Persönlichkeit ... 153
  - Der Beitrag Freuds ... 154

	Der Beitrag Karl Abrahams	157
	Der Beitrag Melanie Kleins	158
	Der Beitrag von Pierre Marty	159
	Der Beitrag von Edith Jacobson	159
XXV.	Psychotische Zustände I	164
	Der Beitrag von Marguerite Sechehaye zur Behandlung der Schizophrenie	164
	Freud und der Begriff der Schizophrenie	166
	Beiträge moderner Psychoanalytiker zum Verständnis der Psychose	167
XXVI.	Psychotische Zustände II	172
	Der Beitrag von Melanie Klein	172
	Der Beitrag von Hanna Segal	173
	Der Beitrag von Herbert Alexander Rosenfeld	174
	Der Beitrag von Wilfred Ruprecht Bion	175
	Der Beitrag von Marion Milner	176
	Der Beitrag von Gisela Pankow	176
	Der Beitrag von Frieda Fromm-Reichmann	177
	Der Beitrag von Harold F. Searles	178
	Der Beitrag von Gaetano Benedetti	178
XXVII.	Drogensucht	179
	Kleine Literatur-Übersicht	179
	Freud und die Sucht	181
	Drogensucht und emotionale Störungen	182
	Transitionale und autistische Phänomene bei süchtigem Verhalten	183
	Zur Psychodynamik der Drogensucht	183
XXVIII.	Das Problem der Psychosomatik I	187
	Die Charakterneurose	187
	Der Reizschutz	189
	Die Multiplizität der desorganisierenden Ereignisse	190
	Die wichtigsten Begriffe des Psychosomatik-Konzepts von Pierre Marty	190
XXIX.	Das Problem der Psychosomatik II	193
	Der Beitrag Freuds	193
	Der Beitrag Groddecks	193
	Der Beitrag der amerikanischen Schule	194
XXX.	Aus Freuds klinischen Schriften: Der Fall Dora I	199
	Die Krankengeschichte der Dora	199
XXXI.	Aus Freuds klinischen Schriften: Der Fall Dora II	207
	Der erste Traum	207
	Der zweite Traum	210
	Kritische Bemerkungen	212
	Doras weiteres Schicksal	212
XXXII.	Aus Freuds klinischen Schriften: Der Wolfsmann	214
	Der erste Kontakt mit Freud	214
	Zum familiären Hintergrund	215
	Zum Rahmen der Behandlungen	215
	Zur Krankheitsgeschichte	216
	Der Wolfstraum und die Urszene	217
XXXIII.	Die Weiblichkeit heute I	220
	Freuds Ansichten über die Weiblichkeit	220
	Freud bestätigende psychoanalytische Ansichten über die Weiblichkeit	221
	Freud widersprechende psychoanalytische Ansichten über die Weiblichkeit	222
	Zeitgenössische psychoanalytische Beiträge: Roiphe und Galenson	223

XXXIV. Die Weiblichkeit heute II	227
Die weiblichen Schuldgefühle	227
Die Bedeutung des Penisneides bei der Frau	230
Über die weibliche Homosexualität	233
XXXV. Separations- und Individuationsprozesse	238
Trennungsangst und Objektverlust bei Freud	239
Postfreudianische Autoren zu Trennungsangst und Objektverlust	240
Zur Trennungsangst am Ende der Analyse	241
XXXVI. Zur Kinderanalyse I	242
Der äussere Rahmen der Behandlung	242
Ausdrucksweisen des Kindes	244
XXXVII. Zur Kinderanalyse II	248
Die Übertragung	248
Die Deutung	249
Einschränkungen	250
Körperlicher Kontakt und Befriedigung	251
XXXVIII. Das psychische Trauma	254
Die Entwicklung des Trauma-Begriffs bei Freud	255
Das kumulative Trauma	257
Die sequentielle Traumatisierung	259
XXXIX. Sexueller Missbrauch	261
Ein Fallbeispiel	261
Residualphänomene nach elterlichem sexuellem Missbrauch	262
Zur Therapie in der Kindheit missbrauchter erwachsener Patienten	264
XL. Zur Latenz	266
Freud und die Latenz	266
Der Beitrag von Sarnoff zur Entwicklung in der Latenz	266
Der Beitrag von Melanie Klein	269
XLI. Zur Adoleszenz	273
Zur normalen Adoleszenz	273
Trieb- und Gefühlskonflikte in der Adoleszenz	274
Der Psychoanalytiker, der Körper und der Adoleszente	276
Die Integration der eigenen Adoleszenz des Psychoanalytikers	276
XLII. Zur Termination der Psychoanalyse	278
Das Ende der Analyse bei Freud	278
Terminationsmodelle nach der Zeit Freuds	278
Zur Analyse der Trauer während der Termination	279
Indikatoren der Termination	280
XLIII. Psychoanalytische Supervision	283
Klinisches Beispiel	283
Zur Geschichte der Supervision	285
Zur Technik der Supervision	286
Der Lernprozess des Supervisanden	287
Nachwort	289
Literatur	290
Personen	298
Stichworte	301

Vorwort

Die 43 Vorlesungen der 2009 im Alter von 66 Jahren viel zu früh verstorbenen Hannelore Wildbolz-Weber, Ausbildungsanalytikerin der SGPsa und Gründungsmitglied der Psychoanalytischen Arbeitsgruppe Bern und des daraus hervorgegangenen Sigmund-Freud-Zentrums Bern, entstanden allmählich im Rahmen eines Lehrauftrags der Medizinischen Fakultät der Universität Bern in den Jahren 1996 bis 2008. Sie richteten sich an Assistenzärztinnen und Assistenzärzte der Psychiatrie, wurden aber auch von jungen Psychologinnen und Psychologen und Studierenden rege besucht.

In lebendiger, allgemeinverständlicher Sprache, mit vielen klinischen Beispielen und zahlreichen Literaturhinweisen vermitteln die Berner Vorlesungen über Theorie und Klinik der Psychoanalyse auch einem weiteren interessierten Publikum ein reiches Wissen, das praktisch das ganze Gebiet der Psychoanalyse in ihrer zeitlosen Aktualität berührt. Hannelore Wildbolz geht dabei immer von Freud aus, berücksichtigt aber auch wichtige Postfreudianer bis in unsere Zeit hinein. Für ausgebildete Psychoanalytikerinnen und Psychoanalytiker sind diese Vorlesungen ein ausgezeichnetes Repetitorium.

Meine redaktionelle Überarbeitung wurde von einem ganzen Team von Kolleginnen und Kollegen unterstützt: An der Korrektur einer letzten Fassung beteiligten sich freundlicherweise Ernst Abelin, Elisabeth Aebi Schneider, Renata Sgier Büsser, Mechtild Dahinden, Christine Gautschi Zuppinger, Lucia Pinschewer und Anna Wyler von Ballmoos, alles Mitglieder des Sigmund-Freud-Zentrums Bern. Kaspar Weber, dem Doyen der Psychoanalyse in Bern, gebührt besonderer Dank für seine Unterstützung des Projekts mit einem namhaften Betrag aus der Blum-Zulliger-Stiftung. Ohne die grosse praktische Hilfe von Heiner Rohner und Marie-Louise Käsermann wäre das Vorhaben kaum realisierbar geworden – auch ihnen gilt mein herzlicher Dank.

Das Geleitwort von Nicolas de Coulon, Präsident der Schweizerischen Gesellschaft für Psychoanalyse SGPsa, habe ich in der französischen Originalfassung belassen, weil das sowohl die Mehrsprachigkeit der Schweiz, der SGPsa wie auch der meisten Psychoanalytiker ausdrückt, die in Bern an der Schnittstelle verschiedener Kulturen tätig sind.

Für das Nachwort danke ich Renata Sgier Büsser, Präsidentin des Sigmund-Freud-Zentrums Bern – der Text basiert auf ihrem Nachruf für Hanni Wildbolz im Bulletin der SGPsa vom Herbst 2009.

Salvador Ubago, dem in Genf lebenden spanischen Kunstmaler und langjährigen Freund der Familie Wildbolz, verdanke ich die witzige, auf den ersten Blick vielleicht etwas enigmatische Gestaltung des Buchumschlags – das kleine Geheimnis dürfte aber auch für Nicht-Psychoanalytiker unschwer zu lüften sein ...

Ich zweifle nicht daran, dass die Berner Vorlesungen ein breites Publikumsinteresse und weiterhin eine glückliche Verwendung im Unterricht finden werden!

Alexander Wildbolz, Ausbildungsanalytiker SGPsa, Herausgeber

Préface

C'est avec un grand plaisir que je peux recommander la lecture du livre que vous tenez entre les mains. En tant que président de la Société Suisse de Psychanalyse, je salue l'édition de ces leçons de psychanalyse bernoises qui ne sont pas sans rappeler la collection du même nom, prononcée puis écrite par Freud. Voici donc de «nouvelles» conférences pour nous familiariser avec l'inconscient et le psychisme.

Comme moi, tous les psychanalystes qui ont connu l'auteure, Hannelore Wildbolz-Weber, pourront vous dire à quel point elle a été appréciée dans son travail, sa fonction et ses présentations. Elle a particulièrement brillé dans l'enseignement et c'est une chance que nous devons à son mari, Alexandre Wildbolz, d'avoir maintenant à disposition les cours qu'elle donnait à la Faculté de Médecine de l'Université de Bern.

Comme vous le verrez, il s'agit d'un alliage extrêmement stimulant de théorie, de base tout d'abord puis plus sophistiquée, et d'exemples cliniques qui ne peuvent qu'encourager à pousser la lecture plus loin. Elle donne envie de poursuivre avec d'autres auteurs, d'ailleurs abondamment cités dans la bibliographie, de relire Freud et peut-être même de s'aventurer sur le divan d'un ou d'une collègue ou élève de la regrettée Hannelore.

Bonne lecture!

Nicolas de Coulon, président da la Société Suisse de Psychanalyse

Vorlesung I

Einführung in die Psychoanalyse I

I. Einleitung

Liebe Kolleginnen und Kollegen! Ich begrüsse Sie zum Vorlesungs-Zyklus *Theorie und Klinik der Psychoanalyse*, der sich über mindestens drei Jahre hinziehen wird. Mit einer Einführung in die Psychoanalyse möchte ich Ihnen heute zunächst einmal einen gewissen Einblick und Überblick vermitteln, um in den folgenden Vorlesungen einzelne Themen und Gebiete zu vertiefen. Diese Vorlesungen konnten 1996 aufgrund einer Initiative von Herrn Prof. Dr. med. et phil. Hans Dieter Brenner, der bei der Medizinischen Fakultät der Universität Bern mit Erfolg einen Lehrauftrag für Psychoanalyse beantragt hatte, realisiert werden – ich danke ihm herzlich für sein Engagement und freue mich auf die Zusammenarbeit mit Ihnen!

Mein Anliegen ist, die psychoanalytische Theorie und Klinik möglichst nahe an Ihre praktische Arbeit mit dem Patienten in der Institution heranzubringen. So werde ich, ausgehend von der psychiatrischen Diagnostik, wie z.B. Psychose, Perversion, manisch-depressive Erkrankung, Drogensucht, psychosomatische Störungen oder Neurosen, das psychoanalytische Verständnis dieser Krankheitsbilder aufzeigen. Dabei werde ich mit den Schriften von Freud beginnen, aber ebenfalls die Beiträge der Postfreudianer berücksichtigen, vor allem auch diejenigen der «modernen Psychoanalytiker». Ich werde mich bemühen, klinische Beispiele zu bringen, aus welchen sich die Theorie lebendig und erlebnisnahe ableiten lässt. Sie sollen immer Gelegenheit haben, Fragen zu stellen und zu diskutieren. Zusätzlich werde ich Ihnen ausführliche Literaturangaben machen – für eine rasche Begriffsklärung wird Ihnen *Das Vokabular der Psychoanalyse* von Jean Laplanche und Jean-Bertrand Pontalis (1973) eine weitere fortwährende Hilfe sein, für eine Vertiefung vielleicht auch die ausgezeichnet kommentierte *Studienausgabe* oder gar die Gesamtausgabe *Gesammelte Werke Sigmund Freuds*.

Wenn ich über die Freud'sche Psychoanalyse spreche, ist es nicht meine Absicht, Sie mit einer angeblich «starren Doktrin» zu langweilen. Vielmehr möchte ich Ihnen etwas von der Ambiance der Psychoanalyse in Vergangenheit und Gegenwart vermitteln, von ihrer Lebendigkeit, Beweglichkeit und Komplexität, von ihrer Entwicklung, einschliesslich verschiedener Schulmeinungen und Kontroversen. Dabei werde ich den Akzent auf die klinische Psychoanalyse, die klinische Arbeit setzen und Sie schon heute mit drei klinischen Vignetten in die Werkstatt des Psychoanalytikers begleiten, in der Hoffnung, dass Sie sich in der anschliessenden Diskussion mit Ihren Einfällen und Ihrer eigenen Erfahrung mit Patienten rege beteiligen werden.

Die Klinik stellt meines Erachtens den Kernpunkt der Psychoanalyse dar, hat doch Freud alle seine theoretischen Entdeckungen in täglicher Kleinarbeit mit den Patienten gemacht. Die klinische Arbeit ist der Ort, wo die Psychoanalyse lebt, wo ihr Puls unmittelbar fühlbar ist, wo sie sich weiter entwickelt. Es ist die Klinik, aus welcher die Theorie entspringt und nicht umgekehrt. In der Klinik müssen und können wir auch die Theorie ständig neu entdecken.

II. 100 Jahre Psychoanalyse: 1895–1995

Wie alt ist die Psychoanalyse? Die Frage ist gar nicht so leicht zu beantworten[1]. Viele Autoren beziehen sich auf das «Urbuch der Psychoanalyse», auf die *Studien über Hysterie* von Josef Breuer und Sigmund Freud (1895d), die eine Art *Geburtsakt* der psychoanalytischen theoretischen Entwicklung darstellen.

Vergessen wir nicht, dass wir alle eine *Herkunft* brauchen, die wir weitergeben können. Alle benötigen wir Eltern, von denen wir abstammen, um selbst Eltern werden zu können. Wer das leugnen sollte, befände sich in der Neorealität der Psychose, betröge sich mit dem Phantasmus des *auto-engendrement*, wäre wie *le génie des origines* – so nennt Paul-Claude Racamier (1992) eine besondere Art von Grössenphantasie bei psychotischen

---

[1] vgl. unsere Vorlesung *Zur Geschichte der Psychoanalyse*

Patienten, die Phantasie, aus sich selbst gezeugt und geboren zu sein; wir werden bei der Psychose darauf zurückkommen.

Auch in der Psychotherapie, welcher Richtung auch immer sie ist, brauchen wir eine Herkunft, eine psychotherapeutische Tradition und Kultur. Und bei jeder Form von Psychotherapie ist die Psychoanalyse massgeblich beteiligt. Das gilt ebenfalls für die Verhaltenstherapie, könnte doch der Text Freuds *Wege der psychoanalytischen Therapie* (1919a [1918]), der die Reizüberflutung gewisser Agoraphobiker vorwegnimmt, aus der Feder eines Verhaltenstherapeuten stammen. Freud sagte humorvoll, dass die meisten Psychotherapie-Richtungen ihr Süppchen am selben Feuer kochen, nämlich an dem der Psychoanalyse.

Die Psychoanalyse hat heute eine über 100jährige Tradition, wenn wir als ihren Beginn die 1895 veröffentlichten «Studien über Hysterie» nehmen. In dieser Schrift offenbart sich eine bis dahin unbekannte Qualität des Sehens und Hörens, diejenige des psychoanalytischen, eine neue Betrachtungsweise der Arzt-Patienten-Beziehung und eine neue Form der Falldarstellung. In ihr zeigt sich die Entwicklung der Vorläufer psychoanalytischer Theorie und Technik. Deshalb möchte ich nun kurz bei der Hysterie (der Krankheitsbegriff geht auf Hippokrates zurück) verweilen:

Im Sommer 1893 starb der grosse französische Neuropathologe *Jean-Martin Charcot*, an dessen Pariser Klinik *La Salpêtrière* Sigmund Freud noch nicht 30jährig 1885/86 einige Monate hospitiert und die neuartigen Hysterieforschungen des Meisters kennen gelernt hatte – eine Begegnung, die in seiner eigenen intellektuellen Entwicklung den Übergang von der Neuropathologie zur Psychopathologie bewirkte. In seinem Nachruf auf Charcot beschreibt Freud (1893f), wie kraft der Autorität Charcots die Hysterie mit einem Schlage in den Brennpunkt der allgemeinen Aufmerksamkeit gelangte. Freud stellt aber auch fest, dass Charcot nicht den Weg zur Aufklärung der Hysterie beschritt, obwohl es ihm phänomenologisch erstmals gelang, auch bei Männern eine hysterische Erkrankung darzustellen und bei hypnotisierten Patienten hysterische Lähmungen zu erzeugen. Erst Charcots Schüler *Janet* und *Breuer* knüpften an dessen klinische Forschung an, um eine Theorie der Neurose zu entwerfen. Breuer und Freud veröffentlichen 1893 eine vorläufige Mitteilung mit dem Titel *Über den psychischen Mechanismus hysterischer Phänomene. Vorläufige Mitteilung* (1893a), woraus dann 1895 die *Studien über Hysterie* wurden. Die in dieser Schrift vorgestellte gemeinsame Theorie besagt, dass hysterische Symptome entstehen, wenn der Affekt eines stark aktiv besetzten seelischen Vorgangs von der normalen bewussten Verarbeitung abgedrängt und somit auf eine falsche Bahn gewiesen wird. Der Affekt geht dann im Falle der Hysterie in ungewöhnliche Körper-Innervationen über (*Konversion*), kann aber durch Auffrischung des Erlebnisses in Hypnose anders gelenkt und erledigt werden (abreagiert). Die Autoren nannten ihr Verfahren *Katharsis* (*Reinigung, Befreiung vom «eingeklemmten» Affekt*).

Die Konversion beinhaltet eine ökonomische Konzeption: Die von der verdrängten sexuellen Vorstellung abgetrennte Libido (*Affekt*) wird in *Innervationsenergie* umgewandelt. Wichtig ist hier, dass das hysterische Symptom eine symbolische Bedeutung hat, einen Sinn, im Gegensatz zum psychosomatischen Symptom[2], welches nach moderner Auffassung «sinnlos», nicht symbolischer Natur ist. Das hysterische Symptom drückt verdrängte Vorstellungen durch Konversion über den Körper aus. Mit der Entdeckung der psychischen Ätiologie der Hysterie gehen Hauptentdeckungen der Psychoanalyse einher, wie die Entdeckung des Unbewussten, der unbewussten Phantasie, des Abwehrkonflikts und der Verdrängung, der Identifizierung, der Übertragung und Gegenübertragung.

Breuer, 14 Jahre älter als Freud, führte 1880–82 die erste psychotherapeutische Behandlung einer hysterischen Patientin, Anna O. durch (1895d, GW I und GW Nachtrag). Anna O. ist das Pseudonym für Bertha Pappenheim, die als eigentliche Entdeckerin der *talking cure* gilt, welche sie auch *chimmney sweeping* nannte. Diese erste hysterische Patientin blieb Breuers letzte, aufgrund seiner Probleme mit Übertragung und Gegenübertragung, worüber damals noch nichts bekannt war. Freud hingegen entwickelte, ausgehend von der Hypnose- und Beobachtungstechnik über die Konzentrations- oder Drucktechnik immer mehr die Technik des Zuhörens. Diese stellt den eigentlichen Anfang der heutigen psychoanalytischen Methode dar. Zuhören und Sprechen sind die Grundvoraussetzungen für das Entstehen eines psychoanalytischen Prozesses. Die ständige Interaktion zwischen Analysand[3] und Analytiker erfolgt im Rahmen der *Grundregel* und der *gleichschwebenden Aufmerksamkeit*: Der Analysand soll alles aussprechen, was ihm durch den Kopf geht, der Analytiker alles ohne zu fokussieren aufnehmen. Das

---

2 vgl. unsere Vorlesungen *Das Problem der Psychosomatik I* und *II*
3 Ich verwende den Begriff *Analysand*, der sich seit langem eingebürgert hat – dass heisst aber keineswegs, dass der zu *Analysierende* nicht sehr aktiv am Vorgang beteiligt ist!

Wort, die Sprache traten ins Zentrum, die Semantik, Metapher und Metonymie. Freud hat die Kunst des Zuhörens erfunden, des Zuhörens mit dem *dritten Ohr* oder dem *analytischen Ohr*, wie man heute oft sagt. Das bedeutet auch, dass der Analytiker seine eigene Innenwelt mit derjenigen eines psychisch leidenden Menschen in Berührung kommen lassen, die Begegnung zweier Unbewusster zulassen muss.

Freud betrachtete die Patientinnen Anna O., Emmy v. N., Lucy R., Katharina und Elisabeth von R. als die fünf Hauptprotagonistinnen, welche ihm zur Entdeckung der psychoanalytischen Methode verhalfen; dabei fiel ihm in seinem Forschungsdrang jenes Zuhören offenbar nicht immer leicht: Emmy v. N. beschwerte sich wiederholt (z.B. 1895d, GW I, 108), er solle nicht immer fragen, woher das und jenes komme, sondern sie erzählen lassen, was sie ihm zu erzählen habe – das zeigte sich in einer Art *Schutzformel*, wie Freud es nannte: «Seien Sie still! – Reden Sie nichts! - Rühren Sie mich nicht an!»

III. Drei klinische Beispiele

Anhand dreier klinischer Beispiele will ich nun versuchen, Sie die Atmosphäre einer analytischen Situation miterleben zu lassen, von damals wie von heute. Zuerst bringe ich Ihnen einen Ausschnitt der Behandlung von *Katharina* aus Freuds *Studien über Hysterie* (1895d, GW I, 184–195), also einen Fall aus jener Pionierzeit der Psychoanalyse. Dem folgt eine Fallvignette des zeitgenössischen Genfer Psychoanalytikers *André Haynal* (1995) mit dem Titel *Die Geschichte meiner Krawatte … (und was sich daraus ergibt)*. Schliesslich betrachten wir das mit *Mont Blanc* überschriebene Fallbeispiel eines anderen Genfer Psychoanalytikers unserer Zeit, *Nicos Nicolaïdis* (1984), mit dem ich moderne Techniken demonstrieren möchte, welche uns heute erlauben, Borderline-Patienten mit der klassischen Psychoanalyse zu behandeln.

1. *Katharina*

Der schriftliche Text dieser an einem aussergewöhnlichen Ort und zufällig stattfindenden psychoanalytischen Sitzung mit einer hysterischen 18jährigen Frau liest sich wie eine Novelle. Freud befand sich um das Jahr 1895 in den Ferien und machte einen Ausflug in die Hohen Tauern, um wie er schreibt für eine Weile die Medizin und besonders die Neurosen zu vergessen. Als er nach einer anstrengenden Wanderung den erstrebten 2000 Meter hohen Gipfel erklommen hatte, setzte er sich um auszuruhen und versank in die Betrachtung der schönen Fernsicht, als unvermutet eine junge Frau fragen hörte: «Ist der Herr ein Doktor?» Es stellte sich heraus, dass die Frau Katharina war, die Nichte der Wirtin des Gasthauses, wo er vorher eingekehrt war. Katharina erzählte ihm, dass sie nervenkrank sei und erbat sich von Freud ein bisschen Zeit, ihr zuzuhören und zu helfen. Nun entspann sich folgender Dialog:

Freud: «An was leiden Sie denn?»

Katharina: «Ich hab' so Atemnot, nicht immer, aber manchmal packt's mich so, dass ich glaube, ich erstick'.»

Freud: «Setzen Sie sich her, beschreiben Sie mir's, wie ist denn so ein Zustand von ‹Atemnot›?»

Katharina: «Es kommt plötzlich über mich. Dann legt's sich zuerst wie ein Druck auf meine Augen, der Kopf wird so schwer und sausen tut's, nicht auszuhalten, und schwindlich bin ich, dass ich glaub' ich fall' um, und dann presst's mir die Brust zusammen, dass ich keinen Atem krieg'.»

Freud: «Und im Halse spüren Sie nichts?»

Katharina: «Den Hals schnürt's mir zusammen, als ob ich ersticken sollt'!»

Freud: «Und tut es sonst noch was im Kopfe?»

Katharina: «Ja, hämmern tut es zum Zerspringen.»

Freud: «Ja, und fürchten Sie sich gar nicht dabei?»

Katharina: «Ich glaub' immer, jetzt muss ich sterben, und ich bin sonst couragiert, ich geh' überall allein hin, in den Keller und hinunter über den ganzen Berg, aber wenn so ein Tag ist, an dem ich das hab', dann trau' ich mich nirgends hin, ich glaub' immer, es steht jemand hinter mir und packt mich plötzlich an.»

Freud: «Denken Sie was, immer dasselbe oder sehen Sie was vor sich, wenn Sie den Anfall haben?»

Katharina: «Ja, so ein grausliches Gesicht seh' ich immer dabei, das mich so schrecklich anschaut, vor dem fürcht' ich mich dann.»

Freud: «Erkennen Sie das Gesicht? Ich mein', ist das ein Gesicht, was Sie einmal wirklich gesehen haben?»

Katharina: «Nein.»

Freud: «Wissen Sie woher Sie die Anfälle haben?»

Katharina: «Nein.»

Freud: «Wann haben Sie die denn zuerst bekommen?»

Katharina: «Zuerst vor zwei Jahren, wie ich noch mit der Tant' auf dem andern Berg war, sie hat dort früher das Schutzhaus gehabt, jetzt sind wir seit eineinhalb Jahren hier, aber es kommt immer wieder.»

Freud fragt sich hier, ob er einen Versuch der Analyse machen sollte. Die Hypnose wagt er zwar nicht in diese Höhen zu verpflanzen, aber er denkt, dass es gelingen könnte, ein einfaches Gespräch zu führen.

Freud: «Wenn Sie's nicht wissen, will ich Ihnen sagen, wovon ich denke, dass Sie Ihre Anfälle bekommen haben. Sie haben einmal, damals vor zwei Jahren, etwas gesehen oder gehört, was Sie sehr geniert hat, was sie lieber nicht möchten gesehen haben.»

Katharina: «Jesses ja, ich hab' ja den Onkel bei dem Mädel erwischt, bei der Franziska, meiner Cousine!»

Freud: «Was ist das für eine Geschichte mit dem Mädel? Wollen Sie mir die nicht erzählen?»

Katharina: «Einem Doktor darf man ja alles sagen. Also wissen Sie, der Onkel, er war der Mann von meiner Tant', die Sie da gesehen haben, der hat damals mit der Tant' das Wirtshaus auf dem …kogel gehabt, jetzt sind sie geschieden, und ich bin schuld daran, dass sie geschieden sind, weil es durch mich aufgekommen ist, dass er's mit der Franziska hält.»

Freud: «Ja, wie sind Sie zu der Entdeckung gekommen?»

Katharina: «Das war so: Vor zwei Jahren sind einmal ein paar Herren heraufgekommen und haben zu essen verlangt. Die Tant' war nicht zu Haus und die Franziska war nirgends zu finden, die immer gekocht hat. Der Onkel war auch nicht zu finden. Wir suchen sie überall, da sagt der Bub, der Alois, mein Cousin: ‹Am End' ist die Franziska beim Vater.› Da haben wir beide gelacht, aber gedacht haben wir uns nichts Schlechtes dabei. Wir gehen zum Zimmer, wo der Onkel gewohnt hat, das ist zugesperrt. Das war mir aber auffällig. Sagt der Alois: ‹Am Gang ist ein Fenster, da kann man hineinschauen ins Zimmer.› Wir gehen auf den Gang. Aber der Alois mag nicht zum Fenster, er sagt, er fürcht' sich. Da sag ich: ‹Du dummer Bub, ich geh' hin, ich fürcht' mich gar nicht›. Ich habe auch gar nichts Arges im Sinne gehabt. Ich schau hinein, das Zimmer war ziemlich dunkel, aber da seh' ich den Onkel und die Franziska, und er liegt auf ihr.»

Freud: «Nun?»

Katharina: «Ich bin gleich weg vom Fenster, hab' mich an die Mauer angelehnt, hab' die Atemnot bekommen, die ich seitdem hab', Die Sinne sind mir vergangen, die Augen hat es mir zugedrückt und im Kopfe hat es gehämmert und gebraust.»

Freud: «Haben Sie's gleich am selben Tage der Tante gesagt?»

Katharina: «O nein, ich hab' nichts gesagt.»

Freud: «Warum sind Sie denn so erschrocken, wie Sie die Beiden beisammen gefunden haben? Haben Sie denn etwas verstanden? Haben Sie sich etwas gedacht, was da geschieht?»

Katharina: «O nein, ich hab' damals gar nichts verstanden, ich war erst 16 Jahre alt. Ich weiss nicht, worüber ich so erschrocken bin.»

Freud: «Fräulein Katharin', wenn Sie sich jetzt erinnern könnten, was damals in Ihnen vorgegangen ist, wie Sie den ersten Anfall bekommen haben, was Sie sich dabei gedacht haben, dann wäre Ihnen geholfen.»

In der Folge stellte sich heraus, dass das «grausliche Gesicht», dasjenige ihres Onkels war, des Mannes ihrer Tante. Nach dem Erlebnis blieb Katharina im Bett, hatte Schwindel und erbrach drei Tage lang.

Freud: «Wenn Sie drei Tage später erbrochen haben, so glaub' ich, Sie haben sich damals, wie Sie ins Zimmer hineingeschaut haben, geekelt.»

Katharina: «Ja, geekelt werd' ich mich schon haben, … aber wovor denn?»

Freud: «Sie haben vielleicht etwas Nacktes gesehen? Wie waren denn die beiden Personen im Zimmer?»

Katharina: «Es war zu finster, um was zu sehen und die waren ja beide angezogen (in Kleidern). Ja, wenn ich nur wüsste, wovor ich mich damals geekelt hab'.»

Dann beginnt Katharina zwei ältere Geschichten zu erzählen, die um zwei bis drei Jahre hinter dem traumatischen Moment zurückliegen. Die erste enthält Anlässe, bei denen derselbe Onkel ihr selbst sexuell nachgestellt hatte, als sie erst 14 Jahre alt war. Die zweite geht um ähnliche Beobachtungen bezüglich dieses Onkels und ihrer Kusine Franziska.

Freud deutet nun in für Katharina verständlicher Sprache, dass sie zwei Reihen von Erlebnissen mit sich herumgetragen habe, die sie erinnerte, aber vorerst nicht verstand. Beim Anblicke des koitierenden Paares jedoch stellte sie sofort die Verbindung mit diesen beiden Reihen von Reminiszenzen her und begann zu verstehen, gleichzeitig aber abzuwehren. Nach einer kurzen «Inkubationsperiode» stellten sich darauf die Konversionssymptome ein, das Erbrechen als Ersatz für den moralischen und physischen Ekel. Das Rätsel war also damit gelöst, sie hatte sich nicht vor dem Anblick der beiden geekelt, sondern vor der Erinnerung, die in ihr durch jenen Anblick geweckt wurde, und das konnte nur die Erinnerung an den nächtlichen Überfall sein, als sie «den Körper des Onkels spürte». Am Schluss seiner Arbeit enthüllt uns Freud in einer Fussnote von 1924, was er aus Diskretionsgründen 1895 verschwiegen hatte: Der Täter war nicht der Onkel, sondern der eigene Vater, und es war nicht die Tante, sondern die Mutter.

In seiner Darstellung, die auch als Muster eines Erstgespräches gilt (*Argelander*, 1976 und 1978), gibt uns Freud neben dem analytischen Dialog laufend seine metapsychologisch-theoretischen Überlegungen – Katharinas sexuelle Traumatisierung bestätigt seine damalige Verführungstheorie[4], nach welcher jede Hysterie durch reale Verführung in der Kindheit hervorgerufen wird. Aber er äussert sich in keiner Weise über die Übertragung und Gegenübertragung, welche heute für uns aus Dialog und Interaktion der beiden Protagonisten klar ersichtlich ist: Katharina konstelliert und wiederholt mit Freud unbewusst jene vergangene Verführungssituation, wobei sie Freud in die Rolle ihres Onkels/Vaters versetzt.

Eine Unterlassung Freuds? Nein, denn die Bedeutung der Übertragungs- und Gegenübertragungsphänomene war damals noch unbekannt. Und was die Metapsychologie[5] betrifft, kann man vielleicht sagen, dass moderne Psychoanalytiker im Unterschied zu Freud den Akzent weniger auf die Metapsychologie, sondern mehr auf die sogenannte *Metapsychoanalyse* (Flournoy, 1994) legen, das heisst auf die intersubjektive Ebene der beiden Akteure Analysand/Analytiker

2. *Die Geschichte meiner Krawatte ... (und was sich daraus ergibt)*

Es geht um die Darstellung einer *Verführungsepisode* im Rahmen einer Psychoanalyse mit vier wöchentlichen Sitzungen, berichtet 100 Jahre nach Freuds *Katharina* vom zeitgenössischen Genfer Analytiker *André Haynal* in seinem Buch *Psychoanalytische Erkenntnis* (1995, 19f):

Hyacyntha kommt im allgemeinen gegen Ende des Tages zu ihrer Analysestunde, zu einer der letzten also. An diesem Abend muss ich danach noch fortgehen, und ich empfange sie frisch rasiert, in einem dunklen Anzug mit einer etwas auffälligen Krawatte.

Sobald Hyacyntha eintritt, sagt sie: «Mir gefällt Ihre Krawatte nicht ... Ich verabscheue sie.»

Da mir gerade selbst in Bezug auf diese Krawatte Zweifel gekommen waren, denke ich: «Siehe da! Sie hat vielleicht recht! Vielleicht ist sie zu ...»

Sie assoziiert: «Sie sind nicht wie sonst. Ich habe den Eindruck, dass Sie nicht für mich da sind. Sie haben sich für jemanden anderen angezogen [...]. Sie sind nicht mein Vater, wenn Sie sich so anziehen. Er zog sich nie besonders an, es sei denn er ging aus.»

Ich meine, in diesem Augenblick gesagt zu haben: «Mit Ihrer Mutter.»

Und sie fährt fort: «Ja. Im übrigen wollte das heissen, dass er sich nicht für mich interessierte, sondern dass er mit jemandem anderen ausging. Sie werden auch mit jemand anderem ausgehen. Sie ziehen sich nicht für mich an. Mir wird klar, dass Sie ein anderes Leben ausserhalb unserer Analysestunden haben ...»

Als sie sagt, dass ich mich für jemanden anders angezogen habe, denke ich plötzlich: «Schliesslich kann sie doch gar nicht wissen, ob es für sie ist oder nicht.» Eleganter als üblich und frischer rasiert als normalerweise am Ende eines Tages – das ist eine Tatsache. Aber dass sie es unterstreicht: Das kommt ihr entgegen. Das kommt auch mir schliesslich entgegen: Das psychoanalytische Tabu verbietet mir ohnehin, eine Analysandin zu verführen, und «es kommt mir nicht in den Sinn» (bewusst) mich ihretwegen anzuziehen ... Wenn es sich hier aber um eine Realitätsebene handelt, ist es die Realität kurzum? ... Also höre ich mich sagen: «Was wissen Sie davon, ob es nicht für Sie ist?»

Es folgt ein langes Schweigen, dann sagt sie: «In der Tat ich weiss es nicht.»

Diese Art des Insistierens, der Verführung, lässt in mir schliesslich ein sehr unbehagliches Gefühl entstehen. Hängt dies mit einer ganzen Reihe von sehr grauen Analysestunden zusammen, in denen nichts geschah, in denen, nach mehreren Jahren Analyse, ohne Unterlass immer wieder von ihrer Homosexualität und der Suche nach einer Mutter gesprochen wird?

Ich fahre fort: «Sie haben mich als Mann wahrgenommen – ein sexualisierter Mann. Sie ertragen unseren Geschlechtsunterschied schlecht. Sie wünschen, dass wir gleich seien ...» Mir wird bewusst, dass dies nicht das erste Mal ist, dass sie auf mein Äusseres anspricht. Bereits einmal, auch während einer Freitagsstunde, war ich mit einem dunklen Anzug bekleidet, und sie hatte zu jener Zeit assoziiert: «Mir gefällt schwarz nicht», dann: «Sie haben sich zum Ausgehen angezogen, also werden Sie mir nicht zuhören.» Assoziationen über das Schwarze und das Verlassenwerden standen dann im Vordergrund.

Tatsächlich waren zu Beginn der Analysestunde mehrere Gedanken in mir aufgetaucht: Zunächst hatte ich mich gefragt, ob ich recht hatte, mich so anzuziehen, was dies für die Fortsetzung der Stunden bedeutete, die eine stets gleiche Grundleinwand darstellen sollten. Meine Krawatte war vielleicht ein wenig zu auffällig im grauen Herbst des Genfer Seenebels ... Dann persönliche Assoziationen: Tatsächlich würde meiner Frau diese Krawatte nicht gefallen, sie findet ja sowieso, dass ich mich nicht so anziehe, wie ich sollte, etc.

Schliesslich taucht eine Assoziation über ihren Vater auf – und ich bin zufrieden, dass wir nach einer langen Zeit homoerotischer und Mutter-Fixierung mit nicht endenden Forderungen an den Vater, davon abkommen.

In dieser «Krawattenstunde» erzählt die Patientin folgenden *Traum*: «Ein runder Tisch war vorhanden, Sie und ich. Zu Ihrer Linken, in der Mitte, sass Herr Roger. Personen D. und Z., die Sie gut kennen, die wirklich Ihre Freunde waren, die sehr gut von Ihnen sprachen, von Ihrem Privatleben und Ihren Ehen. Ein belebtes, freundschaftliches Gespräch. Und dann verblasste alles.»

---

4 vgl. unsere Vorlesungen *Sexueller Missbrauch* und *Zur Geschichte der Psychoanalyse*
5 vgl. unsere Vorlesungen *Metapsychologie I* und *II*

Zum Traum assoziiert die Patientin unter anderem, dass sie beginne, sich dem Analytiker zu nähern, und dass ihr dies angst mache, weil sie leiden werde.

Der Analytiker nimmt die Einzelheiten des Traumes wieder auf – einerseits Ehe und Scheidung, sowie den letzten Satz «dann verblasste alles». Er spricht ihren Wunsch nach Vertrautheit an und ihre Angst vor einer Zurückweisung. Die Patientin sagt, dass es genau dieses Klima sei, vor dem sie sich bewahren will, und spricht in der Folge von ihrem Vater, den Schwierigkeiten des Kontakts und Gesprächs mit ihm und schliesslich von seinem Hinscheiden. Der Analytiker deutet: «Vielleicht führt eine Annäherung zwischen uns beiden erneut zu einem Hinscheiden von jemandem – vielleicht zu meinem Tod.»

Dieses Fallbeispiel scheint mir den intersubjektiven Aspekt einer modernen Psychoanalyse sehr gut zu illustrieren!

3. Montblanc

Der zeitgenössische Genfer Psychoanalytiker *Nicos Nicolaïdis* (1984, 45ff) berichtet über die Behandlung einer Patientin mit narzisstischer, also prägenitaler Problematik. In seinem Buch *La représentation, Essai psychanalytique* befasst er sich besonders mit der psychoanalytischen Linguistik, wobei er sich bis zu einem gewissen Grad an *Jacques Lacan* anlehnt.

Eines Tages erzählt ihm seine Analysandin, sie habe von der Genfer Landschaft geträumt, in welcher aber der Montblanc fehlte.

In ihren Assoziationen dazu sagt sie, sie empfinde den Traum als etwas, das nicht zu ihr gehöre. Er sei nur eine Fabrikation der psychoanalytischen Theorie. Aus der bisherigen Analyse war die ungelöste Mutterbeziehung der Patientin bekannt. Der Analytiker versteht den Begriff *Montblanc*, der den berühmten Berg bezeichnet, aufgrund der akustischen Ähnlichkeit als *mon blanc*, was «meine weisse Stelle, Lücke» bedeutet, und fasst diese Lücke als leere weisse Stelle im psychischen Gewebe der Analysandin auf. In diesem Sinn deutet er seiner Analysandin die Leere, das Loch in der Beziehung zu ihrer Mutter in der frühen Kindheit.

Diese Leere ist eine doppelte: Einerseits bedingt durch das abwesende oder verlorene mütterliche Objekt, andererseits durch die Leere, das Fehlen der psychischen Vorstellung (Repräsentanz) dieses abwesenden mütterlichen Objektes. Diese doppelte Leere, das doppelte Weiss dient zur Abwehr einer frühen schmerzlichen Mutter-Erfahrung, deren Psychisierung, Symbolisierung oder Repräsentation misslungen ist. Die Leere der Leere ist eine doppelte Negativierung. Die unbewusste Aussage der Patientin lautet also: «In meiner Psyche fehlt die Vorstellung meiner leeren frühen Mutterbeziehung.»

Die Deutung des Analytikers, dass es sich bei diesem *mon blanc* um eine Leere in der Mutterbeziehung handle, erlaubt dann der Patientin Farbe, sprich Sinn, in dieses Weiss zu bringen: Plötzlich erinnert sie sich, dass ihre Mutter als ledig *Weissberg* hiess. In diesem Moment wird das Weiss, der «fehlende weisse Berg in der Genfer Landschaft» in ihrem Traum mit der abwesenden Mutter der frühen Kindheit verbunden, die Leere, das Weiss wird vorstellbar, benennbar, integrierbar und repräsentierbar, ein Symbol ist entstanden!

Dieses analytische Verständnis der Metapher *Montblanc* jener narzisstischen Patientin wäre zu Freuds Zeit nicht im Vordergrund gestanden – es ist Ergebnis einer langen Entwicklung der psychoanalytischen Technik; die Denkansätze Freuds zum Narzissmus wurden durch postfreudianische Psychoanalytiker vertieft und weiter ausgebaut zur modernen Narzissmus-Theorie. Die heutige Psychoanalyse hat die Bedeutung der *Arbeit des Negativen*[6] in der menschlichen Psyche erkannt, was vor allem der Avantgarde der französischen Psychoanalytiker um *André Green* (1993) zu verdanken ist. Durch solche wichtige postfreudianische Beiträge verfügen wir heute über neue Techniken in der psychoanalytischen Behandlung von Borderline-Patienten; das hat die Indikation zur klassischen Psychoanalyse erweitert.

---

6   vgl. unsere Vorlesung *Die negative psychische Arbeit*

Vorlesung II

Einführung in die Psychoanalyse II

Heute möchte einige Bemerkungen machen zur Person Freuds und der psychoanalytischen Bewegung. Dann will ich versuchen, einige Hauptentwicklungslinien der Freud'schen Theoriebildung für Sie zusammenfassend darzustellen.

I. Zur Person Freuds und der psychoanalytischen Bewegung

Sigmund Freud wurde am 6. Mai 1856 zu Freiberg in Mähren im Hause Schlossergasse 117 geboren. Er verstarb 83jährig am 23. September 1939 in London, Maresfield Gardens 20, nach 16jährigem Leiden an einer bösartigen Gaumen- und Kiefergeschwulst. Die Jahre vor seinem Tod, die letzten Jahre in Wien, waren überschattet durch die Ausbreitung des Nationalsozialismus. Drei Jahre nachdem ihm der Goethe-Preis der Stadt Frankfurt verliehen worden war, wurden bei der Bücherverbrennung von 1933 auch die Schriften Freuds verbrannt mit der vorausgehenden Ankündigung: «Gegen die seelenzerstörende Überschätzung des Sexuallebens – und für den Adel der menschlichen Seele – übergebe ich den Flammen die Schriften eines gewissen Sigmund Freud.» (Schur, 1982, 526) Das Jahr 1934 brachte die Flucht der letzten noch gebliebenen, vor allem jüdischen Psychoanalytiker aus Deutschland und die *Liquidierung* der Psychoanalyse im Deutschen Reich, «eine der wenigen Taten, die Hitler vollständig gelungen sind» (Jones, 1962, III, 222). Die Emigration der Analytiker erfolgte zu einem überwiegenden Teil nach England und in die Vereinigten Staaten. Von dort aus kam es dann zur Gründung verschiedener Schulen. Im Frühling 1937 griffen die politischen Unruhen auch auf Österreich über. Der Einmarsch der Nazis in Österreich am 11. März 1938 bedeutete für Freud das Zeichen zum Aufbruch. Es war nicht leicht, ihn zur Emigration zu bewegen. Es kam zu Hausdurchsuchungen, Beschlagnahmungen und Verhören von Sohn Martin und Tochter Anna Freud durch die Gestapo. Dank dem grossen Einsatz von Ernest Jones und Marie Bonaparte konnte Freud am 27. September 1938 nach London emigrieren, wo er an seinem letzten Werk, dem unvollendeten und heute 70 Seiten umfassenden *Abriss der Psychoanalyse* (1940a [1938]) weiter arbeitete bis zu seinem Tod im darauf folgenden Jahr. Die deutsche Trauerrede hielt Stefan Zweig, die englische Ernest Jones. Vier der hoch betagten Schwestern Freuds kamen in den Vernichtungslagern der Nazis ums Leben.

Der Name Freud ist eine Übersetzung des hebräischen Simcha (Freude), eine fromme Anspielung auf den Festtag Simchath Thorah (*Freude an der Lehre*). Freud hiess also auf hebräisch Schlomo Simcha, das heisst «der weise Mann, der sich an der Lehre freut», ein Name, wie man ihn sich passender und sinnvoller nicht denken kann (Jones, 1960, I, 18).

Freuds Entdeckung, dass der Hysterie unbewusste, verdrängte sexuelle Wünsche zugrunde liegen, fiel in die zweite Hälfte des 19. Jahrhunderts, in das bis zum Beginn des 1. Weltkrieg reichende *viktorianische Zeitalter*, ein Zeitalter der Sexualunterdrückung und puritanischen Sexualmoral, wo sogenannt «abnorm Veranlagte» gesetzlich verfolgt und mit Gefängnis bestraft wurden. Umso mehr muss man Freuds Unerschrockenheit bewundern, mit der er seine Funde vertrat und publizierte, wie z.B. seine Arbeiten *Zur Ätiologie der Hysterie* (1896c), die *Drei Abhandlungen zur Sexualtheorie* (1905d) und das *Bruchstück einer Hysterie-Analyse* (1905e [1901]). Er erntete dafür keine Lorbeeren, sondern vernichtende Kritik. Die *Drei Abhandlungen* fasste man als «schockierende Verderbtheit» auf. Selbst die *Traumdeutung* (1900a), welche als das bedeutendste Werk Freuds gilt, wurde in den Fachzeitschriften kaum referiert.

Dass der Sexualität ganz allgemein eine so grundlegende Bedeutung zukommt, dass es eine kindliche Sexualität gibt und dass das Unbewusste uns Menschen mehr steuert als das Bewusstsein, waren und sind heute noch unbequeme Behauptungen, die Angst und Schuldgefühle verursachen. Es ist eine Kränkung, «dass das Ich nicht Herr sei im eigenen Haus», sagte Freud (1917a [1916], GW XII, 11). Auf eine ähnliche Ablehnung stiess später seine Todestrieb-Theorie, welche von der menschlichen Destruktivität handelt und die er in *Jenseits des Lustprinzips* (1920g) einführte. Noch heute gibt es in verschiedenen psychoanalytischen Schulen Kontroversen hierzu.

Freud, der bis etwa 1902 keine Anhänger hatte, führte seine Forschungen weiter trotz grosser Anfeindungen. Was ihn dazu veranlasste, war wohl, neben seinem Interesse an psychologischen Phänomenen, seine Neigung zu Ehrlichkeit und Wahrheitsliebe. Letztere zeigte sich auch, als es darum ging, eigenes Unvermögen und eigenes Unwissen bei der Theoriefindung einzugestehen. Hierzu zwei Beispiele aus einer Fülle von Konstatierungen. Ich zitiere aus *Hemmung, Symptom und Angst* (1926d [1925], GW XIV, 140): «Aber niemand hat noch die Bedingung angeben können, die darüber entscheidet, ob ein Fall die Form einer Konversionshysterie oder einer Phobie annimmt, niemand hat also die Bedingung der Angstentwicklung bei der Hysterie ergründet», oder: «Es ist fast beschämend, dass wir nach so langer Arbeit noch immer Schwierigkeiten in der Auffassung der fundamentalsten Verhältnisse finden, aber wir haben uns vorgenommen, nichts zu vereinfachen und nichts zu verheimlichen. Wenn wir nicht klar sehen können, wollen wir wenigstens die Unklarheiten scharf sehen» (op. cit. 155).

Freud ist bereit, eine Theorie, die er einmal vertreten hat, wieder aufzugeben, um eine neue zu formulieren, wenn ihm seine klinische Erfahrung neue Einsicht bringt. So gibt er die anfänglich aufgestellte *Verführungstheorie* wieder auf. Zuerst meinte er, wie wir im *Fall Katharina* gesehen haben, dass der Hysterie immer ein reales sexuelles Kindheitstrauma zugrunde liege – bereits 1897 erkannte er, dass sich hinter der *Verführung* allermeistens eigene sexuelle Wünsche und Phantasien des Kindes verbergen, welche verdrängt wurden. Im Rahmen des Aufgebens der *Verführungstheorie* entdeckt und entwickelt er den *Ödipuskomplex*. Eine andere Theorierevision nimmt Freud in *Hemmung, Symptom und Angst* vor. Er lässt seine frühere Angstkonzeption, dass Angst[1] aus der Libidoverdrängung entstehe, fallen, als er feststellt, dass es die Angst ist, die den Anlass zur Verdrängung gibt, nicht umgekehrt – die Angst ist also Signalangst. Diese Fähigkeit zur Flexibilität und zur Veränderung scheinen mir ebenfalls ein Persönlichkeitsmerkmal Freuds zu sein. Freud lesen und verstehen heisst demnach eigentlich den ganzen Freud lesen, immer wieder lesen, damit man sämtliche Wandlungen und Vertiefungen der Theoriebildung verfolgen kann.

Um 1902 fand dann Freuds langjährige Isolation[2] ein Ende; es sammelte sich in Wien ein kleiner Kreis von Schülern um ihn. Ab 1906 begannen sich *Eugen Bleuler* und *Carl Gustav Jung* lebhaft für die Psychoanalyse zu interessieren. 1908 trafen sich die Freunde der jungen Wissenschaft in Salzburg, eine Zeitschrift wurde gegründet, und auch in Deutschland begann das Interesse für die Psychoanalyse zu erwachen. Aus dem Mittwoch-Treffen wurde die *Wiener Psychoanalytische Vereinigung*. Ein zweiter Kongress wurde 1910 in Nürnberg abgehalten, und die *Internationale Psychoanalytische Vereinigung* wurde gegründet, deren erster Präsident C. G. Jung war, mit Hauptsitz in Zürich. Noch 1909 unternahmen Freud und Jung zusammen eine Amerikareise. Freud war an die Clark University Massachusetts eingeladen worden, wo er fünf Vorlesungen über Psychoanalyse hielt. Aber 1911 bis 1913 kam es bereits zu den ersten Abfallbewegungen: Jung wandte sich ab, weil er sich die Würdigung der infantilen Sexualität und des Ödipuskomplexes zu ersparen hoffte. Adler entfernte sich, weil er die Bedeutung der Sexualität überhaupt verwarf. Später kamen noch andere Abfallbewegungen hinzu. Vordergründig scheinen sich diese Abfallbewegungen aus der Ablehnung von Freud'schen Theoriekonzepten heraus zu entwickeln. Aber vielleicht haben wir es hier nur mit dem manifesten Inhalt zu tun, während der latente Inhalt besagt, dass es frustrierend und kränkend ist, neben einem Genie wie Freud nur ein Epigone sein zu können – es lässt sich bis in die moderne psychoanalytische Literatur verfolgen, wie schwer erträglich für viele es ist, eigentlich nichts grundlegend Neues zur Psychoanalyse beitragen zu können. Zu fast allem hatte Freud schon eine Idee, die er zwar dann oft ungenügend ausarbeitete oder nicht weiterverfolgte – gelegentlich überliess er es expressis verbis seinen Nachfolgern, ein Gebiet noch weiter zu erforschen.

Freud hat sich schon als Gymnasiast und als Medizinstudent – er schrieb sich 1873 an der Universität Wien ein und schloss 1881 ab – eine heute kaum mehr vorstellbare Allgemeinbildung angeeignet. Er sprach mit Sicherheit gut Englisch und Französisch und hatte bemerkenswerte Kenntnisse in Spanisch und Italienisch. Über seine Wahl des Medizinstudiums sagt er in seiner *Selbstdarstellung* (1925d [1924], GW XIV, 34): «Eine besondere Vorliebe für die Stellung und Tätigkeit des Arztes habe ich in jenen Jugendjahren nicht verspürt, übrigens auch später nicht, eher bewegte mich eine Art Wissbegierde, die sich aber mehr auf menschliche Verhältnisse als auf natürliche Objekte bezog.» Etwas später schreibt er: «Nach 41jähriger ärztlicher Tätigkeit sagt mir meine Selbsterkenntnis, ich sei eigentlich kein richtiger Arzt gewesen. Ich bin Arzt geworden durch eine mir aufgedrängte Ablenkung

---

1 vgl. unsere Vorlesung *Die Bedeutung der Angst in der Psychoanalyse*
2 vgl. unsere Vorlesung *Zur Geschichte der Psychoanalyse*

meiner ursprünglichen Absicht und mein Lebenstriumph liegt darin, dass ich nach grossem Umweg die anfängliche Richtung wiedergefunden habe.» (*Die Frage der Laienanalyse*, 1926e, GW XIV, 290) Nach seiner Arbeit und Forschung am Physiologischen Institut (bei *Brücke*) im allgemeinen Krankenhaus und Gehirnanatomischen Institut (bei *Meynert*) erhielt Freud 1885 die Dozentur für Neuropathologie. Erst im Jahre 1902 wurde er zum ausserordentlichen Professor ernannt. Dies bezeugt eine nicht gerade hohe Wertschätzung seiner damaligen wissenschaftlichen Leistungen – es bleibe dahingestellt, ob man dies einem Antisemitismus zuschreiben soll oder Widerständen gegen seine Sexualtheorie …

Über die Begegnung Freuds mit *Breuer* und seine Reise zu *Charcot* haben Sie bereits in der letzten Vorlesung das wichtigste gehört – Ereignisse rund um die Hysterie, in welchen bereits der Keim der Psychoanalyse lag. Die *Studien über Hysterie* (1895d, GW I) und Breuers *Fallbericht über Anna O.* (1895d, GW Nachtrag) dokumentierten die neue *kathartische* Behandlungsmethode: Sie bestand darin, Patienten, die im Wachzustand nichts über die Entstehung ihrer Symptome wussten, in Hypnose und damit in die Lage zu versetzen, sich daran zu erinnern und darüber zu sprechen, was zur Aufhebung der Symptome führte. Die *Studien über Hysterie* enthalten bereits wesentliche Grundsteine der psychoanalytischen Lehre: Die mögliche pathogene Bedeutung unbewusster psychischer Inhalte, die Bedeutung des Affektlebens, die Unterscheidung von unbewussten und bewussten seelischen Akten, die Einführung eines dynamischen Faktors und eines ökonomischen (Umsetzung einer Energiemenge in ein Symptom: *Konversion*). Damit gibt Freud bereits die metapsychologische Darstellung eines psychischen Vorgangs nach *Dynamik*, *Topik* und *Ökonomie*, worüber wir noch sprechen werden.

In der Folge ging Freud seine eigenen Wege. Er gab die Hypnose und die kathartische Methode Breuers auf, auch weil die positiven Behandlungsresultate nicht lange anhielten. Vorübergehend schloss er sich den Ideen von *Hippolyte Bernheim* in Nancy an, welcher den Patienten aufforderte, alles zu sagen, was er über einen bestimmten Sachverhalt wisse, und ihm dabei «antreibend» die Hand auf die Stirne legte. Freud verzichtete dann bald auch auf dieses «Handauflegen», zu Gunsten der *freien Assoziation*. Von der Hypnose behielt er schliesslich nur noch die Lagerung des Patienten auf einem Divan bei, hinter dem er sass, so dass er den Patienten sah aber selbst nicht gesehen wurde. Freud nannte sein neues Verfahren zur Untersuchung und Heilung *Psychoanalyse*.

In die Zeit der Anfänge der Psychoanalyse fällt auch Freuds Heirat mit Martha Bernays 1886 und die Praxiseröffnung für Nervenkrankheiten im selben Jahr. Ab 1891 wohnte und arbeitete Freud während 47 Jahren bis zur Emigration nach London an der Wiener Berggasse 19 – heute ein Museum wie auch seine letzte Adresse in London, Maresfield Gardens 20. Freud begann seine Praxis um acht oder neun Uhr morgens und praktizierte bis neun Uhr abends mit einer zweistündigen Mittagspause. Danach folgte schriftliche Arbeit bis weit über Mitternacht – sein umfangreiches Werk ist also das Ergebnis einer Freizeitbeschäftigung! 1897 starb der Vater. Biographen vertreten die Ansicht, dass dieser Tod die Selbstanalyse Freuds, welche er über Jahrzehnte weiterführte, veranlasste – Marianne Krüll (1979) hat sich speziell mit dem Vater-Thema befasst. Im gleichen Jahr begann sich die Freundschaft mit *Wilhelm Fliess* zu festigen, einem jüdischen Hals-, Nasen- und Ohrenarzt, der ein äusserst ideenreicher spekulationsfreudiger Kopf war. Freud sprach wiederholt von ihm als dem einzigen Freund, den er für lange Jahre nach dem Zerwürfnis mit Breuer hatte. Dieser Freundschaft verdanken wir einen ausgedehnten Briefwechsel (1985c [1887–1904]), sie war aber konfliktreich und ambivalent. Fliess war in jener Zeit der Isolation für Freud sehr wichtig – es ist bemerkenswert, dass die Verfassung wichtigster Werke Freuds wie die *Traumdeutung* (1900a) und die *Drei Abhandlungen zur Sexualtheorie* (1905d) in jene Zeit fällt.

Wir werden mehr zur Person Freuds hören in der nächsten Vorlesung, die den Akzent auf die Geschichte der Psychoanalyse legt.

II. Hauptentwicklungslinien der Freud'schen Theoriebildung

Ich will nun versuchen, einige Hauptentwicklungslinien[3] der Freud'schen Konzepte zur Theoriebildung für Sie im Sinne einer Übersicht darzustellen – wir werden später einiges davon vertiefen:
1. Das Konzept des Traumas
2. Das Konzept der 1. Topik
3. Das Konzept der Triebtheorie

---
3 vgl. unsere Vorlesungen *Das psychische Trauma*, *Die Trieblehre* und *Metapsychologie I* und *II*

4. Das Konzept der 2. Topik oder Strukturtheorie
5. Ansätze zum Konzept einer Affekttheorie

1. Das Konzept des Traumas

Dazu brauche ich jetzt nicht mehr viel zu sagen, da wir bereits über die Verführungstheorie gesprochen haben anlässlich der Hysterie. Sie erinnern sich: Freud glaubte bis 1897, dass jeder Hysterie ein reales kindliches sexuelles *Verführungstrauma* zu Grunde läge, bis er dann auch dank seiner Selbstanalyse die Wichtigkeit und Ubiquität kindlicher *Inzestphantasien* und den Ödipuskomplex entdeckte. Ein wichtiger Begriff zu diesem Thema ist derjenige der *Nachträglichkeit* (après-coup) – er besagt, dass unter Umständen ein Trauma erst nachträglich seine pathogene Wirkung bekommt, nach einer gewissen *Inkubationszeit* wie man in der somatischen Medizin sagen würde, die aber hier unter Umständen Jahre beträgt. So kann eine sexuelle Verführung im Kindesalter erst nachträglich pathogen werden, dann nämlich, wenn das herangereifte Kind zu verstehen beginnt, was damals wirklich sich abspielte – wenn ihm bewusst wird, was bislang unbewusst war. Damit sind wir schon in der 1. Topik.

2. Das Konzept der 1. Topik

Es geht um die *Unterscheidung von Bewusstem (Bw), Vorbewusstem (Vbw) und Unbewusstem (Ubw)*. Das Bewusste oder Bewusstsein ist auf innere und äussere Wahrnehmung eingestellt. Das Vorbewusste, welches durch Wortvorstellungen charakterisiert ist, verbindet das Bewusstsein mit dem Unbewussten, welches durch Sachvorstellungen gekennzeichnet ist. Die Unterscheidung zwischen vorbewusster und unbewusster Tätigkeit wird erst hergestellt, nachdem die Abwehr ins Spiel getreten ist.

Freud kam also von der Hysterie und der Trauma-Theorie auf das zentrale Konzept des *Unbewussten*. In seiner Schrift *Einige Bemerkungen über den Begriff des Unbewussten in der Psychoanalyse* (1912g) hat er zum ersten Mal eine lange und sorgfältig begründete Darstellung seiner Hypothese unbewusster seelischer Vorgänge gegeben – diese Arbeit ist eine Vorstudie zu seiner grossen Abhandlung *Das Unbewusste* (1915e).

Freud unterscheidet ein *deskriptives*, ein *dynamisches* und ein *systematisches Unbewusstes*. Er greift dabei auf seine früheren Erfahrungen mit der Hypnose zurück: «Das wohlbekannte Experiment der ‹posthypnotischen Suggestion› lehrt uns, an der Wichtigkeit der Unterscheidung zwischen bewusst und unbewusst festzuhalten, und scheint ihren Wert zu erhöhen» (1912g, GW VIII, 431). Diese Unterscheidung nennt er *deskriptiv*. Die dynamische Auffassung beinhaltet, dass die im Unbewussten bestehenden Ideen nach aussen wirksam werden in Handlungen – diese Wirksamkeit unbewusster Ideen zeigt sich in allen Formen der Neurose. Die systematische Auffassung sieht im Unbewussten eine psychische Kategorie oder ein System.

Obwohl Freud unbefriedigt war über die Leistung des Kriteriums bewusst (bw) oder unbewusst (ubw), stellte er fest, dass diese Unterscheidung «die einzige Leuchte im Dunkel der Tiefenpsychologie sei» (*Das Ich und das Es*, 1923b, GW XIII, 245). Das Wort *Tiefenpsychologie* verweist auf die Verortung in der Tiefe, drückt also direkt die Idee der psychischen Topik aus. Zu der Frage, was unbewusst ist, sagt Freud: «Es bleibt richtig, dass alles Verdrängte unbewusst ist, aber nicht alles Unbewusste ist auch verdrängt. Auch ein Teil des Ichs [...] ist sicherlich ubw.» (op. cit. 244)

Bei der *Verdrängung* wird der Vorstellung an der Grenze der Systeme Ubw und Vbw die Besetzung entzogen, gleichzeitig findet eine Trennung des Affekts von seiner Vorstellung statt, so dass Vorstellung und Affekt gesonderte Wege gehen. Durch die Gegenbesetzung im System Vbw wird das Andrängen ubw Vorstellungen verhindert, denn der Kern des Ubw besteht aus nach oben ins System Vbw/Bw drängenden Triebrepräsentanzen, die sich aus Wunschregungen zusammensetzen und ihre Besetzung abführen wollen.

Im Unbewussten herrscht der *Primärvorgang*, der sich durch eine grosse Beweglichkeit der Besetzungsintensitäten kennzeichnet; es kommt leicht zu Verschiebungen oder Verdichtungen – davon lebt z.B. der Witz, dem Freud eine eigene Arbeit gewidmet hat (1905c). Im System Vbw herrscht der *Sekundärvorgang*.

Weitere Charakteristika des Unbewussten sind Widerspruchslosigkeit, Zeitlosigkeit und Ersetzung der äusseren Realität durch die psychische. Ausserdem hat nach Freud der unbewusste Akt eine intensive plastische Einwirkung auf die somatischen Vorgänge.

Eine wichtige Besonderheit liegt in der Tatsache, dass das Unbewusste eines Menschen unter Umgehung des Bewusstseins auf das Unbewusste eines anderen reagieren kann. Dies gilt besonders für das therapeutische Paar Analysand - Analytiker in der Übertragungs-Gegenübertragungs-Dynamik im Rahmen der Grundregel und gleichschwebenden Aufmerksamkeit.

3. Das Konzept der Triebtheorie

a) Definition und Geschichte

Der Trieb wird definiert nach *Triebquelle, Triebziel, Triebobjekt* und *Quantum* (ökonomischer Faktor). Mehrfach hat Freud seine Unzufriedenheit mit dem Stand psychologischen Wissens über die Triebe ausgesprochen. So klagt er noch in seiner *Narzissmus*-Arbeit (1914c, GW X, 143) über den «völligen Mangel einer irgendwie orientierenden Trieblehre».

Es ist interessant festzustellen, dass die Triebe in Freuds Werk explizit verhältnismässig spät in Erscheinung treten. Der Ausdruck *Trieb* kommt in der Breuer-Periode, in den Fliess-Briefen ja selbst in der *Traumdeutung* noch kaum vor. Erst in den *Drei Abhandlungen zur Sexualtheorie* (1905d) finden wir den *Sexualtrieb* als solchen ausführlich und unumwunden erwähnt. Der von Freud meist gebrauchte Ausdruck *Triebregungen* tritt noch später auf, in der Arbeit über *Zwangshandlungen und Religionsübungen* (1907b). Den sprachlichen Ausdruck *Triebe* gab es natürlich schon früher – bereits zu Zeiten der Hysterie-Forschung, aber dort sprach man von den Trieben als *Erregungen, affektiven Vorstellungen, Wunschregungen, endogenen Reizen*.

In den *Drei Abhandlungen* (1905d) wird der Begriff der *Libido* expressis verbis als Ausdruck des Sexualtriebes eingeführt. Lange Zeit stellte Freud zwei Triebe oder Triebarten einander gegenüber, die *libidinösen* oder *Sexualtriebe* den sogenannten *Ich-* oder *Selbsterhaltungstrieben* – das bezeichnet man als die 1. Triebtheorie.

Der Trieb steht zwischen Soma und Psyche. So sagt Freud in den *Drei Abhandlungen* (1905d), der Trieb sei die *psychische Repräsentanz* (Ausdruck, Vertretung) einer kontinuierlich fliessenden inneren somatischen Reizquelle. Auch in seiner Arbeit über den *Fall Schreber* (1911c [1910]) schreibt er vom Trieb als dem *Grenzbegriff des Somatischen gegen das Seelische* und sieht in ihm den psychischen Repräsentanten organischer Mächte. In *Triebe und Triebschicksale* (1915c) erscheint der Trieb ebenfalls als Grenzbegriff zwischen Seelischem und Somatischem, als psychischer Vertreter der aus dem Körperinneren stammenden, in die Seele gelangenden Reize.

In *Das Unbewusste* (1905e, GW X, 275f) steht: «Ein Trieb kann nie Objekt des Bewusstseins werden, nur die Vorstellung, die ihn repräsentiert. Er kann aber auch im Unbewussten nicht anders als durch die Vorstellung repräsentiert sein. Wenn wir aber doch von einer unbewussten Triebregung oder einer verdrängten Triebregung reden, können wir nichts anderes meinen, als eine Triebregung, deren Vorstellungsrepräsentanz unbewusst ist».

Zusammenfassend lässt sich sagen, dass Freud den Trieb als den psychischen Ausdruck endosomatischer Erregungen betrachtet.

b) Triebschicksale

Welches Schicksal kann nun ein Trieb haben, vorausgesetzt, dass er nicht befriedigt wird und der Abwehr anheim fällt? In *Triebe und Triebschicksale* (1915c) schreibt Freud, dass die Schicksale der Triebe sich ausdrücken in den gegen sie eingesetzten Abwehrmechanismen, nämlich durch:
– Verkehrung ins Gegenteil
– Wendung gegen die eigene Person
– Verdrängung
– Sublimierung

c) Triebentwicklung

Die Triebe entwickeln sich entsprechend der während des Reifungsvorganges je im Vordergrund stehenden anatomisch-physiologischen Zonen: von der oralen zur analen, phallischen, urethralen und ödipalen bis hin zur genitalen Stufe[4]. Das ist eine genetische Betrachtungsweise, welche zeitliche Aufeinanderfolge impliziert. Die prägenitalen Partialtriebe werden schliesslich in der Pubertät unter das, wie man sagt, genitale Primat gestellt. Diese

---

4 vgl. unsere Vorlesung *Stufen der Sexualorganisation*

Entwicklung gilt entsprechend der dualistischen Auffassung der Triebe für die libidinösen wie für die aggressiven Triebe – für letztere wird gelegentlich auch der Ausdruck *Destrudo* verwendet in Opposition zum Begriff der Libido. Bei einer gesunden Entwicklung überwiegt in der Triebmischung die Libido über die Destrudo. Bei einer pathologischen Entwicklung kann es zu Triebfixierungen kommen, sei es durch Fixierung an eine Triebstufe oder an die libidinös oder aggressiv besetzte Repräsentanz eines Objektes einer bestimmten Entwicklungsphase. Je nach der betroffenen Stufe/Phase manifestiert sich die Störung in einem psychotischen, perversen, Borderline- oder (im besseren Fall) neurotischen Register.

Heinz Hartmann (1972, 12ff) spricht von *Triebneutralisierung*, was nicht gleichbedeutend ist mit Triebmischung oder Sublimation. Er versteht darunter die Ablösung des Triebes (Libido und Aggressionstrieb) von seinem Triebziel und behauptet, dass das Ich seine Organisationsaufgaben vorwiegend mit neutralisierter Triebenergie bestreitet. Er stellt die Hypothese auf, dass die Gegenbesetzung, die Kraft also, mit welcher die Verdrängungen aufrechterhalten werden, sich aus neutralisierter aggressiver Triebenergie zusammensetzt.

Sie sehen, dass nach dem bisher Gesagten der Trieb mit der Objektbeziehungstheorie eng zusammenhängt: *Der Trieb, sei es ein libidinöser oder aggressiver, äussert sich stets in Bezug auf ein Objekt oder dessen psychischer Repräsentanz.*

d) Narzissmus

Der Begriff *Narzissmus* geht auf die griechische Legende zurück, in welcher Narziss sich in sein eigenes vom Wasser reflektiertes Spiegelbild verliebt – man könnte ihn mit *Selbstliebe* übersetzen. Freud verwendet den Begriff bereits in den *Drei Abhandlungen* (1905d, GW V, 44) in Bezug auf die homosexuelle Objektwahl; im *Schreber* (1911c [1910], GW VIII, 297) sagt er, dass der Narzissmus ein notwendiges Übergangsstadium zwischen dem Autoerotismus und der Objektliebe sei. Eine weitere Facette der Trieb- oder Libido-Theorie zeigt uns Freud in *Zur Einführung des Narzissmus* (1914c): Der Objekt-Libido wird die Ich-Libido gegenüber gestellt. In dieser Schrift spricht er von einem primären Narzissmus und einem sekundären, wie z.B. bei der Schizophrenie: Hier wird die den Objekten entzogene Libido dem Ich zugeführt, was auf Kosten der Objekt-Libido zum Grössenwahn führt. Freud vermutet, dass die Hypochondrie aufgrund einer Stauung der Ich-Libido entsteht. Damit stellt er die Hypochondrie in die Nähe der *Paraphrenien* (Psychosen, wie wir heute sagen). Freud fragt sich auch, wie es überhaupt dazu komme, dass Objekte mit Libido besetzt werden – er denkt, dass dies geschehe, wenn die Ich-Besetzung mit Libido ein gewisses Mass überschritten habe. Freud sagt dann sehr schön: «Ein starker Egoismus schützt vor Erkrankung, aber endlich muss man beginnen zu lieben, um nicht krank zu werden, und muss erkranken, wenn man infolge von Versagung nicht lieben kann.» (1914c, GW X, 151)

Als Erbe der narzisstischen Vollkommenheit der Kindheit wird das Ichideal errichtet. Dem Ichideal gilt nun die Selbstliebe. Es geht auch um die *Selbstachtung* des Ichs, ein zweiter Aspekt des Narzissmus neben der Selbstliebe. Die Selbstachtung wird am Ichideal gemessen, und es ist die Selbstachtung des Ichs, welche die Verdrängung verursacht. Somit halten schon in der *Narzissmuss*-Schrift Überlegungen zum Ich im Rahmen der Strukturtheorie der 2. Topik Einzug. Das Ichideal wird zu einer Instanz der Selbstbeobachtung und bildet die Grundlage dessen, was Freud später in *Das Ich und das Es* (1923b) als *Über-Ich* beschrieben hat. Im *Abriss der Psychoanalyse* (1940a [1938], GW XVII, 72f) sagt Freud, dass der absolute primäre Narzissmus so lange anhalte, bis das Ich beginne, die Vorstellungen von Objekten mit Libido zu besetzen. Hier beschreibt er einen weiteren wichtigen Aspekt des Narzissmus, nämlich, dass das Kind am Anfang das Selbst nicht vom Objekt unterscheiden kann.

Das Narzissmus-Konzept hat durch verschiedene postfreudianische Autoren und Schulen eine Erweiterung erfahren. *Herbert Rosenfeld* (1987, 105), ein Postkleinianer, führte das Konzept des *destruktiven Narzissmus* in Verbindung mit dem Todestrieb ein. Klinisch äussert sich das Phänomen in einer durch den Patienten fortlaufend bewirkten Zerstörung positiver Aspekte der Übertragungsbeziehung zum Therapeuten und in einer Verhinderung jeder positiven Entwicklung durch negativ-therapeutische Reaktionen. Das ist eine besondere Form von Widerstand – das Ichideal gleicht einem Mafiaboss; der Patient wird alles daran setzen, seine Selbstachtung, die vom Ichideal-Mafiaboss garantiert wird, durch Destruktivität aufrecht zu erhalten. In die Nähe Rosenfelds rückt auch der Begriff des *malignen Narzissmus* von *Otto Kernberg* (1997, 40), bei welchem sich extreme Hass- und Neidreaktionen gegen den psychoanalytischen Prozess richten. Das Konzept der *narzisstischen Persönlichkeitsstruktur* und des *Selbstobjektes* von *Heinz Kohut* (1971) enthält implizit die Idee der Unfähigkeit, Selbst und Objekt voneinander unterscheiden zu können. *Bela Grunberger* (1975) wiederum postuliert eine neben der Triebentwicklung unabhängige Entwicklungslinie des Narzissmus; so spricht er vom *oralen, analen, phallischen Narzissmus*.

e) Die Todestrieb-Hypothese

Zum Schluss meines Ausflugs in die Triebtheorie komme ich auf Freuds Todestrieb-Hypothese zu sprechen, die er erstmals in *Jenseits des Lustprinzips* (1920g) aufstellt. Damit erweitert Freud die Trieblehre – er fasst nun Sexualtriebe und Ich- oder Selbsterhaltungstriebe als *Lebenstrieb oder Eros* zusammen und stellt diesem den *Todes- oder Destruktionstrieb* gegenüber. Das nennt man die 2. Triebtheorie.

Der Todestrieb stellt eine dem Lebendigen immanente Tendenz zur Wiederholung früherer Zustände dar, zur Rückkehr – letztlich also zur Rückkehr in den anorganischen Zustand. Er steht daher der vereinigenden, aufbauenden Kraft des *Eros* diametral gegenüber. Freud geht davon aus, dass mit dem Lust- und dem Realitätsprinzip die Insistenz des Wiederholungszwangs (der sich besonders bei traumatischen Neurosen zeigt) nicht hinreichend erklärt werden kann. Er nimmt deshalb eine triebhafte Natur des Wiederholungszwangs an, womit er schliesslich zur Todestrieb-Hypothese gelangt.

Als Beispiel (1920g, GW XIII, 11ff) für den Wiederholungszwang bringt Freud den Fall eines 1½ jährigen Kindes, das nicht weinte, wenn die Mutter es für Stunden verliess, aber dieses Verschwinden im dauernd wiederholten störenden Fortwerfen seiner Spielzeuge inszenierte. Freud verstand das Spiel erst, als er beobachtete, dass das Kind eine Fadenspule über den Rand seines Bettchens warf, wozu ein bedeutungsvolles «o-o-o» ertönte, sie dann aber mit einem freudigen «da» am Faden wieder zu sich herauf zog: das war nun der zweite Akt, das Spiel hiess *Verschwinden und Wiederkommen*, lange hatte man nur den ersten Akt gesehen! Das Kind war übrigens Freuds Enkel *Ernest Freud*, Sohn von Freuds 1920 verstorbener Tochter Sophie.

Die Todestrieb-Hypothese war damals und ist heute noch umstritten. Sie wurde vor allem von *Melanie Klein* und den Postkleinianern aufgenommen und für die klinische Arbeit mit psychotischen oder Borderline-Patienten weiterentwickelt. Damit erweiterte sich auch das Spektrum der Analyse-Indikation. Es bedarf einer viele Jahre dauernden unermüdlichen Deutungsarbeit des Destruktionstriebes bis es zu einer Bewegung von der *paranoid-schizoiden* zur *depressiven Position* kommt, um in der Terminologie Melanie Kleins zu sprechen. Bedeutende Postkleinianer sind *Wilfred R. Bion, Herbert Rosenfeld, Hanna Segal und Donald Meltzer*, von denen Sie in diesen Vorlesungen noch hören werden.

4. Das Konzept der 2. Topik oder Strukturtheorie

Im Rahmen der 1. Triebtheorie, in welcher, Sie erinnern sich, Freud die Sexualtriebe den Ich- oder Selbsterhaltungstrieben gegenüberstellte, verstand er den der Neurose zu Grunde liegenden Konflikt als Auseinandersetzung zwischen diesen beiden Triebarten. Die eine der beiden gegnerischen Parteien, das Ich, blieb aber lange undefiniert. Es wurde hauptsächlich in Verbindung mit seinen Funktionen bei Verdrängung, Widerstand und Realitätsprüfung erwähnt, aber von seiner Struktur oder Dynamik war noch kaum die Rede. Im *Entwurf einer Psychologie* (1950c [1895]) hatte Freud zwar bereits einen sehr frühen Versuch zur Einführung des Ichs unternommen, aber es sollte ein Vierteljahrhundert vergehen bis zur Einführung der Ich-Psychologie als einem legitimen Kapitel der Psychoanalyse, und dann hatte der Ich-Begriff bereits eine lange und ereignisreiche Geschichte.

Unter anderem waren es die Selbstkritik und das damit zusammenhängende Schuldgefühl, die Freud zur Annahme von Instanzen wie das *Ich* und das *Über-Ich* veranlassten. Das Ichideal als ein Aspekt des Über-Ichs wird schon, wie wir gesehen haben, in der *Narzissmusarbeit* (1914c) beschrieben. In der Schrift *Das Ich und das Es* (1923b) differenziert Freud dann den psychischen Apparat weiter: Er unterscheidet nun *Es, Ich und Über-Ich*. Im *Abriss der Psychoanalyse* sagt er: «Einen Anfangszustand stellen wir uns in der Art vor, dass die gesamte verfügbare Energie des Eros, die wir von nun an Libido heissen werden, im noch undifferenzierten Ich-Es vorhanden ist und dazu dient, die gleichzeitig vorhandenen Destruktionsneigungen zu neutralisieren.» (1940a [1938], GW XVII, 72)

Das Ich wird als ein zentrales System von Funktionen definiert. Es ist verantwortlich für Realitätskontrolle, Urteilsbildung, Triebregulierung, Objektbeziehung, Denkprozesse, Symbolbildung und Phantasien, adaptive Regression, Abwehrmechanismen – um nur einige zu nennen!

Das Ich wurde auch als die einzige Stätte der Angst erkannt. Das Trauma definiert sich als ein Geschehen im Ich. Die Gefahrensituationen kommen von Es, Über-Ich und Aussenwelt. Durch die Fähigkeit zur Voraussicht via Angstsignal erhält das Ich eine *dynamisch* bedeutsame Rolle. Ökonomisch gesehen arbeiten die Ich-Prozesse mit sublimierter oder desexualisierter Energie. *Topographisch* betrachtet sind wichtige Teile des Ichs (z.B. die Abwehrmechanismen) wie auch Teile des Über-Ichs sowie das ganze Es unbewusst. Das Unbewusste mit den Trieben, dem

Es, wirkt also zusammen mit dem Ich und dem Über-Ich. Das heisst, dass die 1. Topik (Ubw - Vbw - Bw) durch die 2. Topik nicht etwa aufgehoben, sondern durch sie ergänzt wird. Aus der Trieblehre ist mit der Einführung der 2. Topik oder Strukturtheorie eine *Konfliktlehre* geworden Der genetische Gesichtspunkt wurde mit einem strukturellen ergänzt.

Ich möchte unterstreichen, dass Freuds erfolgreiche Integrierung des genetischen mit dem strukturellen Gesichtspunkt keine Parallelen in der Psychologie ausserhalb der Psychoanalyse hat.

In späteren Arbeiten wie *Die endliche und die unendliche Analyse* (1937c) und im *Abriss der Psychoanalyse* (1940a [1938]) schreibt Freud dem Ich eine immer grössere Unabhängigkeit und biologische Bedeutung zu. Er spricht von ererbten Eigenschaften des Ichs. Die Selbsterhaltung, vom Es vernachlässigt, wird als eine Funktion des Ichs angesehen.

Heinz Hartmann, der wohl bekannteste Ich-Psychologe, hat diese Denkansätze Freuds aufgenommen und weiter ausformuliert. In seiner Schrift *Ich-Psychologie und Anpassungsproblem* (1975) spricht er von der *undifferenzierten Matrix* (Ich und Es sind anfangs nicht voneinander geschieden), der *konfliktfreien Ich-Sphäre* und der *konfliktfreien Ich-Entwicklung*. Damit stellt er der Trieb-Entwicklungspsychologie eine *Ich-Entwicklungspsychologie* gegenüber. Er untersucht die Rolle der Begabung und der angeborenen Ich-Apparate mit ihrer Anpassungsfähigkeit. Er vertritt die Vorstellung, dass die Abwehrmechanismen des Ichs der Triebkontrolle und der Anpassung an die Aussenwelt dienen. Hartmanns Anpassungsbegriff ist keineswegs kulturell gemeint. Er betrachtet die Anpassung als einen fortlaufenden Prozess, der seine Wurzeln in der biologischen Struktur und in den ständigen Versuchen des Ichs hat, Spannungen auszugleichen.

5. Ansätze zum Konzept einer Affekttheorie

Eine eigentliche Affekttheorie wurde von Freud nicht zusammenfassend ausgearbeitet. Er hat sich jedoch über den Affekt der Angst[5] geäussert. Nach seiner über 30 Jahre gültigen 1. *Angsttheorie* entstand die Angst aus der Verwandlung unbefriedigter Libido. Erst mit *Hemmung, Symptom und Angst* (1926d [1925]) unterschied er wie erwähnt in einer 2. *Angsttheorie* automatische Angst von Signalangst: Von ersterer wird das Ich überschwemmt und ist hilflos, bei letzterer ist das Ich fähig, der erkannten Gefahr vorzubeugen. Nach dem zeitgenössische Genfer Analytiker Jean-Michel Quinodoz (1991, 74ff) gibt es bei Freud (*Abriss der Psychoanalyse*, 1940a [1938]) noch eine 3. *Angsttheorie*, mit einer Angst, die dann auftritt, wenn das Ich sich in seiner Integrität bedroht fühlt.

Freud unterscheidet je nach *Lebensalter* verschiedene Formen von Angst: Geburtsangst, Verlust des Mutterobjektes, Penisverlust, Verlust der Liebe des Objekts, Verlust der Liebe des Über-Ichs. Dabei geht es eigentlich immer um *Trennungs-Angst*, eine Angst, die das Individuum bei seiner Separations-Individuations-Entwicklung[6] (Margaret Mahler et al., 1978) dauernd begleitet.

Wir werden diese zentralen Freud'schen Konzepte in den weiteren Vorlesungen vertiefen.

---

5   vgl. unsere Vorlesung *Die Bedeutung der Angst in der Psychoanalyse*
6   vgl. unsere Vorlesung *Separations- und Individuationsprozesse*

Vorlesung III

Zur Geschichte der Psychoanalyse

Beginnt die Geschichte der Psychoanalyse mit der Krise in Freuds Leben und Denken bei seiner Abkehr von der Neurophysiologie hin zur Psychologie? Ist es möglich, seine zusammen mit Breuer verfasste Arbeit *Über den psychischen Mechanismus hysterischer Phänomene. Vorläufige Mitteilung* (1893a), als erste, auf die psychoanalytische Theorie verweisende Arbeit zu bezeichnen, oder kann man noch weiter zurückgehen und Freuds Studienreise nach Paris zu Charcot im Jahre 1885 als Beginn seiner Umorientierung ansehen? Es wäre ebenfalls berechtigt, schon Breuers erfolgreiche Behandlung der Anna O. in den Jahren 1880–82, an der Freud lebhaft Anteil nahm, als Ausgangspunkt der Psychoanalyse zu betrachten. Viele Autoren stellen die gemeinsam mit Breuer verfassten *Studien über Hysterie* (1895d) an den Anfang der Geschichte der Psychoanalyse. Oder soll man das Jahr 1896 als Beginn nehmen, als Freud in einem auf Französisch publizierten Artikel über die Entstehung der Neurosen zum ersten Mal das Wort *psychoanalyse* verwendete (1896a, GW I, 419)?

Wie schon angedeutet, war das *Aufgeben der Verführungstheorie* ein Wendepunkt in Freuds Denken. Er hatte diese Theorie, nach welcher jede Hysterie auf eine reale sexuelle Verführung in der Kindheit zurückgehe, ab etwa 1893 vertreten, aber widerrief sie bereits wieder in seinem berühmten Brief 139 vom 21. September 1897 an Wilhelm Fliess mit den Worten: «Ich glaube an meine Neurotica nicht mehr.» (1985c [1887–1904], 283) In *Zur Geschichte der psychoanalytischen Bewegung* schildert Freud diese Wende wie folgt: «[Es galt] einen Irrtum zu überwinden, der für die junge Forschung fast verhängnisvoll geworden wäre. Unter dem Einfluss der an Charcot anknüpfenden traumatischen Theorie der Hysterie war man leicht geneigt, Berichte der Kranken für real und ätiologisch bedeutsam zu halten, welche ihre Symptome auf passive sexuelle Erlebnisse in den ersten Kinderjahren, also grob ausgedrückt: auf Verführung zurückleiteten. Als diese Ätiologie an ihrer eigenen Unwahrscheinlichkeit und an dem Widerspruche gegen sicher festzustellende Verhältnisse zusammenbrach, war ein Stadium völliger Ratlosigkeit das nächste Ergebnis. Die Analyse hatte auf korrektem Wege bis zu solchen infantilen Sexualtraumen geführt, und doch waren diese unwahr. Man hatte also den Boden der Realität verloren. Damals hätte ich gerne die ganze Arbeit im Stich gelassen, ähnlich wie mein verehrter Vorgänger Breuer bei seiner unerwünschten Entdeckung. Vielleicht harrte ich nur aus, weil ich keine Wahl mehr hatte, etwas anderes zu beginnen. Endlich kam die Besinnung, dass man ja kein Recht zum Verzagen habe, wenn man nur in seinen Erwartungen getäuscht worden sei, sondern diese Erwartungen revidieren müsse. Wenn die Hysteriker ihre Symptome auf erfundene Traumen zurückführen, so ist eben die neue Tatsache die, dass sie solche Szenen phantasieren, und die psychische Realität verlangt neben der praktischen Realität gewürdigt zu werden. Es folgte bald die Einsicht, dass diese Phantasien dazu bestimmt seien, die autoerotische Betätigung der ersten Kinderjahre zu verdecken, zu beschönigen und auf eine höhere Stufe zu heben, und nun kam hinter diesen Phantasien das Sexualleben des Kindes in seinem ganzen Umfange zum Vorschein.» (1914d, GW X, 55f)

Die Biographen Freuds stimmen ausnahmslos mit ihm selbst überein, dass das Aufgeben der Verführungstheorie die grosse Wende bedeutete, welche die Entdeckung des Ödipuskomplexes und der kindlichen Sexualität und damit die eigentliche Begründung der Psychoanalyse ermöglichte.

Unmittelbar nach dem Aufgeben der Verführungstheorie entstand das auch in Freuds Augen bedeutendste seiner Werke, *Die Traumdeutung* (1900a, GW II/III), welche der Psychoanalyse den *Durchbruch* verschaffte. Die Wende in seinem Denken stand in engstem Zusammenhang mit Ereignissen seines persönlichen Lebens – es gab Hinweise auf psychische Hintergründe seiner wissenschaftlichen Krise. Freud schrieb: «Für mich hat dieses Buch nämlich noch eine andere subjektive Bedeutung, die ich erst nach seiner Beendigung verstehen konnte. Es erwies sich mir als ein Stück meiner Selbstanalyse, als meine Reaktion auf den Tod meines Vaters, also auf das bedeutsamste Ereignis, den einschneidendsten Verlust im Leben eines Mannes.» (op. cit., Vorwort zur 2. Auflage) Freuds wissenschaftliche Umorientierung hat sich also schlussendlich in der Traumdeutung vollends niedergeschlagen, sie ist das Ergebnis seiner durch den Tod des Vaters bedingten inneren Auseinandersetzung und

Selbstanalyse. Gleichzeitig mit dieser persönlicher Krise und Umorientierung kam es zur Trennung von Breuer 1894 und einer Isolation, welche er selbst als *splendid isolation* beschrieb. Er habe fast ein Jahrzehnt nach der Trennung von Breuer keine Anhänger[1] gehabt.

In jene Zeit der Isolation fiel jedoch die *Freundschaft mit Wilhelm Fliess*, einem jüdischen Hals-, Nasen- und Ohrenarzt aus Berlin, der für den jungen Freud eine Art Mentor wurde. Diese Freundschaft dauerte von 1887 bis 1902 und fand ihren Niederschlag in einem regen Briefwechsel (1985c, [1897–1904]).

Die *französische Überlieferung* interessiert sich kaum für Freuds angebliche Isolation. Sie konzentriert sich auf die vor-psychoanalytische Zeit, um die Beziehung zwischen Freud und seinen Anhängern zu erforschen oder um auf die Ideen hinzuweisen, die er von Jean-Martin Charcot, dem Neurologen und berühmten Lehrer an der Salpêtrière, sowie von Hippolyte Bernheim übernommen hatte, einem Professor für Innere Medizin, der die Hypnose praktizierte. Oder sie untersucht den Einfluss, den Paris auf den jungen Freud ausübte.

Die *Österreicher* hingegen legen nach wie vor mehr Gewicht auf den Einfluss von Wien um die Jahrhundertwende – das Wien des *fin-de-siècle*, mit namhaften Figuren wie Krafft-Ebing und Benedikt, die Untersuchungen angestellt hatten über die Zusammenhänge zwischen Hysterie und Sexualität, womit sie Freud vorangegangen waren. Die Österreicher spielen Freuds Gefühl der Isolation und seine Ambivalenz gegenüber Österreich gerne herunter.

Deutsche Autoren neigen eher dazu, Freuds Einsamkeit zu bestätigen, sie sehen diese im Zusammenhang mit bestimmten Herabsetzungen und Kränkungen. Die Loyalität deutscher Freudianer verleitete sie dazu, den Ruhm der Berliner Organisation unter Abraham/Eitingon und ihres fortwährenden Einflusses auf die Ausbildung zu betonen.

Die *Ungarn* betonen Freuds besondere Hingabe für Sándor Ferenczi sowie Freuds Hoffnung, seine Tochter Anna würde diesen heiraten.

Die *Italiener* beklagen den Einfluss des Katholizismus (und später des Faschismus), der die Psychoanalyse in Schach gehalten habe.

Sie sehen also, dass die *historischen Betrachtungsweisen kulturgebunden* sind. Die Geschichte der Psychoanalyse kann nicht so wertfrei sein, wie die Geschichte der Mathematik oder der Physik, und sei es auch nur deshalb, weil die Psychoanalyse sowohl Kulturgeschichte und Persönlichkeitsgeschichte, also Interpretationen umfasst, welche die Geschichtsschreibung beeinflussen.

I. Die Anfänge einer informellen Gruppe

Freud schreibt in *Zur Geschichte der psychoanalytischen Bewegung* (1914d, GW X, 63): «Vom Jahre 1902 an scharte sich eine Anzahl jüngerer Ärzte um mich in der ausgesprochenen Absicht, die Psychoanalyse zu erlernen, auszuüben und zu verbreiten. Ein Kollege, welcher die gute Wirkung der analytischen Therapie an sich selbst erfahren hatte, gab die Anregung dazu.» Dieser Kollege war Wilhelm Stekel, mit welchem Freud eine kurze Analyse durchgeführt hatte und der sich also rühmen durfte, zusammen mit Freud die erste psychoanalytische Gesellschaft gegründet zu haben.

Ernest Jones, der Hauptbiograph Freuds, berichtet im zweiten Band seiner Freud-Biographie (1962, 19ff) ausführlich über jene Ereignisse: Unter den Hörern von Freuds Vorlesungen an der Universität über die Psychologie der Neurosen befanden sich zwei Ärzte, deren Interesse wach blieb: Max Kahane und Rudolf Reitler. Reitler war der erste, der nach Freud die Psychoanalyse praktizierte, Kahane arbeitete in einem Nervensanatorium. Bald gesellte sich Stekel dazu, der seine psychoanalytische Praxis 1903 begann. Auch Alfred Adler trat dieser kleinen psychoanalytischen Gruppe bei. Im Herbst des Jahres 1902 sandte Freud jedem dieser vier Männer Kahane, Reitler, Stekel und Adler eine Postkarte mit der Einladung, bei ihm zu Hause über seine Arbeit zu diskutieren. Diese kleine Gesellschaft traf sich jeden Mittwochabend in Freuds Wartezimmer, das sich mit seinem langen Tisch als Treffpunkt gut dafür eignete. Die Sitzungen erhielten den bescheidenen Titel *Psychologische Mittwoch-Gesellschaft*. Die Protokolle der Mittwoch-Gesellschaft sind heute zum grössten Teil veröffentlicht unter dem Namen *Protokolle der Wiener Psychoanalytischen Vereinigung* (Hermann Nunberg und Ernst Federn, 1976–81).

---

1 vgl. unsere Vorlesung *Psychoanalytische Supervision*

In den nächsten Jahren schlossen sich diesem Kreis weitere Interessenten an, unter anderen Paul Federn (1903), Otto Rank (1906), Isidor Sadger (1906), Sándor Ferenczi (1908) und Hanns Sachs (1910).

Im Jahre 1907 hatte Freud *Besucher aus Zürich*. Sie gehörten zu den ersten Gästen der Vereinigung: Max Eitingon (30. Januar 1907), Carl Gustav Jung und Ludwig Binswanger (6. März 1907). Andere Besucher waren Karl Abraham (18. Dezember 1907), Abraham Brill und Ernest Jones (6. Mai 1908). Im Frühling 1908 begann die kleine Vereinigung, welche nun 22 Mitglieder zählte, eine *Bibliothek* zusammenzustellen, die bis zum Jahre 1938, als die Nazis sie vernichteten, zu beträchtlichen Ausmassen angewachsen war. Am 15. April 1908 wechselte man zu einer formelleren Bezeichnung: Die *Psychologische Mittwoch-Gesellschaft* nahm nun den Namen *Wiener Psychoanalytische Vereinigung* an, unter dem sie noch heute bekannt ist.

Max Eitingon hatte damals in Zürich sein Medizinstudium beendet und war mit der neuen Psychologie, der Psychoanalyse, in Kontakt gekommen. Er stammte ursprünglich aus Russland, war in Galizien und in Leipzig aufgewachsen und liess sich nach seinem Zürcher Aufenthalt in Berlin nieder, wobei er jedoch seine österreichische Nationalität behielt. In den kommenden Jahren wurde er einer von Freuds engsten Freunden. Die Ursache für seinen Besuch im Januar 1907 war ein schwieriger Fall, dessentwegen er Freud konsultieren wollte. Er blieb fast 14 Tage und nahm zweimal an der Mittwoch-Sitzung der kleinen Gruppe teil. Mit Freud verbrachte er drei oder vier Abende, die auf langen Spaziergängen durch die Stadt mit persönlicher analytischer Arbeit ausgefüllt wurden. So sah die erste *Lehranalyse* aus (Jones, 1962, II, 48)!

II. Weitere Entwicklungen

Ab etwa 1906 trat die Psychoanalyse, welche sich bis dahin auf Wien beschränkte und Anhänger ausschliesslich unter Personen jüdischer Abstammung hatte, aus diesem beschränkten Kreis heraus. Eugen Bleuler, Professor der Psychiatrie in Zürich und Chefarzt der berühmten Klinik *Burghölzli* sowie sein Oberarzt C. G. Jung hatten sich bereits seit einigen Jahren für die psychoanalytischen Konzepte interessiert und diese auch zur Erklärung einiger Aspekte der damals *Dementia praecox* genannten Schizophrenie angewandt. Im Jahre 1906 entspann sich ein intensiver Briefwechsel zwischen Jung und Freud, der dann 1907 zum erwähnten Besuch Jungs bei Freud in Wien führte. Freud war damals von Jung sehr angetan und schätzte ihn nicht nur als kreativen Denker, sondern auch als Persönlichkeit.

Am 26. April 1908 fand in Salzburg der 1. Internationale Psychoanalytische Kongress statt, damals offiziell *Erste Zusammenkunft für Freud'sche Psychologie* genannt. Dieser Kongress hatte auch die Gründung einer von Bleuler und Freud herausgegebenen Zeitschrift zur Folge, dem Jahrbuch für psychoanalytische und psychopathologische Forschungen. Wie Jones (op. cit. 58) sagt, unterschied er sich von allen späteren Kongressen darin, dass es keinen Präsidenten, keinen Sekretär, keinen Kassier, keinen Vorstand, keinerlei Kommissionen und, was das Interessanteste war, keinerlei Geschäftssitzung gab! Und der Kongress dauerte nur einen Tag. Dennoch war er ein historischer Moment: Die erste, öffentliche Anerkennung von Freuds Werk. Dieser erste Internationale Kongress erfolgte auf Anregung von Ernest Jones, der sich Ende November 1907 für eine Woche mit Jung in Zürich befand, wo er auch Brill und Peterson aus New York traf. Damals hatte sich in Zürich eine kleine Freud-Gruppe gebildet. Mit einigen wenigen Ausnahmen, wie Edouard Claparède (Genf) und Ludwig Binswanger (Kreuzlingen) kamen alle Mitglieder aus Zürich. Jung war der Leiter der Gruppe, welcher ausser seinem Chef Bleuler, noch Franz Riklin, ein Verwandter von Jung, und Alfons Maeder angehörten. Alle diese Personen haben Wichtiges geleistet für den Fortschritt des psychoanalytischen Wissens. Die Gruppe pflegte in der psychiatrischen Klinik Burghölzli zusammenzukommen, um dort ihre Arbeiten zu besprechen, und gewöhnlich waren auch ein oder zwei Gäste zugegen. Es war Jones, der damals Jung die Idee gab, eine Zusammenkunft all derer zu veranstalten, die sich für Freuds Werk interessierten. Daraufhin organisierte Jung den Kongress, der im folgenden Jahr in Salzburg stattfand. Jones wollte ihn von allem Anfang an *Internationaler psychoanalytischer Kongress* nennen, der Name, der dann tatsächlich für diesen ersten wie für alle späteren Kongresse bis auf den heutigen Tag angenommen und beibehalten wurde.

Freud selbst hat den Salzburger Kongress letztlich als Erfolg gewertet, wenn auch bereits einige Differenzen zwischen den Teilnehmern auftauchten, etwa zwischen Jung und Abraham über die somatische versus psychische Genese der Dementia praecox. Bedenklicher als diese sachlichen Meinungsverschiedenheiten scheint aber der Antisemitismus Jungs gewesen zu sein, den dieser Freud gegenüber zwar zurückhielt, den aber die anderen Mitglieder des Kreises umso deutlicher zu spüren glaubten.

In das Jahr 1909 fällt *Freuds Amerika-Reise*, nachdem er wie auch Jung vom Präsidenten der Clark University in Worcester, Massachusetts, eine Einladung zur 20jährigen Gründungsfeier erhalten hatte. Die dort gehaltenen veröffentlichten Referate Freuds (1910a [1909]) sind ein leicht verständlicher Überblick über die damals bekannten wesentlichen Bestandteile der psychoanalytischen Theorie und ihre Entwicklung. Diese Reise nach Amerika war für Freud ein Zeichen seiner internationalen Anerkennung. Seine Praxis lief in diesen Jahren wesentlich besser. Unter anderen suchte 1910 auch Gustav Mahler Freud auf, um ihn in einer schweren Lebenskrise zu konsultieren. Jones (op. cit. 87) sagt, dass das erste Jahrzehnt des neuen Jahrhunderts die glücklichste Zeit im Leben Freuds war.

1910 fand in Nürnberg der 2. Internationale Psychoanalytische Kongress statt, an dem jedoch bereits deutliche Missklänge zwischen den Teilnehmern auftraten. Freud hatte Jung als Präsidenten und das zentral gelegene Zürich als Hauptsitz der Vereinigung vorgeschlagen. Ausserdem sollte der Präsident mit der Vollmacht eines Zensors ausgestattet werden, dem alle Artikel und Vorträge vorher zur Genehmigung vorzulegen seien. Diese Vorschläge stiessen verständlicherweise auf den massiven Protest der Wiener Psychoanalytiker, die sich übergangen glaubten und die Wahl Zürichs als Hauptsitz ablehnten. Zwar liess sich durch Freuds persönliche Intervention ein Eklat fürs erste noch abwenden, aber es war so gut wie voraussehbar, dass dies nur der Anfang einer Reihe von Schwierigkeiten war. An diesem Kongress erfolgte die wichtige Gründung der *Internationalen Psychoanalytischen Vereinigung (IPV)*.

Der *3. Internationale Psychoanalytische Kongress in Weimar 1911* brachte die freundliche Atmosphäre des 1. Kongresses vorerst zurück. Auch Bleuler hielt einen Vortrag über Autismus. Der Höhepunkt lag im Auftritt von James J. Putnam, dessen Kampf für die Psychoanalyse in Amerika den Europäern bekannt war.

Aber 1911 löste sich Adler aus der Wiener psychoanalytischen Vereinigung, deren Führung er als Nachfolger Freuds für einige Zeit innegehabt hatte. Er gründete einen *Verein für freie psychoanalytische Forschung*, der später in *Verein für Individualpsychologie* umbenannt wurde. *1913 erfolgte der Bruch mit Jung.* Ursachen und Anlässe für diese Spaltungen herauszufinden, ist keine leicht Aufgabe für die Historiker. Es genügt sicher nicht, sich hierbei allein auf die Angaben in Freuds *Selbstdarstellung* (1925d [1924], GW XIV, 79) zu stützen oder auf diejenigen seiner gewissermassen aus Anlass dieser Austritte geschriebenen Arbeit *Zur Geschichte der psychoanalytischen Bewegung* (1914d, GW X, 91). Ob es die von Fromm so betonte dogmatische und autoritäre Haltung Freuds war, die solche Spaltungen provozierte, oder ob umgekehrt den Zerwürfnissen eine gewisse Profilierungssucht der Schüler zu Grunde lag, ist nicht einwandfrei zu klären.

Es ist eine Tatsache, dass Adler im Januar 1911 vor den Mitgliedern der Wiener psychoanalytischen Vereinigung einen Vortrag hielt mit dem Titel *Einige Probleme der Psychoanalyse* und im Februar einen weiteren mit dem Titel *Der männliche Protest als Kernproblem der Neurose*. Dabei wies Adler mehr oder weniger direkt einige zentrale Annahmen der Psychoanalyse zurück, ganz so, wie dann in seinen späteren individualpsychologischen Schriften auch: Dort erhält der Sexualtrieb, bei Freud der eigentliche Motor des Handelns und die letzte Ursache der Neurosenbildung, eine untergeordnete Stellung im Vergleich zu einem egoistischen Bedürfnis nach Macht oder Sicherheit. An die Stelle der Psychologie des Unbewussten, welche die Bildung der Neurosen und des manifesten Trauminhaltes aus dem Kampf zwischen unbewussten Es-Wünschen und der unbewussten Abwehr des Ich erklärt, tritt eine Ich-Psychologie. Entsprechend werden auch Konzepte wie Ödipuskomplex, frühkindliche Sexualität und Verdrängung aufgegeben. Tatsächlich hat die Individualpsychologie die wesentlichen Erkenntnisse der Psychoanalyse zurückgewiesen, und es ist folgerichtig, dass sie sich deshalb als eigene Schule absetzen musste.

Schwieriger ist es, die Geschichte des Abfalls von Jung zu beschreiben. Die genauen Vorgänge des Bruchs sind auch weder in der *Selbstdarstellung* noch in *Zur Geschichte der psychoanalytischen Bewegung* dargestellt, und das wenige dort Aufgeführte deckt sich nur bedingt mit den von Jones beschriebenen Ereignissen. Ursachen des Bruchs sind leicht darin zu finden, dass die Jung'sche Lehre schon sehr bald in wesentlichen Punkten von der Freud'schen stark abwich. Schwieriger ist es zu erklären, warum der endgültige Bruch erst so spät kam, nachdem für den späteren Betrachter die unterschiedlichen Auffassungen schon in den ersten Jahren der Bekanntschaft auf der Hand lagen. Beiderseits müssen massive Verdrängungs- und Verleugnungsmechanismen am Werk gewesen sein, um die Illusion einer prinzipiellen Übereinstimmung so lange aufrechterhalten zu können. Sicher spielen hier sehr persönliche irrationale Momente mit, die man vordergründig vielleicht als gegenseitige Anziehung, Faszination beschreiben könnte.

Bereits im Vorwort zu seiner 1907 erschienenen Schrift *Über die Psychologie der Dementia praecox* weigert sich Jung, dem sexuellen Kindheitstrauma eine solche ausschliessliche Bedeutung zu geben und allgemein der Sexualität jene «psychologische Universalität» zuzuschreiben, wie sie Freud postulierte. Umgekehrt scheint das schon früh von Jung gezeigte Interesse an Parapsychologie, Philosophie und Religion sowie sein damit verbundener Hang zu sehr spekulativen und vagen Gedankengebäuden bei Freud auf Misstrauen gestossen zu sein, was Jung als «oberflächlichen Positivismus» abtat und auf Freuds materialistisches Vorurteil zurückführte. Tatsache ist, dass Freud in seiner Psychologie nie die Grundlagen einer materialistischen Anschauung verlassen hat und seine zunächst durch Beobachtung am Patienten gewonnenen Erkenntnisse erst später vorsichtig zur Erklärung etwa kultureller Phänomene heranzog, wobei er durchaus den zuweilen spekulativen Charakter seiner Gedankengänge zu reflektieren wusste. Jung hingegen zog sehr bald aus dem Studium von Mythen oder religiösen Schriften psychologisch-philosophische Schlüsse, welche die Erfahrung weit transzendierten, und tat damit gleich zu Beginn einen Schritt, den Freud erst in seinen späten Schriften (etwa in *Jenseits des Lustprinzips*, 1920g) und letztlich auch dort noch sehr zurückhaltend vollzog. Sicher war Jung von Anfang an, allein schon durch sein Aufwachsen in einer Pfarrersfamilie und seine schon früh auftretende Neigung zu einer mystischen Wesens- und Gottesschau, nie in solchem Masse einer materialistischen Anschauung und Ratio-Gläubigkeit verhaftet wie Freud. Jungs 1911/12 erschienenes Buch *Wandlungen und Symbole der Libido* enthält eine sehr klare offene Kritik der Freud'schen Lehre, insbesondere der Sexualtheorie. Der Begriff der *Libido* wird dort wesentlich weiter gefasst und letztlich völlig vom Sexualtrieb gelöst. Auch die ödipale Konfliktsituation, der Inzestwunsch, wird nur mehr symbolisch gesehen, der ganz konkrete sexuelle Wunsch nach der Mutter als Wunsch nach dem «Unerreichbaren» umgedeutet, der konkrete leibliche Vater als «innerer Vater» interpretiert. Es ist klar, dass mit dieser Umdeutung der Freud'schen Begriffe die psychoanalytische Lehre sehr viel von ihrer Anstössigkeit verlor, und Jung, der diese veränderte Version der Libidotheorie auch auf einigen Vorträgen in Amerika vertreten hatte, wies Freud darauf hin, dass er so eine Reihe von Anhängern gewonnen hatte.

Der 4. Internationale Psychoanalytische Kongress im Jahr 1913 in München stand denn auch ganz im Zeichen dieser Spannungen. In *Zur Geschichte der psychoanalytischen Bewegung* schreibt Freud: «Auf dem Münchner Kongress sah ich mich genötigt, dieses Halbdunkel aufzuhellen, und tat es durch die Erklärung, dass ich die Neuerungen der Schweizer nicht als die legitime Fortsetzung und Weiterentwicklung der von mir ausgehenden Psychoanalyse anerkenne.» (1914d, GW X, 105f) Immerhin wurde Jung abermals zum Präsidenten gewählt, wobei sich allerdings 22 von 52 Anwesenden aus Protest der Stimme enthielten. Bereits einen Monat später schrieb Jung an Freud, aufgrund des ihm zu Ohren gekommenen Vorwurfs, Freud bezweifle seine *bona fides*, halte er ein weiteres Zusammenarbeiten mit ihm für unmöglich. Anfangs 1914 legte Jung seine Funktion als Präsident nieder, und einige Monate später trat er, wohl auch als Reaktion auf die mittlerweile erschienene Schrift *Zur Geschichte der psychoanalytischen Bewegung*, aus der Internationalen Vereinigung aus.

Als Folge dieser drei «Abfallbewegungen» (zu Adler und Jung war noch der Austritt von Stekel gekommen) schlug Jones 1912 vor, ein *Komitee* zu gründen, das aus zuverlässigen Analytikern, gewissermassen einer «alten Garde» um Freud bestünde und das ihm bei der Verteidigung und Reinhaltung der Lehre vor Verfälschungen behilflich sein sollte. Jedes Mitglied sollte verpflichtet werden, eine von ihm entwickelte Theorie vor der Veröffentlichung erst den Kollegen vorzulegen und mit ihnen zu diskutieren. Freud war von dieser Idee begeistert und versicherte, die Existenz einer solchen Gemeinschaft zum Schutz seiner Schöpfung würde ihm Leben und Sterben sehr erleichtern. 1913 trat das Komitee, bestehend aus Karl Abraham, Sándor Ferenczi, Ernest Jones, Otto Rank und Hanns Sachs in Anwesenheit Freuds zum ersten Mal zusammen. 1919 wurde Max Eitingon auf Vorschlag Freuds als sechstes Mitglied aufgenommen. 1923, im Zusammenhang mit der Krebserkrankung Freuds, traten dann, nach zehnjähriger recht effizienter Arbeit, Differenzen auch innerhalb dieser Gruppe auf, und es kam zum Abfall von Rank und später von Ferenczi.

Im Rahmen der ersten Internationalen Kongresse waren eine Reihe von Ortsgruppen gegründet worden, zuerst im deutschsprachigen, dann auch im weiteren europäischen Raum, schliesslich in aussereuropäischen Städten. *Der 5. Kongress der Internationalen Psychoanalytischen Vereinigung fand noch vor Kriegsende 1918 in Budapest statt, der 6. in Den Haag.* Auch als Freud später aufgrund seiner Erkrankung an der Teilnahme verhindert war, wurden in der Folge diese Kongresse weiter durchgeführt, bis auf den heutigen Tag!

Durch die zunehmende Repression des Nationalsozialismus erfolgten später zahlreiche Emigrationen von Psychoanalytikern ins Ausland, vor allem ins Angelsächsische. Fest steht, dass die Psychoanalyse, die das Schwergewicht auf die individuelle Entwicklung des einzelnen legt, von totalitären Gesellschaften rechter wie linker Prägung abgelehnt, verboten und verfolgt wurde. Das traf auf das faschistische Deutschland ebenso zu wie auf die kommunistische Sowjetunion.

III. Zur Entwicklung in der Schweiz

Die Schweizerische Gesellschaft für Psychoanalyse (SGPsa) wurde am Montag, dem 24. März 1919 gegründet. Man traf sich in der Wohnung von Fräulein Dr. G. Brüstlein an der Bahnhofstrasse 102 in Zürich. An der konstituierende Versammlung hatten elf Interessenten teilgenommen (F. *Meerwein*, 1979). Gründungsmitglieder waren: Frl. Dr. iur. G. Brüstlein, Zürich, Dr. med. H. Frey, Basel, Frl. Dr. E. Fürst, Zürich, Herr W. Hoffmann, Dr. med. A. Kielholz, Königsfelden, Dr. phil. M. Nachmansohn, E. Neuenhofer, Dr. med. E. Oberholzer, Zürich, Dr. med. M. Oberholzer, Zürich, Pfarrer O. Pfister, Zürich, Dr. med. H. Rorschach, Königsfelden. Referenten der wissenschaftlichen Sitzung vom 24. März waren Jones, Rank und Sachs. Sie sprachen zum Thema *Die Psychoanalyse als geistige Bewegung*. Mit dieser Sitzung beginnt die Geschichte der Schweizerischen Gesellschaft für Psychoanalyse. Sechs Jahre zuvor, im Jahre 1913, war ihre Vorgängerin, die *Gesellschaft für Freud'sche Forschungen* nach nur sechsjähriger Lebenszeit aufgelöst worden und 1914 auch formell aus der *Internationalen Psychoanalytischen Vereinigung* wieder ausgetreten. Die Wirren des 1. Weltkrieges hatten damals eine Neugründung verzögert, obschon Karl Abraham bereits 1913 hierzu Anstoss gegeben hatte. Die SGPsa ist als nationale Gesellschaft der Internationalen Psychoanalytischen Vereinigung (IPV) angeschlossen.

Zur Entwicklung der *Psychoanalyse in Bern* sei folgendes erwähnt: Ernst Schneider, Direktor des Kantonalen Lehrerseminars in Bern, wurde 1916 wegen seiner psychoanalytischen Ideen entlassen. Sein Schüler, der spätere Ittiger Lehrer Hans Zulliger, wurde zu einem international anerkannten Psychoanalytiker, dessen 1921 erschienenes Buch *Psychoanalytische Beobachtungen in der Volksschule* die Anerkennung Freuds fand (K.*Weber*, 1991). Nach 1920 begannen sich in Bern auch Ärzte aktiv für die Psychoanalyse einzusetzen. Ernst Blum (1928–1981) hatte eine Analyse bei Freud in Wien gemacht und praktizierte in Bern. Max Müller (1894–1980) war bei Emil Oberholzer in Zürich (dem Präsidenten der 1919 neu gegründeten Schweizerischen Gesellschaft für Psychoanalyse) in Analyse gewesen, wie auch Arnold Weber (1894–1976). Die Gruppe Zulliger, Blum, Müller und Weber traf sich regelmässig, bis sie Ende 1927 von der Gründung der Schweizerischen Ärztegesellschaft für Psychoanalyse durch Emil Oberholzer und durch dessen Bruch mit der Schweizerischen Gesellschaft für Psychoanalyse überrascht wurde und sich auflöste.

Mitte der 1980er Jahre schliesslich konstituierte sich um Kaspar Weber, Hannelore und Alexander Wildbolz herum die rasch wachsende *Psychoanalytische Arbeitsgruppe Bern* als lokale Ausbildungsstelle; ihre Mitglieder waren/sind Psychoanalytiker der Schweizerischen Gesellschaft für Psychoanalyse (SGPsa) und arbeiten nach deren Richtlinien. Die Psychoanalytische Arbeitsgruppe Bern führte Seminarien durch, unterhielt eine Beratungsstelle und organisierte Vorträge international bekannter Psychoanalytiker in Bern. Auch in der lokalen Presse (z.B. H.*Wildbolz*, 1989, A.*Wildbolz*, 1995, 1996, 1998) vertrat die Gruppe den psychoanalytischen Standpunkt zu aktuellen Themen.

Aus der Psychoanalytischen Arbeitsgruppe wurde im Jahr 2000 das *Sigmund-Freud-Zentrum Bern*, das in den Räumen der von Kaspar Weber und Hubert Bauer gegründeten Blum-Zulliger-Stiftung an der Gerechtigkeitsgasse 53, 3011 Bern eine permanente Bleibe fand, mit eigenen Statuten und eigener Website, die zu besuchen ich Sie einlade für alle weiteren Informationen: www.freud-zentrum.ch!

Vorlesung IV

Die Indikation zur Psychoanalyse

Wer ist eigentlich geeignet für eine Psychoanalyse? Der britische Pädiater und Psychoanalytiker *Donald Woods Winnicott* soll einmal lapidar gesagt haben, dass die Analyse im grossen und ganzen für alle da sei, welche sie wollen, brauchen und vertragen!

Meiner Meinung nach erfolgt jede *Indikationsstellung aufgrund mindestens eines Indikationsgesprächs*. Dieses wird nach der *Technik des psychoanalytischen Erstgespräches* geführt, worüber wir *Hermann Argelander* (1976 und 1978) im Anschluss an *Sigmund Freud* (1895d, 1913c) eine ausgezeichnete zusammenfassende Darstellung verdanken. Ich persönlich führe zwei bis drei solche Gespräche, um etwas über die Dynamik der Interaktion zu erfahren und um zu sehen, ob sich ein prozesshaftes, analytisches Geschehen anbahnt. Ausserdem lassen sich Ich-Qualitäten prüfen, wie z.B. die Fähigkeit zu Selbstbeobachtung und psychologisch-symbolischem Denken, sowie die Fähigkeit, Unlustgefühle wie Angst, Schmerz und Frustration zu ertragen. Bewirkt Einsicht eine Veränderung, so spricht dies für eine Beweglichkeit des Ichs. Im ersten Gespräch bringt der Patient also wertvolle Informationen zur Indikationsstellung, sei es mit verbalen oder averbalen Mitteilungen, sei es mit einem in der Gesprächssituation auf der Handlungsebene (durch Agieren) ausgedrückten unbewussten Konflikt. Es wird sich auch erweisen, ob die beiden realen Personen, Analysand und Analytiker, zusammenpassen.

Im *günstigen Fall* zeigen sich positive Übertragungsmanifestationen, das sogenannte Übertragungs- oder Objektbeziehungspotential des Patienten, worauf das für die analytische Arbeit nötige Arbeitsbündnis beruht.

Im *ungünstigen Fall* kann es aus inneren und äusseren Gründen (auch durch Persönlichkeitsmerkmale des Analytikers!) zu einer negativen Übertragung kommen, in welcher der Analytiker schon während des Erstgesprächs mit einem gefürchteten oder gehassten Objekt der Vergangenheit identifiziert wird, was den Beginn einer gemeinsamen Arbeit unter Umständen verunmöglicht. Das heisst jedoch allenfalls höchstens, dass dieser bestimmte Patient bei mir nicht analysierbar ist, während eine Analyse bei einem anderen Analytiker durchaus gelingen kann.

Bei der *Gesprächsführung* versuche ich, dem Patienten soviel Freiheit und Raum zu geben wie er ertragen kann, so dass sich ein Diskurs approximativ in Richtung freies Assoziieren entwickeln kann. Einige Patienten sind in der Lage, spontan über sich zu sprechen, andere erst nach Aufforderung – ich bitte sie, mir etwas über sich zu erzählen. Optimal frei assoziieren, ungehemmt den Phantasien freien Lauf lassen, können viele Analysanden erst am Schluss der Analyse. Frei assoziieren heisst auch, dass das Ich stark genug ist, eine Regression auf die Ebene des primärprozesshaften Denkens durchzumachen.

Die *Instrumente des Analytikers* sind in der Hauptsache – neben Schulung und Erfahrung, wodurch er sein «analytisches Ohr» erworben hat – seine Interventionen:

Er hat die Möglichkeit, eine sogenannte *adaptive Deutung* zu machen, welche bewusstseinsnahe Affekte und psychische Inhalte wie ein Spiegel wiedergibt. Damit wird das Verständnis des Patienten für sich selbst vertieft – es wird einem Ich-Bedürfnis entsprochen, und das Entstehen eines Arbeitsbündnisses wird gefördert. Auch Fragen können einen kommunikativen Wert haben, das Arbeitsbündnis fördern und Unbewusstes erlauben – damit meine ich jedoch nicht ein Abfragen von biographischen oder Krankheitsdaten.

Die sogenannte *Probedeutung* ist einschneidender, sollte daher besonders sorgfältig gehandhabt werden. Sie gibt Aufschluss über die Ich-Stärke (Fähigkeit des Ichs, Unlustgefühle zu ertragen) und über das Zusammenspiel von unbewussten Konflikten, Triebansprüchen, Separationsängsten und die vom Ich dagegen aufgewendeten Abwehrmechanismen. Weiter zeigen sich durch die Probedeutung die Fähigkeit zur therapeutischen Spaltung des Ichs, die synthetische Funktion des Ichs sowie die Veränderbarkeit des Ichs. Keinesfalls sollte man die Abwehr niederreissen und das Ich dadurch mit Angst paralysieren – die Erfahrung von Überforderung und Hilflosigkeit schwächt das Ich und schadet ihm. Wir wollen ja durch die Analyse das Gegenteil bewirken, nämlich eine Stärkung des Ichs.

Eines der wichtigsten Instrumente des Analytikers ist sein eigenes Unbewusstes, das sich in der *Gegenübertragung* äussert: Ich reflektiere, was der Patient mit mir macht, welche Gefühle, Phantasien oder Empfindungen er bei mir hervorruft, oder sogar welches Verhalten er bei mir auslöst.

Es ist natürlich nicht meine Absicht, Ihnen mit diesen Bemerkungen über mein eigenes Vorgehen in den ersten Gesprächen ein Schema anzubieten – dies widerspräche völlig der durch Abwarten, Geschehen Lassen charakterisierten analytischen Haltung, die wir auch bei der Indikationsstellung einnehmen!

Ich werde jetzt näher auf historische Aspekte eingehen, um dann zu ein paar einzelnen Themen zu kommen, die sich daraus ergeben.

I. Historisches

Freud widmet der Analyseindikation kein eigenes Kapitel, nimmt aber dazu Stellung in einer Reihe von Schriften durch sein ganzes Werk.

In seinen frühen Jahren betrachtet er verschiedene Varianten schwerer und komplizierter Neurosen enthusiastisch als Indikationen für seine neue Behandlungsmethode: Hysterie und hysterische Symptome, akute wie chronische (1893a, 1895d), Phobien und Zwangsneurosen (1894a) sowie Perversionen (1905d).

Später ist er kritischer. Insbesondere in der Arbeit *Die endliche und die unendliche Analyse* (1937c) spricht er von Grenzen der analytischen Erkenntnistheorie und meldet seine Skepsis an hinsichtlich der Vorhersagbarkeit des Resultats einer psychoanalytischen Kur und der Dauerhaftigkeit der Heilung. In dieser Arbeit empfiehlt er wie schon früher (1913c, GW VIII, 455) eine Probezeit, um das Risiko eines diagnostischen Irrtums zu senken. Freud hält die Indikationsstellung also für ein schwieriges Unterfangen: «Wir können den Patienten, der zur Behandlung [...] kommt, nicht beurteilen, ehe wir ihn durch einige Wochen oder Monate analytisch studiert haben. Wir kaufen tatsächlich die Katze im Sack. Der Patient brachte unbestimmte, allgemeine Beschwerden mit, die eine sichere Diagnose nicht gestatteten. Nach dieser Probezeit mag sich herausstellen, dass es ein ungeeigneter Fall ist.» (1933a [1932], GW XV, 167) Ausgehend von einem fiktiven *Normal-Ich* schreibt Freud (1937c), das Ich könne durch Abwehrmechanismen in einer Weise verändert werden, dass es den Anforderungen einer psychoanalytischen Kur nicht standhalte. Des weiteren stellten Masochismus und negative therapeutische Reaktion, Abkömmlinge des Destruktions- oder Todestriebes, eine Behinderung der Psychoanalyse dar, wie auch der Penisneid der Frau oder das Sträuben des Mannes gegen eine passiv-feminine Einstellung.

Die *Psychosen* schloss Freud aus der Indikation aus. Gelegentlich vertrat er jedoch die Ansicht, dass eine Analyse bei Psychosen angebracht sei, zwar nicht um eine Heilung zu erreichen, wohl aber für Forschungszwecke: «Sie wissen, dass unsere bisherige psychiatrische Therapie Wahnideen nicht zu beeinflussen vermag. Kann es vielleicht die Psychoanalyse dank ihrer Einsicht in den Mechanismus dieser Symptome? Nein, meine Herren, sie kann es nicht; sie ist gegen diese Leiden – vorläufig wenigstens – ebenso ohnmächtig wie jede andere Therapie. Wir können zwar verstehen, was in den Kranken vor sich gegangen ist, aber wir haben kein Mittel, um es den Kranken selbst verstehen zu machen. Sie haben ja gehört, dass ich die Analyse dieser Wahnidee nicht über die ersten Ansätze hinaus fördern konnte. Werden Sie darum behaupten wollen, dass die Analyse solcher Fälle verwerflich ist, weil sie unfruchtbar bleibt? Ich glaube doch nicht. Wir haben das Recht, ja die Pflicht, die Forschung ohne Rücksicht auf einen unmittelbaren Nutzeffekt zu betreiben. Am Ende – wir wissen nicht, wo und wann – wird sich jedes Stückchen Wissen in Können umsetzen, auch in therapeutisches Können.» (1916–17a [1915–17], GW XI, 262f)

Neben diesen *Diagnosekriterien* finden sich bei Freud schon früh (1904a [1903], GW V, 3–10, und 1905a [1904], GW V, 13–26) auch Bemerkungen zu *Eignungskriterien*, die auf der Persönlichkeitsstruktur des Patienten beruhen: Ein Patient müsse eines psychischen Normalzustandes fähig sein, über eine natürliche Intelligenz und ethische Entwicklung verfügen, Zustimmung, Vertrauen, Aufmerksamkeit für die Analyse und anfangs eine positive Übertragung haben. Gegenindikationen seien vorhanden bei Personen mit schweren Charakterdeformationen, Kriminalität, Epilepsie, angeborener Syphilis, Intoxikationszuständen, wenn eine rasche Beseitigung gefährlicher Symptome erforderlich sei und bei einem Alter in der Nähe des fünften Dezenniums. Freud sagt (1904a [1903], GW V, 8): «Die Natur der psychoanalytischen Methode schafft Indikationen und Gegenanzeigen sowohl von Seiten der zu behandelnden Personen als auch mit Rücksicht auf das Krankheitsbild.»

Freud befasst sich ebenfalls mit der *Person des Analytikers*: Ist es diesem möglich, sich für einen bestimmten Patienten zu interessieren, hat er für ihn Sympathiegefühle? Fast persiflageartig schreibt er: «Ich könnte mir nicht vorstellen, dass ich es zustande brächte, mich in den psychischen Mechanismus einer Hysterie bei einer Person zu vertiefen, die mir gemein und widerwärtig vorkäme, die nicht bei näherer Bekanntschaft imstande wäre, menschliche Sympathie zu erwecken, während ich doch die Behandlung eines Tabikers oder Rheumatikers unabhängig von solchem persönlichen Wohlgefallen halten kann.» (1895d, GW I, 264) Heute würde man sagen, der Analytiker muss positive Gefühle in Bezug auf seinen Patienten empfinden können; es geht um seine Gegenübertragung, bei welcher die reale Beziehung wie auch möglicherweise ein eigener unbewusster Konflikt eine Rolle spielt, nach Stekel der sogenannte *blinde Fleck* in der Wahrnehmung des Analytikers (1912e, GW VIII, 382). Freud empfiehlt, dass sich ein Analytiker alle fünf Jahre einer erneuten Analyse unterziehen solle.

Der oft verwendete Begriff der *Analysierbarkeit*, welchen *Sachs* (1947) als einer der ersten verwendete, ist als ein allzu allgemein gehaltener Massstab zur Analyse-Indikation obskur. Heute wird die Indikationsfrage viel differenzierter betrachtet als abhängig von einer Reihe von Faktoren, die sich unter die Ich-Fähigkeiten subsumieren lassen. In neuerer Zeit wird der Qualität der Objektbeziehungen des Analysanden ein grosser Platz eingeräumt. Jedoch erweist die Klinik, dass auch Patienten mit qualitativ schlechten Objektbeziehungen wie Borderline-Fälle analysierbar sind.

Während vieler Jahre hat es Autoren verlockt, im Hinblick auf die Indikation diagnostische Kriterien aufzustellen. Daneben gab es aber immer mehr Psychoanalytiker, für welche die Eigenschaften des Menschen hinter der Krankheit zu einem entscheidenden Gesichtspunkt wurden. Die Persönlichkeit des Patienten, seine Vergangenheit und seine gegenwärtige Funktionsfähigkeit wurden immer wichtiger. Verschiedene Autoren in späterer Zeit haben darauf hingewiesen, dass diagnostische Kategorien und spezifische Symptome unzuverlässige Ratgeber für die Analyseeignung des einzelnen Patienten darstellen. Es ist bekannt, dass jedes beliebige neurotische Symptom auf jedem beliebigen psychopathologischen Nährboden entstehen kann. *Anna Freud* (1954) äusserte sich über diese Grenzen der Fähigkeit des Analytikers, die Bedeutung von Symptomen abzuschätzen. Sie war der Meinung, dass es zu Beginn der Analyse und ehe man einen Einblick in die Struktur der Neurose habe unmöglich sei, vorherzusagen, wie der Patient auf die Behandlung reagieren werde. Zudem gebe es keine Garantie, dass zwei Individuen mit der gleichen Symptomatologie auf das gleiche technische Vorgehen ähnlich reagierten.

Ein Symposium über *The widening scope of psychoanalysis* (1954, *Anna Freud, Leo Stone, Edith Jacobson*) hatte weniger den stetig wachsenden Umfang diagnostischer Indikationen zur Analyse (die nicht für alles eine magische Hilfe darstellen kann) zum Hauptthema als vielmehr die erforderlichen Eignungskriterien. Deshalb wird dieses Symposium zu einem Wendepunkt in der psychoanalytischen Literatur. So zeigten *Knapp et al.* (1960) in einer Nachuntersuchung von Patienten, die für eine Analyse ausgewählt worden waren, dass die als gute Indikation geltende Diagnose Hysterie nicht unbedingt bedeutete, dass der Patient erfolgreich analysiert worden wäre, sondern dass der Erfolg mehr von Eignungskriterien abhing. Ähnliches gilt für psychosomatische Störungen, welchen man im letzten Vierteljahrhundert immer mehr Aufmerksamkeit schenkte – z.B. dem Magengeschwür, der *Colitis ulcerosa*, dem Bronchialasthma und der Dermatitis; bei diesen Erkrankungen stiessen die früheren Psychoanalytiker an ihre Grenzen. Heute würde man bei Psychosomatosen in Bezug auf die Indikation zur Analyse sehr individuell vorgehen und vor allem die Eignung prüfen, welche sich aus Persönlichkeitskriterien des Patienten ergibt; das ist auch so für die als gute diagnostische Indikation geltende Zwangsneurose und für die Perversion.

Dank der Unterscheidung zwischen diagnostischen und persönlichen Indikationskriterien würde man heute auch nicht mehr fragen, ob Psychotiker psychoanalytisch behandelt werden können oder nicht, sondern, ob ein bestimmter psychotischer Patient persönliche Eigenschaften aufweist, die es als wahrscheinlich erscheinen lassen, dass eine Analyse für ihn von Nutzen sein könnte – Sie werden in diesen Vorlesungen noch hören, dass heute tatsächlich viele Psychoanalytiker psychotische Patienten analysieren, wobei man allerdings ausserordentlich grosse Zeitspannen in Betracht ziehen muss.

Die Auswahl eines Patienten für die psychoanalytische Behandlung hängt also weit mehr von der Beurteilung seiner Eignung dazu ab als von seiner Diagnose – aufgrund seiner Symptome mag eine Indikation vorliegen, aber es kann sich erweisen, dass er dennoch nicht für eine Analyse geeignet ist. Andererseits mag ein Patient Symptome aufweisen, von denen man annehmen muss, dass sie durch psychoanalytische Behandlung nur schwer zu beeinflussen sind (*Charakterpanzer*) – dennoch kann er aufgrund persönlicher Kriterien für eine Analyse geeignet sein und davon profitieren, auch wenn jene Symptome prinzipiell bestehen bleiben. Ferner sollte man bei der Indikationsstellung auch die besondere Lebenslage berücksichtigen, in welcher sich der Patient befindet.

Ein besonderes Eignungskriterium ist die bereits von Freud erwähnte *Zugänglichkeit oder Unzugänglichkeit*: «Von vornherein wusste man seinerzeit nicht, dass Paranoia und Dementia praecox in ausgeprägten Formen unzugänglich sind, und hatte noch das Recht, die Methode an allerlei Affektionen zu erproben.» (1916–17a [1915–17], GW XI, 477) Kann eine Analyse den Patienten überhaupt erreichen und beeinflussen? Auch ein von Diagnose und Persönlichkeit her im Grunde geeigneter Zwangsneurotiker kann ungeeignet sein, wenn er absolut ausserstande ist, in psychologischen Termini zu denken und Verbindungen zwischen Ereignissen und eigenen Empfindungen zu erkennen. *Joseph* (1967) betrachtete diese Unfähigkeit als «mangelnde psychologische Auffassungsgabe». Meines Erachtens gehört zur psychologischen Auffassungsgabe, dass der Patient ein Interesse für psychologische Phänomene, eine Neugier haben muss – das lässt sich am besten mit dem Terminus von *Bion* (1962, deutsch 1990) +K (*Knowledge*) ausdrücken, worüber wir noch sprechen werden. Selbstverständlich gibt es weitere Eigenschaften, welche einen Patienten für eine Analyse unzugänglich machen, wie vollständige Abkehr von der Aussenwelt, hypochondrische Besorgnisse, mangelnde Motivierung zur Behandlung. Ein berühmter Patient Freuds, der *Wolfsmann* – wir werden ihm eine eigene Vorlesung widmen – wurde von *Ruth Mack Brunswick* (1928, in *Gardiner*, 1972) nachbehandelt. Sie bemerkte hierzu, dass dieser Patient dank der während der ersten Analyse gewonnenen Einsicht in der Zweitanalyse zugänglicher war. *Nunberg* (1932, in 1975, 374) war der Ansicht, dass Zugänglichkeit vom psychischen Leidensdruck des Patienten abhängt: «Hat dieses Ich Krankheitseinsicht, das heisst, leidet der Patient und fühlt, dass seine Symptome, Eigentümlichkeiten und gewisse Züge seines Charakters störend in sein Leben eingreifen, dann ist er für die Behandlung reif.» Es ist jedoch so, dass nicht alle Patienten, die Konflikte haben und daran leiden, notwendigerweise für eine Analyse zugänglich sind. Umgekehrt ist nicht jeder Patient, der sich seiner Konflikte nicht bewusst ist oder nicht an Symptomen leidet, unbedingt für eine Analyse unzugänglich. *Glover* (1954) setzte die Zugänglichkeit eines Patienten in Beziehung mit seiner Fähigkeit zur Herstellung eines Behandlungsbündnisses, d.h. zur Fähigkeit, eine brauchbare Übertragungsbeziehung herzustellen. Die Zugänglichkeit hängt auch ab von der Fähigkeit, ein gewisses Frustrationsquantum zu ertragen und von der Fähigkeit, sich selbst so zu betrachten wie man einen anderen zu betrachten vermag (*therapeutische Spaltung*). Ferner muss ein gewisses Mass an Urvertrauen sowie eine Identifizierung mit Behandlungszielen möglich sein.

II. Einzelne Themen zur Indikationsstellung

1. Therapeutischer Ehrgeiz und Indikation zur Analyse

Die besondere Beziehung zwischen Behandlungsziel und analytischer Technik wird von *Freud* vorerst nur flüchtig angedeutet: «Es ist aber nicht der therapeutische Erfolg, den wir an erster Stelle anstreben, sondern wir wollen den Patienten in den Stand setzen, seine unbewussten Wunschregungen bewusst zu erfassen.» (1909b, GW VII, 354) Später äussert er sich erheblich deutlicher über die Rolle des Analytikers: «Ich meine aber, mein Mangel an der richtigen ärztlichen Disposition hat meinen Patienten nicht sehr geschadet. Denn der Kranke hat nicht viel davon, wenn das therapeutische Interesse beim Arzt affektiv überbetont ist. Für ihn ist es am besten, wenn der Arzt viel und möglichst korrekt arbeitet.» (1927a, GW XIV, 291)

Wenn die Absicht des Analytikers, zu helfen, sich in den Ehrgeiz hineinsteigert, zu heilen, fangen die Schwierigkeiten an. Freud drückt das so aus: «Für den Psychoanalytiker wird unter den heute waltenden Umständen eine Affektstrebung am gefährlichsten, der therapeutische Ehrgeiz, mit seinem neuen und viel angefochtenen Mittel etwas zu leisten, was überzeugend auf andere wirken kann. Damit bringt er nicht nur sich selbst in eine für die Arbeit ungünstige Verfassung, er setzt sich wehrlos gewissen Widerständen des Patienten aus, von dessen Kräftespiel ja die Genesung in erster Linie abhängt.» (1912e, GW VIII, 381)

In neuerer Zeit haben sich *Eissler* (1965) und *Greenson* (1965) zum Thema geäussert. Eissler bemerkt, dass es seltsamerweise gerade die therapeutische Absicht des Analytikers sei, die häufig der Genesung des Patienten im Wege stünde, weil in der psychologischen Intimität der psychoanalytischen Situation die Motive des beobachtenden Analytikers eine Wirkung auf den beobachteten Patienten ausübten, selbst wenn sie nicht in Worte gefasst würden. Greenson warnt davor, den Wunsch zu heilen mit pathologischem therapeutischem Eifer zu verwechseln.

Der Entschluss, einen Patienten in Analyse zu nehmen, soll also nicht aufgrund des therapeutischen Ehrgeizes des Analytikers, sondern nach sorgfältig geprüften Indikationskriterien erfolgen! Nebenbei sei bemerkt, dass auch die finanzielle Lage des Analytikers kein Motiv sein darf, irgendeinen Patienten in Analyse zu nehmen.

2. Altersgrenze

Als obere Altersgrenze schlug Freud etwa 50 Jahre vor (1904a [1903]), weil er glaubte, dass die Menge des Materials von noch älteren Patienten nicht zu bewältigen und die für eine Behandlung benötigte Zeit zu lang sei; zudem beginne die Fähigkeit, psychische Vorgänge rückgängig zu machen, zu erlahmen. Er sagt lapidar: «Alte Leute sind nicht mehr erziehbar» (1905a [1904], GW V, 21) – er selbst war zu jener Zeit 48 Jahre alt!

Viele Autoren, die sich später zu diesem Punkt geäussert haben, haben die Altersgrenze heraufgesetzt. In den 1920er Jahren verwies Abraham darauf, dass das Alter der Neurose wichtiger sei als das Alter des Patienten, und *Jones* berichtete von guten Erfolgen bis zum Alter von 60 Jahren, meinte aber, dass mit zunehmendem Alter die Möglichkeit der Neuanpassung geringer werde, was das Interesse des Analytikers am Fall beeinträchtige. In neuerer Zeit sind die Ansichten vielfältiger geworden. 1954 schlägt *Knight* eine obere Altersgrenze von 50 Jahren vor, wobei aber gewisse Ausnahmen gemacht werden können. 1954 schreibt *Glover*, dass mit zunehmendem Alter der sekundäre Krankheitsgewinn eine grössere Rolle spiele und die Analyse der Übertragung schwieriger werde. *Saul* (1958) jedoch denkt, dass die Analyse auch bei über 60jährigen eine Hilfe darstellen könne.

Die heutige Ansicht hierzu ist, dass es eigentlich keine Altersgrenze gibt, sondern dass man von Fall zu Fall individuell entscheiden muss. Ein Hauptkriterium warum man schwierigere Analysen bekommt, wenn Patienten ein höheres Alter haben, liegt darin, dass Patienten nicht nur ihre Kindheit und Jugendzeit zu betrauern haben, sondern ein ganzes Leben, und dass sie im Hinblick auf die Zukunft auf viele Möglichkeiten, die sie in früherem Alter noch gehabt hätten, verzichten müssen. Diese grosse Trauerarbeit stellt einen beträchtlichen Widerstand dar, und es ist häufig so, dass Analysen mit älteren Patienten aus den genannten Gründen viel länger dauern.

Ich möchte nicht versäumen, Ihnen zur Altersfrage eine uns heute anekdotisch anmutende Ansicht Freuds mitzuteilen (1933a [1932], GW XV, 144f): «Ein Mann um die Dreissig erscheint als ein jugendliches, eher unfertiges Individuum, von dem wir erwarten, dass es die Möglichkeiten der Entwicklung, die ihm die Analyse eröffnet, kräftig ausnützen wird. Eine Frau um die gleiche Lebenszeit aber erschreckt uns häufig durch ihre psychische Starrheit und Unveränderlichkeit. Ihre Libido hat endgültige Positionen eingenommen und scheint unfähig, sie gegen andere zu verlassen. Wege zu weiterer Entwicklung ergeben sich nicht; es ist, als wäre der ganze Prozess bereits abgelaufen, bliebe von nun an unbeeinflussbar, ja als hätte die schwierige Entwicklung zur Weiblichkeit die Möglichkeiten der Person erschöpft. Wir beklagen diesen Sachverhalt als Therapeuten, selbst wenn es uns gelingt, dem Leiden durch die Erledigung des neurotischen Konflikts ein Ende zu machen.» Freuds Ansichten über Frauen in diesem Zusammenhang hat jedoch in der späteren psychoanalytischen Literatur keinerlei Echo gefunden, dies zu Ihrem Trost. Im übrigen werden wir den heutigen Ansichten über die Weiblichkeit zwei eigene Vorlesungen widmen.

3. Intelligenz

Freud erwähnt bereits 1895 (d, GW I, 264) dass der Patient, welcher eine Analyse unternehmen will, über eine gewisse Intelligenz verfügen müsse: «Unterhalb eines gewissen Niveaus von Intelligenz ist das Verfahren überhaupt nicht anwendbar, durch jede Beimengung von Schwachsinn wird es ausserordentlich erschwert.» Dies unterstreicht er auch 1904 (a [1903], GW V, 9), wo er von *natürlicher Intelligenz* spricht. Darin lag wohl das Bemühen, dem Problem des Bildungsniveaus auszuweichen, wenngleich Freud einen *gewissen Bildungsgrad* (1905a [1904], GW V, 21) voraussetzte.

Fenichel erwähnte 1945, dass Schwachsinn eine Kontraindikation zur Psychoanalyse sei, gab aber zu bedenken, dass *Pseudo-Debilität* auch als Symptom einer psychischen Störung gewertet werden könne, was von anderen Autoren ebenfalls behauptet und diskutiert worden ist.

Die Versuchung des Psychoanalytikers, mit Patienten von hoher Intelligenz zu arbeiten oder ganz allgemein, seinen Analyse-Patienten eine zu hohe Intelligenz anzudichten, ist sehr gross!

4. Ethische und moralische Gesichtspunkte

Freuds Forderung, dass der Patient «ein gewisses Mass [...] ethischer Entwicklung» (1904a [1903], GW V, 9) besitzen müsse, hat vor allem damit zu tun, dass Gefühle und Einstellungen des Analytikers berührt werden und nicht mit Urteilen über den *Wert* des Patienten. Freud schreibt: «Bei wertlosen Personen lässt den Arzt bald das Interesse im Stiche, welches ihn zur Vertiefung in das Seelenleben des Kranken befähigt» (op. cit. 9) – meines Erachtens ist auch diese Aussage heute als historisch überholt und lediglich als anekdotisch zu betrachten.

Ganz ähnlich verhält es sich mit Patienten, die in einer bestimmten Weise für sogenannt *moralisch defekt* gehalten wurden – sie mögen für den einen Analytiker unannehmbar sein, können aber von einem anderen durchaus erfolgreich analysiert werden. Nach 1945 schien die allgemeine analytische Meinung mehr dazu zu neigen, bei einem Patienten mit sogenannten *moralischen Störungen* ein Persönlichkeitsproblem zu vermuten. Die Frage nach dem *Wert* des Patienten trat *dann* mehr in den Vordergrund, wenn es darum ging, welchen *Nutzen* er möglicherweise für die Gesellschaft hätte, falls seine Analyse erfolgreich beendet würde. Nach *Saul* (1958) würde daraus folgen, dass ein Analytiker unverantwortlich handelt, wenn er bei der Auswahl seiner Patienten diesen Gesichtspunkt nicht berücksichtigt. Es liegt natürlich auf der Hand, dass eine solche wertende Einstellung für den Analytiker erhebliche Probleme aufwirft. Wir erinnern uns an Freuds lang vertretene Überzeugung, dass surrealistische Maler «absolute Narren» seien. Andere Analytiker wie *Sterba* und *Freeman Sharpe* vertraten eine modernere Ansicht, die der Sauls entgegengesetzt ist – man solle auf Werturteile verzichten bei der Auswahl von Patienten, moralische Bewertungen seien unwissenschaftlich und unvereinbar mit der neutralen objektiven Position des Analytikers; sollte einem Analytiker ein Patient begegnen, dessen Charakter so beschaffen ist, dass Gefühle, die ihm teuer sind, beleidigt werden, so täte er gut daran, ihn an einen anderen Analytiker zu überweisen. Meiner Ansicht nach ist sehr richtig, was Ella Freeman Sharpe 1950 (*Collected papers*, 25, in freier Übersetzung aus dem Englischen) sagte: «Der Mensch auf der Couch hat seine eigenen Probleme, und es steht uns nicht zu, das jeweilige Resultat der Analyse unter dem Gesichtspunkt zu betrachten, ob es mit unseren Wertvorstellungen und dem, was wir für wünschenswert halten, übereinstimmt.»

5. Sekundärer Krankheitsgewinn und Leidensdruck

Freud dachte, dass ein Patient durch die Tatsache des Leidens an seinem Symptom motiviert werde, eine Analyse zu unternehmen (1905a [1904]); dieser Leidensdruck sei sogar eine Voraussetzung zur Eignung für eine Psychoanalyse. Als er den *sekundären Krankheitsgewinn* als eine Ursache des Widerstands erkannte (1905e [1901], GW V, 202, Zusatz 1923; ausführlicher dann in 1926d [1925], GW XIV, 126ff), folgerte er, dass das manifeste Leiden, über das der Patient klagt, vom Beurteiler gegen die sekundären Gewinne abzuwägen sei, die sich im Verlauf der Krankheit eingestellt hätten.

Bei der Indikationsstellung zur Analyse sind die beiden Punkte sekundärer Krankheitsgewinn und Leidensdruck sehr schwer einzuschätzen. Dies ist aber eigentlich unerheblich, ist es doch die Aufgabe der Analyse selbst, sowohl das Leiden zu analysieren wie den daraus gezogenen Krankheitsgewinn. Der Analytiker muss jedoch, wenn er sekundären Krankheitsgewinn feststellen kann, diesen von vornherein als einen starken Widerstand gegen die Analyse in Betracht ziehen. Freud sagte, als er den Begriff des *sekundären Krankheitsgewinns* als Ursache des Widerstandes einführte: «Im weiteren Verlauf benimmt sich das Ich so, als ob es von der Erwägung geleitet würde: das Symptom ist einmal da und kann nicht beseitigt werden; nun heisst es, sich mit dieser Situation befreunden und den grösstmöglichen Vorteil aus ihr ziehen.» (1926d [1925], GW XIV, 126)

Ja, die Analyse selbst kann für bestimmte Patienten zur potentiellen Quelle für einen sekundären Gewinn werden, insbesondere wenn sie masochistische Befriedigung suchen. Sehr abhängige Patienten können die analytische Situation in der Weise ausbeuten, dass ihr Bedürfnis nach Wohlbefinden als Folge einer Abhängigkeitsbeziehung befriedigt wird. Ein sekundärer Gewinn kann sich also nicht nur aus Symptomen ergeben, sondern auch aus Charakterzügen. So sehr der Patient nach Hilfe verlangen mag, er könnte doch so viel an sekundärem Gewinn zu verlieren haben, dass eine Analyse sich in seinem Fall nicht als sinnvoll erweisen würde – so müsste der Analytiker z.B. erwägen, in welchem Masse die Neurose eine andernfalls gefährdete Ehe zusammenhält oder den Patienten befähigt, eine gewisse Macht über andere zu behalten, die darauf beruht, dass diese durch seine Probleme beeindruckt werden.

6. Die Persönlichkeit des Psychoanalytikers

Freud betrachtete in *Die endliche und die unendliche Analyse* (1937c) die Persönlichkeit des Analytikers als einen Faktor, der die Wirkung einer Analyse ungünstig beeinflussen könne. Obwohl Freud nur von abnormen psychischen Eigenschaften des Therapeuten sprach, die seine Fähigkeit, über einen bestimmten Punkt hinaus zu arbeiten, beeinträchtigten, kann ein Patient auch auf ein physisches oder psychisches Charakteristikum des Analytikers in einer Weise reagieren, dass sowohl die anfängliche Beurteilung als auch die nachfolgende Analyse durch Vorurteile belastet werden. Beim ersten Kontakt bereits kann ein Patient durch Persönlichkeitsmerkmale des Analytikers gekränkt oder erschreckt werden und in der Folge erklären, dass die Analyse für ihn keine geeignete Behandlungsmethode sei oder aber einen anderen Analytiker wünschen. Viele Patienten haben sehr genaue Vorstellungen darüber, welchen Geschlechts ihr Analytiker sein solle, welchen religiösen oder ethnischen Hintergrund er haben müsse; selbst gegen persönlichere Eigenschaften des Analytikers können sie Einwände haben.

Greenson (1965) hat erkannt, dass die sogenannte reale Beziehung zwischen Analytiker und dem in Aussicht genommenen Patienten unter Umständen Elemente enthält, die eine Analyse zum Scheitern bringen können; als Beispiel nennt er extreme politische Ansichten. *Anna Freud* hat auf den Aspekt der realen Beziehung aufmerksam gemacht, da er den Verlauf der Behandlung beeinflusst; er spielt auch bei der Indikationsstellung eine Rolle: «So sehr ich die Forderung nach striktester Handhabung und Deutung der Übertragung respektiere, in irgendeinem Winkel unseres Denkens sollten wir der Erkenntnis Raum geben, dass Analytiker und Patient bei alledem auch zwei reale Menschen von gleichem, erwachsenen Status sind und in einer wirklichen, persönlichen Beziehung zueinander stehen. Ich überlege mir, ob nicht unsere, bisweilen totale, Vernachlässigung dieses Aspektes für manche der Feindseligkeiten verantwortlich ist, die wir von unseren Patienten zu spüren bekommen und die wir geneigt sind, allein auf das Konto der ‹echten Übertragung› zu buchen.» (1954, in 1980, V, 1365)

7. Das Arbeitsbündnis

Meines Erachtens ist ein Arbeitsbündnis von Seiten des Patienten gegeben, wenn er willens ist, das Setting zu akzeptieren und die Grundregel zu befolgen, alles was ihm in den Sinn kommt, zu äussern. Ein gutes Arbeitsbündnis zeichnet sich nicht eigentlich nur durch eine sogenannte positive Übertragung aus. Es kann sogar beides nebeneinander bestehen, positive wie negative Übertragung mit verschiedener Gewichtung. Man muss demzufolge nicht annehmen, dass ein Arbeitsbündnis nur durch Vertrauen zum Analytiker gekennzeichnet ist, also durch eine positive Übertragung – es darf auch von Misstrauen geprägt sein, wenn dieses vom Patienten toleriert werden und in den Diskurs gebracht werden kann.

8. Die Probebehandlung

Freud (1913c) plädierte dafür, dass ein Patient routinemässig eine probeweise Behandlung von ein bis zwei Wochen machen solle. Damals waren die Analysen von wesentlich kürzerer Dauer als in unserer Zeit. Er befürchtete, dass hinter den scheinbar neurotischen Symptomen auch Vorboten des Ausbruchs einer offenen Psychose sein könnten.

Eine Probebehandlung wirft wie mir scheint sehr viele Fragen und Probleme auf; man kann man sich z.B. fragen, ob sie vor allem für den Analytiker gedacht ist, der noch nicht weiss, ob er fähig oder willens ist, mit diesem bestimmten Patienten in eine analytische Beziehung zu treten. Heutzutage machen die wenigsten Analytiker eine Probebehandlung. Wie in der Einleitung erwähnt, beschränkt man sich bei der Abschätzung der Eignung für eine Psychoanalyse auf zwei bis drei Vorgespräch-Interviews. Selbstverständlich kann auch der Fall eintreten, dass man bereits nach einem einzigen Interview die Eignung für eine Analyse bestimmen kann.

Zusammenfassend lässt sich sagen, dass bei der Indikationsstellung für eine Psychoanalyse Kriterien des Patienten (Diagnose, Persönlichkeit, Zugänglichkeit), aber auch Kriterien des Analytikers und Kriterien der Interaktion zwischen den beiden Protagonisten berücksichtigt werden sollen. Beide müssen sie zu einer Entscheidung kommen, ob sie miteinander arbeiten können, ob sie zueinander passen, ob sie sich füreinander interessieren und einander sympathisch finden. Diese Voraussetzungen müssen gegeben sein, sonst ist ein mehrjähriges intimes Zusammensein wie die Psychoanalyse es bedingt nicht möglich!

Vorlesung V
Zur psychoanalytischen Technik

Ich möchte zuerst ein paar grundsätzliche Bemerkungen zur Entwicklung der psychoanalytischen Technik machen – wir werden in den nachfolgenden Vorlesungen immer wieder auf dieses Thema zurückkommen; dann werde ich mich zur Interpretation äussern, dem wohl wichtigsten technischen Instrument der Psychoanalyse.

I. Grundsätzliches zur Entwicklung der Technik

Nicht als eine neue Wissenschaft, sondern als eine alte Kunst könnte man die Psychotherapie in der Zeit zwischen Hippokrates und der Renaissance bezeichnen. *Frieda Fromm-Reichmann* (1950) z.B. sieht in Paracelsus (1493–1541) den Vater der Psychotherapie, von ihm entwickelt auf der Basis des gesunden Menschenverstandes und des Verständnisses der menschlichen Natur.

Die Psychoanalyse als eine besondere Form der Psychotherapie hat ihren Ursprung im Frankreich des 19. Jahrhunderts, und zwar im *Hypnotismus*: Es ist bekannt, dass *Sigmund Freud* die Psychoanalyse als wissenschaftliche Psychotherapie aus der Pariser Salpêtrière (mit *Charcot*) und aus den Schulen von Nancy (mit *Liébeault* und *Bernheim*) heraus entwickelt hat. Bernheim beschäftigte sich in seinen *Neuen Studien* mit der Hysterie, der Suggestion und der Psychotherapie und unterstrich, dass die Hypnose auf *Suggestion* gründet. Wenig später wurde von *Janet* in Paris, *Breuer* und *Freud* in Wien die *interpersonale Beziehung* zwischen Patient und Therapeut betont, womit die Psychotherapie als Methode sichtbarer wurde. Durch die Einführung der Psychoanalyse hob Freud die Psychotherapie auf ein wissenschaftliches Niveau; sie war von nun an eine Behandlung, die sich auf die Psyche richtet innerhalb eines interpersonalen Beziehungsrahmens, unterstützt von einer wissenschaftlichen Persönlichkeitstheorie.

Wie wendet sich die wissenschaftliche Psychotherapie an die Psyche? Sie tut es über die *verbale Kommunikation*. Ihr Instrument ist also das Wort, die Sprache, ihr Rahmen die interpersonale Beziehung zwischen Therapeut und Patient. Ihr Ziel ist, zu heilen; ein kommunikativer Prozess, der nicht dieses Ziel hat (z.B. Lehre, Indoktrination, Katechismus), wird nie Psychotherapie sein. Gegen 1880 wendete Breuer die hypnotische Technik bei der in die Geschichte eingegangenen Patientin Anna O. an (1895d, GW Nachtrag). 1895 schreibt Freud (zusammen mit Breuer) die *Studien über Hysterie* (1895d, GW I), acht Jahre später seine Arbeit *Die Freud'sche psychoanalytische Methode* (1904a [1903]) und 1905 diejenige *Über Psychotherapie* (1905a [1904]). Diese letzteren zwei Arbeiten sind vom historischen Standpunkt aus sehr bedeutend, da sie schon den Keim der technischen Ideen Freuds enthalten, die er nach der zweiten Dekade des zwanzigsten Jahrhunderts entwickeln wird.

Mit dem Ende der in den *Studien über Hysterie* beschriebenen klinischen Geschichte der Elisabeth von R. endet auch Freuds Methode der suggestiven Druckausübung – er hatte dieser Patientin noch die Hand auf die Stirn gelegt, um sie zum reden zu stimulieren. Bereits 1905, in der Schrift *Über Psychotherapie* (op. cit. 17) beschreibt Freud das Vorgehen der Psychotherapie ganz anders; er tut dies anhand des schönen Modells von Leonardo, welcher die Bildhauerei als *per via di levare* arbeitend charakterisierte, also durch wegnehmen (wie die Analyse), im Unterschied zur Malerei, welche *per via di porre* arbeite, also durch hinzufügen (wie die Suggestion).

Aufgrund der Tatsache, dass Elisabeth von R. trotz Freuds Stirndruck sich nicht erinnern mochte, entdeckte Freud den *Widerstand*, einen der Grundsteine der Psychoanalyse. Diese neue Theorie des Widerstandes führte ihn zur *Technik der freien Assoziation*, auf welche sich dann die Grundregel stützte, dass der Patient alles sagen solle, was ihm durch den Kopf gehe. Dank der freien Assoziation wurden weitere Entdeckungen möglich: Die *Theorie des Traumas* und das *Konzept des Konflikts*, der nicht nur zwischen Erinnern und Vergessen besteht, sondern auch und vor allem zwischen den Triebansprüchen und den diese verdrängenden Kräften. Von diesem Punkt ausgehend entdeckte Freud die *infantile Sexualität*, den *Ödipuskomplex*, das *Unbewusste* mit seinen Gesetzen (Verdichtung, Verschiebung, Primärprozess, frei bewegliche Energie) und Inhalten (Triebe) sowie die *Theorie der Übertragung*.

In diesem Kontext der Entdeckungen erscheint die *Interpretation* als ein fundamentales technisches Instrument; sie befindet sich in vollständiger Übereinstimmung mit den neuen Hypothesen. Beim früheren therapeutischen

Ziel, nur die Erinnerung wieder zu wecken, verlangte weder die kathartische Methode noch die assoziative Druckmethode eine Interpretation. Jetzt wurde es nötig, dem Individuum zu präziseren Informationen über sich selbst zu verhelfen, darüber, was in seiner Psyche vor sich geht, ihm selbst unbewusst – dank der Interpretation war also ein höherer Bewusstheitsgrad zu erreichen. Die Übertragung definierte nun die therapeutische Beziehung, was bedeutete, dass der Widerstand immer in der Beziehung mit dem Therapeuten entsteht; damit sie sich klar manifestieren und analysiert werden kann, empfiehlt Freud (1912e, GW VIII, 384): «Der Arzt soll undurchsichtig für den Analysierten sein und wie eine Spiegelplatte nichts anderes zeigen, als was ihm gezeigt wird» – heute würden wir sagen, als was vom Patienten auf ihn projiziert wird. Als Freud diese Empfehlungen formulierte, war die «Belle Epoque» der Technik, in der er z.B. den *Rattenmann* (1909d) noch zu Räucherheringen und Tee einladen konnte (R. Horacio Etchegoyen, 1991, 10), definitiv vorbei! In seinen *Bemerkungen über die Übertragungsliebe* (1915a [1914]) sagt Freud dann deutlich, dass die Analyse sich in der *Abstinenz* des Therapeuten entwickeln solle – darin liegt der substantielle Wechsel der Technik in der zweiten Dekade des zwanzigsten Jahrhunderts. Ohne die Entdeckung der Übertragung bestünde kein Grund für diese Empfehlungen, welcher es in der Zeit der Hypnose oder der kathartischen Methode noch gar nicht bedurfte. Das neue psychoanalytische Setting wurde aufgrund der Theorie der Übertragung strenger, aber stabiler, klarer, transparenter. Zusätzlich wandte sich Freud in Zusammenhang mit der Abstinenzregel gegen den *furor curandi*, welcher ein Gegenübertragungsproblem darstellt. Auf dem Nürnberger Kongress 1910 und auch sonst wiederholt Freud immer wieder, wie wichtig es für den Therapeuten ist, sich in Zurückhaltung, Frustration, Neutralität und Abstinenz zu üben.

Nach diesem kurzen Überflug der Entwicklung der psychoanalytischen Technik möchte ich nun zu ihrem wohl wichtigsten Instrument kommen, zur Deutung oder Interpretation.

II. Zur Interpretation

Die Interpretation ist bei der klassischen Psychoanalyse wie auch bei der psychoanalytischen Psychotherapie von zentraler Wichtigkeit. Ich stimme mit *Merton M. Gill* (1954) überein, wenn er sagt, dass die Psychoanalyse diejenige Technik ist, welche – ausgeführt durch einen neutralen und abstinenten Psychoanalytiker – in die Entwicklung einer *Übertragungsneurose* mündet, deren Auflösung alleine durch die Technik der Interpretation möglich ist. Mit der Deutung ist das Wort das Hauptinstrument der psychoanalytischen Technik. Ganz allgemein kann gesagt werden, dass die interpretative Psychotherapie im Unterschied zu den andern Therapieformen durch Einsicht operiert.

Das, was vom Patienten herkommt, was in ihm während der Sitzung aufsteigt, nennen wir Material; der Therapeut interveniert mit seinen Instrumenten in Bezug auf dieses Material.

Interventionen, die auf den Patienten beruhigend und versichernd wirken sollen, die fragenden Charakter haben sowie Interventionen, die den Patienten auf etwas aufmerksam machen wollen und schliesslich solche, die konfrontieren, wenn z.B. der Therapeut einen Widerspruch aufzeigt, sollen sehr vorsichtig und selten gemacht werden und nur zum Zweck der Vorbereitung des Patienten auf eine eigentliche Interpretation!

Manchmal ist es jedoch nötig, dass der Therapeut den Patienten über einen Realitätsaspekt informiert. Hierzu drei klinische Beispiele (nach *Etchegoyen*, 1991, 319–321, in freier Übersetzung):

1. In der gleichen Woche, in welcher die Frau eines die Privilegien des sogenannten schwächeren Geschlechts immer beneidenden Analysanden in die Menopause eintrat, hatte dieser eine kleine rektale Hämorrhagie. Der Analytiker interpretierte dieses Symptom zunächst als den Wunsch, derjenige zu sein, der nun menstruiert, in der doppelten Perspektive seines Neides auf die Frauen und seines Wunsches nach Reparation. Gleichzeitig aber informierte er den Patienten darüber, dass Blut in den Faeces ein Symptom für eine organische Erkrankung sein kann und riet ihm, einen Arzt zu konsultieren. Unglücklicherweise bestätigten sich die Sorgen des Analytikers; eine Woche danach musste der Patient wegen eines Sigmoidkarzinoms operiert werden.

2. Vor einigen Jahren nahm der Analytiker eine sogenannt frigide Frau in Analyse. Während der Behandlung erzählte sie ihm, dass ihr Mann an einer Ejaculatio praecox litt. Es wäre ein Irrtum gewesen, diese Patientin nicht zu fragen, warum sie dachte, sie wäre frigid, oder was sie dachte, dass Frigidität sei. Diese Patientin benötigte die Analyse auch deswegen, weil sie bezüglich des Sexuallebens eine starke Ignoranz zeigte, ihren Ehemann idealisierte und mit melancholischen Selbstvorwürfen reagierte.

3. Etchegoyen zitiert ein klassisches Beispiel aus dem Werk von *Ruth Mack Brunswick Die Analyse eines Falles von Paranoia* (1928), in welchem sie die pathologische Fixierung einer Frau an das präödipale Stadium darstellt: Einmal äusserte diese Patientin wie ganz selbstverständlich, dass die weiblichen Hunde ja keine Scheide besässen, worauf ihr die Analytikerin die richtige Information gab.

Von den drei Möglichkeiten der Intervention bezieht sich die *Information* auf etwas, das der Patient über die äussere Welt nicht weiss; sie bezieht sich auf die Realität, auf etwas, das nicht direkt zu ihm gehört. Die *Klarifikation* bezieht sich auf etwas, das der Patient zwar irgendwie erkennt, aber nicht klar. Die *Interpretation* hingegen betrifft immer etwas, das zum Patienten gehört, wovon er jedoch keine Kenntnis hat. Man interpretiert nur den Patienten selbst, Interpretationen bezüglich seiner Verwandten und Freunde sind immer wilde Interpretationen (op. cit. 322):

> Eines Tages ersuchte ein anderer Analytiker Etchegoyen um eine Supervision bezüglich der Analyse mit einer Frau, in der er in eine Sackgasse geraten war, weil es keinen Weg zu geben schien, ihr bewusst zu machen, dass ihr Ehemann sie betrog. Wiederholt interpretierte der Analytiker auf der Basis von objektiven Fakten folgendes: «Sie wollen nicht wahr haben, dass ihr Mann Sie betrügt. Sie kehren der Realität den Rücken, wollen nicht sehen, was offensichtlich ist. Niemand kann denken, dass ein Mann, der jede Nacht ausgeht und erst in der Morgendämmerung mit verschiedenen Entschuldigungen zurückkehrt, der sich schön anzieht, wenn er fortgeht, der mit Ihnen seit Monaten keine sexuellen Beziehungen mehr hat, nicht eine ausserehliche Beziehung hätte.»

> Die Interventionen dieses Analytikers waren keine Interpretationen, sondern Meinungsäusserungen, bestenfalls Informationen. Der Supervisor sagte ihm, dass es keinen Weg gebe, genau zu wissen, was der Ehemann wirklich tue, und es sei auch nicht die Aufgabe des Analytikers, dies herauszufinden. Es sei besser, mehr Aufmerksamkeit darauf zu verwenden, wie die Patientin über die Ausgänge ihres Ehemannes berichte. Bald darauf erzählte diese, dass sie in einem Zustand intensiver Angst und Erregung auf ihren Ehemann warte, besessen vom Bild, ihn im Bett mit einer anderen Frau zu sehen; am Ende dieser langen Agonie pflege sie jeweils zu masturbieren. Alle diese Vorstellungen lösten in ihr also ein sehr intensives voyeuristisches und masochistisches Vergnügen aus. Als dies nun interpretiert werden konnte, ereignete sich eine dramatische Veränderung; erstens begann die Patientin mehr Verantwortung für das zu übernehmen, was ihr geschah und zweitens war sie fähig, die Angelegenheit jetzt auf eine andere Weise mit ihrem Mann zu diskutieren. Darauf kam der analytische Prozess wieder in Fluss. Es wurde auch der Gegenübertragungskonflikt klar, in welchen die Patientin ihren Analytiker gebracht hatte, nämlich, die Position des Dritten einzunehmen, der die Urszene beobachten sollte.

Die Interpretation, welche den Patienten über ihn selbst Betreffendes in Kenntnis setzt, muss auf «desinteressierte» Weise geschehen. Der Analytiker darf kein anderes Motiv haben, als Kenntnisse zu vermitteln. Sonst handelt es sich nicht mehr um eine Interpretation, sondern um eine Suggestion, ein Stützen, eine Überredung, also eine Manipulation. Die Interpretation sollte nur eine einzige Absicht haben, nämlich Einsicht hervorzurufen, aber sie muss diese nicht in jedem Fall produzieren. Dies ist wichtig, weil sogar die perfekteste Interpretation manchmal inoperativ ist, wenn der Analysand es so wünscht. Anders gesagt, die Interpretation steht in enger Verbindung mit Sinn und Bedeutung. Der Analytiker nimmt verschiedene Elemente aus der freien Assoziation des Patienten, formt daraus eine Synthese, welche zu einer neuen Bedeutung, einem neuen Sinn für den Patienten führt. Die Interpretation ist immer eine kommunizierte Hypothese mit einem semantischen Wert. Erst durch die Kommunikation kann die Interpretation operativ, mutativ werden, eine Veränderung bewirken, aufgrund derer wir die Interpretation überprüfen können. Dabei muss die Haltung des Analytikers eine freie sein, kein Zwang, keine Forderung darf mit der Interpretation verbunden sein. Eine Veränderung des Verhaltens des Patienten durch die Interpretation darf nicht unsere Absicht sein; dies ist wahrscheinlich die Essenz der analytischen Arbeit. Auch nach Bion ist das Hauptanliegen der Psychoanalyse nicht eigentlich, Konflikte zu lösen, sondern psychisches Wachstum anzustossen. Topographisch gesehen schliesst die Interpretation immer bewusste, vorbewusste und unbewusste Prozesse ein.

1. Die Deutung oder Interpretation in den Schriften Freuds

Im Werk Freuds wird die Deutung hauptsächlich dadurch definiert, dass der Analytiker in seinem Verständnis vom manifesten Inhalt zum latenten, unbewussten Inhalt kommen muss. Die Deutung ist das Instrument, welches Unbewusstes bewusst macht. In *Die Traumdeutung* (1900a) ist die Interpretation ähnlich der Traumarbeit, nimmt aber den umgekehrten Weg: Die Traumarbeit geht von den unbewussten Traumgedanken, dem latenten Inhalt, zum manifesten Inhalt, während die Interpretation *vom manifesten zum latenten Inhalt geht*. Für Freud ist die Interpretation hauptsächlich ein Akt, dem Material einen Sinn zu verleihen. Einen Traum interpretieren heisst, seine unbewusste Bedeutung entdecken. Im Freud'schen Sinn hat die Interpretation immer mit dem unbewussten Konflikt zwischen dem triebhaften Wunsch und seiner Abwehr zu tun. *Die Interpretation ist immer in Verbindung zu sehen mit der Trias der Metapsychologie, d.h. mit der Topographie (bewusst, unbewusst, vorbewusst), der Dynamik (Konflikt) und der Ökonomie (Quantum Affekt).*

In seiner technischen Arbeit *Die Handhabung der Traumdeutung in der Psychoanalyse* (1911e) erklärt Freud das Symptom wie den Traum dadurch, dass verschiedene Fragmente in einen Sinnzusammenhang gebracht werden müssen, der einen abgewehrten Triebwunsch ans Licht bringt. Demnach führt die Interpretation zur Erklärung der Bedeutung eines unbewussten Wunsches.

Freud entwickelt in seinem Werk drei Konzepte zur Interpretation:
1. Das erste Konzept ergibt sich aus den *Studien über Hysterie* (1895d). Dort ist das Symptom ein Äquivalent für die unlustvolle und vergessene Erinnerung. Das Symptom löst sich auf, wenn sich in der damals

sogenannten *kathartischen Kur* die Erinnerung wieder einstellt. Hier richtet sich die Interpretation einerseits auf die Topographie (unbewusst, vorbewusst), andererseits auf die Dynamik, indem der Konflikt sich zeigt, nachdem die Verdrängung aufgehoben wurde. Wir haben es dabei mehr mit einer Suggestion zu tun als mit einer Interpretation.

2. In Freuds zweitem Konzept wird die Interpretation als Verursacherin einer Verschiebung der libidinösen Besetzung aufgefasst. Das Symptom ist nicht nur ein Symbol der verlorenen Erinnerung, es dient auch dem Interesse des Individuums, und seine Auflösung verlangt eine Verschiebung der Besetzung sowohl bezüglich des Objekts wie bezüglich der Art der Befriedigung. Damit eine Deutung schliesslich wirksam wird, dass es gelingt, die Besetzung zu verschieben, braucht es das Durcharbeiten, das wiederholte Deuten, weil nun nicht nur die Vorstellungsrepräsentanzen betroffen sind, sondern weil es auch um ein Quantum Affekt in der Übertragung geht – wir sind auf der ökonomischen Ebene. Die Besetzungen, die libidinösen wie die aggressiven, haften stark an ihren Vorstellungsrepräsentanzen, und es braucht einige Zeit der analytischen Arbeit, bis sie sich lösen und auf andere Objekte verschieben.

3. Freuds drittes Konzept integriert zwei Hauptideen, die des Wiederholungszwanges, der die Übertragung bewirkt, und die der Identifikationen, welche die Struktur des psychischen Apparates beeinflussen. Wenn wir den Ideen moderner Psychoanalytiker folgen, so kann man im Wiederholungszwang auch eine restitutive Tendenz sehen. Da der Wiederholungszwang ein Versuch darstellt, in ein früheres Stadium zurückzukehren, um das damals verlorene Objekt wieder zu gewinnen, muss sich unsere Interpretation auf das archaische Niveau der frühen Objektbeziehung richten, sei es bezüglich der Separation zwischen Mutter und Kind oder später bezüglich der Separation zwischen dem Subjekt und seinen Spiegelbildern, mit denen es sich identifiziert.

Es ist wichtig zu erwähnen, dass der Interpretation immer das Zuhören vorausgeht, welches sich aus der gleichschwebenden Aufmerksamkeit des Analytikers ergibt in Bezug auf die freien Assoziationen des Analysanden. Dieses Zuhören ist, wie *Bion* sagt, ein bifokales – der Analytiker hört mit seinem Bewusstsein wie mit seinem Unbewussten zu. Das Zuhören ist also ein fundamentales Instrument in der psychoanalytischen Technik. Es gibt keine Interpretation ohne vorhergehendes analytisches Zuhören!

An dieser Stelle möchte ich etwas zum Begriff der *Konstruktion* sagen. In seiner Schrift *Konstruktionen in der Analyse* (1937d), weist Freud darauf hin, dass Konstruktionen sich besonders auf die Vergangenheit beziehen. Sie versuchen eine historische Situation zu entschleiern, welche einmal geschah und für das Leben des Individuums entscheidend war. Nach *Loewenstein* (1954, in *Etchegoyen*, 1991, 348) gibt es aber auch *Aufwärts-Rekonstruktionen* von der Vergangenheit in die Gegenwart, indem gewisse Patienten Kindheitsereignisse benutzen, um die Gegenwart zu erhellen:

> So ärgerte sich ein Analysand über den Stundentarif, aber begann die Analyse-Sitzung mit der Idealisierung des Analytikers. Dann berichtete er feindselige Träume über einen Mann, den er selbst mit seinem verstorbenen Vater der Kindheit identifizierte. Loewenstein interpretierte, dass diese Feindseligkeit gegen den Analytiker gerichtet war, und bezog sie auf den Stundentarif.

Viele Patienten wehren die Gegenwart, also die Übertragung, mit der Vergangenheit ab und umgekehrt die Vergangenheit mit der Gegenwart. Freud versuchte im zweiten Kapitel von *Konstruktionen*, Interpretation und Konstruktion auseinander zu halten. Er meinte, dass sich die Interpretation auf ein einfaches Element des Materials beziehe, auf einen Traum oder auf eine Assoziation, während die Konstruktion ein ganzes Fragment des vergessenen Lebens des Patienten umfasse. Einige Analytiker versuchen sehr kategorisch, Interpretation und Konstruktion zu unterscheiden, in der Meinung, dass die Interpretation mit dem Triebwunsch zu tun hat und die Konstruktion mit der Geschichte des Individuums; da es jedoch kein Ereignis ohne Triebwunsch und keinen Triebwunsch ohne Ereignis gibt, scheint mir eine solche Unterscheidung nicht gerechtfertigt – nach heutiger Ansicht ist keine klare Unterscheidung zwischen Interpretation und Konstruktion zu machen, weder bezüglich der Form noch bezüglich des Inhalts.

Wie steht es nun mit der *Validierung einer Interpretation*? Freud sagt, das Interessanteste sei nicht die explizite Antwort des Patienten auf die Interpretation, sondern das, was sich indirekt im Anschluss an die Interpretation aus dem Material ergibt. Sogar eine Änderung des Symptoms ist nicht entscheidend; die Verschlechterung eines Symptoms bei einem Patienten in negativer therapeutischer Reaktion[1] kann uns sogar annehmen lassen, dass wir mit unserer Interpretation recht hatten. Freud sagt auch, dass wir eine negative Antwort des Patienten nicht

---

[1] vgl. unsere Vorlesung *Die negative therapeutische Reaktion*

immer als Beweis dafür nehmen sollen, dass wir unrecht hatten; trotz einer explizit negativen Antwort kann sich aus dem auf eine Interpretation folgenden Material indirekt, also unbewusst, eine Bestätigung der Interpretation oder Konstruktion ergeben. Was für Freud wirklich signifikant ist für die Bestätigung oder die Verleugnung einer Interpretation ist also das, was in der Folge spontan im Material des Analysanden auftaucht. Diese Ansicht Freuds ist immer noch gültig; wir würden sie heute höchstens ergänzen mit dem Hinweis auf die Wichtigkeit unserer Wahrnehmung der Gegenübertragung. Hierzu ein klinisches Beispiel (op. cit. 352):

> Ein Patient mit einem schweren Kastrationskomplex, welchen er auf seine Intelligenz verschoben hatte, bewunderte den Analytiker lange Zeit wegen seiner Interpretationskunst. Er empfing dessen Deutungen mit grossem Respekt, zeigte sich interessiert und aufmerksam, fragte nach Klarifikationen und endete schliesslich damit, sie zu kommentieren und wichtige Überlegungen hinzuzufügen. Er sagte, da der Analytiker ein bekannter Professor sei, akzeptiere er, was dieser sage und versuche es zu verstehen. Er nahm es für selbstverständlich, dass der Analytiker sich nicht irren konnte. Was ihn selbst betraf, so betrachtete er sich als nicht sehr intelligent. Für ihn war die Interpretation also nicht ein Stück Information oder eine Hypothese, sondern die absolute Wahrheit, welche er zu verstehen hatte; das war ihm gleichzeitig auch wie ein Test, seine Intelligenz zu messen. Mit der Zeit ging aus dem unbewussten Material in der Analyse hervor, dass beim Patienten eine Unterwürfigkeit, Verführungs- und Besänftigungstendenz als homosexuelle Abwehr seiner immensen ödipalen Rivalität mit dem Vater vorhanden war.

Die klinischen Fälle hysterischer Patientinnen zeigen, dass die Interpretation oft auf einem konkreten Niveau aufgefasst wird, die Antwort darauf sich also nicht auf den Inhalt sondern auf den Akt der Interpretation selbst bezieht. So kann es geschehen, dass eine Patientin die Interpretation ihrer genitalen Angst als einen sie wirklich penetrierenden Penis empfindet; sie erlebt die Deutung wie eine Vergewaltigung und weist sie deshalb zurück.

Bezüglich des Erscheinens oder Verschwindens *somatischer Symptome als Antwort auf eine Interpretation* lässt sich folgendes sagen: Ein Verschwinden körperlicher Symptome beim Patienten kann als Bestätigung der Interpretation gewertet werden. Wenn aber der Patient mit einem somatischen Symptom oder einem Konversionssymptom auf die Deutung reagiert, muss angenommen werden, dass diese schädlich war – davon ausgenommen sei der spezifische Fall der negativen therapeutischen Reaktion.

Im letzten Kapitel seiner Arbeit über *Konstruktionen* beschäftigt sich Freud mit dem wichtigen Problem der historischen Realität und der materiellen Realität. Die heutigen Analytiker beschäftigen sich vor allem mit der inneren, psychologischen Realität. Wichtig ist, wie das Individuum seine Erfahrungen assimiliert hat. Die analytische Wahrheit besteht darin, einen Patienten zu befähigen, seine innere historische Realität zu revidieren und allmählich zu realisieren, dass das, was er als Tatsachen betrachtet hat, nur seine eigene Version der Tatsachen war. So wird er mit der Zeit wahrnehmen, dass der Wunsch seine Erfahrung prägte. Indem wir mit dem Analysanden verstehen, wie er eine bestimmte Erfahrung aufgenommen hat, verhelfen wir ihm allmählich dazu, zwischen seiner inneren historischen Realität und der äusseren materiellen Realität zu unterscheiden. In der Übertragung manifestiert sich die Vergangenheit in der Gegenwart. Eine komplette Interpretation oder Konstruktion in der Übertragung beinhaltet deshalb immer auch die sich in der Gegenwart manifestierende historische Vergangenheit.

2. Die mutative Interpretation nach James Strachey

1934 schrieb James Strachey eine Arbeit mit dem Titel *The nature of the therapeutic action of psycho-analysis*. Diese Arbeit hatte einen tiefen Einfluss auf das psychoanalytische Denken. Strachey kreierte darin den Terminus *mutative Interpretation*. Eine Interpretation wird dann mutativ, wenn sie in den neurotischen *Circulus vitiosus* eine Bresche schlägt. Der wichtige Punkt dabei ist, dass der Analytiker sich nicht so verhält wie das originale Objekt sich damals verhielt. Dadurch kann der Analysand nun ein vom archaischen Objekt verschiedenes neues Objekt introjizieren. Auf diese Weise verändert sich seine innere wie seine äussere Welt. Damit geht der Psychoanalytiker schliesslich aus dem interpretativen Prozess mehr und mehr als eine reale Figur hervor.

Nach Strachey heisst *mutativ*, dass sich etwas in der psychologischen Struktur verändert. Diese Strukturänderung verläuft in zwei Phasen, welche er didaktisch voneinander trennt. Für die Theorie und Klinik können diese beiden Phasen simultan oder getrennt betrachtet werden; eine mutative Interpretation umfasst beide gleichzeitig: Mit der Deutung wird sich der Analysand einerseits eines Triebimpulses als Abkömmling seines Unbewussten bewusst, andererseits des Analytikers als eines Objektes, welches nicht zu diesem Triebimpuls passt. In der zweiten Phase spielt das Realitätsgefühl des Analysanden eine wichtige Rolle; er kann so den Kontrast zwischen dem realen Objekt *Analytiker* und dem archaischen, auf diesen übertragenen Objekt wahrnehmen. Beide Phasen der mutativen Interpretation haben mit Angst zu tun: Die erste Phase löst sie aus, die zweite löst sie wieder auf. Man kann sagen, dass die erste Phase auf das Es gerichtet ist, und versucht, den Triebabkömmling bewusst zu machen, was Angst verursacht. Die zweite Phase hingegen ist auf das Ich gerichtet, als Ort der Realitätskontrolle. Löst jedoch eine Interpretation in der ersten Phase eine zu grosse Angst aus, so wird der Analysand dadurch gehindert, eine genügende Realitätskontrolle zu haben, um das archaische vom realen Objekt zu unterscheiden. Macht der Analytiker also eine zu tiefe Interpretation, indem er die Abwehren nicht genügend respektiert, so löst er zu grosse Angst aus und bietet sich dem Analysanden nicht als ein gutes reales Objekt an, sondern als ein Objekt, das sich nicht klar vom übertragenen archaischen Objekt unterscheidet. Auf diese Weise kann die zweite Phase nicht abgeschlossen werden. Die erste Phase, in welcher mit dem Erkennen des Triebimpulses die Angst auftritt, ist von grosser Dringlichkeit – es ist wichtig, diese Angst aufzulösen. Wenn die Analyse einen guten Verlauf nehmen soll, kann tieferes Material nur langsam, Schritt um Schritt erreicht werden. So entsteht keine Notwendigkeit, einen grossen Betrag an Angst handhaben zu müssen. Stracheys Standpunkt ist nicht nur ein ökonomischer, was die Dringlichkeit des Auftretens der Angst betrifft, sondern auch ein struktureller, welcher der Ich-Funktion Rechnung trägt – das Ich muss die Angst ertragen und gleichzeitig den Unterschied zwischen dem archaischen und dem realen Objekt wahrnehmen. *Paula Heimann* (1956) nennt diese Ich-Funktion die perzeptive Fähigkeit des Ichs – dank ihrer ist das Ich fähig, die Differenz zwischen dem archaischen und dem realen Objekt wahrzunehmen. Bei psychotischen Patienten z.B. ist die perzeptive Fähigkeit des Ichs nur ungenügend vorhanden.

3. Die Interpretationstheorie nach Melanie Klein

Um die Theorie der Interpretation von Melanie Klein aufzuzeigen, beziehe ich mich auf zwei klinische Beispiele aus ihren Kinderanalysen (nach *Etchegoyen*, 1991, 406f und 414):

a) Melanie Klein behandelte 1923 das kleine Mädchen *Rita* in deren Heim. Sobald die Analytikerin erstmals mit dem Mädchen allein war, zeigte sich dieses ängstlich, blieb still und verlangte, hinaus in den Garten zu gehen. Die Analytikerin erklärte sich einverstanden, und sie gingen in den Garten, während Mutter und Tante sie von weitem skeptisch beobachteten. Die damals noch unerfahrene Analytikerin dachte aber intuitiv an das Vorliegen einer negativen Übertragung. Das Mädchen war im Garten etwas ruhiger. Aufgrund verschiedener Assoziationen des Kindes deutete Melanie Klein schliesslich, es befürchte, sie könnte ihm etwas antun, wenn sie alleine miteinander im Zimmer seien; in der Deutung brachte sie diese Angst in Zusammenhang mit den nächtlichen Alpträumen Ritas, in welchen diese befürchtete, eine böse Frau würde sie in ihrem Bett angreifen. Wenige Minuten später kehrte Rita vertrauensvoll mit der Analytikerin in das Zimmer zurück.

Diese Interpretation ist historisch geworden; sie richtet sich direkt an die Angst, trägt der negativen Übertragung Rechnung und verbindet das Symptom mit dem Konflikt. Man kann sagen, dass, wenn Breuers Patientin Anna O. die Sprechkur (*talking cure*) erfunden hat, die kleine Rita mit ihren Spielzeugen und ihrem berühmten Teddybär die Spieltechnik kreiert hat!

b) Der 9½jährige Egon hatte ernste Entwicklungsprobleme und Kontaktschwierigkeiten. Am Behandlungsbeginn lud Melanie Klein ihn ein, sich auf die Couch zu legen, womit er mit seiner gewöhnlichen Indifferenz einverstanden war. Bald merkte die Analytikerin, dass die analytische Situation nicht hergestellt war. Sie verstand die Kargheit des Materials als Verbalisierungsschwierigkeiten des Kindes, weshalb sie es zum Spielen einlud. Egon sagte aber, dass Spielen für ihn das gleiche bedeutete wie auf der Couch zu liegen, und begann sehr monoton und repetitiv ein Spiel mit kleinen Autos. Die Analytikerin wusste, dass ein Faktor für Egons Schwierigkeiten war, dass der Vater, als der Knabe 4 Jahre alt war, dessen kindliche Masturbation unterdrückte und von ihm verlangte, ihm zu beichten was er getan hatte. Klein versuchte sich nun von diesem strengen und dominierenden Vater zu unterscheiden, indem sie für mehrere Wochen mit dem Knaben schweigend mitspielte ohne eine Interpretation zu machen. Als sie schliesslich eine Interpretation wagte in den Termini des elterlichen Koitus, der Masturbation und der ödipalen Rivalität, begann sich das monotone Spiel zu ändern, es wurde reicher, hatte grössere Bewegungen. Auch das Verhalten des Knaben zu Hause änderte sich langsam. Aus dieser Erfahrung zog Melanie Klein den Schluss, dass ein Hinauszögern der Interpretation zu akuten Angstkrisen führt, dass also rasch interpretiert werden muss, bevor es zu spät ist und das Kind die Behandlung verlässt. Im Fall Egon tat es ihr leid, dass sie Zeit vergeudet hatte, indem sie das monotone kindliche Spiel zu lange nicht interpretierte. Der Grund, dass Egon die Behandlung trotzdem nicht abgebrochen hatte, lag darin, dass es ihm gelungen war, seine Angst zu unterdrücken.

Melanie Klein sagt, dass allein die Interpretation den analytischen Prozess anstösst und ihn unterhält. Ihre Taktik besteht darin, so schnell als möglich zu interpretieren, häufiger als andere Analytiker. Wenn ein Patient Material bringt, betrachtet sie dies als Ergebnis einer positiven Übertragung. Sie versteht den fundamentalen Mechanismus des kindlichen Spiels als eine Entladung von Masturbationsphantasien. Daraus folgt, dass eine Spielhemmung ihren Ursprung in der Unterdrückung dieser Phantasien hat, welche sich immer auf die Urszene beziehen.

Melanie Klein unterscheidet sich auch darin von anderen Kinderanalytikern, dass sie nicht zögert, die im Spiel angebotenen Symbole in sehr direkter Art buchstäblich und ohne Euphemismen zu deuten, um so möglichst schnell einen Kontakt mit dem Unbewussten herzustellen. Im Grunde geht sie dabei ähnlich vor wie Freud (1905e [1901], GW V, 208), welcher das mit dem schönen Satz ausdrückte: «J'appelle un chat un chat»!

Nun sei noch dem zeitgenössischen französischen Psychoanalytiker Michel de M'Uzan (1994) kurz das Wort zur Interpretation gegeben. In seinem Artikel Du dérangement au changement sagt er, dass die Deutung einen ökonomischen Skandal hervorrufen müsse, déranger, um schliesslich changer zu können; sie muss also vorerst eine Erschütterung im System Vorbewusst/Bewusst auslösen. Und es ist ein Skandal, wenn der Primärprozess plötzlich in die höheren psychischen Systeme einbricht!

Nach diesen Überlegungen zur Interpretation als dem wohl wichtigsten Instrument der psychoanalytischen Technik möchte ich Ihnen zum Schluss folgendes Bild mitgeben: Stellen Sie sich die Deutung als einen Stein vor, den Sie in einen Teich werfen – als Metapher für das System Vorbewusst/Bewusst betrachtet. Was bewirkt dieser Stein? Er verursacht die Ihnen allen bekannten Störungen, nämlich zentrifugale kreisförmige Wellenbewegungen.

Vorlesung VI

Die psychoanalytische Situation und der psychoanalytische Prozess

Die psychoanalytische Situation umfasst den psychoanalytischen Rahmen, das sogenannte *Setting*, in welchem sich der psychoanalytische Prozess abspielen kann. Ich werde zuerst einige Bemerkungen über den Rahmen machen, um mich dann auf den Prozess zu konzentrieren.

I. Der psychoanalytische Rahmen

Er setzt sich aus verschiedenen Parametern zusammen:

1. Sitzungsfrequenz

Freud machte 6 wöchentliche Sitzungen. Heute besteht eine Psychoanalyse nach den Richtlinien der Internationalen Psychoanalytischen Vereinigung (IPV), der auch die Schweizerische Gesellschaft für Psychoanalyse (SGPsa) angeschlossen ist, aus mindestens 4 Sitzungen pro Woche. Sie müssen an verschiedenen Wochentagen stattfinden und mindestens 45 Minuten dauern. Eine solche Frequenz hat sich nach langer Erfahrung als prozessbegünstigend erwiesen. Das heisst aber nicht, dass eine Analyse sich nur über die Sitzungsfrequenz definiert. Ein psychoanalytischer Prozess kann sich auch bei tieferer Frequenz und auch *in lege artis* durchgeführten sogenannten psychoanalytischen Therapien entwickeln. Zu Freuds Zeiten dauerte eine Analyse häufig nicht länger als 1 Jahr, heutzutage rechnet man mit Jahren, was mit der Fülle neuer Erkenntnisse zu tun hat, die man seither gewinnen konnte. Auch das Indikations-Spektrum hat sich beträchtlich erweitert. Die Dauer einer Psychoanalyse kann nicht im voraus festgelegt werden, da ja nicht vorausgesehen werden kann, wie sich die Analyse entwickelt, wie ein Analysand arbeitet und wie das therapeutische Paar Analysand - Analytiker zusammenwirkt. Auf jeden Fall hat jede Analyse eine Anfangsphase, eine Verlaufsphase und eine End- oder Terminationsphase.

2. Lagerung

Von der ursprünglichen Ambiance der Hypnose blieb nur die Intimität des Sprechzimmers sowie die Lagerung ohne Blickkontakt auf der berühmten Couch, oder dem Ruhebett, wie Freud es nennt. Doch lassen wir ihn selbst sprechen: «Ich halte an dem Rate fest, den Kranken auf einem Ruhebett lagern zu lassen, während man hinter ihm, von ihm ungesehen, Platz nimmt. Diese Veranstaltung hat einen historischen Sinn, sie ist der Rest der hypnotischen Behandlung, aus welcher sich die Psychoanalyse entwickelt hat. Sie verdient aber aus mehrfachen Gründen festgehalten zu werden. Zunächst wegen eines persönlichen Motivs, das andere mit mir teilen mögen. Ich vertrage es nicht, acht Stunden täglich (oder länger) von anderen angestarrt zu werden. Da ich mich während des Zuhörens selbst dem Ablauf meiner unbewussten Gedanken überlasse, will ich nicht, dass meine Mienen dem Patienten Stoff zu Deutungen geben oder ihn in seinen Mitteilungen beeinflussen. Der Patient fasst die ihm aufgezwungene Situation gewöhnlich als Entbehrung auf und sträubt sich gegen sie, besonders wenn der Schautrieb (das Voyeurtum) in seiner Neurose eine bedeutende Rolle spielt.» (1913c, GW VIII, 467)

3. Grundregel und gleichschwebende Aufmerksamkeit

Die Grundregel besagt, dass der Analysand versuchen soll, zu sagen, was immer ihm während der Sitzung einfällt: Er soll frei assoziieren. Das heisst auch, dass das einzige Instrumentarium der Analyse das Wort ist – der Analysand richtet das Wort an den Analytiker. Das Gegenstück zur Grundregel des Analysanden ist für den Analytiker die gleichschwebende Aufmerksamkeit: Der Analytiker soll zuhören, ohne einzelne Element des vom Analysanden Gesagten zu bevorzugen, also ohne zu fokussieren – man kann sich diese Technik am Beispiel des Auges veranschaulichen, wo durch nicht-makuläres, unfokussiertes Sehen, welches auch die peripheren Anteile der Retina einschliesst, mehr wahrgenommen wird. Der Analytiker richtet seine gleichschwebende Aufmerksamkeit auf das Wort des Analysanden, aber auch auf alle dessen averbale Mitteilungen. Aus diesem verbalen wie averbalen Material formt der Analytiker zur gegebenen Zeit eine Deutung, worüber wir letztes Mal gesprochen haben.

4. Abstinenzregel und Neutralität

Die Behandlung soll nach der Abstinenzregel durchgeführt werden – damit ist nicht einfach die selbstverständliche sexuelle Abstinenz gemeint, sondern ganz allgemein, dass der Analytiker dem Analysanden keinerlei Ersatzbefriedigungen gewähren soll. Und mit *Neutralität* ist gemeint, dass der Analytiker keine eigenen Überzeugungen, weder politische noch religiöse, vertreten soll in den Sitzungen. Er soll sich auch nicht von erzieherischem oder therapeutischem Ehrgeiz leiten lassen. *Freud* sagt: «Ich kann den Kollegen nicht dringend genug empfehlen, sich während der psychoanalytischen Behandlung den Chirurgen zum Vorbild zu nehmen, der alle seine Affekte und selbst sein menschliches Mitleid beiseite drängt und seinen geistigen Kräften ein einziges Ziel setzt: Die Operation so kunstgerecht als möglich zu vollziehen. Für den Psychoanalytiker wird unter den heute waltenden Umständen eine Affektstrebung am gefährlichsten, der therapeutische Ehrgeiz, mit seinem neuen und viel angefochtenen Mittel etwas zu leisten, was überzeugend auf andere wirken kann» (1912e, GW VIII, 380f), und: «Er [der Psychoanalytiker] soll dem gebenden Unbewussten des Kranken sein eigenes Unbewusstes als empfangendes Organ zuwenden, sich auf den Analysierten einstellen wie der Receiver des Telephons zum Teller eingestellt ist» (op. cit. 381). Fast 60 Jahre später wird der britische Psychoanalytiker *Wilfred Ruprecht Bion* in *Attention and interpretation* (1970, 31ff) sein berühmtes *no memory, no desire* formulieren – nur in einer solchen Haltung ist der Analytiker absolut offen für was immer sich gerade ereignet in der aktuellen Sitzung.

5. Psychoanalytischer Vertrag

Bevor eine Psychoanalyse begonnen wird, erläutert der Analytiker dem Analysanden die Rahmenbedingungen der Analyse, womit der Analysand sich einverstanden erklären muss. Der Vertrag zwischen beiden ist eine mündliche Vereinbarung, wobei auch festgelegt wird, wieviel der Analysand für die Sitzung zu bezahlen hat und die Modalitäten der Bezahlung – üblicherweise monatlich, bar, auch für versäumte Stunden inklusive für Ferienstunden, wenn der Analysand seine Ferien nicht nach den anfangs Jahr bekannt gegebenen Ferien des Analytikers richtet (sogenannte *Ferienregelung*). Freud äussert sich zu diesen Punkten zusammenfassend in seinen *technischen Schriften* (1911e, 1912b, 1912e, 1913c – alle GW VIII, und 1914g, 1915a [1914] – beide in GW X). Im *Abriss der Psychoanalyse* (1940a [1938], GW XVII, 98) schreibt Freud: «Es ist wie in einem Bürgerkrieg, der durch den Beistand eines Bundesgenossen von aussen entschieden werden soll. Der analytische Arzt und das geschwächte Ich des Kranken sollen, an die reale Aussenwelt angelehnt, eine Partei bilden gegen die Feinde, die Triebansprüche des Es und die Gewissensansprüche des Über-Ichs. Wir schliessen einen Vertrag miteinander.»

6. Qualifikation des Analytikers

Die Internationale Psychoanalytische Vereinigung (IPV) fordert, je nach nationalem Ausbildungszentrum, vom Analytiker eine anerkannte eigene Lehranalyse mit vier bis fünf Sitzungen pro Woche sowie eine nach festgesetzten Richtlinien strukturierte jahrelange Ausbildung. Der Analytiker wird Mitglied einer der nationalen Gesellschaften der IPV durch mündliche wie schriftliche Prüfungen.

II. Der psychoanalytische Prozess

In der beschriebenen analytischen Situation entwickelt sich der psychoanalytische Prozess als eine Beziehung zwischen zwei Menschen mit definierten Rollen. Für viele Psychoanalytiker besteht der Prozess in den von Analysand und Analytiker geteilten, in der gemeinsamen Arbeit auftauchenden unbewussten Phantasien. Aus den freien Assoziationen des Analysanden, dem manifesten Inhalt des Mitgeteilten, versucht der Analytiker durch seine gleichschwebende Aufmerksamkeit die latenten oder unbewussten Phantasien herauszulesen, fasst und verbalisiert sie in einer Deutung, die zu Einsicht und Veränderung führen soll.

Innerhalb des festgesetzten analytischen Rahmens werden sich die *Übertragungsprozesse*[1] entwickeln. Der Patient überträgt Gefühle, die wichtigen Personen seiner Vergangenheit galten, auf die Person des Therapeuten, wodurch diese Gefühle und damit verbundene frühere Ereignisse aktualisiert und in der Gegenwart behandelbar gemacht werden. Freud verwendet den Begriff der Übertragung bereits in den *Studien über Hysterie* (1895d, GW I, 309). Damit diese Übertragungsprozesse sich entwickeln und nicht zum Stillstand kommen ist es besonders wichtig, dass der Analytiker sich an die *Abstinenzregel* hält. Er soll die Wünsche und Sehnsüchte seines Patienten deuten, ihnen aber keinerlei Ersatzbefriedigung bieten. Die Behandlung bedarf dieser Frustration, ein *zu lieber Analytiker* wäre ein agierender, schlechter Analytiker.

Jeder gelungene Angriff auf das Setting oder den Rahmen beeinträchtigt den psychoanalytischen Prozess. Es gibt aber *Wechselwirkungen zwischen Prozess und Setting* – der Prozess inspiriert das Setting und umgekehrt. Wird beispielsweise das Setting leicht angetastet, ohne dass es in seinen Grundfesten erschüttert wird, kann es den analytischen Prozess sogar inspirieren, wie das folgende klinische Beispiel zeigt (nach *Etchegoyen*, 1991, 520f, in freier Übersetzung):

> Es handelt sich um die Analyse eines jungen, intelligenten und liebenswürdigen Geschäftsmanns mit diskreten psychopathischen Zügen. Bei der Anpassung des Stundenansatzes an die Inflation versicherte er dem Analytiker, dass der vorgeschlagene Tarif mehr wäre als er bezahlen könne. Er beschrieb die Schwierigkeiten, die er in seinem kleinen Geschäft hatte, erinnerte daran, dass auch seine Frau in Analyse sei, und beendete die Diskussion damit, dass er den Analytiker um eine Reduktion des Tarifs um wenigstens 10% bat. Der Analytiker akzeptierte, nicht ohne darauf hinzuweisen, dass soweit *er* die Lage beurteilen könne, der Patient fähig wäre, den ganzen Betrag zu zahlen. Dankbar und glücklich wechselte der Patient zu anderen Themen. Wenig später erinnerte er eine Anekdote aus der Kindheit, welche bestimmte Gefühle in ihm wecke. Als er im 3. Schuljahr war, sammelte er Kleber (*Stickers*) wie die meisten Schulkameraden. Sogar die Lehrerin hatte ihr Kleberalbum. Um sein eigenes Album zu vervollständigen, fehlten ihm ein paar sehr seltene Kleber, und er bemerkte mit grosser Aufregung, dass die Lehrerin einige davon hatte. Er setzte voraus, dass sie den Wert dieser Kleber nicht kannte und schlug ihr vor, sie gegen einige seiner unbedeutenden zu tauschen. Die Lehrerin akzeptierte, er konnte so seine Sammlung vervollkommnen und sie gegen den von ihm so sehr gewünschten Fussball eintauschen, der ihn dann für eine lange Zeit seiner Kindheit begleitete. Daraufhin sagte ihm der Analytiker, dass er sehr wahrscheinlich die Lehrerin unterschätzt habe. Vermutlich habe sie den Wert der Kleber gekannt, sie ihm aber grosszügigerweise gegeben, weil sie wusste, wie sehr er jenen Fussball begehrte. In einem etwas weniger hypomanischem Ton gab der Patient dem Analytiker recht. Er erkannte nun die Intelligenz und die Grosszügigkeit seiner Lehrerin und erinnerte sich an andere Situationen, in welchen sie Schülern grosszügig geholfen hatte. Eine Woche später berichtete der Patient, dass seine finanzielle Situation sich nun verbessert habe und er jetzt den ganzen vom Analytiker vorgeschlagenen Betrag für seine Stunden bezahlen könne. Der Analytiker akzeptierte.
>
> Als Etchegoyen vorerst auf die Ablehnung der Erhöhung eingegangen war, hatte er an die Intensität der projektiven Mechanismen dieses Patienten gedacht, der bereits am Anfang der Behandlung ohne sich dessen zu genieren gesagt hatte, der Stundenansatz sei ungebührlich hoch, und der Analytiker profitiere auf unehrenhafte Weise von ihm. Der Analytiker hatte also unter Einbezug seiner Gegenübertragung, aber ohne diese zu agieren [was sich z.B. in einer Zurückweisung des Reduktions-Ansinnens des Patienten gezeigt hätte, H.W.], das Setting zunächst an die Rigidität seines Patienten angepasst. Das erlaubte dem Analysanden, auf die «kleine Grosszügigkeit» seines Analytikers mit einer eigenen noch umfassenderen Grosszügigkeit zu antworten, nämlich mit einer Erinnerung aus seiner Latenzzeit. Dank dieser Erinnerung konnte der Analytiker ihm dann ohne ihn damit zu verletzen seine in Verachtung und Herablassung sich äussernden psychopathischen Mechanismen aufzeigen.

Der argentinische Psychoanalytiker Etchegoyen zitiert seinen Landsmann *José Bleger* (op. cit. 522), wenn er darauf hinweist, dass das *Setting grundsätzlich stumm* («mute») sein soll, dass man es eigentlich üblicherweise wie nicht wahrnimmt, erst, wenn es leicht verändert wird und zu «schreien» beginnt («when it cries»). Solch leichte Veränderungen des stummen Settings sind oft unvermeidlich – wenn der Patient zu spät kommt, wenn der Analytiker krank ist und aus anderen trivialen Gründen.

Bleger sagt, dass in jedem Individuum *neurotische und psychotische Aspekte* koexistieren. Der neurotische Teil der Persönlichkeit nimmt Notiz vom Setting und registriert die Erlebnisse, welche es provoziert. Im Unterschied dazu profitiert der psychotische Teil der Persönlichkeit von einem stummen Setting, indem er darauf die Undifferenziertheit der Beziehung zwischen Analytiker und Analysand projiziert – *das stumme Setting kann also die psychotischen Teile des Patienten verbergen*. Würde das Setting nie geändert, bliebe es immobil, so würde auch der psychotische Teil des Patienten nie bekannt. Man sollte also nicht vergessen, dass neben der neurotischen Übertragung eines Patienten immer auch eine psychotische stattfindet, welche aus der Stabilität des Settings Vorteile zieht. Dass leichte Veränderungen des Settings, Diskontinuitäten, unvermeidlich sind, liegt in der Natur der Psychoanalyse, und das ist

---

1 vgl. unserer Vorlesung *Übertragung und Gegenübertragung*

insofern gut, weil dann das Setting aus seiner Stummheit erwacht, zu schreien, sprechen beginnt, wodurch der psychotische Teil der Persönlichkeit in Worte gefasst werden kann. Etchegoyen illustriert dies mit einem weiteren klinischen Beispiel (op. cit. 525):

> Ein Patient verliess sich darauf, dass der Analytiker ihn immer auf die gleiche Weise empfing. Als der Analytiker aus bestimmten Gründen sein Verhalten ändern musste, kam eine bis dahin verborgene und daher nicht analysierte Phantasie zum Vorschein, nämlich eine Allmachtsphantasie fast wahnhaften Ausmasses, in welcher der Patient den Analytiker als seinen Knecht erlebte, der ihm die Türe öffnete, hinter ihm eintrat, den Boden für ihn putzte, und so weiter. Diese Phantasie entsprach der symbiotischen Beziehung des Patienten zum Analytiker, welche sich bis dahin im stummen Setting verbergen konnte, nun aber dank der Diskontinuität interpretierbar wurde.

Die psychoanalytische Situation ist das Konzept eines Ortes, Raumes, in dem Analytiker und Analysand zu einem bestimmten Zeitpunkt sich nach bestimmten Regeln in definierten Rollen begegnen, wie wir gesehen haben. Auf dieser Grundlage kommt der psychoanalytische Prozess in Gang. Er spielt sich auf einer Zeitachse ab, ist also beweglich in der Zeit, beginnt und läuft in Richtung des Endes. Ein gutes Beispiel für diese Bewegung und Entwicklung gibt uns die kleinianische Theorie, nach welcher der Prozess eine Entwicklung durchläuft von der paranoid-schizoiden Position zur depressiven Position. Damit sind prozesshafte Verläufe des emotionalen Wachstums im psychoanalytischen Prozess angesprochen:

1. Der Prozess der Differenzierung innerhalb der Subjekt/Objektbeziehung zum Analytiker.
2. Der Prozess der Triebentwicklung über die verschiedenen psychosexuellen Entwicklungsstadien (orale, anale, urethrale, phallisch-ödipale bis hin zum genitalen Primat).
3. Prozesshafte Bewegungen zu einer repräsentativen, symbolischen Welt.
4. Der ständige Prozess, Unbewusstes bewusst zu machen «Wo Es war soll Ich werden» (1933a [1932], GW XV, 86) erlaubt es dem Analysanden, sich allmählich sein eigenes, wahres Selbst anzueignen, um mit *Donald Woods Winnicott* (1965, deutsch 1974, 182ff) zu sprechen.
5. Identifikationsprozesse mit dem Analytiker, durch welche sich der Analysand eine selbstanalytische Funktion erwerben wird.

Diese fünf Bewegungen innerhalb des psychoanalytischen Prozesses werden aufgrund der ständigen Deutungen der dauernd sich verändernden Übertragungsprozesse durch den Analytiker gefördert.

Ich erinnere an die erwähnte Metapher Freuds, wonach man sich den psychoanalytischen Prozess in Anlehnung an Leonardo als Bildhauerarbeit (*per via di levare*) vorstellen kann – im Unterschied zur Malerei, welche (wie die Suggestion) nach dem entgegengesetzten Prinzip (*per via di porre*) erfolgt (1905a [1904], GW V, 17); dieser – wie man vielleicht sagen könnte – durch Wegmeisseln überflüssigen Ballasts fortschreitende Prozess ist insofern ein natürlicher, als er versucht, die psychische Entwicklung in Gang zu bringen, welche durch den Ballast der Krankheit zum Stillstand gekommen ist. Das menschliche Wesen hat ein inhärentes Potential zum Wachstum, zur Entwicklung – die Arbeit des Analytikers besteht darin, die Hindernisse dieser Entwicklung im Lebensfluss zu beseitigen, dem Analysanden so die Fähigkeit, das Instrumentarium, zu geben, sich selbst zu werden. Der psychoanalytische Prozess ist kreativ, original und unwiederholbar. Er beschreibt immer neue Wege. Keine Analyse gleicht einer andern, kein Analysand einem andern.

Freud sagt (1914g, GW X, 134ff), dass durch die Übertragung dem Wiederholungszwang ein *Tummelplatz* zur Verfügung gestellt wird. So entsteht im psychoanalytischen Prozess eine *Zwischenzone* zwischen der Krankheit und dem Leben, wo der Übergang vom einen zum andern möglich wird. Freud nennt diese neue artifizielle Krankheit *Übertragungsneurose*. Diese spielt sich also im Übergangsraum des analytischen Prozesses ab, einem Übergangsraum, der es in kleinen Schritten erlaubt, von der artifiziellen Krankheit in ein normales menschliches Leben überzuführen – das neurotische Elend wird in das alltägliche Elend des menschlichen Lebens übergeführt.

Nach *Loewald* (in *Etchegoyen*, 1991, 533) hat der Analytiker die Aufgabe, der Übertragungsneurose eine Bedeutung zu geben. Dabei geht es nicht darum, die archaische Bedeutung zu erhellen, noch eine neue Bedeutung zu erfinden. Es geht vielmehr darum, eine *neue Bedeutung zu kreieren* in der interaktiven dynamischen Spannung mit dem Analysanden, was neue, autonomere, gesündere Motivationen in diesem weckt.

1. Einige Theorien verschiedener Schulen zum psychoanalytischen Prozess

Klimovsky (op. cit. 533) definiert den psychoanalytischen Prozess als die Entfaltung einer Kette von Ereignissen auf einer zeitlichen Achse, welche sich in Richtung eines Endstadiums entwickelt aufgrund der Interventionen des Analytikers. Die Ereignisse sind durch Regressions- und Progressionsphänomene gekennzeichnet, die Interventionen des Analytikers bestehen in Deutungen, das Endstadium ist die Heilung.

Weinshel (op. cit. 533 und 534ff) und andere Analytiker von San Francisco verstehen den analytischen Prozess auf der Basis des Widerstands. Der analytische Prozess besteht in der Aufhebung der Verdrängung aufgrund der gemeinsamen Arbeit von Analysand und Analytiker, in einem Kontext der Objektbeziehung, welche Identifikations- und Übertragungsprozesse beinhaltet. Bezüglich der zu Einsicht führenden Widerstandsdeutung bezieht sich Weinshel auf Freud. Innerhalb dieses theoretischen Rahmens, welchen viele Analytiker teilen, ist für Weinshel die Übertragung das Hauptvehikel für die Beobachtung und Handhabung des Widerstandes.

Die *kleinianische Schule* (op. cit. 534) setzt beim psychoanalytischen Prozess den Akzent auf die Separationsangst. Im Mittelpunkt steht die Objektbeziehung, und der Prozess muss innerhalb der Dialektik des Kontaktes mit dem Objekt und der Trennung vom Objekt verstanden werden.

Meltzer (op. cit. 534) versteht den Prozess aufgrund des Rhythmus zwischen Kontakt und Trennung, der sich hauptsächlich auf der Basis von projektiven Identifizierungen abspielt.

Unter den *Postkleinianern* hat sich besonders *Winnicott* (op. cit. 534) mit der Thematik der Regression beschäftigt. Für ihn erleichtert das analytische Setting den Prozess der Regression, den er für unentbehrlich hält, damit die falschen Wege der frühen emotionalen Entwicklung wieder aufgefunden und deren Wunden geheilt werden können.

Green (op. cit. 534) untersucht die Entwicklung des analytischen Prozesses, indem er sich auf die Existenz einer doppelten Angst bezieht, wie sie besonders bei Borderlinefällen vorhanden ist. Es handelt sich um Separationsangst einerseits und um Intrusionsangst andrerseits. Aus der Dialektik zwischen diesen beiden Ängsten leitet er die *psychose blanche* ab (*weisse Psychose*).

Die Ulmer Psychoanalytiker *Thomä* und *Kächele* (op. cit. 537ff) denken, dass der Analytiker eine zentrale Rolle spielt, indem er zusammen mit dem Analysanden die Struktur des analytischen Prozesses dyadisch (abhängig von seiner Persönlichkeit und derjenigen seines Patienten) mitbestimmt. Diese Sicht stimmt nicht überein mit dem Konzept, dass der psychoanalytische Prozess ein natürliches Ereignis sei. Thomä und Kächele unterstreichen, dass sich der therapeutische Prozess von den ursprünglich erfahrenen infantilen Erlebnissen in einem essentiellen Punkt unterscheidet, nämlich darin, dass frühe Erfahrungen in keinem Fall in einer authentischen Weise in der Analyse wieder erlebt werden. Die Autoren heben das Freud'sche Konzept der Nachträglichkeit (*après-coup*) hervor, nach welchem die früheren Ereignisse erst später ihre Bedeutung erhalten. Thomä und Kächele schlagen ein Prozessmodell vor, das die gleichschwebende Aufmerksamkeit des Analytikers mit einer fokalen Strategie verbindet, die bestimmt, welchen Punkten in einem bestimmten Moment die Aufmerksamkeit geschenkt werden soll. Der Fokus muss als richtungsweisender Prozess verstanden werden und hat nichts mit einer rigiden Fokalisierung zu tun. Obwohl er unabhängig von den Interventionen des Analytikers existiert, weil der Patient ihn gebildet hat, ist unbestreitbar, dass dieser Fokus von der Aufmerksamkeit des Analytikers abhängt. Er ist das in der Interaktion kreierte Thema, welches sich aus dem vom Patienten offerierten Material ergibt und aus der Bemühung des Analytikers, dieses Material zu verstehen. Thomä und Kächele verstehen diesen interaktionell geformten Fokus als die Achse des psychoanalytischen Prozesses. Sie konzeptualisieren die psychoanalytische Therapie als einen fortschreitenden, zeitlich unbegrenzten fokalen Prozess mit wechselndem Fokus.

2. Regression und psychoanalytischer Prozess

Viele psychoanalytische Autoren halten daran fest, dass der analytische Prozess von regressiver Natur ist und dass diese Regression als Antwort auf das Setting produziert worden ist, als eine notwendige Bedingung zur Analyse einer Übertragungsneurose.

Diese Haltung ist missverständlich. Gehen wir zurück zum Denken *Freuds*, seinen Konzepten der *Fixierung* und *Regression*, so sehen wir, dass er z.B. in seiner Arbeit *Zur Dynamik der Übertragung* (1912b) erklärt, es sei unerlässlich für das Auftauchen einer Neurose, dass die Libido einen regressiven Verlauf genommen hat, während die analytische Behandlung diesen Verlauf verfolgt, ihn untersucht und versucht, ihn bewusst zu machen. Freud wendet also das Konzept der Regression exklusiv auf die neurotische Erkrankung an und nicht auf die Therapie. Das heisst, die Patienten kommen bereits in einem Zustand der Libidoregression, also einem Zustand der zeitlichen Regression in die Therapie. Demnach ist es also nicht das analytische Setting oder der analytische Prozess, welche die Patienten in die Regression bringen.

Auch nach *Etchegoyen* ist das psychoanalytische Setting nicht dazu da, zeitliche Regressionen zu verursachen, sondern, im Gegenteil, es dient dazu, diese zu entdecken und zu *beinhalten* – Bion würde sagen *to contain*, Winnicott würde von *holding* sprechen. Es ist nicht so, dass die Übertragungsneurose eine Antwort auf das Setting ist, aber das Setting ist die valabelste Antwort unserer Technik angesichts des Phänomens der Übertragung.

Hingegen kann durch einen Fehler des Analytikers, z.B. durch ein von ihm ausgehendes *Acting* ein Patient in eine zeitliche Regression getrieben werden. Hierzu ein Beispiel von *Melanie Klein* (1975, 540f) aus der 76. Sitzung ihrer Psychoanalyse mit dem kleinen Richard:

> Eines Tages kommt die Analytikerin mit einem Paket eines ihrer Grosskinder in die Sitzung, und ihr Patient, der kleine Richard, entdeckt es. Sie realisiert, dass sie einen technischen Fehler begangen hat, denn sie merkt, wie sie durch dieses Paket beim Jungen Eifersucht, Neid und Verfolgungsgefühle auslöst. Selbstverständlich bringt der kleine Patient ohnehin solche Gefühle in die Therapie, aber es ist nicht ratsam, diese noch künstlich zu aktivieren, indem man so ein Paket in die Sitzung mitnimmt oder von eigenen Kindern und Grosskindern spricht. Das Setting sollte so wenig wie möglich künstlich solche regressiven Tendenzen produzieren, sondern die *vorhandenen* regressiven Tendenzen bearbeiten.

Andererseits sagt Freud in seiner 22. Vorlesung *Gesichtspunkte der Entwicklung und Regression* (1916–17a [1915–17]), dass die analytische Atmosphäre die psychologische Struktur des Analysanden in einen Zustand der Spannung versetze, die auf eine Regression hinauslaufe. Der aktuelle Konflikt tauche auf durch die Deprivation und Frustration, welche das analytische Setting dem Analysanden auferlegt, was einen regressiven Prozess in Gang setzt.

Aber um welche Regression handelt es sich hier? Nach dem Freud'schen Konzept der Regression, wie er es im 7. Kapitel der Traumdeutung beschreibt, sind drei Typen von Regression unterscheidbar, welche jedoch in den meisten Fällen zusammen treffen, «denn das zeitlich ältere ist zugleich das formal primitive und in der psychischen Topik dem Wahrnehmungsende nähere» (1900a, GW II/III, 554):

1. Die topische Regression (Rückbewegung im System *Vbw/Ubw*)
2. Die formale Regression (Rückbewegung von den gewohnten auf primitivere Ausdrucks- und Darstellungsweisen, z.B. vom Sekundär- zum Primärprozess)
3. Die zeitliche Regression (Rückbewegung auf zeitlich ältere psychische Bildungen)

Da der Patient diese zeitliche Regression bereits in die Analyse mitbringt, wo sie im analytischen Setting dann aufgedeckt wird, handelt es sich hier also vor allem um topische und formale Regression, nicht um zeitliche.

3. Separationsangst und psychoanalytischer Prozess

Freud macht uns in *Hemmung, Symptom und Angst* (1926d [1925]) auf die verschiedenen Modalitäten der Angst[2] aufmerksam, worunter auch die *Separationsangst* fällt, eine Angst vor dem Objektverlust oder vor der Abwesenheit des Mutterobjektes. Im psychoanalytischen Prozess ist es ausserordentlich wichtig, dass der Analytiker mit seinen Deutungen einen Separations- und Individuationsprozess[3] in Gang bringt. Deshalb besteht die Aufgabe des Analytikers darin, die Separationsangst zu entdecken, sie zu analysieren und sie zu lösen. Die Separationsangst tritt in allen Prozessen und Zyklen der Analyse auf: Innerhalb der Sitzung, von Sitzung zu Sitzung, von einer Woche zur anderen, während der Ferien und natürlich am Ende der Behandlung.

Die Entwicklung in einer Analyse ist ständig begleitet von Trennungsphänomenen, die mit Trennungsangst, Trennungsschuld und Trennungstrauer zu tun haben. Damit eine Analyse erfolgreich verläuft, müssen diese Phänomene dauernd, wann immer sie auftreten, gedeutet werden. Wichtig dabei ist, dass der Analytiker diese Deutungen rechtzeitig anbringt und auf demjenigen Regressionsniveau, auf dem sich der Patient befindet.

Früh gestörte Patienten neigen dazu, Trennungen zu verleugnen. Bei ihnen ist es deshalb nicht angebracht, Trennungsgefühle auf einem neurotischen Niveau zu deuten – beispielsweise zu sagen, dass der Analysand den Analytiker während des Wochenendes vermisst habe; denn das Vermissen des Analytikers beinhaltet bereits eine Differenzierung zwischen Subjekt und Objekt, eine objektale Beziehung oder das Erkennen des Analytikers als ganzes Objekt, wozu früh gestörte Patienten noch gar nicht in der Lage sind. Ihre Verleugnung der Trennung beinhaltet die existenzielle Angst, psychisch ohne das Teilobjekt *Analytiker* gar nicht zu existieren – die Differenzierung von Subjekt und Objekt ist noch nicht vollständig gelungen.

---

2   vgl. unsere Vorlesung *Die Bedeutung der Angst in der Psychoanalyse*
3   vgl. unsere Vorlesung *Separations- und Individuationsprozesse*

In diesen frühen narzisstischen Stadien der Separationsangst haben wir es vor allem mit *projektiven Identifizierungen*[4] zu tun. Masturbation war schon immer ein Trost gegen Einsamkeit und Eifersucht angesichts der *Urszene*, wie *Etchegoyen* (1991, 571) schön sagt. Aber durch *Donald Meltzers* Verbindung von projektiver Identifizierung und *analer Masturbation* im Rahmen von Einsamkeit und Trennungsangst habe sich unser Verständnis vertieft. Meltzer beschreibt das Phänomen der analen Masturbation in Zusammenhang mit der Trennungsangst: In einem kritischen Moment der Trennung sehe das Baby, dass die Mutter sich zurückzieht, ihm den Rücken zukehrt; es identifiziere dann die Brust mit dem Hinterteil der Mutter und diesen mit seinem eigenen. Wenn die masturbatorische Tätigkeit beginne, in welcher es seinen Finger in das Rektum einführt, werde damit die Trennung verleugnet.

Nach *Etchegoyen* (op. cit. 573ff), der hier *Esther Bick* zitiert, gibt es noch eine frühere, *vor* der projektiven Identifizierung liegende Form der Trennungsverleugnung, die sogenannte *adhäsive Identifizierung*, wie sie vor allem beim Kleinkind und autistischen Menschen vorkommt. Sie geschieht im Rahmen eines Hautkontaktes. Die Möglichkeit eines solchen mindestens oberflächlichen Kontaktes mit dem Objekt ergibt sich aus der bereits früh erlebten Erfahrung, dass das Objekt nicht penetrierbar war für die normalen projektiven Identifizierungen. Die Mutter konnte vom Baby nicht als aufnehmendes Gefäss, Container für seine normalen projektiven Identifizierungen erlebt werden. Die erwachsenen Patienten, welche mit diesen adhäsiven Identifikationen arbeiten, sind durch einen Anstrich von Unechtheit charakterisiert, welcher daran denken lässt, dass die Identifikationsprozesse lediglich auf eine oberflächliche Weise stattfinden. Wenn z.B. ein Analysand sich mit unwichtigen Details, Sachen des Analytikers identifiziert, ist es beängstigender, als wenn er sich mit Charakterzügen des Analytikers identifiziert. *Helene Deutsch* beschreibt diese Art von Persönlichkeit als eine *as if personality*, *Donald W. Winnicott* spricht vom *falschen Selbst*, *José Bleger* von einer *factual personality* und Donald Meltzer von *pseudomaturity* (op. cit.).

4. Separationsangst und das Bion'sche Konzept des *Container/Contained*

Dieses Konzept ist sehr wertvoll zur Deutung von Separationsängsten. *Etchegoyen* (op. cit. 590f) bringt dazu ein klinisches Beispiel:

Als eine Patientin am Montag in die Analysestunde kam, sprach sie ängstlich und ausführlich über eine ganze Serie von Problemen, die seit der Freitagssitzung aufgetreten waren: Ereignisse um den Sohn, ein stürmisch verlaufendes Telefongespräch mit der Schwiegermutter, ein Streit mit dem Ehemann. Die Deutung des Analytikers betraf nicht den Inhalt dieser verschiedenen Probleme, sondern brachte zum Ausdruck, dass die Patientin es nötig hatte, dem Analytiker über alle diese Angst- und Spannungssituationen zu berichten, welche sie während des Wochenendes erlebt hatte und welche ohne ihn sehr schwer zu ertragen waren. Jetzt aber in dieser Stunde, deutete der Analytiker, könne er das alles in sich aufnehmen, sich darum kümmern und es ihr in einer Form zurückgeben, dass sie darüber nachzudenken in der Lage sei. Das Ziel dieser Deutung war, der Patientin bewusst zu machen, in welcher Weise sie den Analytiker benutzte und dass der Analytiker nicht nur verstand, was passiert war, sondern auch dass er sich dafür interessierte, sich darum kümmerte und es in sich aufnahm.

Die Patientin antwortete darauf mit einem Traum, den sie am Morgen hatte, gerade bevor sie erwachte: Sie träumte, dass sie auf ihre Haushalthilfe wartete, damit diese das Haus putze. Sie war verzweifelt, als diese nicht erschien, und fühlte sich völlig desorganisiert.

Der Traum bestätigt, dass die Deutung des Analytikers korrekt war: Er zeigt ohne grosse Verzerrung, wie sehr die Patientin den Analytiker in seiner Funktion als Container brauchte, um sie «zu reinigen und zu organisieren», das heisst, um ihr denken zu helfen. Eine Interpretation des Inhaltes wäre vollkommen an der projektiven Form der Trennungsangst vorbeigegangen.

---

[4] vgl. unsere Vorlesung *Die projektive Identifizierung*

Vorlesung VII

Der Widerstand

Freuds Entdeckung des Widerstandes und der Wichtigkeit, ihn zu analysieren, bezeichnet, wie wir gesehen haben, den Beginn der psychoanalytischen Technik[1]. Die Psychoanalyse unterscheidet sich von allen anderen Formen der Psychotherapie durch die Art, wie sie mit dem Widerstand umgeht; nur sie versucht, den Widerstand dadurch zu überwinden, indem sie ihn analysiert, seinen Sinn, seine Ursache, Methode und Vorgeschichte aufdeckt und deutet.

Was ist Widerstand? Als Widerstand bezeichnet man alle jene Kräfte im Patienten, die sich dem Verfahren und den Prozessen der Analyse entgegenstellen, d.h. sein freies Assoziieren behindern und seine Versuche stören, sich zu erinnern, Einsicht zu gewinnen – also diejenigen Kräfte, die gegen das vernünftige Ich des Patienten arbeiten und gegen seinen Wunsch, sich zu ändern. Der Widerstand kann bewusst, vorbewusst oder unbewusst sein. Er kann sich ausdrücken durch Gefühle, Einstellungen, Ideen, Impulse, Gedanken, Phantasien oder Handlungen. Der Widerstand ist also seinem Wesen nach eine Gegenkraft im Patienten, die gegen den Fortschritt der Analyse, gegen den Analytiker wirkt. Freud schrieb: «Der Widerstand begleitet die Behandlung auf jedem Schritt; jeder einzelne Einfall, jeder Akt des Behandelten muss dem Widerstande Rechnung tragen, stellt sich als ein Kompromiss aus den zur Genesung zielenden Kräften und den angeführten ihr widerstrebenden, dar.» (1912b, GW VIII, 368f)

I. Klinische Erscheinungsbilder des Widerstands

Um einen Widerstand zu analysieren, muss man ihn zuerst erkennen. Die im Folgenden angeführten Beispiele entnehme ich Ralph R. Greenson, (1975); sie sind didaktisch-klar – in der Wirklichkeit der Behandlung sind Widerstände natürlich oft kombiniert, viel komplexer.

1. Widerstand und Schweigen

Schweigen ist eine durchsichtige und häufig vorkommende Form des Widerstandes in der psychoanalytischen Praxis; es bedeutet, dass der Patient bewusst oder unbewusst abgeneigt ist, dem Analytiker seine Gedanken oder Gefühle mitzuteilen. Auf jeden Fall handelt es sich um eine Opposition gegen das analytische Verfahren des freien Assoziierens. Es ist die Aufgabe des Analytikers, die Gründe für das Schweigen des Patienten zu analysieren; dazu kann er sagen: «Heute haben Sie einen bestimmten Grund, der sie veranlasst vor der Analyse davonzulaufen.» Oder: «Es gibt eine Ursache, dass Ihnen nichts einfällt.» Oder: «Heute scheinen Sie irgend etwas in ein Nichts verwandelt zu haben». Manchmal drückt der Patient während seines Schweigens über den Körper etwas aus, mit Bewegungen oder einem Gesichtsausdruck, einem Abwenden des Gesichts, durch Zudecken der Augen mit der Hand, durch ein sich Krümmen auf der Couch und so fort, was die Motive des Widerstandes erhellen kann. Wenn z.B. eine Patientin schweigt und zugleich geistesabwesend den Ehering vom Finger abzieht und dann mehrmals mit dem kleinen Finger durch diesen Ring fährt, zeigt sie dem Analytiker vielleicht trotz ihres Schweigens, dass sie verlegen ist wegen ihrer Gedanken an Sexualität oder eheliche Untreue.

Aber das Schweigen kann auch eine andere Bedeutung haben. Zum Beispiel kann es die Wiederholung eines früheren Ereignisses sein, bei dem Schweigen eine wichtige Rolle gespielt hat. Es kann eine Reaktion auf die Urszene abbilden; in dieser Situation ist Schweigen nicht nur ein Widerstand, sondern auch der Inhalt eines Wiedererlebens im therapeutischen Rahmen der Gegenwart. Schweigen kann demnach viel beinhalten, aber es drückt meistens einen Widerstand gegen die Analyse aus.

---

[1] vgl. unsere Vorlesung *Zur psychoanalytischen Technik*

Manchmal merkt ein schweigender Patient, dass er keine Lust zum Reden hat oder sagt, dass er nichts zu sagen wisse. Nun muss der Analytiker herausfinden, warum der Patient nicht zum Reden aufgelegt ist oder was es ist, über das er nicht reden möchte. Nicht reden mögen heisst eigentlich, dass etwas, worüber der Patient eigentlich unbewusst reden möchte, unangenehme Affekte hervorrufen würde.

2. Widerstand und Affekt

Widerstand gegen seine Affekte liegt dann vor, wenn ein Patient sich zwar verbal mitteilt, aber dabei keine Affekte zeigt. Seine Bemerkungen sind trocken, flach, monoton und apathisch. Man gewinnt den Eindruck, er sei unbeteiligt und distanziere sich von dem, was er berichtet. Dies ist besonders auffällig, wenn das Fehlen von Affekten Ereignisse betrifft, die stark mit Emotionen geladen sein sollten; diese Unangemessenheit der Affekte ist ein sehr auffälliges Zeichen des Widerstandes. Es gibt auch übermässige Affekte; die Äusserungen des Patienten haben dann etwas Bizarres, wenn Vorstellung und Emotion nicht übereinstimmen.

Ein Patient begann die Stunde mit der Feststellung, dass er in der vorangegangenen Nacht «ein grossartiges sexuelles Erlebnis – wirklich die grösste sexuelle Lust» seines Lebens mit seiner Frau (die er gerade geheiratet hatte) gehabt habe. Er fuhr fort, das Erlebnis zu beschreiben, aber der Analytiker war betroffen und verwundert über seine langsame, zögernde Sprechweise und seine häufigen Seufzer. Trotz der offensichtlichen Bedeutsamkeit des verbalen Inhalts spürte der Analytiker, dass die Worte und die Gefühle nicht zusammenpassten – ein Widerstand war am Werk. Schliesslich unterbrach der Analytiker den Patienten und sagte: «Es war ein grossartiges Erlebnis, aber es war zugleich auch traurig.» Zuerst leugnete der Patient dies, aber dann liess er sich in seinen Assoziationen weiter treiben, um schliesslich mitzuteilen, dass das wunderbare sexuelle Erlebnis das Ende von irgend etwas bedeutete, eine Art Abschied war. Langsam trat dann zutage, dass der Patient die Erkenntnis hatte wegschieben wollen, ein gutes Sexualleben mit seiner Frau werde auch den Abschied von seinen wilden, infantilen Sexualphantasien bedeuten, die in seinem Unbewussten unverändert und unerfüllt fortbestanden hatten. (op. cit. 74)

3. Widerstand und Körperhaltung

Häufig zeigen Patienten ihren Widerstand durch die Körperhaltung, die sie auf der Couch einnehmen. Starrheit, Steifheit oder eine zusammengerollte Schutzhaltung können Widerstand anzeigen. Vor allem ist jede unveränderte Position, die eine ganze Sitzung lang und eine Sitzung nach der anderen beibehalten wird, immer ein Zeichen von Widerstand. Wenn jemand relativ frei von Widerstand ist, verändert er im Verlauf der Stunde seine Körperhaltung ein wenig. Übermässiger Bewegungsdrang zeigt an, dass etwas über die Bewegung abgeführt wird, anstatt über das Wort. Auch eine Diskrepanz zwischen Körperhaltung und Inhalt des Gesprochenen ist ein Zeichen von Widerstand; der Patient, der ungerührt über irgendein Ereignis spricht, sich dabei aber windet und krümmt, erzählt nur ein Bruchstück seiner Geschichte – seine Bewegungen ergänzen dieses Bruchstück: Geballte Fäuste, fest über der Brust gekreuzte Arme, ein von der Couch herunterbaumelnder Fuss, Gähnen in der analytischen Sitzung, die Art wie ein Patient das Behandlungszimmer betritt oder es wieder verlässt – das alles sagt etwas aus über einen unbewussten Konflikt, der durch den Widerstand in den Hintergrund gedrängt wird.

4. Widerstand und zeitliche Fixierung

Wenn ein Patient frei spricht, pendelt er gewöhnlich zwischen Vergangenheit und Gegenwart hin und her; falls er beständig und unverändert über die Vergangenheit spricht, ohne etwas über die Gegenwart einzustreuen oder umgekehrt, so muss man annehmen, dass ein Widerstand wirksam ist. Das Kleben an einem bestimmten Zeitraum ist eine Vermeidung, analog der Starre und Fixiertheit in der emotionalen Färbung und in der Körperhaltung.

5. Widerstand durch Trivialisierung

Wenn es dem Patienten nicht selbst auffällt, dass er über Unwichtiges, Triviales spricht, haben wir es mit einem Widerstand zu tun; der Mangel an Introspektion und Nachdenklichkeit ist ein Zeichen für Widerstand. Wenn der Patient über äussere Ereignisse, z.B. Ereignisse von grosser politischer Tragweite, spricht und diese äussere Situation nicht zu einer persönlichen, inneren Situation führt, ist ebenfalls ein Widerstand am Werk.

6. Widerstand durch Vermeidung bestimmter Themen

Peinliche Themen werden vermieden. Das kann bewusst oder unbewusst geschehen. Oft sind es Themen bezüglich Sexualität und Aggression. In Bezug auf die Sexualität scheinen die peinlichsten Aspekte mit Körperempfindungen und Körperzonen zu tun zu haben – Sätze wie «wir haben uns gestern oral geliebt» oder «mein Mann hat mich sexuell geküsst» sind typische Beispiele für diese Art von Widerstand. Aggressive Gefühle werden manchmal in allgemeine Ausdrücke gekleidet; so sagen Patienten, sie hätten sich geärgert, wenn sie in Wirklichkeit meinen, sie seien rasend gewesen vor Wut und hätten Lust gehabt, jemanden umzubringen.

Besonders vermieden werden sexuelle oder aggressive Impulse gegenüber dem Analytiker! Verschleiert kommen solche Phantasien in Sätzen wie «ich wüsste gern, ob Sie verheiratet sind» oder «Sie sehen blass und müde aus» zum Ausdruck.

7. Widerstand und Starrheiten

Wenn ein Verhalten von Widerstand frei ist, gibt es immer ein gewisses Mass an Abwechslung. Sobald sich chronisch wiederholte, stereotype Routinehandlungen zeigen, muss man an einen Widerstand denken:

Der Patient beginnt jede Stunde mit dem Erzählen eines Traums oder mit der Mitteilung, er habe keinen Traum zu erzählen. Oder er beginnt jede Stunde mit Berichten über seine Symptome oder Beschwerden oder indem er über die Ereignisse des Vortages spricht. Es gibt Patienten, die interessante Informationen sammeln, um für die Analysestunde gut vorbereitet zu sein; sie suchen nach Material, um die Sitzungen zu füllen oder um Zeiten des Schweigens zu vermeiden oder um ein *guter Patient* zu sein. Ständiges Zuspätkommen oder ständige Pünktlichkeit mag darauf hinweisen, dass der Patient etwas, das er abwehrt, unter Kontrolle behalten will. Gewohnheitsmässiges Zufrühkommen kann eine Angst vor dem Zuspätkommen andeuten, eine typische *Toilettenangst* in der Art der Angst, die Sphinktermuskulatur nicht beherrschen zu können.

8. Widerstand durch sterile Sprache

Sterile Sprache mit vielen Klischees und Fachwörtern ist ein häufiges Anzeichen von Widerstand; damit wird die lebhafte, vorstellungsträchtige Bildhaftigkeit der persönlichen Sprache vermieden. Ein Patient, der *Geschlechtsorgan* sagt, wenn er in Wirklichkeit Penis meint, vermeidet die Bilderwelt, die ihm mit dem Wort Penis in den Sinn kommen würde. Der Patient, der sagt «ich hatte feindselige Gefühle» wenn er meint «ich war rasend vor Wut» vermeidet die Bilder und Empfindungen der Wut im Vergleich zum sterileren Begriff der Feindseligkeit. Auch für den Analytiker ist wichtig, dass er im Dialog mit dem Patienten eine persönliche, lebhafte Ausdrucksweise benutzt.

<small>Ein Arzt, der schon seit mehreren Jahren bei Greenson in Analyse ist, beginnt plötzlich mitten in einer Analysestunde in medizinischer Fachsprache zu sprechen. Ganz gestelzt berichtet er, «seine Frau habe eine schmerzhafte, hervorstehende Hämorrhoide» bekommen, gerade vor einer geplanten Reise in die Berge. Er sagt, diese Nachricht habe ihm «ungemischte Unlust» verursacht, und fragt sich, ob die «Hämorrhoide» chirurgisch «exzidiert» werden könne oder ob sie ihren Urlaub verschieben müssten. Der Analytiker spürt die latente Wut, die der Patient zurückhält, und sagt: «Ich glaube, Sie meinen in Wirklichkeit, die Hämorrhoiden Ihrer Frau sind Ihnen verdammt lästig». Der Patient antwortet wütend: «Stimmt, Sie Scheisskerl, und ich wünschte, Sie würden sie ihr rausschneiden. Ich kann diese Weiber und ihre Geschwülste nicht ausstehen, die mein Vergnügen stören.» Diese letzte Einzelheit bezieht sich auf eine erneute Schwangerschaft seiner Mutter, die seine Kindheitsneurose herbeiführte, als er fünf Jahre alt war. (op. cit. 78)</small>

Phrasen und Klischees isolieren Affekte und helfen, emotionale Beteiligung zu vermeiden. Die häufige Verwendung von Phrasen wie «wirklich und wahrhaftig» oder «ich nehme an», «wissen Sie» und «usw. usw.» ist immer ein Anzeichen für eine Vermeidung. Mit «wirklich und wahrhaftig» und «ehrlich» kann der Patient andeuten, dass er seine Ambivalenz spürt und die Gegensätze in seinen Gefühlen bemerkt. Er wünscht, was er sagt, möge die ganze Wahrheit sein. «Ich meine es wirklich ernst» könnte heissen: «Ich wünschte, ich meinte es wirklich ernst». «Es tut mir wirklich leid» könnte bedeuten: «Ich wünschte, es täte mir wirklich leid, aber ich empfinde zugleich das entgegengesetzte Gefühl». «Ich nehme an, ich war wütend» könnte bedeuten: «Ich war wütend, aber es widerstrebt mir, es zuzugeben». «Ich weiss nicht, wo ich anfangen soll» heisst: «Ich weiss, wo ich anfangen soll, aber ich zögere, dort anzufangen». Der Patient, der wiederholt zum Analytiker sagt: «Sie wissen schon, Sie erinnern sich doch», meint gewöhnlich: «Ich bin gar nicht sicher, Du Dummkopf, dass Du

Dich wirklich erinnerst, also erinnere ich Dich auf diese Weise»! Auch wenn der Patient zu zahlen vergisst, hat er nicht nur ein Widerstreben dagegen, sich von seinem Geld zu trennen, sondern er versucht auch, unbewusst zu leugnen, dass seine Beziehung zum Analytiker «nur» eine professionelle oder dass sie etwas wert ist.

9. Widerstand und Träume

Wissen Patienten, dass sie träumen, den Traum aber vergessen, so haben sie einen Widerstand dagegen, sich an ihn zu erinnern. Patienten, die sich überhaupt nicht erinnern können, geträumt zu haben, zeigen die stärksten Widerstände, weil es hier dem Widerstand gelungen ist, nicht nur den Trauminhalt anzugreifen, sondern sogar die Erinnerung daran, dass geträumt wurde. Das Vergessen von Träumen ist ein Anzeichen für den Kampf des Patienten gegen die Offenlegung seines Unbewussten und besonders seines Trieblebens vor dem Analytiker. Wenn es gelingt, einen Widerstand zu überwinden, kann es vorkommen, dass der Patient sich plötzlich an einen bisher vergessenen Traum erinnert, oder dass ihm vielleicht ein neues Bruchstück eines Traumes einfällt. Umgekehrt ist das Überschwemmen der Stunde mit vielen Träumen eine weitere Variante des Widerstands und kann auf den unbewussten Wunsch des Patienten hindeuten, seinen Schlaf in Gegenwart des Analytikers fortzusetzen.

10. Widerstand durch Agieren

Agieren ist ein Wiederholen von Erinnerungen und Affekten im Handeln, anstatt in Worten. Agieren kann verschiedene Bedeutung haben. Oft können unbewusste nicht mentalisierte Inhalte nicht anders als im Agieren wiederholt oder kommuniziert werden. Vielfach aber ist das Agieren auch ein Widerstand; eine einfache Form des Agierens liegt vor, wenn der Patient ausserhalb der Analysestunde mit jemand anderem über das Material aus der Analysesitzung spricht anstatt mit seinem Analytiker – dies ist eine Vermeidung, bei der der Patient eine Übertragungsreaktion auf jemand anderen verschiebt, um irgendeinen Aspekt seiner Übertragungsgefühle zu vermeiden oder zu verdünnen.

II. Die Entwicklung des Widerstands im Werk Freuds

In der Schilderung des Falles der Elisabeth von R., die Freud 1892 behandelt hatte, benützt er den Ausdruck *Widerstand* zum ersten Mal und formuliert einige vorläufige Hypothesen. Er glaubte, die Patientin wehre unverträgliche Vorstellungen ab, und die Stärke des Widerstands entspreche der Kraft, mit der diese Vorstellungen aus dem Bewusstsein und aus der Erinnerung gedrängt worden waren (1895d, GW I, 233). Die von Freud zusammen mit Breuer verfassten *Studien über Hysterie* (1895d) zeigen, wie Freud zur Entdeckung der Begriffe *Widerstand* und *Übertragung* gelangte. Freud hat den Widerstandsbegriff frühzeitig eingeführt. Er hat auf die Hypnose und die Suggestion hauptsächlich deshalb verzichtet, weil der massive Widerstand mancher Patienten gegen diese Therapieform ihm legitim erschien, andererseits weder überwunden noch gedeutet werden konnte. Dies wurde erst mit der psychoanalytischen Methode möglich. Der Widerstand wurde demnach als ein Hindernis für die Erhellung der Symptome und das Fortschreiten der Behandlung entdeckt. Dieses Hindernis suchte Freud zunächst durch Beharrlichkeit – die dem Widerstand entgegengesetzte Kraft – und Überredung zu überwinden, bevor er im Widerstand ein Mittel erkannte, um den Zugang zum Verdrängten und zum Geheimnis der Neurose zu erlangen. Tatsächlich sind beim Widerstand und bei der Verdrängung die gleichen Kräfte am Werk. *Der Fortschritt in der analytischen Technik bestand darin, dass der Widerstand richtig eingeschätzt und gedeutet wurde, denn es ist eine klinische Tatsache, dass es zur Aufhebung der Verdrängung nicht genügt, den Patienten den Sinn ihrer Symptome einfach mitzuteilen.*

Freud hat die Deutung des Widerstandes und der Übertragung immer als die spezifische Eigentümlichkeit seiner Technik betrachtet. Die Übertragung muss teilweise als ein Widerstand angesehen werden, insofern sie die verbalisierte Erinnerung durch die agierte Wiederholung am Analytiker ersetzt. Es ist jedoch hinzuzufügen, dass der Widerstand die Übertragung benutzt, sie aber nicht konstituiert.

In den *Studien über Hysterie* (op. cit. 292f) bezeichnet Freud die Erinnerungen als je nach dem ihnen anhaftenden Widerstandsgrad in konzentrischen Schichten um einen zentralen, pathogenen Kern angeordnet, wobei im Laufe der Behandlung jeder Übergang von einem Kreis zu einem dem Kern näher gelegenen den Widerstand erhöhe.

Mit der Einführung der *zweiten Topik* legt Freud den Akzent auf den Abwehraspekt, auf die vom Ich ausgeübte Abwehr – *vom Ich geht der Widerstand aus*, nicht vom Unbewussten: «Das Unbewusste, das heisst das *Verdrängte*, leistet den Bemühungen der Kur überhaupt keinen Widerstand, es strebt ja selbst nichts anderes an, als gegen den auf ihm lastenden Druck zum Bewusstsein oder zur Abfuhr durch die reale Tat durchzudringen. Der Widerstand in der Kur geht von denselben höheren Schichten und Systemen des Seelenlebens aus, die seinerzeit die Verdrängung durchgeführt haben.» (1920g, GW XIII, 17) Diese beherrschende Rolle der Ich-Abwehr hält Freud bis zu einer seiner letzten Schriften aufrecht: «Die entscheidende Tatsache ist nämlich, dass die Abwehrmechanismen gegen einstige Gefahren in der Kur als Widerstände gegen die Heilung wiederkehren. Es läuft darauf hinaus, dass die Heilung selbst vom Ich als eine neue Gefahr behandelt wird.» (1937c, GW XVI, 84) Die Analyse der Widerstände unterscheidet sich aus dieser Perspektive nicht von der Analyse der permanenten Abwehrmechanismen des Ichs, wie sie in der analytischen Situation unterschieden werden.

Andererseits sagt Freud ausdrücklich, die Auflösung des Ich-Widerstandes allein genüge oft nicht, um einen Fortschritt der analytischen Arbeit zu erreichen und unterscheidet schliesslich *fünf Widerstandsformen*. Davon hängen drei mit dem *Ich* zusammen: der *Verdrängungswiderstand*, der *Übertragungswiderstand* und der durch die Einbeziehung ins Ich bedingte *Widerstand des sekundären Krankheitsgewinns*. Dazu kommt, als triebdynamisches Moment, aus dem sich die Notwendigkeit des Durcharbeitens ergibt, der *Widerstand des Es*: «Es kann kaum anders sein, als dass nach Aufhebung des Ich-Widerstandes noch die Macht des Wiederholungszwanges, die Anziehung der unbewussten Vorbilder auf den verdrängten Triebvorgang, zu überwinden ist, und es ist nichts dagegen zu sagen, wenn man dies Moment als den Widerstand des Unbewussten bezeichnen will.» Zur fünften Widerstandsform derjenigen des *Über-Ichs* schreibt Freud: «Der fünfte Widerstand, der des Über-Ichs, der zuletzt erkannte, dunkelste, aber nicht immer schwächste, scheint dem Schuldbewusstsein oder Strafbedürfnis zu entstammen; er widersetzt sich jedem Erfolg und demnach auch der Genesung durch die Analyse.» (1926d [1925], GW XIV, 192f) Wir werden im Zusammenhang mit der negativen therapeutischen Reaktion auf diese Thematik zurückkommen.

III. Die Technik der Widerstandsanalyse

Wie wir in unserer Vorlesung zur psychoanalytischen Technik gesehen haben, kann man diese nicht definieren, ohne das Konzept der konsequenten und gründlichen Widerstandsanalyse einzubeziehen.

Ist der Widerstand vom Analytiker als solcher *erkannt*, kann er *analysiert* werden. Dabei ist von zentraler Wichtigkeit, dass dies von der Oberfläche her beginnt, vom Ich her, bevor der Inhalt angegangen wird: Das Ich kommt, so gesehen, vor dem Es – der Zugang erfolgt über das Ich.

Freud hat nach seinen Erfahrungen mit der Hypnose bald festgestellt, dass nicht das Wiedererlangen der vergessenen Erinnerung therapeutisch wirksam ist, sondern die Überwindung des Widerstands; denn solange Widerstände bestehen, sind wiedererlangte Erinnerungen nicht in der Lage, eine Veränderung zu bewirken, weil sie den Widerstandskräften unterliegen. Gelingt die Überwindung des Widerstands, entdeckt der Patient oft die vergessenen Erinnerungen wieder und stellt die richtigen Zusammenhänge her. Sobald die Wichtigkeit des Widerstands von Freud erkannt worden war, wurde die auf der 1. Topik (bewusst, vorbewusst, unbewusst) gründende Formel von der Bewusstmachung des Unbewussten ersetzt durch eine dynamischere Formel im Rahmen der 2. Topik mit den Instanzen Ich, Es, Über-Ich – zuerst muss nun eine Veränderung in der Instanz vor sich gehen, die hauptsächlich den Widerstand leistet, im Ich.

Kurz gesagt, es ist die Aufgabe des Analytikers, den Patienten dazu zu bringen, dass er versteht, *dass* er Widerstand leistet, *warum* er Widerstand leistet, *wogegen* er Widerstand leistet und *auf welche Weise*.

In diesem Sinne müssen nach *Greenson* (1975) bei der Widerstandsanalyse vier Punkte beachtet werden: Die *Konfrontation*, die *Klärung*, die *Deutung* und das *Durcharbeiten*, worüber ich im Folgenden sprechen möchte, gestützt auf Greensons sehr anschauliche klinische Fallbeispiele:

1. Die Konfrontation: Das Aufzeigen von Widerstand

Eine Patientin, die am Anfang ihrer Analyse steht, kommt ein paar Minuten zu spät und erklärt atemlos, sie habe Schwierigkeiten gehabt, einen Parkplatz für ihr Auto zu finden. Es wäre falsch gewesen, ihr in diesem Augenblick gleich zu sagen, dass dies ein Widerstand sei. Erstens hätte der Analytiker im Unrecht sein können; dann hätte die Intervention die Patientin von dem wirklichen Inhalt ablenken können. Ausserdem hätte der Analytiker eine potentiell brauchbare Gelegenheit verschwendet, indem er ein fragwürdiges Beispiel verwendet hätte, dass die Patientin vielleicht erfolgreich hätte widerlegen können. Die Patientin verfiel zu verschiedenen Zeiten während der Sitzung in Schweigen. Dann berichtete sie, sie habe den Traum der vergangenen Nacht vergessen. Wieder Schweigen. Das Stillschweigen des Analytikers ermöglichte, dass der Widerstand der Patientin wuchs, was die Wahrscheinlichkeit erhöhte, dass sie bei einer späteren Konfrontation den Widerstand nicht würde verleugnen können. (op. cit. 117)

Um die «Beweisbarkeit» eines Widerstands zu steigern, ist es ratsam, den Widerstand sich entwickeln zu lassen; der beste Weg dazu ist das Stillschweigen des Analytikers. Manchmal kann dazu eine andere Technik verwendet werden:

Ein junger Mann, der am Anfang seiner Analyse steht, kommt in die Analysestunde und beginnt, indem er sagt: «Also, ich hatte in der letzten Nacht ein recht erfolgreiches eheliches Erlebnis mit meiner Frau. Es war für die beiden Beteiligten sehr befriedigend.» Er fährt dann fort, sehr zurückhaltend darüber zu sprechen, wie sehr er es geniesse, «seine Frau zu lieben», und geht dann zu ziemlich harmlosen Vorgängen über. Der Analytiker greift an diesem Punkt ein und sagt: «Sie haben vor einer Weile davon gesprochen, dass Sie letzte Nacht ein eheliches Erlebnis genossen haben. Bitte erklären Sie mir, was Sie mit eheliches Erlebnis meinen.» Der Patient zögert, wird rot und beginnt dann stockend zu erklären, hält inne und sagt: «Ich glaube, Sie wollen, dass ich mich genauer ausdrücke ...» und hält wieder inne. Nun antwortet der Analytiker: «Sie scheinen schüchtern zu sein, wenn es darum geht, über sexuelle Dinge zu sprechen.» Der Patient verbringt dann den Rest der Stunde mit der Beschreibung seiner Schwierigkeiten über Sexuelles zu sprechen. Jetzt hat er begonnen, seinen Widerstand zu bearbeiten. (op. cit. 117)

Dem Analytiker war klar, dass es dem Patienten stark widerstrebte, über sein eheliches Erlebnis zu sprechen – dieser hatte versucht, darüber hinwegzugehen, indem er über Beiläufiges sprach. Der Analytiker konfrontierte ihn mit diesem Widerstreben und bat um eine ausführlichere Darstellung genau dieses Teils des Materials. Nun war das Vorhandensein von Widerstand unwiderlegbar, Analytiker und Analysand konnten dazu übergehen, den Widerstand gegen das Sprechen über Sexuelles zu bearbeiten.

2. Die Klärung des Widerstandes

Wenn der Patient sich dessen bewusst wird, dass er einen Widerstand hat, erfolgt der nächste Schritt. Dabei ergeben sich drei weitere Fragen:
1. Warum vermeidet er?
2. Was vermeidet er?
3. Wie vermeidet er?

Das *Motiv des Widerstandes* liegt immer im Bestreben, schmerzliche Affekte zu vermeiden. Der Patient im Widerstand versucht, irgendeine schmerzliche Emotion abzuwehren, wie Angst, Schuldgefühl, Scham oder Niedergeschlagenheit oder eine Kombination aus mehreren dieser Elemente – die Frage nach einem solchen schmerzlichen Affekt ist gewöhnlich dem Ich, dem Bewusstsein näher als eine Frage im Bereich des Es, des Triebes.

Ein Patient, der seit über drei Jahren in Analyse ist und dem es gewöhnlich nicht schwer fällt, über sexuelle Dinge zu sprechen, klingt plötzlich ausweichend, als er den Geschlechtsverkehr mit seiner Frau beschreibt, den er früh am Morgen des gleichen Tages gehabt hat. Er ist offensichtlich verlegen über irgend etwas, das da geschehen ist. Der Analytiker beschliesst, ihm die Chance zu geben, dies selbst zu klären, und schliesslich sagt der Patient dann auch: «Ich hab das Gefühl, es ist schwierig, Ihnen zu erzählen, dass wir heute morgen Analspiele gemacht haben.» Pause, Schweigen. Da der Analytiker im allgemeinen mit dem Patienten ein gutes Arbeitsbündnis hat, verfolgt er diesen Punkt direkt und sagt fragend: «Analspiele?» Der Patient schluckt mühsam, seufzt und antwortet: «Ja, irgendwie wollte ich meinen Finger in ihren Anus stecken, ich meine, in ihr Arschloch und ich will verdammt sein, wenn ich das verstehe, denn sie schien es gar nicht zu mögen, aber ich habe darauf bestanden. Ich wollte irgend etwas gegen ihren Willen in sie rein zwingen, ich wollte in sie hinein brechen, ich wollte sie irgendwie zerreissen, vielleicht war ich wütend auf sie, ohne es selber zu wissen, oder vielleicht war es gar nicht meine Frau. Ich weiss nur, dass ich ihr da unten wehtun wollte.» (op. cit. 121)

Dies ist ein Beispiel für die teilweise Klärung eines Triebimpulses, insbesondere des Triebziels. In diesem Fall war das Ziel, einer Frau *da unten* einen eindringlichen, zerreissenden Schmerz zuzufügen. Im letzten Teil der Stunde und in der nächsten konnte dies geklärt werden. Die Frau, der er in seiner Phantasie Schmerz zufügte, war seine Mutter, und er brach in *ihre Kloake* ein, in den Ort, von dem er im Alter von drei Jahren geglaubt hatte, sein kleiner Bruder sei daraus geboren worden. Die Bearbeitung des Widerstandes führte bei diesem Patienten zuerst zur Scham, dann zur Verbalisierung eines verbotenen Triebimpulses, der analen Penetration, dem Sadismus, und zum Schluss zum schmerzlichen Affekt, der damit verbunden war, dass eine schmerzliche, im Zusammenhang der Schwangerschaft der Mutter mit dem Bruder stehende Kindheitserinnerung wiederbelebt werden konnte.

Auch die Klärung des *Wie* des Widerstandes, also die Klärung der von ihm verwendeten Mittel, kann wichtig sein. Das ist der Fall, wenn der Widerstandsmodus sich häufig wiederholt – dann hat man es oft mit einem Charakterzug zu tun; das kann sich in der Analyse als sogenannte Charakterabwehr zeigen. Wenn hingegen der Widerstandsmodus bizarr ist und eigentlich nicht zum Patienten passt, handelt es sich gewöhnlich um eine symptomatische Handlung, welche meistens dem vernünftigen Ich des Patienten leichter zugänglich ist. Schwieriger ist es, wenn der Widerstandsmodus Ich-synton ist; dann stellt sich die Frage, wie ein Ich-syntoner Charakterzug Ich-dyston, fremd gemacht werden kann. Anders ausgedrückt: Kann man sich die Hilfe des vernünftigen Ichs des Patienten sichern und es veranlassen, sich mit dem Analytiker zu verbinden in der Betrachtung dieser Verhaltensweise als Widerstand? Noch schwieriger wird die Situation, wenn mit den unbewussten Widerständen des Patienten Realitätsfaktoren vermischt sind – immer, wenn Realitätsfaktoren mit einem Widerstand verschmelzen, müssen zuerst diese Realitätsfaktoren adäquat anerkannt werden; wird dies unterlassen, klammert sich der Patient umso heftiger an das Realitätselement des Widerstands und verbringt seine Zeit mit dem Versuch, den Analytiker von der Logik seines Arguments zu überzeugen. Folgendes Fallbeispiel illustriert das Vorliegen einer Charakterabwehr:

> Ein äusserst intelligenter und wortgewandter Patient Greensons zeigte seinen Widerstand durch die Art und Weise, wie er immer sein Material brachte: In einem völligen Durcheinander, einem Gemisch von Ereignissen aus Gegenwart und Vergangenheit, Tatsachen, Träumen, Assoziationen, Deutungen – er begann in der Mitte, sprang dann zu Anfang, zum Ende usw., so dass der Analytiker nie sicher war, was nun wirklich vorlag. In dieser selben «durcheinander gerührten Art» las dieser Patient auch Bücher oder verrichtete seine Hausarbeiten. Er konnte nicht studieren, wenn er am Schreibtisch sass, sondern nur im Liegen oder im Gehen. Als dem Analytiker klar wurde, dass der Vater des Patienten ein sehr bekannter Lehrer gewesen war und den Sohn darauf getrimmt hatte, in seine Fussstapfen zu treten, konnte das seit Kindheit bestehende chaotische Verhalten des Patienten als Trotz und Gegenwehr, als Widerstand gegen den Vater verstanden werden, gegen welchen er rebellierte. Neben solchen feindseligen Gefühlen empfand der Junge aber auch eine tiefe Liebe zu seinem Vater, die stark prägenital geprägt war. Er hatte Angst, seinem Vater zu nahe zu kommen, denn das hätte orales und anales Verschlingen und Eindringen bedeutet. Aus der Vorgeschichte ergab sich nämlich, dass der Vater gern die Rolle des Arztes spielte, wenn der Patient krank war, sogar rektale Temperaturmessungen vornahm, Klistiere, Halsspülungen usw. durchführte. So war das «durcheinander gerührte» Verhalten auch eine Manifestation des Kampfes gegen die Identifikation mit dem Vater, denn Identifikation war gleichbedeutend mit Verschlungenwerden und Vernichtung. In diesem Sinne stellte das Verhalten die Rückkehr des abgewehrten, verdrängten Verlangens nach Verschmelzung mit dem Vater und Verlust der Ich-Grenzen dar. (op. cit. 132)

3. Die Deutung des Widerstandes

Wenn der Widerstand geklärt und demonstrierbar ist, kann die Deutung seiner unbewussten Determinanten angegangen werden; man versucht, die verborgenen Triebimpulse, Phantasien oder Erinnerungen aufzudecken, die den für den Widerstand verantwortlichen schmerzhaften Affekt ausgelöst haben und seinen, wie man sagt, Inhalt ausmachen. Dabei muss die Widerstandsanalyse immer die Analyse des Übertragungswiderstands einschliessen.

> Wir kehren zum Patienten zurück, der mit grossen Schwierigkeiten über sein «eheliches Erlebnis» sprach. Um seine Verlegenheit zu verstehen, muss aufgedeckt werden, welche Impulse, Gefühle, Phantasien oder wirkliche Ereignisse sich bei ihm mit dem Sprechen über sexuelle Dinge verbinden. Die Untersuchung dieser Inhalte kann in vergangene Zeiten führen, aber auch in die Gegenwart der Stunde im Sinne der Übertragungsdynamik oder vom einen zum andern. Gewöhnlich soll man den Patienten entscheiden lassen, welchen Weg er einschlagen will und z.B. fragen «was fällt Ihnen ein, wenn Sie sich vorstellen, über Sex zu reden?» Der schüchterne Patient ging auf diese Frage des Analytikers ein und begann zu berichten, dass Sex in seinem Elternhaus als schmutziges und verbotenes Thema galt, auch dass er gescholten wurde, weil er gefragt hatte, wie Babys geboren werden – das sei keine Frage für einen anständigen Jungen. Später überwand er seine Schüchternheit zwar bei den Schulkameraden, aber reagierte immer noch verlegen, wenn mit einem Fremden oder einer Autoritätsperson die Rede auf sexuelle Dinge kam. Das habe zu jenen Verlegenheitsgefühlen dem Analytiker gegenüber geführt, bei denen er diesen als Fremden und als Autorität empfand. Er habe dabei mit seinem Verstand gewusst, dass der Analytiker mit sexuellen Erlebnissen vertraut sein müsse, aber festgestellt, dass er trotzdem reagierte, als sei der Analytiker sehr prüde und würde ihn tadeln. Greenson deutete dem Patienten, dass in dem Augenblick, in dem die Sexualität erwähnt worden sei, der Analytiker zu einer Vaterfigur und der Patient zum kleinen Jungen geworden seien. Hätte der Patient nicht spontan seine Gedanken zum Analytiker zurück treiben lassen und nur von seiner Verlegenheit im Elternhaus gesprochen, hätte der Analytiker vor dem Ende der Stunde in etwa zu ihm gesagt: «Jetzt reagieren Sie auf mich, als wäre ich Ihr Vater, und Sie werden verlegen.» Das hätte den Übertragungswiderstand in die Widerstandsanalyse eingeschlossen. (op. cit. 124)

4. Zum Durcharbeiten

Der Prozess des Durcharbeitens besteht darin, dass die durch Deutung gewonnenen Einsichten wiederholt und ausgearbeitet werden. Diese Wiederholung ist besonders wichtig bei der Analyse von Übertragungswiderständen, weil das Ich altbewährte Abwehrformen nur widerstrebend aufgibt und nur ungern neue Verhaltensweisen riskiert!

Zusammenfassung Widerstandsanalyse

Erlauben Sie mir, Ihnen zum Schluss eine kurze *Zusammenfassung der Widerstandsanalyse* zu geben:
1. Den Widerstand *erkennen*.
2. Dem Patienten den Widerstand *demonstrieren*.
   - Mehrere Manifestationen abwarten.
   - Den Widerstand zunehmen lassen und dadurch demonstrierbar machen.
3. Motive und Modi des Widerstandes *klären*.
   - Welcher unangenehmer Affekt bewegt den Patienten zum Widerstand?
   - Welcher Triebimpuls ruft wann den unangenehmen Affekt hervor?
   - Wie drückt der Patient den Widerstand aus, innerhalb und ausserhalb der Analyse, und in welchem Zusammenhang mit früheren Erlebnissen?
4. Den Widerstand *deuten*.
   - Welche Phantasien oder Erinnerungen bringen die Affekte und Triebimpulse hervor, die hinter dem Widerstand stecken?
   - Welche Triebimpulse oder Traumen stecken hinter dem Widerstand?
5. Den Widerstand *durcharbeiten*.

Vorlesung VIII

Übertragung und Gegenübertragung

I. Zur Übertragung

Wir beginnen heute mit der Analyse eines Falles aus der Literatur, damit Sie sich ein klinisches Bild machen können von den Übertragungsbewegungen, wie sie sich im Verlauf einer Psychoanalyse zeigen können. Das Fallbeispiel stammt von *Heinrich Racker*, einem in Polen geborenen, während des ersten Weltkrieges mit den Eltern nach Wien und später vor den Nationalsozialisten nach Argentinien geflüchteten jüdischen Psychoanalytiker. Es illustriert eine Reihe infantiler Konflikte auf verschiedenen Ebenen zu verschiedenen Zeiten der psychosexuellen Entwicklung, wie sie in Beziehung zur Deutung in Erscheinung treten; zudem zeigt es Ursachen für eine negative therapeutische Reaktion[1] (Racker, 1978, 112ff):

> Die 30jährige Lehrerin ist die jüngste von vier Schwestern. Ihre Eltern sind deutschen Ursprungs und aufgrund politischer Verfolgung 1933 nach Argentinien gekommen, da der Vater aktiver Kommunist war. Das Hauptproblem der Patientin liegt in ihren ausserordentlichen Schwierigkeiten, Beziehungen zu einem Mann aufzunehmen. Bewusst denkt sie, dass kein Mann sie lieben werde, weil sie, wie sie meint, hässlich sei. Sie lebt in ständiger Angst, die sie auf ihr Alleinsein zurückführt und auf die Unmöglichkeit, diesen Zustand jemals ändern zu können.
>
> In der *Analyse* ergibt sich bald, dass es nicht der Analytiker ist, der sie ablehnt – sie selbst ist es, die diesen ständig zurückweist. Sie kommt zwar regelmässig zur Analyse, aber schon bei der Mitteilung ihrer Einfälle hat sie mit erheblichen *Widerständen* zu kämpfen, die sich noch steigern bezüglich der *Deutung*. Schon bevor der Analytiker zum Sprechen ansetzt lehnt sie unbewusst seine Deutung ab, was der Analytiker in der Gegenübertragung deutlich wahrnimmt. Ist die Deutung erst einmal ausgesprochen, weist die Patientin sie zurück: mit einem «nein», einem «ja, aber», mit Schweigen, mit der Bemerkung, sie fühle nichts dergleichen oder indem sie die Deutung einfach übergeht mit ihren weiteren Einfällen.
>
> Eine Annahme der Deutung wäre für die Patientin gewesen wie die Vereinigung mit dem Vater/Analytiker, also wie die Verwirklichung des ödipalen inzestuösen Verbrechens. Es wurde ersichtlich, dass die Patientin, wie sie sagte, die Deutung nicht zu packen kriegen, nicht fühlen konnte, weil sie diese wie den Penis des Vaters erlebte. Die Deutung aufzunehmen und zuzulassen, dass sie in ihr fruchtbringend wäre, hiesse damit auch, vom Vater ein Inzest-Kind zu empfangen und zur Welt zu bringen, Wünsche, die bei der Mutter zu Verzweiflung und Selbstmord führen würden.
>
> Die Patientin setzte sich also gegen die Verwirklichung des ödipalen Verbrechens dadurch zur Wehr, dass sie den Vater/Analytiker oder genauer seine Deutung (für sie: =Penis) zurückwies. Als Folge dieser wiederholten defensiven Aggression hatte sie das Gefühl, den Vater/Analytiker kastriert, zerstört zu haben, was depressive und paranoide Ängste nach sich zog. In jeder Sitzung, in der ihre Abwehr über die Versuche des Analytikers, diese Schwierigkeiten zu überwinden, den Sieg davontrug, introjizierte sie einen kastrierten, wütenden Vater, also einen Verfolger, den sie nachher mit sich nahm. Die Angst, die sie dann erlebte, ging auf diese innere Verfolgung zurück. Der pathologische Nutzen, *Krankheitsgewinn*, war auf dieser Stufe darin zu sehen, dass sie in ihrer Beziehung zur ödipalen Mutter frei von Schuld und Verfolgungsangst war; jede Sitzung war diesbezüglich wie ein Alibi, ein Beweis ihrer Unschuld.
>
> Andererseits erlebte sie die Deutung als eine Versagung genitaler Wünsche und der eigenen Mutterschaft, da wie sie sagte die Deutung ja nur aus Worten bestand, kein wirklicher Penis war. Die Abweisung der Deutung war daher auch Ausdruck ihres Hasses und ihrer Rache am Vater, weil er sie nicht sexuell befriedigt hatte. Es war, als ob die Patientin wie damals als Kind auch jetzt noch folgendes ausdrücken würde: «Da Du, Vater, mir nicht Deinen Penis und auch kein Kind gegeben hast, da Du mich als Frau abgewiesen hast und mich so sehr hast leiden lassen, werde ich nun Dich und alles, was Du mir vielleicht geben möchtest, zurückweisen und Dich auf diese Weise leiden lassen. Ich will nichts von Dir annehmen, es sei denn den Penis und das Kind.» Sie verführte den Analytiker zu deuten und kastrierte ihn dann, so wie sie nach ihrem Empfinden verführt worden war, den Vater zu begehren, um dann von ihm zurückgewiesen zu werden. Der durch ihre Rache angegriffene Vater verwandelte sich in ein beschädigtes und verfolgendes Objekt. Dadurch verstärkten sich Angst und Misstrauen und ihre ablehnende Einstellung der Deutung gegenüber, der sie zerstörerische Absichten unterstellte. Auf der anderen Seite aber zeigte sich auch eine gewisse liebevolle Besorgnis um den beschädigten Vater/Analytiker und das Verlangen, ihn wieder heil zu machen, sein Selbstvertrauen wieder herzustellen, indem sie ihm bei seiner analytischen Arbeit half.
>
> Neben diesen *formalen* Schwierigkeiten, die Deutung an sich anzunehmen, hatte die Patientin damit auch *inhaltlich* Mühe. Vom Inhalt her betrafen die Deutungen Konflikte, die sich einerseits aus ihren aggressiven Regungen und andererseits aus ihren Liebesgefühlen gegenüber dem Vater/Analytiker ergaben; erstere wurden zurückgewiesen, weil das zur Aggression gehörige Schuldgefühl schwer erträglich war und weil sie das Erlebnis des Objektverlustes (Verlust des Analytikers) verstärkten; letztere, weil sie die ebenso schuldhafte inzestuöse Vereinigung mit dem Vater/Analytiker bedeutet hätten. Die scheinbare Ausweglosigkeit dieser Konflikte äusserte sich bei der Patientin so stark und über einen längeren Zeitraum, dass es zu einer *negativen therapeutischen Reaktion* kam.

---

1 vgl. unsere Vorlesung *Die negative therapeutische Reaktion*

Racker stellt dann mit Hinweis auf die Theorisierung Melanie Kleins drei besonders bedeutungsvolle Kindheitssituationen dar, welche die Schwierigkeiten dieser Patientin bezüglich der Deutung erhellen. Es handelt sich zuerst um eine depressive, dann um eine manische und schliesslich um eine paranoid-schizoide Situation (op. cit. 119):

1. In einem Traum erscheint ein Pferd, das sich mit amourösen Absichten einer Stute nähert. Als es nahe herangekommen ist, weicht das Pferd entsetzt zurück, weil es sieht, dass der Kopf der Stute horizontal abgeschnitten ist und der ganze obere Teil fehlt.

Die Einfälle der Patientin zeigen, dass der Traum in einer oberflächlichen Schicht die Phantasie ausdrückt, jeder Mann würde entsetzt vor ihr zurückweichen, wenn er ihren zerstörten Leib sähe – diese Zerstörtheits-Annahme versteht sich als Vergeltungsbefürchtung wegen ihrer Aggressionen, die zurück führen auf ihre kindliche Phantasie, den mütterlichen Leib zerstört zu haben. In den dem Traum vorausgehenden Sitzungen trat eine depressive Angst auf, nachdem die Patientin das aggressive Gefühl geäussert hatte, den Kopf des Mutter/Analytikers anzugreifen, das Gehirn herauszuschneiden und durch ihre Angriffe auf die Deutungen die Fähigkeit des Mutter/Analytikers zu zerstören, Kinder (=Deutungen) auszutragen. Der Traum illustriert so gesehen, dass im Grunde die Patientin selbst entsetzt vor ihrem eigenen Zerstörungswerk zurückweicht.

2. Eines Tages kommt die Patientin sehr belustigt durch eine Zeitungsnotiz zur Sitzung: Einige Wissenschaftler fordern, dass der Mond für frei und unabhängig erklärt werde; «wie absurd», ruft sie aus, «der Mond gehört doch jedem, der ihn sieht! So sind die Menschen; in ihrem unbegrenzten Streben nach Besitz geben sie vor, das ganze Weltall für sich beanspruchen zu können!»

Diese Einfälle beziehen sich auf die Übertragungssituation. In Gestalt der Wissenschaftler lehnt sie denjenigen Teil der eigenen Person ab, der sich schon der ganzen Welt, d.h. des Eltern/Analytikers bemächtigt hat. Sie trug den Eltern/Analytiker in sich, hatte ihn verschlungen – den ihm unterstellten Anspruch, ausserhalb von ihr eine unabhängige Existenz zu haben, hielt sie für absurd. In den folgenden Einfällen sprach sie über eine Frau, die starr an Vorstellungen festhielt, welche sie von einem Mann übernommen hatte, den die Patientin wegen seines omnipotenten Verhaltens kritisierte. Als der Analytiker deutete, dass die Patientin bei der Frau ihre eigene geistige Starrheit kritisiere, erwiderte sie, dass das zutreffe, aber dass es wenigstens ihre eigenen Vorstellungen seien, auf denen sie so hartnäckig bestehe. Das heisst also, dass sie gleichzeitig den Mann, den Schöpfer der Vorstellungen, in sich hat. Sie ist Mann und Frau zugleich, ist das vereinte Paar, befruchtet sich selbst und bringt Kinder zur Welt. Es versteht sich, dass diese *manische* Phantasie, dieses manische Verhalten, wobei sie alles ist, die Existenz des Analytikers zunichte und seine Deutungen überflüssig macht.

3. In einem weiteren Traum geht die Patientin zu ihrer Tante, die sie als ausserordentlich süss und liebevoll beschreibt, aber jemand lässt sie nicht durch eine Einzäunung hindurchgehen. Die Lage der Tante ist in höchstem Masse unsicher und bereitet ihr grosse Sorge. Die Patientin verspricht alles überhaupt Mögliche zu tun, um der Tante zu helfen.

Sie erwacht aus diesem Traum mit einem schweren Schuldgefühl, wie sie es lange Zeit in ihrer Analyse nicht wahrnehmen konnte. Sie sagt, dass in Wirklichkeit ihre Mutter diese Tante grausam gequält habe, und sie fügt hinzu, dass das Verhalten der Mutter auf ihre Schuldgefühle zurückzuführen sei, weil sie alles (Ehemann, Kinder, Geld) habe, während die Tante allein lebe und mittellos sei.

Einerseits verkörpert die Tante in der Übertragung den Analytiker, den die Patientin in diesen Tagen als liebevoll erlebt hatte; die Einzäunung stellt die Sperre dar, mit der sie sich ihm innerlich widersetzte. Andererseits verkörperte die Tante auch ihre eigene liebevolle Seite, die sie in ihrer Beziehung zum Analytiker ausgeschlossen, abgezäunt, abgespalten hat. Historisch gesehen war die Tante die von der Mutter abgespaltene gute Imago oder genauer gesagt, wie das Wort süss andeutet, die Imago der guten Brust. Auf diese Weise lebten in der Beziehung der Patientin zur Deutung einige ihrer Beziehungen mit der Brust wieder auf: Die Spaltung zwischen guter und böser Brust und die entsprechende Spaltung zwischen Liebe und Hass wurde sichtbar. Die Liebe zur guten Brust war dadurch aus der Übertragungsbeziehung herausgehalten worden, dass allen Deutungen Wert und Güte abgesprochen wurde, da sich die Patientin auf diese Weise vom Schuldgefühl gegenüber dem Mutter/Analytiker freihalten konnte. Das wurde deutlich durch den Ausbruch von Schuldgefühl aufgrund dieses Traumes, d.h. also als sie dank der liebevollen Deutungen die Liebe zur Brust und die gute Imago der süssen Brust wieder in sich hineinnehmen konnte. Mit diesem Traum waren also die sich in ihrem Problem mit der Deutung äussernden tiefsten Kindheitskonflikte der Patientin in Erscheinung getreten: Die Konflikte, die durch Spaltung der Brust in ein gutes und ein böses Partialobjekt bedingt werden. Dies ist nach Melanie Klein typisch für die paranoid-schizoide Position der frühkindlichen Entwicklung; die daran anschliessende depressive Position bedeutet einen Entwicklungsschritt, das Objekt wird als Ganzes wahrgenommen, reparative Bestrebungen treten auf.

Racker schliesst das Fallbeispiel dieser Patientin mit einem weiteren Traum, der entscheidende Seiten dieser Behandlungsbeziehung aufzeigt (op. cit. 121):

Von einer Kommunistin, die Sachen verkauft, kaufe ich eine Brosche für meine Bluse. Die Brosche besteht aus vielen kleinen Sternchen, die bei Tageslicht gesehen einen ausserordentlichen Glanz haben. Die Brosche hat die Form einer Eule. Die Frau hat zwei Broschen, eine grössere und eine kleinere. Ich kaufe die grössere.

In ihren Einfällen zum Traum sagt die Patientin, dass ihr Vater Kommunist gewesen sei, auch ihre ältere Freundin Anna sei Kommunistin – diese habe keine Kinder, und sie habe ihr geraten, eines zu adoptieren. Auch eine ihr bekannte Psychologin neige zum Kommunismus. Am Tage vor dem Traum sei sie seit langer Zeit wieder einmal mit ihrem Vater im Kino gewesen: In einer Wochenschau hätten sie den Sputnik gesehen – einen leuchtenden Punkt, der über den Sternenhimmel zog. Maria, eine junge Malerin, habe nach langer Pause wieder etwas gemalt, ein Bild mit Tieren, darunter eine Eule – Eulen sähen ja bei Nacht. Maria sei früher sehr hübsch gewesen, jetzt weniger; in den letzten Jahren sei es ihr schlecht gegangen, sie habe mit ihrer Mutter viele Konflikte gehabt.

Aufgrund der Einfälle der Patientin deutet Racker, dass es bei der Frau im Traum um den Mutter/Analytiker gehe. Wie ihre kommunistische Freundin Anna ist auch die Patientin kinderlos, womit sie insofern auf den Analytiker anspielt, als sie ihm keine Tochter ist und dies auch ihrer Mutter verweigert. Die Sterne sind die guten Deutungen, die einen ausserordentlichen Glanz haben und die sie als wunderbare Schöpfungen erlebt, wie die Sputniks der russischen Kommunisten. Insgesamt sind diese Deutungen wie eine Eule, weil sie in der Nacht des Unbewussten sehen. Wie Maria ist die Patientin wegen ihrer Konflikte mit der Mutter nicht mehr so hübsch wie früher, aber wie Maria wieder malt, so arbeitet sie in der Analyse wieder, liebt den Analytiker wieder, schenkt ihm Leben, indem sie seine Sterndeutungen sieht, hochschätzt, sogar bewundert. So erschafft sie ihn neu, was gleichbedeutend ist mit der Erschaffung eines Kindes oder einer Mutter. Sie kauft eine der beiden Broschen für ihre Bluse – sie erwirbt eine der beiden Brüste des Mutter/Analytikers, die grössere für sich selbst, die kleinere überlässt sie ihm. Die Deutungen werden nun also als wunderbare Eigenschaften, Inhalte der Brust empfunden; die Fähigkeit der Eule, nachts zu sehen, entspricht der lebensspendenden Fähigkeit der guten Brust.

Im fortgesetzten Analysieren der Übertragungsbeziehung durch die Deutung wurden also nach und nach die wichtigsten infantilen Konflikte dieser Patientin durchgearbeitet. Gleichzeitig stellten sich Schritt für Schritt, wenn es auch immer noch Rückfälle gab, bedeutsame Wandlungen ein in ihrer Beziehung zu den Deutungen des Analytikers – die Patientin konnte diese besser in sich aufnehmen und sich zu eigen machen. Auf diese Weise wurde die negative therapeutische Reaktion günstig beeinflusst, die Angst vermindert und die Grundlage für bessere Beziehungen zu inneren und äusseren Objekten geschaffen.

II. Die Entdeckung der Übertragung durch Freud

Das Phänomen der Übertragung in der Therapie wird von Freud bereits in den *Studien über Hysterie* (1895d, GW I, 308) erwähnt und zum ersten Mal in der bereits 1901 niedergeschriebenen und 1905 publizierten *Fallgeschichte der Dora*[2] genauer dargestellt (1905e [1901], GW V). Die Erarbeitung einer Theorie der Übertragung beginnt für Freud also mit der Analyse von Dora. Diese Analyse wurde 1889 nach nur drei Monaten von Dora abgebrochen. Durch die Entdeckung der Übertragung gelang es Freud, diesen Abbruch zu verstehen: «Was sind die Übertragungen? Es sind Neuauflagen, Nachbildungen von den Regungen und Phantasien, die während des Vordringens der Analyse erweckt und bewusst gemacht werden sollen, mit einer für die Gattung charakteristischen Ersetzung einer früheren Person durch die Person des Arztes. Um es anders zu sagen: Eine ganze Reihe früherer psychischer Erlebnisse wird nicht als vergangen, sondern als aktuelle Beziehung zur Person des Arztes wieder lebendig. Es gibt solche Übertragungen, die sich im Inhalt von ihrem Vorbilde in gar nichts bis auf die Ersetzung unterscheiden. Das sind also, um in dem Gleichnis zu bleiben, einfache Neudrucke, unveränderte Neuauflagen.» (op. cit. 279f), und: «Die Übertragung, die das grösste Hindernis für die Psychoanalyse zu werden bestimmt ist, wird zum mächtigsten Hilfsmittel derselben, wenn es gelingt, sie jedesmal zu erraten und dem Kranken zu übersetzen.» (op. cit. 281)

Auch in späteren Schriften zur Therapie geht Freud auf dieses Thema ein; neben der 27. Vorlesung *Die Übertragung* (1916–17a [1915–17]) widmet er zwei Aufsätze ausschliesslich diesem Thema, nämlich *Zur Dynamik der Übertragung* (1912b) und *Bemerkungen über die Übertragungsliebe* (1915a [1914], GW X). Im letzteren Aufsatz schreibt Freud (op. cit. 308): «Er [der Arzt] muss erkennen, dass das Verlieben der Patientin durch die analytische Situation erzwungen wird und nicht etwa den Vorzügen seiner Person zugeschrieben werden kann, dass er also gar keinen Grund hat, auf eine solche Eroberung, wie man sie ausserhalb der Analyse heissen würde, stolz zu sein.» Daraus ergibt sich für den Psychoanalytiker, dass er die Übertragungsliebe seiner Patientinnen oder Patienten deuten, keinesfalls mitagieren soll. Freud meint, wenn ein Therapeut den Liebeswerbungen seiner Patientin nachkommt, dann würde diese zwar ihr Ziel erreichen, er aber niemals das seinige: «Es wäre ein grosser Triumph für die Patientin, wenn ihre Liebeswerbung Erwiderung fände, und eine volle Niederlage für die Kur. Die Kranke hätte erreicht, wonach alle Kranken in der Analyse streben, etwas zu agieren, im Leben zu wiederholen, was sie nur erinnern, als psychisches Material reproduzieren und auf psychischem Gebiet erhalten soll.» (op. cit. 314)

In *Psycho-Analysis: Freudian School* (1926f, GW XIV, 305) schreibt Freud: «‹Übertragung› nennt man die auffällige Eigentümlichkeit der Neurotiker, Gefühlsbeziehungen zärtlicher wie feindseliger Natur zu ihrem Arzt zu entwickeln, die nicht in der realen Situation begründet sind, sondern aus der Elternbeziehung (Ödipuskomplex) der Patienten stammen. Die Übertragung ist ein Beweis dafür, dass auch der Erwachsene seine einstige kindliche Abhängigkeit nicht überwunden hat [...]; ihre Handhabung, die der Arzt erlernen soll, setzt ihn allein in den Stand, den Kranken zur Überwindung seiner inneren Widerstände und zur Aufhebung seiner Verdrängungen zu bewegen. Die psychoanalytische Behandlung wird so zu einer Nacherziehung des Erwachsenen, einer Korrektur der Erziehung des Kindes.»

---

2 vgl. unsere Vorlesungen *Aus Freuds klinischen Schriften: Der Fall Dora I und II*

In der modernen Psychoanalyse wird die Übertragung noch genauso gehandhabt wie Freud es empfohlen hat, in einer durch Abstinenz und Neutralität gekennzeichneten Haltung.

Übertragen werden positive wie aggressive Gefühle, innere Objekte, Selbstrepräsentanzen, Abwehren, Beziehungen zwischen den inneren Objekten, Strukturanteile. Es wird Verdrängtes übertragen wie auch Nicht-Mentalisiertes, welches sich oft auf der Handlungsebene, im Agieren äussert.

Zum Einlesen in die Bedeutung der Übertragung empfehle ich Ihnen vor allem die Lektüre *Übertragung und Gegenübertragung* von Heinrich Racker (1978) sowie *Die Übertragung* von Michel Neyraut (1976).

III. Zur Gegenübertragung

Anhand dreier klinischer Beispiele von *Heinrich Racker* (op. cit. 172f) möchte ich Ihnen die Bewegungen der Gegenübertragung beim Analytiker veranschaulichen:

1. Eine Patientin fragt den Analytiker, ob es wahr sei, dass der Analytiker X. sich habe scheiden lassen und wieder geheiratet habe. In ihren Einfällen beschäftigt sie sich eingehend mit der ersten Ehefrau. Dem Analytiker kommt der Gedanke, dass es die Patientin wohl auch interessiere zu wissen, wer die neue Ehefrau sei, und dass sie sich wahrscheinlich frage, ob sie nicht eine Analysandin ihres jetzigen Ehemannes gewesen wäre. In Anbetracht der aktuellen Übertragungssituation, so fällt ihm ein, frage sich die Patientin wohl unbewusst, ob ihr eigener Analytiker sich nicht auch von seiner Frau trennen und sie selbst heiraten könnte. Diesem Verdacht nachgehend, wobei er sich aber hütete, irgend etwas zu suggerieren, fragt der Analytiker die Patientin nach Einfällen zur neuen Ehefrau von X. Die Patientin antwortet lachend tatsächlich: «Ich frage mich, ob sie nicht seine Analysandin war.» Bei der Analyse der psychischen Situation des Analytikers zeigte es sich, dass ihm dieser Einfall kommen konnte, weil er sich unbeschwert durch eigene Verdrängung, mit den ödipalen Wünschen der Patientin identifizierte, und weil er selbst die von seinem Ich angenommenen eigenen positiven ödipalen Impulse auf die Patientin gegen-übertrug.

Dieses Beispiel veranschaulicht, dass auch in die freien Einfälle des Analytikers, die ihm ein tieferes Verstehen erleichtern, nicht nur sublimierte positive Gegenübertragung eingeht, die ihm die Identifizierung mit dem Es und dem Ich des Analysanden erlaubt, sondern darüber hinaus auch die Identifizierung mit den inneren Objekten, die der Analysand überträgt sowie die bewusste Annahme der eigenen infantilen Objektbeziehungen zum Analysanden.

2. Eine Analysandin bringt Einfälle zu einer wissenschaftlichen Sitzung im Psychoanalytischen Institut, der ersten, an der sie teilgenommen hat. Während sie spricht, kommt dem Analytiker in den Sinn, dass er selber – im Gegensatz zu den meisten anderen Lehranalytikern – sich an der Diskussion nicht beteiligt hatte. Ihm ist deswegen unbehaglich zumute; er meint, dass das der Analysandin aufgefallen sein müsse, und fühlt sich leicht beängstigt bei dem Gedanken, sie könne ihn deswegen für minderwertig halten. Er macht sich klar, dass es ihm lieber wäre, sie würde nicht so denken und den Vorfall nicht erwähnen. Gerade deswegen aber fragt er die Analysandin, was sie denn bei dieser Gelegenheit über ihn gedacht habe. Ihre Reaktion erweist die Wichtigkeit der Frage. Überrascht ruft sie aus: «Ach ja, fast hätte ich vergessen, davon zu sprechen!» Dann bringt sie reichlich Übertragungsmaterial, das sie vorher abgewehrt hatte, und zwar aus eben denselben Gründen, die beim Analytiker zur Gegenübertragungsabwehr des gleichen Materials geführt hatten: Furcht vor einer negativen Übertragungssituation.

Das Beispiel zeigt nicht nur, wie wichtig es ist, Gegenübertragungseinfälle zu beachten und sie als Werkzeug zum Verstehen zu nutzen, sondern weist auch auf den Zusammenhang zwischen einem Übertragungswiderstand und einem Gegenübertragungswiderstand hin.

3. Ein Analytiker verspürt Schuldgefühle, bevor er den Behandlungsraum betritt, weil er sich verspätet hat. Er stellt fest, dass er gerade diesen Patienten oftmals warten lässt, und versteht, dass es insbesondere die starke masochistische Unterwürfigkeit des Patienten ist, die ihn dazu herausfordert.

Mit anderen Worten: Der Analytiker beantwortet die starke Verdrängung der Aggression beim Analysanden damit, dass er tut, wonach ihm der Sinn steht, und so die Neurose des Patienten missbraucht. Aber gerade die Versuchung, die der Analytiker spürt und die ihn verführt, sich gehen zu lassen, wie auch die Schuldgefühle, die ihn deswegen bedrücken, können ihm einen Fingerzeig geben, um die Übertragungssituation des Analysanden zu verstehen.

Racker (op. cit. 173f) illustriert mit einem vierten, aus der analytischen Literatur stammenden klinischen Beispiel, wie grundlegend für das Verstehen der analytischen Situation des Kranken die Gegenübertragungssituation ist. Er verdankt dieses Fallbeispiel *Wilhelm Reich* (1933, *Fall mit manifesten Minderwertigkeitsgefühlen*):

Reich schildert, dass lange Zeit keine Deutung zu irgendeinem Erfolg führte und es ihm nicht gelang, eine Veränderung der analytischen Situation des Kranken herbeizuführen. Er schreibt: «Ich deutete ihm dann seine Minderwertigkeitsgefühle mir gegenüber, zunächst war das ergebnislos; nachdem ich ihm aber mehrere Tage dauernd sein Verhalten zu mir gezeigt hatte, machte er einige Mitteilungen, die sich auf seinen enormen Neid, nicht auf mich, sondern auf andere Männer bezogen, denen gegenüber er sich minderwertig fühlte. Und da tauchte in mir wie ein Blitz die Idee auf, dass seine wiederholten Beschwerden nur dies bedeuten konnte: ‹Die Analyse hat keine Wirkung auf mich, sie ist nicht gut; der Analytiker ist minderwertig und impotent und kann mit mir nichts erreichen.› Die Beschwerden waren also zum Teil als Triumph und zum Teil als Vorwürfe dem Analytiker gegenüber zu verstehen.»

Nach Racker lässt Reichs Beschreibung des Geschehens kaum einen Zweifel daran zu, dass die Identifizierung mit den inneren Objekten des Analysanden die Quelle seiner Intuition gewesen ist, d.h., dass die blitzartige Erleuchtung Reichs seinem in der Gegenübertragung wahrgenommenen eigenen Empfinden entsprang – *er selber* fühlte sich impotent, gescheitert und schuld am Fehlschlagen der Behandlung.

Anhand dieser vier klinischen Beispiele erkennen wir auch die besondere Dynamik, welche zwischen Übertragung und Gegenübertragung herrscht.

IV. Die Gegenübertragung bei Freud

Freud schreibt (1910d, GW VIII, 108): «Wir sind auf die ‹Gegenübertragung› aufmerksam geworden, die sich beim Arzt durch den Einfluss des Patienten auf das unbewusste Fühlen des Arztes einstellt, und sind nicht weit davon, die Forderung zu erheben, dass der Arzt diese Gegenübertragung in sich erkennen und bewältigen müsse. Wir [...] verlangen daher, dass er seine Tätigkeit mit einer Selbstanalyse beginne.»

Zwei Jahre später stellt er in den *Ratschlägen* fest (1912e, GW VIII, 380f): «Ich kann den Kollegen nicht dringend genug empfehlen, sich während der psychoanalytischen Behandlung den Chirurgen zum Vorbild zu nehmen, der alle seine Affekte und selbst sein menschliches Mitleid beiseite drängt und seinen geistigen Kräften ein einziges Ziel setzt: die Operation so kunstgerecht wie möglich zu vollziehen. Für den Psychoanalytiker wird unter den heute waltenden Umständen eine Affektstrebung am Gefährlichsten, der therapeutische Ehrgeiz, mit seinem neuen und viel angefochtenen Mittel etwas zu leisten, was überzeugend auf andere wirken kann. Damit bringt er nicht nur sich selbst in eine für die Arbeit ungünstige Verfassung, er setzt sich auch wehrlos gewissen Widerständen des Patienten aus, von dessen Kräftespiel ja die Genesung in erster Linie abhängt. Die Rechtfertigung dieser vom Analytiker zu fordernden Gefühlskälte liegt darin, dass sie für beide Teile die vorteilhaftesten Bedingungen schafft, für den Arzt die wünschenswerte Schonung seines eigenen Affektlebens, für den Kranken das grösste Ausmass von Hilfeleistung, das uns heute möglich ist.»

Aus dem Gesagten geht hervor, dass Freud wie schon die Übertragung des Patienten auch die Gegenübertragung des Analytikers vorerst als ein Hindernis für die Behandlung sah, bis er schliesslich ihre Wichtigkeit und praktische Bedeutung erkannte.

Paula Heimann schrieb 1949/50 ihren bahnbrechenden Artikel *On counter-transference*. Darin unterstrich sie die Wichtigkeit der Gegenübertragung des Analytikers als Instrument für das Verständnis der Übertragung. Im Unterschied z.B. zu Sándor Ferenczi oder Alice Balint ist sie der Meinung, dass der Analytiker seine Gegenübertragungsgefühle dem Analysanden keineswegs mitteilen soll.

In der modernen Psychoanalyse ist die Gesamtheit der Gegenübertragungsgefühle ein absolut zentrales psychoanalytisches Instrument zur Erhellung der Übertragungssituation. Der moderne Psychoanalytiker arbeitet nach wie vor nach den Grundsätzen von Abstinenz und Neutralität; aber er sieht sich nicht als gefühlskalten Chirurgen, der affektlos die Übertragungen deutet, sondern als ein Instrument, dessen Saiten vom Analysanden in Schwingung gebracht werden – der Analysand macht immer etwas mit dem Analytiker, er löst in ihm Gefühle, Phantasien, Träume, körperliche Sensationen aus; Freud hat im Irma-Traum[3] einen eigenen Gegenübertragungstraum geschildert, über den wir noch sprechen werden.

Ein gut ausgebildeter moderner Psychoanalytiker wird dem Patienten niemals von seinen eigenen Gegenübertragungswahrnehmungen sprechen, aber er wird diese in sich erkennen und als Instrument für die Deutungsarbeit benutzen!

---

3 vgl. unsere Vorlesung *Die klassische Traumtheorie*

Vorlesung IX

Zum Begriff der Identifizierung

Zum Begriff der Identifizierung oder Identifikation findet sich in der psychoanalytischen Literatur eine verwirrende Fülle synonymer und missverständlicher Ausdrucksweisen: Inkorporation, Introjektion, narzisstische Identifikation, neurotische Identifizierung, primäre Identifizierung, vollständige Identifizierung, partielle oder sekundäre Identifizierung, präödipale Identifizierung, ödipale Identifizierung, Imitation, Identifikation mit dem Aggressor.

Ich will versuchen, in dieses Sammelsurium von Begriffen rund um den Terminus der Identifizierung ein wenig Licht zu bringen, indem ich als Richtlinie den *Grad der psychischen Entwicklung* und den *Grad der Entwicklung und Qualität der Objektbeziehungen* hervorhebe. Danach lassen sich folgende Ausdrücke chronologisch aufreihen: Inkorporation, primäre Identifizierung, Introjektion, narzisstische oder depressive Identifizierung, sekundäre Identifizierung (eigentliche Identifizierung). Aus Gründen der Klarheit und der Übersichtlichkeit werde ich nicht auf alle eingangs erwähnten Termini eingehen. Zahlreiche psychoanalytische Autoren haben sich bis heute um die Klärung der Identifizierungsbegriffe bemüht, oft durch Hinzufügung neuer Ausdrücke, was statt Klärung weitere Missverständnisse mit sich brachte.

Identifizierungen sind immer unbewusst; sie beginnen am Anfang des Lebens jedes Individuums und dauern ein Leben lang fort. Die verschiedenen Formen der Identifizierung hängen vom Grad der Differenzierung zwischen Subjekt und Objekt ab. Je weniger differenziert ein Individuum von der Aussenwelt ist, desto primitiver sind die Formen der Identifizierungen. Bei jeder Form der Identifizierung muss man also den genetischen Gesichtspunkt berücksichtigen. Der Prozess der Identifizierung verläuft gemäss der jeweiligen Natur der Triebwünsche und dem Niveau der Objektbeziehungen.

I. Die Inkorporation oder Einverleibung

Sie gilt als der früheste Identifizierungsprozess. Über diesen Begriff herrscht in der Literatur ziemliche Übereinstimmung: Er wird auf der oralen Stufe angesiedelt, dem oralen Modus zugeschrieben. Die Inkorporation ist der Vorläufer der Introjektion.

Freud sagt in *Drei Abhandlungen zur Sexualtheorie* (1905d, GW V, 98), dass in der oralen oder kannibalischen prägenitalen Sexualorganisation das Sexualziel «in der Einverleibung des Objektes, dem Vorbild dessen, was späterhin als Identifizierung eine so bedeutsame psychische Rolle spielen wird» besteht.

In *Die Verneinung* (1925h, GW XIV, 13) beschreibt er, wie sich der Gegensatz Introjektion - Projektion, bevor er einen weiteren Umfang annimmt[1], zunächst im oralen Modus aktualisiert: «In der Sprache der ältesten, oralen Triebregungen ausgedrückt: ‹Das will ich essen oder will es ausspucken›, und in weitergehender Übertragung: ‹Das will ich in mich einführen und das aus mir ausschliessen›.»

Laplanche und *Pontalis* (1973, 127) schreiben im *Vokabular*, dass sich der Vorgang mehr oder weniger in der Phantasie abspielt, indem das Subjekt ein Objekt in sein Körperinneres eindringen lässt und es dort bewahrt. Die Einverleibung oder Inkorporation stellt ein Triebziel dar und eine Form der Objektbeziehung, die für die orale Stufe charakteristisch ist. Sie steht vorwiegend mit der Mundaktivität und der Nahrungsaufnahme in Zusammenhang, kann aber auch in Beziehung zu anderen erogenen Zonen und Funktionen erlebt werden. Sie stellt das körperliche Vorbild der Introjektion und der Identifizierung dar.

Das Konzept der Inkorporation wird von *Karl Abraham* und später von *Melanie Klein* weiterentwickelt (oralsadistische Stufe, Kannibalismus).

Es empfiehlt sich, zwischen Einverleibung/Inkorporation und Introjektion zu unterscheiden. In der Psychoanalyse ist die Körpergrenze das Vorbild jeder Trennung zwischen einem Innen und einem Aussen. Der Vorgang der Einverleibung bezieht sich ausdrücklich auf diese *Körperhülle*. Der Ausdruck *Introjektion* jedoch ist in einem

---

1 vgl. unsere Vorlesung *Die projektive Identifizierung*

etwas weiteren Sinne zu verstehen: Jetzt handelt es sich nicht mehr nur um das Innere des Körpers, sondern um das Innere des *psychischen Apparates* – man spricht von Introjektion ins Ich, Ichideal, also in innere Instanzen.

II. Die primäre Identifizierung

Inkorporation und primäre Identifizierung stehen in engem Zusammenhang und werden in der Literatur oft synonym verwendet. So schreibt *Wolfgang Loch* (1968), dass das Charakteristische bei der primären Identifizierung die vollständige Inkorporation des Objektes ist und dass die Oralität das Modell für diese wie überhaupt für alle Inkorporationen abgibt.

Der Begriff primäre Identifizierung wird in der Literatur nicht immer klar definiert. Freud spricht an einigen Stellen seines Werkes von primären oder ersten Identifizierungen, aber meint damit eindeutig die ersten sekundären Identifizierungen mit den primären Objekten. In diesem Sinne wären auch die ödipalen und Über-Ich-Identifikationen primäre Identifizierungen – in dieser Bedeutung wird der Begriff heute nicht mehr verwendet.

Häufig wird primäre Identifizierung auch synonym für *Symbiose* und andere Begriffe gebraucht, welche die ursprüngliche Mutter-Kind-Einheit kennzeichnen. Wie viele anderen Kennzeichnungen dieses frühen Zustandes ist auch *primäre Identifizierung* eine ungenaue Bezeichnung, denn so lange keine Trennung von Selbst- und Objektrepräsentanzen besteht, kann von Identifikation im eigentlichen, metapsychologischen[2] Sinne des Wortes gar nicht die Rede sein.

Es muss also genauer spezifiziert werden, was mit primärer Identifizierung gemeint ist:

Gemäss Freud (1921c, GW XIII, 115) können wir die primäre Identifizierung als die «früheste Äusserung einer Gefühlsbindung an eine andere Person» verstehen. Sie ist also anaklitischer Natur, wie alle auf positiver libidinöser Zuwendung beruhende Identifizierungen; nach *Loch* (1968) ist sie das Korrelat der primitiven oralen Objektbesetzungen.

Nach *Edith Jacobson* (1973) und *René A. Spitz* (1976) bestehen primäre Identifizierungen zusammenfassend gesehen darin, dass der Säugling alles in seiner Umwelt, was mit Bedürfnisbefriedigung (Triebbefriedigung) zu tun hat, als Teil seiner eigenen Person und seines eigenen Körpers erlebt, ausserhalb dessen nichts existiert.

Primäre Identifizierungen sind somit unter genetischer Perspektive gesehen keine eigentlichen Identifizierungen, sondern entsprechen den Verhältnissen der Phase der Nicht-Differenziertheit. Sie sind *Vorläufer* der Introjektion, der Identifizierung und der Objektbesetzungen. Primäre Identifizierung dient also nicht primär der Abgrenzung, sondern der Einheit.

Loch (1968) postuliert, dass sich auf der Basis der primären Identifizierungen eine *Ur-Identität*, ein *Ur-Selbst* bildet. Auch nach *Laplanche* und *Pontalis* (1973, 225ff) ist die primäre Identifizierung eine primitive Form der Subjektbildung nach dem Vorbild des anderen und hängt eng mit der oralen Einverleibung zusammen.

III. Die Introjektion

Der Begriff der *Introjektion* wurde von *Sándor Ferenczi* in die Psychoanalyse eingeführt.

In seiner Schrift *Introjektion und Übertragung* (1909, in *Schriften zur Psychoanalyse I*, 19) definiert Ferenczi den Begriff der Introjektion wie folgt: «Während die Paranoische die unlustvoll gewordenen Regungen aus dem Ich hinausdrängt, hilft sich der Neurotiker auf die Art, dass er einen möglichst grossen Teil der Aussenwelt in das Ich aufnimmt und zum Gegenstand unbewusster Phantasien macht. Es ist das eine Art Verdünnungsprozess, womit er die Schärfe frei flottierender, unbefriedigter und nicht zu befriedigender unbewusster Wunschregungen mildern will. Diesen Prozess könnte man, im Gegensatz zur Projektion, Introjektion nennen.»

1912 verfolgt Ferenczi in seiner Arbeit *Zur Begriffsbestimmung der Introjektion* das Konzept der Introjektion weiter. Er sagt: «Ich beschrieb die Introjektion als Ausdehnung des ursprünglichen autoerotischen Interesses auf die Aussenwelt durch Einbeziehung deren Objekte in das Ich. Ich legte das Schwergewicht auf dieses Einbeziehen und wollte damit andeuten, dass ich jede Objektliebe (oder Übertragung), beim Normalen sowohl als auch beim Neurotiker [...] als eine Ausweitung des Ichs, d.h. als Introjektion auffasse.» (op. cit. 100)

---

2 vgl. unsere Vorlesungen *Metapsychologie I* und *II*

Freud nimmt 1915 den Begriff der Introjektion von Ferenczi in *Triebe und Triebschicksale* auf und betrachtet die Introjektion als eine Stufe in der Ich-Entwicklung: «Das Ich bedarf der Aussenwelt nicht, insofern es autoerotisch ist, es bekommt aber Objekte aus ihr infolge der Erlebnisse der Ich-Erhaltungstriebe und kann doch nicht umhin, innere Triebreize als unlustvoll für eine Zeit zu verspüren. Unter der Herrschaft des Lustprinzips vollzieht sich nun in ihm eine weitere Entwicklung. Es nimmt die dargebotenen Objekte, insofern sie Lustquellen sind, in sein Ich auf, introjiziert sich dieselben (nach dem Ausdrucke Ferenczis) und stösst andererseits von sich aus, was ihm im eigenen Inneren Unlustanlass wird. (Siehe später den Mechanismus der Projektion).» (1915c, GW X, 228) Aus dieser Darlegung entnimmt man, dass Freud die Introjektion in Zusammenhang bringt mit einer bereits vorhandenen gewissen Differenzierung zwischen Subjekt und Objekt, zwischen Innen und Aussen. Ferner beschreibt er, wie die Introjektion in das Ich, also in die Psyche erfolgt, womit er sie von der früheren Inkorporation oder Einverleibung abgrenzt.

Die nach *Melanie Klein* benannte kleinianische Schule verwendet den Begriff der Introjektion als Gegenspieler der projektiven Identifizierung vor allem bezogen auf die paranoid-schizoide Position. Diese Position entspricht einem frühen kindlichen Alter, in welchem sich eine Unterscheidung zwischen Innen und Aussen bereits angebahnt hat.

IV. Die narzisstische oder depressive Identifizierung

Wie Freud in *Trauer und Melancholie* (1916–17g [1915]) beschrieben hat, misslingt in der Depression die Ablösung vom narzisstisch besetzten Objekt, in heutiger Nomenklatur vom Selbstobjekt (nach *Heinz Kohut*, 1979). Es kommt zu einer Introjektion des verlorenen Objektes ins Ich. Diese narzisstische oder depressive Identifikation führt zu der bekannten Pathologie der Melancholiker. Wichtig ist dabei, dass das verlorene Objekt noch nicht als ein ganzes Objekt erlebt wird, d.h. die Grenzen zwischen Subjekt und Objekt sind noch nicht klar gezogen.

V. Die sekundäre Identifizierung (eigentliche Identifizierung)

Laplanche und *Pontalis* (1973, 219ff) definieren den Begriff als psychologischen Vorgang, durch den ein Subjekt einen Aspekt, eine Eigenschaft, ein Attribut des anderen assimiliert und sich vollständig oder teilweise nach dem Vorbild dieses anderen umwandelt. Die Identifizierung erhielt in Freuds Werk eine zunehmend zentrale Bedeutung. Sie wurde zu mehr als nur einem psychischen Mechanismus unter anderen, nämlich zum Vorgang, durch den das menschliche Subjekt sich konstituiert. Diese Entwicklung korreliert vor allem mit dem Ödipuskomplex in seinen strukturierenden Wirkungen, sodann mit der Umgestaltung, die durch die zweite Theorie, Topik des psychischen Apparats erfolgt; hier werden die Instanzen, die sich aus dem Es differenzieren, durch die Identifizierungen unterschieden, aus denen sie sich herleiten.

Demnach wird das menschliche Subjekt durch Identifizierungen konstituiert, das Selbst durch Identifizierungen gebildet; und dieses Selbst, bzw. die Selbstrepräsentanzen können sich ein Leben lang durch weitere Identifizierungen mit Attributen der Objekte verändern.

Freud setzt sich in der *Traumdeutung* (1900a) ausführlich mit der hysterischen, also neurotischen Identifizierung auseinander.

In *Allgemeines über den hysterischen Anfall* ergänzt Freud diese Ausführungen und führt den Begriff der *mehrfachen Identifizierung* ein: «Der Anfall wird dadurch undurchsichtig, dass die Kranke die Tätigkeiten beider in der Phantasie auftretenden Personen auszuführen unternimmt, also durch mehrfache Identifizierung. Vergleiche etwa das Beispiel, welches ich in dem Aufsatze ‹Hysterische Phantasien und ihre Beziehung zur Bisexualität› [...] erwähnt habe, in dem die Kranke mit der einen Hand (als Mann) das Kleid herunterreisst, während sie es mit der anderen (als Weib) an den Leib presst.» (1909a [1908], GW VII, 236)

In *Massenpsychologie und Ich-Analyse* (1921c) führt Freud die Bearbeitung der Frage der Identifizierung systematisch weiter, wie wir aus dem oben nur in seinem Anfang gebrachten Zitat entnehmen: «Die Identifizierung ist der Psychoanalyse als früheste Äusserung einer Gefühlsbindung an eine andere Person bekannt. Sie spielt in der Vorgeschichte des Ödipuskomplexes eine Rolle. Der kleine Knabe legt ein besonderes Interesse für seinen Vater an den Tag, er möchte so werden und so sein wie er, in allen Stücken an seine Stelle treten. Sagen wir ruhig: er nimmt den Vater zu seinem Ideal. Dies Verhalten hat nichts mit einer passiven oder femininen Einstellung zum Vater (und zum Manne überhaupt) zu tun, es ist vielmehr exquisit männlich. Es verträgt sich sehr wohl mit dem Ödipuskomplex, den es vorbereiten hilft. Gleichzeitig mit dieser Identifizierung mit dem Vater, vielleicht sogar vorher, hat der Knabe begonnen, eine richtige Objektbesetzung der Mutter nach dem Anlehnungstypus vorzunehmen. Er zeigt also dann zwei psychologisch verschiedene Bindungen, zur Mutter eine glatt sexuelle Objektbesetzung, zum Vater eine vorbildliche Identifizierung. Die beiden bestehen eine Weile nebeneinander, ohne gegenseitige Beeinflussung oder Störung. Infolge der unaufhaltsam fortschreitenden Vereinheitlichung des Seelenlebens treffen sie sich endlich, und durch dies Zusammenströmen entsteht der normale Ödipuskomplex. Der Kleine merkt, dass ihm der Vater bei der Mutter im Wege steht; seine Identifizierung mit dem Vater nimmt jetzt eine feindselige Tönung an und wird mit dem Wunsch identisch, den Vater auch bei der Mutter zu ersetzen. Die Identifizierung ist eben von Anfang an ambivalent, sie kann sich ebenso zum Ausdruck der Zärtlichkeit wie zum Wunsch der Beseitigung wenden.» (1921c, GW XIII, 115f)

In *Das Ich und das Es* (1923b) beschreibt Freud den Zusammenhang zwischen der Identifizierung und der Bildung der Über-Ich-Struktur beim Untergang des Ödipuskomplexes: «Beim Untergang des Ödipuskomplexes werden die vier in ihm enthaltenen Strebungen [des vollständigen Komplexes, H.W.] sich derart zusammenlegen, dass aus ihnen eine Vater- und eine Mutteridentifizierung hervorgeht, die Vateridentifizierung wird das Mutterobjekt des positiven Komplexes festhalten und gleichzeitig das Vaterobjekt des umgekehrten Komplexes ersetzen; Analoges wird für die Mutteridentifizierung gelten. In der verschieden starken Ausprägung der beiden Identifizierungen wird sich die Ungleichheit der beiden geschlechtlichen Anlagen spiegeln. So kann man als allgemeinstes Ergebnis der vom Ödipuskomplex beherrschten Sexualphase einen Niederschlag im Ich annehmen, welcher in der Herstellung dieser beiden, irgendwie miteinander vereinbarten Identifizierungen besteht. Diese Ich-Veränderung behält ihre Sonderstellung, sie tritt dem anderen Inhalt des Ichs als Ichideal oder Über-Ich entgegen.» (1923b, GW XIII, 262)

Eine letzte prägnante Zusammenfassung seiner Theorie der Identifizierung gibt Freud 1933 in der 31. Vorlesung: «Die Grundlage dieses Vorganges [der Umwandlung der Elternbeziehung in das Über-Ich, H.W.] ist eine sogenannte Identifizierung, d.h. eine Angleichung eines Ichs an ein fremdes, in deren Folge dies erste Ich sich in bestimmten Hinsichten so benimmt, wie das andere, es nachahmt, gewissermassen in sich aufnimmt. Man hat die Identifizierung nicht unpassend mit der oralen, kannibalistischen Einverleibung der fremden Person verglichen. Die Identifizierung ist eine sehr wichtige Form der Bindung an die andere Person, wahrscheinlich die ursprünglichste, nicht dasselbe wie eine Objektwahl. Man kann den Unterschied etwa so ausdrücken: Wenn der Knabe sich mit dem Vater identifiziert, so will er so sein wie der Vater; wenn er ihn zum Objekt seiner Wahl macht, so will er ihn haben, besitzen; im ersten Fall wird sein Ich nach dem Vorbild des Vaters verändert, im zweiten Falle ist dies nicht notwendig. Identifizierung und Objektwahl sind in weitem Ausmass unabhängig voneinander; man kann sich aber auch mit der nämlichen Person identifizieren, sein Ich nach ihr verändern, die man z.B. zum Sexualobjekt genommen hat [...]. Wenn man ein Objekt verloren hat oder es aufgeben musste, so entschädigt man sich oft genug dadurch, dass man sich mit ihm identifiziert, es in seinem Ich wieder aufrichtet, so dass hier die Objektwahl gleichsam zur Identifizierung regrediert.» (1933a [1932], GW XV, 69) Damit knüpft Freud an seine schöne Formulierung aus *Trauer und Melancholie* an: «Der Schatten des Objekts fiel so auf das Ich, welches nun von einer besonderen Instanz wie ein Objekt, wie das verlassene Objekt, beurteilt werden konnte. Auf diese Weise hatte sich der Objektverlust in einen Ich-Verlust verwandelt, der Konflikt zwischen dem Ich und der geliebten Person in einen Zwiespalt zwischen der Ich-Kritik und dem durch Identifizierung veränderten Ich.» (1916–17g [1915], GW X, 435)

VI. Die Internalisierung oder Verinnerlichung

Dieser Begriff stammt aus postfreudianischer Zeit. Verinnerlichung wird oft unspezifisch als Oberbegriff für alle Verinnerlichungsprozesse verwendet von der Inkorporation über die Introjektion und Bildung der internalisierten Objektbeziehungen bis hin zu den verschiedenen Formen der Identifizierung.

Vor allem die Ich-Psychologen verwenden den Begriff der Verinnerlichung. Sie betrachteten ihn unter dem Gesichtspunkt der Entwicklung der Ich-Funktionen oder unter demjenigen der Verinnerlichung von Objektbeziehungen, also im Sinne des Aufbaus der inneren Welt. Hier seien vor allem *Heinz Hartmann* und *Rudolph M. Loewenstein* sowie *Edith Jacobson* angeführt. Diese Autoren sprechen von Internalisierung, wenn Regulationen, die in Interaktion mit der Aussenwelt stattgefunden hatten, durch innere Regulationen ersetzt werden.

Laplanche und *Pontalis* (1973, 592) definieren *Verinnerlichung* objektpsychologisch: als Ausdruck, der oft als Synonym für Introjektion verwendet wird oder in einem spezifischen Sinne als Vorgang, durch den intersubjektive Beziehungen in intrasubjektive Beziehungen umgewandelt werden (Verinnerlichung eines Konfliktes, eines Verbotes).

In der Objektbeziehungspsychologie ist *verinnerlichte Objektbeziehung* zu einem festen Begriff geworden. So schreibt Kernberg in *Objektbeziehungen und Praxis der Psychoanalyse* (1981, 20f): «Introjektionen, Identifizierungen und Ich-Identität sind drei Ebenen des Prozesses der Internalisierung von Objektbeziehungen im psychischen Apparat; ich nenne alle drei umfassend Identifizierungssysteme. Alle diese Internalisierungsprozesse schlagen sich psychisch nieder oder schaffen Strukturen […]. Alle diese Internalisierungsprozesse bestehen aus drei Grundkomponenten: a) Objektbildern oder Objektvorstellungen, b) Selbstbildern oder Selbstvorstellungen und c) Triebderivaten oder Dispositionen für spezifische Affektzustände.»

VII. Die Identifizierung mit dem Angreifer

Die Identifizierung mit dem Angreifer ist ein Abwehrmechanismus, der von *Anna Freud* (1936) herausgearbeitet und beschrieben wurde (in *Die Schriften der Anna Freud I*, 293ff). Das Subjekt, das sich einer äusseren Gefahr gegenübersieht, identifiziert sich mit dem Angreifer, indem es sich entweder selbst für die Aggression verantwortlich macht oder die Person des Angreifers physisch oder moralisch imitiert oder sich bestimmte, den Angreifer kennzeichnende Machtsymbole aneignet. Nach Anna Freud ist dieser Mechanismus bei der Bildung der Vorstufe des Über-Ichs bestimmend; dabei bleibt die Aggression gegen die Aussenwelt gerichtet, wendet sich also noch nicht in Form einer Selbstkritik nach innen, wie das nach der Bildung des Über-Ichs der Fall ist. Dieser Abwehrvorgang kommt in verschiedenen Zusammenhängen vor, wie Kritik durch eine Autoritätsperson, physische Gewalt; die Identifizierung kann *nach*, aber auch *vor* der befürchteten Aggression erfolgen – das Ergebnis ist ein Rollentausch, der Angegriffene macht sich zum Angreifer, es erfolgt ein Wechsel von der passiven in die aktive, leichter zu ertragende Position.

Autoren, die wie Anna Freud diesem Mechanismus eine wichtige Rolle in der Persönlichkeitsentwicklung zuschreiben, beurteilen seine Bedeutung unterschiedlich, besonders bei der Über-Ich-Bildung. Nach Anna Freud wird beim Subjekt in einem ersten Schritt die Gesamtheit der aggressiven Beziehungen umgekehrt: Der Aggressor wird introjiziert, während die angegriffene, kritisierte, schuldige Person nach aussen projiziert wird. Erst in einem zweiten Schritt wendet sich die Aggression nach innen, wird die ganze Beziehung verinnerlicht.

Es bleibt die Frage, welche Rolle man der Identifizierung mit dem Angreifer in der psychoanalytischen Theorie zuweisen soll. Handelt es sich um einen ganz besonderen Mechanismus oder deckt er sich im Gegenteil mit einem wichtigen Teil dessen, was gewöhnlich als Identifizierung beschrieben wird? Wie fügt sich dieser Begriff in die Identifizierung ein, die klassisch als die Identifizierung mit dem Rivalen in der ödipalen Situation bezeichnet wird?

Bei *Sigmund Freud* kommt der Ausdruck nicht vor, aber man kann feststellen, dass er den Mechanismus beschrieben hat; dies besonders in Zusammenhang mit dem in unserer zweiten Vorlesung erwähnten Spiel seines 1½jährigen Enkels Ernest, der die Abwesenheit der Mutter im Wegschleudern seiner Spielzeuge re-inszenierte und indem er eine mit Bindfaden umwickelte Holzspule über den Rand seines verhängten Kinderbettchens warf; diese Spule zog er aber dann immer wieder in Sichtweite hervor – das Kind verwandelte so seine passiv-erduldende in eine aktive Position (Freud, 1920g, GW XIII, 11ff).

Gestatten Sie mir, für heute mit einer kleinen Anekdote zu schliessen. Dieser Enkel Freuds, Ernest Freud wie er sich nannte, liebte es später, sich mit den Worten vorzustellen: «Ich bin der Junge mit der Spule!» Er wurde Psychologe und Psychoanalytiker mit einem besonderen Interesse für frühgeborene Kinder – er nannte sie zärtlich *Frühchen*. 1988 luden wir ihn nach Bern ein für einen Vortrag über dieses Thema und besuchten mit ihm die Frühgeborenen-Station des Frauenspitals. Als Klee-Liebhaber brachten wir ihn auch in Kontakt mit Felix Klee, dem Sohn des Malers, der uns seine wunderbare Sammlung zeigte, die damals noch nicht öffentlich zugänglich war. So kam es, dass Sigmund Freud und Paul Klee, Zeitgenossen, die sich trotz geistiger Verwandtschaft (H. Wildbolz, 2008) nie persönlich getroffen hatten, sich schliesslich vertreten durch ihre Nachkommen, hier der Enkel, dort der Sohn, sozusagen doch noch trafen, nämlich in Bern!

Vorlesung X

Die projektive Identifizierung

Das Konzept der projektiven Identifizierung wurde 1946 von *Melanie Klein* eingeführt in ihrem Aufsatz *Bemerkungen über einige schizoide Mechanismen* (2000, in *Gesammelte Schriften III*, 1–41).

Die projektive Identifizierung ist eine der Modalitäten der Projektion im Sinne Freuds, aber sie ist auch ein psychotischer Mechanismus, den man bei allen Individuen feststellen kann. In der *paranoid-schizoiden Position* herrschen Spaltung, Idealisierung, Verleugnung und projektive Identifizierung vor. Dies sind die frühesten Ich- und Abwehrmechanismen, welche der Säugling gegen die Angst richtet. Die Objektspaltung, Spaltung in eine gute und in eine böse Brust, ist ein normaler Abwehrmodus, welcher dem Kind hilft, mit seinen Liebesgefühlen in Bezug auf die befriedigende Brust wie mit seinen Gefühlen von Hass und Verfolgungsangst in Bezug auf die versagende Brust fertig zu werden. Auch die Idealisierung ist mit Objektspaltung verknüpft; zum Schutz gegen die Furcht vor der verfolgenden Brust werden die guten Aspekte der Brust übertrieben, idealisiert. Die Befriedigungsvorstellung des Säuglings enthält zwei voneinander abhängige Prozesse: Die omnipotente Heraufbeschwörung des idealen Objektes und der idealen Situation wie auch die ebenso omnipotente Vernichtungsvorstellung des bösen Verfolgungsobjektes und der schmerzhaften Situation. Diese Vorgänge gründen auf der Spaltung des Objekts und des Ichs. Spaltung, Verleugnung und Omnipotenz spielen in dieser frühen Phase eine ähnliche Rolle wie in einem späteren Entwicklungsstadium die Verdrängung. Diese frühkindlichen Abwehrprozesse erinnern an den Grössen- und Verfolgungswahn bei Schizophrenie.

Die Verfolgungsangst setzt sich aus oralen, analen und urethralen Elementen zusammen – orale, anale und urethrale Wünsche sowohl libidinöser als auch aggressiver Natur fliessen zusammen. Die aggressiven Regungen beinhalten phantasierte Angriffe auf die mütterliche Brust und auf den mütterlichen Körper als Erweiterung der mütterlichen Brust, bevor noch die Mutter als ganze Person erfasst werden kann. Die phantasierten Angriffe auf die Mutter folgen zwei Hauptlinien: Eine ist die vorwiegend orale Regung, sie auszusaugen, zu beissen, den mütterlichen Körper auszuhöhlen und seines guten Inhalts zu berauben – Phantasien, die in enger Beziehung zur Introjektion stehen. Die andere Angriffslinie stammt von den analen und urethralen Regungen her und meint die Ausstossung gefährlicher Substanzen (Exkremente) aus dem Selbst in die Mutter hinein. Zusammen mit diesen in Hass ausgestossenen schädigenden Exkrementen werden abgespaltene Teile des Ichs auf die Mutter oder, wie Melanie Klein sagt, in die Mutter hinein projiziert. Diese Exkremente und bösen Teile des Selbst sollen nicht nur das Objekt verletzen, sondern es auch kontrollieren und in Besitz nehmen. Insoweit die Mutter die bösen Teile des Selbst zu enthalten scheint, wird sie nicht als ein separates Individuum, sondern als das *böse Selbst* empfunden. Es kommt also zu einer Verwechslung zwischen Subjekt und Objekt durch diese mit einer besonderen Art von Identifizierung verbundenen Projektion, welche das Urbild einer aggressiven Objektbeziehung darstellt.

Für diesen Prozess schlägt Melanie Klein den Ausdruck projektive Identifizierung vor. Wenn die Projektion hauptsächlich dem Wunsche des Säuglings entspricht, die Mutter zu verletzen und zu kontrollieren, dann wird diese als eine Verfolgerin empfunden. Die Identifizierung eines Objekts mit dem gehassten Teil des Selbst trägt in psychotischen Erkrankungen zu der Intensität des Hasses auf andere Menschen bei. Was das Ich betrifft, so wird es durch die exzessive Spaltung und Ausstossung von Ich-Teilen in die äussere Welt ausserordentlich geschwächt; dies deswegen, weil das aggressive Element in den Gefühlen und in der Persönlichkeit auf das Engste mit dem Erleben von Kraft, Potenz, Stärke, Wissen und anderen wünschenswerten Qualitäten verbunden ist.

Die Folge der Projektion einer von Verfolgungsängsten beherrschten vorwiegend feindseligen inneren Welt besteht in der Zurücknahme, Introjektion dieser verzerrt als feindselig wahrgenommenen äusseren Welt; diese Introjektion kann als ein erzwungenes Eindringen äusserer Dinge ins Innere erlebt werden, in Vergeltung für die gewalttätige Projektion. Das kann zu der Angst führen, dass nicht nur der Körper, sondern auch die Seele durch andere Menschen auf feindselige Art und Weise kontrolliert werde. Die Reaktion auf diese Verfolgungsangst kann in einem übertriebenen Sich-Zurückziehen vor äusseren wie inneren Verfolgern bestehen, woraus sich eine Flucht zum verinnerlichten guten Objekt ergeben kann. Die durch eine überstarke Ich-Spaltung bedingten verschiedenen

Störungen im Wechselspiel von Projektion und Introjektion haben einen schädlichen Einfluss auf die Beziehung zur inneren und äusseren Welt und scheinen die Wurzel gewisser Formen von Schizophrenien darzustellen.

Projektive Identifizierung ist die Basis vieler Angstsituationen. Die Phantasie, gewalttätig in das Objekt einzudringen, bringt Ängste mit sich, die auf die Gefahren zurückgehen, die dem Individuum vom Inneren des Objektes her drohen; so kann der Wunsch, ein Objekt von innen her zu kontrollieren, zur Angst führen, von diesem innerlich kontrolliert und verfolgt zu werden. Durch Projektion und Re-Introjektion des gewaltsam eingedrungenen Objekts werden Gefühle von innerer Verfolgung verstärkt. Die Anstauung von Ängsten dieser Art, in denen das Ich zwischen einer Reihe von äusseren und inneren Verfolgungen sozusagen gefangen ist, ist ein grundlegendes Element bei der paranoiden Psychose.

Es werden aber nicht nur die bösen Teile des Selbst ausgestossen und projiziert, sondern auch die guten. Exkremente können dann die Bedeutung von Geschenken haben. In die andere Person projiziert, repräsentieren sie gute, liebende Teile des Selbst. Die Projektion von guten Gefühlen und Teilen des Selbst in die Mutter ist wesentlich für die Fähigkeit des Kindes, Objektbeziehungen zu entwickeln und in sein Ich zu integrieren; wenn aber dieser projektive Vorgang überhand nimmt, resultiert daraus ebenfalls eine Schwächung, Verarmung des Ichs; zudem wird die Mutter zum Ichideal. Die Ausdehnung dieser Mechanismen auf andere Menschen kann eine überstarke Abhängigkeit von diesen äusseren Repräsentanten der eigenen guten Teile bewirken. Eine andere Folge ist die Angst, dass die Liebesfähigkeit verloren gegangen sei, weil der Patient fühlt, dass er das Objekt hauptsächlich als den Repräsentanten des eigenen Selbst liebt.

Ein klinisches Beispiel aus der Analyse eines fünfjährigen Mädchens durch Melanie Klein soll einige Aspekte der projektiven Identifizierung illustrieren (aus *Hanna Segal*, 1969, 21ff, in freier Übersetzung aus dem Französischen):

Gegen das Ende einer Sitzung, welche wenige Wochen vor einer langen Pause stattfand, begann das Mädchen Klebstoff auf den Boden und auf ihre Schuhe zu streichen. Zu diesem Zeitpunkt war sie besonders mit dem Thema Schwangerschaft beschäftigt. Die Analytikerin interpretierte, dass sie sich auf das Parkett kleben wolle, um nicht am Ende der Sitzung weggeschickt zu werden, was ja auch eine lange Unterbrechung der Behandlung bedeutet hätte. Das Mädchen bestätigte verbal diese Interpretation und begann darauf, den Klebstoff noch mehr auf dem Fussboden zu verschmieren, wozu es mit grosser Freude sagte: «Aber da ist auch Erbrochenes auf Deinem Parkett.» Melanie Klein interpretierte, dass es sich nicht nur im Zimmer festkleben wolle, sondern auch im Inneren des Körpers der Analytikerin, wo die neuen Babys wüchsen, dort hinein wolle es Dreck und sein Erbrochenes bringen.

Am anderen Morgen brachte die Kleine der Analytikerin ein grosses rotes Geranium, zeigte auf den Stengel und die reichen Knospen rundherum und sagte: «Siehst Du? Alle diese Babys wachsen aus dem Stengel. Das ist ein Geschenk für Dich.» Die Analytikerin interpretierte, dass das Mädchen ihr jetzt den Penis und alle daraus wachsenden Babys geben wolle, um den Schaden wiedergutzumachen, den es nach seinem Gefühl gestern an ihren Babys und in ihrem Körper angerichtet habe. Später in dieser Sitzung griff das Mädchen erneut zum Klebstoff und sagte, es wolle ein Tier zeichnen, einen schlauen rutschigen Fuchs. Dann zögerte sie und äusserte: «Nein, der rutschige Fuchs ist eine Blume.» Was sie wirklich sagen wollte, war, dass es sich um einen Fuchs handelte. Sie wusste nicht, wie die mir geschenkte Blume hiess. «Die Blume könnte auch ein Fuchs sein.» Während sie mit dem Klebstoff einen Fuchs auf den Boden malte, fuhr sie fort, über Füchse zu sprechen: «Sie dringen gleitend ein, und niemand sieht sie. Sie haben grosse Mäuler und grosse Zähne und fressen die kleinen Kücken und die Eier.» Sehr zufrieden, sagte sie auch: «Dieser Fuchs hier war sehr schlau und rutschig, weil niemand ihn auf der Erde bemerkte, die Leute glitten auf ihm aus und brachen sich die Beine.»

Die Blume «schlauer rutschiger Fuchs», die sie mir [Melanie Klein, H.W.] geschenkt hatte, stand also für einen ähnlichen Aspekt ihrer eigenen Persönlichkeit, einen schädlichen, auch mit dem Penis ihres Vaters identifizierten Teil ihrer selbst, mit dem sie in meinen Körper gleiten wollte, damit er in mir weiterlebe und meine Babys, meine Eier zerstöre. Auf diese Weise gelang es ihr auch, sich eines Teiles ihres Selbst zu entledigen, den sie nicht liebte und dessentwegen sie sich schuldig fühlte; gleichzeitig nahm sie phantasmatisch Besitz vom Körper der Mutter/Analytikerin und zerstörte die darin enthaltenen Babys, wie sie es in der vorangegangenen Sitzung mit ihrem Erbrochenen getan hatte. Von der bösen Seite ihres Selbst befreit, konnte sie sich als nettes kleines Mädchen fühlen, welches der Analytikerin eine Blume schenkte, während sie in Wirklichkeit im Geheimen der Analytikerin schaden wollte. Auf diese Weise wurde der gleitende Fuchs, den niemand sehen konnte, auch zu einem Symbol für ihre Heuchelei.

Bei der folgenden Sitzung war sie etwas ängstlich, das Zimmer zu betreten. Sie kam mit Vorsicht herein, betastete den Boden und zeigte sich wenig geneigt, ihre Spielschublade zu öffnen – die in der projektiven Identifizierung enthaltene Phantasie war für sie sehr real. Am Vortag, an dem sie den rutschigen Fuchs gezeichnet hatte, repräsentierten der Spielsaal und die Spielschublade den Körper der Analytikerin und wurden zu einem Ort, welcher ein gefährliches Tier enthielt. Nachdem die Analytikerin dies nun gedeutet hatte, berichtete die Kleine denn auch von einem Angsttraum, in welchem ein riesiges Tier erschienen war. Danach verminderte sich ihre Angst, und sie begann, ihre Spielschublade zu öffnen.

Bis zur Interpretation hatte sie die Analytikerin als eine Person erlebt, in welcher ein gefährlicher Teil ihrer selbst enthalten war, von welchem sie sich nun komplett befreit fühlte; Ihre Assoziationen zum Traum hatten gezeigt, dass sie effektiv die Analytikerin als gefährlichen Fuchs erlebte. Dies bestätigte sich später in der Sitzung, als sie erzählte, dass das gefährliche Tier im Traum eine Brille wie die Analytikerin getragen und den gleichen grossen Mund wie diese gehabt habe!

Sie sehen an diesem sehr anschaulichen Fallbeispiel auch die direkte Art Melanie Kleins zu deuten – sie scheut sich nicht, die Dinge beim Namen zu nennen.

I. Die pathologische projektive Identifizierung

Falls die guten Erfahrungen überwiegen, gelingt es dem Säugling, seine Wahrnehmungen mittels der projektiven und introjektiven Prozesse zu organisieren – die Phase der paranoid-schizoiden Position verläuft normal. Falls aber aus inneren oder/und äusseren Gründen während der paranoid-schizoiden Position die schlechten Erfahrungen die guten überschatten, spielen sich die projektiven Identifizierungen anders ab als bei der normalen Entwicklung.

Die pathologische projektive Identifizierung wurde zuerst von *W. R. Bion* (1962, deutsch 1990) beschrieben. Bei der normalen Entwicklung können die schlechten und die guten Teile des Selbst als Organe der Wahrnehmung (wie das Sehen oder das Hören) oder als sexuelle Impulse projiziert werden. Die projektive Identifizierung ist auch nach Bion ein normaler und zur gesunden psychischen Entwicklung notwendiger Vorgang im frühen Kindesalter. Das Kind projiziert sogenannte Beta-Elemente – das ist gewissermassen psychisches Rohmaterial – in die Mutter. Die Mutter funktioniert dabei als *Aufnahmeorgan*, *Container* dieser Beta-Elemente des Kindes. Sie metabolisiert diese dank ihrer Alpha-Funktion in für das Kind psychisch verdauliche, integrierbare Elemente, sogenannte Alpha-Elemente, und gibt diese an das Kind zurück. Das Kind reintrojiziert die Alpha-Elemente und verwendet sie als Bausteine zur Strukturierung seiner Psyche.

Versagt die Mutter als Container und in ihrer Alpha-Funktion oder sind die feindseligen und neidischen Impulse überstark, ist dieser Austausch gestört, was die Basis für eine psychotische Entwicklung sein kann. Die projizierten Teile zerplatzen und desintegrieren sich in kleinste Stücke, durch welche das Objekt seinerseits in kleinste Stücke desintegriert wird. Das Ziel der pathologischen projektiven Identifizierung ist, sich gegen die verfolgende, schmerzliche und gehasste Realität im Inneren wie im Äusseren zur Wehr zu setzen. Es kommt zu einem Auseinanderplatzen des Ichs und zu einer Attacke gegen den Wahrnehmungsapparat, der zerstört und eliminiert wird, gleichzeitig mit der Zerstörung des verabscheuten Objekts. Als Resultat dieses defensiven Fragmentierungsprozesses haben wir nicht eine klare Spaltung zwischen schlechtem und gutem Objekt, sondern ein in kleinste Stücke fragmentiertes Objekt, welches kleinste und furchterregend feindselige Stücke des Ichs enthält. Diese Fragmente wurden von Bion *bizarre Objekte* genannt – wir werden bei der Besprechung der Psychose darauf zurück kommen[1].

II. Der Begriff der Projektion bei Freud

Freud erwähnt die Projektion zunächst bei der Paranoia. Er schreibt darüber bereits in den Fliess-Briefen (1985c [1887–1904], 106ff) und im Kapitel III von *Weitere Bemerkungen über die Abwehr-Neuropsychosen* (1896b, GW I, 392ff). Die Projektion wird dort als eine primäre Abwehrform bezeichnet. Der Paranoiker projiziere die für ihn unerträglichen Vorstellungen hinaus, woher sie dann in Form von Vorwürfen wie von aussen zu ihm zurückkämen. Bei jeder späteren Gelegenheit, bei der Freud die Paranoia behandelt, führt er die Projektion an.

Auch im Aberglauben, in der Mythologie und im Animismus sieht Freud eine Projektion: «Die dunkle Erkenntnis (sozusagen endopsychische Wahrnehmung) psychischer Faktoren und Verhältnisse des Unbewussten spiegelt sich – es ist schwer, es anders zu sagen, die Analogie mit der Paranoia muss hier zu Hilfe genommen werden – in der Konstruktion einer übersinnlichen Realität, welche von der Wissenschaft in Psychologie des Unbewussten zurückverwandelt werden soll.» (1901b, GW IV, 287f)

Im *Nachtrag zur Schreber-Analyse* (1912a [1911]) erörtert Freud den Mechanismus der Projektion, erklärt sich jedoch als damit unzufrieden und kündigt die eingehendere Behandlung in einer späteren Schrift an. Dieses Versprechen scheint er jedoch nie eingelöst zu haben; allerdings hat Freud, wie wir von *Ernest Jones* (1962, II, 223ff) erfahren, zu den heute vorhandenen fünf metapsychologischen Schriften[2] noch sieben zusätzliche geschrieben, die jedoch nie veröffentlicht, wahrscheinlich von ihm selbst zu einem späteren Zeitpunkt vernichtet wurden

---

1 vgl. unsere Vorlesung *Psychotische Zustände II*
2 vgl. unsere Vorlesungen *Metapsychologie I und II*

– vielleicht war die von Freud versprochene Schrift darunter. Wir müssen uns also damit begnügen, was Freud über die Projektion in verschiedenen heute noch vorhandenen Arbeiten in verstreuter Weise dargelegt hat.

In *Triebe und Triebschicksale* (1915c, GW X, 228) schreibt Freud der Projektion verbunden mit der Introjektion eine wesentliche Rolle zu bei der Genese des Gegensatzes von Subjekt (Ich) und Objekt (Aussenwelt). Das Subjekt «nimmt die dargebotenen Objekte, insofern sie Lustquellen sind, in sein Ich auf, introjiziert sich dieselben (nach dem Ausdrucke Ferenczis) und stösst anderseits von sich aus, was ihm im eigenen Innern Unlustanlass wird. (Siehe später den Mechanismus der Projektion.)»

In *Das Unbewusste* (1915e, GW X, 283) beschreibt Freud die phobische Konstruktion als eine echte Projektion der Triebgefahr in das Reale: «Das Ich benimmt sich so, als ob ihm die Gefahr der Angstentwicklung nicht von einer Triebregung, sondern von einer Wahrnehmung her drohte und darf darum gegen diese äussere Gefahr mit den Fluchtversuchen der phobischen Vermeidungen reagieren.»

In *Über einige neurotische Mechanismen bei Eifersucht, Paranoia und Homosexualität* (1922b [1921]) schreibt Freud über die projektive Eifersucht. Er unterscheidet dabei die normale Eifersucht vom paranoischen Eifersuchtswahn und sieht bei beiden Phänomenen die Projektion am Werk. Das Subjekt verteidige sich gegen seine eigenen Wünsche, untreu zu sein, indem es die Untreue seinem Partner zur Last lege; dadurch wendet es die Aufmerksamkeit vom eigenen Unbewussten ab und verschiebt sie auf das Unbewusste des andern.

In der Arbeit *Die Verneinung* (1925h, GW XIV, 13) sagt Freud, dass der Vorgang von Introjektion und Projektion sich «in der Sprache der ältesten, oralen Triebregung» ausdrücke durch den Gegensatz *essen – ausspucken, einführen – ausschliessen*.

Freud führt die Projektion nur selten in Zusammenhang mit der analytischen Situation an. Niemals bezeichnet er die Übertragung im allgemeinen als eine Projektion. Er verwendet diesen Ausdruck nur, um ein damit zusammenhängendes besonderes Problem zu bezeichnen: Das Subjekt schreibt seinem Analytiker eigene Worte und Gedanken zu, welche es in diesen projiziert. «Sie werden jetzt denken, ich will etwas Beleidigendes sagen, aber ich habe wirklich nicht diese Absicht.» (1925h, GW XIV, 11)

Zusammenfassend kann gesagt werden, dass für Freud die Projektion immer eine Abwehr ist, in der das Subjekt dem anderen – Person oder Sache – Qualitäten, Gefühle, Wünsche unterstellt, die es ablehnt oder in sich selbst verleugnet.

Das konstituierende Element der Projektion ist die Freud'sche Triebkonzeption. Die Projektion erscheint so als das ursprüngliche Abwehrmittel gegen die inneren Reize, Triebe, die durch ihre Intensität zu unlustvoll sind und gegen die ein ungenügender Reizschutz vorhanden ist. Das Subjekt projiziert sie deshalb nach aussen, was ihm erlaubt, ihnen zu entfliehen und sich vor ihnen zu schützen: «Es wird sich die Neigung ergeben, sie so zu behandeln, als ob sie nicht von innen, sondern von aussen her einwirkten, um die Abwehrmittel des Reizschutzes gegen sie in Anwendung bringen zu können. Dies ist die Herkunft der Projektion, der eine so grosse Rolle bei der Verursachung pathologischer Prozesse vorbehalten ist.» (1920g, GW XIII, 29)

Dass nach Freud der Trieb selbst projiziert wird, stellt er bereits im *Fall Schreber* folgendermassen dar: «Somit verwandelt sich der Satz ‹ich hasse ihn ja› durch Projektion in den anderen: ‹er hasst (verfolgt) mich, was mich dann berechtigen wird, ihn zu hassen›.» (1911c [1910], GW VIII, 299)

Auch in *Triebe und Triebschicksale* (1915c) und in *Die Verneinung* (1925h) wird der Hass, das Böse als solches projiziert. Freud ist hier der Auffassung der Projektion ganz nahe, wie sie später von *Melanie Klein* entwickelt wird. Der Unterschied zur Klein'schen Auffassung besteht darin, dass bei Klein nicht der Trieb an sich, sondern das phantasierte böse Objekt projiziert wird, weil nach ihr der Trieb oder der Affekt, um wirklich ausgeschieden zu werden, sich notwendig in einem Objekt verkörpern muss. Zudem gehen bei Klein der Projektion Spaltungsmechanismen im Ich voraus, während Freud diese Spaltungsphänomene als primäre Abwehrvorgänge nicht erwähnt. Man kann jedoch sagen, dass bei Freud die Projektion im Rahmen der Paranoia der Konzeption der Projektion von Melanie Klein in der paranoid-schizoiden Position, d.h. der projektiven Identifizierung, sehr nahe kommt.

Nach Freud kommen Projektionen aber auch bei Neurosen vor. Die Projektionen erfolgen dann nach Aufhebung der Verdrängung, denn erst die Wiederkehr des Verdrängten aus dem Inneren schafft die Möglichkeit der Projektion des verdrängten Materials nach aussen. Dieser Vorgang ist uns sehr bekannt aus den Analysen neurotischer Patienten. Meiner Ansicht nach sind die Übertragungsphänomene, insbesondere die Übertragungsneurose, durch den genannten Mechanismus bedingt. Haben wir es aber mit schwerer, auf narzisstischer Ebene gestörten Patienten zu tun, herrschen zunächst die Mechanismen der Spaltung und der projektiven Identifizierung vor, auf deren Grundlage wir dann die Manifestationen der Übertragung erkennen müssen – die projektive Identifizierung bezieht sich, wie wir gesehen haben, auf ein frühes Entwicklungsstadium, wo Subjekt und Objekt noch schlecht differenziert sind und es keine ganzen Objekt, nur Partialobjekte gibt.

Verschiedene Autoren, die diese Freud'sche Auffassung unter einer chronologischen Perspektive betrachten, fragen sich, ob die Bewegung Projektion - Introjektion die Differenzierung von innen und aussen voraussetze oder ob sie diese konstituiere. So schreibt *Anna Freud* (1936, in *Die Schriften der Anna Freud I*, 242): «Introjektion und Projektion, die wir in die Zeit nach der Sonderung von Ich und Aussenwelt verlegen möchten, werden in der Theorie der englischen analytischen Schule für den Ich-Aufbau und die Abscheidung des Ichs von der Aussenwelt überhaupt erst verantwortlich gemacht.» Sie stellt sich damit in Gegensatz zur Schule von *Melanie Klein*, die die Dialektik von Introjektion und Projektion des guten und des bösen Objekts in den Vordergrund gerückt hat und darin sogar die Grundlage der Differenzierung von innen und aussen sieht.

Vorlesung XI

Der Ödipuskomplex heute

Das Kernstück der psychoanalytischen Lehre von der Objektwahl, der Ödipuskomplex, wird von Freud im Oktober 1897 – also kurz nach dem Aufgeben der Verführungstheorie – zuerst in einem Brief an Fliess erwähnt und recht eingehend kommentiert. Den Begriff *Ödipuskomplex* verwendet er dabei allerdings noch nicht, aber er beschreibt die ödipale Situation.

Die Entdeckung des Ödipalen war das unmittelbare Resultat der Selbstanalyse Freuds: «Ich habe die Verliebtheit in die Mutter und die Eifersucht gegen den Vater auch bei mir gefunden und halte sie jetzt für ein allgemeines Ereignis früher Kindheit […]. Wenn das so ist, so versteht man die packende Macht des Königs Ödipus trotz aller Einwendungen, die der Verstand gegen die Fatumsvoraussetzung erhebt […], die griechische Sage greift einen Zwang auf, den jeder anerkennt, weil er dessen Existenz in sich verspürt hat. Jeder der Hörer war einmal im Keime und in der Phantasie ein solcher Ödipus, und vor der hier in die Realität gezogenen Traumerfüllung schaudert jeder zurück mit dem ganzen Betrag der Verdrängung, der seinen infantilen Zustand von seinem heutigen trennt.» (1985c [1887–1904], Brief 142 vom 15. Oktober 1897, 293).

Ich möchte Ihnen nun vorerst diesen griechischen Grundmythos der Psychoanalyse in Erinnerung rufen, um dann auf den Ödipuskomplex im Freud'schen Werk und schliesslich zur heutigen modernen Auffassung dieses Begriffes zu kommen.

I. Der Ödipusmythos

Laios, der Sohn des Labdakos, heiratete Jokaste und regierte über Theben. Bekümmert über seine Kinderlosigkeit, befragte er im geheimen das Delphische Orakel. Dieses verkündete ihm, sein scheinbares Unglück sei ein Segen, denn das Kind, das Jokaste ihm gebären werde, würde sein Mörder werden. Da verstiess er Jokaste, ohne ihr den Grund seines Entschlusses anzugeben. Dies verärgerte sie so sehr, dass sie ihn trunken machte und ihn, sobald die Nacht herabgefallen war, in ihre Arme lockte. Als sie neun Monate später von einem Sohn entbunden wurde, entführte ihn Laios aus den Armen der Amme, durchbohrte seine Füsse mit einem Nagel und band sie zusammen. Dann setzte er ihn auf dem Berg Kithairon aus.

Die Schicksalsgöttinnen hatten jedoch beschlossen, dass der Knabe ein beträchtliches Alter erreichen sollte. Ein korinthischer Schafhirt fand ihn und nannte ihn *Oidipus*, weil seine Füsse von den Nagelwunden entstellt waren. Dann brachte er ihn nach Korinth, wo zu dieser Zeit König Polybos regierte. König Polybos und seine Gattin, Periboia, waren kinderlos und freuten sich, Oidipus als ihren eigenen Sohn aufziehen zu können.

Eines Tages äusserte ein korinthischer Jüngling Oidipus gegenüber spöttisch, dass er nicht im geringsten seinen vermeintlichen Eltern ähnlich sei. Da wandte sich Oidipus an das Delphische Orakel und fragte, was ihm die Zukunft wohl bringen würde. «Weg von diesem Schreine, Elender!», rief die Pythia voller Abscheu aus. «Du wirst Deinen Vater töten und Deine Mutter heiraten!» Da Oidipus Polybos und Periboia liebte und davor zurückschreckte, Unglück über sie zu bringen, beschloss er sofort, nicht mehr nach Korinth zurückzukehren. Doch im Engpass zwischen Delphi und Taulis traf er durch Zufall Laios, der ihm in strengem Ton befahl, einem Höherstehenden den Weg frei zu machen. Laios fuhr in einem Wagen, und Oidipus ging zu Fuss. Oidipus antwortete, er anerkenne nur die Götter und seine eigenen Eltern als Vorgesetzte. «Umso ärger für Dich!», rief Laios aus und befahl seinem Wagenlenker Polyphontes weiterzufahren. Eines der Räder verletzte Oidipus am Fuss. Darauf tötete Oidipus, vom Zorne hingerissen, Polyphontes mit seinem Speer, warf Laios, der sich in die Zügel verwickelt hatte, auf die Strasse und peitschte auf das Gespann ein, so dass es Laios zu Tode schleifte.

Laios war auf dem Weg zu einem Orakel gewesen, um zu erfahren, wie er Theben von der Sphinx befreien könnte. Dieses Ungeheuer war eine Tochter des Typhon und der Echidne oder, wie manche sagen, des Hundes Orthros und der Chimaira. Die Sphinx war vom äussersten Teil Äthiopiens nach Theben geflogen. Man konnte sie an ihrem Frauenkopf, Löwenkörper, Schlangenschwanz und an den Adlerflügeln erkennen. Erst jüngst war sie von der Göttin Hera entsandt worden, Theben zu bestrafen, weil Laios den Knaben Chrysippos aus Pisa entführt hatte. Die Sphinx liess sich auf dem Berge Phikion, der nahe der Stadt liegt, nieder und gab nun jedem vorbeiziehenden Thebaner ein Rätsel auf, das die drei Musen sie gelehrt hatten: «Welches Wesen, das nur eine Stimme hat, hat manchmal zwei Beine, manchmal drei, manchmal vier und ist am schwächsten, wenn es die meisten Beine hat?» Die, die das Rätsel nicht lösen konnten, erwürgte sie und verschlang sie auf der Stelle. Unter den Unglücklichen befand sich auch Jokastes Neffe Haimon, den die Sphinx tatsächlich *haimon* (blutig) machte.

Oidipus, der sich nach dem Mord an Laios Theben näherte, erriet die Antwort: «Der Mensch», sagte er, «denn er kriecht als Säugling auf allen Vieren, steht in seiner Jugend fester auf seinen zwei Füssen und stützt sich im hohen Alter auf einen Stock.» Die darob entsetzte Sphinx sprang vom Berge Phikion und zerschellte unten im Tale. Da riefen die dankbaren Thebaner Oidipus zum König aus, und er heiratete Jokaste, ohne zu wissen, dass sie seine Mutter war.

Theben wurde nun von der Pest heimgesucht. Das Delphische Orakel, wieder befragt, antwortete: «Vertreibet den Mörder des Laios!» Oidipus, der nicht wusste, wen er in jenem Engpass angetroffen und getötet hatte, sprach über den Mörder des Laios einen Fluch aus und verurteilte ihn zur Verbannung.

Der blinde Teiresias, zu dieser Zeit der berühmteste Seher Griechenlands, verlangte nun eine Audienz bei Oidipus. Teiresias erschien am Hof des Oidipus, lehnte sich auf seinen Stab aus dem Holze der Wildkirsche, den ihm Athene gegeben hatte, und enthüllte Oidipus den Willen der Götter: Dass die Pest nur dann ihr Ende finden würde, wenn ein *gesäter Mann* für die Stadt stürbe. Jokastes Vater, Menoikeus, einer von denen, die der Erde entsprungen waren, als Kadmos die Zähne der Schlangen säte, sprang sofort von den Wällen in die Tiefe, und ganz Theben pries sein Pflichtbewusstsein als Bürger der Stadt. Teiresias verkündete dann weiter: «Menoikeus tat ein wohlgefälliges Werk, und die Pest wird nun ihr Ende finden. Doch die Götter dachten an einen anderen *gesäten Mann*, einen der dritten Generation; er hat seinen Vater getötet und seine Mutter geheiratet. Wisse, Königin Jokaste, dass dies Dein Gatte Oidipus ist!»

Erst wollte keiner den Worten des Teiresias Glauben schenken, aber bald wurden sie durch einen Brief der Periboia aus Korinth bestätigt. Sie schrieb, dass der plötzliche Tod des Königs Polybos ihr nun erlaube, die Umstände der Adoption des Oidipus zu enthüllen. Dies tat sie mit belastenden Einzelheiten. Jokaste erhängte sich aus Kummer und Schande, während Oidipus sich selbst mit einer Nadel, die er aus ihrem Gewande genommen hatte, blendete. Nach einer Variante des Mythos soll Kreon, der Bruder Jokastes, Oidipus vertrieben haben. Zuvor aber hatte Oidipus noch Eteokles und Polyneikes verflucht, als sie ihm unverschämterweise die minderwertigen hinteren Teile eines Opfertiers sandten. Sie waren sowohl seine Söhne als auch seine Brüder. Ohne Tränen in ihren Augen sahen sie Oidipus die Stadt verlassen, welche er von der Macht der Sphinx befreit hatte.

Nachdem der blinde Oidipus viele Jahre von Land zu Land gewandert war, geführt von seiner treuen Tochter Antigone, kam er endlich nach Kolonos in Attika, wo die Erinnyen, denen dort ein Hain geweiht war, ihn zu Tode jagten. Theseus begrub ihn am Ort der Feierlichen in Athen und beklagte seinen Tod an der Seite Antigones.

Soweit in Kürze eine der vielen Versionen der Ödipussage (nach *Robert von Ranke-Graves*, 1989, 337–342).

II. Der Ödipuskomplex im Freud'schen Werk

Nach dem eingangs erwähnten Auftauchen des Ödipalen im Brief vom 15. Oktober 1897 an Fliess befasst sich Freud immer wieder mit dem Thema.

So schreibt er in *Die Traumdeutung*, dass das Schicksal des Ödipus uns nur deshalb so ergreife, «weil es auch das unsrige hätte werden können, weil das Orakel vor unserer Geburt denselben Fluch über uns verhängt hat wie über ihn. Uns allen vielleicht war es beschieden, die erste sexuelle Regung auf die Mutter, den ersten Hass und gewalttätigen Wunsch gegen den Vater zu richten; unsere Träume überzeugen uns davon. König Ödipus, der seinen Vater Laios erschlagen und seine Mutter Jokaste geheiratet hat, ist nur die Wunscherfüllung unserer Kindheit. Aber glücklicher als er, ist es uns seitdem, insofern wir nicht Psychoneurotiker geworden sind, gelungen, unsere sexuellen Regungen von unseren Müttern abzulösen, unsere Eifersucht gegen unsere Väter zu vergessen. Vor der Person, an welcher sich jener urzeitliche Kindheitswunsch erfüllt hat, schaudern wir zurück mit dem ganzen Betrag der Verdrängung, welche diese Wünsche in unserem Innern seither erlitten haben.» (1900a, GW II/III, 269)

In den *Drei Abhandlungen zur Sexualtheorie* (1905d, GW V) wird das Phänomen des Ödipalen von Freud nur knapp, ohne Bezug auf die Ödipussage, erwähnt. Es wird lediglich ein Aspekt herausgearbeitet, nämlich derjenige der Geschlechtsanziehung, welcher auf die Sexualregung des Kindes zurückzuführen sei in Bezug auf die Eltern, des Sohnes für die Mutter und der Tochter für den Vater, welche dann eine deutliche Nachwirkung in den Pubertätsjahren erkennen lasse (op. cit. 128).

Ausgiebig wird die ödipale Situation in der Fallgeschichte des *Kleinen Hans* dargestellt, von dem Freud sagt: «Er ist wirklich ein kleiner Ödipus, der den Vater ‹weg›, beseitigt haben möchte, um mit der schönen Mutter allein zu sein, bei ihr zu schlafen.» (1909b, GW VII, 345) Freud bringt hier das Ödipale auch in Verbindung mit der infantilen Sexualforschung und mit dem Kastrationskomplex.

Der Ödipuskomplex als Begriff taucht zum ersten Mal ein Jahr später auf im Werk Freuds *Über einen besonderen Typus der Objektwahl beim Manne* (1910h, GW VIII, 73).

In *Totem und Tabu* (1912–13a) versucht Freud das Phänomen des Totemismus mit Hilfe des Ödipuskomplexes verständlich zu machen.

In der 21. Vorlesung *Libidoentwicklung und Sexualorganisationen* erklärt Freud, dass er in *Totem und Tabu* zur Vermutung gekommen sei, «dass vielleicht die Menschheit als Ganzes ihr Schuldbewusstsein, die letzte Quelle von Religion und Sittlichkeit, zu Beginn ihrer Geschichte am Ödipuskomplex erworben hat» (1916–17a [1915–17], GW XI, 344). In dieser Vorlesung findet sich auch die bis dato ausführlichste Darstellung der ödipalen Situation.

In den bisher erwähnten Arbeiten wird im wesentlichen das Konzept von 1900 beibehalten, insbesondere bezüglich der Entstehung und der Auflösung des Komplexes; diesbezügliche Geschlechtsunterschiede werden aber eher schematisch behandelt. In den Freud'schen Schriften der 1920er und frühen 1930er Jahre findet sich dann eine ausgesprochen elaborierte Theorie des Ödipuskomplexes:

In *Massenpsychologie und Ich-Analyse* (1921c, GW XIII, 115ff) und insbesondere in *Das Ich und das Es*[1] (1923b, GW XIII, 260ff) wird die Auflösung des Ödipuskomplexes in Verbindung zur Identifizierung[2] mit dem gleichgeschlechtlichen Elternteil und der Über-Ich-Entwicklung gebracht.

In *Die infantile Genitalorganisation (eine Einschaltung in die Sexualtheorie)* (1923e) führt Freud die phallische Phase als letztes (zeitlich beim Knaben mit dem Ödipuskomplex zusammenfallendes) Stadium der prägenitalen Sexualorganisation[3] ein.

In *Psychoanalyse und Libidotheorie* bezeichnet Freud «die Einschätzung der Sexualität und des Ödipuskomplexes» als «Hauptinhalte der Psychoanalyse und die Grundlagen ihrer Theorie» (1923a [1922], GW XIII, 223). Trotzdem ist der *Begriff Ödipuskomplex an keiner Stelle seines Werkes eindeutig definiert*. Er kann die Gesamtheit von Gedanken und Gefühlen bezeichnen, die mit der ödipalen Situation in Verbindung stehen – diese Bedeutung ist in den Schriften Freuds die übliche und findet sich etwa bei der ersten Einführung des Begriffes wieder, wenn Freud vom Knaben spricht, der «unter die Herrschaft des Ödipuskomplexes» gerät (1910h, GW VIII, 73). Er wird aber auch als Synonym für die ödipale Situation an sich verwendet wie etwa im *Abriss der Psychoanalyse* (1940a [1938], GW XVII, 114).

Bei der vollständigsten und anschaulichsten Beschreibung des Ödipuskomplexes in der 21. Vorlesung *Libidoentwicklung und Sexualorganisationen* (1916–17a [1915–17]), wo Freud auch die sehr wichtige Unterscheidung macht zwischen dem, was die direkte Beobachtung von Kindern ergibt und dem, was die Rekonstruktion aus den Analysen Erwachsener liefert, bezieht sich Freud vor allem auf die Fallgeschichte des *Kleinen Hans* (1909b), wenn er schreibt: «Was lässt also die direkte Beobachtung des Kindes zur Zeit der Objektwahl vor der Latenzzeit vom Ödipuskomplex erkennen? Nun, man sieht leicht, dass der kleine Mann die Mutter für sich allein haben will, die Anwesenheit des Vaters als störend empfindet, unwillig wird, wenn dieser sich Zärtlichkeiten gegen die Mutter erlaubt, seine Zufriedenheit äussert, wenn der Vater verreist oder abwesend ist. Häufig gibt er seinen Gefühlen direkten Ausdruck in Worten, verspricht der Mutter, dass er sie heiraten wird. Man wird meinen, das sei wenig im Vergleich zu den Taten des Ödipus, aber es ist tatsächlich genug, es ist im Keime dasselbe.» (1916–17a [1915–17], GW XI, 344) In Bezug auf den ödipalen Rivalen, den Vater, zeigt sich beim Knaben eine ambivalente Gefühlseinstellung, einerseits grosse Zärtlichkeit, andererseits Hassgefühle; in Bezug auf die Mutter eine unverhüllte sexuelle Neugierde. Der Kleine Hans verlangte, nachts bei der Mutter zu schlafen, drängte sich bei ihrer Toilette auf und unternahm sogar Verführungsversuche, wie sie berichtete. Die erotische Natur der Bindung an

---

1 vgl. unsere Vorlesung *Metapsychologie II*
2 vgl. unsere Vorlesung *Zum Begriff der Identifizierung*
3 vgl. unsere Vorlesung *Stufen der Sexualorganisation*

die Mutter war also über jeden Zweifel erhaben. Der Vater wetteiferte mit der Mutter in der Bemühung um den Knaben, erreichte aber nicht dieselbe Bedeutung wie die Mutter. Kurz gesagt, das Moment der geschlechtlichen Bevorzugung ist eindeutig. Auch in dieser 21. Vorlesung betont Freud noch die weitgehende Ähnlichkeit des Ödipuskomplexes bei Knaben und Mädchen: «Ich habe, wie Sie merken, nur das Verhältnis des Knaben zu Vater und Mutter geschildert. Für das kleine Mädchen gestaltet es sich mit den notwendigen Abänderungen ganz ähnlich. Die zärtliche Anhänglichkeit an den Vater, das Bedürfnis, die Mutter als überflüssig zu beseitigen und ihre Stelle einzunehmen, eine bereits mit den Mitteln der späteren Weiblichkeit arbeitende Koketterie ergeben gerade beim kleinen Mädchen ein reizvolles Bild, welches uns den Ernst und die möglichen schweren Folgen hinter dieser infantilen Situation vergessen lässt.» (op. cit. 345)

In *Der Untergang des Ödipuskomplexes* (1924d) findet sich die These, dass beim Knaben die mit masturbatorischer Betätigung verbundene phallische Genitalorganisation und der Ödipuskomplex gleichzeitig aufgrund der Kastrationsdrohung zugrunde gehen.

Spätestens zu diesem Zeitpunkt erkennt Freud, dass die von ihm lange angenommene perfekte Analogie des Ödipuskomplexes beim Knaben und beim Mädchen nicht den Tatsachen entspricht.

Von nun an wird Freud die Idee einer unterschiedlichen ödipalen Entwicklung bei beiden Geschlechtern postulieren.

Gestützt auf seine Schriften *Drei Abhandlungen zur Sexualtheorie* (1905d), *Die infantile Genitalorganisation* (eine Einschaltung in die *Sexualtheorie*, 1923e), *Der Untergang des Ödipuskomplexes* (1924d), *Einige psychische Folgen des anatomischen Geschlechtsunterschieds* (1925j), *Über die weibliche Sexualität* (1931b) und *Die Weiblichkeit*, 33. Vorlesung in *Neue Folge der Vorlesungen zur Einführung in die Psychoanalyse* (1933a [1932], *fasse ich Freuds schliessliche Auffassung folgendermassen zusammen:*

Freud glaubt an einen anfänglichen *phallischen Monismus* für beide Geschlechter. Für ihn ist bis zum Kastrationskomplex das kleine Mädchen ein kleiner Mann – von dieser Zeit (etwa im Alter von vier Jahren) bis zur Pubertät hat es nur einen kastrierten Penis und weiss nichts von der Existenz seiner Vagina. Im Hinblick auf die Objektbeziehung unterscheidet sich die infantile Genitalorganisation nicht von derjenigen der Erwachsenen. Männlich und weiblich bedeuten jedoch bis zur Pubertät phallisch und kastriert. In der ödipalen Situation hegt der Knabe keinen Wunsch, in die Mutter einzudringen, da er von der Existenz der Vagina nichts weiss.

Der *Kastrationskomplex* (dabei geht es weniger um eine reale Kastrationsdrohung als vielmehr um eine phantasierte im Sinne einer *Urphantasie*) bewirkt beim Knaben den Untergang der phallischen Phase und des Ödipuskomplexes – er verzichtet auf die Mutter als Liebesobjekt und identifiziert sich mit dem Vater, das Über-Ich wird errichtet.

Beim Mädchen spielt die präödipale Mutterbindung eine wesentliche Rolle. Bei ihm wirkt die Kastrationsdrohung weniger dramatisch, aber der Kastrationskomplex liefert die Antriebskraft, sich enttäuscht von der kastrierten Mutter, die ihm nicht das richtige Genitale gegeben hat, ab- und dem Vater zuzuwenden – das Mädchen tritt also dank des Kastrationskomplexes erst in den Ödipuskomplex ein. Es muss einen Objektwechsel vollziehen von der Mutter zum Vater und in der Pubertät einen Wechsel der erogenen Zone von der Klitoris zur Vagina. Beim Knaben ist der Ödipuskomplex eine primäre Bildung, beim Mädchen eine sekundäre: Das Mädchen wünscht zuerst seine Mutter, dann einen Penis, dann ein Kind vom Vater, wobei der Wunsch nach einem Kind ein Substitut des Peniswunsches, die Bindung an den Vater eine Folge des Penisneides ist. Die weibliche Ödipussituation ist also keineswegs gleichzustellen mit der männlichen, und auch ihre Auflösung geschieht zögerlicher. Da das Über-Ich der Erbe des Ödipuskomplex ist, ist dieses beim Mädchen nicht so mächtig wie beim Knaben.

III. Der Ödipuskomplex heute

Betrachten wir den griechischen Ödipusmythos, so müssen wir feststellen, dass Ödipus ein Perverser war. Er agierte die ödipalen Phantasien aus, tötete seinen Rivalen, den Vater, durchbrach die Inzestschranke und heiratete seine Mutter!

Zur Errichtung einer gesunden triangulären, ödipalen psychischen Struktur jedoch ist es nötig, dass die ödipalen Wünsche den Bereich der Phantasie nicht verlassen, sondern am Granit der Realität, das heisst an der Unmöglichkeit ihrer Erfüllung, zerschellen.

Nach heutiger Auffassung (vgl. auch Britton et al., 1989) kommt es sowohl beim männlichen wie beim weiblichen Kind nicht aufgrund der Kastrationsdrohung allein zum Untergang des Ödipuskomplexes; es kommt vielmehr dazu aufgrund der in Wirklichkeit bestehenden «Kastriertheit» des sexuell unreifen Kindes gegenüber seinen Eltern, welche über eine reife, erwachsene Sexualität verfügen – Generationsunterschied wie Grössenunterschied verweisen das sexuell begehrliche ödipale Kind in seine infantilen Schranken. Das Kind sieht sich sowohl mit dem Inzesttabu konfrontiert, als auch mit der Tatsache des Ausgeschlossenseins aus der elterlichen sexuellen Beziehung, der Urszene. Es ist also die Versagung der ödipalen Wünsche, die *ödipale Enttäuschung*, welche das Kind in äusserst schmerzlicher und kränkender Weise zwingt, seine libidinösen ödipalen Besetzungen von den geliebten Elternobjekten abzuziehen, sobald es die Vergeblichkeit seiner Erwartungen wahrnimmt und anerkennt. Die Beziehung zu den Eltern wird danach desexualisiert, und die libidinösen Strebungen können sich auf andere Objekte richten. Schuldgefühle wegen verbotener Wünsche, Kastrationsängste, von Vater oder Mutter, dem Rivalen oder der Rivalin dafür bestraft, am Genitale beschädigt zu werden, spielen dabei sicher auch eine Rolle; die Kastrationsdrohung ist jedoch wohl hauptsächlich ein Aspekt der Versagung. In gewisser Weise stützen Kastrationsdrohung und Inzestverbot den Narzissmus, ist es doch weniger kränkend, etwas wegen eines äusseren Verbotes unterlassen zu müssen als zuzugeben, dass man gar nicht in der Lage wäre, es zu tun!

Für das männliche wie für das weibliche Kind besteht die ödipale Situation aus einem sogenannten *negativen* und einem sogenannten *positiven Ödipuskomplex* – mit diesen keineswegs wertend gemeinten Bezeichnungen wird der homosexuelle und der heterosexuelle Anteil der ödipalen Situation charakterisiert. Bevor sie sich auf das heterosexuelle Liebesobjekt einstellen, brauchen Knabe wie Mädchen eine gute homosexuelle Phase mit dem gleichgeschlechtlichen Elternteil, mit welchem sie sich identifizieren, um in ihrer Geschlechtsidentität gestärkt zu werden. So finden sie später in der heterosexuellen Einstellung im homosexuellen Elternteil einen nicht allzu bedrohlichen Rivalen, den sie hassen und bekämpfen können, ohne fürchten zu müssen, ihn zu zerstören oder von ihm zerstört zu werden; neben der Feindseligkeit dem Rivalen, der Rivalin gegenüber müssen also auch zärtliche Gefühle für diese weiter bestehen können – eine Ambivalenz.

Beim Knaben muss deshalb eine Herauslösung aus der präödipalen Bindung mit der Mutter über eine gute präödipale wie ödipale Vateridentifikation stattfinden, was eigentlich einem vorübergehenden Objektwechsel gleichkommt, bevor er sich dann der ödipalen, nun sexuellen Mutter zuwenden kann.

Das Mädchen ist angewiesen auf positive präödipale wie ödipale Mutterbeziehungen und Mutteridentifizierungen, bevor es den Objektwechsel zum ödipalen Vater vollziehen kann. Während beim Knaben die phallisch genitale Erregung die Leitzone für seine ödipalen Wünsche darstellt, finden sich beim Mädchen durchaus vaginale genitale Wünsche. Im Unterschied zu Freud fanden unmittelbare Nachfolger und moderne Autoren[4], dass das Mädchen schon früh lustvolle vaginale Sensationen spürt und sich im ödipalen Alter in Empfindung seiner vaginalen Erregung wünscht, den Penis des Vaters in seinen genitalen Innenraum aufzunehmen, um ein Kind von ihm zu empfangen.

Ähnlich sucht der ödipale Knabe bei der Mutter eine Entsprechung zu seinem Penis und wünscht in ihren Leib, ihre Vagina einzudringen, um ein Kind zu zeugen. Diese Wünsche bilden sich nach dem Vorbild der Urszene.

In der negativ-ödipalen, homosexuellen Einstellung aufgrund der Identifikation mit dem anderen Geschlecht, tritt beim Knaben der Wunsch auf, vom Vater ein Kind zu empfangen oder beim Mädchen der Wunsch, von der Mutter ein Kind zu bekommen.

Die ödipale Situation ist sehr empfindlich bezüglich mannigfaltiger möglicher innerer wie äusserer Einflüsse und kann verschiedene Verläufe nehmen. Im günstigsten normalen Fall kommt es zur Desexualisierung und zur Errichtung des Über-Ichs als Erbe des Ödipuskomplexes.

Weniger günstige Fälle nehmen einen andern Verlauf. Bei der Hysterie zum Beispiel werden die Elternbindungen resexualisiert, bei der Zwangsneurose erfolgt eine Regression auf die anal-sadistische Stufe in Abwehr der sexualisierten Elternbeziehung.

Im Falle eines sexuellen Kindsmissbrauchs[5] durch die ödipalen Liebesobjekte, die Eltern, besteht die Gefahr einer inzestuös-libidinösen Bindung mit Wiederholungszwang wie in der Perversion.

Bei stark ablehnenden oder gar abwesenden (durch Tod, Scheidung) oder zu sehr präsenten (verführerischen, eindringenden) ödipalen Elternobjekten kann es zur latenten oder manifesten Betonung der homosexuellen Objektwahl kommen.

---

4 vgl. unsere Vorlesungen *Die Weiblichkeit heute I* und *II*
5 vgl. unsere Vorlesung *Sexueller Missbrauch*

Die individuelle Triebstärke wird entscheiden über das Ausmass von Eifersucht und Neid – Penisneid, Uterusneid oder Neid auf die potente erwachsene Genitalität der Eltern. Dem Neid auf das andere Geschlecht gehen häufig frühe Mangelsituationen voraus.

Wenn Subjekt- und Objektrepräsentanzen schlecht voneinander differenziert sind wie zum Beispiel bei der Psychose[6] oder bei Borderline-Fällen, ist der Eintritt in die ödipale Phase verunmöglicht oder erschwert – es kommt zu keiner oder nur zu einer schwachen Ödipalisierung, was einen Strukturdefekt bedeutet.

Bevor ich abschliesse, möchte ich noch das Konzept des sogenannten *frühen Ödipuskomplexes der Schule Melanie Kleins* erwähnen. Er fällt zusammen mit der in der kleinianischen Terminologie auf die paranoid-schizoide Position folgenden depressiven Position, in welcher die Vorstellung von ganzen Objekten und von Reparation, Sorge um das Objekt möglich wird. Dieser frühe Ödipuskomplex wird nach Melanie Klein in die zweite Hälfte des ersten Lebensjahrs situiert.

Dass Freud die Weiblichkeit als dunklen Kontinent und die weibliche ödipale Situation als eine noch zu erforschende, sehr unklare betrachtete, hing wie ich meine unter anderem damit zusammen, dass er wie damals üblich nur kurze Analysen durchführte und die homosexuelle Übertragung seiner Patientinnen – was eine weibliche Rollenidentifikation bedingt hätte – noch zu wenig zu berücksichtigen wusste.

---

6   vgl. unsere Vorlesung *Psychotische Zustände I* und *II*

Vorlesung XII
Die klassische Traumtheorie

Freud beschäftigte sich mit Träumen lange vor Erscheinen der *Traumdeutung* im Jahre 1900. Sein wissenschaftliches Interesse daran drückt sich bereits in den 1895 erschienenen *Studien über Hysterie* aus: In einer Fussnote zur Krankengeschichte der Emmy v. N. erwähnt er, dass er seine Träume aufgeschrieben habe und bemüht gewesen sei, sich an einer Lösung zu versuchen (1895d, GW I, 122). Nach Jones hatte er schon in seiner Jugend ein besonderes Interesse an Träumen. Später waren es seine Patienten, welche ihn zur Beschäftigung mit dem Traum veranlassten. Diese begannen nämlich häufig im Rahmen ihrer freien Assoziationen von ihren Träumen zu berichten und führten dabei Freud zu der Erkenntnis, «dass ein Traum in die psychische Verkettung eingeschoben sein kann, die von einer pathologischen Idee her nach rückwärts in der Erinnerung zu verfolgen ist» (1900a, GW II/III, 105). Die Traumdeutung ist, so sagt Freud, «die Via regia zur Kenntnis des Unbewussten im Seelenleben» (op. cit. 613). Freud behandelte schliesslich den Traum wie ein Symptom und begann durch die Methode der freien Assoziation die ihm zu Grunde liegenden unbewussten Elemente aufzusuchen.

I. Der Irma-Traum

Freud nennt den 24. Juli 1895 als den Tag, an dem es ihm gelang, mittels dieses Verfahrens einen eigenen Traum, denjenigen von Irmas Injektion (op. cit. 110–126), zu deuten und als verhüllte Wunscherfüllung zu erkennen. In einer Fussnote (op. cit. 111) sagte er dazu: «Es ist dies der erste Traum, den ich einer eingehenden Deutung unterzog.»

Am Beispiel des Irma-Traumes möchte ich Ihnen nun einige Elemente der Deutungsarbeit Freuds aufzeigen und daran seine Methode der Traumanalyse erläutern. Freud gibt uns zuerst die zugehörige Vorgeschichte, dann den Traum selbst und schliesslich seine Einfälle zu den einzelnen Traumelementen. Ich fasse das wichtigste daraus für Sie zusammen:

1. Vorgeschichte

Die Patientin Irma stand wegen hysterischer Symptome in Freuds Behandlung, welche aber bis dahin keine eindeutigen Erfolge gebracht hatte. Deswegen herrschte zwischen Freud und ihr eine gewisse Missstimmung, und die Behandlung wurde für die Sommerzeit ausgesetzt. In den Sommerferien besuchte ihn ein jüngerer, befreundeter Kollege (Otto), der in vorwurfsvollem Ton berichtete, es gehe der Patientin nicht gut. Am Abend desselben Tages schrieb Freud ihre Krankengeschichte nieder. In der Nacht darauf (23./24. Juli 1895) hatte er folgenden Traum:

2. Traum

«Eine grosse Halle – viele Gäste, die wir empfangen. – Unter ihnen Irma, die ich sofort beiseite nehme, um gleichsam ihren Brief zu beantworten, ihr Vorwürfe zu machen, dass sie die ‹Lösung› noch nicht akzeptiert. Ich sage ihr: ‹Wenn du noch Schmerzen hast, so ist es wirklich nur deine Schuld.› – Sie antwortet: ‹Wenn du wüsstest, was ich für Schmerzen jetzt habe im Hals, Magen und Leib, es schnürt mich zusammen.› – Ich erschrecke und sehe sie an. Sie sieht bleich und gedunsen aus; ich denke, am Ende übersehe ich da doch etwas Organisches. Ich nehme sie zum Fenster und schaue ihr in den Hals. Dabei zeigt sie etwas Sträuben, wie die Frauen, die ein künstliches Gebiss tragen. Ich denke mir, sie hat es doch nicht nötig. – Der Mund geht dann auch gut auf, und ich finde rechts einen grossen Fleck und anderwärts sehe ich an merkwürdigen krausen Gebilden, die offenbar den Nasenmuscheln nachgebildet sind, ausgedehnte weissgraue Schorfe. – Ich rufe schnell Dr. M. hinzu, der die Untersuchung wiederholt und bestätigt … Dr. M. sieht ganz anders aus als sonst; er ist sehr bleich, hinkt, ist am Kinn bartlos … Mein Freund Otto steht jetzt auch neben ihr, und Freund Leopold perkutiert sie über dem Leibchen und sagt: ‹Sie hat eine Dämpfung links unten, weist auch auf eine infiltrierte Hautpartie an der linken Schulter hin› (was ich trotz des Kleides wie er spüre) ... M. sagt: ‹Kein Zweifel, es ist eine Infektion, aber es macht nichts; es wird noch Dysenterie hinzukommen und das Gift sich ausscheiden ...› Wir wissen auch unmittelbar, woher die Infektion rührt. Freund Otto hat ihr unlängst, als sie sich unwohl fühlte, eine Injektion gegeben mit einem Propylpräparat, Propylen ... Propionsäure ... Trimethylamin (dessen Formel ich fettgedruckt vor mir sehe) ... man macht solche Injektionen nicht so leichtfertig ... wahrscheinlich war auch die Spritze nicht rein.» (op. cit. 111f)

3. Traumanalyse

Freud analysiert nun seine Einfälle zu den verschiedenen Traumelementen. *Die Empfangssituation und das Aussehen der Empfangshalle* lassen sich als Vorwegnahme eines Geburtstagsempfanges auffassen, der demnächst von Freud und seiner Frau in eben dieser real existierenden Halle gegeben werden wird. Freud war voller Vorwürfe gegen Irma, weil sie die von ihm vorgelegte Erklärung der Symptome nicht akzeptiert hatte. *Die Angst, eine organische Ursache übersehen zu haben,* führt zum Einfall: Wenn die Diagnose *Hysterie* ein Irrtum ist, habe er keine Schuld am Versagen der Therapie. *Die leichtfertige Injektion mit dem Propylpräparat,* noch dazu mit einer unreinen Spritze, leitet die Gedanken auf gewisse Ereignisse, teils vom Vortag, teils aus früheren Jahren, welche für Freud Gegenstand von Selbstvorwürfen sein können, jetzt im Traum aber als Vorwurf gegen den Freund und Kollegen Otto verwendet werden. Jedes einzelne Stück des manifesten Traums wird so systematisch als Ausgangspunkt für Einfälle benutzt, etwa der *Befund im Hals* (op. cit. 116): «Was ich im Halse sehe: einen weissen Fleck und verschorfte Nasenmuscheln. Der weisse Fleck erinnert an Diphtheritis und somit an Irmas Freundin, ausserdem aber an die schwere Erkrankung meiner ältesten Tochter vor nahezu zwei Jahren, und an all den Schreck jener bösen Zeit. Die Schorfe an den Nasenmuscheln mahnen an eine Sorge um meine eigene Gesundheit. Ich gebrauchte damals häufig Kokain, um lästige Nasenschwellungen zu unterdrücken, und hatte vor wenigen Tagen gehört, dass eine Patientin, die es mir gleich tat, sich eine ausgedehnte Nekrose der Nasenschleimhaut zugezogen hatte. Die Empfehlung des Kokains, die 1885 von mir ausging, hat mir auch schwerwiegende Vorwürfe eingetragen. Ein teurer, 1895 schon verstorbener Freund hatte durch den Missbrauch dieses Mittels seinen Untergang beschleunigt» – bezüglich Freuds eigenem Suchtverhalten werde ich mich in unserer Vorlesung zur *Drogensucht* äussern.

Eine weitere von Freud herausgegriffene Einzelheit des Traumes betrifft das *schnelle Herbeirufen von Dr. M.,* wozu er assoziiert (op. cit. 116): «Das entspräche einfach der Stellung, die M. unter uns einnahm. Aber das ‹schnell› ist auffällig genug, um eine besondere Erklärung zu fordern. Es erinnert mich an ein trauriges ärztliches Erlebnis. Ich hatte einmal durch die fortgesetzte Ordination eines Mittels, welches damals noch als harmlos galt (Sulfonal), eine schwere Intoxikation bei einer Kranken hervorgerufen und wandte mich dann eiligst an den erfahrenen, älteren Kollegen um Beistand. Dass ich diesen Fall wirklich im Auge habe, wird durch einen Nebenumstand erhärtet. Die Kranke, welche der Intoxikation erlag, führte denselben Namen wie meine älteste Tochter. Ich hatte bis jetzt niemals daran gedacht; jetzt kommt es mir beinahe wie eine Schicksalsvergeltung vor. Als sollte sich die Ersetzung der Personen in anderem Sinne fortsetzen; diese Mathilde für jene Mathilde; Aug' um Aug', Zahn um Zahn. Es ist, als ob ich alle Gelegenheiten hervorsuchte, aus denen ich mir den Vorwurf mangelnder ärztlicher Gewissenhaftigkeit machen kann.»

Das *Trimethylamin* führt über die Erinnerung an einen Freud, der in diesem Stoff eines der Produkte des Sexualstoffwechsels sah, assoziativ auf die Sexualität und die Tatsache, dass bei Irma als jugendlicher Witwe ihr reduziertes Sexualleben möglicherweise auch eine Ursache am Misslingen der Kur darstellt. Freud lässt uns teilhaben an zahlreichen weiteren Assoziationen zu den Einzelheiten dieses Traumes. Gegen Ende der *Traumdeutung* wird er die Wichtigkeit solcher Einzelheiten erneut unterstreichen: «Jede Analyse könnte mit Beispielen belegen, wie gerade die geringfügigsten Züge des Traumes zur Deutung unentbehrlich sind, und wie die Erledigung der Aufgabe verzögert wird, indem sich die Aufmerksamkeit solchen erst spät zuwendet. Die gleiche Würdigung haben wir bei der Traumdeutung jeder Nuance des sprachlichen Ausdrucks geschenkt, in welchem der Traum uns vorlag; ja, wenn uns ein unsinniger oder unzureichender Wortlaut vorgelegt wurde, als ob es der Anstrengung nicht gelungen wäre, den Traum in die richtige Fassung zu übersetzen, haben wir auch diese Mängel des Ausdrucks respektiert. Kurz, was nach der Meinung der Autoren eine willkürliche, in der Verlegenheit eilig zusammengebraute Improvisation sein soll, das haben wir behandelt wie einen heiligen Text.» (op. cit. 518)

Doch kehren wir zum Irma-Traum zurück! Nach der Zusammenstellung der Trauminhalte gibt Freud dem Traum folgenden Sinn: «Ich habe eine Absicht gemerkt, welche durch den Traum verwirklicht wird und die das Motiv des Träumens gewesen sein muss. Der Traum erfüllt einige Wünsche, welche durch die Ereignisse des letzten Abends (die Nachricht Ottos, die Niederschrift der Krankengeschichte) in mir rege gemacht worden sind. Das Ergebnis des Traumes ist nämlich, dass ich nicht schuld bin an dem noch vorhandenen Leiden Irmas und dass Otto daran schuld ist. Nun hat mich Otto durch seine Bemerkung über Irmas unvollkommene Heilung geärgert, der Traum rächt mich an ihm, indem er den Vorwurf auf ihn selbst zurückwendet. Von der Verantwortung für Irmas Befinden spricht der Traum mich frei, indem er dasselbe auf andere Momente (gleich eine ganze Reihe von Begründungen) zurückführt. Der Traum stellt einen gewissen Sachverhalt so dar, wie ich ihn wünschen möchte; sein Inhalt ist also eine Wunscherfüllung, sein Motiv ein Wunsch.» (op. cit. 123) Konkret lautet der Wunsch, dass die Vorwürfe, die man Freud wegen des Ausbleibens einer Besserung bei Irmas analytischer Kur macht, doch unberechtigt sein möchten. Freud schreibt: «Die Grundlosigkeit dieser Vorwürfe selbst wird mir im Traume auf die weitläufigste Art erwiesen. Irmas Schmerzen fallen nicht mir zur Last, denn sie ist selbst schuld an ihnen, indem sie meine Lösung anzunehmen verweigert. Irmas Schmerzen gehen mich nichts an, denn sie sind organischer Natur, durch eine psychische Kur gar nicht heilbar. Irmas Leiden erklären sich befriedigend durch ihre Witwenschaft (Trimethylamin!), woran ich ja nichts ändern kann. Irmas Leiden ist durch eine unvorsichtige Injektion von seiten Ottos hervorgerufen worden mit einem dazu nicht geeigneten Stoff, wie ich sie nie gemacht hätte.» (op. cit. 124)

Der Traum wird also von Freud als Plädoyer dafür angesehen, dass er an der ausbleibenden Besserung seiner Patientin Irma nicht schuld sei. Freud fasst zusammen: «Wenn man die hier angezeigte Methode der Traumdeutung befolgt, findet man, dass der Traum wirklich einen Sinn hat und keineswegs der Ausdruck einer zerbröckelnden Hirntätigkeit ist [...]. Nach vollendeter Deutungsarbeit lässt sich der Traum als eine *Wunscherfüllung* erkennen.» (op. cit. 126)

II. Die Traumdeutung

Nachdem diesem kurzen Ausflug in die Werkstatt der Traumanalyse Freuds möchte ich nun etwas ausführlicher eingehen auf seine umfangreiche Arbeit *Die Traumdeutung* (1900 a, GW II/III, 1–642).

Sie wird heute als Freuds bestes Werk angesehen und wurde nach Jones auch von ihm selbst neben den *Drei Abhandlungen zur Sexualtheorie* (1905d) am meisten geschätzt. Sie ist, was formalen Aufbau, begriffliche Klarheit und sprachlichen Ausdruck angeht, ein Meisterwerk (Jahrhundertwerk), jedoch beim ersten Studium schwer zu lesen. Vieles mag dazu beitragen, zunächst wohl die Länge von fast 650 Seiten, welche diese Schrift in den *gesammelten Werken* einnimmt, was von vornherein entmutigen und im Laufe der Lektüre zu einer gewissen Erschöpfung führen kann. Zu einer ersten Lesung eignet sich besser der Aufsatz *Über den Traum* (1901a, GW II/III, 643ff), welcher in weniger als 60 Seiten die wesentlichen Gedanken der Traumlehre behandelt.

Eine sehr gute und knappe Darstellung der frühen Traumtheorie findet sich auch im 6. Kapitel der Abhandlung *Der Witz und seine Beziehung zum Unbewussten* (1905c, GW VI, 181ff), in dem die Traumlehre kurz zusammengefasst wird, um die Verwandtschaft der Entstehung des Witzes mit der Bildung des Traumes nachzuweisen.

Die Traumlehre – anders als die Trieb- oder die Neurosentheorie – ist über die Zeit von der Jahrhundertwende bis zum Tode Freuds 1939 das wohl konstanteste Stück des psychoanalytischen Theoriegebäudes geblieben. Freud hat bis zum Schluss nur wenige ergänzende Änderungen vorgenommen. Die Charakterisierung des Traumes als verhüllte Wunscherfüllung, seine Funktion als Hüter des Schlafes, die fundamentale Unterscheidung zwischen manifestem Trauminhalt und latenten Traumgedanken, die einzelnen Leistungen der Traumarbeit – all das bleibt für Freud als gesicherte Erkenntnis bis zum Schluss bestehen. Die späteren Umarbeitungen stellen vornehmlich Ergänzungen dar, insbesondere bezüglich der persistierenden infantilen Sexualwünsche als Traumquelle (1900a, GW II/III, 136), bezüglich der Rolle der Traumsymbolik und bezüglich der präzise gefassten Analogie des Traumes zu den Neurosen. Insofern spiegeln die Vorlesungen, die Freud im Wintersemester 1915/16 über den Traum hielt, durchaus noch im wesentlichen seine Traumkonzeption von 1900 wider. Als zweiter Teil der Vorlesungen *Zur Einführung in die Psychoanalyse* veröffentlicht, geben sie die didaktisch wohl beste Darstellung der Freud'schen Traumlehre (1916–17a [1915–17]).

Auch *Die metapsychologische Ergänzung zur Traumlehre* aus dem Jahre 1916 (1916–17f [1915]) sowie die *Revision der Traumlehre*, 29. Vorlesung aus der *Neuen Folge der Vorlesungen zur Einführung in die Psychoanalyse* (1933a [1932]) bringt nur wenige Modifizierungen – ich werde am Ende dieser Vorlesung etwas dazu sagen.

Im Gegensatz zu andern Konzepten und Theorien Freuds behielt also die Traumtheorie ihre Kernannahmen; sie überstand praktisch unverändert den Übergang von der ersten zur zweiten Topik sowie von der ersten zur zweiten Triebtheorie.

1. Zum ersten Kapitel *Die wissenschaftliche Literatur der Traumprobleme* (GW II/III, 1–99)

Freud beginnt mit der Bemerkung, dass Träume zu deuten sind und dass sie ein sinnvolles psychisches Gebilde darstellen. Nach einer sehr ausführlichen Übersicht zur wissenschaftlichen Traumliteratur stellt er die seit Aristoteles bis ins ausgehende 19. Jahrhundert entwickelten Traumtheorien zusammen. Er unterstreicht danach, dass die in seinem Werk entwickelte Theorie, der Traum sei ein als Folge einer Zensur entstellter Gedankeninhalt und habe in jedem Fall den Charakter einer Wunscherfüllung, noch nie vertreten worden sei. Die ärztliche Meinung jener Zeit war nämlich, dass dem Traum nicht der Wert eines psychischen Phänomens zukomme, dass er vielmehr ein bedeutungsloses Produkt sei, angeregt durch Sinnesreize, welche von aussen auf den Schläfer einwirken oder in seinen inneren Organen rege werden.

2. Zum zweiten Kapitel *Die Methode der Traumdeutung* (GW II/III, 100–126)

Anfangs sagt Freud, der Volksglaube habe stets daran festgehalten, dass der Traum einen gewissen Sinn besitze und sich entsprechend um seine Deutung bemüht. Er erinnert an den Traum des Pharao und an seine Deutung durch Josef. Damals wurde die durch Deutung erhaltene Aussage als Prophezeiung, als etwas zukünftig Eintretendes aufgefasst. Er sei jedoch durch seine Patienten, welche Berichte von Träumen in ihre freien Assoziationen einschalteten, dahin gekommen, den Traum wie ein Symptom zu behandeln und von ihm auf dem Wege der Assoziationen zu den zu Grunde liegenden psychischen Inhalten vorzudringen. Dabei könne man aber nicht vom Traum als Ganzem ausgehen, sondern müsse ihn in seine Einzelstücke zerlegen: Freud fragt den noch nicht eingeübten Patienten, was ihm dazu einfalle. In der Regel wisse der Patient am meisten zur Deutung beizutragen, wenn ihm der Traum in Stücken vorgelegt werde. Von jedem einzelnen dieser Stücke werden dann die Assoziationen des Träumers zu den «Hintergedanken» zurückverfolgt. Freud unterstreicht, dass diese durch assoziative Zurückverfolgung erhaltenen «Hintergedanken» nicht mit den latenten Traumgedanken identisch sind. Es liegt nun am Analytiker, aus dem Traum und den dazugehörigen Assoziationen die latenten Traumgedanken zu erfassen und zu deuten. Freud betont, dass eine Traumdeutung ohne Rücksicht auf die Assoziationen des Träumers von zweifelhaftem Wert sei. Ausserdem ist für das Verständnis eines Traumes wichtig, die Zusammenhänge zu kennen, in welchen er geträumt wurde: Es muss die aktuelle private und berufliche Situation sowie die aktuelle Situation in der Behandlung einbezogen werden.

3. Zum dritten Kapitel *Der Traum ist eine Wunscherfüllung* (GW II/III, 127–138)

Freud berichtet von verschiedenen Traumarten, bei denen die Wunscherfüllung wenig oder gar nicht entstellt dargestellt werde. Dazu gehören z.B. die *Bequemlichkeitsträume*: Bevor Freud durstig aufwache, träume er davon, dass er trinke und ihm das Wasser besonders gut schmecke. In diese Kategorie gehören auch die Kinderträume sowie Träume von Personen in extremen Lebensbedingungen. Es gebe jedoch eine Anzahl von Träumen, die keineswegs den Eindruck einer Wunscherfüllung machten, im Gegenteil oft unangenehm oder ausgesprochen peinlich seien, also einer solchen generellen Annahme der Wunscherfüllung klar zu widersprechen schienen. Freud führt dazu aus, dass die These der Wunscherfüllung sich nicht auf den manifesten Trauminhalt, also nicht auf den erlebten und erinnerten Traum bezieht, sondern auf die latenten Traumgedanken. Einen solchen latenten, unbewussten Traumgedanken fand Freud, wie wir gesehen haben, auch in seinem Irma-Traum: Freuds Wunsch war, nicht schuld an Irmas schlechtem Befinden zu sein. Freud führt hier den Begriff der *Traumentstellung* ein und die Annahme einer Zensurinstanz, des *Traumzensors*. In der 9. Vorlesung *Die Traumzensur* spricht Freud vom *Deutungswiderstand*: «Was uns bei der Deutungsarbeit als Widerstand entgegentritt, das müssen wir nun als Traumzensur in die Traumarbeit eintragen.» (1916–17a [1915–17], GW XI, 141)

4. Zum vierten Kapitel *Die Traumentstellung* (GW II/III, 139–168)

Um zu illustrieren, dass der Traum einen Wunsch entstellt wiedergibt, der im manifesten Trauminhalt keineswegs sofort erkennbar ist, aber stets mittels Analyse des latenten Trauminhalts entdeckt werden kann, gibt Freud folgendes Beispiel (op. cit. 158f):

> Eine junge, unverheiratete Patientin hatte sich in einen Literaturprofessor verliebt, wobei allerdings diese erwünschte Beziehung nicht zustande kam, und sie den geliebten Mann nur selten sehen konnte. Sie lebte in der Nähe ihrer Schwester, die zwei Söhne gehabt hatte, Karl und Otto, von denen der ältere (Otto) aber vor einiger Zeit gestorben war. Die Patientin träumt, «dass ich den Karl tot vor mir liegen sehe. Er liegt in seinem kleinen Sarg, die Hände gefaltet, Kerzen ringsum, kurz ganz so wie damals der kleine Otto, dessen Tod mich so erschüttert hat.» Aus den Assoziationen der Patientin ergab sich, dass damals, als der kleine Otto starb, der geliebte Professor nach langem Ausbleiben wiederkam und sie ihn am Sarg des kleinen Knaben wiedersah. Der Wunsch der Patientin war also nicht, dass doch der jüngere Knabe Karl jetzt endlich auch tot sei. Freud deutete ihr den Traum folgendermassen: «Wenn jetzt der andere Knabe stürbe, würde sich dasselbe wiederholen. Sie würden den Tag bei ihrer Schwester zubringen, der Professor käme sicherlich hinauf, um zu kondolieren, und unter den nämlichen Verhältnissen wie damals würden Sie ihn wiedersehen. Der Traum bedeutet nichts als diesen Ihren Wunsch nach Wiedersehen, gegen den Sie innerlich ankämpfen.»

Der manifeste Trauminhalt ist also die *entstellte* szenische Darstellung eines unbewussten, unerfüllten Wunsches.

5. Zum fünften Kapitel *Das Traummaterial und die Traumquellen* (GW II/III, 169–282)

Freud nennt drei verschiedene Traumquellen:

a) Den Tagesrest

Er ist stets im manifesten Trauminhalt enthalten und stellt immer einen rezenten Eindruck, ein Erlebnis vom Traumtag selbst dar. Ein indifferentes Tageserlebnis kann sich im Tieferen mit einem psychisch bedeutsamen Erlebnis verbinden. Bei Patienten in psychoanalytischer Behandlung sind wichtiges rezentes Material natürlich die Eindrücke bei der analytischen Kur selbst, die Worte des Analytikers und die psychoanalytischen Begriffe – Kritiker führen an, dass Patienten so träumen, wie es der theoretischen Ausrichtung ihres Therapeuten entspricht, also bei *Freudianern* von Freud'schen Symbolen und Triebregungen, bei *Jungianern* von Archetypen, Animus und Anima … Das widerlegt die Freud'sche Traumtheorie keineswegs, weil diese ja zwischen manifestem Traum und latenten Traumgedanken unterscheidet: Im manifesten Traum tauchen oft solche Elemente auf und nehmen dort vielleicht einen breiten Raum ein; für die latenten, unbewussten Traumgedanken jedoch ist dieses rezente Material nur eine Kulisse, die dazu benutzt wird, den unbewussten oder vorbewussten Traumwunsch zur Darstellung zu bringen. Freud drückt das folgendermassen aus: «Man kann oftmals den Träumer beeinflussen, worüber er träumen soll, nie aber darauf einwirken, was er träumen wird.» (1916–17a [1915–17], GW XI, 245)

b) Eindrücke aus der Kindheit

Sie sind bei vielen Träumen bereits im manifesten Inhalt vorhanden. Oft führt die Deutung des latenten Traumgedankens zu Gedankenfäden, welche in die früheste Kindheit hineinreichen und bis in die Gegenwart aktiv geblieben sind.

c) Somatische Reize

Diese finden dann ihren Ausdruck z.B. in den *Bequemlichkeitsträumen*.

6. Zum sechsten Kapitel *Die Traumarbeit* (GW II/III, 283–512)

Unter *Traumarbeit* versteht Freud jenen psychischen Prozess, der die latenten Traumgedanken in den manifesten Trauminhalt überführt und dessen Umkehrung die Traumdeutung oder Traumanalyse darstellt. Zur Traumarbeit lese man vor allem die Abschnitte VI C/D (op. cit. 315–354) und die 11. Vorlesung *Die Traumarbeit* (1916–17a [1915–17], GW XI, 173–186). Sie hat zwei Funktionen zu erfüllen: zum einen muss sie die Traumgedanken in eine Art szenische Darstellung umwandeln, in eine Folge von Bildern umsetzen, denn der Traum wird vor allem visuell erlebt, zum andern muss sie dem Traumzensor Rechnung tragen, welcher darüber hinaus noch weitere entstellende Bearbeitungen nötig macht.

Freud unterscheidet fünf verschiedene Leistungen der Traumarbeit: Die szenische Darstellung (Dramatisierung), die Verdichtung, die Verschiebung, die Symboldarstellung und die sekundäre Bearbeitung:

a) Die szenische Darstellung

Nach Freud geht es darum, Gedanken in Bildform zu transformieren – die Traumarbeit leistet mit der szenischen Darstellung die Umwandlung von der Buchstabenschrift zur Bilderschrift; so wird das Wort *besitzen* eines Objektes als ein wirkliches körperliches *Daraufsitzen* dargestellt, *Ehebruch* durch einen anderen Bruch, z.B. einen Beinbruch bildlich bewältigt. Die Kausalbeziehung zwischen zwei Gedanken wird entweder gar nicht dargestellt oder durch ein Nacheinander von zwei verschieden langen Traumstücken. Die Alternative entweder/oder lässt sich im Traum überhaupt nicht ausdrücken; die Glieder der Alternative werden gleichberechtigt nebeneinander gestellt, wie wir auch im Irma-Traum gesehen haben. Gegensätze werden oft durch dasselbe manifeste Element ausgedrückt: «Ein Element im manifesten Traum, welches eines Gegensatzes fähig ist, kann also ebensowohl sich selbst bedeuten wie seinen Gegensatz oder beides zugleich; erst der Sinn kann darüber entscheiden, welche Übersetzung zu wählen ist.» (GW XI, 181)

b) Die Verdichtung

Von einem Bestandteil des manifesten Traums gehen in der Regel verschiedene Assoziationsketten aus, die dann zu verschiedenen Traumgedanken führen – dieses Element des manifesten Inhalts ist mehrfach determiniert, überrepräsentiert. So führt etwa im Irma-Traum der Name des Injektionsmittels Propyl oder Propylen, Methylen schliesslich zu Amyl und damit zu einem Geschenk des Freundes Otto in Form eines fuselig (d.h. nach Amyl) riechenden Likörs, einem Erlebnis des Vortages, andererseits aber über Propylen zu den Propyläen in München und somit zum Vorstellungskreis einer anderen Freundschaft. Eine andere Form der Verdichtung zeigt sich in den sogenannten Mischpersonen, welche orientalischen Fabelwesen gleichen. Sie tragen Züge mehrerer Personen, erinnern im Aussehen an A, in Kleidung und Haltung an B, im Verhalten oder anderen Attributen an C, D, E, … Auch die Irma des Traumes von Freud ist eine solche Mischperson, weil sie neben den Zügen von Freuds Patientin auch Eigentümlichkeiten zeigt, die sofort die Assoziationen in einen anderen Vorstellungskreis lenken. Die Verdichtungsarbeit im Traum wird besonders deutlich an den Wortneuschöpfungen: So träumte eine Patientin Freuds, dass sie mit ihrem Mann an einer Bauernfestlichkeit teilnimmt und dabei sagt, das werde in einen allgemeinen «Maistollmütz» ausgehen. Bei der Analyse wird das Wort in Mais – toll – Manns – toll – Olmütz zerlegt, wobei von jedem der Bestandteile lange Assoziationsketten ihren Ausgang nehmen (GW II/III, 302).

c) Die Verschiebung

Sie trägt oft zur Befremdlichkeit des Traumes bei. Von Freud wird sie auch als *Akzentübertragung* oder *Umwertung der psychischen Werte* bezeichnet. Man konstatiert, dass manches, was im manifesten Trauminhalt grossen Raum einnimmt und deshalb von entsprechender Wichtigkeit zu sein scheint, in den latenten Traumgedanken nur eine sehr untergeordnete Rolle spielt. Umgekehrt findet sich manches in den Gedanken zentrale Element im manifesten Traum gar nicht oder ist nur durch eine nebensächliche Anspielung vertreten. Es hat also eine Art Akzentverschiebung stattgefunden. Freud sagt, die Verschiebung äussere sich im manifesten Traum darin, dass erstens «ein latentes Element nicht durch einen eigenen Bestandteil, sondern durch etwas Entfernteres, also durch eine Anspielung ersetzt wird, und zweitens, dass der psychische Akzent von einem wichtigen Element auf ein anderes, unwichtiges übergeht, so dass der Traum anders zentriert und fremdartig erscheint» (GW XI, 177). Diese Verschiebung von Wichtigem auf Unwichtiges und umgekehrt wird von Freud auch im *Abriss der Psychoanalyse* (1940a [1938], GW XVII, 90) beschrieben: «Eine andere […] Eigentümlichkeit der Traumarbeit ist die Leichtigkeit der Verschiebung psychischer Intensitäten (Besetzungen) von einem Element auf ein anderes, so dass oft im manifesten Traum ein Element als das deutlichste und dementsprechend wichtigste erscheint, das in den Traumgedanken nebensächlich war, und umgekehrt wesentliche Elemente der Traumgedanken im manifesten Traum nur durch geringfügige Andeutungen vertreten werden.»

Hierzu ein Traumbeispiel aus dem Aufsatz *Über den Traum* (1901a, GW II/III, 649):

Eine Gesellschaft, Tisch oder table d'hôte … Es wird Spinat gegessen … Frau E.L. sitzt neben mir, wendet sich ganz mir zu und legt vertraulich die Hand auf meine Knie. Ich entferne die Hand abwehrend. Sie sagt dann: Sie haben aber immer so schöne Augen gehabt … Ich sehe dann undeutlich etwas wie zwei Augen als Zeichnung oder wie die Kontur eines Brillenglases …

Freud schreibt dazu: «Unser zur Analyse gewähltes Beispiel zeigt wenigstens so viel von Verschiebung, dass sein Inhalt anders zentriert erscheint als die Traumgedanken. In den Vordergrund des Trauminhaltes drängt sich eine Situation, als ob eine Frau mir Avancen machen würde; das Hauptgewicht in den Traumgedanken ruht auf dem Wunsche, einmal uneigennützige Liebe, die nichts kostet, zu geniessen, und diese Idee ist hinter der Redensart von den schönen Augen und der entlegenen Anspielung ‹Spinat› versteckt.» (op. cit. 668)

d) Die Symboldarstellung

Freud weist darauf hin, dass man in Versuchung kommen könnte, die stummen Traumelemente, welche Symbole darstellen, selbst zu deuten, aus eigenen Mitteln eine Übersetzung vorzunehmen. Er schlägt eine kombinierte Technik vor, welche sich einerseits auf die Assoziationen des Träumers zu einem bestimmten Symbol stützt, andererseits das Fehlende aus dem Symbolverständnis des Deuters zu ergänzen erlaubt. Er warnt davor, die Bedeutung der Symbole für die Traumdeutung zu überschätzen, etwa die Arbeit der Traumübersetzung auf Symbolübersetzung einzuschränken und die Technik der Verwertung von Einfällen des Träumers aufzugeben. Ähnlich bestimmt drückt sich Freud in der 10. Vorlesung aus: «Die auf Symbolkenntnis beruhende Deutung ist keine Technik, welche die assoziative ersetzen oder sich mir ihr messen kann. Sie ist eine Ergänzung zu ihr und liefert nur in sie eingefügt brauchbare Resultate.» (GW XI, 152)

Freud erinnert daran, dass in vielen Träumen Symbole verwendet werden mit sexuellem Inhalt. Es gebe eine Vielzahl symbolischer Darstellungen der Genitalien und des Geschlechtsverkehrs. So könnten Stöcke, Bleistifte, Bäume, Waffen, Wasserhahnen, Springbrunnen, Zeppelin'sche Luftschiffe, gewisse Reptilien und Fische usw. das männliche Glied symbolisieren (GW II/III, 359; GW XI, 155).

e) Die sekundäre Bearbeitung

Sie versucht, dem Traum eine Art Verständlichkeit zu unterlegen, ihm eine gewisse Fassade zu verleihen. Das Ausmass entscheidet darüber, ob der Traum mehr oder wenig verworren erscheint. Freud meint, dass dieser Teil der Traumarbeit schon während des Traums oder unmittelbar nach dem Erwachen geschieht. Er schreibt: «Seine Leistung besteht dann darin, die Traumbestandteile so anzuordnen, dass sie sich ungefähr zu einem Zusammenhang, zu einer Traumkomposition zusammenfügen.» (GW II/III, 679) Später allerdings gliedert Freud die sekundäre Bearbeitung ausdrücklich aus der Traumarbeit aus (1923a, GW XIII, 217).

7. Zum siebten Kapitel *Zur Psychologie der Traumvorgänge* (GW II/III, 513–626)

Im Abschnitt B, *Die Regression* (op. cit. 538ff) entwickelt Freud sein berühmtes erstes topisches Modell[1]. Dieses gründet auf der Einführung des Unbewussten und des Vorbewussten als Systeme, psychische Lokalitäten, innerhalb welcher sich der Schauplatz der Träume befindet – Freud ist jedoch nicht der Entdecker des Unbewussten; verschiedene Philosophen vor ihm haben auf ein unbewusstes Seelenleben hingewiesen. Er spricht von der topischen Regression: «Wir heissen es Regression, wenn sich im Traum die Vorstellung in das sinnliche Bild zurückverwandelt, aus dem sie irgendeinmal hervorgegangen ist.» (op. cit. 548) Freud nimmt den Traumerreger, den Traumgedanken als Element des Systems *Unbewusstes* an, welchem tagsüber durch Zensur der Weg ins System *Vorbewusstes* und damit zum Bewusstsein versperrt ist. Da aber in Träumen vor allem Bilder erlebter Szenen auftreten, gewissermassen Halluzinationen, muss man annehmen, dass die Erregung sich hier rückläufig, regredient zum Wahrnehmungsende hin ausbreitet und schliesslich im Wahrnehmungssystem die Form eines Bildes annimmt. Freud findet, dass dabei die zeitliche, die topische und die formale Regression zusammenfallen: «Alle drei Arten von Regression sind aber im Grunde eines und treffen in den meisten Fällen zusammen, denn das zeitlich ältere ist zugleich das formal primitive und in der psychischen Topik dem Wahrnehmungsende nähere.» (op. cit. 554)

---

1 vgl. unsere Vorlesung *Metapsychologie I*

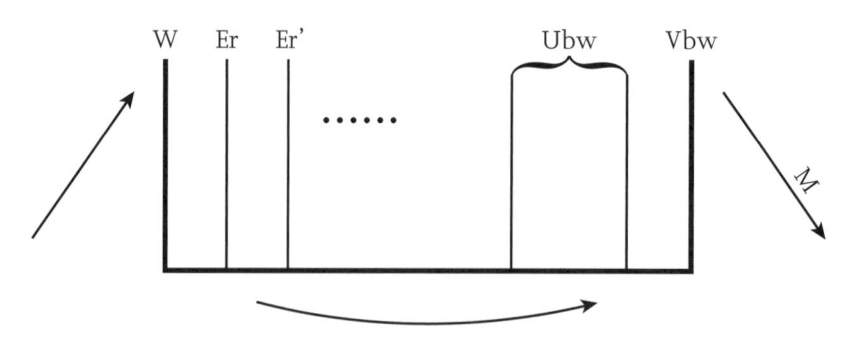

W=Wahrnehmung, Er=Erinnerungsspuren, Ubw=Unbewusstes, Vbw=Vorbewusstes, M=Motilität, Motorik

Durch die Einführung der ersten Topik gelangt Freud auch zu den Begriffen *Primärvorgang* und *Sekundärvorgang*: Als *Primärvorgang* bezeichnet er jenen psychischen Vorgang, den das erste System (Ubw) allein zulässt, nämlich die ausschliesslich nach dem Unlustprinzip erfolgende Erregungsabfuhr und das sofortige Verlassen einer unangenehmen Vorstellung; jenen vorübergehend Erregung hemmenden Prozess im zweiten System (Vbw) nennt er *Sekundärvorgang*. Nachdem die Primärvorgänge im psychischen Apparat gewissermassen mit der Geburt einsetzen, die sekundären aber erst allmählich hinzutreten und die primären zu hemmen versuchen, bleibt als Folge dieser Verspätung eine Art unberührtes psychisches Gebiet zeitlebens erhalten. Aufgrund der Einführung der ersten Topik, des ersten Modells des psychischen Apparates, kommt Freud zur Annahme, dass die Funktion des Traumes diejenige eines *Hüter des Schlafes* sei: Die unbewussten Wunschregungen versuchen, sich auch bei Tag geltend zu machen, werden aber durch die Zensur zwischen Ubw und Vbw daran gehindert. Dass diese Zensurstelle nachts ihre Tätigkeit verringert, ist nur möglich, weil im Schlafzustand der Zugang zur Motorik versperrt ist; deshalb können sich die unbewussten Regungen ohne direkte Gefahr für das schlafende Individuum auf regredientem Wege halluzinatorisch ausdrücken. Sonst müsste ein solcher ungehemmter Ausdruck verdrängter Wunschregungen das Vorbewusste erschrecken und damit zum Aufwachen führen. Um das zu vermeiden kommt es daher unter dem Einfluss der Zensur zur Traumentstellung. Der Traum erweist sich also, wie auch das neurotische Symptom, als Kompromissbildung zwischen dem Wunsch des Vorbewussten, demjenigen zu schlafen, und den Wünschen des Unbewussten, über das Bewusstsein zur Motilität zu dringen.

Unbewusste Gedanken gelangen an die zensierende Instanz zwischen Ubw und Vbw, erfahren dort ihre Entstellung und enden (nach regredientem Verlauf) als visuelle Wahrnehmung. Die Erregungen der unbewussten Wünsche werden so gebunden, der Herrschaft des Vorbewussten unterworfen und in der Regel als Störung unschädlich gemacht.

III. Spätere Ergänzungen zur Traumlehre

Die Grundannahmen der Traumtheorie von 1900 haben bis heute ihre Gültigkeit – Freud hat später entsprechend seinem neusten Erkenntnisstand lediglich ein paar wenige Ergänzungen angebracht:

In *Metapsychologische Ergänzung zur Traumlehre* (1916–17f [1915]), geschrieben unter dem Einfluss der zwei Jahre vorher entwickelten Theorie des *Narzissmus*, der libidinösen Besetzung des eigenen Ichs (1914c), wird der Schlaf als zeitliche Regression in einen primitiven Narzissmus, als Abkehr von allen Objektbeziehungen aufgefasst. Als Störung dieses narzisstischen Zustandes wirken vorbewusste und unbewusste Vorstellungen, denen sich die Besetzungen nicht ganz entziehen lassen und welche eben, wie die Traumdeutung ausführt, den Anlass zur Traumbildung geben.

In *Revision der Traumlehre*, 29. Vorlesung aus *Neue Folge der Vorlesungen zur Einführung in die Psychoanalyse* (1933a [1932], GW XV), beschäftigt sich Freud mit den Einwänden gegen die Wunscherfüllungstheorie, welche sich aus seiner klinischen Arbeit ergeben haben. Er sucht die Träume zu verstehen, die sich auf ein psychisches Trauma in der Kindheit beziehen oder auf Kriegssituationen, welche im Traum regelmässig wieder auftauchen und den Träumer in die traumatische Situation zurückversetzen. Freud schreibt: «Das sollte nach unseren Annahmen über die Funktion des Traumes nicht der Fall sein. Welche Wunschregung könnte durch dieses Rückgreifen auf das höchst peinliche traumatische Erlebnis befriedigt werden? Das ist schwer zu erraten.» (op. cit. 29)

Die gleiche Schwierigkeit ergibt sich aus der Beobachtung, dass als Traummaterial immer wieder infantile Sexualerlebnisse auftauchen, welche seinerzeit mit schmerzlichen Eindrücken wie Angst, Verbot, Enttäuschung und Bestrafung verbunden waren und jetzt unter Unlustentwicklung reproduziert werden, was sich mit der Wunscherfüllungstendenz des Traumes schlecht vertrage. Freud kommt dann zu einer zweiten Einteilung der Träume, nämlich in *Wunschträume*, *Angstträume* und *Strafträume*. Er unterscheidet also schliesslich:

1. Träume vom infantilen Typus, Kinderträume oder auch Träume Erwachsener, Bequemlichkeitsträume.
2. Träume, die ausreichend entstellt sind, um eventuell zugrunde liegende peinliche Vorstellungen mit den zugehörigen Affekten im manifesten Trauminhalt nicht erscheinen zu lassen. Ein Beispiel dafür wäre der Irma-Traum.
3. Träume, welche Unlust bis Angst hervorrufen und im Extremfall zum Erwachen führen, wo also die Traumarbeit misslungen ist und der Traum in seiner Funktion als Hüter des Schlafes versagt hat. In diese Gruppe misslungener Träume gehören auch die in der 29. Vorlesung (GW XV, 6–31) behandelten, in denen unlustvolle kindliche Erlebnisse heraufbeschworen werden oder bei denen im Rahmen traumatischer Neurosen die allnächtliche Reproduktion des psychischen Traumas stattfindet. Eine weitere Kategorie der Unlustträume sind die Strafträume. Dabei wäre die verdrängte unerlaubte Wunschregung eine masochistische, nämlich eine Bestrafung des Träumers. In den sogenannten *Gegenwunschträumen* können sich aggressive Elemente zeigen wie der Wunsch, dass der Analytiker unrecht haben soll oder der Wunsch nach Leiden.

Bei dieser dritten Traumkategorie wird deutlich, dass Freud nach Einführung des Todestriebes[2] (1920g) und der 2. Topik[3] (1923b) als Traumauslöser nicht nur libidinöse (sexuelle), sondern auch aggressive (sadistische, neidvolle, masochistische) Wunschregungen in Betracht zieht und Wunschregungen, die vom Über-Ich (Strafbedürfnis) ausgehen.

In der modernen Analyse spielen die aggressiven Wunscherfüllungen in den psychoanalytischen Kuren eine sehr bedeutungsvolle Rolle. Neidreaktionen und zerstörerische Impulse (die Quelle des Neides, den erfolgreichen Analytiker zu zerstören), findet man besonders bei Patienten mit prägenitalen Störungen. Träume sind sehr häufig Ausdruck einer negativen therapeutischen Reaktion[4].

Auch nach diesen Ergänzungen der Traumtheorie bleiben die Träume in der Psychoanalyse die Via regia zum Unbewussten. Jeder in einer Analyse auftauchende Traum muss als Übertragungstraum angesehen werden: Er handelt stets von der Beziehung des Analysanden zum Analytiker und von den Triebwünschen – seien es sexuelle oder aggressive – des ersteren in Bezug auf den letzteren.

Freud selbst hat noch kurze Analysen durchgeführt. Da man heute viel mehr weiss, braucht es viel längere Analysen, weshalb man den psychoanalytischen Prozess[5] besser erforschen kann. Innerhalb eines solchen Prozesses kommt es zu Bewegungen, Veränderungen, Neuerungen. Diese neuen Möglichkeiten, über die ein Analysand schliesslich verfügt, werden sich auch in seinen Träumen niederschlagen. Man muss also die Hypothese der infantilen Wunscherfüllung in Träumen in dem Moment verlassen, wo es zu solchen Neuerungen kommt, weil es nun nicht mehr um ein Vergangenheits-Unbewusstes geht, sondern um ein Gegenwarts-Unbewusstes, das in jeder analytischen Stunde ganz aktuell eine Rolle spielt. Dieses Gegenwarts-Unbewusste wird ständig Neuerungen, Veränderungen, Bewegungen, Umformungen von Vorstellungen und Objektrepräsentanzen aufzeichnen. Veränderungen gegenüber ist der Analysand ambivalent, denn sie lösen auch Widerstand aus, Angst vor dem Neuen, Angst vor Identitätsverlust und Neid wegen des Erfolgs des Analytikers. Diese negativen Wunschregungen müssen gedeutet werden. Gleichzeitig ist es wichtig, dass der Analytiker die neuen Manifestationen im Traum zu lesen versteht, dass er sie unterstreicht und auch die positive Besetzung der Neuerungen interpretiert.

Anknüpfend an diese klassische Traumtheorie werde ich Ihnen in der nächsten Vorlesung etwas sagen über den Traum jenseits der Wunscherfüllung.

---

2 vgl. unsere Vorlesung *Die Trieblehre*
3 vgl. unsere Vorlesung *Metapsychologie II*
4 vgl. unsere Vorlesungen *Die negative psychische Arbeit* und *Die negative therapeutische Reaktion*
5 vgl. unsere Vorlesung *Die psychoanalytische Situation und der psychoanalytische Prozess*

Vorlesung XIII

Der Traum jenseits der Wunscherfüllung

oder ein Träumen, eine *Rêverie* über den Traum auf der Suche nach dessen Sinn und Bedeutung jenseits der Wunscherfüllung. Ist so etwas ein Sakrileg? Ich denke nein, Freuds Werk ist keine dogmatisch-heilige Schrift, liess und lässt der Neugier immer Spiel-Raum für Akzentverlagerungen und neue Ideen!

Freud begann *Die Traumdeutung* mit den Worten: «Auf folgenden Blättern werde ich den Nachweis erbringen, dass es eine psychologische Technik gibt, welche gestattet, Träume zu deuten, und dass bei Anwendung dieses Verfahrens jeder Traum sich als ein sinnvolles psychisches Gebilde herausstellt.» (1900a, GW II/III, 1) Wie wir in der letzten Vorlesung gesehen haben, ist nach der klassischen Traumtheorie der Traum eine Wunscherfüllung oder der Versuch einer solchen; er ist der Königsweg zum Unbewussten und dabei ein Gedanke wie jeder andere, er ist Hüter des Schlafes an der Grenze zum Wachzustand, auch Grenzwächter an der Barriere zwischen den Systemen *Ubw* und *Vbw/Bw*.

Aufgrund meiner klinischen Arbeit denke ich, dass der Tagesrest immer ein bewusstes und unbewusstes Konflikterlebnis beinhaltet, welches den Traum erregt. Der Traum bringt diesen Konflikt zur Darstellung und versucht ihn mittels der Wunscherfüllung zu lösen. Eine Wunscherfüllung könnte z.B. heissen: «Ich bin nicht neidisch auf Herrn X.» Dabei liegt der Akzent aber mehr auf dem *Konflikt und dem Versuch der Konfliktlösung* als auf der Wunscherfüllung.

Ähnliche Gedanken fand ich in *Donald Meltzers Traumleben* (1988). Nach ihm überdenkt das unbewusste Denken Tag und Nacht die emotionalen Primärerfahrungen. Träumen ist das als *dramatische Symbolerzählung* im Schlafzustand ins Bild gesetzte unbewusste Denken. Unter *Denken* versteht Meltzer hier problemlösendes, schöpferisches Probehandeln, das entweder wahr ist oder wahrheitsentstellend, lügenhaft. Nach dieser Hypothese, bei welcher Meltzer sich an *Bion* anlehnt, hat der Traum mehr als eine wunscherfüllende Funktion, nämlich eine erkenntnisbildende. Der Traum wäre demnach nicht nur der Königsweg zum Unbewussten, sondern darüber hinaus auch der *Königsweg für die Erkenntnis von Bedeutung* überhaupt, wie *Hermann Beland* es im Vorwort zu Meltzers Buch ausdrückt.

Konflikt oder Wunsch wird immer am Objekt deutlich. Deshalb möchte ich einen weiteren Akzent auf die *inneren Objektbeziehungen* setzen, welche im Traum in wahrer oder entstellter Form zur Darstellung kommen. Besonders wichtig sind die Übertragungsbeziehungen in Analysen. Meltzer schreibt: «Anstatt Übertragungsphänomene als Überbleibsel der Vergangenheit anzusehen, konnte man sie nun als äussere Erscheinung der unmittelbaren Gegenwart der inneren Situation betrachten, die als psychische Realität zu untersuchen waren. Man sah nun Neurotiker nicht mehr als Menschen an, die ‹an Reminiszenzen litten›, sondern man konnte sich vorstellen, dass sie in der Vergangenheit lebten, wie sie sich in den unmittelbar gegenwärtigen Eigenarten ihrer Innenwelt darstellte.» (op. cit. 41) Dieser Gedanke entspricht auch Freuds Konzeption der *Zeitlosigkeit des Unbewussten*.

Der Traum zeigt aber auch, wie das Subjekt, also der Träumende, mit sich selbst als Objekt umgeht oder in der Vergangenheit umgegangen ist. *Christopher Bollas* (1987, *Figur im Stück des anderen sein: Träumen*, in Heinrich Deserno, 1999, *Das Jahrhundert der Traumdeutung*, 251) formuliert dies folgendermassen: «Erfahrungen, die wir in unserem Leben machen, rufen nicht nur verdrängte Triebwünsche wach, sondern auch Ich-Erinnerungen, und so steht hinter jedem Traum, der einen Triebwunsch abbildet, auch eine entsprechende Ich-Haltung, in der sich der bisherige Umgang des Ichs mit dem Wunsch niedergeschlagen hat.» Ich gehe mit Bollas einig, dass im Traumleben eines jeden Patienten nicht nur typische Trauminhalte, sondern auch sich wiederholende Traumstile zu entdecken sind. Bollas legt den Akzent auf die *Rolle des Ichs* als *Dramaturg* und *Metteur en scène*, als *Regisseur der Träume*, und damit auf die 2. Topik[1]. Er betrachtet Formen des Umgangs mit den verschiedenartigen, von Trieben und Erinnerungen ausgehenden Traumthemen als ästhetische Leistung des Ichs, das daraufhin arbeitet,

---

1 vgl. unsere Vorlesung *Metapsychologie II*

das jeweilige Thema in eine dramatische Darstellung umzusetzen und es den Träumer auf diese Weise erleben zu lassen. In dieser ästhetischen Leistung spiegelt sich das Idiom der Ich-Haltung des Träumers wider. Freud hat die Traumdeutung im Rahmen der 1. Topik geschrieben. Im Lichte der 2. Topik kommt dem Ich eine wesentliche Bedeutung zu bei Zensur und Widerstand an jener Grenze zwischen Ubw und Vbw/Bw.

Anhand des in der Literatur wiederholt behandelten *Irma-Traumes von Freud*, den wir in der letzten Vorlesung besprochen haben, möchte ich versuchen, meine Gedanken folgendermassen zusammenfassend darzustellen: Der vorausgehende Konflikt, also der Tagesrest, besteht in der Rüge oder dem Vorwurf des Freundes Otto, der Freud berichtet, dass es seiner Patientin Irma schlecht gehe. Es scheint, dass Otto von Freud als ein zurechtweisender, vorwurfsvoller, kastrierender Vater erlebt wird – der in der Nacht darauf von Freud geträumte Irma-Traum wird durch diesen Konflikt mit Otto angeregt. Zugleich handelt es sich aber um einen Gegenübertragungstraum – die Objektbeziehung zu Irma steht im Zentrum der unbewussten Traumgedanken. Wie wir gesehen haben, verstand Freud seinen Traum als Wunscherfüllungstraum: Nicht er, sondern Otto möge schuld sein am fortbestehenden Leiden Irmas. Meines Erachtens entstellt diese Wunscherfüllungs-Interpretation «ich bin nicht schuld» die Wahrheit: Eine Schuld trifft Freud nämlich dort, wo er über eine unbewusste, inzestuöse Thematik mit Irma in unreflektierter Kollusion steht. So gesehen, heisst «Irma akzeptiert die Lösung noch nicht», wohl eher «Irma akzeptiert Freuds ubw Liebeswerbung nicht»; Irma sieht «bleich und gedunsen» aus, wohl eher «Irma geht mit einem inzestuös gezeugten Kind Freuds schwanger». Diese sexuelle Wunschthematik zeigt sich auch in der Mundhöhlenuntersuchung, in der Infiltration, in der Injektion mit dem Propylpräparat mit einer wahrscheinlich unreinen Spritze. Demnach wäre der wahre erkenntnisbildende Gedanke *«ich habe unreine, inzestuöse Wünsche meiner Patientin Irma gegenüber!»*

I. Weitere Autoren zur Bedeutung des Traumes

Bertram D. Lewin (1955, in *Deserno*, 1999, 113ff) führt den interessanten Begriff der *Traumleinwand* ein. Er schreibt, dass jedes Traumbild auf eine Leinwand projiziert wird – erinnern wir uns an das häufige Versprechen der Patienten, wenn sie vom Traum als von einem Film sprechen. Es muss also einen Raum, Schauplatz geben, in dem die Darstellung vollzogen werden kann. Die Traumgedanken können im Traum nur erscheinen, wenn sie sich in visuelle Bilder verwandeln, darstellbar werden; für diese Bilder muss es eine Leinwand geben, auf der sie sich eintragen. Es gibt auch ein Diesseits der Darstellung, wenn nämlich gewissermassen der Körper zu denken beginnt, was Handeln (agieren) nach sich zieht anstelle von Symbolisierung[2].

Heinz Kohut (1979, 103) nennt Träume, bei welchen die Traumschranke versagt, die Traumzensur durchbrochen wird, *Selbst-Zustands-Träume*. Andere Autoren verallgemeinern seine Bezeichnung und betrachten alle Träume als Ausdruck einer Angabe über den Selbstzustand des Träumers; der Traum wäre somit eine Art Monitor des Selbst.

Jean-Bertrand Pontalis (1974, in *Deserno*, 1999, 210) spricht vom *Traum als Objekt*. Seine Hypothese ist, dass jeder Traum als Objekt in der Analyse auf den mütterlichen Körper Bezug nimmt. Er schreibt: «Für Freud ist der Traum ein verschobener mütterlicher Körper gewesen. Er hat den Inzest am Korpus (Corps) seiner Träume begangen. Er ist eingedrungen in sein Geheimnis und er hat das Buch geschrieben, das ihn zum Eroberer der terra incognita machte», und «Um zu erkennen, dass der Traum ein vom Träumer libidinös besetztes Objekt, ein Träger des Schreckens und des Geniessens ist, braucht man nicht Freuds Ödipus oder Freud, der sich zum Ödipus macht, anzurufen ... Dazu genügt die alltägliche Erfahrung.»

Didier Anzieu (1985) spricht in seinem Buch *Le Moi-peau* (*Das Haut-Ich*) von einem *Traumfilm* oder *Schutzfilm des Traumes*. Dieser Gedanke leitet uns unmittelbar zu der Idee einer *Schutzbarriere*, dargestellt durch den Traum, der sich an einer Grenze der Trennung/Berührung von Ubw zu Vbw/Bw befindet.

Diese Idee führt zu den mir sehr einleuchtend erscheinenden Hypothesen von *Wilfred R. Bion*: Nach seiner Meinung ist der Traum ein lebendiges, sich ständig bildendes Gefüge, welches wie eine *Kontaktschranke* wirkt, einen Berührungspunkt darstellt an der Grenze zwischen unbewusst und bewusst. Ich zitiere aus seinem Werk *Lernen durch Erfahrung* (1990, 61f): «Der ‹Traum› hat viele der Funktionen von Zensur und Widerstand. Diese

---
2 vgl. unsere Vorlesungen *Neurosen* sowie *Das Problem der Psychosomatik I* und *II*

Funktionen sind nicht das Produkt des Unbewussten, sondern Instrumente, durch die der Traum Bewusstheit und Unbewusstheit erschafft und voneinander trennt. Fassen wir zusammen: Gemeinsam mit der Alpha-Funktion, die Traum ermöglicht, ist der ‹Traum› zentral für die Arbeitsweise des Bewusstseins und des Unbewussten, von der geordnetes Denken abhängt. Die Alpha-Funktion-Theorie des Traumes enthält die Elemente der Sichtweise, die von der klassischen psychoanalytischen Traum-Theorie dargestellt wird; das heisst, Zensur und Widerstand sind in ihr repräsentiert. In der Alpha-Funktion-Theorie ist die Macht von Zensur und Widerstand jedoch unentbehrlich für die Sonderung von Bewusstsein und Unbewusstem und hilft, den Unterschied der beiden aufrechtzuerhalten. Dieser Unterschied entsteht aus dem Wirken des ‹Traums›, welcher eine Kombination von Traumgedanken in erzählender Form ist; die Gedanken ihrerseits entstehen aus der Kombination von Alpha-Elementen. In dieser Theorie bewahrt die Fähigkeit zum Traum die Persönlichkeit vor dem, was im Grunde genommen ein psychotischer Zustand ist.» Die Schranke, welche unbewusst und bewusst herstellt, nennt Bion *Kontaktschranke*. Weiter schreibt er: «In Übereinstimmung damit behaupte ich, dass der Mensch eine sich ereignende emotionale Erfahrung ‹träumen› muss, ob nun im Schlafen oder im Wachen, und formuliere dies nochmals in folgender Weise: Die menschliche Alpha-Funktion wandelt die Sinneseindrücke, die mit einer emotionalen Erfahrung verknüpft sind, ob im Schlafen oder im Wachen, in Alpha-Elemente um, die zusammenhalten, während sie sich vermehren, um die Kontaktschranke zu bilden. Diese Kontaktschranke, die so ständig in Bildung begriffen ist, kennzeichnet den Punkt von Kontakt und Trennung zwischen bewussten und unbewussten Elementen und erzeugt ihre Verschiedenheit.» Bion ergänzt die Theorie des Bewusstseins dahingehend, dass das Bewusste und das Unbewusste – ständig gemeinsam hervorgebracht – binokular funktionieren wie ein Augenpaar (op. cit. 104) und dadurch zu Beziehungssetzung und Selbstbetrachtung in der Lage sind. *Nach Bion kommt also dem Traum auch die Rolle des Hüters von psychischem Leben und psychischer Gesundheit überhaupt zu.*

André Green vertritt ähnliche Ideen wie Bion. In seinem Artikel Le concept limite (1976, in *La folie privée*, 1990, 103–140) beschreibt er ein Intermediärgebiet im inneren Raum, zwischen Ubw und Vbw/Bw, dessen Schöpfung der Traum ist. Wenn ich Green richtig interpretiere, wird der Traum in diesem Intermediärgebiet durch die Tertiärprozesse gebildet, die in verbindenden und trennenden Mechanismen bestehen, welche als Mediatoren zwischen den Primär- und Sekundärprozessen funktionieren.

Hier möchte ich auf eine psycho-physiologische Untersuchung von *Dietrich Lehmann und Martha Koukkou* (1980, in *Boothe und Meier*, 2000, 64) hinweisen, die mir Parallelen zu den theoretischen Überlegungen von Bion und Green zu haben scheint. Nach Lehmann und Koukkou reflektiert das Traumdenken die Vergangenheit und den derzeitigen Motivationszustand der Person; sie schreiben: «Das Modell impliziert, dass die physiologische Wichtigkeit des Schlafes darin besteht, früher gespeicherte Informationen unter Berücksichtigung neu aufgenommener Information in Speicherplätze zu bringen, die von der Wachheit aus zumindest teilweise zugänglich und somit für das bewusste Wachleben nutzbar sind; eine andere Wichtigkeit besteht darin, die neue Information unter teilweiser Berücksichtigung früherer Informationen zu verarbeiten: das heisst frühere und neuere Informationen zu integrieren.»

II. Der Traum – woher, wohin oder wozu?

Solche Fragen stellt sich Freud in seiner 18. Vorlesung zur Einführung in die Psychoanalyse *Die Fixierung an das Trauma, das Unbewusste* (1916–17a [1915–17], GW XI, 294) in Bezug auf das neurotische Symptom. Ich stelle sie bezüglich des Traumes, den ich hier als Symptom auffasse.

Wozu träumt beispielsweise ein Individuum, welches sich nicht in Analyse befindet? Wie *Christopher Bollas* sagt, ist der Teil des Selbst, der im Traum erscheint, das Objekt des unbewussten Ichs und seiner Artikulation von Erinnerung und Wunsch. Das Subjekt wird zu einem Objekt des Ichs, es ist Objekt der Vorstellungen, die das Ich sich von Bedürfnissen, Erinnerungen und Alltagserfahrungen bildet. Das Ich ist als Urheber einer Figur zu begreifen, die auf der Bühne des Traumes des Selbst spielt.

Was der Traum in einem analytisch ungeübten Träumer zumindest auslösen wird, ist Neugier, die Frage nach der Bedeutung der Botschaft des Traums, die zum Nachdenken anregt. Aber ohne selbstanalytische Fähigkeiten, die man sich nur in der eigenen Erfahrung einer Analyse aneignen kann, wird dieser Träumer vom manifesten Inhalt gefesselt bleiben. Eine Ausnahme stellt Freud dar – er träumte, um die Psychoanalyse zu erfinden. Für einen Menschen, der sich nicht in Analyse befindet, ist der Traum zumindest eine emotionale Erfahrung, eine

Traumerfahrung, eine subjektive Seinserfahrung (*Bollas*, 1987, in *Deserno*, 1999, 245). Freud selbst gestand zu, dass der Traum einen tiefgreifenden Einfluss auf einen Menschen auszuüben vermag: «Es ist uns aus eigener Erfahrung bekannt, dass die Stimmung, in der man aus einem Traum erwacht, sich über den ganzen Tag fortsetzen kann.» (1916–17a [1915–17], GW XI, 81)

Nur eine kleine Anzahl von Menschen geniesst das Privileg, in der Analyse zu träumen, um dann über die freien Assoziationen unter der Mithilfe des Analytikers vom manifesten Inhalt zu den latenten Traumgedanken zu gelangen. In der Analyse ist der Traum ein Gedanke des Träumers wie jeder andere auch, aber zusätzlich beschreibt er dessen Existenz als inneres wie äusseres Objekt, wird dadurch in der analytischen Beziehung zu einem Übergangsobjekt in einem Übergangs- oder potentiellen Raum, wie *Winnicott* ihn beschreibt, wo Analyse erst durchführbar wird. Dieser «potentielle Raum Traum» zieht eine Grenze zwischen Subjekt, dem Träumenden, und Objekt, dem Analytiker. Der Traum kann sich anbieten als Gegenstand der analytischen Deutungsarbeit, er kann aber auch in einem formalen Sinn zu Abwehrzwecken benutzt werden, welche dahin zielen, den Analytiker zu distanzieren – der Traum als Widerstand. Der Analytiker erfährt über die Träume nicht nur die latenten Gedanken, sondern er sieht sich auch gegenüber einer Dramatisierung der Situation, die in der inneren Realität existiert. Nach *Fairbairn* verkörpern die Träume in diesem Sinn die Beziehung zwischen den multiplen inner-psychischen Objekten und zwischen den inneren Objekten und den Ich-Anteilen. Die Träume können im analytischen Prozess als Indikatoren von Veränderung und Entwicklung auftreten.

Ich habe einmal den Versuch unternommen, die Abfolge von Träumen in einer achtjährigen Analyse auf den Entwicklungsprozess hin zu untersuchen. Neben den dauernd vorhandenen Tendenzen zur Regression stellte ich dabei eine schrittweise Progression in der Entwicklung des Träumenden fest. Träume in der Analyse sind immer in Beziehung zur Übertragung zu betrachten, der Analytiker wird zu einem Objekt, einer Figur in der Dramaturgie des Träumers; dabei kann er eine Figur der Vergangenheit werden, aber auch ein neues Objekt darstellen. Träume können in der Analyse zu einem anwesenden wie abwesenden Objekt werden; der anwesende Traum mag für den Beziehungswunsch des Träumers sprechen, für seine Fähigkeit, eine Beziehung mit dem Analytiker aufzunehmen, der abwesende Traum für eine Beziehungsverweigerung. Im ganzen kann gesagt werden, dass Träume in der Analyse eine Wiederholung der Vergangenheit beschreiben, aber mit fortschreitender Analyse können sie auch den Charakter einer Neuauflage haben. Dem Traum kommt eine trianguläre Funktion zu. In der Analyse gibt es immer gleichzeitig zwei Träume, den des Analysanden und den des Analytikers, den er beim Zuhören der Traumerzählung «träumt».

III. Ein ungelöster Traum

Zum Abschluss meiner heutigen Ausführungen möchte ich Ihnen über einen ungelösten Traum berichten. Eine Patientin wurde durch einen aus früher Kindheit stammenden Angsttraum in schwarz-weiss, den sie als *dreidimensional* bezeichnete, durch das ganze voranalytische Leben begleitet. Es war ein Traum, den sie empfand, als wäre er gestern gewesen; er kam ihr immer wieder in den Sinn und wurde ihr allmählich zu einer Last, weil seine Bedeutung ihr ein Rätsel blieb, so sehr sie sich auch bemühte, ihn zu entziffern. Es wäre übertrieben zu sagen, dass sie in Analyse kam, um endlich Licht auf das Dunkel dieses Traumes zu werfen, aber diesbezügliche Neugier und eine gewisse Dringlichkeit nach Lösung waren ein Motiv unter vielen anderen. In der Analyse erzählte sie diesen *Kindheitstraum* bereits am Anfang, wobei es sich aber nicht um einen sogenannten Initialtraum handelte, und in der Folge wurde er zu einem ständigen Begleiter:

> Ich lief auf einem geraden Weg mit freudiger Erwartung und ausgestreckten Armen auf meine Mutter zu. Sie sass in einiger Entfernung auf einem riesigen flachen Stein. Als ich näher kam, sah ich, dass sich hinter ihrem Rücken eine grosse ausgehobene Grube befand. Daraus entstieg eine Schar von Menschen, die mir nackt erschienen, obwohl sie eine Haut besassen wie ein Fell. Die Gestalten waren weiss. Als ich ganz nahe bei der Mutter war und sie glückselig umarmen wollte, verwandelte sich ihr lächelndes Gesicht abrupt in eine böse zurückweisende entsetzliche Fratze. Ich war zutiefst erschrocken und erwachte in panischer Angst.

Assoziationen zu diesem Traum blieben zunächst aus; sie stellten sich erst im Verlauf der Analyse zögerlich ein. Die Patientin verband die Grube mit einem Grab. Die auf einem Stein sitzende Mutter erinnerte sie an den Engel aus der biblischen Geschichte, der am Grabe wachte, nachdem Christus vom Tode auferstanden war. Es fiel ihr besonders der Bewegungsablauf der unaufhörlich aus dem Grab steigenden Gestalten ins Auge, die sich dann im Weiten verloren. Sich selbst erlebte sie als zwei- bis dreijähriges Kind, die Mutter als junge Frau. Über die mit lockigem Fell bekleideten Gestalten kam sie auf ein tierisches Element, auf weisse Schafe. Diese Gestalten waren sehr unheimlich und bedrohlich.

Mit fortschreitender Analyse kamen wir langsam zur *Deutungshypothese*, dass es sich bei diesem Traum um die Darstellung einer Urszenenbeobachtung in früher Kindheit handle, die von Verwirrung, Angst und Gefühlen der Zurückweisung geprägt war.

Diese Deutung liess mich am Ende der Analyse unzufrieden zurück. Es war, als ob wir bei der Interpretation dieses Traumes wie auf ungängiges Gebiet gestossen wären. Der Eindruck liess mich nicht los, dass es uns nicht gelungen war, den tiefsten Grund zu erforschen, der vielleicht in einem nicht hinreichend symbolisierten Trauma aus ganz früher Zeit lag. Dabei kam mir der Satz Freuds in den Sinn (1900a, GW II/III, Fussnote, 116): «Jeder Traum hat mindestens eine Stelle, an welcher er unergründlich ist, gleichsam einen Nabel, durch den er mit dem Unerkannten zusammenhängt.»

Vorlesung XIV

Stufen der Sexualorganisation

Die erste explizitere Formulierung einer *Stufen-* oder *Phasenlehre* findet sich bei Freud in der Lehre von der autoerotischen und der alloerotischen Sexualität, zwischen die das Stadium des Narzissmus eingeschoben wird. Die Stufenlehre definiert sich über den stufenweise fortschreitenden Wechsel der leitenden erogenen Zonen. Sie dient zur Erklärung sowohl normaler psychologischer Vorgänge (wie der Charakterentwicklung) als auch pathologischer klinischer Phänomene und wird von Freud in seiner Theoriebildung nach und nach erweitert.

Ein erster Ansatz dazu findet sich in *Die Disposition zur Zwangsneurose* (1913i), eine etwas prägnantere Formulierung 1915 durch Ergänzungen in der 3. Auflage der *Drei Abhandlungen zur Sexualtheorie* (1905d, GW V, 98ff): Dort führt Freud eine erste orale und eine zweite sadistisch-anale Sexualorganisation ein; diesen beiden prägenitalen Phasen wird eine letzte, genitale gegenübergestellt, welche zeitlich in der Pubertät anzusiedeln ist, wo eine Zusammenfassung der Partialtriebe sowie ihre Unterordnung unter das Primat der Genitalien erfolgt. Dieselbe Einteilung macht Freud in der 21. Vorlesung *Libidoentwicklung und Sexualorganisationen* (1916–17a [1915–17]) und in *Libidotheorie – Psychoanalyse* (1923a [1922]).

Nachdem ähnliche Ansätze bereits in der Fallgeschichte vom *Wolfsmann*[1] (1918b [1914]) gemacht wurden, ergänzt Freud in der bald darauf erschienenen Schrift *Die infantile Genitalorganisation (eine Einschaltung in die Sexualtheorie)* dieses Schema durch die Einführung einer weiteren, letzten Organisationsstufe, in der die Genitalbetätigung bereits eine dominierende Bedeutung erhält. Der Unterschied zur Genitalorganisation des Erwachsenen besteht darin, dass für beide Geschlechter nur ein Genitale, das männliche, eine Rolle spielt: «Es besteht also nicht ein Genitalprimat, sondern ein Primat des Phallus.» (1923e, GW XIII, 295) Nur wenig später, in *Der Untergang des Ödipuskomplexes* bezeichnet Freud diese dritte prägenitale Sexualorganisation als *phallische Phase* (1924d, GW XIII, 396).

Die klarste endgültige Einteilung der Sexualorganisation in die drei prägenitalen Phasen – die orale, die sadistisch-anale, die phallische – und die vierte genitale Phase findet sich in der 32. Vorlesung Angst und Triebleben aus Neue Folge der Vorlesungen zur Einführung in die Psychoanalyse (1933a [1932]) sowie im unvollendeten *Abriss der Psychoanalyse* (1940a [1938]).

In den *Drei Abhandlungen zur Sexualtheorie* (1905d) lokalisiert Freud die Blütezeit der infantilen Sexualität zwischen dem 2. und 5. Lebensjahr, während die phallische Phase gewöhnlich vor dem 4. Jahr auftrete. Später datiert er den Beginn der phallischen Phase in das Alter «von 2 bis 3 Jahren» (1940a [1938], GW XVII, 116).

Bei der Betrachtung dieser Phasen muss man sich jedoch von der Vorstellung freimachen, dass es sich um qualitativ klar unterscheidbare, scharf markierte Zeitabschnitte handle.

Freud selbst schreibt: «Wenn unsere erste Beschreibung der Libidoentwicklung gelautet hat, eine ursprüngliche orale Phase mache der sadistisch-analen und diese der phallisch-genitalen Platz, so hat spätere Forschung dem nicht etwa widersprochen, sondern zur Korrektur hinzugefügt, dass diese Ersetzungen nicht plötzlich, sondern allmählich erfolgen, so dass jederzeit Stücke der früheren Organisation neben der neueren fortbestehen» (1937c, GW XVI, 73), und: «Es wäre missverständlich zu glauben, dass diese drei Phasen einander glatt ablösen; die eine kommt zur anderen hinzu, sie überlagern einander, bestehen nebeneinander.» (1940a [1938], GW XVII, 77)

I. Die orale Phase

Die orale oder *kannibalische* Phase ist verbunden mit der Einverleibung des Objekts. Sie ergibt sich aus der Verknüpfung von Sexualität und Nahrungsaufnahme und dient gleichzeitig als Vorbild für den sich später entwickelnden psychischen Mechanismus der Identifizierung[2]: «Eine erste solche prägenitale Sexualorganisation ist die orale oder, wenn wir wollen, kannibalische. Die Sexualtätigkeit ist hier von der Nahrungsaufnahme noch nicht gesondert,

---

1 vgl. unsere Vorlesung *Aus Freuds klinischen Schriften: Der Wolfsmann*
2 vgl. unsere Vorlesung *Zum Begriff der Identifizierung*

Gegensätze innerhalb derselben nicht differenziert. Das Objekt der einen Tätigkeit ist auch das der anderen, das Sexualziel besteht in der Einverleibung des Objektes, dem Vorbild dessen, was späterhin als Identifizierung eine so bedeutsame psychische Rolle spielen wird. Als Rest dieser fiktiven, uns durch die Pathologie aufgenötigten Organisationsphase kann das Lutschen angesehen werden, in dem die Sexualtätigkeit, von der Ernährungstätigkeit abgelöst, das fremde Objekt gegen eines am eigenen Körper aufgegeben hat.» (1905d, GW V, 98f)

II. Die anale Phase

In *Die Disposition zur Zwangsneurose* anlässlich der erstmaligen Entwicklung des Konzepts der analsadistischen Phase schreibt Freud (1913i, GW VIII, 446f): «Und nun sehen wir die Notwendigkeit ein, ein weiteres Stadium vor der Endgestaltung gelten zu lassen, in dem die Partialtriebe bereits zur Objektwahl zusammengefasst sind, das Objekt sich der eigenen Person schon als eine fremde gegenüberstellt, aber der Primat der Genitalzonen noch nicht aufgerichtet ist. Die Partialtriebe, welche diese prägenitale Organisation des Sexuallebens beherrschen, sind vielmehr die analerotischen und die sadistischen.» Auf jener frühen Stufe der prägenitalen Objektwahl gebe es den Gegensatz männlich - weiblich noch nicht, an seiner Stelle den Gegensatz aktiv - passiv: «Die Aktivität wird vom gemeinen Bemächtigungstrieb beigestellt, den wir eben Sadismus heissen, wenn wir ihn im Dienste der Sexualfunktion finden.» (op. cit. 448) Der Wisstrieb, der in dieser Phase neben dem Schautrieb auftrete, ist nach Freud «ein sublimierter, ins Intellektuelle gehobener Sprössling des Bemächtigungstriebes» (op. cit. 450).

In *Triebe und Triebschicksale* spricht Freud im Zusammenhang mit der Narzissmusphase von einem Bemächtigungsdrang: «Auf der höheren Stufe der prägenitalen sadistisch-analen Organisation tritt das Streben nach dem Objekt in der Form des Bemächtigungsdranges auf, dem die Schädigung oder Vernichtung des Objekts gleichgültig ist. Diese Form und Vorstufe der Liebe ist in ihrem Verhalten gegen das Objekt vom Hass kaum zu unterscheiden. Erst mit der Herstellung der Genitalorganisation ist die Liebe zum Gegensatz vom Hass geworden.» (1915c, GW X, 231) – erst mit der Entwicklung der sadistisch-analen Phase bekommt der Bemächtigungstrieb eine grausame Komponente.

Das Organ der sadistisch-analen Phase mit aktivem wie passivem Sexualziel ist vor allem die erogene Darmschleimhaut. Zur analen Objektwahl sei Freuds Beispiel vom *Kleinen Hans* angeführt: «Vormittag war ich mit allen meinen Kindern auf dem Klosett. Zuerst hab' ich Lumpf gemacht und Wiwi und sie haben zugeschaut. Dann hab' ich sie aufs Klosett gesetzt und sie haben Wiwi und Lumpf gemacht und ich hab' ihnen den Podl mit Papier ausgewischt. Weisst warum? Weil ich so gerne Kinder haben möcht', dann möcht' ich ihnen alles tun, sie aufs Klosett führen, ihnen den Podl abputzen, halt alles, was man mit Kindern tut.» (1909b, GW VII, 332f) Freud sieht hier einen möglichen Zusammenhang mit entsprechenden, an Hans von seiner Mutter vorgenommenen Verrichtungen, welche diese anale Objektwahl eingeleitet haben könnten. Neben der bei Hans von vornherein am intensivsten lustbetonten Genitalzone sei «nur noch die exkrementelle, an die Orifizien der Harn- und Stuhlentleerung geknüpfte Lust bei ihm bezeugt. Wenn er in seiner letzten Glücksphantasie, mit der sein Kranksein überwunden ist, Kinder hat, die er aufs Klosett führt, sie Wiwi machen lässt, und ihnen den Podl auswischt, kurz, ‹alles mit ihnen tut, was man mit Kindern tun kann›, so scheint es unabweisbar anzunehmen, dass diese selben Verrichtungen während seiner Kinderpflege eine Quelle der Lustempfindung für ihn waren. Diese Lust von erogenen Zonen wurde für ihn mit Hilfe der ihn pflegenden Person, der Mutter, gewonnen, führt also bereits zur Objektwahl» (op. cit. 342).

Einige Antworten zur Frage der Objektwahl während der sadistisch-analen Phase geben auch spätere Ausführungen zur präödipalen Mutterbindung. So heisst es in der 33. Vorlesung *Die Weiblichkeit*, die «libidinösen Beziehungen des Mädchens zur Mutter» nähmen die «Charaktere der einzelnen Phasen an», drückten sich «durch orale, sadistisch-anale und phallische Wünsche aus» (1933a [1932], GW XV, 128).

Freud sieht auf der Stufe der sadistisch-analen Organisation die Mutter als wesentliches Liebesobjekt sowohl für das Mädchen als auch für den Knaben – auf den frühen sexuellen Organisationsstufen sind nach ihm also keine Geschlechtsunterschiede zu beobachten: «Die frühen Phasen der Libidoentwicklung scheinen beide Geschlechter in gleicher Weise durchzumachen.» Die Erwartung, «dass sich beim Mädchen bereits in der sadistisch-analen Phase ein Zurückbleiben der Aggression» äussere, treffe nicht zu: «Die Analyse des Kinderspiels hat unseren weiblichen Analytikern gezeigt, dass die aggressiven Impulse der kleinen Mädchen an Reichlichkeit und Heftigkeit nichts zu wünschen übrig lassen. Mit dem Eintritt in die phallische Phase treten die Unterschiede der Geschlechter vollends gegen die Übereinstimmungen zurück.» (op. cit. 125)

Es ist zu bemerken, dass Freud nach der Einführung des sogenannten Todestriebes ab 1920 auch den Sadismus in einem neuen, destruktiveren Licht sehen wird.

III. Die phallische Phase

In der auf die anale folgenden phallischen Phase wird der Penis bzw. die Klitoris zur leitenden erogenen Zone. Das kleine Mädchen sei «ein kleiner Mann» (op. cit. 126). Gleichzeitig trennten sich jedoch in dieser Phase die Entwicklungen bei beiden Geschlechtern endgültig, sowohl hinsichtlich Sexualbetätigung als auch hinsichtlich Objektwahl:

Beim *Knaben* beobachte man ausgiebige masturbatorische Betätigung am Penis, welche als genitale Abfuhr der zum Ödipuskomplex gehörigen Sexualerregung gesehen wird und von entsprechenden Phantasien begleitet sei: «Diese Phase ist beim Knaben bekanntlich dadurch ausgezeichnet, dass er sich von seinem kleinen Penis lustvolle Sensationen zu verschaffen weiss und dessen erregten Zustand mit seinen Vorstellungen von sexuellem Verkehr zusammenbringt.» (1933a [1932], GW XV 126) Nach Freud geht der Ödipuskomplex des Knaben am Kastrationskomplex zugrunde; damit beginnt die Latenzzeit, welche die Scxualentwicklung unterbricht (1924d, GW XIII, 399).

Auch für das *Mädchen* sei in der phallischen Phase die Mutter das wesentliche Liebesobjekt und die dem Penis entwicklungsgeschichtlich entsprechende Klitoris die leitende erogene Zone, mit passiven und aktiven Triebzielen. Zu den passiven Regungen gehöre das Bedürfnis nach genitalen Berührungen durch die Mutter. Aktive Wunschregungen drückten sich in der Phantasie bei der Klitoris-Masturbation aus. Das Mädchen wende sich mit der Entdeckung der eigenen Penislosigkeit, für die es die Mutter verantwortlich mache, von dieser ab, dem Vater zu – es tritt also im Unterschied zum Knaben nun in die Situation des Ödipuskomplexes ein. Dieser Schritt wird von Freud als höchst bedeutungsvoll für die Entwicklung zur Weiblichkeit[3] angesehen. Mit dem Ende der phallischen Phase beginnt für das Mädchen eine andere Entwicklung, die erst in der Pubertät abgeschlossen wird. Die Abwendung von der Mutter führe zu einem starken Absinken der aktiven und einem Ansteigen der passiven Sexualregungen, die aktive Klitoris-Masturbation werde oft eingestellt: «Der Übergang zum Vaterobjekt wird mit Hilfe der passiven Strebungen vollzogen, soweit diese dem Umsturz entgangen sind. Der Weg zur Entwicklung der Weiblichkeit ist nun dem Mädchen freigegeben, insoferne er nicht durch die Reste der überwundenen präödipalen Mutterbindung eingeengt ist.» (1931b, GW XIV, 533)

In der 33. Vorlesung *Die Weiblichkeit* schreibt Freud: «Mit dem Aufgeben der klitoridischen Masturbation wird auf ein Stück Aktivität verzichtet. Die Passivität hat nun die Oberhand, die Wendung zum Vater wird vorwiegend mit Hilfe passiver Triebregungen vollzogen. Sie erkennen, dass ein solcher Entwicklungsschub, der die phallische Aktivität aus dem Weg räumt, der Weiblichkeit den Boden ebnet.» (1933a [1932], GW XV, 137)

Die Erlebnisse der prägenitalen Zeit werden in den meisten Fällen nicht, oder wenigstens nicht spontan, erinnert, sondern verfallen der sogenannten infantilen Amnesie, welche sich, so meint Freud, der Erklärung entziehe: «Ich meine hiermit die eigentümliche Amnesie, welche den meisten Menschen (nicht allen!) die ersten Jahre ihrer Kindheit bis zum 6. oder 8. Lebensjahre verhüllt.» Es sei dies insofern erstaunlich, als «wir in diesen Jahren, von denen wir später nichts im Gedächtnis behalten haben als einige unverständliche Erinnerungsbrocken», wie man uns berichte, lebhaft reagiert, Liebe, Eifersucht und andere Leidenschaften gezeigt hätten, wovon wir als Erwachsene nichts mehr wüssten. Warum, fährt Freud fort, «bleibt unser Gedächtnis so sehr hinter unseren anderen seelischen Tätigkeiten zurück? Wir haben doch Grund zu glauben, dass es zu keiner anderen Lebenszeit aufnahms- und reproduktionsfähiger ist als gerade in den Jahren der Kindheit» (1905d, GW V, 75).

IV. Die Latenz

Nach dem Untergang des Ödipuskomplexes folgt die sogenannte *Latenz*[4] oder *sexuelle Latenzperiode*. Etwa vom 6. bis 8. Lebensjahr an «macht sich ein Stillstand und Rückgang in der Sexualentwicklung bemerkbar, der in den kulturell günstigsten Fällen den Namen einer Latenzzeit verdient» (1916–17a [1915–17], GW XI, 337).

---

3 vgl. unsere Vorlesungen *Die Weiblichkeit heute I und II*
4 vgl. unsere Vorlesung *Zur Latenz*

In der Latenz kommt es zur Ausbildung von Verhaltensweisen, welche sich für das weitere Leben den Kräften der Sexualtriebe mächtig entgegenstellen. Aufgebaut werden diese Hemmfaktoren mit Hilfe von sexuellen Energien, welche eine andere Verwendung erfahren. Es kommt zu einer Umleitung der Triebkräfte, zur für die Kulturentstehung so bedeutsamen Sublimierung: «Während dieser Periode totaler oder bloss partieller Latenz werden die seelischen Mächte aufgebaut, die später dem Sexualtrieb als Hemmnisse in den Weg treten und gleich wie Dämme seine Richtung beengen werden (der Ekel, das Schamgefühl, die ästhetischen und moralischen Idealanforderungen).» (1905d, GW V, 78)

Mit dem Beginn der Pubertät – deren erste Äusserungen Freud ums 11. Jahr lokalisiert (1908b, GW VII, 205) – geht die Latenzzeit zu Ende, das Sexualleben setzt sich fort. Dass ein solcher *zweizeitiger Ansatz der Sexualentwicklung* mit dazwischen liegenden Verdrängungen in hohem Masse psychopathologische Fehlentwicklungen begünstigt, liegt auf der Hand. Andererseits schreibt Freud dieser Tatsache eine wesentliche gesellschaftliche Bedeutung zu: «Die Tatsache des zweizeitigen Ansatzes der Sexualentwicklung beim Menschen, also die Unterbrechung dieser Entwicklung durch die Latenzzeit, erschien uns besonderer Beachtung würdig. Sie scheint eine der Bedingungen für die Eignung des Menschen zur Entwicklung einer höheren Kultur, aber auch für seine Neigung zur Neurose zu enthalten. Bei der tierischen Verwandtschaft des Menschen ist unseres Wissens etwas Analoges nicht nachweisbar. Die Ableitung der Herkunft dieser menschlichen Eigenschaft müsste man in der Urgeschichte der Menschenart suchen.» (1905d, GW V, 135)

Freud stellt sich bezüglich der Latenzzeit schon 1905 entschieden auf einen biologistischen Standpunkt, ohne deshalb erzieherischen Faktoren ganz ihre Wirkung abzusprechen: «Man gewinnt beim Kulturkinde den Eindruck, dass der Aufbau dieser Dämme ein Werk der Erziehung ist, und sicherlich tut die Erziehung viel dazu. In Wirklichkeit ist diese Entwicklung eine organisch bedingte, hereditär fixierte und kann sich gelegentlich ganz ohne Mithilfe der Erziehung herstellen. Die Erziehung verbleibt durchaus in dem ihr angewiesenen Machtbereich, wenn sie sich darauf einschränkt, das organisch Vorgezeichnete nachzuziehen und es etwas sauberer und tiefer auszuprägen.» (op. cit. 78)

Dreissig Jahre später wiederholt Freud in ähnlicher Weise diese Ansicht in einem Zusatz zur *Selbstdarstellung*: «Die Latenzzeit ist ein physiologisches Phänomen. Eine völlige Unterbrechung des Sexuallebens kann sie aber nur in jenen kulturellen Organisationen hervorrufen, die eine Unterdrückung der infantilen Sexualität in ihren Plan aufgenommen haben. Dies ist bei den meisten Primitiven nicht der Fall.» (1925d [1924], GW XIV, 64, Zusatz 1935)

Schliesslich ist in der Latenzzeit ein weiteres wichtiges Hindernis aufgebaut worden, nämlich der *Widerstand gegen den Inzest*. Freud meint, es läge in der Pubertät «dem Kinde am nächsten, diejenigen Personen selbst zu Sexualobjekten zu wählen, die es mit einer sozusagen abgedämpften Libido seit seiner Kindheit liebt». Jedoch sei «durch den Aufschub der sexuellen Reifung» die Zeit gewonnen worden, «neben anderen Sexualhemmnissen die Inzestschranke aufzurichten, jene moralischen Vorschriften in sich aufzunehmen, welche die geliebten Personen der Kindheit als Blutsverwandte ausdrücklich von der Objektwahl ausschliessen». Freud bezeichnet zwar «die Beachtung dieser Schranke» vor allem als «Kulturforderung der Gesellschaft» (1905d, GW V, 126f). Auch in einem Zusatz von 1915 betrachtet er die Inzestschranke als zu «den historischen Erwerbungen der Menschheit» gehörig, weist jedoch die rein soziologische Betrachtungsweise zurück: Die Inzestschranke «dürfte wie andere Moraltabu bereits bei vielen Individuen durch organische Vererbung fixiert sein». Er trägt aber auch hier der individuellen Entwicklung Rechnung: «Doch zeigt die psychoanalytische Untersuchung, wie intensiv noch der einzelne in seinen Entwicklungszeiten mit der Inzestversuchung ringt und wie häufig er sie in Phantasien und selbst in der Realität übertritt.» (op. cit. 127)

Dennoch bleibt die Latenzzeit, so sehr sie biologisch begründet ist und so stark auch gleichzeitig die Erziehung im Sinne der Sexualunterdrückung zu wirken versucht, in der Regel nicht frei von sogenannten *Durchbrüchen von Sexualstrebungen*: «Ohne uns über die hypothetische Natur und die mangelhafte Klarheit unserer Einsichten in die Vorgänge der kindlichen Latenz- oder Aufschubperiode zu täuschen, wollen wir zur Wirklichkeit zurückkehren, um anzugeben, dass solche Verwendung der infantilen Sexualität ein Erziehungsideal darstellt, von dem die Entwicklung der einzelnen meist an irgendeiner Stelle und oft in erheblichem Masse abweicht. Es bricht zeitweise ein Stück Sexualäusserung durch, das sich der Sublimierung entzogen hat, oder es erhält sich eine sexuelle Betätigung durch die ganze Dauer der Latenzperiode bis zum verstärkten Hervorbrechen des Sexualtriebes in der Pubertät.» (op. cit. 79f)

Dementsprechend schreibt Freud in der 21. Vorlesung: «Die Latenzzeit kann auch entfallen, sie braucht keine Unterbrechung der Sexualbetätigung und der Sexualinteressen auf der ganzen Linie mit sich bringen.» (1916–17a [1915–17], GW XI, 337f)

Von den äusseren Faktoren, welche den Ablauf der Latenzperiode stören, hat der – auch nach Aufgeben der Verführungstheorie in seiner Häufigkeit nie geleugnete – sexuelle Missbrauch durch Erwachsene eine besondere Bedeutung: «Wir stellten ferner durch Erfahrungen fest, dass die äusseren Einflüsse der Verführung vorzeitige Durchbrüche der Latenzzeit bis zur Aufhebung derselben hervorrufen können.» (1905d, GW V, 136)

V. Die Genitalität

Am Ende der Latenz beginnt mit der Pubertät die 4. Entwicklungsphase der Sexualorganisation, die eigentliche Genitalität. Das Sexualleben blüht erneut auf. Die «Strebungen und Objektbesetzungen der Frühzeit» werden wiederbelebt, ebenso die «Gefühlsbindungen des Ödipuskomplexes». Im Sexualleben der Pubertät ringen «die Anregungen der Frühzeit und die Hemmungen der Latenzperiode» miteinander (1925d [1924], GW XIV, 62), die drei prägenitalen Triebentwicklungsphasen der Oralität, Analität und Phallizität werden unter das Primat der Genitalzonen gestellt. Es entwickelt sich die genitale Sexualität, wie sie das Erwachsenenalter kennzeichnet.

VI. Bemerkungen zur Entwicklungsstörung – Fixierung und Regression

Die Stufen- oder Phasenlehre der Sexualentwicklung beinhaltet die Möglichkeit einer Entwicklungsstörung.

Von infantiler Fixierung der Libido spricht Freud bereits in *Die «kulturelle» Sexualmoral und die moderne Nervosität* (1908d, GW VII, 152), dann in der 4. der in den USA gehaltenen Vorlesungen, wo auch bereits die *Disposition zu den Neurosen* aus einer solchen Fixierung abgeleitet wird (1910a [1909], GW VIII, 48f).

Eine recht präzise Definition der Fixierung findet man im *Fall Schreber*: «Die Tatsache der Fixierung kann dahin ausgesprochen werden, dass ein Trieb oder Triebanteil die als normal vorhergesehene Entwicklung nicht mitmacht und infolge dieser Entwicklungshemmung in einem infantileren Stadium verbleibt.» (1911c [1910], GW VIII, 303f)

Noch ausführlicher darüber schreibt Freud in der 22. Vorlesung *Gesichtspunkte der Entwicklung und Regression. Ätiologie*: «Ich glaube, wir befinden uns im Einklang mit den Lehren der allgemeinen Pathologie, wenn wir annehmen, dass eine solche Entwicklung zweierlei Gefahren mit sich bringt, erstens die der Hemmung und zweitens die der Regression. Das heisst, bei der allgemeinen Neigung biologischer Vorgänge zur Variation wird es sich ereignen müssen, dass nicht alle vorbereitenden Phasen gleich gut durchlaufen und vollständig überwunden werden; Anteile der Funktion werden dauernd auf diesen frühen Stufen zurückgehalten werden, und dem Gesamtbild der Entwicklung wird ein gewisses Mass von Entwicklungshemmung beigemengt sein.» (1916–17a [1915–17], GW XI, 351) Weiter unten sagt er: «Die zweite Gefahr einer so stufenweisen Entwicklung liegt darin, dass auch die Anteile, die es weitergebracht haben, leicht in rückläufiger Bewegung auf eine dieser früheren Stufen zurückkehren können, was wir eine Regression nennen. Zu einer solchen Regression wird sich die Strebung veranlasst finden, wenn die Ausübung ihrer Funktion, also die Erreichung ihres Befriedigungszieles, in der späteren oder höher entwickelten Form auf starke äussere Hindernisse stösst. Es liegt uns nahe anzunehmen, dass Fixierung und Regression nicht unabhängig voneinander sind. Je stärker die Fixierungen auf dem Entwicklungsweg, desto eher wird die Funktion den äusseren Schwierigkeiten durch Regression bis zu jenen Fixierungen ausweichen, desto widerstandsunfähiger erweist sich also die ausgebildete Funktion gegen äussere Hindernisse ihres Ablaufes» (op. cit. 353) und: «Nach dem, was Ihnen von der Entwicklung der Libidoentwicklung bekannt geworden ist, dürfen Sie Regressionen von zweierlei Art erwarten, Rückkehr zu den ersten von der Libido besetzten Objekten, die bekanntlich inzestuöser Natur sind, und Rückkehr der gesamten Sexualorganisation zu früheren Stufen.» (op. cit. 353f)

Vorlesung XV

Die Trieblehre

I. Historisches

«Die Trieblehre ist sozusagen unsere Mythologie. Die Triebe sind mythische Wesen, grossartig in ihrer Unbestimmtheit. Wir können in unserer Arbeit keinen Augenblick von ihnen absehen und sind dabei nie sicher, sie scharf zu sehen.» (1933a [1932], GW XV, 101) Diese oftmals zitierten Worte spiegeln deutlich Freuds diesbezügliche Auffassung wider. Mit der Sexualtheorie und der darauf basierenden zweiten, die Verführungstheorie überwindenden Konzeption der Neurosen wird die Trieblehre zu einem unverzichtbaren Bestandteil der Psychoanalyse. In der *Selbstdarstellung* schreibt Freud: «Kein Bedürfnis wird in der Psychologie dringender empfunden, als nach einer tragfähigen Trieblehre, auf welcher man weiterbauen kann. Allein nichts dergleichen ist vorhanden, die Psychoanalyse muss sich in tastenden Versuchen um eine Trieblehre bemühen.» (1925d [1924], GW XIV, 83) Angesichts dieser Aporie verwundert es nicht, wenn Freud die Trieblehre als «das wichtigste wie das dunkelste Element der psychologischen Forschung» (1920g, GW XIII, 35) oder als «das bedeutsamste, aber auch unfertigste Stück der psychoanalytischen Theorie» (1905d, GW V, Fussnote, 67) bezeichnet. Im Überblicksartikel *Psycho-Analysis: Freudian School* steht dann kurz und bündig: «Die Lehre von den Trieben ist auch für die Psychoanalyse ein dunkles Gebiet.» (1926f, GW XIV, 301)

II. Der Triebbegriff

Der Triebbegriff erscheint erstmals explizit in den *Drei Abhandlungen zur Sexualtheorie*: «Unter einem ‹Trieb› können wir zunächst nichts anderes verstehen als die psychische Repräsentanz einer kontinuierlich fliessenden, innersomatischen Reizquelle [...]. Trieb ist so einer der Begriffe der Abgrenzung des Seelischen vom Körperlichen [...]. Was die Triebe voneinander unterscheidet und mit spezifischen Eigenschaften ausstattet, ist deren Beziehung zu ihren somatischen Quellen und Zielen.» (1905d, GW V, 67) Mit dem Hinweis auf die somatischen Quellen und Ziele der Triebe knüpft Freud an die Stufenlehre der Sexualorganisation[1] an.

Eine erste Triebsystematik liefert Freud in der kleinen Schrift *Die psychogene Sehstörung in psychoanalytischer Auffassung*, wo er die der Selbsterhaltung dienenden Ichtriebe den Sexualtrieben gegenüberstellt, ohne diesen Dualismus aber genauer zu begründen (1910i, GW VIII, 97).

In *Zur Einführung des Narzissmus* (1914c) erweitert Freud dieses erste dualistische Triebmodell durch die Unterscheidung von *Ichlibido* und *Objektlibido*.

Ausführlicher erfolgt die Triebdefinition in Freuds erster metapsychologischer Arbeit *Triebe und Triebschicksale* (1915c), worauf spätere Schriften, etwa die 32. Vorlesung *Angst und Triebleben* (1933a [1932]), weitgehend zurückgreifen.

In *Jenseits des Lustprinzips* (1920g) stellt Freud dann sein zweites dualistisches Triebmodell auf: Er führt den Begriff des *Todestriebs* ein und stellt ihn dem *Lebenstrieb* (*Eros*) gegenüber, welcher nun sowohl die Ich- wie die Sexualtriebe umfasst.

Wie zehn Jahre zuvor in den *Drei Abhandlungen* (1905d) wird auch in *Triebe und Triebschicksale* (1915c, GW X, 211f) der wie Freud sagt «vorläufig noch ziemlich» dunkle «Grundbegriff, den wir aber in der Psychologie nicht entbehren können», als mehr oder weniger biologisches Konstrukt eingeführt. Ausgangspunkt ist der Begriff des *Reizes* und das physiologische Modell des *Reflexschemas*: Ein «von aussen her an das lebende Gewebe (der Nervensubstanz) gebrachter Reiz» werde «durch Aktion nach aussen abgeführt». Weiter fragt Freud dort: «Wie verhält sich nun der ‹Trieb› zum ‹Reiz›? Es hindert uns nichts, den Begriff des Triebes unter den des Reizes zu subsumieren: Der Trieb sei ein Reiz für das Psychische.» Der Triebreiz komme jedoch nicht aus der

---

1 vgl. unsere Vorlesung *Stufen der Sexualorganisation*

Aussenwelt, sondern aus «dem Inneren des Organismus selbst», wirke im Gegensatz zu anderen Reizen «nie wie eine momentane Stosskraft, sondern immer wie eine konstante Kraft».

Da der Triebreiz nicht von aussen, sondern vom Körperinneren her angreife, könne auch «keine Flucht gegen ihn nützen». Was den Triebreiz, der besser *Bedürfnis* genannt werde, aufhebe, sei die Befriedigung. Freud schreibt zusammenfassend: «Wir finden also das Wesen des Triebes zunächst in seinen Hauptcharakteren, der Herkunft aus Reizquellen im Innern des Organismus, dem Auftreten als konstante Kraft, und leiten davon eines seiner weiteren Merkmale, seine Unbezwingbarkeit durch Fluchtaktionen ab.» (op. cit. 212f)

Freud definiert den Trieb nach den vier Kriterien *Drang, Ziel, Objekt* und *Quelle*: Unter dem *Drang* eines Triebes versteht er dessen motorisches Element, dessen Kraft. Der Charakter des Drängenden ist eine allgemeine Eigenschaft des Triebes, ja sein Wesen selbst. Das *Ziel* eines Triebes ist die Befriedigung, die nur durch Aufhebung des Reizzustandes an der Triebquelle erreicht werden kann. Das *Objekt* des Triebes ist dasjenige, an welchem und durch welches der Trieb sein Ziel erreichen kann; es sei das Variabelste am Trieb, nicht ursprünglich mit ihm verknüpft, sondern ihm nur infolge seiner Eignung zur Ermöglichung der Befriedigung zugeordnet (op. cit. 214ff). Die *Quelle* des Triebes sei ein Erregungszustand im Körperlichen, das Ziel die Aufhebung dieser Erregung. Auf dem Wege von der Quelle zum Ziel werde der Trieb psychisch wirksam: «Wir stellen ihn vor als einen gewissen Energiebetrag, der nach einer bestimmten Richtung drängt. Von diesem Drängen hat er den Namen: Trieb.» (1933a [1932], GW XV, 103)

Wie in den *Drei Abhandlungen* (1905d) schreibt Freud auch in *Triebe und Triebschicksale*, dass er den Trieb als einen Grenzbegriff zwischen Seelischem und Somatischem betrachte, «als psychischer Repräsentant der aus dem Körperinnern stammenden, in die Seele gelangenden Reize, als ein Mass der Arbeitsanforderung, die dem Seelischen infolge seines Zusammenhanges mit dem Körperlichen auferlegt ist» (1915c, GW X, 214).

In der zweiten metapsychologischen Schrift *Die Verdrängung* (1915d) und in der dritten *Das Unbewusste*[2] (1915e) betont Freud die psychische Seite des Triebes. Bezüglich der psychischen Repräsentanz eines Triebes, der *Triebrepräsentanz*, werden zwei neue Definitionskriterien eingeführt, nämlich einerseits die *Vorstellung*, die mit einem Trieb verbunden ist, andererseits der *Affektzustand*, durch den er sich äussern kann: Neben der «Vorstellung oder Vorstellungsgruppe, welche vom Trieb her mit einem bestimmten Betrag von psychischer Energie (Libido, Interesse) besetzt ist», komme noch «etwas anderes, was den Trieb repräsentiert» in Betracht. Für dieses andere Element der psychischen Repräsentanz habe sich der Name *Affektbetrag* eingebürgert. Dieses andere Element entspricht «dem Triebe, insofern er sich von der Vorstellung abgelöst hat und einen seiner Quantität gemässen Ausdruck in Vorgängen findet, welche als Affekte der Empfindung bemerkbar werden» (1915d, GW X, 254f).

Zusammenfassend kann gesagt werden, dass Freud den Trieb konzipiert als einen über längere Zeiträume wirkenden Reiz, der einer innerhalb des Körpers gelegenen Triebquelle entstammt und zu Handlungen führt, deren Resultat im günstigsten Falle die Befriedigung, die Aufhebung des Reizzustandes an der Quelle ist. Die in der Kette letzte Handlung bzw. der durch sie erreichte Befriedigungszustand wird als Triebziel bezeichnet, das zu ihrer Ausführung nötige Objekt als Triebobjekt, die dabei aufgebrachte Aktivität als Drang. Auf psychischer Ebene wird der Trieb durch eine Triebrepräsentanz oder psychische Repräsentanz kenntlich, wobei Vorstellungsrepräsentanz und Affektbetrag zu unterscheiden sind.

III. Die 1. Triebtheorie: Selbsterhaltungs- und Sexualtriebe

In seiner ersten Unterscheidung verschiedener Triebarten in der Schrift *Die psychogene Sehstörung* stellt Freud die Ich- oder Selbsterhaltungstriebe den Sexualtrieben gegenüber. Dabei beruft er sich auf den «unleugbaren Gegensatz zwischen den Trieben, welche der Sexualität, der Gewinnung sexueller Lust, dienen, und den anderen, welche die Selbsterhaltung des Individuums zum Ziele haben, den Ichtrieben. Als ‹Hunger› oder als ‹Liebe› können wir nach den Worten des Dichters alle in unserer Seele wirkenden organischen Triebe klassifizieren» (1910i, GW VIII, 97f).

Fünf Jahre danach in *Triebe und Triebschicksale* formuliert Freud dies folgendermassen: «Ich habe vorgeschlagen, von solchen Urtrieben zwei Gruppen zu unterscheiden, die der Ich- oder Selbsterhaltungstriebe und die der Sexualtriebe. Dieser Aufstellung kommt aber nicht die Bedeutung einer notwendigen Voraussetzung zu, wie z.B. der Annahme über die biologische Tendenz des seelischen Apparates […]; sie ist eine blosse Hilfskonstruktion,

---

2 vgl. unsere Vorlesung *Metapsychologie I*

die nicht länger festgehalten werden soll, als sie sich nützlich erweist, und deren Ersetzung durch eine andere an den Ergebnissen unserer beschreibenden und ordnenden Arbeit wenig ändern wird.» (1915c, GW X, 216f)

Wichtig ist festzuhalten, dass Freud im Rahmen dieser 1. Triebtheorie die Neurosen als einen Konflikt zwischen den Ich- oder Selbsterhaltungstrieben und den Sexualtrieben definiert.

IV. Die 2. Triebtheorie: Lebens- und Todestrieb

Freud entwickelt das zweite Triebmodell in seiner Schrift *Jenseits des Lustprinzips* (1920g). Ausgangspunkt seiner Theoriebildung ist das von ihm bereits früher erwähnte Phänomen des *Wiederholungszwanges*: Die Träume von Patienten mit sogenannter traumatischer Neurose wiederholten allnächtlich das verursachende Trauma, das Kinderspiel wiederhole eigentlich unlustvolle Szenen, in der analytischen Sitzung würden in der Übertragung schmerzliche infantile Erlebnisse heraufbeschworen, manche Personen schliesslich erlitten immer wieder selbst bereitete Schicksalsschläge. Freud resümiert: «Angesichts solcher Beobachtungen aus dem Verhalten in der Übertragung und aus dem Schicksal der Menschen werden wir den Mut zur Annahme finden, dass es im Seelenleben wirklich einen Wiederholungszwang gibt, der sich über das Lustprinzip hinaussetzt.» (1920g, GW XIII, 21)

Die triebtheoretischen Überlegungen nehmen von der zunächst eher beiläufigen Bemerkung über den triebhaften Charakter des Wiederholungszwangs ihren Ausgang: «Die Äusserungen eines Wiederholungszwanges, die wir an den frühen Tätigkeiten des kindlichen Seelenlebens wie an den Erlebnissen der psychoanalytischen Kur beschrieben haben, zeigen im hohen Grad den triebhaften, und wo sie sich im Gegensatz zum Lustprinzip befinden, den dämonischen Charakter.» (op. cit. 36) Daraus ergibt sich die Frage, auf welche Art das Triebhafte mit dem Zwang zur Wiederholung zusammenhänge. Auf der von Freud selbst gegebenen Antwort basiert nun die neue Trieblehre: «Hier muss sich uns die Idee aufdrängen, dass wir einem allgemeinen, bisher nicht klar erkannten – oder wenigstens nicht ausdrücklich betonten – Charakter der Triebe, vielleicht allen organischen Lebens überhaupt, auf die Spur gekommen sind. Ein Trieb wäre also ein dem belebten Organischen innewohnender Drang zur Wiederherstellung eines früheren Zustandes, welchen dies Belebte unter dem Einflusse äusserer Störungskräfte aufgeben musste, eine Art von organischer Elastizität, oder wenn man will, die Äusserung der Trägheit im organischen Leben.» Freud selbst erwähnt das Paradoxon dieser Triebkonzeption: «Diese Auffassung des Triebes klingt befremdlich, denn wir haben uns daran gewöhnt, im Triebe das zur Veränderung und Entwicklung drängende Moment zu sehen und sollen nun das gerade Gegenteil in ihm erkennen, den Ausdruck der konservativen Natur des Lebenden.» (op. cit. 38) Er argumentiert weiter: «Wenn wir es als ausnahmslose Erfahrung annehmen dürfen, dass alles Lebende aus inneren Gründen stirbt, ins Anorganische zurückkehrt, so können wir nur sagen: Das Ziel alles Lebens ist der Tod, und zurückgreifend: Das Leblose war früher da als das Lebende.» (op. cit. 40)

V. Der Todestrieb in der psychoanalytischen Theorie

Die Implikationen der Einführung des Todestriebes für die psychoanalytische Theorie sind in der teilweise biologischen Schrift *Jenseits des Lustprinzips* (1920g) nur knapp ausgeführt.

In verschiedenen Arbeiten danach beschäftigt sich Freud mit der Einordnung des Todestriebes in die psychoanalytische Theorie. Kurz und prägnant fasst Freud seine neue psychoanalytische Triebtheorie zusammen im *Abriss der Psychoanalyse*: «Nach langem Zögern und Schwanken haben wir uns entschlossen, nur zwei Grundtriebe anzunehmen, den Eros und den Destruktionstrieb. (Der Gegensatz von Selbsterhaltungs- und Arterhaltungstrieb sowie der andere von Ichliebe und Objektliebe fällt noch innerhalb des Eros.) Das Ziel des ersten ist, immer grössere Einheiten herzustellen und so zu erhalten, also Bindung, das Ziel des anderen im Gegenteil, Zusammenhänge aufzulösen und so die Dinge zu zerstören. Beim Destruktionstrieb können wir daran denken, dass als sein letztes Ziel erscheint, das Lebende in den anorganischen Zustand zu überführen. Wir heissen ihn darum auch Todestrieb.» (1940a [1938], GW XVII, 70f)

Die empirische Gültigkeit dieses spekulativ erstellten Modells nachzuweisen, bereitet Schwierigkeiten: Die Äusserungen des Eros mittels der Sexual- und Ichtriebe bieten reichliches Beobachtungsmaterial, während die Manifestationen des im wesentlichen aufgrund biologischer Überlegungen postulierten Todestriebes der Psychoanalyse schwer zugänglich scheinen – es sei denn durch den *Wiederholungszwang*, der aber ziemlich unspezifisch ist.

Schliesslich bietet sich Freud der *Sadismus* dafür an, den er in der ersten Triebkonzeption als Bemächtigungstrieb definierte. In *Das Ich und das Es* schreibt er: «Die zweite Triebart aufzuzeigen, bereitete uns Schwierigkeiten; endlich kamen wir darauf, den Sadismus als Repräsentanten derselben anzusehen.» (1923b, GW XIII, 268)

Den Versuch, den Sadismus als Äusserung des Todestriebes zu konzipieren, machte Freud bereits in *Jenseits des Lustprinzips*, als er die in den *Drei Abhandlungen* (1905d) geäusserte Ansicht, den Sadismus als Partialtrieb der Sexualität aufzufassen, korrigierte: «Wie soll man aber den sadistischen Trieb, der auf die Schädigung des Objekts zielt, vom lebenserhaltenden Eros ableiten können? Liegt da nicht die Annahme nahe, dass dieser Sadismus eigentlich ein Todestrieb ist, der durch den Einfluss der narzisstischen Libido vom Ich abgedrängt wurde, so dass er erst am Objekt zum Vorschein kommt?» Der Sadismus, wie er sich im Rahmen der Sexualbetätigung zeigt, repräsentiere jedoch den Todestrieb nicht in reiner Weise, sondern in Vermischung mit sexuellen Partialtrieben; er sei also in den «Dienst der Sexualfunktion» getreten (1920g, GW XIII, 58).

Bereits in *Jenseits des Lustprinzips* und vier Jahre später in *Das ökonomische Problem des Masochismus* (1924c) führt Freud einen sogenannten *primären Masochismus*[3] ein. Dabei handelt es sich um einen jedem Individuum inhärenten, gegen die eigene Person gerichteten, aber libidinisierten, gebundenen Todestrieb. Anders als früher leitet nun Freud den Sadismus vom Masochismus ab. Hier stellt sich ein Bezug zur psychoanalytischen Theorie her durch die Konzepte des Objektwechsels im Sinne einer Wendung nach aussen und einer Triebmischung. Dies führt zu einer neuen Namensgebung, nämlich zu *Destruktions- oder Aggressionstrieb als nach aussen gerichteter Form des Todestriebes* und zur erwähnten modifizierten Theorie von Sadismus und Masochismus. Freud bezeichnet nun den Todestrieb, welcher sich vom eigenen Ich weg wendet und nach aussen wirkt, «als Destruktionstrieb gegen die Aussenwelt und andere Lebewesen» (1923b, GW XIII, 269).

In *Das Unbehagen in der Kultur* spricht Freud darüber, wie schwer es war, bis zur Einführung des Destruktionstriebes überhaupt den Todestrieb nachweisen zu können: «Die Äusserungen des Eros waren auffällig und geräuschvoll genug; man konnte annehmen, dass der Todestrieb stumm im Inneren des Lebewesens an dessen Auflösung arbeite, aber das war natürlich kein Nachweis. Weiter führte die Idee, dass sich ein Anteil des Triebes gegen die Aussenwelt wende und dann als Trieb zur Aggression und Destruktion zum Vorschein komme.» (1930a [1929], GW XIV, 478) Dieser letztere Aspekt des Todestriebs tritt schliesslich so sehr in den Vordergrund der Theorie, dass Freud mit einer gewisser Ungenauigkeit oft Todes- und Destruktionstrieb gleichsetzt, wie etwa in der *Selbstdarstellung*: «Ich habe Selbst- und Arterhaltung unter den Begriff des Eros zusammengefasst und ihm den geräuschlos arbeitenden Todes- oder Destruktionstrieb gegenübergestellt.» (1925d [1924], GW XIV, 84). Und in der 32. Vorlesung *Angst und Triebleben* geht Freud so weit, den Todestrieb völlig durch den Aggressionstrieb zu ersetzen: «Wir nehmen an, dass es zwei wesensverschiedene Arten von Trieben gibt, die Sexualtriebe, im weitesten Sinne verstanden, den Eros, wenn Sie diese Benennung vorziehen, und die Aggressionstriebe, deren Ziel die Destruktion ist.» (1933a [1932], GW XV, 110)

Freuds Anerkennung eines Aggressionstriebs ist neu und eine direkte Umsetzung des Todestriebkonzeptes in die psychoanalytische Theorie. Obgleich Freud immer wieder von *feindseligen* oder *aggressiven Tendenzen* gesprochen hatte, etwa in der *Theorie des Witzes*, wollte er diese lange nicht auf einen spezifischen Trieb zurückführen. So schrieb er noch 1909 in der Fallgeschichte des *Kleinen Hans*: «Ich kann mich nicht entschliessen, einen besonderen Aggressionstrieb neben und gleichberechtigt mit den uns vertrauten Selbsterhaltungs- und Sexualtrieben anzunehmen.» (1909b, GW VII, 371)

Deshalb stellt die Einführung eines desexualisierten Aggressionstriebes, der sich die Zerstörung der Aussenwelt zum Ziel setzt, in *Das Unbehagen in der Kultur* eine bemerkenswerte Neuerung dar; dort schreibt Freud, dass er nicht mehr verstehe, warum er die Ubiquität der nichterotischen Aggression und Destruktion übersehen und versäumen konnte, ihr die gebührende Stellung einzuräumen. Er erinnere sich seiner eigenen Abwehr, als die Idee des Destruktionstriebs zuerst in der psychoanalytischen Literatur auftauchte und wie lange es dauerte, bis er für sie empfänglich wurde (1930a [1929], GW XIV, 479). Ähnlich fragt er sich in der 32. Vorlesung: «Warum haben wir selbst so lange gebraucht, ehe wir uns zur Anerkennung eines Aggressionstriebs entschlossen, warum nicht Tatsachen, die offen zutage liegen und jedermann bekannt sind, ohne zögern für die Theorie verwertet?»

---

3   vgl. unsere Vorlesung *Zum Masochismus*

(1933a [1932], GW XV, 110) Er stellt sich auf den Standpunkt, dass die Aggressionsneigung eine ursprüngliche, selbständige Triebanlage des Menschen sei, in welcher die Kultur ihr stärkstes Hindernis finde: Gemäss dem Programm der Kultur sollten gewisse Menschenmengen libidinös aneinander gebunden werden; dem widersetze sich aber «der natürliche Aggressionstrieb der Menschen, die Feindseligkeit eines gegen alle und aller gegen einen» (1930a [1929], GW XIV, 481).

In der 32. Vorlesung führt Freud aus, dass er die Annahme eines besonderen Aggressions- und Destruktionstriebes beim Menschen von den Phänomenen des Sadismus und des Masochismus herleitete (1933a [1932], GW V, 111). Es ist jedoch eine *Tatsache, dass seine Theoriebildung in anderen Schritten verlief*, war es doch, wie wir gesehen haben, in *Jenseits des Lustprinzips* (1920g) der *Wiederholungszwang*, der ihn zur Annahme des Todestriebs geführt hatte; *Sadismus* und *Masochismus* hatten sich eher beiläufig als eine der Äusserungen des Wiederholungszwangs erwiesen. Anders als beim reinen Aggressionstrieb leiten sich Sadismus und Masochismus nicht allein aus dem Todestrieb ab, sondern zeigen eine mehr oder weniger starke sexuelle Komponenten – das Konzept der *Triebmischung* erhält hier seine wesentliche Bedeutung.

In der 1. Triebtheorie betrachtet Freud den *Sadismus* als eine Triebmischung zwischen den Sexualtrieben und dem Bemächtigungstrieb. Nach der neuen Auffassung innerhalb der 2. Triebtheorie ist der Sadismus ein vom Subjekt, vom Ich abgedrängter Todestrieb, welcher in den Dienst der Sexualfunktion tritt. Im oralen Organisationsstadium der Libido falle die Bemächtigung noch mit der Vernichtung des Objektes zusammen, später trenne sich der sadistische Trieb ab und endlich übernehme er «auf der Stufe des Genitalprimats zum Zwecke der Fortpflanzung die Funktion, das Sexualobjekt soweit zu bewältigen, als es die Ausführung des Geschlechtsaktes erfordert» (1920g, GW XIII, 58). Ähnlich schreibt Freud in *Das Ich und das Es*: «In der sadistischen Komponente des Sexualtriebes hätten wir ein klassisches Beispiel einer zweckdienlichen Triebmischung vor uns, im selbständig gewordenen Sadismus als Perversion das Vorbild einer, allerdings nicht bis zum äussersten getriebenen Entmischung.» (1923b, GW XIII, 270)

Neu formuliert Freud auch das Konzept des *Masochismus*, der in den *Drei Abhandlungen* noch als sekundäre Bildung aufgefasst worden war, als ein gegen die eigene Person gewendeter Sadismus (1905d, GW V, 57). In *Das ökonomische Problem des Masochismus* sieht er dieses Verhältnis genau umgekehrt, wenn er bei der Herleitung des Sadismus als eines auf äussere Objekte gerichteten Todestriebes schreibt: «Ein anderer Anteil macht diese Verlegung nach aussen nicht mit, er verbleibt im Organismus und wird dort mit Hilfe der erwähnten sexuellen Miterregung libidinös gebunden; in ihm haben wir den ursprünglichen, erogenen Masochismus zu erkennen.» (1924c, GW XIII, 376) Hier erweist sich also der Masochismus als direkteste Repräsentanz des Todestriebes, ist primärer Natur, während nun der Sadismus abgeleitet wird. Auch in der 32. Vorlesung ist Freud der Auffassung, dass der Masochismus älter ist als der Sadismus (1933a [1932], GW XV, 112).

Sekundär kann sich natürlich der nach aussen geleitete Todestrieb, der Sadismus, wieder zurückwenden und weitere Beiträge zum Masochismus liefern. Hierzu führt Freud aus: «Wenn man sich über einige Ungenauigkeiten hinaussetzen will, kann man sagen, der im Organismus wirkende Todestrieb – der *Ursadismus* – sei mit dem Masochismus identisch. Nachdem sein Hauptanteil nach aussen auf die Objekte verlegt worden ist, verbleibt als sein Residuum im Inneren der eigentliche erogene Masochismus, der einerseits eine Komponente der Libido geworden ist, anderseits noch immer das eigene Wesen zum Objekt hat. So wäre dieser Masochismus ein Zeuge und Überrest jener Bildungsphase, in der die für das Leben so wichtige Legierung von Todestrieb und Eros geschah. Wir werden nicht erstaunt sein zu hören, dass unter bestimmten Verhältnissen der nach aussen gewendete, projizierte Sadismus oder Destruktionstrieb wieder introjiziert, nach innen gewendet werden kann, solcherart in seine frühere Situation regrediert. Er ergibt dann den sekundären Masochismus, der sich zum ursprünglichen hinzuaddiert.» (1924c, GW XIII, 377)

Dieser *erogene Masochismus*, die *Schmerzlust*, wie Freud ihn auch nennt (op. cit. 373), ist also ein im Inneren verbliebener, mit erotischen Komponenten ausgestatteter Todestrieb. Seine Vermischung mit den Sexualtrieben sei so stark, dass er die Libidoentwicklung mitmache, womit sich für die einzelnen Libidostufen typische masochistische Triebziele finden liessen. Von diesem erogenen Masochismus leiten sich zwei weitere Formen ab, nämlich der *feminine Masochismus*, welcher bei beiden Geschlechtern im Rahmen einer passiv-femininen Rolle befriedigt wird, und der *moralische Masochismus*.

Der *moralische Masochismus* ist nach Freud vor allem dadurch bemerkenswert, dass bei ihm die Beziehung zur Sexualität sich gelockert hat – alle andern masochistischen Leiden gingen von der geliebten Person aus, würden auf deren Geheiss erduldet; der moralische Masochismus hingegen sei nicht objektgebunden: «Das Leiden selbst ist das, worauf es ankommt; ob es von einer geliebten oder gleichgültigen Person verhängt wird, spielt keine Rolle; es mag auch von unpersönlichen Mächten oder Verhältnissen verursacht sein, der richtige Masochist hält immer seine Wange hin, wo er Aussicht hat, einen Schlag zu erhalten.» (op. cit. 378)

Der moralische Masochismus zeigt sich auf besonders störende Weise in der negativen therapeutischen Reaktion[4], auf die Freud bereits in *Das Ich und das Es* (1923b, GW XIII, 278) hingewiesen hatte, ein Begriff, den er nun im Zusammenhang mit dem moralischen Masochismus wieder aufnimmt – die negative therapeutische Reaktion sei es, die sich gegen den Behandlungserfolg richte, den Patienten an seiner Neurose festhalten lasse: «Das Leiden, das die Neurose mit sich bringt, ist gerade das Moment, durch das sie der masochistischen Tendenz wertvoll wird. Es ist auch lehrreich zu erfahren, dass gegen alle Theorie und Erwartung eine Neurose, die allen therapeutischen Bemühungen getrotzt hat, verschwinden kann, wenn die Person in das Elend einer unglücklichen Ehe geraten ist, ihr Vermögen verloren oder eine bedrohliche organische Erkrankung erworben hat. Eine Form des Leidens ist dann durch eine andere abgelöst worden und wir sehen, es kam nur darauf an, ein gewisses Mass von Leiden festhalten zu können.» (1924c, GW XIII, 379)

Eine andere Facette des moralischen Masochismus ist für Freud das *unbewusste Schuldgefühl*, welches als *Strafbedürfnis* zum Ausdruck kommt – damit wird die in der Überwindung des Ödipuskomplexes erfolgte Desexualisierung wieder rückgängig gemacht: «Gewissen und Moral sind durch die Überwindung, Desexualisierung, des Ödipuskomplexes entstanden; durch den moralischen Masochismus wird die Moral wieder sexualisiert, der Ödipuskomplex neu belebt, eine Regression von der Moral zum Ödipuskomplex angebahnt.» (op. cit. 382)

So wird nach Freud der moralische Masochismus zum klassischen Zeugen für die Existenz der Triebvermischung: «Seine Gefährlichkeit rührt daher, dass er vom Todestrieb abstammt, jenem Anteil desselben entspricht, welcher der Auswärtswendung als Destruktionstrieb entging. Aber da er anderseits die Bedeutung einer erotischen Komponente hat, kann auch die Selbstzerstörung der Person nicht ohne libidinöse Befriedigung erfolgen.» (op. cit. 383) – Eine Feststellung von ziemlicher Tragweite.

VI. Triebschicksale

In seiner ersten metapsychologischen Arbeit *Triebe und Triebschicksale* (1915c) geht Freud ausführlich auf die möglichen Veränderungen ein, welche sich an Trieben hinsichtlich Ziel und Objekt vollziehen können – diese Veränderungen nennt er *Triebschicksale*; dabei beschränkt er sich im wesentlichen auf die Sexualtriebe. Anmerkungen über *Triebumwandlungen* finden sich auch in anderen Schriften (1920g, 1923a, 1923b, 1924c, 1930a, 1940a).

Im folgenden will ich besonders auf diese grundlegende Schrift Freuds von 1915 eingehen. Er unterscheidet darin vier Arten von Triebschicksalen, welche auch als *Triebabwehr* aufgefasst werden können (1915c, GW X, 219ff): Die Verkehrung ins Gegenteil, die Wendung gegen die eigene Person, die Verdrängung und die Sublimierung. Zu den in der Arbeit von 1915 nicht behandelten triebtheoretischen Begriffen der Triebmischung und Triebentmischung, die wir teilweise kennengelernt haben, werde ich ebenfalls ein paar zusammenfassende Worte sagen.

1. Verkehrung ins Gegenteil und Wendung gegen die eigene Person

Die Verkehrung ins Gegenteil löst sich in zwei verschiedene Vorgänge auf: In die Wendung eines Triebes von der Aktivität zur Passivität und in die inhaltliche Verkehrung; die Verwandlung des Liebens in Hassen z.B. ist eine solche inhaltliche Verkehrung. Die Wendung von Aktivität zu Passivität zusammen mit der Wendung gegen die eigene Person findet z.B. beim Übergang von Sadismus in Masochismus und von Schaulust in Exhibitionismus statt. In der Arbeit von 1915 leitet Freud den Masochismus noch aus dem Sadismus ab – wie wir wissen, hat er dieses Masochismuskonzept 1924 korrigiert.

Wie kann eine solche Triebumwandlung von Liebe in Hass überhaupt vor sich gehen? In Freuds Arbeit von 1915 geschieht dies weitgehend durch eine Libidoregression von der genitalen auf die sadistisch-anale Stufe.

---
4 vgl. unsere Vorlesung *Die negative therapeutische Reaktion*

Hier stellt sich die Frage, ob die Umwandelbarkeit von Hass in Liebe (und umgekehrt) nicht der grundlegenden Unterscheidung zwischen Lebens- und Todestrieb, wie Freud sie 1920 und 1923 machte, den Boden entzöge. Freud löst diesen Widerspruch, indem er eine im Psychischen vorhandene verschiebbare Energie postuliert: «Eine verschiebbare Energie, die, an sich indifferent, zu einer qualitativ differenzierten erotischen oder destruktiven Regung hinzutreten und deren Gesamtbesetzung erhöhen kann. Ohne die Annahme einer solchen verschiebbaren Energie kommen wir überhaupt nicht aus. Es fragt sich nur, woher sie stammt, wem sie zugehört und was sie bedeutet.» (1923b, GW XIII, 272f)

2. Triebverdrängung

Diesen Begriff behandelt Freud ausführlich in seiner zweiten metapsychologischen Schrift *Die Verdrängung* (1915d). Die Verdrängung setzt schon die Entwicklung gewisser psychischer Bedingungen voraus, nämlich eine *Trennung von bewusster und unbewusster Seelentätigkeit*. Vor dieser Stufe der seelischen Organisation herrscht die Triebabwehr der Verkehrung ins Gegenteil und Wendung gegen die eigene Person vor.

Wie wir gesehen haben, definiert Freud den Trieb vorerst durch Drang, Ziel, Objekt und Quelle, wonach er den Begriff der psychischen oder Vorstellungs- oder auch Triebrepräsentanz sowie den Begriff des *Affektbetrags* einführt. Die *Triebrepräsentanz* ist «eine Vorstellung oder Vorstellungsgruppe, welche vom Trieb her mit einem bestimmten Betrag von psychischer Energie (Libido, Interesse) besetzt ist» (1915d, GW X, 254f). Dieser Vorstellungsrepräsentanz – und nicht dem Trieb selbst – wird im Rahmen des Verdrängungsprozesses die Übernahme ins Bewusstsein versagt. Was aber geschieht mit dem neben der Triebrepräsentanz vorhandenen *Affektbetrag*, der sich an diese anheftet? Wir erinnern uns, dass Freud sie folgendermassen definierte: «Für dieses andere Element der psychischen Repräsentanz hat sich der Name Affektbetrag eingebürgert; es entspricht dem Triebe, insofern er sich von der Vorstellung abgelöst hat und einen seiner Quantität gemässen Ausdruck in Vorgängen findet, welche als Affekte der Empfindung bemerkbar werden.» (op. cit. 255) Das Schicksal dieses quantitativen Faktors der Triebrepräsentanz, also des Affektbetrages, ist nach Freud ein dreifaches: Er wird entweder ganz unterdrückt, oder er kommt als irgendwie qualitativ gefärbter Affekt zum Vorschein, oder er wird in Angst verwandelt (op. cit. 55f). Hier muss aber erwähnt werden, dass Freud sich von diesem ursprünglichen Konzept der Möglichkeit einer Umwandlung von Triebenergie in Angst[5] später in der Schrift *Hemmung, Symptom und Angst* (1926d [1925]) ausdrücklich distanziert!

3. Sublimierung

Dieses neben der Verdrängung sicher bekannteste von der Psychoanalyse beschriebene Triebschicksal findet in den Schriften Freuds selten mehr als eine beiläufige Erwähnung.

Eine erste Beschreibung der Sublimierung gibt Freud, wie wir gesehen haben, bei der Darstellung der Latenzperiode[6] in den *Drei Abhandlungen zur Sexualtheorie* (1905d).

In *Die «kulturelle» Sexualmoral und die moderne Nervosität* definiert er drei Jahre darauf den Begriff in Zusammenhang mit kulturtheoretischen Überlegungen. Er schreibt, dass der Sexualtrieb der *Kulturarbeit* ausserordentlich grosse Kraftmengen zur Verfügung stelle, infolge der bei ihm besonders ausgeprägten Eigentümlichkeit, sein Ziel verschieben zu können, ohne wesentlich an Intensität abzunehmen. Man nenne «diese Fähigkeit, das ursprünglich sexuelle Ziel gegen ein anderes, nicht mehr sexuelles, aber psychisch mit ihm verwandtes, zu vertauschen, die Fähigkeit zur Sublimierung» (1908d, GW VII, 150).

In *Libidotheorie – Psychoanalyse* sagt Freud zur Sublimierung folgendes: «Am bedeutsamsten erschien das Triebschicksal der Sublimierung, bei dem Objekt und Ziel gewechselt werden, so dass der ursprünglich sexuelle Trieb nun in einer nicht mehr sexuellen, sozial oder ethisch höher gewerteten Leistung Befriedigung findet.» (1923a [1922], GW XIII, 231)

Bei der Beschreibung der Triebsublimierung bezieht sich Freud in seinen Schriften meistens explizit auf die Sexualtriebe.

---

5 vgl. unsere Vorlesung *Über die Bedeutung der Angst in der Psychoanalyse*
6 vgl. unsere Vorlesungen *Stufen der Sexualorganisation* und *Zur Latenz*

Mit der Annahme einer frei verschiebbaren Energie, die Lebens- oder Todestrieb verstärken kann, wird dieser Bezug erweitert, wie wir gesehen haben, als wir über die Umwandlung von Liebe in Hass sprachen: «Wenn diese Verschiebungsenergie desexualisierte Libido ist, so darf sie auch sublimiert heissen [...]. Schliessen wir die Denkvorgänge im weiteren Sinne unter diese Verschiebungen ein, so wird eben auch die Denkarbeit durch Sublimierung erotischer Triebkraft bestritten.» (1923b, GW XIII, 274)

Das kommt ebenfalls in der *Neuen Folge der Vorlesungen* (1933a [1932]) sowie im Brief an Marie Bonaparte vom 27. Mai 1937 zum Ausdruck, in welchem Freud Überlegungen auch zur Sublimierung des Aggressionstriebs anstellt: «Als vollwichtige Sublimierung des Aggressions-Destruktionstriebs kann man endlich die Wissbegierde, den Forschungstrieb, betrachten.» (zitiert nach Jones, 1962, III, 535)

4. Triebmischung, Triebentmischung und Ambivalenz

In *Triebe und Triebschicksale* verwendet Freud beiläufig den Adler'schen Ausdruck der *Triebverschränkung*. Er meint damit die Tatsache, dass dasselbe Objekt gleichzeitig mehreren Trieben zur Befriedigung dienen kann (1915c, GW X, 215).

Der Gedanke der Triebmischung findet sich schon in *Jenseits des Lustprinzips*, wo es heisst, dass der vom Ich abgedrängte Todestrieb in den Dienst der Sexualfunktion, also des Lebenstriebs trete (1920g, GW XIII, 58). In den folgenden Schriften der Jahre 1923, 1924, 1930, 1933, 1937, 1940 wird der Begriff weiterentwickelt und auch als *Vermischung, Legierung, Vermengung* bezeichnet. Am besten beobachtbar ist die Triebmischung im Sadismus und Masochismus. Während die Triebmischung den normalen oder gesunden Zustand kennzeichnet, ist der Prozess der Triebentmischung ein pathologischer Vorgang.

Im *Abriss der Psychoanalyse* gibt Freud ein schönes Beispiele für Triebmischungen und -entmischungen: Der Akt des Essens sei eine Zerstörung des Objekts mit dem Endziel der Einverleibung, der Sexualakt eine Aggression mit der Absicht der innigsten Vereinigung. Veränderungen im Mischungsverhältnis der Triebe hätten die greifbarsten Folgen: «Ein stärkerer Zusatz zur sexuellen Aggression führt vom Liebhaber zum Lustmörder, eine starke Herabsetzung des aggressiven Faktors macht ihn scheu oder impotent.» (1940a [1938], GW XVII, 71)

Freud zeigt einen Zusammenhang zwischen Triebregression und Triebentmischung auf: «In rascher Verallgemeinerung möchten wir vermuten, dass das Wesen einer Libidoregression, zum Beispiel von der genitalen zur sadistisch-analen Phase, auf einer Triebentmischung beruht, wie umgekehrt der Fortschritt von der früheren zur definitiven Genitalphase einen Zuschuss von erotischen Komponenten zur Bedingung hat.» (1923b, GW XIII, 270)

Das Konzept der Triebentmischung erlaubt auch, das Phänomen der Ambivalenz triebtheoretisch besser einzuordnen. Wie Sie wissen, ist der Begriff der *Ambivalenz* ursprünglich von Bleuler eingeführt worden. Ambivalenz kann bei Freud drei Bedeutungen haben:
1. Das gleichzeitige Vorliegen einer aktiven und passiven Strömung desselben Triebes.
2. Inhaltlich gegensätzliche, zugleich auf dieselbe Person gerichtete Gefühle, im besonderen von Liebe und Hass.
3. Neigung und gleichzeitig Abscheu, gewisse Handlungen auszuführen.

Die 2. Bedeutung erhält nach Einführung des Todestriebs den Charakter der Triebentmischung: Freud fragt sich, ob die «reguläre Ambivalenz» nicht «als Ergebnis einer Entmischung aufgefasst werden kann» oder ob «sie vielmehr als nicht vollzogene Triebmischung gelten muss» (op. cit. 270).

In der nächsten Vorlesung möchte ich das heute angeschnittene Thema des Masochismus noch etwas vertiefen und mit Fallbeispielen illustrieren.

Vorlesung XVI

Zum Masochismus

Bevor wir auf die theoretische Vertiefung des in der letzten Vorlesung angeschnittenen wichtigen Themas des *Masochismus* kommen, möchte ich Ihnen drei klinische Beispiele vorstellen, die den sogenannten *femininen Masochismus* betreffen. Ich verdanke sie Jill Montgomery (1989) und bringe sie in freier Übersetzung aus dem Englischen:

1. Eine wohlhabende, intelligente, attraktive Frau in ihren 20er Jahren wurde nach sieben Jahren ambulanter, erfolgloser Behandlung in eine offene Klinik eingewiesen, wo die Analytikerin während 2½ Jahren mit ihr arbeitete.

Seit ihrem 17. Altersjahr versuchte sich diese Patientin von ihrer Familie zu trennen, führte dabei ein chaotisches Leben mit perversen promiskuitiven sexuellen Beziehungen, welche eine Art Versklavung, Quälereien und Geschlagenwerden umfassten. Lange Episoden mit Alkohol und Kokain wechselten ab mit Episoden von Essstörungen, während derer sie sich vollstopfte bis sie Schmerzen hatte, aber sich nicht erlaubte, zu erbrechen. Es kam auch vor, dass sie schwere Schmerzen vortäuschte und eine medizinische Notintervention verlangte, bei der sie unnötige und schmerzhafte medizinische Prozeduren und chirurgische Eingriffe zu erdulden hatte. Nach Erholung von den alkoholischen Räuschen merkte sie, dass sie sich in lebensbedrohliche Situationen begeben hatte mit Unfällen, Schlägen und Überdosen.

Obwohl diese Frau seit ihrem 17. Altersjahr in verschiedenen *Therapien* war, hatte nie eine Behandlung die Ferienabwesenheit des Therapeuten überstanden – die Patientin verschwand und verlor sich in einem immer gefährlicher werdenden Verhalten. Im Laufe der gemeinsamen Arbeit im Setting der offenen Klinik überlebte die Behandlung schliesslich die Abwesenheiten der Analytikerin, obschon, vor allem am Anfang, die Patientin dabei ihr Umfeld schwer belastete. Dies konnte geschehen durch gewalttätiges Agieren in masochistischen sexuellen Beziehungen, durch Alkoholexzesse bis zur Bewusstlosigkeit, durch selbst zugefügte Qualen wie Fasten, Überessen, Verausgabung bis zur Erschöpfung und körperliche Verletzungen. Schliesslich ging dieses masochistische Agieren langsam über in sadomasochistische Träume und Phantasien – symbolische Handlungen, und das Erleben von psychischem Schmerz, von Einsamkeit wurde möglich, wobei sie ihren Alltag meisterte.

Die *psychosoziale* Entwicklung dieser Patientin verlief recht typisch. Die Mutter drängte sie einerseits zu einer frühen Entwicklung, andererseits verfügte sie lange über ihren Körper und hielt sie auf eine sadistische Weise in Knechtschaft. Als Kind war die Patientin körperlichen Schmerzen und Überstimulierungen verschiedener Art durch die Hände dieser Mutter ausgesetzt. Als sie vierjährig war, musste ihr Bruder, weil er krank war, Injektionen erhalten; bizarrerweise verabreichte die Mutter diese ihrer Tochter ebenfalls, was zur Folge hatte, dass die Patientin später immer wieder solche Nadelinjektionen suchte. Die Mutter erlaubte auch dem Arzt nicht, anästhesierende Mittel zu verabreichen, sondern meinte auf eine süssliche Art, Schmerz sei gut für ihre Tochter. Wichtig dabei ist, dass diese Torturen niemals beim Namen genannt wurden von irgendeinem Mitglied der Familie, welche nach aussen hin einen wohlgesitteten und konventionellen Eindruck machte. Diese Verhaltensweise der Mutter setzte sich während der Kindheit der Patientin bis in ihre Adoleszenz fort – die Mutter bestand nun darauf, dass der Körper ihrer Tochter «sexy» sein solle, was sie damit bewirken wollte, dass sie ihr Essen und ihr Gewicht kontrollierte und mit ihr Diätpillen teilte.

In der Arbeit mit dieser Patientin waren *Träume* sehr wichtig, weil sie damit ihre masochistischen Bedürfnisse symbolisieren konnte statt sie weiter ausagieren zu müssen. Oft vermochte sie nun, wenn sie sich einer Trennung gegenüber sah, zu träumen statt zu handeln. Träume, die einer bevorstehenden Trennung von der Analytikerin vorausgingen, wurden zu einem wichtigen Mittel für die Patientin, ihren seelischen Schmerz und ihre Verlassenheit zum Bewusstsein zu bringen, ihr zu zeigen, dass sie angesichts einer Trennung masochistische Beziehungen suchte, um sich ihrer Verlassenheit nicht stellen zu müssen – konnte ein Traum erfolgreich interpretiert werden, liess sich ein Ausagieren verhindern.

In der 240. Stunde, in einer Sitzung vor der Winterferientrennung, erzählte die Patientin folgende Träume:

a) Sie befand sich aufgehängt an einer Zimmerdecke. Ein männlicher Patient schwang einen spitzen Stock, mit dem er gegen ihren Bauch schlug. Er schlitzte den Bauch auf und alle ihre Eingeweide fielen heraus.

b) Ein männlicher Arzt entfernte ihre Tätowierung am Bein auf eine Weise, dass sie vor Schmerz schreien musste.

Die Patientin konnte dazu sagen, dass sie sich, wenn sie ein Opfer sei, weniger allein fühle.

Nach neunzehn Behandlungsmonaten brachte sie in der 304. Stunde vor einer Ferientrennung folgenden Traum:

c) Die Analytikerin ging in die Ferien und liess sie in einem verschlossenen Spital zurück mit deformierten Freaks, Zwergen und einem bösartigen Arzt. Sie hatte panische Angst, war eingesperrt und wurde gezwungen, auf einem Bett zu liegen, auf welchem sie gefoltert wurde, man mit ihrem Körper experimentierte und ihr eisige Nadeln in die Haut stach. Sie erwachte mit Entsetzen aus diesem Traum und hatte das Gefühl, er sei vielleicht Realität.

Im Laufe der Behandlung wechselten die Träume vor den Trennungen ihren Charakter. Statt gequält zu werden wurde sie zur Trösterin von Opfern und zur Schwangeren, die etwas Wertvolles in ihrem Bauch trägt. Schliesslich konnte in ihren Träumen die Mutter symbolisch getötet werden, was der Patientin ein Gefühl der Trauer aber auch der Erlösung gab und die Sicherheit, die Abwesenheiten der Analytikerin gut ertragen zu können. (op. cit. 32f)

2. Eine andere Patientin, die sich ebenfalls mit den Abwesenheiten der Analytikerin schwertat, hatte eine Geschichte wiederholter psychiatrischer Hospitalisierungen mit Anorexie, verschiedenen Suizidversuchen, Selbstmutilationen (sich schneiden und brennen), längeren psychotischen Desorganisiertheitsepisoden und Perioden von Mutismus. Die Mutter dieser Patientin hatte versucht, sie als Kind zu ermorden und hatte sich ihr gegenüber auch sonst in einer sadistischen und psychotischen Art benommen, ohne dass die andern Familienmitglieder reagiert hätten. Während einer Abwesenheit der Analytikerin leerte sich die Patientin einen Krug heissen Kaffees über die Füsse und hielt die Wunde offen, indem sie die Blase immer wieder mit der Schere aufschnitt. Sie erklärte, dass sie sich am liebsten selbst ermorden möchte; aber da sie dies nicht könne, müsse sie etwas anders tun. Viele Monate später realisierte die Patientin, dass nicht sie es war, die ihren Tod wünschte, sondern ihre Mutter. (op. cit. 35)

3. Eine weitere Patientin wurde von der Analytikerin vertretungsweise immer dann behandelt, wenn ihr eigener Analytiker in den Ferien war. Während des ersten Jahres fügte sie sich an den Beinen schwere Schnittwunden zu – während ihr Analytiker abwesend war, hatte sie eine Art Gefühl, wegzuschweben; durch das Schneiden wurde sie ruhig und fühlte sich wieder mit der Realität verbunden. In ihrer Kindheit war sie von ihrer Mutter überschwemmt worden mit Geschichten von Konzentrationslagern, Terror und Folter. Die Patientin hatte eine lange psychiatrische Geschichte mit Selbstverstümmelung, Anorexie, Bulimie und zwanghaften suizidalen Gedanken und Handlungen. (op. cit. 35f)

Bei den meisten Patienten findet sich ein weniger dramatisches masochistisches Verhalten. Aber sie erschweren sich ihr Leben auf eine masochistische Art, blockieren sich, schränken sich ein, behindern sich in ihrer persönlichen Entfaltung, suchen den Misserfolg, beruflich wie privat. Warum tun sie dies? Oft wird erst nach langer Analysezeit deutlich, dass sie es tun im Rahmen eines Strafbedürfnisses, welches auf unbewusste Schuldgefühle hinweist: Es geht um den sogenannten *moralischen Masochismus*. Dazu möchte ich zwei weitere Fallbeispiele vorstellen, die ich bei *Stavros Mentzos* (1995) gefunden habe:

1. Ein 24jähriger Mann, der als Kind vom Vater oft geschlagen, von der Mutter emotional ausgenutzt und von beiden Eltern recht grausam erzogen worden war, vermochte sich trotzdem wenigstens scheinbar während der Pubertät gegen die Eltern aufzulehnen und sich aus ihrer Gewalt und Abhängigkeit zu befreien. Er war sehr erfolgreich in einem künstlerischen Beruf. Nach einer schweren Ehekrise mit anschliessender Scheidung und nach weiteren schweren Enttäuschungen durch Kollegen geriet er in einen jahrelang andauernden depressiven Zustand. Er war unfähig, schöpferisch tätig zu sein, wurde von Schlaflosigkeit und schrecklichen Träumen gequält, gelangte öfters an den Rand des Suizids, unternahm auch einmal einen ernsthaften Suizidversuch.

Mit Hilfe einer psychotherapeutischen Behandlung vermochte er sich langsam zu stabilisieren. Als er nach langer Zeit wieder in der Lage war zu arbeiten und sich sogar in seinem Beruf wieder künstlerisch-schöpferisch und produktiv entfaltete, begann er wie «unbewusst absichtlich» alle ihm früher gut und freundlich gesonnenen Mäzene zu vergraulen und konnte schliesslich seine Werke nicht mehr an die Öffentlichkeit bringen. Er zerstörte systematisch alles Positive, das für ihn wieder erreichbar schien – oder zu werden drohte? Dieses zunächst paradox scheinende Verhalten wurde allmählich innerhalb der Psychotherapie als Ausdruck eines moralischen Masochismus verstanden: Der Patient hängt trotz aller negativer Erfahrungen noch an seinen Eltern; durch Erfolgserlebnisse wiederholt er seine damalige pubertäre Auflehnung gegen sie; das weckt Schuldgefühle und ein Strafbedürfnis, darum muss es ihm schlecht gehen. Zudem ist er seit seiner Kindheit an eine böse, feindselige Welt gewöhnt; diese Welt gibt ihm die Sicherheit des Bekannten, Vertrauten, weshalb er das Risiko einer unbekannten neuen, guten, freundlichen Welt (die ihn vielleicht wieder enttäuschen könnte) gar nicht erst einzugehen wagt. (op. cit. 68f)

2. Ein 35jährigen Akademiker klagte, er stehe nicht nur im Leben allgemein sondern auch in der Therapie ständig unter der Angst, er werde «es nicht bringen», werde versagen, werde den Analytiker nicht zufriedenstellen können. Tatsächlich beginnt er leicht zu stottern, bringt oft keinen Satz richtig zu Ende und fühlt sich dadurch in seinen Befürchtungen bestätigt.

Erst nach längerer Zeit wird deutlich, dass es sich bei diesem angeblichen Versagen um eine teilweise selbst herbeigeführte Blockierung handelt, die aus einer Mischung von Unterwerfung und hintergründigem Groll entstand und schliesslich die Funktion eines passiven Protests bekam. Dies kannte er sehr gut aus seiner Kindheit in der Beziehung zum Vater, einem zurückgezogenen, empfindlichen, egozentrischen und meist schweigenden aber auch zu Jähzorn neigenden Mann. Der Patient fürchtete ihn, erlebte ihn aber andrerseits auch als schwach und hilflos. Sein Verhalten während der Kindheit war deswegen sehr vorsichtig und tastend. Er würde es heute eine Besänftigungsstrategie nennen. Und genau dies ist es, was er gleichsam habituell auch heute noch tut, ebenfalls in der Beziehung zum Analytiker. Diese Haltung beginnt ihn zu frustrieren, zu ärgern, zornig zu machen wie damals gegenüber dem Vater. Der Zorn muss aber zurückgehalten werden, um den Jähzorn des Vaters/Analytikers nicht zu provozieren. Deshalb kommt das Aggressive in der Beziehung zum Analytiker nur zögernd und indirekt heraus. Es geht also um eine nach dem Modell des moralischen Masochismus funktionierende Wiederholung der Vater-Beziehung mit Besänftigungsstrategie, gefolgt von Zorn, gefolgt von Schuldgefühlen, gefolgt von Selbstbestrafung – der Patient bestraft den Therapeuten, letztlich natürlich sich selbst damit, dass er in der Analyse keine richtigen Fortschritte macht, sondern nur hilflos stotternd daliegt. (op. cit. 69f)

Theoretische Überlegungen

Krafft-Ebing äusserte die Idee einer *Verbindung von Masochismus und Sadismus*; er beschrieb als erster die sexuelle Perversion vollständig und benannte sie nach Sacher *Masoch* (Laplanche und Pontalis, 1973, 304).

Freud vertritt diese Idee schon in den *Drei Abhandlungen zur Sexualtheorie*, wo er Sadismus und Masochismus als zwei Seiten der gleichen Perversion versteht, deren aktive und passive Form sich in veränderlichen Proportionen beim gleichen Individuum findet: «Ein Sadist ist immer auch gleichzeitig ein Masochist, wenngleich die aktive oder die passive Seite der Perversion bei ihm stärker ausgebildet sein und seine vorwiegend sexuelle Betätigung darstellen kann.» (1905d, GW V, 59)

Diese Idee setzt sich bei Freud dann immer deutlicher durch. Das zeigt sich auch in *Triebe und Triebschicksale*, wo Freud Sadismus und Masochismus als *Gegensatzpaar* bezeichnet, was ihre getrennte Betrachtung verunmögliche; zudem reiche die Bedeutung dieses Gegensatzpaares weit über die Ebene der Perversion hinaus, weil der Gegensatz von Aktivität und Passivität ein allgemeines Kennzeichen des psychischen Funktionierens sei (1915c, GW X, 219ff). Nach der in dieser Schrift am ausführlichsten zusammengefassten 1. Triebtheorie verstand Freud damals den Sadismus noch als eine gegen den anderen gerichtete Aggression, die dessen Leiden nicht in Betracht zieht und mit keiner sexuellen Lust einhergeht: «Nun scheint die Psychoanalyse zu zeigen, dass das Schmerzzufügen unter den ursprünglichen Zielhandlungen des Triebes keine Rolle spielt. Das sadistische Kind zieht die Zufügung von Schmerzen nicht in Betracht und beabsichtigt sie nicht.» (op. cit. 221) Was Freud hier *Sadismus* nennt, ist die Ausübung des Bemächtigungstriebes. Der Masochismus entspricht einer Wendung gegen die eigene Person und gleichzeitig einer Verkehrung der Aktivität in Passivität. Wir haben es hier mit der doppelten Verkehrung zu tun, von welcher Freud sagt, dass sie den wichtigsten Abwehrmechanismus der narzisstischen Zeit darstelle. Erst in der sadistisch-analen Phase der psychosexuellen Entwicklung greift der Schmerz auf die Sexualerregung über und erzeugt einen lustvollen Zustand.

Freud schreibt, dass der zunächst vorwiegend auf Überwältigung zielende Trieb sein Ziel zunehmend verengt in Richtung Schmerzerzeugung, nachdem das Empfinden von Schmerz mehr und mehr zum Triebziel des masochistischen Objekts geworden ist und der Sadist gewissermassen sein Verhalten dieser neuen Situation anpasst: «Wenn sich aber einmal die Umwandlung in Masochismus vollzogen hat, eignen sich die Schmerzen sehr wohl, ein passives masochistisches Ziel abzugeben, denn wir haben allen Grund anzunehmen, dass auch die Schmerz- wie andere Unlustempfindungen auf die Sexualerregung übergreifen und einen lustvollen Zustand erzeugen, um dessentwillen man sich auch die Unlust des Schmerzes gefallen lassen kann. Ist das Empfinden von Schmerzen einmal ein masochistisches Ziel geworden, so kann sich rückgreifend auch das sadistische Ziel, Schmerzen zuzufügen, ergeben, die man, während man sie anderen erzeugt, selbst masochistisch in der Identifizierung mit dem leidenden Objekt geniesst. Natürlich geniesst man in beiden Fällen nicht den Schmerz selbst, sondern die ihn begleitende Sexualerregung, und dies dann als Sadist besonders bequem. Das Schmerzgeniessen wäre also ein ursprünglich masochistisches Ziel, das aber nur beim ursprünglich Sadistischen zum Triebziel werden kann.» (op. cit. 221)

In *Ein Kind wird geschlagen* (1919e) vertieft Freud die Theoriebildung zu Sadismus und Masochismus und schildert die recht verschlungenen Wege, auf denen sich eine *lustbetonte Schlagephantasie* entwickelt. Er untersucht dies zunächst nur für weibliche Personen und nimmt dabei drei Phasen an, von welchen die erste in der Regel bewusst erinnert werde, die zweite meist unbewusst bleibe und insofern eine Konstruktion sei, während die dritte die ursprünglichen Phantasien erweitere:

1. Phase: In der Phantasie wird nicht das phantasierende, sondern ein anderes, als rivalisierend erlebtes Kind vom Vater geschlagen. Diese Phantasie entstehe aus Eifersucht und Egoismus, und es bleibe zweifelhaft, ob man sie als rein sexuell oder sadistisch bezeichnen könne, aber keinesfalls lasse sich vermuten «dass schon diese erste Phase der Phantasie einer Erregung dient, welche sich unter Inanspruchnahme der Genitalien Abfuhr in einen onanistischen Akt zu verschaffen lernt» (1919e, GW XII, 207).

2. Phase: In der Phantasie wird nun das phantasierende Kind selbst vom Vater geschlagen. Diese Phantasie habe «unzweifelhaft masochistischen Charakter» (op. cit. 204) und entspreche einem «Rückgreifen auf die prägenitale, sadistisch-anale Organisation des Sexuallebens» (op. cit. 209).

3. Phase: Das phantasierende Kind kommt höchstens noch als Zuschauer vor, der Vater in der Person eines schlagenden Lehrers oder anderen Vorgesetzten. Die Phantasie «ist jetzt der Träger einer starken, unzweideutig sexuellen Erregung und vermittelt als solcher die onanistische Befriedigung» (op. cit. 205).

In kürzerer, etwas schematischer und auch ihn selbst weniger befriedigender Weise versucht Freud dann die Ableitung solcher Schlagephantasien bei Männern; als Ausgangspunkt nimmt er dabei die sogenannte *negative Ödipus-Einstellung*, die Liebesbindung des Knaben an den Vater. Die allgemeinen Folgerungen, welche er aus seinen Überlegungen letztlich zieht, betreffen einerseits die Entstehung der Perversionen auf dem Hintergrund des infantilen Sexuallebens, andererseits auch das bekannte früher entwickelte Genesemodell des Masochismus aus dem Sadismus im Rahmen der 1. Triebtheorie.

In *Jenseits des Lustprinzips* findet sich dann die Feststellung: «Der Masochismus könnte auch [...] ein primärer sein.» (1920g, GW XIII, 59)

Das bestätigt Freud schliesslich in seiner für dieses Thema wichtigsten Schrift *Das ökonomische Problem des Masochismus* (1924c). Das Vorhandensein eines primären Masochismus erklärt er hauptsächlich im Rahmen der Mischung und Entmischung der beiden Triebarten, Todestrieb und Lebstrieb – ein Konzept, das auch in der ein Jahr zuvor veröffentlichten Schrift *Das Ich und das Es* (1923b) von ihm eingehend untersucht worden war. Mit der Widersprüchlichkeit eines Triebes, dessen Ziel Unlust ist, beschäftigt er sich schon in der Einleitung der Masochismus-Schrift, in der er deutlich zwischen dem Konstanzprinzip und dem Lustprinzip unterscheidet. Er zeigt auf, dass der *primäre oder erogene Masochismus* zu zwei abgeleiteten Formen führt: Die eine Form nennt er *femininen Masochismus*, ein Begriff, den er bereits in *Ein Kind wird geschlagen* erörtert hatte, die andere Form bezeichnet er als *moralischen Masochismus*, welchen er etwas ausführlicher als in *Das Ich und das Es* mit dem Funktionieren des Gewissens und mit Schuldgefühlen in Zusammenhang bringt; auch beim moralischen Masochismus, welcher sich nicht als sexuelle Perversion auffassen lässt, haben wir es mit dem Gegensatzpaar Sadismus - Masochismus zu tun, aber in einer intra-subjektiven Form als Ausdruck einer Dialektik zwischen dem sadistischen Über-Ich und dem masochistischen Ich. Sowohl zum femininen wie zum moralischen Masochismus darf ich an die eingangs gebrachten Fallbeispiele erinnern.

Freud fasst zusammen: Der Masochismus «tritt unserer Beobachtung in drei Gestalten entgegen, als eine Bedingtheit der Sexualerregung, als ein Ausdruck des femininen Wesens und als eine Norm des Lebensverhaltens (behaviour). Man kann dementsprechend einen erogenen, femininen und moralischen Masochismus unterscheiden. Der erstere, der erogene Masochismus, die Schmerzlust, liegt auch den beiden anderen Formen zugrunde, er ist biologisch und konstitutionell zu begründen, bleibt unverständlich, wenn man sich nicht zu einigen Annahmen über ganz dunkle Verhältnisse entschliesst. Die dritte, in gewisser Hinsicht wichtigste Erscheinungsform des Masochismus, ist als meist unbewusstes Schuldgefühl erst neuerlich von der Psychoanalyse gewürdigt worden, lässt aber bereits eine volle Aufklärung und Einreihung in unsere sonstige Erkenntnis zu. Der feminine Masochismus dagegen ist unserer Beobachtung am besten zugänglich, am wenigsten rätselhaft und in all seinen Beziehungen zu übersehen» (1924c, GW XIII, 373f).

Beim femininen Masochismus des Mannes handelt es sich am ehesten um eine übersteigerte Ausprägung des erogenen Masochismus, der seine Trieberfüllung im Ausleben einer weiblichen Rolle sucht. In den masochistischen Phantasien geht es darum, misshandelt, geschlagen, gepeitscht, zu unbedingtem Gehorsam gezwungen, beschmutzt, erniedrigt zu werden. Freud sagt dazu: «Die nächste, bequem zu erreichende Deutung ist, dass der Masochist wie ein kleines, hilfloses und abhängiges Kind behandelt werden will, besonders aber wie ein schlimmes Kind. Es ist überflüssig, Kasuistik anzuführen, das Material ist sehr gleichartig, jedem Beobachter, auch dem Nichtanalytiker, zugänglich. Hat man aber Gelegenheit Fälle zu studieren, in denen die masochistischen Phantasien eine besonders reiche Verarbeitung erfahren haben, so macht man leicht die Entdeckung, dass sie die Person in eine für die Weiblichkeit charakteristische Situation versetzen, also Kastriertwerden, Koitiertwerden oder Gebären bedeuten. Ich habe darum diese Erscheinungsform des Masochismus den femininen, gleichsam a potiori [nach dem wichtigeren Element, H.W.], genannt, obwohl so viele seiner Elemente auf das Infantilleben hinweisen.» (op. cit. 374)

Warum Schmerz Lust bereiten kann, versucht Freud folgendermassen verständlich zu machen: «Ich habe in den ‹Drei Abhandlungen zur Sexualtheorie› im Abschnitt über die Quellen der infantilen Sexualität die Behauptung aufgestellt, dass die Sexualerregung als Nebenwirkung bei einer grossen Reihe innerer Vorgänge entsteht, sobald die Intensität dieser Vorgänge nur gewisse quantitative Grenzen überstiegen hat. Ja, dass vielleicht nichts Bedeutsameres im Organismus vorfällt, das nicht seine Komponente zur Erregung des Sexualtriebs abzugeben hätte. Demnach müsste auch die Schmerz- und Unlusterregung diese Folge haben. Diese libidinöse Miterregung bei Schmerz- und Unlustspannung wäre ein infantiler physiologischer Mechanismus, der späterhin versiegt.» (op. cit. 375)

Ein anderer wichtiger Gedanke Freuds ist, dass die Libido im Lebewesen auf den dort herrschenden Todes- oder Destruktionstrieb trifft, welcher dieses Zellenwesen zersetzen und jeden einzelnen Elementarorganismus nach dem Konstanzprinzip in den Zustand der anorganischen Stabilität überführen möchte. Die Libido hat die Aufgabe, diesen destruierenden Trieb unschädlich zu machen und entledigt sich ihrer, indem sie diesen Trieb zum grossen Teil mit Hilfe eines besonderen Organsystems, der Muskulatur, nach aussen ableitet, also gegen die

Objekte der Aussenwelt richtet. Er heisst dann *Destruktionstrieb, Bemächtigungstrieb, Wille zur Macht, Sadismus.* Ein Teil dieses Triebs wird direkt in den Dienst der Sozialfunktion, wo er Wichtiges zu leisten hat, gestellt. Ein anderer Teil macht diese Verlegung nach aussen nicht mit, verbleibt im Organismus und wird dort mit Hilfe der erwähnten sexuellen Miterregung libidinös gebunden. Dies sei der ursprüngliche, erogene Masochismus. Es fehle jedoch jedes physiologische Verständnis dafür, auf welchen Wegen und mit welchen Mitteln diese Bändigung des Todestriebes durch die Libido geschehe. Freud nimmt an, dass eine sehr ausgiebige, in ihren Verhältnissen variable Mischung und Verquickung der beiden Triebarten zustandekomme, so dass man es nie mit reinen Todes- und Lebenstrieben, sondern nur mit verschiedenen Triebmischungen zu tun habe. Er denkt, dass der im Organismus wirkende Todestrieb, den er *Ursadismus* nennt, mit dem Masochismus identisch ist.

Nun integriert Freud seine revidierten Vorstellungen über Masochismus und Sadismus in die Lehre von den Stufen der Libido-Organisation und fasst sie gewissermassen als anthropologische Grundgegebenheit auf: «Der erogene Masochismus macht alle Entwicklungsphasen der Libido mit und entnimmt ihnen seine wechselnden psychischen Umkleidungen. Die Angst, vom Totemtier (Vater) gefressen zu werden, stammt aus der primitiven oralen Organisation, der Wunsch, vom Vater geschlagen zu werden, aus der darauffolgenden sadistisch-analen Phase; als Niederschlag der phallischen Organisationsstufe tritt die Kastration, obwohl später verleugnet, in den Inhalt der masochistischen Phantasien ein, von der endgültigen Genitalorganisation leiten sich natürlich die für die Weiblichkeit charakteristischen Situationen des Koitiertwerdens und des Gebärens ab. Auch die Rolle der Nates im Masochismus ist, abgesehen von der offenkundigen Realbegründung, leicht zu verstehen. Die Nates sind die erogen bevorzugte Körperpartie der sadistisch-analen Phase, wie die Mamma der oralen, der Penis der genitalen.» (op. cit. 377)

Zusammenfassend kann also gesagt werden, dass Freud ab 1924 einen primären erogenen, einen femininen und einen moralischen Masochismus unterscheidet. Der primäre erogene Masochismus liegt auch den beiden andern Formen zugrunde und ist als eine Art Ur-Trieb-Vermischer zu verstehen, der den Todestrieb bindet und das Leben erst ermöglicht.

Der französische Psychoanalytiker Benno Rosenberg (1991) wird diese Ideen Freuds aufnehmen und von einem *lebensbehütenden Masochismus (masochisme gardien de la vie)* sprechen, dem er einen *todbringenden Masochismus (masochisme mortifère)* gegenüberstellt.

Vorlesung XVII

Metapsychologie I

I. Historisches

Freud verwendete den Begriff *Metapsychologie* erstmals im Brief 87 vom 13. Februar 1896 an Wilhelm Fliess: «Die Psychologie – Metapsychologie eigentlich – beschäftigt mich unausgesetzt.» (1985c [1887–1904], 181)

Im Zusammenhang mit der Psychologie des Unbewussten taucht er dann eher beiläufig auf in *Zur Psychopathologie des Alltagslebens* (1901b, GW IV, 288).

Eine genauere Definition erfolgt erst in den sogenannten *metapsychologischen Schriften*, welche – eigentlich zwölf im ganzen – im Jahre 1915 verfasst wurden. Freud vernichtete allerdings einen Grossteil dieser Aufsätze, so dass insgesamt nur fünf zur Veröffentlichung kamen:
1. *Triebe und Triebschicksale* (1915c)
2. *Die Verdrängung* (1915d)
3. *Das Unbewusste* (1915e)
4. *Metapsychologische Ergänzung zur Traumlehre* (1916–17f [1915])
5. *Trauer und Melancholie* (1916–17g [1915])

Freuds Absicht bei dieser Reihe ist «die Klärung und Vertiefung der theoretischen Annahmen, die man einem psychoanalytischen System zugrunde legen könnte» (1916–17f [1915], GW X, 412). In *Das Unbewusste* erklärt er diese Absicht noch etwas genauer: «Wir werden es nicht unbillig finden, die Betrachtungsweise, welche die Vollendung der psychoanalytischen Forschung ist, durch einen besonderen Namen auszuzeichnen. Ich schlage vor, dass es eine metapsychologische Darstellung genannt werden soll, wenn es uns gelingt, einen psychischen Vorgang nach seinen dynamischen, topischen und ökonomischen Beziehungen zu beschreiben. Es ist vorherzusagen, dass es uns bei dem gegenwärtigen Stand unserer Einsichten nur an vereinzelten Stellen gelingen wird.» (1915e, GW X, 280f)

Eine ähnliche Definition gibt Freud in *Jenseits des Lustprinzips* (1920g, GW XIII, 3) und vier Jahre darauf noch einmal in seiner *Selbstdarstellung*: «Später wagte ich den Versuch einer ‹Metapsychologie›. Ich nannte so eine Weise der Betrachtung, in der jeder seelische Vorgang nach den drei Koordinaten der Dynamik, Topik und Ökonomie gewürdigt wird, und sah in ihr das äusserste Ziel, das der Psychologie erreichbar ist. Der Versuch blieb ein Torso, ich brach nach wenigen Abhandlungen [...] ab und tat gewiss wohl daran, denn die Zeit für solche theoretische Festlegung war noch nicht gekommen.» (1925d [1924], GW XIV, 85)

Wenn man Metapsychologie als den Versuch versteht, psychische Prozesse in möglichst allgemeinen Termini und mittels weniger Prinzipien zu beschreiben, so finden sich strenggenommen metapsychologische Überlegungen in fast allen Freud'schen Schriften. Vorwiegend dieser Aufgabe gewidmet sind jedoch insbesondere das 7. Kapitel der *Traumdeutung* (1900a, GW II/III, 513ff), die erwähnten metapsychologischen Schriften (v.a. *Die Verdrängung* und *Das Unbewusste*) sowie die für die Begründung des 2. topischen Modells grundlegende Arbeit *Das Ich und das Es* (1923b). Die dort entwickelten Gedanken werden noch einmal aufgegriffen in der 31. Vorlesung *Die Zerlegung der psychischen Persönlichkeit* aus *Neue Folge der Vorlesungen zur Einführung in die Psychoanalyse* (1933a [1932], GW XV, 62ff) und im *Abriss der Psychoanalyse* (1940a [1938]).

Metapsychologische Überlegungen finden sich auch in *Formulierungen über die zwei Prinzipien des psychischen Geschehens* (1911b), im vorwiegend terminologischen Erklärungen gewidmeten Aufsatz *Einige Bemerkungen über den Begriff des Unbewussten in der Psychoanalyse* (1912g), im metapsychologischen Einschub in *Der Mann Moses und die monotheistische Religion* (1939a [1934–38]) und in den Schriften zur Trieblehre *Zur Einführung des Narzissmus* (1914c) und *Jenseits des Lustprinzips* (1920g).

Nachdem wir uns im Rahmen der Trieblehre[1] bereits ausführlich mit Freuds erster metapsychologischer Arbeit *Triebe und Triebschicksale* (1915c) und durch die Triebverdrängung im Rahmen der 1. Topik auch bereits etwas

---
1   vgl. unsere Vorlesung *Die Trieblehre*

mit seiner zweiten metapsychologischen Arbeit *Die Verdrängung* (1915d) befasst haben, möchte ich mich jetzt auf seine dritte metapsychologische Arbeit *Das Unbewusste* (1915e) konzentrieren.

II. Zur Bedeutung der Begriffe *unbewusst* und *vorbewusst* bei Freud

Zunächst sei festgestellt, dass diese für die Psychoanalyse zentralen Begriffe Ubw und Vbw im Freud'schen Werk in verschiedener Bedeutung verwendet werden.

Ubw als Adjektiv kann nämlich einerseits «augenblicklich nicht bewusst, momentan gerade nicht im Bewusstsein» bedeuten, andererseits in sehr viel eingeschränkterer Bedeutung «derzeit überhaupt nicht bewusstseinsfähig, der Betrachtung durch das Bewusstsein augenblicklich gar nicht zugänglich».

Das Ubw als Substantiv hat dreifache Bedeutung: Man unterscheidet ein
1. *deskriptives* Unbewusstes,
2. *dynamisches* Unbewusstes,
3. *systematisches* Unbewusstes.

Deskriptiv bezieht sich auf die Beschreibung psychischer Inhalte, ob sie ubw oder bw sind. *Dynamisch* beinhaltet, dass das im Ubw Bestehende in Handlungen nach aussen wirksam werden kann. *Systematisch* heisst, dass das Ubw einen Teil des seelischen Apparates bezeichnet, eine Instanz, ein psychisches System, in welchem ubw psychische Inhalte bearbeitet werden.

Die dynamische Wirksamkeit oder Stärke ubw Inhalte lässt sich bei allen Neurosen anhand verschiedener Zeichen erschliessen, obschon diese nicht ins Bw gelangen können. Als Beispiel dafür führt Freud den nicht erinnerlichen Befehl an, der dem Hypnotisierten gegeben wird und diesen zu posthypnotischem Handeln veranlasst oder die ubw Vorstellung, die in einem hysterischen Anfall szenisch dargestellt wird.

Im deskriptiven Sinne benutzt Freud statt des Ausdrucks *ubw* oft den Ausdruck *latent*: «Eine Vorstellung – oder jedes andere psychische Element – kann jetzt in meinem Bewusstsein gegenwärtig sein und im nächsten Augenblick daraus verschwinden; sie kann nach einer Zwischenzeit ganz unverändert wiederum auftauchen, und zwar, wie wir es ausdrücken, aus der Erinnerung, nicht als Folge einer neuen Sinneswahrnehmung. Um dieser Tatsache Rechnung zu tragen, sind wir zu der Annahme genötigt, dass die Vorstellung auch während der Zwischenzeit in unserem Geiste gegenwärtig gewesen sei, wenn sie auch im Bewusstsein latent blieb. In welcher Gestalt sie aber existiert haben kann, während sie im Seelenleben gegenwärtig und im Bewusstsein latent war, darüber können wir keine Vermutungen aufstellen.» (1912g, GW VIII, 430) Wie Sie wissen spricht Freud auch in der *Traumdeutung* (1900a) vom *manifesten*, bewussten und vom *latenten*, unbewussten Trauminhalt.

In *Das Ich und das Es* (1923b) kommt Freud auf den Begriff *vorbewusst*. Nach verschiedenen Überlegungsschritten gelangt er zur Auffassung, dass das Latente nur deskriptiv ubw ist, nicht im dynamischen Sinne, und nennt es vbw. Die Bezeichnung *ubw* beschränkt er auf das dynamisch unbewusste Verdrängte.

Eine klare Darstellung der Begriffe *Vbw* und *Ubw* findet sich im 4. Kapitel *Psychische Qualitäten* des *Abriss der Psychoanalyse*: «Was wir bewusst heissen, brauchen wir nicht zu charakterisieren […]. Alles andere Psychische ist für uns das Unbewusste. Bald werden wir dazu geführt, in diesem Unbewussten eine wichtige Scheidung anzunehmen. Manche Vorgänge werden leicht bewusst, sind es dann nicht mehr, können es aber ohne Mühe wieder werden […]. Alles Unbewusste, das sich so verhält, so leicht den unbewussten Zustand mit dem bewussten vertauschen kann, heissen wir darum lieber bewusstseinsfähig oder vorbewusst […]. Andere psychische Vorgänge, Inhalte haben keinen so leichten Zugang zum Bewusstwerden, sondern müssen auf die beschriebene Weise erschlossen, erraten und in bewussten Ausdruck übersetzt werden. Für diese reservieren wir den Namen des eigentlichen Unbewussten. Wir haben also den psychischen Vorgängen drei Qualitäten zugeschrieben, sie sind entweder bewusst, vorbewusst oder unbewusst.» (1940a [1938] GW XVII, 81f)

Es gibt also nun die drei Termini Bw, Vbw und Ubw. Im deskriptiven Sinn gibt es jedoch nur zwei Formen von Unbewusstem: Vbw und Ubw, im dynamischen Sinn aber nur ein Unbewusstes.

Es muss festgehalten werden, dass Freud in seinem Sprachgebrauch bezüglich der Begriffe Vbw und Ubw nicht immer konsequent ist.

Noch komplizierter wird es, wenn wir das *systematische Unbewusste* einbeziehen, das Unbewusste als Bezeichnung eines psychischen Systems. In dieser Bedeutung werden die Begriffe *das Vorbewusste* und *das Unbewusste* bereits in der *Traumdeutung* (1900a, GW II/III, 546) verwendet, wo sie Systeme oder Instanzen bezeichnen,

Teile des angenommenen psychischen Apparats, deren Erregungsvorgänge oder Prozesse in einem Fall direkt zum Bewusstsein gelangen können, im anderen Fall durch die Zensur daran gehindert werden. Vorbewusst und unbewusst dient hier also nicht zur Beschreibung, Deskription, der Bewusstseinsfähigkeit von Vorstellungen, sondern zur Bezeichnung von Instanzen oder Teilräumen des psychischen Apparats, in denen Inhalte der *Bearbeitung* unterworfen werden. Diese Bearbeitung geschieht in sehr verschiedenen Formen, nämlich mittels *Primärprozessen* im System des *Unbewussten*, mittels *Sekundärprozessen* im System des *Vorbewussten*.

III. Freuds Begründung der Annahme unbewusster Prozesse

Freud hat nicht als erster auf das Vorkommen ubw psychischer Inhalte und Prozesse aufmerksam gemacht. Er selbst weist wiederholt auf Gedanken zu Unbewusstem *vor* der Psychoanalyse hin – in *Die Traumdeutung* (1900a, GW II/III, 533), in *Über Psychotherapie* (1905a [1904], GW V, 24), in *Der Witz und seine Beziehung zum Unbewussten* (1905c, GW VI, 184) und in anderen Schriften mehr.

Wenn man Freud dennoch gemeinhin als *Entdecker des Unbewussten* bezeichnet, so hat das zwei Gründe: Zum einen hat er als erster die Bedeutung ubw seelischer Vorgänge im eigentlich psychoanalytischen, dynamischen Sinne erkannt und gleichzeitig das Wesen des Ubw im systematischen Sinne herausgearbeitet, nämlich die Existenz einer seelischen Provinz postuliert, die ausschliesslich ubw Inhalte nach spezifischen Gesetzen bearbeitet. Zum anderen hat er als erster eine Psychologie des Ubw aufgestellt, die das Seelenleben unter der fundamentalen Annahme betrachtet, dass es sich prinzipiell ohne Bewusstsein abspiele, durch dieses lediglich zur Kenntnis kommen könne. Dies widersprach diametral der damals allgemein verbreiteten Auffassung, die das Psychische mit dem Bewussten gleichsetzte.

Freuds Sichtweise hat erhebliche Implikationen, weshalb er wiederholt versucht, Begründungen und Rechtfertigungen dafür zu geben. Am ausführlichsten geschieht dies in seiner dritten metapsychologischen Arbeit *Das Unbewusste* (1915e), im *Abriss der Psychoanalyse* (1940a [1938]) sowie in der wie der *Abriss* ebenfalls unvollendeten Schrift *Some Elementary Lessons in Psycho-Analysis* (1940b [1938]).

In der letztgenannten Arbeit kritisiert Freud die Auffassung, dass alles Psychische bw sei. Dabei verweist er auf die enge Beziehung zwischen psychischen und körperlichen Prozessen: «Auch ergab sich durch die Gleichstellung des Seelischen mit dem Bewussten die unerfreuliche Folge, dass die psychischen Vorgänge aus dem Zusammenhang des Weltgeschehens gerissen und allem anderen fremd gegenübergestellt waren. Das ging doch nicht an, denn man konnte nicht lange übersehen, dass die psychischen Phänomene in hohem Grad von körperlichen Einflüssen abhängig sind und ihrerseits die stärksten Wirkungen auf somatische Prozesse üben. Wenn menschliches Denken jemals in eine Sackgasse geführt hat, so war es hier geschehen. Um einen Ausweg zu finden, mussten wenigstens die Philosophen die Annahme machen, es gäbe organische Parallelvorgänge zu den bewussten psychischen, ihnen in schwer zu erklärender Weise zugeordnet, die die Wechselwirkung zwischen ‹Leib und Seele› vermitteln und das Psychische wieder in das Gefüge des Lebens einschalten sollten. Aber diese Lösung blieb unbefriedigend. Solchen Schwierigkeiten entzog sich die Psychoanalyse, indem sie der Gleichstellung des Psychischen mit dem Bewussten energisch widersprach. Nein, die Bewusstheit kann nicht das Wesen des Psychischen sein, sie ist nur eine Qualität desselben und zwar eine inkonstante Qualität, die viel häufiger vermisst wird, als sie vorhanden ist. Das Psychische an sich, was immer seine Natur sein mag, ist unbewusst, wahrscheinlich von ähnlicher Art wie alle anderen Vorgänge in der Natur, von denen wir Kenntnis gewonnen haben.» (1940b [1938], GW XVII, 143f)

Im *Abriss der Psychoanalyse* schreibt Freud: «Diese bewussten Vorgänge bilden aber nach allgemeiner Übereinstimmung keine lückenlosen, in sich abgeschlossenen Reihen, so dass nichts anderes übrig bliebe als physische oder somatische Begleitvorgänge des Psychischen anzunehmen, denen man eine grössere Vollständigkeit als den psychischen Reihen zugestehen muss, da einige von ihnen bewusste Parallelvorgänge haben, andere aber nicht.» (1940a [1938], GW XVII, 79f)

In *Das Unbewusste* (1915e, GW X, Kapitel I *Die Rechtfertigung des Unbewussten*, 264ff) gibt uns Freud die ausführlichste Begründung seiner Auffassung vom an sich ubw Wesen des Psychischen. Er führt dort aus, dass die Rechtfertigung, ein ubw Seelisches anzunehmen und mit dieser Annahme wissenschaftlich zu arbeiten, von vielen Seiten bestritten werde. Die Annahme des Ubw sei aber notwendig und legitim, und es gebe Beweise dafür. Die Daten des Bw seien in hohem Grade lückenhaft, so dass die einzelnen auftauchenden Vorstellungen nicht sinnvoll voneinander abgeleitet werden könnten. Sowohl bei Gesunden als bei Kranken kämen häufig psychische Akte vor, welche zu ihrer Erklärung andere Akte voraussetzten, für deren Erklärung das Bw allein nicht ausreiche. Als solche Akte führt Freud nicht nur die «Fehlhandlungen und die Träume bei Gesunden» an sowie «alles, was man psychische Symptome und Zwangserscheinungen» heisse bei Kranken; das zum Beweis beigebrachte Material sei teilweise sehr viel elementarerer Art, nicht Gegenstand der Analyse, sondern Gegenstand der Alltagspsychologie: «Unsere persönlichste tägliche Erfahrung macht uns mit Einfällen bekannt, deren Herkunft wir nicht kennen und mit Denkresultaten, deren Ausarbeitung uns verborgen geblieben ist.» Freud kommentiert: «Alle diese bewussten Akte blieben zusammenhanglos und unverständlich, wenn wir den Anspruch festhalten wollen, dass wir auch alles durch Bewusstsein erfahren müssen, was an seelischen Akten in uns vorgeht, und ordnen sich in einen aufzeigbaren Zusammenhang ein, wenn wir die erschlossenen unbewussten Akte interpolieren. Gewinn an Sinn und Zusammenhang ist aber ein voll berechtigtes Motiv, das uns über die unmittelbare Erfahrung hinausführen darf.» (op. cit. 265)

Freud führt ein zweites Argument an, das auf leicht zu beobachtenden Phänomenen, ja Selbstverständlichkeiten gründet: «Man kann weitergehen und zur Unterstützung eines unbewussten psychischen Zustandes anführen, dass das Bewusstsein in jedem Moment nur einen geringen Inhalt umfasst, so dass der grösste Teil dessen, was wir bewusste Kenntnis heissen, sich ohnedies über die längsten Zeiten im Zustande der Latenz, also in einem Zustande von psychischer Unbewusstheit, befinden muss.» (op. cit. 265) Den möglichen Einwand, dass diese latenten Erinnerungen nicht mehr als psychisch zu bezeichnen seien, sondern den Resten somatischer Vorgänge entsprächen, aus denen das Psychische wieder hervorgehen könne, eine Auffassung, die nomenklatorisch mehr oder weniger *psychisch* mit *bw* gleichsetze, weist Freud scharf zurück: «Man darf antworten, die konventionelle Gleichstellung des Psychischen mit dem Bewussten ist durchaus unzweckmässig. Sie zerreisst die psychischen Kontinuitäten, stürzt uns in die unlösbaren Schwierigkeiten des psychophysischen Parallelismus, unterliegt dem Vorwurf, dass sie ohne einsichtliche Begründung die Rolle des Bewusstseins überschätzt, und nötigt uns, das Gebiet der psychologischen Forschung vorzeitig zu verlassen, ohne uns von anderen Gebieten her Entschädigung bringen zu können.» (op. cit. 266)

Nach Freuds Meinung sind diese latenten Erinnerungen als somatische Phänomene unerklärlich. Sie seien nach ihren physischen Charakteren vollkommen unzugänglich. Keine physiologische Vorstellung, kein chemischer Prozess könne uns eine Ahnung von ihrem Wesen vermitteln. Man gewinne hingegen Erkenntnisse, wenn man das Nichtbewusste, die latenten Vorgänge, mit psychologischen Methoden zu ergründen beginne und Prinzipien der Bewusstseinspsychologie auf sie anwende. Freud konstatiert provokant: «Man muss sich dann auf den Standpunkt stellen, es sei nichts anderes als eine unhaltbare Anmassung, zu fordern, dass alles, was im Seelischen vorgeht, auch dem Bewusstsein bekannt werden müsse.» (op. cit. 265)

Freud wehrt sich auch gegen die Bezeichnung *Unterbewusstsein*, die irreführend sei und eigentlich ein zweites Bewusstsein postuliere: «Wir werden auch die Bezeichnung eines ‹Unterbewusstseins› als inkorrekt und irreführend ablehnen dürfen.» (op. cit. 269)

Die Existenz ubw Akte, die in Verbindung stehen mit bw psychischen Akten, führt Freud zu erkenntnistheoretischen Überlegungen: Für ihn sind die Vorgänge im Seelenleben an sich ubw, ihre Bewusstheit ist nicht Voraussetzung und auch nicht regelmässige Begleiterscheinung ihrer Existenz, überdies von, wie wir gehört haben, inkonstanter Qualität (1940b [1938], GW XVII, 146). Für Freud ist schon in *Die Traumdeutung* das Bw nicht mehr als ein bestimmtes Sinnesorgan, mittels dessen die inneren Prozesse mehr oder weniger gut wahrgenommen werden können: «Welche Rolle verbleibt in unserer Darstellung dem einst allmächtigen, alles andere verdeckenden Bewusstsein? Keine andere als die eines Sinnesorgans zur Wahrnehmung psychischer Qualitäten.» (1900a, GW II/III, 620) Das eigentlich reale Psychische sei das Ubw, nicht das Bw: «Das Unbewusste ist das eigentlich reale Psychische, uns nach seiner inneren Natur so unbekannt wie das Reale der Aussenwelt, und uns durch die Daten des Bewusstseins ebenso unvollständig gegeben wie die Aussenwelt durch die Angaben unserer Sinnesorgane.» (op. cit. 617f)

Freud dehnt die Kant'sche Erkenntniskritik auf die Innenwelt der Seele aus: «Es bleibt uns in der Psychoanalyse gar nichts anderes übrig, als die seelischen Vorgänge für an sich unbewusst zu erklären und ihre Wahrnehmung durch das Bewusstsein mit der Wahrnehmung der Aussenwelt durch die Sinnesorgane zu vergleichen. Wir hoffen sogar aus diesem Vergleich einen Gewinn für unsere Erkenntnis zu ziehen. Die psychoanalytische Annahme der unbewussten Seelentätigkeit erscheint uns [...] als die Fortsetzung der

Korrektur, die Kant an unserer Auffassung der äusseren Wahrnehmung vorgenommen hat. Wie Kant uns gewarnt hat, die subjektive Bedingtheit unserer Wahrnehmung nicht zu übersehen und unsere Wahrnehmung nicht für identisch mit dem unerkennbaren Wahrgenommenen zu halten, so mahnt die Psychoanalyse, die Bewusstseinswahrnehmung nicht an die Stelle des unbewussten psychischen Vorganges zu setzen, welcher ihr Objekt ist. Wie das Physische, so braucht auch das Psychische nicht in Wirklichkeit so zu sein, wie es uns erscheint.» (1915e, GW X, 270)

Die Annahme der Unbewusstheit der seelischen Vorgänge wird für Freud Gegenstand einer Untersuchungsmethodik und Theoriebildung wie in den Naturwissenschaften.

So führt er im *Abriss der Psychoanalyse* folgendes aus: «Während man in der Bewusstseins-Psychologie nie über jene lückenhaften, offenbar von anderswo abhängigen Reihen hinauskam, hat die andere Auffassung, das Psychische sei an sich unbewusst, gestattet, die Psychologie zu einer Naturwissenschaft wie jede andere auszugestalten. Die Vorgänge, mit denen sie sich beschäftigt, sind an sich ebenso unerkennbar wie die anderer Wissenschaften, der chemischen oder physikalischen, aber es ist möglich die Gesetze festzustellen, denen sie gehorchen, ihre gegenseitigen Beziehungen und Abhängigkeiten über weite Strecken lückenlos zu verfolgen, also das, was man als Verständnis des betreffenden Gebiets von Naturerscheinungen bezeichnet. Es kann dabei nicht ohne neue Annahmen und die Schöpfung neuer Begriffe abgehen, aber diese sind nicht als Zeugnisse unserer Verlegenheit zu verachten, sondern als Bereicherungen der Wissenschaft einzuschätzen, haben Anspruch auf denselben Annäherungswert wie die entsprechenden intellektuellen Hilfskonstruktionen in anderen Naturwissenschaften, erwarten ihre Abänderungen, Berichtigungen und feinere Bestimmung durch gehäufte und gesiebte Erfahrung. Es entspricht dann auch ganz unserer Erwartung, dass die Grundbegriffe der neuen Wissenschaft, ihre Prinzipien (Trieb, nervöse Energie u.a.) auf längere Zeit so unbestimmt bleiben wie die der älteren Wissenschaften (Kraft, Masse, Anziehung).» (1940a [1938], GW XVII, 80f)

Freud sieht die erste Aufgabe seiner neuen Wissenschaft darin, möglichst viel von nicht Bewusstem in Bewusstes zu übersetzen. Dabei weisen die erwähnten Unvollständigkeiten, die sich bei der Betrachtung der Bewusstseinsphänomene ergeben, auf die Existenz und auf den speziellen Gehalt der ubw Inhalte hin: «Wir machen unsere Beobachtungen […] mit Hilfe der Lücken im Psychischen, indem wir das Ausgelassene durch naheliegende Schlussfolgerungen ergänzen und es in bewusstes Material übersetzen. Wir stellen so gleichsam eine bewusste Ergänzungsreihe zum unbewussten Psychischen her. Auf der Verbindlichkeit dieser Schlüsse ruht die relative Sicherheit unserer psychischen Wissenschaft. Wer sich in diese Arbeit vertieft, wird finden, dass unsere Technik jeder Kritik standhält.» (op. cit. 81)

So erhält das *Bewusstsein*, welches Freud als Charakteristikum des Psychischen ablehnte, seinen Wert als *Erkenntnisinstrument zur Erforschung des Psychischen*: «Mit alledem ist aber nicht gesagt, dass die Qualität der Bewusstheit ihre Bedeutung für uns verloren hat. Sie bleibt das einzige Licht, das uns im Dunkel des Seelenlebens leuchtet und leitet. Infolge der besonderen Natur unserer Erkenntnis wird unsere wissenschaftliche Arbeit in der Psychologie darin bestehen, unbewusste Vorgänge in bewusste zu übersetzen, solcherart die Lücken in der bewussten Wahrnehmung auszufüllen.» (1940b [1938], GW XVII, 147)

IV. Das 1. topische Modell: Ubw - Vbw - Bw

1. Die Systeme *Ubw* und *Vbw* (*Bw*) der 1. Topik

Freud hatte das 1. topische Modell im 7. Kapitel der *Traumdeutung* entwickelt, wobei er auf Gedanken im sogenannten *Entwurf einer Psychologie* (1950c [1895]) Bezug nahm. Das 1. topische Modell diente dazu, die Traumentstehung verständlich zu machen, z.B. die Wunscherfüllungsfunktion des Traumes, die Eigenheiten der Traumarbeit oder den regredienten Charakter der Traumbildung, d.h. die Darstellung von Gedanken in Form von Wahrnehmungen. Das Modell soll einzig die Erklärung psychologischer Tatsachen leisten – Freud weist die Absicht entschieden von sich, bereits eine erste Anknüpfung an Hirnanatomie und Physiologie schaffen zu wollen: «Wir wollen ganz beiseite lassen, dass der seelische Apparat, um den es sich hier handelt, uns auch als anatomisches Präparat bekannt ist, und wollen der Versuchung sorgfältig aus dem Wege gehen, die psychische Lokalität etwa anatomisch zu bestimmen.» (1900a, GW II/III, 541) In *Das Unbewusste* kommentiert er 15 Jahre später: «Unsere psychische Topik hat vorläufig nichts mit der Anatomie zu tun; sie bezieht sich auf Regionen des seelischen Apparats, wo immer sie im Körper gelegen sein mögen, und nicht auf anatomische Örtlichkeiten.» (1915e, GW X, 273)

Wie wir gesehen haben, stellt Freud im Rahmen der 1. Topik zwei Systeme auf, das Ubw und das Vbw. Beide definieren sich nach der Bewusstseinsfähigkeit ihrer Inhalte und nach den in ihnen ablaufenden Prozessen. Im Vbw können die Erregungsvorgänge ohne weitere Aufhaltung zum Bw gelangen: «Das System dahinter heissen wir das Unbewusste, weil es keinen Zugang zum Bewusstsein hat, ausser durch das Vorbewusste, bei welchem Durchgang sein Erregungsvorgang sich Abänderungen gefallen lassen muss.» (1900a, GW II/III, 546) Dabei ist wesentlich, dass der Übergang vom System *Ubw* ins System *Vbw* nur unter gewissen Bedingungen möglich ist, über deren Erfüllung eine Zensurinstanz entscheidet. Eine prägnante Darstellung dieser Verhältnisse findet sich in *Das Unbewusste*: «In positiver Darstellung sagen wir nun als Ergebnis der Psychoanalyse aus, dass ein psychischer Akt im allgemeinen zwei Zustandsphasen durchläuft, zwischen welchen eine Art Prüfung (Zensur) eingeschaltet ist. In der ersten Phase ist er unbewusst und gehört dem System Ubw an; wird er bei der Prüfung von der Zensur abgewiesen, so ist ihm der Übergang in die zweite Phase versagt; er heisst dann ‹verdrängt› und muss unbewusst bleiben. Besteht er aber diese Prüfung, so tritt er in die zweite Phase ein und wird dem zweiten System zugehörig, welches wir das System Bw nennen wollen. Sein Verhältnis zum Bewusstsein ist aber durch diese Zugehörigkeit noch nicht eindeutig bestimmt. Er ist noch nicht bewusst, wohl aber bewusstseinsfähig (nach dem Ausdruck von J. Breuer), d.h. er kann nun ohne besonderen Widerstand beim Zutreffen gewisser Bedingungen Objekt des Bewusstseins werden. Mit Rücksicht auf diese Bewusstseinsfähigkeit heissen wir das System Bw auch das ‹Vorbewusste›. Sollte es sich herausstellen, dass auch das Bewusstwerden des Vorbewussten durch eine gewisse Zensur mitbestimmt wird, so werden wir die Systeme Vbw und Bw strenger voneinander sondern. Vorläufig genüge es festzuhalten, dass das System Vbw die Eigenschaften des Systems Bw teilt, und dass die strenge Zensur am Übergang vom Ubw zum Vbw (oder Bw) ihres Amtes waltet.» (1915e, GW X, 271f)

Für Freud steht die Unbewusstheit des Verdrängten fest, er betont aber, dass das System *Ubw* nicht allein Verdrängtes enthält: «Alles Verdrängte muss unbewusst bleiben, aber wir wollen gleich eingangs feststellen, dass das Verdrängte nicht alles Unbewusste deckt. Das Unbewusste hat den weiteren Umfang; das Verdrängte ist ein Teil des Unbewussten.» (op. cit. 264)

Die beiden psychischen Systeme *Ubw* und *Vbw* der 1. Topik unterscheiden sich durch eine Reihe charakteristischer Funktionsweisen – die wichtigsten sind für das Ubw der *Primärprozess* und das *Lustprinzip*, für das Vbw der *Sekundärprozess* und das *Realitätsprinzip*. Im System *Ubw* können widersprechende Wünsche nebeneinander bestehen: «Wenn zwei Wunschregungen gleichzeitig aktiviert werden, deren Ziele uns unvereinbar erscheinen müssen, so ziehen sich die beiden Regungen nicht etwa voneinander ab oder heben einander auf, sondern sie treten zur Bildung eines mittleren Zieles, eines Kompromisses zusammen.» (op. cit. 285) Ferner gebe es im System *Ubw* keine Negation, keinen Zweifel, keine Grade von Unsicherheit – all das werde erst durch die Arbeit der Zensur zwischen Ubw und Vbw geleistet. Im Ubw gibt es nur mehr oder weniger stark besetzte Inhalte, und es herrscht eine grössere Beweglichkeit der Besetzungsinhalte. Als weiteres wichtiges Charakteristikum unbewusster Prozesse nennt Freud ihre Unberührtheit vom Ablauf der Zeit: «Die Vorgänge des Systems Ubw sind zeitlos, d.h. sie sind nicht zeitlich geordnet, werden durch die verlaufende Zeit nicht abgeändert, haben überhaupt keine Beziehung zur Zeit. Auch die Zeitbeziehung ist an die Arbeit des Bw-Systems geknüpft.» (op. cit. 286)

Im Ubw herrschen also: Widerspruchslosigkeit, Primärvorgang (Beweglichkeit der Besetzungen), Zeitlosigkeit und Ersetzung der äusseren Realität durch die psychische Realität.

Es stellt sich hier die Frage, wie man sich den *Wechsel* eines psychischen Elements vom einen System ins andere vorzustellen hat, was also geschieht, wenn durch Aufhebung einer Verdrängung eine vorher ubw Vorstellung bewusstseinsfähig wird. Dazu sagt Freud, dass sich eine sichere Identifizierung des Unbewussten («Agnoszierung des Unbewussten») durch untrügliche spezifische Zeichen ergebe: Eine Vorstellung im System *Ubw* habe allein Sach-Charakter, sei eine blosse *Dingvorstellung*, besitze also keine Bezeichnung; im System *Vbw* hingegen existiere noch eine zugehörige *Wortvorstellung*. Diese doppelte Besetzung, Überbesetzung ermögliche dann auch die Behandlung mittels Sekundärprozessen: «Das System Ubw enthält die Sachbesetzungen der Objekte[2], die ersten und eigentlichen Objektbesetzungen; das System Vbw entsteht, indem diese Sachvorstellung durch die Verknüpfung mit den ihr entsprechenden Wortvorstellungen überbesetzt wird. Solche Überbesetzungen,

---

2 hier: Objekt als Sache, Ding, Gegenstand

können wir vermuten, sind es, welche eine höhere psychische Organisation herbeiführen und die Ablösung des Primärvorganges durch den im Vbw herrschenden Sekundärvorgang ermöglichen. Wir können jetzt auch präzise ausdrücken, was die Verdrängung bei den Übertragungsneurosen der zurückgewiesenen Vorstellung verweigert: Die Übersetzung in Worte, welche mit dem Objekt verknüpft bleiben sollen. Die nicht in Worte gefasste Vorstellung oder der nicht überbesetzte psychische Akt bleibt dann im Ubw als verdrängt zurück.» (op. cit. 300)

Diese Gedanken werden in *Das Ich und das Es* nochmals formuliert: «An einer anderen Stelle habe ich schon die Annahme gemacht, dass der wirkliche Unterschied einer ubw von einer vbw Vorstellung (einem Gedanken) darin besteht, dass die erstere sich an irgendwelchem Material, das unerkannt bleibt, vollzieht, während bei der letzteren (der vbw) die Verbindung mit Wortvorstellungen hinzukommt. Hier ist zuerst der Versuch gemacht, für die beiden Systeme Vbw und Ubw Kennzeichen anzugeben, die anders sind als die Beziehung zum Bewusstsein. Die Frage: Wie wird etwas bewusst? lautet also zweckmässiger: Wie wird etwas vorbewusst? Und die Antwort wäre: Durch Verbindung mit den entsprechenden Wortvorstellungen.» (1923b, GW XIII, 247)

2. Das System *W-Bw* der 1. Topik

Der Terminus *Wahrnehmung-Bewusstsein* wird von Freud entweder synonym für Bw verwendet oder zur Bezeichnung des Organs, durch welches oder in welchem Bw entsteht.

Insbesondere in den Schriften *Jenseits des Lustprinzips* (1920g), *Das Ich und das Es* (1923b) sowie im kleinen Aufsatz *Notiz über den «Wunderblock»* (1925a [1924]) versucht Freud, basierend auf Gedanken in der *Traumdeutung* (1900a) und noch weiter zurückgreifend auf den 1895 verfassten *Entwurf einer Psychologie* (1950c [1895]), einige Charakteristika des Systems *Bw* herauszuarbeiten.

Er macht zwei wesentliche Feststellungen zum Bw, nämlich seine funktionelle Ähnlichkeit mit den Wahrnehmungssystemen sowie seine Eigenschaft, Vorgänge zu registrieren, ohne sie aber speichern zu können: «Dies System denken wir uns in seinen mechanischen Charakteren ähnlich wie die Wahrnehmungssysteme W, als erregbar durch Qualitäten und unfähig, die Spur von Veränderungen zu bewahren, also ohne Gedächtnis.» (1900a, GW II/III, 620). Dieses «Bw-Sinnesorgan» erhalte seine Erregung von zwei Seiten, «von dem W-System her, dessen durch Qualitäten bedingte Erregung wahrscheinlich eine neue Verarbeitung durchmacht, bis sie zur bewussten Empfindung wird, und aus dem Innern des Apparats selbst, dessen quantitative Vorgänge als Qualitätenreihe der Lust und Unlust empfunden werden, wenn sie bei gewissen Veränderungen angelangt sind» (op. cit. 621).

Die Mechanismen bei der Wahrnehmung innerer Prozesse sind Gegenstand einer eingehenderen Diskussion in *Das Ich und das Es*. Dabei unterscheidet Freud als *Wahrnehmungsobjekte* noch einmal Gefühle und Empfindungen einerseits, Denkvorgänge andererseits: «Von vornherein bw sind alle Wahrnehmungen, die von aussen herankommen (Sinneswahrnehmungen), und von innen her, was wir Empfindungen und Gefühle heissen.» (1923b, GW XIII, 246) Weiter schreibt er: «Empfindungen sind entweder bewusst oder unbewusst. Auch wenn sie an Wortvorstellungen gebunden werden, danken sie nicht diesen ihr Bewusstwerden, sondern sie werden es direkt.» (op. cit. 250) Anders ist es aber bei den Denkvorgängen – diese können nur bewusst werden durch die Verbindung von Sachvorstellungen mit Wortvorstellungen. Dies legt aber noch eine innigere Beziehung zwischen Bw und den Wahrnehmungssystemen nahe: Die Wortvorstellungen waren einst Wahrnehmungen, werden zu Erinnerungen und dann wieder mittels der Wahrnehmungssysteme an das Bw herangetragen: «Diese Wortvorstellungen sind Erinnerungsreste, sie waren einmal Wahrnehmungen und können wie alle Erinnerungsreste wieder bewusst werden. Ehe wir noch weiter von ihrer Natur handeln, dämmert uns wie eine neue Einsicht auf: Bewusst werden kann nur das, was schon einmal bw Wahrnehmung war, und was ausser Gefühlen von innen her bewusst werden will, muss versuchen, sich in äussere Wahrnehmungen umzusetzen. Dies wird mittels der Erinnerungsspuren möglich. Die Erinnerungsreste denken wir uns in Systemen enthalten, welche unmittelbar an das System W-Bw anstossen, so dass ihre Besetzungen sich leicht auf die Elemente dieses Systems von innen her fortsetzen können.» (op. cit. 247f)

Aus dem eben Gesagten ergibt sich, dass das Registrieren der komplizierten Vorgänge im Inneren des psychischen Apparats durch das Bw-System ein eigentlich äusserer Wahrnehmungsakt ist: «Die Rolle der Wortvorstellungen wird nun vollends klar. Durch ihre Vermittlung werden die inneren Denkvorgänge zu Wahrnehmungen gemacht. Es ist, als sollte der Satz erwiesen werden: Alles Wissen stammt aus der äusseren Wahrnehmung.» (op. cit. 250)

Im *Abriss der Psychoanalyse* (1940a [1938]) heisst es dann aber, dass beim Menschen auch innere Vorgänge im Ich die Qualität des Bw erwerben können.

Bewusstsein und Wahrnehmung teilen miteinander die Unfähigkeit, Erregungen zu speichern, im Unterschied zu andern psychischen Systemen. Dieser Umstand macht es – noch mehr als die erwähnte Zensur – erforderlich, Vbw und Bw zu trennen. Angesichts dieses Unterschiedes des Bw zu den übrigen Systemen des psychischen Apparats einerseits und angesichts seiner engen Beziehung zu den Wahrnehmungssystemen andererseits, ist es nur logisch, wenn Freud ab *Metapsychologische Ergänzung zur Traumlehre* (1916–17g [1915]) vom *System W-Bw* (*Wahrnehmung-Bewusstsein*) spricht. Dieses wird, da Erregungen von innen wie von der Aussenwelt an es herankommen, an der Oberfläche des psychischen Apparates lokalisiert: «Es muss an der Grenze von aussen und innen liegen, der Aussenwelt zugekehrt sein und die anderen psychischen Systeme umhüllen.» (1920g, GW XIII, 23)

Diese Definition des Systems *W-Bw* im Rahmen des 1. topischen Modells wird weitgehend unverändert in die 1923 erfolgte Neugliederung des seelischen Apparats übernommen – in das sogenannte 2. topische Modell. Darüber werden wir in der nächsten Vorlesung sprechen.

Vorlesung XVIII

Metapsychologie II

Nachdem wir unsere letzte Vorlesung, *Metapsychologie I*, mit IV. Das 1. topische Modell (Ubw - Vbw - Bw) abgeschlossen haben, möchte ich jetzt fortfahren mit

V. Das 2. topische Modell: Es - Ich - Über-Ich

Das 2. Modell des psychischen Apparats, auch als *strukturelles Modell* bezeichnet, wurde 1923 in *Das Ich und das Es* entwickelt. Ansätze für eine solche Betrachtungsweise sind jedoch schon in früheren Schriften Freuds zu erkennen – wenn er beispielsweise dem *Verdrängten* das *Ich* entgegenstellt (1910i, GW VIII, 99; 1921c, GW XIII, 146). Schon in *Zur Einführung des Narzissmus* tauchen Konzepte wie *Ichideal* und *Gewissen* auf (1914c, GW X, 161).

Freud war unzufrieden mit der Beschreibung des psychischen Apparates im Rahmen der 1. Topik, welche sich rein auf die Beziehung zum Bewusstsein beschränkte (1915e, GW X, 288). Das veranlasste ihn, ein 2. topisches Modell zu konzeptualisieren. In der 19. Vorlesung *Widerstand und Verdrängung* schreibt er: «Ich weiss, dass sie [diese Vorstellungen über das Ubw und das Vbw, H.W.] roh sind; ja noch mehr, wir wissen auch, dass sie unrichtig sind, und wenn wir nicht sehr irren, so haben wir bereits einen besseren Ersatz für sie bereit.» (1916–17a [1915–17], GW XI, 306) Als eine direkte Vorstudie zu *Das Ich und das Es* kann die zwei Jahre zuvor erschienene Schrift *Massenpsychologie und Ich-Analyse* betrachtet werden, wo innerhalb des Ichs zwei eigenständige Teile mit gegenteiligen Interessen postuliert werden: «Wir haben schon bei früheren Anlässen die Annahme machen müssen (Narzissmus, Trauer und Melancholie), dass sich in unserem Ich eine solche Instanz entwickelt, welche sich vom anderen Ich absondern und in Konflikte mit ihm geraten kann. Wir nannten sie das ‹Ichideal› und schrieben ihr an Funktionen die Selbstbeobachtung, das moralische Gewissen, die Traumzensur und den Haupteinfluss bei der Verdrängung zu.» (1921c, GW XIII, 120f)

Das eigentlich *Neue* in *Das Ich und das Es* ist von zweierlei Art:

Zum einen wird der früher nie genau definierte metapsychologisch beschriebene Gegenpol des Ichs nun als eigene psychische Instanz konzipiert und das *Es* genannt.

Zum andern unternimmt Freud hier zum ersten Male den Versuch, das *Ich* hinsichtlich seiner vbw und ubw Anteile zu beschreiben und so explizit seine Position bezüglich des 1. topischen Modells zu bestimmen. Im Anschluss an die bereits geleisteten Begriffsbestimmungen *Bw*, *Vbw* und *Ubw* konstatiert er, dass diese Unterscheidungen unzulänglich, praktisch insuffizient seien, und stellt seine Konzeption des Ichs vor: «Wir haben uns die Vorstellung von einer zusammenhängenden Organisation der seelischen Vorgänge in einer Person gebildet und heissen diese das Ich derselben. An diesem Ich hängt das Bewusstsein, es beherrscht die Zugänge zur Motilität, das ist: zur Abfuhr der Erregungen in die Aussenwelt; es ist diejenige seelische Instanz, welche eine Kontrolle über all ihre Partialvorgänge ausübt, welche zur Nachtzeit schlafen geht und dann immer noch die Traumzensur handhabt. Von diesem Ich gehen auch die Verdrängungen aus.» (1923b, GW XIII, 243)

Bezüglich der Unzulänglichkeiten der bisherigen Kategorien *Bw*, *Vbw* und *Ubw* schreibt Freud weiter: «Dies durch die Verdrängung Beseitigte stellt sich in der Analyse dem Ich gegenüber, und es wird der Analyse die Aufgabe gestellt, die Widerstände aufzuheben, die das Ich gegen die Beschäftigung mit dem Verdrängten äussert. Nun machen wir während der Analyse die Beobachtung, dass der Kranke in Schwierigkeiten gerät, wenn wir ihm gewisse Aufgaben stellen; seine Assoziationen versagen, wenn sie sich dem Verdrängten annähern sollen. Wir sagen ihm dann, er stehe unter der Herrschaft eines Widerstandes, aber er weiss nichts davon, und selbst wenn er aus seinen Unlustgefühlen erraten sollte, dass jetzt ein Widerstand in ihm wirkt, so weiss er ihn nicht zu benennen und anzugeben. Da aber dieser Widerstand sicherlich von seinem Ich ausgeht und diesem angehört, so stehen wir vor einer unvorhergesehenen Situation. Wir haben im Ich selbst etwas gefunden, was auch unbewusst ist, sich geradeso benimmt wie das Verdrängte, das heisst starke Wirkungen äussert, ohne selbst bewusst zu werden, und zu dessen Bewusstmachung es einer besonderen Arbeit bedarf.» (op. cit. 243f)

Es gibt also Anteile des Ichs, die ebenfalls unbewusst sind: «Auch ein Teil des Ichs, ein Gott weiss wie wichtiger Teil des Ichs, kann ubw sein, ist sicherlich ubw.» (op. cit. 244)

Freud versucht also mit der Darstellung des psychischen Apparats der 2. Topik, das Ich nun in Beziehung zum System *W-Bw* zu bringen und die Beziehungen der Ich-Inhalte zum Bewusstsein zu klären: «Wir sehen es [das Ich, H.W.] vom System W als seinem Kern ausgehen und zunächst das Vbw, das sich an die Erinnerungsreste anlehnt, umfassen. Das Ich ist aber auch, wie wir erfahren haben, unbewusst.» (op. cit. 251) Um sowohl das Vorbewusste als auch das Verdrängte sowie das nicht verdrängte Unbewusste in seinen Beziehungen zum Ich beschreiben zu können, sieht sich Freud nun veranlasst, eine weitere Instanz einzuführen, das begrifflich von *Georg Groddeck* übernommene, letztlich aber auf *Nietzsche* zurückgehende *Konstrukt des Es*.

Anhand der Skizze (links) aus *Das Ich und das Es* (1923b, GW XIII, 252) versucht Freud die Beziehungen zwischen Ich, Es, W-Bw, Vbw und dem Verdrängten zu veranschaulichen: Das Ich, dem das System *W-Bw* aufgelagert ist, umhüllt das Es teilweise, ist von ihm nicht scharf getrennt, «fliesst nach unten hin mit ihm zusammen». Auch das Verdrängte fliesst «mit dem Es zusammen», ist «nur ein Teil von ihm». In der Skizze ist das Verdrängte als Teil des Es vom Ich deutlich abgegrenzt, während ausserhalb des Verdrängten die Grenze zwischen Ich und Es gerade angedeutet und nicht scharf gezogen ist: «Das Verdrängte ist nur vom Ich durch die Verdrängungswiderstände scharf geschieden, durch das Es kann es mit ihm kommunizieren.» (op. cit. 251f) Das Vbw liegt in der Skizze im äusseren Teil des Ichs am Übergang zum System *W-Bw*.

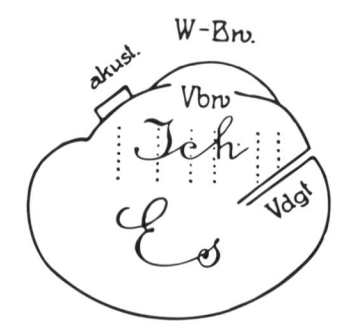

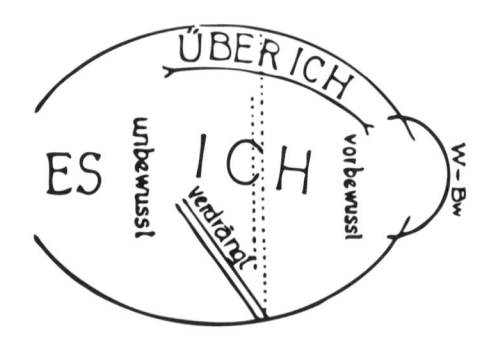

Diese Beziehungen zwischen Ich, Es und den Teilen des 1. topischen Modells werden genauer erklärt in der 31. Vorlesung *Die Zerlegung der psychischen Persönlichkeit* aus *Neue Folge der Vorlesungen zur Einführung in die Psychoanalyse* (1933a [1932], GW XV, 85). Dort werden in einer ähnlichen Skizze (rechts) wie 1923 die psychischen Qualitäten *vorbewusst* und *unbewusst* eingetragen, wobei die Grenze zwischen beiden mitten durchs Ich läuft: dessen Inhalte sind also teils vorbewusst, teils unbewusst: «Ja, grosse Anteile des Ichs […] können unbewusst bleiben, sind normalerweise unbewusst. Das heisst, die Person weiss nichts von deren Inhalten und es bedarf eines Aufwands an Mühe, sie ihr bewusst zu machen.» (op. cit. 76) Die Inhalte des Es sind ganz unbewusst. Freud hatte sich entschlossen, nun endgültig der Vieldeutigkeit im Gebrauch von *unbewusst* ein Ende zu setzen und die seelische Provinz, welche früher mit Ubw bezeichnet worden war, mit einem neuen Namen zu versehen, nämlich demjenigen des *Es*.

Das System *Ubw* wird nun also dem Es gleichgesetzt und weist auch dieselben Eigenschaften auf: Fehlende Bewusstseinsfähigkeit seiner Inhalte, welche nicht mit Wortvorstellungen verknüpft sind sowie Ablauf der psychischen Vorgänge im Sinne einer freien Beweglichkeit der Besetzungsenergie (Primärprozesse).

Das Ich, das nicht mit dem Vbw identisch ist, muss hingegen etwas umständlicher beschrieben werden: Ein Teil seiner Inhalte ist vorbewusst, mit Wortvorstellungen überbesetzt und gehorcht den Sekundärprozessen. Ein anderer Teil hat keine Verbindung mit Sprachresten, und weitere Teile sind auch unbewusst im dynamischen Sinn. Trotzdem scheinen diese Inhalte aber den Charakter vorbewusster Vorstellungen insofern zu teilen, als auch sie den Sekundärprozessen gehorchen: «Sie sehen übrigens, dass wir in der Lage sind, vom Es noch andere Eigenschaften anzugeben, als dass es unbewusst ist, und Sie erkennen die Möglichkeit, dass Teile von Ich und Über-Ich unbewusst seien, ohne die nämlichen primitiven und irrationalen Charaktere zu besitzen.» (op. cit. 81)

Die Charakterisierung des Es durch Primär- und des Ichs durch Sekundär*prozesse* scheint nicht ganz unmissverständlich zu sein, bevorzugt Freud doch schliesslich im *Abriss der Psychoanalyse* die Begriffe *Primär-* und *Sekundärvorgang*: «Hinter all diesen Unsicherheiten ruht aber eine neue Tatsache, deren Entdeckung wir der psychoanalytischen Forschung danken. Wir haben erfahren, dass die Vorgänge im Unbewussten oder im Es anderen

Gesetzen gehorchen als die im vorbewussten Ich. Wir nennen diese Gesetze in ihrer Gesamtheit den Primärvorgang im Gegensatz zum Sekundärvorgang, der die Abläufe im Vorbewussten, im Ich, regelt. So hätte am Ende das Studium der psychischen Qualitäten sich doch nicht als unfruchtbar erwiesen.» (1940a [1938], GW XVII, 86)

1. Die Eigenschaften des Es

Sie unterscheiden sich verständlicherweise wenig von denjenigen des Systems *Ubw*: Koexistenz gegensätzlicher Triebregungen, Funktionieren nach dem Lustprinzip und Zeitlosigkeit der Vorgänge. Das Es sei der «dunkle unzugängliche Teil unserer Persönlichkeit», schreibt Freud. Das wenige was man von ihm wisse, habe man durch das Studium der Traumarbeit und der neurotischen Symptombildung erfahren und das meiste daran habe negativen Charakter, lasse sich nur als Gegensatz zum Ich beschreiben: «Wir nähern uns dem Es mit Vergleichen, nennen es ein Chaos, einen Kessel voll brodelnder Erregungen. Wir stellen uns vor, es sei am Ende gegen das Somatische offen, nehme da die Triebbedürfnisse in sich auf, die in ihm ihren psychischen Ausdruck finden, wir können aber nicht sagen, in welchem Substrat.» (1933a [1932], GW XV, 80) An anderer Stelle heisst es: «Die älteste dieser psychischen Provinzen oder Instanzen nennen wir das Es; sein Inhalt ist alles, was ererbt, bei Geburt mitgebracht, konstitutionell festgelegt ist, vor allem also die aus der Körperorganisation stammenden Triebe, die hier einen ersten uns in seinen Formen unbekannten psychischen Ausdruck finden.» (1940a [1938], GW XVII, 67f) Das Es kennt keine Wertungen, kein Gut und Böse, keine Moral. Das ökonomische oder quantitative Moment, eng mit dem Lustprinzip verknüpft, beherrscht alle Vorgänge im Es – Triebbesetzungen, die nach Abfuhr verlangen. Im Es herrscht der Primärprozess.

2. Die Eigenschaften des Ichs

Das Ich entwickelt sich aus seinen genetischen Beziehungen zum Es und hat die Aufgabe, mittels der Wahrnehmungsorgane die Existenz des Individuums angesichts der äusseren Gegebenheiten zu sichern: «Es ist leicht einzusehen, das Ich ist der durch den direkten Einfluss der Aussenwelt unter Vermittlung von W-Bw veränderte Teil des Es, gewissermassen eine Fortsetzung der Oberflächendifferenzierung.» (1923b, GW XIII, 252). Es bemühe sich, den Einfluss der Aussenwelt auf das Es und seine Absichten zur Geltung zu bringen, und sei bestrebt, das Realitätsprinzip an die Stelle des Lustprinzips zu setzen, welches im Es uneingeschränkt regiert. Die Wahrnehmung spiele für das Ich die Rolle, welche im Es dem Trieb zufällt: «Das Ich repräsentiert, was man Vernunft und Besonnenheit nennen kann, im Gegensatz zum Es, welches die Leidenschaften enthält.» (op. cit. 253)

Wenn im 1. topischen Modell das Vbw an das motorische Ende des psychischen Apparats zu liegen kommt, so fällt nun dem Ich diese Aufgabe zu: «Die funktionelle Wichtigkeit des Ichs kommt darin zum Ausdruck, dass ihm normalerweise die Herrschaft über die Zugänge zur Motilität eingeräumt ist. Es gleicht so im Verhältnis zum Es dem Reiter, der die überlegene Kraft des Pferdes zügeln soll.» (op. cit. 253) Freud schrieb in *Neue Folge*: «Die Beziehung zur Aussenwelt ist für das Ich entscheidend geworden, es hat die Aufgabe übernommen, sie bei dem Es zu vertreten, zum Heil des Es, das ohne Rücksicht auf diese übergewaltige Aussenmacht im blinden Streben nach Triebbefriedigung der Vernichtung nicht entgehen würde. In der Erfüllung dieser Funktion muss das Ich die Aussenwelt beobachten, eine getreue Abbildung von ihr in den Erinnerungsspuren seiner Wahrnehmungen niederlegen, durch die Tätigkeit der Realitätsprüfung fernhalten, was an diesem Bild der Aussenwelt Zutat aus inneren Erregungsquellen ist.» (1933a [1932], GW XV, 82). Und im *Abriss* steht: «Ursprünglich als Rindenschicht mit den Organen zur Reizaufnahme und den Einrichtungen zum Reizschutz ausgestattet, hat sich eine besondere Organisation hergestellt, die von nun an zwischen Es und Aussenwelt vermittelt. Diesem Bezirk des Seelenlebens lassen wir den Namen des Ichs.» (1940a [1938], GW XVII, 68)

3. Die Eigenschaften des Über-Ichs

«Als Niederschlag der langen Kindheitsperiode, während der der werdende Mensch in Abhängigkeit von seinen Eltern lebt, bildet sich in seinem Ich eine besondere Instanz heraus, in der sich dieser elterliche Einfluss fortsetzt. Sie hat den Namen des Über-Ichs erhalten. Insoweit dieses Über-Ich sich vom Ich sondert oder sich ihm entgegenstellt, ist es eine dritte Macht, der das Ich Rechnung tragen muss», schreibt Freud im *Abriss* (op. cit. 69).

Die Bildung des Über-Ichs ist ein komplizierter Prozess. Freud braucht fast zwei Jahrzehnte, beginnend von den ersten einschlägigen Überlegungen dazu in *Zur Einführung des Narzissmus* (1914c), bis die eigentliche Über-Ich-Konzeption vorliegt und keinen grösseren Veränderungen mehr unterworfen wird.

Im Rahmen seiner Überlegungen zum Narzissmus, der Liebe zum eigenen Ich, stellt Freud die Frage, was mit der infantilen Ichlibido im Laufe des Heranwachsens einer Person geschehen sei, ob ihr ganzer Betrag in Objektbesetzungen aufgegangen sei. Seine Antwort ist negativ. Er meint, dass das im Laufe der Entwicklung geschaffene Idealbild von sich selbst, das *Ichideal*, die libidinösen Besetzungen auf sich ziehe. Diesem Idealbild gelte nun die Selbstliebe, welche in der Kindheit das wirkliche Ich genoss: «Der Narzissmus erscheint auf dieses neue ideale Ich verschoben, welches sich wie das infantile im Besitz aller wertvollen Vollkommenheiten befindet.» (1914c, GW X, 161) Auch das Gewissen wird in dieser Schrift schon als Instanz eingeführt, «welche die Aufgabe erfüllt, über die Sicherung der narzisstischen Befriedigung aus dem Ichideal zu wachen, und in dieser Absicht das aktuelle Ich unausgesetzt beobachtet und am Ideal misst.» (op. cit. 162) Freud sieht 1914 enge Zusammenhänge zwischen Ichideal, Gewissen und elterlichem Einfluss: «Die Anregung zur Bildung des Ichideals, als dessen Wächter das Gewissen bestellt ist», sei «von dem durch die Stimme vermittelten kritischen Einfluss der Eltern ausgegangen», an welche «sich im Laufe der Zeiten die Erzieher, Lehrer und als unübersehbarer, unbestimmbarer Schwarm alle anderen Personen des Milieus angeschlossen» hätten (op. cit. 163).

Ein tieferes Verständnis der Über-Ich-Bildung im metapsychologischen Sinne gelingt Freud über die Entwicklung des *Identifizierungskonzeptes*[1], wie er es in *Trauer und Melancholie* (1916–17g [1915]) und in *Neue Folge der Vorlesungen* (1933a [1932]) beschreibt sowie über seine Vorstellungen zur Auflösung des Ödipuskomplexes:

In der 31. Vorlesung *Die Zerlegung der psychischen Persönlichkeit* schreibt er: «Wenn man ein Objekt verloren hat oder es aufgeben musste, so entschädigt man sich oft genug dadurch, dass man sich mit ihm identifiziert, es in seinem Ich wieder aufrichtet, so dass hier die Objektwahl gleichsam zur Identifizierung regrediert.» (1933a [1932], GW XV, 69), während er im 3. Kapitel von *Das Ich und das Es* die Entstehung des Über-Ichs in enge Beziehung zu den Identifizierungsprozessen setzt, welche die Auflösung des Ödipuskomplexes begleiten: «So kann man als allgemeinstes Ergebnis der vom Ödipuskomplex beherrschten Sexualphase einen Niederschlag im Ich annehmen, welcher in der Herstellung dieser beiden, irgendwie miteinander vereinbarten Identifizierungen [mit Vater und Mutter, H.W.] besteht. Diese Ichveränderung behält ihre Sonderstellung, sie tritt dem anderen Inhalt des Ichs als Ichideal oder Über-Ich entgegen.» (1923b, GW XIII, 262)

1923 ist nach Freud das Über-Ich oder Ichideal nur eine Vorstellung innerhalb einer Instanz, dem Ich, nicht aber selbst eine psychische Instanz. Erst ein Jahrzehnt später, in der erwähnten 31. Vorlesung erhebt Freud das Über-Ich in die Rolle einer selbständigen Instanz mit Hinweis auf die Tatsache, dass auch das eigene Ich der Beobachtung unterzogen werden könne: «Das Ich kann sich selbst zum Objekt nehmen, sich behandeln wie andere Objekte, sich beobachten, kritisieren […]. Dabei stellt sich ein Teil des Ichs dem übrigen gegenüber.» (1933a [1932], GW XV, 64) Ins Pathologische verzerrt, resultiert daraus der Beobachtungswahn.

Erst 1933 also wird das Über-Ich von Freud als gesonderte Instanz eingeführt: «Ich könnte einfach sagen, die besondere Instanz, die ich im Ich zu unterscheiden beginne, ist das Gewissen, aber es ist vorsichtiger, diese Instanz selbständig zu halten und anzunehmen, das Gewissen sei eine ihrer Funktionen, und die Selbstbeobachtung, die als Voraussetzung für die richterliche Tätigkeit des Gewissens unentbehrlich ist, sei eine andere. Und da es zur Anerkennung einer gesonderten Existenz gehört, dass man dem Ding einen eigenen Namen gibt, will ich diese Instanz im Ich von nun an als ‹Über-Ich› bezeichnen.» (op. cit. 65f)

Es bleibt noch die Frage nach den Beziehungen zwischen Es und Über-Ich. Obwohl topisch ziemlich entgegengesetzt im psychischen Apparat lokalisiert und ontogenetisch insofern getrennt, als sich aus dem Es erst das Ich entwickelt haben muss, um die Entstehung des Über-Ichs möglich zu machen, weisen die beiden Instanzen doch Gemeinsamkeiten auf, die sie vom Ich abheben. Eine wesentliche Beziehung ergibt sich insofern, als der Ödipuskomplex als Manifestation der Triebregungen des Ichs und ihrer quantitativen Ausprägung sich in entsprechender Relation in die Stärke des Über-Ichs fortsetzt: «Das Ichideal ist also der Erbe des Ödipuskomplexes und somit Ausdruck der mächtigsten Regungen und wichtigsten Libidoschicksale des Es. Durch seine Aufrichtung hat sich das Ich des Ödipuskomplexes bemächtigt und gleichzeitig sich selbst dem Es unterworfen.» (1923b, GW XIII, 264)

---

1 vgl. unsere Vorlesung *Zum Begriff der Identifizierung*

Es und Über-Ich stellen sich als innere Faktoren dem Ich entgegen: «Während das Ich wesentlich Repräsentant der Aussenwelt, der Realität ist, tritt ihm das Über-Ich als Anwalt der Innenwelt, des Es, gegenüber. Konflikte zwischen Ich und Ideal werden […] in letzter Linie den Gegensatz von real und psychisch, Aussenwelt und Innenwelt, widerspiegeln.» (op. cit. 264) Die phylogenetischen Erwerbungen, die sich im Es niederschlagen, tun dies somit auch im Über-Ich: «Was die Biologie und die Schicksale der Menschenart im Es geschaffen und hinterlassen haben, das wird durch die Idealbildung vom Ich übernommen und an ihm individuell wieder erlebt, Das Ichideal hat infolge seiner Bildungsgeschichte die ausgiebigste Verknüpfung mit dem phylogenetischen Erwerb, der archaischen Erbschaft, des einzelnen.» (op. cit. 264f)

Zum Abschluss dieses kleinen Kapitels noch ein paar Worte zum *Über-Ich im Vergleich mit dem Ichideal*: In der 31. Vorlesung (1933a [1932], GW XV, 70f) bezeichnet Freud schliesslich das «Über-Ich als Erbe des Ödipuskomplexes». Gleichzeitig sei es «Träger des Ichideals», welches er als Niederschlag der «alten Elternvorstellung, der Ausdruck der Bewunderung jener Vollkommenheit, die das Kind ihnen damals zuschrieb» bezeichnet – das heisst, bei Freud verschmelzt schliesslich das Ichideal mit dem Über-Ich. Hier muss die französische Psychoanalytikerin *Janine Chasseguet-Smirgel* (1975, deutsch 1981) erwähnt werden, die ausgehend von Freuds Arbeit *Zur Einführung des Narzissmus* (1914c) aber im Unterschied zu ihm das Bestehenbleiben des Ichideals postuliert: Sie unterscheidet das Ichideal als Erbe des primären Narzissmus vom Über-Ich als Erbe des Ödipuskomplexes.

4. Psychische Energie / Primär- und Sekundärprozesse

Freud entwickelt früh die Vorstellung einer *psychischen* oder *nervösen Energie*, deren Verteilung oder Umverteilung seelischen Vorgängen zugrunde liegt, nämlich schon in der Anfang 1894 abgefassten Schrift *Die Abwehr-Neuropsychosen*. Er hat die Idee, dass man bei den psychischen Funktionen und Eigenschaften einen *Affektbetrag*, eine noch unmessbare Erregungssumme unterscheiden kann, welche sich vergrössern, vermindern, verschieben kann, der Abfuhr fähig ist und sich über die Gedächtnisspuren der Vorstellungen verbreitet, etwa wie eine elektrische Ladung über die Oberflächen der Körper: «Man kann diese Hypothese […] in demselben Sinne verwenden, wie es die Physiker mit der Annahme des strömenden elektrische Fluidums tun.» (1894a, GW I, 74)

Wenig später, im *Entwurf einer Psychologie* (1950c [1895]) unterscheidet Freud in seinem Konzept der psychischen Energie bereits eine gebundene und eine freie Form, was zu einem wesentlichen Angelpunkt im Rahmen seiner Theorie des psychischen Geschehens wird. Er bezeichnet den Begriff der *nervösen* oder *psychischen Energie* quantitativ als variable Grösse Q. Dieses Energiekonzept wird später auch in die Metapsychologie übernommen, zuerst in das 7. Kapitel der *Traumdeutung*, wobei er die quantitative Grösse Q meistens *Erregung* nennt. Aus diesem Begriff der psychischen Energie wird das *Besetzungskonzept*, welches sich meistens auf die Besetzung mit einem Quantum von Energie oder Quantum Affekt bezieht. Im Rahmen dieses ökonomischen Konzeptes kann ein psychischer Inhalt mit psychischer Energie besetzt werden, die Besetzung kann ihm aber auch wieder entzogen werden. Es wird klar, dass Freud diese psychische Energie, womit eine Vorstellung oder Vorstellungsgruppe besetzt werden kann, gleichsetzt mit Trieb, Libido oder Aggression: «Beim körperlichen Schmerz entsteht eine hohe, narzisstisch zu nennende Besetzung der schmerzenden Körperstelle, die immer mehr zunimmt und sozusagen entleerend auf das Ich wirkt.» (1926d [1925], GW XIV, 204)

Es ist nicht einfach, die Bedeutung des Begriffs *Überbesetzung* zu verstehen. Freud verwendet den Ausdruck zunächst in der *Traumdeutung* (1900a, GW II/III, 599). Dort schreibt er, dass ein vorbewusster Gedankengang unter gewissen Bedingungen fähig ist, ins Bewusstsein zu gelangen, indem er die Aufmerksamkeit des Bewusstseins durch die Vermittlung einer Überbesetzung auf sich zieht. Eine andere Form der Überbesetzung liegt vor, wenn eine Objektvorstellung zweifach besetzt wird, nämlich als Sach- wie als Wortvorstellung. Diese zweifache Besetzung ersteht im System *Vbw*: Nachdem bereits im System *Ubw* eine Besetzung der Sachvorstellungen geschehen ist, verknüpft das System *Vbw* diese Sachvorstellungen mit den entsprechenden Wortvorstellungen, was Freud als *Überbesetzung* bezeichnet.

Die Konzepte der *freien* und *gebundenen Energie* tauchen als physikalische Begriffe bereits im neurophysiologischen Modell des *Entwurfs* auf. Erstmals erwähnt Freud sie als psychologische Sachverhalte in der *Traumdeutung*, wo er zwei verschiedene Zustände der Besetzungsenergie unterscheidet und meint, dass er dadurch eine tiefe Einsicht in das Wesen der nervösen Energie gewonnen habe.

Am verständlichsten werden diese Begriffe im Zusammenhang mit Freuds Konzepten des *Primär- und Sekundärprozesses*: Diese beiden Funktionsweisen des psychischen Apparates unterscheiden sich in topischer wie ökonomisch-dynamischer Beziehung. *Topisch* gesehen kennzeichnet der Primärprozess das System *Ubw*, der Sekundärprozess das System *Vbw-Bw*. *Ökonomisch-dynamisch* betrachtet strömt beim Primärvorgang die psychische Energie frei ab, da sie ohne Hindernisse nach den Mechanismen der Verschiebung und der Kondensation (Verdichtung) von einer Vorstellung zur anderen übergeht. Sie strebt danach, die Vorstellungen in vollem Umfang wieder zu besetzen, die mit Befriedigungserlebnissen, welche den Wunsch konstituieren (primitive Halluzination), zusammenhängen. Beim Sekundärvorgang ist die Energie zunächst gebunden, bevor sie in kontrollierter Form abströmt. Dabei werden die Vorstellungen auf eine stabilere Weise besetzt, die Befriedigung wird aufgeschoben; das erlaubt psychische Erfahrungen durch Erprobung verschiedener möglicher Befriedigungswege. Der Gegensatz zwischen Primär- und Sekundärprozess entspricht demjenigen zwischen Lust- und Realitätsprinzip.

Diese Unterscheidung zwischen Primär- und Sekundärprozess macht Freud bereits im *Entwurf einer Psychologie* (1950c [1895]) und im VII. Kapitel der *Traumdeutung* (1900a).

Der *Primärprozess* ist besonders aus der Funktionsweise des Traums ersichtlich; diese zeigt, dass Bedeutungen wie psychische Energien durch ein *unauffälliges Gleiten* gekennzeichnet sind. Die bekannten Mechanismen sind *Verschiebung und Verdichtung*: Durch die Verschiebung erhält eine scheinbar oft unbedeutende Vorstellung den ganzen psychischen Wert, die Bedeutung, die Intensität (*Quantum Affekt*), die ursprünglich zu einer anderen, bedeutenderen Vorstellung gehörte; durch die Verdichtung können in einer einzigen Vorstellung alle Bedeutungen zusammenfliessen, die durch die sich dort kreuzenden Assoziationsketten herangetragen werden.

Die *Überdeterminierung des Symptoms* ist ein anderes Beispiel für die Funktionsweise des Unbewussten. Durch das Studium des Traums gelangt Freud zur Annahme, dass es die Absicht des unbewussten Vorgangs ist, auf dem kürzesten Weg eine *Wahrnehmungsidentität* herzustellen, also die Vorstellungen, denen das ursprüngliche Befriedigungserlebnis einen bevorzugten Wert verliehen hat, auf halluzinatorische Weise zu reproduzieren.

Der *Sekundärprozess* beherrscht das wache Denken, die Aufmerksamkeit, das Urteilsvermögen, die kontrollierte Handlung. Dort ist es die *Denkidentität*, die immer wieder gesucht wird. Der Sekundärvorgang erfüllt eine regulierende Funktion, die durch die Ich-Bildung ermöglicht wurde. Seine Hauptaufgabe besteht darin, den Primärvorgang zu hemmen, welcher die im Spiel befindliche Energie auf dem kürzesten Weg zu entladen sucht: «Die Wunschbesetzung bis zur Halluzination, die volle Unlustentwicklung, die vollen Abwehraufwand mit sich bringt, bezeichnen wir als psychische Primärvorgänge; hingegen jene Vorgänge, welche allein durch gute Besetzung des Ich ermöglicht werden und Mässigung der obigen darstellen, als psychische Sekundärvorgänge.» (1950c [1895], GW Nachtrag, 422) Wenn im Primärvorgang die psychische Energie in freier Form zirkuliert, existiert sie im Sekundärvorgang in gebundener Form.

5. Zur *Verdrängung* im Rahmen der 2. Topik

Nachdem wir in unserer Vorlesung *Die Trieblehre* bereits über die Triebverdrängung im Rahmen der 1. Topik gesprochen haben, möchten wir den Begriff der *Verdrängung* nun etwas weiter fassen im Rahmen der 2. Topik. Er wird in der 2. metapsychologischen Schrift *Die Verdrängung* (1915d) ausführlich diskutiert, taucht aber sehr früh im Freud'schen Werk auf, wiederholt bereits in den *Studien über Hysterie* (1895d) ebenso im *Entwurf einer Psychologie* (1950c [1895]), wo er im Abschnitt *Die pathologische Abwehr* genauer gefasst wird. Dort wird deutlich, dass Freud *Verdrängung* und *Abwehr* nicht gleichsetzt, wenn er auch in seinen frühen Schriften die Begriffe noch weitgehend austauschbar verwendet. Schon in *Zur Geschichte der psychoanalytischen Bewegung* sagt er jedoch: «Die Verdrängungslehre ist nun der Grundpfeiler, auf dem das Gebäude der Psychoanalyse ruht.» (1914d, GW X, 54)

Nach vorbereitenden Ansätzen in den metapsychologischen Schriften *Triebe und Triebschicksale* (1915c) und *Die Verdrängung* (1915d) klärt Freud in *Hemmung, Symptom und Angst* das Verhältnis der beiden Begriffe endgültig: «Im Zusammenhange der Erörterungen über das Angstproblem habe ich einen Begriff – oder bescheidener ausgedrückt: einen Terminus – wieder aufgenommen, dessen ich mich zu Anfang meiner Studien vor 30 Jahren ausschliesslich bediente und den ich späterhin fallengelassen hatte. Ich meine den des Abwehrvorganges. Ich ersetzte ihn in der Folge durch den der Verdrängung, das Verhältnis zwischen beiden blieb aber unbestimmt.

Ich meine nun, es bringt einen sicheren Vorteil, auf den alten Begriff der Abwehr zurückzugreifen, wenn man dabei festsetzt, dass er die allgemeine Bezeichnung für alle die Techniken sein soll, deren sich das Ich in seinen eventuell zur Neurose führenden Konflikten bedient, während Verdrängung der Name einer bestimmten solchen Abwehrmethode bleibt, die uns infolge der Richtung unserer Untersuchungen zuerst besser bekannt worden ist.» (1926d [1925], GW XIV, 195f)

Der Begriff *Verdrängung* entspricht dem Begriff *ubw* – das Verdrängte ist für Freud synonym mit ubw (aber das Ubw besteht nicht nur aus dem Verdrängten). In *Die Verdrängung* (1915d) schreibt er, dass ihr Wesen darin bestehe, dass sie einen unlustvollen psychischen Inhalt vom Bewusstsein fernhält. Dabei entzieht der Verdrängungsvorgang der Vorstellung die Besetzung. Vorstellung und Besetzung, Affekt, haben zwei verschiedene Schicksale. Die Vorstellung wird ins Unbewusste verdrängt, während der Affekt gleichsam verschoben wird: Bei der Konversionshysterie auf einen Körperteil, wodurch er körperliche Symptome verursacht (der Affekt wird umgewandelt in Innervationsenergie), bei der Zwangsneurose auf andere, nebensächliche psychische Inhalte (der Affekt wird transponiert).

Freud unterscheidet drei Phasen beim *Verdrängungsvorgang*:
1. Die *Urverdrängung*. Sie bezieht sich auf die Repräsentanzen oder Vorstellungen, mit welchen ein erster unbewusster Kern gebildet wird, der dann als Anziehungspol für weitere zu verdrängende Elemente funktioniert.
2. Die eigentliche Verdrängung. Sie besteht in der Anziehung weiterer bedeutungsähnlicher Inhalte durch diese Urverdrängung und wird als *Nachdrängen* bezeichnet.
3. Die Wiederkehr des Verdrängten in Form von Symptomen, Träumen, Fehlleistungen.

Metapsychologisch lässt sich die Verdrängungsoperation, welche in der 2. Topik durch das Ich bewerkstelligt wird, unter drei Gesichtspunkten betrachten:
1. Topisch: Die verdrängende Instanz ist das unbewusste Ich, welches die Abwehroperation bewerkstelligt.
2. Ökonomisch: Die Verdrängung basiert auf einem komplexen Spiel von Besetzungsentziehungen, Wiederbesetzungen und Gegenbesetzungen, welche sich an den Vorstellungsrepräsentanzen abspielen.
3. Dynamisch: Die Verdrängung geschieht aufgrund von Unlust, also aufgrund von Konflikten zwischen dem Ich, dem Es, dem Über-Ich und der Aussenwelt.

Mit der alleinigen Annahme eines vorbewussten Besetzungsentzugs lässt sich aber weder die Dynamik der Urverdrängung noch die des Nachdrängens ganz verstehen. In diesem Zusammenhang entwickelt Freud das Konzept der *Gegenbesetzung*, was er in der *Traumdeutung* als Gedanke schon andeutete: «Es kommt dann zum Abwehrkampf, indem das Vbw den Gegensatz gegen die verdrängten Gedanken verstärkt (Gegenbesetzung).» (1900a, GW II/III, 610) Sie besteht in der Besetzung einer vorbewussten Vorstellung, welche sich in besonderem Masse zur Abhaltung einer verdrängten Vorstellung eignet.

In *Das Unbewusste* sagt Freud: «Wir bedürfen also hier eines anderen Vorganges, welcher im ersten Falle die Verdrängung unterhält, im zweiten ihre Herstellung und Fortdauer besorgt und können diesen nur in der Annahme einer Gegenbesetzung finden, durch welche sich das System Vbw gegen das Andrängen der unbewussten Vorstellung schützt. Wie sich eine solche Gegenbesetzung, die im System Vbw vor sich geht, äussert, werden wir an klinischen Beispielen sehen. Sie ist es, welche den Daueraufwand einer Urverdrängung repräsentiert, aber auch deren Dauerhaftigkeit verbürgt. Die Gegenbesetzung ist der alleinige Mechanismus der Urverdrängung; bei der eigentlichen Verdrängung (dem Nachdrängen) kommt die Entziehung der vbw Besetzung hinzu. Es ist sehr wohl möglich, dass gerade die der Vorstellung entzogene Besetzung zur Gegenbesetzung verwendet wird.» (1915e, GW X, 280)

Ähnliche Definitionen der Gegenbesetzung finden sich in der 25. Vorlesung: «Ich habe Ihnen doch bereits von der ‹Gegenbesetzung› gesprochen, die das Ich bei einer Verdrängung aufwendet und dauernd unterhalten muss, damit die Verdrängung Bestand habe.» (1916–17a [1915–17], GW XI, 426) Und in der *Selbstdarstellung* schreibt Freud: «Erstens musste sich das Ich gegen den immer bereiten Andrang der verdrängten Regung durch einen permanenten Aufwand, eine Gegenbesetzung, schützen und verarmte dabei.» (1925d [1924], GW XIV, 55)

Die Gegenbesetzung zeigt sich klinisch in Form von *Ersatzbildungen*, welche in *Die Verdrängung* (1915d, GW X, 256f) noch von Symptombildungen unterschieden wird: Symptome sind danach als Anzeichen der Wiederkehr des Verdrängten aufzufassen, zeugen also von einer misslungenen Verdrängung, während Ersatzbildungen zunächst als Gegenbesetzungsversuch im Rahmen eines Verdrängungsvorganges betrachtet werden. Gegenbesetzungen in Form von Ersatzbildungen finden sich in der ersten Phase einer Zwangsneurose, nämlich als Reaktionsbildung gegen feindselige Impulse – die Verdrängungsarbeit habe vollen Erfolg, der Vorstellungsinhalt werde abgewiesen und der Affekt zum Verschwinden gebracht, aber als Ersatzbildung findet sich eine Ich-Veränderung, die Steigerung der Gewissenhaftigkeit, die man nicht gut ein Symptom heissen kann; hier fallen also Ersatz- und Symptombildung auseinander. Eine Ersatzbildung stellt auch die unbewusste Wahl des phobischen Objekts, etwa eines Tieres, bei der Angsthysterie, dar. Die Bildung einer solchen Ersatzvorstellung mit Angstentwicklung entspricht klinisch der Ausbildung eines Symptoms. In *Hemmung, Symptom und Angst* (1926d [1925]) setzt Freud Ersatz- und Symptombildung dann gleich.

Vorlesung XIX

Die negative psychische Arbeit

Heute wollen wir uns mit diesem äusserst wichtigen, aber auch recht komplizierten Thema der Psychoanalyse befassen. Vorausgeschickt sei, dass *negative psychische Arbeit* nicht gleichbedeutend ist mit *zerstörerischer Arbeit*. Die negative psychische Arbeit beinhaltet mehr Konstruktives als Destruktives – sie ist nach der Sichtweise der modernen Psychoanalyse (Green, 1993) massgeblich beteiligt an der Konstruktion des psychischen Apparates. Vielleicht könnte man in Anlehnung an Mephistopheles (in *Goethes Faust I*, Vers 1336) die negative Arbeit bezeichnen als «ein Teil von jener Kraft, die stets das Böse will und stets das Gute schafft»?

Zunächst werde ich im Werk Freuds den Spuren des Destruktiven der negativen psychischen Arbeit nachgehen, um dann zum Konstruktiven zu kommen.

I. Die destruktive Seite der negativen psychischen Arbeit

Mit *Jenseits des Lustprinzips* (1920g) führt Freud sein zweites Triebmodell[1] ein, in welchem er dem Lebenstrieb den *Todestrieb* gegenüberstellt. Diese originelle Einführung hat weitreichende Konsequenzen; sie wurde und wird bis heute immer wieder kritisiert. Weitere, teils noch prägnanter formulierte Gedanken über den Todestrieb sowie besonders zu Sadismus und Masochismus finden sich in *Das Ich und das Es* (1923b), in *Das ökonomische Problem des Masochismus* (1924c), in *Das Unbehagen in der Kultur* (1930a [1929]) sowie in der 32. Vorlesung *Angst und Triebleben* aus *Neue Folge der Vorlesungen zur Einführung in die Psychoanalyse* (1933a [1932]).

Ausgangspunkt der Theoriebildung des Todestriebes ist die von Freud schon früher bemerkte, aber noch nicht eingehender gewürdigte Tatsache des *Wiederholungszwanges*, ein Begriff, der schon in *Erinnern, Wiederholen und Durcharbeiten* (1914g, GW X, 134) oder in *Das Unheimliche* (1919h, GW XII, 251) auftaucht.

Freud hatte immer wieder festgestellt, dass das Kinderspiel auch unlustvolle Szenen wiederholt, dass Patienten mit traumatischer Neurose in ihren Träumen das verursachende Trauma wiederholen, dass Analysanden in der analytischen Sitzung in der Übertragung schmerzliche infantile Erlebnisse wiederholen, dass viele Menschen immer wieder selbst verursachte Schicksalsschläge wiederholen. Er fasst schliesslich seine Beobachtungen folgendermassen zusammen: «Angesichts solcher Beobachtungen aus dem Verhalten in der Übertragung und aus dem Schicksal der Menschen werden wir den Mut zur Annahme finden, dass es im Seelenleben wirklich einen Wiederholungszwang gibt, der sich über das Lustprinzip hinaussetzt.» (1920g, GW XIII, 21)

Das Wesen des Wiederholungszwanges, der mit dem Lustprinzip unvereinbar scheint, wird von Freud zunächst in der Reizbewältigung gesehen. Damit gibt er sich aber nicht zufrieden, vielmehr leitet er aus den angeführten Beobachtungen eine weit ausgreifende Theorie der Triebe ab. Diese triebtheoretischen Überlegungen nehmen von der Bemerkung über den triebhaften Charakter des Wiederholungszwanges ihren Ausgang: «Die Äusserungen eines Wiederholungszwanges, die wir an den frühen Tätigkeiten des kindlichen Seelenlebens wie an den Erlebnissen der psychoanalytischen Kur beschrieben haben, zeigen im hohen Grade den triebhaften, und wo sie sich im Gegensatz zum Lustprinzip befinden, den dämonischen Charakter.» (op. cit. 36)

Dies führt zur Frage, auf welche Art das Triebhafte mit dem Zwang zur Wiederholung zusammenhängt. Auf der von Freud selbst gegebenen Antwort basiert nun die neue Trieblehre: «Hier muss sich uns die Idee aufdrängen, dass wir einem allgemeinen, bisher nicht klar erkannten – oder wenigstens nicht ausdrücklich betonten – Charakter der Triebe, vielleicht allen organischen Lebens überhaupt, auf die Spur gekommen sind. Ein Trieb wäre also ein dem belebten Organischen innewohnender Drang zur Wiederherstellung eines früheren Zustandes, welchen dies Belebte unter dem Einflusse äusserer Störungskräfte aufgeben musste, eine Art von organischer Elastizität, oder wenn man will, die Äusserung der Trägheit im organischen Leben.» (op. cit. 38)

---

1 vgl. unsere Vorlesung *Die Trieblehre*

Nach der Ansicht Freuds ist die grundlegende Tendenz eines jeden Lebewesens, zum vorangegangenen, also letztlich zum anorganischen Zustand zurückzukehren: «Wenn wir annehmen, dass das Lebende später als das Leblose gekommen und aus ihm entstanden ist, so fügt sich der Todestrieb der erwähnten Formel, dass ein Trieb die Rückkehr zu einem früheren Zustand anstrebt.» (1940a [1938], GW XVII, 71) Unter dieser Sichtweise muss «alles Lebende aus inneren Gründen» sterben, ins Anorganische zurückkehren (1920g, GW XIII, 40).

Am direktesten mit dem Todestrieb verknüpft Freud das Negative in der Form der *negativen therapeutischen Reaktion*[2]; in seiner Arbeit *Die endliche und die unendliche Analyse* (1937c) sagt er, wenn die negative therapeutische Reaktion zuweilen nicht überwunden, noch adäquat gedeutet werden könne, läge dies am absoluten Charakter des Todestriebes.

Mit der Einführung der Todestriebhypothese ändert auch Freuds Auffassung bezüglich des *Sadismus* und des *Masochismus*[3]. Freud nimmt nun an, dass der Sadismus eigentlich ein Todestrieb ist, der vom Subjekt, vom Ich abgedrängt worden ist und erst am Objekt zum Vorschein kommt als Sadismus. Der Masochismus, in den *Drei Abhandlungen* (1905d) noch als eine sekundäre Bildung, als ein gegen die eigene Person gewendeter Sadismus verstanden, wird nun als primär betrachtet. Ein Teil von ihm verbleibt als primärer erogener Masochismus im Organismus und wird mit Hilfe der sexuellen Miterregung libidinös gebunden, während ein anderer Teil von ihm als Sadismus nach aussen auf die Objekte abgeleitet wird (1924c).

In der *Melancholie* oder pathologischen Trauer identifiziert sich das Ich mit dem verlorenen Objekt. Dabei amputiert es einen Teil von sich selbst, der durch das verlorene Objekt besetzt wird. Der Melancholiker steht offensichtlich unter der Herrschaft der Negativität, in seinem Selbstbild wie im Bild, welches er den andern vermittelt. Auch bei der Melancholie ist die Negativität also klar mit der Destruktion verbunden.

Die verschiedenen Facetten des Todestriebes bergen alle die Gefahr der Destruktion in sich, weil es zur Entmischung, Entbindung der Verbindung von Todes- und Lebenstrieb kommen kann. Der Todestrieb als bedrohliche Instanz hat deshalb in der Psyche eine mächtige und gefährliche Stellung.

Im Rahmen der Todestriebhypothese Freuds und der Destruktivität möchte ich auf die wesentlichen Beiträge zweier moderner Psychoanalytiker, *Wilfred R. Bion* und *André Green*, hinweisen:

1. Zum Beitrag von Wilfred R. Bion

Bion (1959) demonstriert anhand klinischer Beispiele, wie Patienten mit dem psychotischen Teil ihrer Persönlichkeit destruktive Angriffe führen auf alles, was verbindend wirkt, auch in der Beziehung mit dem Analytiker. Er nennt dies *attacks on linking*.

Ferner führt Bion (1963) in einer Art Chiffriersystem zu seinen Begriffen von L (*Love*) und H (*Hate*) den wichtigen und in unserem Zusammenhang vor allem interessierenden Begriff von K (*Knowledge*) hinzu. +K bedeutet das Verbindende, Wachsende, Entwicklungsfähige, die Lust, etwas kennenzulernen – also alles, was auf der Seite des Freud'schen Lebenstriebes steht. –K bedeutet genau das Gegenteil, steht also auf der Seite des Freud'schen Todestriebes. In –K wird (auch in der psychoanalytischen Sitzung) das Missverstehen oder Nichtverstehen angestrebt, der *Gedankenapparat* wird, wie Bion es formuliert, zum *Ausscheidungsapparat*.

Wir werden wiederholt auf Bion zurückkommen und in unserer Vorlesung *Psychotische Zustände II* uns noch etwas eingehender mit ihm befassen.

2. Zum Beitrag von André Green

Green (1993) versteht den Todestrieb als einen auf ein Nullniveau hinwirkenden negativen Narzissmus, der sich als durch Entbindung wirkende desobjektalisierende Funktion äussert. Dabei wird nicht nur die Objektbeziehung und alle ihre Substitute angegriffen, sondern die objektalisierende Funktion selbst. Das geschieht hauptsächlich durch Besetzungsentzug, Desinvestierung. Unter dieser Sichtweise sind die destruktiven Manifestationen der Psychose sehr viel weniger an den Mechanismus der projektiven Identifizierung[4] gebunden, als vielmehr an das, was sie begleitet oder was ihr nachfolgt, nämlich die Verarmung des Ichs – ihm wird die Besetzung entzogen,

---

2 vgl. unsere Vorlesung *Die negative therapeutische Reaktion*
3 vgl. unsere Vorlesung *Zum Masochismus*
4 vgl. unsere Vorlesung *Die projektive Identifizierung*

es wird desinvestiert. Die desobjektalisierende Funktion im Dienste des negativen Narzissmus löst also durch die Desinvestierung alles das wieder auf, was die objektalisierende Funktion geschaffen hat –Todes- gegen Lebenstrieb im Freud'schen Verständnis.

Die desobjektalisierende Funktion dominiert bei klinischen Bildern wie der Melancholie, dem infantilen Autismus, den paranoiden Formen der chronischen Psychose, der Anorexie und bei verschiedenen Erscheinungen einer somatischen Pathologie des Säuglings. Auch in den Arbeiten der Pariser psychosomatischen Schule[5], welche die Termini *operationelles Denken, essentielle Depression, progressive Desorganisation, Pathologie des Vorbewussten* kreiert haben, spielt die desobjektalisierende Funktion eine wesentliche Rolle.

II. Die konstruktive Seite der negativen psychischen Arbeit

1. Negative psychische Arbeit und Abwehr

Wir werden jetzt einige Abwehrformen betrachten, welche verbunden sind mit negativer psychischer Arbeit oder Aktivität, aber nicht als destruktiv verstanden werden können, da sie eine *Schutzfunktion für das Überleben der Psyche* haben.

a) Die Verdrängung

Sie wird ausführlich besprochen in Freuds zweiter metapsychologischer Arbeit (*Die Verdrängung*, 1915d). Sie ist der Grund dafür, dass die Neurose als das Negativ der Perversion betrachtet werden kann, denn in der Neurose werden unliebsame mit einem Trieb zusammenhängende Vorstellungen verdrängt, negativiert, das heisst ins Unbewusste zurückgestossen und dort festgehalten, während es in der Perversion möglich ist, einen Trieb auszuleben. Die Verdrängung ist also eine negative psychische Arbeit, die zum Schutz des Individuums die Verhinderung einer potentiell Unlust oder Konflikte bringenden Triebbefriedigung bewirkt.

b) Die Verneinung

Sie ist eine negative psychische Arbeit, bei der das Individuum verdrängtes Material, das ins Bewusstsein gelangt, zu seinem Schutz weiterhin abwehrt, indem es dieses Material verneint. Seine Schrift *Die Verneinung* schliesst Freud mit dem Satz: «Kein stärkerer Beweis für die gelungene Aufdeckung des Unbewussten, als wenn der Analysierte mit dem Satze: ‹Das habe ich nicht gedacht›, oder: ‹Daran habe ich nicht (nie) gedacht›, darauf reagiert.» (1925h, GW XIV, 15)

c) Die Verleugnung

Sie ist eine negative psychische Arbeit, bei der die erfolgte Wahrnehmung einer traumatisierenden Realität abgewiesen, verleugnet wird. Eine solche traumatisierende Wahrnehmung ist nach Freud die Wahrnehmung der Penislosigkeit der Frau[6], deren Verleugnung er besonders in Zusammenhang mit dem *Fetischismus* (1927e) erwähnt. Beim Fetischismus bestehen im Individuum zwei unverträgliche Positionen nebeneinander: Die Verleugnung und die Anerkennung der sogenannten *weiblichen Kastration*; dass diese widersprüchlichen Positionen nebeneinander bestehen können, verlangt zudem eine Spaltung des Ichs (*Die Ichspaltung im Abwehrvorgang*, 1940e [1938]).

d) Die Verwerfung

Die Verwerfung ist ein Terminus, der von Lacan (*forclusion*) eingeführt wurde für einen spezifischen Mechanismus, der dem psychotischen System zugrunde liegt. Verworfen aus dem symbolischen Universum des Subjekts wird ein fundamentaler Signifikant (*signifiant*), wie z.B. der Phallus als Signifikant des Kastrationskomplexes. Im Unterschied zur Verdrängung werden der Verwerfung anheim gefallene Signifikanten nicht in das Unbewusste integriert und kommen nicht aus dem Inneren zurück, sondern erscheinen mitten im Realen, besonders im halluzinatorischen Phänomen.

Lacan stützt sich dabei vor allem auf die Arbeit Freuds *Die Abwehr-Neuropsychosen*, wo Freud schreibt: «Es gibt nun eine weit energischere und erfolgreichere Art der Abwehr, die darin besteht, dass das Ich die unerträgliche

---
5 vgl. unsere Vorlesung *Das Problem der Psychosomatik I*
6 vgl. unsere Vorlesungen *Die Weiblichkeit heute I und II*

Vorstellung mitsamt ihrem Affekt verwirft und sich so benimmt, als ob die Vorstellung nie an das Ich herangetreten wäre. Allein in dem Moment, in dem dies gelungen ist, befindet sich die Person in einer Psychose, die man wohl nur als ‹halluzinatorische Verworrenheit› klassifizieren kann.» (1894a, GW I, 72) Die Verwerfung ist also eine sehr radikal wirksame negative psychische Arbeit des Ichs, um sich gegen eine unerträgliche Vorstellung und den damit verbundenen Affekt zu wehren.

2. Negative psychische Arbeit und negative Halluzination

Die negative Halluzination ist eine weitere negative psychische Aktivität; im Unterschied zur eigentlichen (positiven) Halluzination, bei welcher etwas wahrgenommen wird, das real nicht existiert, geht es bei der negativen Halluzination um die Nichtwahrnehmung von etwas, das real existiert.

Freud übernahm den Begriff von *Hippolyte Bernheim* und verwendete ihn erstmals in seiner Arbeit *Psychische Behandlung (Seelenbehandlung)* in Zusammenhang mit der Hypnose: «Wie man den Hypnotisierten nötigen kann zu sehen, was nicht da ist, so kann man ihm auch verbieten, etwas, was da ist und sich seinen Sinnen aufdrängen will, z.B. eine bestimmte Person, zu sehen (die sogenannte negative Halluzination), und diese Person findet es dann unmöglich, sich dem Hypnotisierten durch irgendwelche Reizungen bemerklich zu machen; sie wird von ihm ‹wie Luft› behandelt.» (1890a, GW V, 308)

In den *Formulierungen über die zwei Prinzipien des psychischen Geschehens* (1911b) erwähnt Freud etwas ähnliches, wenn er vom *Realitätsverlust* der Psychotiker aber auch der Neurotiker spricht – der Verdrängungsprozess erlaubt, eine unerträgliche Wirklichkeit nicht zu sehen, also das Realitätsprinzip zu Gunsten des Lustprinzips aufzugeben (1911b, GW VIII, 230).

Wie ist das möglich? Im System *Wahrnehmung-Bewusstsein* (*W-Bw*)[7] kann die Wahrnehmung nicht nur von der äusseren, sondern im Zuge einer Regression auch von der inneren Realität her besetzt werden. Damit kann eine Vorstellung sich auf das Gebiet des Bewusstseins begeben, so dass die innere Realität nicht mehr unterscheidbar ist von der äusseren; anders ausgedrückt, gelingt es der inneren Realität, sich für die äussere Realität auszugeben. Die negative Halluzination ist der Prozess, durch welchen das Ich dies zu bewerkstelligen vermag.

> Klinisches Beispiel einer negativen Halluzination: Eine Patientin kommt in die Therapiestunde und erzählt von einem Erlebnis, das sie am Morgen hatte – sie blickte in den Spiegel, konnte sich aber nicht sehen.

Green (1993, 217ff) weist darauf hin, dass Erlebnisse negativer Halluzinationen in der Literatur immer wieder beschrieben wurden. Er erwähnt Hoffmann, Gogol und Dostojewski, worauf sich auch Maupassant in seinem 1887 geschriebenen Roman *Le Horla* zurückführen lasse.

Freud beschreibt in *Aus der Geschichte einer infantilen Neurose*, also in der Krankengeschichte des *Wolfsmanns*[8], eine negative Halluzination (1918b [1914], GW XII, 117f):

> Der Wolfsmann erzählte, dass er fünfjährig im Garten in der Nähe seiner Gouvernante gespielt und dabei mit einem Taschenmesser die Rinde eines Nussbaumes aufgeschnitten habe (dieser Baum war es auch, auf dem er im Traum die weissen Wölfe sah, die zu seiner Namensgebung führten). Plötzlich habe er mit grossem Schrecken festgestellt, dass er sich den kleinen Finger einer Hand durchgeschnitten habe – der Finger sei nur noch durch ein Stück Haut an dieser Hand befestigt geblieben. Er habe keinen Schmerz, aber eine riesige Angst empfunden. Er habe nicht gewagt, der Gouvernante etwas zu sagen, und sei auf einer nahen Bank zusammengebrochen, wo er lange sitzen geblieben sei, unfähig, einen Blick auf diesen Finger zu werfen. Endlich habe er sich beruhigt und seinen Finger betrachtet – und siehe da, dieser zeigte keine Verletzung!

3. Negative psychische Arbeit und Aufbau der psychischen Struktur

a) Das Unbewusste

Als Freud die zu seiner Zeit vorherrschende Gleichsetzung des Psychischen mit dem Bewusstsein widerlegte und seine Idee eines *Unbewussten* verteidigte, beschrieb er bereits eine negative psychische Aktivität – das Unbewusste ist die Negativierung des Bewusstseins. Das Unbewusste arbeitet, ohne dass das Bewusstsein davon Kenntnis hat, und wir stehen dauernd unter seinem Einfluss, sind deshalb, wie Freud es schön formuliert, «nicht

---

7   vgl. unsere Vorlesung *Metapsychologie II*
8   vgl. unsere Vorlesung *Aus Freuds klinischen Schriften: Der Wolfsmann*

Herr im eigenen Haus», worin er die dritte Kränkung der Eigenliebe der Menschheit, die psychologische, sieht (1917a [1916], GW XII, 11) – nach der ersten kosmologischen (Kopernikus – die Erde ist nicht im Zentrum des Universums) und der zweiten biologischen (Darwin – der Mensch ist nicht göttlicher Abkunft, sondern hat sich aus der Tierreihe entwickelt).

b) Der Traum

Das erste Beispiel einer authentischen negativen psychischen Arbeit bei Freud war seine Entdeckung der Traumarbeit. Der Schlaf an sich ist ein positiver Zustand; es ist die Abwesenheit des Bewusstseins, also wieder die Unbewusstheit, der dabei die Rolle des Negativen zukommt. Zudem zeigt der durch die Traumarbeit gestaltete manifeste Trauminhalt nicht klar den Mangel auf, gegen den sich der Versuch der Wunscherfüllung wendet. Die Traumarbeit als negative psychische Arbeit verdunkelt diesen Mangel, erst die Traumanalyse findet die unbewusste, latente Phantasie, in welcher die Traumquelle liegt. Auch bei der Arbeit der Traumzensur stellen wir einen Zusammenhang mit der negativen Arbeit fest.

c) Die Trauer

Bei der Trauer ist im Unterschied zum Traum der Mangel, Verlust offensichtlich. Das Negative tritt nach aussen in Erscheinung. Nach innen wirkt es im Verborgenen, z.B. im unbewusst bleibenden Hass auf das verlorene Objekt. Die Trauerarbeit kämpft gegen die Negativation, gegen das Verschwinden des Objektes an, ist also ein Verarbeitungsversuch.

d) Triebe, Repräsentanzen und Denken

Die Welt der Repräsentanzen (Vorstellungen) und das Denken sind aus einem Zustand des Mangels, aus einer Negativität heraus entstanden und haben eine fundamentale strukturierende Bedeutung für die Psyche.

Ein Säugling wird immer wieder in einen Zustand des Mangels, der Negativität geraten, wenn das Objekt der Befriedigung (die Mutter oder ein Mutterersatz) abwesend ist. Dadurch wird er jedoch veranlasst, die Erinnerungsspuren zuvor erfolgter Triebbefriedigung positiv zu besetzen und sich die Befriedigungssituation, welche er einmal erlebt hat, nun in der Situation des Mangels vorzustellen, das heisst, es kommt zu einer halluzinatorischen Triebbefriedigung. Daraus entstehen die Mutterrepräsentanzen und das Denken, womit die Grundsteine für den Aufbau der Vorstellungswelt und des Denkapparats gelegt sind – ein Vorgang, den Freud im 7. Kapitel der *Traumdeutung* (1900a) beschreibt.

Vorlesung XX

Die negative therapeutische Reaktion

Ich möchte zuerst auf den grundlegenden Beitrag von Freud eingehen, um dann auf die Ansichten einiger moderner Psychoanalytiker zu kommen.

I. Die negative therapeutische Reaktion bei Freud

Freud wählte den klinischen Begriff der *negativen therapeutischen Reaktion* zur Einführung der Idee eines unbewussten Schuldgefühls im Zusammenhang mit dem Über-Ich. In *Das Ich und das Es* schreibt er: «Es gibt Personen, die sich in der analytischen Arbeit ganz sonderbar benehmen. Wenn man ihnen Hoffnung gibt und ihnen Zufriedenheit mit dem Stand der Behandlung zeigt, scheinen sie unbefriedigt und verschlechtern regelmässig ihr Befinden. Man hält das anfangs für Trotz und Bemühen, dem Arzt ihre Überlegenheit zu bezeugen. Später kommt man zu einer tieferen und gerechteren Auffassung. Man überzeugt sich nicht nur, dass diese Personen kein Lob und keine Anerkennung vertragen, sondern, dass sie auf die Fortschritte der Kur in verkehrter Weise reagieren. Jede Partiallösung, die eine Besserung oder zeitweiliges Aussetzen der Symptome zur Folge haben sollte und bei anderen auch hat, ruft bei ihnen eine momentane Verstärkung ihres Leidens hervor, sie verschlimmern sich während der Behandlung, anstatt sich zu bessern. Sie zeigen die sogenannte negative therapeutische Reaktion.» (1923b, GW XIII, 278)

Daraus folgt, dass in solchen Fällen die Krankheit einer Minderung schwer erträglicher Schuldgefühle dient, während eine Besserung oder Aussicht auf Besserung diese intensiviert, also für den Patienten eine Bedrohung darstellt. Freud nahm an, dass der symptomfreie Zustand für solche Patienten die Erfüllung und Befriedigung unbewusster Kindheitswünsche repräsentiert, die als verboten erlebt werden.

Heutige Analytiker bezweifeln kaum, dass Freud ein wirkliches klinisches Phänomen beschrieben und erklärt hat. Weil Psychoanalysen entsprechend des fortgeschrittenen Erkenntnisstandes länger dauern als damals, wird die in der Gegenübertragung vom Analytiker oft als Enttäuschung (*ein Schritt vorwärts und zwei zurück*) empfundene negative therapeutische Reaktion jedoch vielleicht weniger am Ende, sondern immer wieder während des gesamten langen Verlaufs einer Analyse beobachtbar. Aber gerade deshalb kann sie besser analysiert werden – viele Analysen befassen sich vorwiegend mit der Neigung eines Patienten, jeglichem Erfolg in verschiedenen Belangen seines Lebens wie in der Analyse mit einer negativen therapeutischen Reaktion zu begegnen.

Bereits in *Einige Charaktertypen aus der psychoanalytischen Arbeit* hatte Freud am Beispiel derjenigen, «die am Erfolge scheitern» aufgezeigt, dass es «Gewissensmächte sind, welche der Person verbieten, aus der glücklichen realen Veränderung den lange erhofften Gewinn zu ziehen» (1916d, GW X, 372). Obwohl er es nicht ausdrücklich hervorhob, scheint doch recht klar zu sein, dass die negative therapeutische Reaktion in der Analyse mit dem Am-Erfolge-scheitern im Leben identisch ist. In beiden Fällen haben wir es mit Erfolg zu tun, in beiden reagiert der Patient negativ, indem er krank wird oder sein Zustand sich verschlechtert, und in beiden Fällen kann diese Reaktion als Folge von Schuldgefühlen in Bezug auf die Erfüllung eines unbewussten Wunsches durch den Erfolg angesehen werden.

Sandler, Dare und Holder (1973, deutsch 1986, 79f) beschrieben Freuds Ansicht wie folgt: «Freud verwandte […] die Bezeichnung ‹negative therapeutische Reaktion› 1. zur Beschreibung eines besonderen Behandlungsphänomens, nämlich der Verschlechterung des Zustands des Patienten nach einer ermutigenden Erfahrung […]. Sie tritt gerade dann auf, wenn man normalerweise erwarten sollte, dass der Patient erleichtert ist. 2. als Erklärung des Phänomens im Sinne eines psychischen Mechanismus, also einer Reaktion in der Form, dass Verschlechterung oder Gefühl von Verschlechterung statt Besserung eintritt, und die dazu dient, die durch die Besserung hervorgerufenen Schuldgefühle zu vermindern. Bei den Patienten, die diese Reaktion zeigen, repräsentiert offenbar Besserung die Erfüllung eines verbotenen inneren Wunsches und wird infolgedessen als Gefahr erlebt.»

Der Begriff der negativen therapeutischen Reaktion hat bis heute *gewisse Veränderungen* erfahren, zumindest wurden einige Akzente anders gesetzt:

In einem gewissen Sinn begann dieser Prozess bereits 1923 mit Freuds ursprünglicher Diskussion der Reaktion. Nachdem er sie eingeführt hatte, um die Auswirkungen von unbewussten Schuldgefühlen aufzuzeigen, fuhr er wie folgt weiter: «Dies Schuldgefühl äussert sich nur als schwer reduzierbarer Widerstand gegen die Herstellung [...], dürfte aber in geringerem Ausmass [als bei der negativen therapeutischen Reaktion, H.W.] für sehr viele, vielleicht für alle schwereren Fälle von Neurose in Betracht kommen.» (1923b, GW XIII, 279f)

Ein Jahr später in *Das ökonomische Problem des Masochismus* (1924c) wies Freud darauf hin, dass das unbewusste Schuldgefühl, das in den negativen therapeutischen Reaktionen erkenntlich sei, durch eine unbewusste masochistische Tendenz verstärkt werden könne. Dies ermögliche einen zusätzlichen Gewinn aus dem krankheitsbedingten Leiden und verstärke den Widerstand gegen die Besserung. Freud war hier mehr daran interessiert, den Beitrag des Masochismus zum neurotischen Leiden hervorzuheben, als an der spezifischen Verbindung zwischen Masochismus und negativer therapeutischer Reaktion, die in diesem Zusammenhang als nur eine unter vielen möglichen Äusserungen unbewusster Schuldgefühle anzusehen ist.

Von daher stellt sich die Frage, in welcher Beziehung die negative therapeutische Reaktion zu einem generelleren Über-Ich-Widerstand steht. In *Hemmung, Symptom und Angst* 1926 zählte Freud fünf verschiedene Widerstände auf und wies darauf hin, dass der fünfte, mit dem Über-Ich zusammenhängende Widerstand «dem Schuldbewusstsein oder Strafbedürfnis zu entstammen» scheine, und «sich jedem Erfolg und demnach auch der Genesung durch die Analyse» widersetze (1926d [1925], GW XIV, 193). Die negative therapeutische Reaktion findet dort keine Erwähnung – dennoch gibt es keine Anzeichen dafür, dass sie ihre einmalige Identität als klinisches Phänomen verloren hätte.

II. Einige Beiträge zur negativen therapeutischen Reaktion nach Freud

1. Joan Riviere

In *A contribution to the analysis of the negative therapeutic reaction* (1936) versucht Riviere aufzuzeigen, dass besonders hartnäckige Fälle, die bis anhin der Analyse unzugänglich waren, aufgrund von Melanie Kleins Einsichten analysiert werden können. Sie erweitert den Begriff der negativen therapeutischen Reaktion, indem sie eine Anzahl verschiedener Widerstandsformen gegenüber Deutungen des Analytikers miteinschliesst, insbesondere Widerstände, deren Ursprung in einer Bedrohung des Selbstgefühls und der narzisstischen Integrität des Patienten liegt sowie in seinem Bedürfnis, die Liebe zu seinen inneren Objekten zu erhalten. Die Gefahr der negativen therapeutischen Reaktion besteht nach Riviere in der Depression oder im Zusammenbruch der Innenwelt, der die Zerstörung dieser inneren Objekte bewirkt und das Selbst einer unausweichlichen Leere und Verlassenheit aussetzt.

2. Karen Horney

Sie betont in *The problem of the negative therapeutic reaction* (1936), dass nicht jede Verschlechterung im Befinden eines Patienten als negative therapeutische Reaktion zu verstehen sei. Sie unterstreicht den bi-phasischen Aspekt: Besserung oder Erfolg, gefolgt von einem Rückfall oder Versagen. Nach ihrer Erfahrung spürt der Patient tatsächlich sehr oft diese Erleichterung, um dann mit Verstärkung der Symptomatik, Entmutigung, Wunsch nach Behandlungsabbruch darauf zu reagieren. Horney meint, die negative therapeutische Reaktion gründe in einer besonderen Art masochistischer Persönlichkeitsstruktur.

3. Herbert Rosenfeld

Er geht im Artikel *Negative therapeutic reaction* (1975) auf die Rolle des Narzissmus in der negativen therapeutischen Reaktion ein, mit besonderer Berücksichtigung des Beitrags des Neids. Rosenfeld unterscheidet Über-Ich-Attacken von den kritischen Attacken, die der narzisstischen Organisation entstammen und sich gegen den infantilen und abhängigen Teil des Selbst richten. Er hält fest, dass nur die Analyse der Aggression und des Neids und der damit verbundenen, auf den Analytiker projizierten Verfolgungsangst in der Übertragung es ermöglicht, die negative therapeutische Reaktion anzugehen.

4. Joseph Sandler

In *Zur Einführung der negativen therapeutischen Reaktion* (1980) schreibt Sandler, dass bei der Verwendung des Begriffs der negativen therapeutischen Reaktion Vorsicht am Platz sei. Nach ihm besteht kein Zweifel darüber, dass das von Freud beschriebene klinische Phänomen auch andere Wurzeln als nur die des Schuldgefühls hat, Wurzeln, die zu erforschen es gelte. Sandler warnt davor, den deskriptiven Aspekt des Begriffs so weit auszudehnen, dass er alle negativistischen Reaktionen, jedes therapeutische Versagen, letztlich jede Form von Widerstand einschliesst. Er denkt aber, dass eine Diskussion dessen, was sich hinter dem Phänomen der negativen therapeutischen Reaktion verbirgt, einen anregenden Einstieg zu einem tieferen Verständnis der Rolle des Narzissmus und der Omnipotenz in Pathologie und Charakterbildung ermöglicht.

5. Elizabeth Spillius

Ich möchte mich etwas eingehender zum Beitrag *Klinische Überlegungen zur negativen therapeutischen Reaktion* von Elizabeth Spillius (1980) äussern, ein Beitrag, den sie übrigens wie Sandler im EPF Bulletin 15/1980 veröffentlichte.

Spillius schreibt, dass Freud bei seiner erstmaligen Diskussion des Begriffes in *Das Ich und das Es* (1923b) zugleich eine klinische Beschreibung und eine psychologische Erklärung gegeben habe. Sie denkt, dass die klinische Beschreibung und die psychologische Erklärung möglicherweise nicht so eng miteinander verbunden seien, wie Freud glaubte.

Freuds Erklärung führt die negative therapeutische Reaktion auf ein unbewusstes Schuldgefühl oder Strafbedürfnis zurück. Tatsächlich richtet er nach Spillius jedoch seine Aufmerksamkeit vor allem deshalb auf dieses klinische Phänomen, weil er glaubt, aus ihm ergebe sich die Nützlichkeit des Begriffs des Über-Ichs. Sie zitiert Freud wie folgt: «Man kommt endlich zur Einsicht, dass es sich um einen sozusagen ‹moralischen› Faktor handelt, um ein Schuldgefühl, welches im Kranksein seine Befriedigung findet und auf die Strafe des Leidens nicht verzichten will. An dieser wenig tröstlichen Aufklärung darf man endgültig festhalten. Aber dies Schuldgefühl ist für den Kranken stumm, es sagt ihm nicht, dass er schuldig ist, er fühlt sich nicht schuldig, sondern krank. Dies Schuldgefühl äussert sich nur als schwer reduzierbarer Widerstand gegen die Herstellung.» (1923b, GW XIII, 279) Spillius weist darauf hin, dass Freud dieses Thema dann in *Das ökonomische Problem des Masochismus* (1924c) und in *Die endliche und die unendliche Analyse* (1937c) wieder aufgreift und es klar in einen Zusammenhang mit dem moralischen Masochismus und dem Destruktions- oder Todestrieb stellt.

Nach Spillius ist der oft lockere Gebrauch oder sogar Missbrauch des Konzepts der negativen therapeutischen Reaktion nicht nur auf die Ungenauigkeit der ursprünglichen Definition von Freud zurückzuführen, sondern auch darauf, dass man eher Mutmassungen als wirkliche Untersuchungen über die Kausalbeziehung zwischen dem klinischen Phänomen und der psychologischen Erklärung anzustellen geneigt sei. Freuds ursprüngliche Definition – ich habe sie eingangs erwähnt (1923b, GW XIII, 278) – enthält nach Spillius drei Elemente, auf welche sie ausführlich eingeht:

1. Der Analytiker äussert sich hoffnungsvoll über den Fortschritt der Behandlung oder es wurde eine Partiallösung erreicht, die bei anderen Menschen zu einer Besserung führen würde. Dieser Teil der Definition Freuds ist entscheidend, weil er die Situation umreisst, in der die negative therapeutische Reaktion auftritt. Spillius kritisiert Freuds Beschreibung als unbefriedigend; denn was geschieht, wenn der Analytiker sich *nicht* hoffnungsvoll über den Verlauf der Behandlung äussert? Und wer vermöchte mit Sicherheit zu behaupten, dass sich das Befinden eines Patienten hätte bessern müssen oder dass es sich bei einem anderen Patienten unter ähnlichen Umständen gebessert hätte? Spillius hält es für nützlich hinzuzufügen, dass *auch der Patient selbst*, sei es stillschweigend, sei es ausdrücklich, einen gewissen Fortschritt erkennen muss – dieses Kriterium unterscheidet die negative therapeutische Reaktion von andern Formen des Widerstands, obschon sich der Patient natürlich bei seiner positiven Beurteilung auch irren kann.
2. Der Patient fällt in dieser oder jener Form hinter bereits gemachte Fortschritte zurück, wobei sich gewöhnlich auch seine Symptome verschlimmern. Dieses Element des Rückschritts unterscheidet die negative therapeutische Reaktion ebenfalls von anderen Formen des Widerstands.

Mit dem Hinweis auf die Abfolge dieser beiden Elemente – Feststellung eines Fortschritts durch den Patienten selbst und nachfolgender Rückschritt – bezieht sich Spillius auf *Melanie Klein* (1957), die diese Abfolge als *charakteristisch für den Neid* beschreibt, den sie für einen wesentlichen Bestandteil der negativen therapeutischen Reaktion hält. Diese Betonung des Neids, insbesondere des unbewussten Neids, ist nach Spillius der spezifische Beitrag Melanie Kleins zur Analyse der negativen therapeutischen Reaktion.

3. Als drittes Element lässt sich eine Art Angriff auf den Analytiker ausmachen. Freud hält diesen Angriff, Trotz wie er es nennt, nicht für den Kern des Problems, denn für ihn stellt die Erklärung mithilfe unbewusster Schuldgefühle eine «tiefere und gerechtere Auffassung» dar. Das würde bedeuten, dass der Angriff auf den Analytiker ein Nebenprodukt und nicht ein wesentlicher Bestandteil der negativen therapeutischen Reaktion sei. Für Melanie Klein wie für Elizabeth Spillius dagegen ist der Angriff auf den Analytiker eine zentrale Komponente der negativen therapeutischen Reaktion.

Elizabeth Spillius definiert schliesslich zusammenfassend die negative therapeutische Reaktion als eine Verhaltensabfolge, bei welcher der stillschweigenden oder ausdrücklichen Wahrnehmung eines Fortschritts durch den Patienten eine Verschlechterung seines Befindens und ein offener oder verdeckter Angriff auf den Analytiker folgen.

In Übereinstimmung mit Elizabeth Spillius (1980) wie auch mit Jean und Florence Bégoin (1979) möchte ich hier eine *persönliche kritische Bemerkung* anfügen: Die Definition, die Freud 1923 von der negativen therapeutischen Reaktion gegeben hat, stellt uns tatsächlich vor einige Probleme. Sicher würde heutzutage kein Analytiker mehr wie damals Freud das Risiko auf sich nehmen, seinem Analysanden «Hoffnung» zu geben, ebenso wenig wie «Zufriedenheit mit dem Stand der Behandlung» zu zeigen, gerade in der Befürchtung, eine negative therapeutische Reaktion hervorzurufen, weil durch eine solche Intervention zur unrechten Zeit beim Analysanden ein noch unzureichend bearbeitetes Schuldgefühl geweckt werden könnte – wir haben inzwischen gelernt, oft auf unsere Kosten, die Abstinenzregel mit mehr Strenge zu befolgen. Ferner muss bei der Deutung eines Fortschrittes dieser im Material des Analysanden klar ersichtlich sein; der Analysand muss ihn gleichzeitig mit dem Analytiker bemerken. Zudem hat neben der Deutung des Fortschrittes auch die Deutung des Neids des Analysanden auf den Analytiker und auf dessen Erfolg sowie die Deutung der sich daraus ergebenden Angriffe auf den Analytiker zu erfolgen!

Das folgende klinische Beispiel stammt von Elizabeth Spillius (1980, EPF Bulletin 15, 40ff):

Der Patient war das älteste von drei Kindern einer katholischen Familie in einem lateinamerikanischen Land. Er arbeitete als Biologe und litt unter anderem daran, dass es ihm grosse Schwierigkeiten bereitete, sein beachtliches Talent in die Tat umzusetzen, insbesondere wo es um Entwurf und Durchführung origineller Untersuchungen ging. Während einiger Monate vor der Zeit, aus der das hier wiedergegebene Material stammt, hatte er sehr tatkräftig gearbeitet und seine erste selbständige Untersuchung abgeschlossen. Von der Zeit machte er sich, wenn auch eher nebenbei, klar, dass die Analyse mit dazu beitrug, dass seine Forschungsarbeit möglich wurde. Endlich schloss er seinen Bericht ab, und eine Reihe von Leuten machten ihm Komplimente für seine Leistung. Von nun an fühlte er sich immer schlechter. Die Untersuchung sei nicht gut gewesen, so sagte er, nicht wirklich kreativ oder originell; er gehöre nirgendwohin, fühle sich äusserst träge, habe die Analytikerin und die Analyse satt, weil sie ihm nicht helfe, sich innerlich lebendiger zu fühlen. In einer Sitzung hatte er plötzlich die von ihm als grossartig bezeichnete Phantasie, aus seiner sogenannten kleinen Untersuchung ein grosses Forschungsprojekt zu entwickeln, das von einer amerikanischen Stiftung finanziell unterstützt werde, mit einem grossen Stab von Assistenten ausgestattet und in einem speziellen Trakt des neuen Universitätsgebäudes untergebracht sei etc. Die Analytikerin sagte ihm, er erzähle ihr von diesem Plan in einer Weise, die sie dazu verlocken solle, eine Art strafender Deutung seiner Allmachtsgefühle zu geben, so als wolle er, dass sie den Wert seiner Forschungen und der Arbeit, die sie beide gemeinsam geleistet hatten, um ihre Durchführung zu ermöglichen, herabsetzte oder ignorierte. Er sprach daraufhin über irgend etwas anderes, so als habe er nicht gehört, was die Analytikerin gesagt hatte. Er verhielt sich ihr gegenüber so erhaben, wie er in seinen Forschungsplänen erhaben war. In der nächsten Sitzung berichtete er den folgenden *Traum*:

Er befand sich auf der Reise in sein Heimatland, um dort Ferien zu machen. Unterwegs sah er einen Unfall, aber niemand war schwer verletzt worden. Zu Hause angekommen, erfuhr er, dass sein guter Freund Mario geheiratet hatte. Mario hatte ihn nicht zur Hochzeit eingeladen, und er fühlte sich schmerzlich übergangen.

Der Patient entwickelte das Gefühl, das Leben sei nicht lebenswert und nichts bereite ihm irgendwelches Vergnügen. Er war vollkommen unfähig, sich über irgend etwas zu freuen. Die meisten seiner Assoziationen drehten sich um seine Ansicht, Mario sei wahrscheinlich zu einer Heirat oder zu irgendeiner engeren Beziehung unfähig.

Die Analytikerin sagte, sie glaube, Mario repräsentiere den Teil seines Selbst, der unfähig gewesen sei, eine Beziehung zu ihr herzustellen; aber in den letzten Monaten sei dieser Mario-Aspekt seines Selbst mit ihr mehr und mehr in Kontakt gekommen, was er im Traum als Heirat darstelle. Aus dieser Verbindung gingen sogar «Kinder in Form seiner Forschungsarbeit» hervor. Die Analytikerin äusserte die Vermutung, dass sich der Nicht-Mario-Aspekt seines Selbst von der stärker werdenden Verbindung zwischen Mario und ihr übergangen fühlte und versucht hatte, die Kontrolle über sie beide wieder an sich zu reissen.

Der Patient dachte darüber nach und sagte, er könne nicht verstehen, warum er angesichts seiner Besserung sich so übergangen fühlen sollte. Nach einer kurzen Pause sagte er, Marios Mutter sei eine sehr attraktive Frau, die zu allen Freunden Marios sehr nett sei; sie hatte dem Patienten sogar angedeutet, dass sie es gern hätte, wenn Mario mehr so wäre wie er. Er glaubte, Marios Mutter wünsche, ihr Sohn solle Erfolg haben und heiraten, aber nicht Mario zuliebe, sondern um zu beweisen, dass sie eine erfolgreiche Mutter sei. Die Analytikerin deutete, er wolle damit anscheinend sagen, dass man ihrer stärker werdenden Beziehung zum Mario-Aspekt seines Selbst nicht trauen dürfe, weil sie Mario nur wachsen und entwickeln sehen wolle, um sich selbst zu ihrem Erfolg als Analytikerin beglückwünschen zu können.

In den folgenden Sitzungen gelang es dem Patienten nach und nach, sich selbst in den Eigenschaften zu erkennen, die er der Analytikerin und Marios Mutter zuschrieb – insbesondere in seiner narzisstischen Selbstbezogenheit und seiner neidvollen Haltung gegenüber seinen eigenen Freuden und der Freude der Analytikerin an der Analyse und an seinem Erfolg.

6. Ursula Grunert

Sie vertritt in ihrem Artikel (1981) die These, dass die negative therapeutische Reaktion eine *Wiederbelebung eines gestörten Loslösungsprozesses in der Übertragung* sei. In der täglichen Arbeit des Analytikers mit Patienten gebe es kaum ein Phänomen, welches den Narzissmus des Analytikers einer so harten Probe unterziehe, wie die negative therapeutische Reaktion. Wenn in der gemeinsamen analytischen Arbeit Schritte vollzogen würden, die zur Hoffnung auf Entwicklung und Besserung berechtigten, der Patient jedoch unmittelbar darauf über eine Verstärkung seiner Symptome oder über sein verschlechtertes Befinden klage, so komme irgendwann ein Punkt, an dem wir Analytiker ratlos, ohnmächtig oder auch enttäuscht seien.

Grunert versucht, in den vielfältigen Ansatzpunkten der Literatur zum Thema der negativen therapeutischen Reaktion einen gemeinsamen Nenner zu finden, von dem aus die verschiedenen Erscheinungsbilder sich ordnen und verstehen lassen, einen gemeinsamen Nenner, der jedoch spezifisch genug ist, nicht jeden Widerstand gegen die Analyse oder jede negative Übertragung als negative therapeutische Reaktion anzusehen.

Nach Grunert bietet sich dafür der *Separations- und Individuationsprozess*[1] an, wie *Margaret Mahler et al.* (1975) ihn in ihrem Entwicklungsmodell beschreiben. Wurden die verschiedenen Phasen dieses Loslösungsprozesses ohne grössere Störungen durchlaufen, kommt es nicht zu eigentlichen negativen therapeutischen Reaktionen in der Analyse. Konnte der Ablösungsprozess jedoch nicht bis zur Erreichung einer gewissen Objektkonstanz mit festen Selbst- und Objektrepräsentanzen vollzogen werden, können die Probleme aller nachfolgenden Phasen – speziell der ödipalen oder der Adoleszenzphase mit den diesen Phasen eigenen, differenzierteren Loslösungsaufgaben –, in der Analyse zu Manifestationen negativer therapeutischer Reaktionen führen. Je nach Zeitpunkt der Störung und dem unterschiedlichen Beitrag von Kind und Mutter kommt es zu einer vorübergehenden oder durchgängigen mangelnden Getrenntheit der Selbst- und Objektrepräsentanzen mit unterschiedlichen Trennungswünschen und/ oder -ängsten, bzw. unterschiedlichen Fusionswünschen und/oder -ängsten.

Die negative therapeutische Reaktion ist nach Grunert die in der Übertragung aktivierte, den verschiedenen Phasen des Loslösungsprozesses entsprechende Geste des Sich-Absetzens, des Nein. Sie kann sowohl den Wunsch nach Autonomie und Loslösung anzeigen, als auch den Wunsch nach Verschmelzung verbergen. Je besser verstanden wird, was jeweils zum Ausdruck gebracht wird, desto eher ist die negative therapeutische Reaktion nicht mehr nur als frustrierendes Hindernis, sondern als Chance anzusehen, neue Wege zur Verarbeitung der gestörten Loslösung und ihrer Folgen in der Strukturbildung zu finden. Sowohl die Betrachtung der Subphasen des Loslösungsprozesses, als auch die Betrachtung der Rolle, in die der Patient den Analytiker zu bringen versucht – zu verstehen als jener Anteil, den die Mutter zu dieser Störung beitrug – können helfen, die mannigfaltigen Erscheinungsformen der negativen therapeutischen Reaktion besser zu erfassen und sie damit vom entmutigenden Odium der schlechten Prognose zu befreien, welches Freud ihr noch gab.

Unter dieser Prämisse drückt die negative therapeutische Reaktion also weder die Unfähigkeit des Patienten aus, von der Analyse zu profitieren, noch deutet sie eine Gegenübertragungshaltung des Analytikers an, die es dem Patienten erschwert, seine Erkenntnis- und Entwicklungsschritte zu vollziehen. Es ist vielmehr die gestörte Loslösung aus der Dyade, die in der Übertragung ihre jeweilige ganz spezifische Neuauflage erfährt und auf diese Weise, und nur so, zur Bearbeitung gelangen kann.

Zur Illustration diene folgendes klinisches Beispiel (Grunert, 1981, EPF Bulletin 16, 23ff):

Eine Patientin in ihrer Lebensmitte kam mit Depressionen und einem quälenden Gefühl der Leere in die Behandlung, Symptome, die mit der Lösung ihrer Kinder vom Elternhaus so zunahmen, dass sie sich zur Aufnahme einer Analyse entschloss. Sie selber hatte sich nie wirklich von ihrer eigenen Mutter gelöst, die mit ihr, ihrem Mann und den Kindern im gleichen Haus lebte. «Ich bin von einer Abhängigkeit in die andere geschlittert.» Bis zum Analysebeginn schien – von gelegentlichen Depressionen und Kopfschmerzen abgesehen, die mit Tabletten reguliert wurden – alles ganz in Ordnung zu sein. Ehe, Familie, Haushalt, alles lief normal, ohne Höhe- und Tiefpunkte. Die

---

1 vgl. unsere Vorlesung *Separations- und Individuationsprozesse*

Analytikerin fasste am Schluss der 140. Stunde ihre Eindrücke mit den Worten zusammen: «Sie haben das Gefühl, ihre Mutter zu verraten, wenn Sie sich selbständig machen wollen.» In der folgenden Stunde brachte die Patientin einen *Traum*:

«Ich will wegfahren und packe. Meine Mutter backt Kuchen, der ist aber ungeniessbar. Da werde ich wütend und mache es selbst.»

In den Assoziationen wurde der Patientin deutlich wie nie zuvor, wie sehr sie mit Verwöhnung von der Mutter in Abhängigkeit und Unselbständigkeit gehalten worden war. Sie wollte sich lösen, nicht nur vom bewussten, sondern auch vom unbewussten Erleben her, wie der Traum zeigte. Sie wollte diese Verwöhnung abstreifen, die sie einengte – der Mutter-Kuchen war ungeniessbar geworden. Nur wenn sie wütend würde, gelänge ihr dieser Schritt der Verselbständigung.

Die Analytikerin hatte ein gutes Gefühl nach dieser Stunde und den Eindruck, dass die Patientin ihr Schneewittchen-Dasein realisierte und es hinter sich lassen wollte. Die äusseren Voraussetzungen dazu waren optimal.

Die folgende Stunde begann die Patientin mit einem langen Schweigen. Es herrschte eine angespannte Atmosphäre. «Ich bin völlig ratlos», äusserte sie, «mir geht es so schlecht wie noch nie in meinem Leben. Ich habe nicht die Vorstellung, dass irgend jemand oder irgend etwas mir helfen kann. Die Analyse schon gar nicht. Ich darf mich auf niemanden verlassen – ich will es auch nicht – vor allem nicht auf Sie. Da tausche ich nur eine neue Abhängigkeit gegen die alte ein. Davon habe ich genug.» Das alles stiess sie verhalten-affektiv heraus und schwieg dann wieder.

Mit der Antizipation der Trennung von der Mutter wurde ein Sturm von Wut und Angst mobilisiert, der die Patientin zu überwältigen drohte und auf den sie mit Selbstbestrafung reagierte, indem es ihr so schlecht ging wie noch nie zuvor, was zugleich eine deutliche Anklage gegen die Therapeutin einschloss. Sie geriet in eine Depression, die längere Zeit recht belastend war. Erstmals löste sie sich mit diesem Traum und den dazu gehörigen Einfällen aber auch aus der *Kokonphase* der Übertragung, in der sie sich wohl gefühlt, sehr differenziert und reflektiert ihre Lage geschildert hatte, in stets gleichmässig freundlicher Distanz zur Therapeutin. Wut und Angst in Verbindung mit den Trennungswünschen von der Mutter liessen sie zum ersten Mal auch die Analytikerin als Objekt, von dem man abhängig sein kann, realisieren. Damit war sie in der Übertragung am pathognomonischen Fixierungspunkt angelangt. Hinter der nun immer offener und in stets neuen Variationen zutage tretenden negativen Übertragung spürte die Analytikerin jedoch deutlich und zuverlässig eine latente positive Übertragung, die den Durcharbeitungsprozess als Basis trug. Der offensichtliche Übertragungswiderstand setzte sich bei dieser Patientin über eine lange Zeit fort. Ständig schob sie der Analytikerin bestimmte, sie dominierende und gängelnde Verhaltensweisen zu, um dann plötzlich innezuhalten und zu realisieren, dass dies eigentlich nicht zuträfe. Nur unter starken Schamgefühlen konnte sie das zugeben und wehrte es auch sofort wieder mit Zorn auf diese «demütigende Prozedur Analyse» ab. Es ist der Versuch, den Analytiker in das gehasste, abhängig machende und doch auch geliebte Introjekt zu verwandeln, wobei die übertragenen Affekte ambivalent, prägenital und stark sind.

Die Wut über die Abhängigkeit von der Mutter, dem Ehemann, der Therapeutin setzte jedoch den Prozess der Individuation in Gang. Noch dominierte neben der Scham die Angst, wohin dieser Prozess führe. Die unbewussten Schuldgefühle wegen der Trennungswünsche von der Mutter führten zum partiellen Stillstand der Entwicklung. Als ihr das Ausmass ihrer Abhängigkeit, des mangelnden Selbst-Seins und ihrer latenten Wut langsam zum Bewusstsein kam, überfielen sie grosse Angst, ausserordentlich böse zu sein sowie Verzweiflung und Schamgefühle, ihr Leben verfehlt zu haben.

Der Wunsch dieser Patientin, sich zu trennen, wurde als offener Ausdruck destruktiver Impulse gegen das Objekt erlebt. Sie beschützte das Objekt, indem sie ihre Trennungswünsche aufgab und die Aggressionen gegen sich selbst kehrte. Im Negativismus der negativen therapeutischen Reaktion wird diese Aggression sowohl auf den Analytiker projiziert, bzw. in ihm induziert, als auch gegen sich selbst gerichtet, zusammen mit einer ganzen Fülle von Affekten: Wut, Neid, Scham von archaischer Qualität. Es ist deshalb nicht verwunderlich, dass eines der wenigen Merkmale, in dem alle Autoren übereinstimmen, die Beobachtung einer stärkeren Neigung zu Gegenübertragungsreaktionen ist. Es wird auch verständlich, dass die richtige Dosierung für Nähe und Distanz, die optimale Deutung der negativen Übertragung und das richtige Timing Schwierigkeiten beim Deuten bereiten. Selbst bei optimaler Einfühlung seitens des Analytikers ist eine negative therapeutische Reaktion aber nicht zu vermeiden, und es erscheint auch fraglich, ob eine Vermeidung wünschenswert ist, bringt sie doch die Möglichkeit, den Punkt zu fokussieren, an dem die Ablösung scheiterte, um ihn damit der Bearbeitung zuzuführen.

7. Janice de Saussure

Zum Abschluss unseres heutigen Themas möchte ich Ihnen den wichtigen Beitrag der zeitgenössischen Genfer Psychoanalytikerin Janice de Saussure näher bringen anhand ihres Artikels *Narzisstische Elemente in der negativen therapeutischen Reaktion* (1981).

De Saussure erinnert daran, dass bei der Suche nach Erklärungen für die negative therapeutische Reaktion ältere Autoren auf verschiedene unliebsame Folgeerscheinungen der Fortschritte in Analysen hinweisen, Fortschritte, die von den Patienten erlebt oder antizipiert werden. Sie nennt Freud (1923), der – wie wir gesehen haben – als Reaktion auf eine Besserung in der Analyse eine Verstärkung unbewusster Schuldgefühle beschrieb, Abraham (1919), der die Bedeutung der Angst vor dem Verlust der analen Allmacht hervorhob, Riviere (1936), die – wie wir erwähnt haben – die Gefahr in einer Depression oder in einem Zusammenbruch der Innenwelt sah mit daraus folgender Zerstörung innerer Objekte und einem Zustand unausweichlicher Leere und Verlassenheit für das Selbst.

De Saussure meint, dass es gleichgültig sei, welche spezifischen Merkmale der unannehmbare Zustand des Selbst aufweist, der als Ergebnis sichtbarer Fortschritte in der Analyse erwartet wird – auf der Ebene der narzisstischen Ansprüche *müssen* die Fortschritte zu einem Verlust an Selbstschätzung im Hinblick auf den neuen Zustand des Selbst führen. Die Angst vor einem solchen Verlust kann aber bei Patienten, die dem Stolz auf ihr Selbstbild absoluten Vorrang einräumen, zu einem bestimmenden Faktor bei der Auslösung negativer therapeutischer Reaktionen werden.

Auf das Streben nach *narzisstischer Befriedigung* stösst man bei allen Patienten. Unterschiede gibt es aber in der Bedeutung, die ihr beigemessen wird, in der Beharrlichkeit und Intensität des Strebens, in den Mitteln, mit denen die Befriedigung erreicht wird, in der Art der erstrebten Lust und in der hohen Bewertung gewisser Selbstbilder. De Saussure spricht von klinisch beobachtbaren Auswirkungen einer *fortgesetzten narzisstischen Besetzung der Vorstellung vom kindlichen Ideal-Selbst*, die das Kind ursprünglich als Teil früher ödipaler Phantasien entwickelt und später in Reaktion auf Über-Ich-Forderungen verdrängt hat. Diese Vorstellung, dieses *Selbstbild* ist unbewusst praktisch intakt geblieben. Gegenüber äusserem wie innerem Druck, der es hätte in Frage stellen oder verändern können, wurde es sorgfältig isoliert. Zahlreiche neurotische Ängste, Symptome und sogar Schuldgefühle werden zur Aufrechterhaltung und Stützung dieses unbewussten, hoch bewerteten Selbstbildes verwendet. Wenn dies geschieht, kommt es zu einer äusserst engen, wechselseitigen Abhängigkeit von neurotischen Symptomen und Affekten auf der einen Seite und dem die zuverlässigste und vertrauteste Quelle narzisstischer Befriedigung darstellenden Selbstbild auf der anderen Seite: Entlastung auf der einen führt zu Belastung auf der anderen Seite. In solchen Fällen ist die Intensivierung des neurotischen Verhaltens als Reaktion auf vorauszusehende positive Veränderungen in der Analyse durch das Bedürfnis begründet, eine wesentliche Quelle narzisstischer Befriedigung zu sichern. Für diese Patienten entscheidend scheint die Anziehungskraft gewisser erregender, alles durchdringender Erhabenheitsgefühle, die nur durch Bilder eines allmächtigen Selbst ausgelöst werden können – sie sind gewissermassen süchtig nach dieser Art von Lust, obgleich diese intensive Schuldgefühle hervorruft und daher nur unbewusst, in verkleideter Form erlebt werden kann.

Nach de Saussure ist dieses narzisstisch besetzte, mit *Allmachtsgefühlen aufgeblähte Ideal-Selbst mit frühen ödipalen Phantasien verknüpft* und wird von diesen gestützt. Die Wichtigkeit des narzisstischen Gewinns, der sich aus ödipalen Phantasien erzielen lässt, ergibt sich aus der besonderen Lage des Kindes: Es ist Teil einer Dreiecksbeziehung mit zwei Erwachsenen, denen es physisch und psychisch unterlegen und von denen es abhängig ist. Mit jedem dieser Erwachsenen gerät es von Zeit zu Zeit in einen Kampf um Aufmerksamkeit und Liebe des jeweils anderen. Weil es auf einer niedrigen Entwicklungsstufe steht, fällt es dem Kind schwer, in seinen eigenen Leistungen eine geeignete Quelle für narzisstische Befriedigung zu finden, zumal es dauernd unvorteilhaften Vergleichen zwischen sich und den anderen ausgesetzt ist. Angesichts der Frustrationen und Demütigungen, die dieser Zustand mit sich bringt, ist es nicht überraschend, dass das Kind die Kraft der Erwachsenen überschätzt und ihnen Allmacht zuschreibt, auch nicht, dass es voller Ungeduld nach Mitteln sucht, um selbst solche Macht zu erlangen. Da es sich auf einer Stufe befindet, auf welcher der Glaube an die magische Kraft des Gedankens akzeptiert wird, spinnt es ein kompliziertes Netz von Phantasien über sich und seine Objekte, nicht nur um libidinöse Befriedigung zu erlangen, sondern auch um die aus seiner Unterlegenheit und Hilflosigkeit resultierenden narzisstischen Wunden zu heilen.

De Saussure meint, dass wir bei der Veranschaulichung dieser Phantasien im Ödipusmythos die Dinge wohl zu sehr aus der Perspektive des Erwachsenen sehen, der Perspektive, die dominiert wird vom Trieb nach genitaler Befriedigung, vom Wunsch, das Liebesobjekt zu besitzen und den Rivalen zu vertreiben. Das Kind ist ebenfalls libidinös motiviert, aber es ist auch vom starken Bedürfnis beherrscht, sich als magisch-allmächtig zu erleben als Reaktion auf die unlustvolle und häufig demütigende Realität seiner Lage. Eine der grössten Befriedigungsquellen in Kindermärchen, die das Ödipus-Thema variieren, hängt mit dem überraschenden Kontrast zwischen Grösse und Kraft der Hauptfiguren zusammen: Ein Knabe steht einem Riesen im Kampf gegenüber und besiegt ihn. Dieses Bild des triumphierenden Kindes ist narzisstisch weitaus anziehender als das eines erfolgreichen Erwachsenen, der einen gleich grossen Rivalen besiegt. Fast immer triumphiert das Kind in diesen Geschichten, weil ihm magische Kräfte verliehen wurden oder weil es sich solche selbst zu verschaffen wusste – nie muss es auf den langsamen und ungewissen Vorgang der Entwicklung seiner eigenen Kräfte zurückgreifen. Solche Phantasien machen einen Teil der Phantasien aus, die das Kind über sein eigenes Selbst und das Selbst seiner Objekte entwickelt. In der Kindheit sind sie unvermeidlich und in einem gewissen

Sinne auch unentbehrlich und können strukturierend zur Vermittlung eines provisorischen Gefühls von Lust, Selbstvertrauen und Sicherheit verwendet werden. Wird aber dieses aus der Vergangenheit stammende Bild eines kindlich allmächtigen, narzisstisch hoch besetzten Selbst bis ins Erwachsenenalter hineingetragen, kann der Wunsch, dieses Selbstbild in sich aufrecht zu erhalten, jeder Besserung in einer Behandlung entgegenwirken und zu negativen therapeutischen Reaktionen führen.

Um ihre Überlegungen zu illustrieren, gibt de Saussure folgendes klinisches Beispiel (1981, EPF Bulletin 16, 46ff):

Die junge Patientin, Mutter dreier Kinder, kam in einem Zustand der Verzweiflung in die Praxis. Ihre heftige Angst war offensichtlich, aber für sie so demütigend, dass sie sie nicht zu erkennen vermochte und stattdessen über Müdigkeit, Weinanfälle und erhöhte Anfälligkeit für kleinere Krankheiten klagte. Sie litt auch unter Alpträumen und erschreckenden Phantasien, die entweder Verfolgung und sadistische Angriffe durch Männer oder das Verlassenwerden durch Frauen und die Ächtung durch Frauen zum Inhalt hatten. Ihr Hauptsymptom war jedoch ein gelegentlicher Vaginismus, der sie sehr beschämte und der in ihr Schuldgefühle gegenüber ihrem Mann hervorrief. Auch ihre chronische Unfähigkeit, einen vollständigen Orgasmus zu erreichen, verwirrte sie, obwohl sie beim Geschlechtsverkehr ein gewisses Mass an Lust und Entspannung erlebte. Der Gedanke an ihre ungenügende sexuelle Leistung war für sie offenbar störender als ihre sexuelle Frustration. Die Patientin war ausgesprochen empfindlich gegenüber allem, was irgendwie demütigend war. Bewusst war sie ständig auf der Suche nach Beweisen dafür, dass sie als Erwachsene geschätzt wurde – der geringste Hinweis darauf, dass man sie als Kind betrachtete, kränkte sie ausserordentlich.

Die Patientin reagierte nicht auf jedes Anzeichen eines Fortschritts ihrer Analyse negativ; während ziemlich langer Zeit erlebte sie eine Besserung ihres Befindens. Ihre Angst verminderte sich erheblich, sie gewann Einsicht in den Inhalt vieler ihrer Phantasien und schien oft zu verstehen, wie diese mit ihren Symptomen in Verbindung standen. Das Ergebnis war, dass ihr Vaginismus an einem bestimmten Punkt der Analyse praktisch verschwand, und dass sich ihre Fähigkeit, sexuelle Lust zu erleben, deutlich steigerte. Sie vermochte ihr Arbeitspensum auf ein realistischeres Mass zu reduzieren und stieg in der Achtung ihrer Arbeitgeber. Sie freute sich über den engeren Kontakt zu ihren Kindern, fürchtete allerdings immer noch, dass dies auf einen infantilen Zug ihrer selbst hinweisen könnte. Vielfach schien sie sogar aus den Veränderungen in der Kur und dem besseren Verständnis ihrer selbst eine narzisstische Befriedigung zu gewinnen. Am Ende einer Sitzung sagte sie schliesslich tief bewegt, sie sei glücklicher als jemals zuvor, weil sie sich so viel erwachsener als am Beginn ihrer Analyse fühle.

Am darauf folgenden Montag brach sie in Tränen aus, sobald sie auf der Couch lag. Ihr Vaginismus war wieder aufgetreten, und zwar schlimmer denn je. Sie hatte eine Reihe von schrecklichen Alpträumen gehabt. Sie war völlig verzweifelt und hatte jedes Selbstvertrauen wieder verloren. Sie war überzeugt, dass alle, ihr Mann, ihre Freunde und die Analytikerin sie für kindlich und minderwertig hielten. In der nächsten Woche verwandelte sich ihre Verzweiflung in Zorn, der sich speziell gegen die Analytikerin richtete, und ihre Angst nahm an Heftigkeit zu. Schliesslich ging sie zum Agieren über und verkündete, sie sei gezwungen, sich eine mehr Zeit beanspruchende Stelle zu suchen, weil die Behandlung zu teuer sei.

Die Analyse dieser negativen therapeutischen Reaktion zeigte, dass die Patientin sogar heftige Unlustgefühle, Verfolgungsphantasien auf sich nahm und aggressive, gewalttätige Handlungen von ihren Objekten antizipierte, um das Gefühl zu behalten, im Zentrum der Aufmerksamkeit und des Denkens dieser Objekte zu stehen. Ein Extremfall ihrer Phantasie war, sie stehe im Mittelpunkt der Aufmerksamkeit des gesamten Kosmos. Diese Phantasie verschaffte ihr eine Art allmächtiger narzisstischer Befriedigung, die auf anderen Wegen nicht erreichbar war. Von der Verfolgungsangst befreit zu werden, war keine ausreichende Kompensation für den Verlust dieses narzisstischen Selbstbildes.

Es wurde auch klar, dass der Vaginismus der Patientin zwar physische Schmerzen und sexuelle Frustrationen mit sich brachte, Schuldgefühle hervorrief und bewusst als demütigend erlebt wurde, aber dennoch eine Quelle heimlicher narzisstischer Befriedigung war, weil er mit Selbstbildern verbunden war, in denen sie als erfolgreiches, sexuell frühreifes Kind erschien. In einem relativ frühen Stadium der Analyse war sie fähig zu akzeptieren, dass der Vaginismus mit der Angst zu tun hatte, die sie als Kind vor dem Geschlechtsakt empfand; der Gedanke daran erschreckte sie vor allem wegen der physischen Schmerzen und der Schädigung, denen sie ausgesetzt wäre, wenn ihr Vater in sie eindränge. Sehr viel schwerer war es für sie, zu erkennen, dass der Vaginismus im Grunde ein unerlässlicher Bestandteil eines narzisstisch befriedigenden Selbstbildes darstellte, in welchem sie als ödipales Kind den Vater verführt und damit die Mutter besiegt. In der Tat konnte die Patientin sagen, dass wenn sie einen Mann sexuell errege, sie in der Phantasie besonders lebhafte Bilder von sich selbst als einem sexuell aufreizenden, triumphierenden Kind habe. Unbewusst erlebte sie also einen Sieg über ihre Mutter, insofern sie den Vater verführte, und einen Sieg über den Vater, insofern sie sich weigerte, ihn zu befriedigen. Die mit dieser Phantasie verbundene intensive unbewusste Lust, als Kind zu triumphieren über ihre erwachsene Rivalin, die Mutter, wie auch über ihr erwachsenes Liebesobjekt, den Vater, blähte ihr allmächtiges Selbstbild auf, rief aber auch heftige Schuldgefühle hervor.

Über Janice de Saussures magistralen Einbezug des Ödipuskomplexes in ihr psychoanalytisches Verständnis der negativen therapeutischen Reaktion lässt sich eine Verbindung zu Freuds Auffassung herstellen, schreibt er doch in *Einige Charaktertypen aus der psychoanalytischen Arbeit* (1916d, GW X, 389): «Die psychoanalytische Arbeit lehrt, dass die Gewissenskräfte, welche am Erfolg erkranken lassen anstatt wie sonst an der Versagung, in intimer Weise mit dem Ödipuskomplex zusammenhängen, mit dem Verhältnis zu Vater und Mutter, wie vielleicht unser Schuldbewusstsein überhaupt.»

Damit wären wir wieder am Anfang unserer heutigen Vorlesung – bei Freud!

Zusammenfassung negative therapeutische Reaktion

I. Freuds Beschreibung des klinischen Phänomens:
  1. Fortschritt in der Behandlung
  2. Rückschritt
  3. Angriff auf den Analytiker (Trotz)

II. Freuds psychologische Erklärung des Phänomens:
  1. Ubw Schuldgefühle wegen eines verbotenen ödipalen Wunsches, Über-Ich Widerstand
  2. Mögliche Verstärkung der Schuldgefühle durch masochistische Tendenzen im Zusammenhang mit Destruktivität/Todestrieb

Die negative therapeutische Reaktion als Knotenpunkt und Indiz von Fortschritt und Veränderung bei
  1. Freud: Schuldgefühle, Masochismus
  2. Riviere: Bedrohung der inneren Welt der Objekte
  3. Klein, Rosenfeld, Spillius: Negativer Narzissmus, Neid und Angriff auf das abhängige Selbst und das Objekt
  4. Grunert: Wiederbelebung des gestörten Separationsprozesses
  5. De Saussure: Narzisstische Gratifikation aus dem kindlich-allmächtigen ödipalen Selbst

Vorlesung XXI

Die Bedeutung der Angst in der Psychoanalyse

Die Angst ist ein Affekt, den man auch heute noch als Drehscheibe in der psychoanalytischen Theorie und Klinik bezeichnen kann. Freud entwickelte im Verlauf seiner psychoanalytischen Forschungen zwei Angsttheorien, eine frühe erste, bei welcher gestaute Libido sich direkt in Angst umwandelt, und eine spätere zweite Angsttheorie, bei welcher die Angst als Signalangst vor einer drohenden Gefahr warnt. Diese beiden Angsttheorien gehen parallel mit der Entwicklung der 1. und der 2. Topik[1]. Die schrittweise Entwicklung des Angstkonzepts ist ein gutes Bespiel für die offene, undogmatische Haltung des Wissenschafters Freud – nie zögert er, frühere Anschauungen zu revidieren, wenn sie mit neuem klinischem Verständnis nicht mehr übereinstimmen.

Die Frage nach dem Wesen der Angst hat eine grosse Bedeutung im Werk Freuds, etwa im Zusammenhang mit dem Phänomen des Angsttraums oder der Aktualneurosen, aber ebenso bei der theoretischen Durchdringung der Psychoneurosen. In seiner 25. Vorlesung *Die Angst* sagt Freud, das Angstproblem habe eine «geradezu zentral zu nehmende Stelle» in den «Fragen der Neurosenpsychologie» (1916–17a [1915–17], GW XI, 426). Er schreibt: «Es steht fest, dass das Angstproblem ein Knotenpunkt ist, an welchem die verschiedensten und wichtigsten Fragen zusammentreffen, ein Rätsel, dessen Lösung eine Fülle von Licht über unser ganzes Seelenleben ergiessen müsste.» (op. cit. 408) In dieser Vorlesung behandelt er zum ersten Mal die Angstfrage systematischer, gibt dabei zugleich die letzte Ausformulierung seiner ersten Angsttheorie, die er dann zehn Jahre später im Rahmen des 2. topischen Modells in *Hemmung, Symptom und Angst* (1926d [1925]) gründlich revidiert, was noch einmal zur Darstellung kommen wird in der 32. Vorlesung *Angst und Triebleben* aus *Neue Folge der Vorlesungen zur Einführung in die Psychoanalyse* (1933a [1932]).

Nach diesem ersten Überblick möchte ich mich zu beiden Angsttheorien Freuds etwas ausführlicher äussern.

I. Die 1. Angsttheorie

In seiner 25. Vorlesung trifft Freud die grundlegende Unterscheidung zwischen *Realangst* und *neurotischer Angst*:

1. Realangst

Sie ist «eine Reaktion auf die Wahrnehmung einer äusseren Gefahr, d.h. einer erwarteten, vorhergesehenen Schädigung»; sie ist «mit dem Fluchtreflex verbunden», und man dürfe «sie als Äusserung des Selbsterhaltungstriebes ansehen» (1916–17a [1915–17], GW XI, 408). Den *Angstaffekt* fasst Freud als Wiederholung eines «frühzeitigen Eindrucks» auf: «Wir sagen uns, es ist der Geburtsakt, bei welchem jene Gruppierung von Unlustempfindungen, Abfuhrregungen und Körpersensationen zustande kommt, die das Vorbild für die Wirkung einer Lebensgefahr geworden ist und seither als Angstzustand von uns wiederholt wird.» (op. cit. 411)

2. Neurotische Angst

Bei der *neurotischen Angst* unterscheidet Freud drei Formen:
1. Die allgemeine Ängstlichkeit, eine frei flottierende Angst, Erwartungsangst, die bereit ist, sich an jeden irgendwie passenden Vorstellungsinhalt anzuhängen. Sie beeinflusst die Urteilsfähigkeit, wählt Erwartungen aus, lauert auf jede Gelegenheit, sich zu rechtfertigen. Ein auffälliges Mass davon gehöre regelmässig einer nervösen Affektion an, die er als *Angstneurose* bezeichnet habe und «zu den Aktualneurosen» rechne (op. cit. 412).
2. Die phobische Angst, die «im Gegensatze zu der eben beschriebenen vielmehr psychisch gebunden und an gewisse Objekte oder Situationen geknüpft» ist (op. cit. 413). Wenigstens teilweise findet sich eine Beziehung

---
[1] vgl. unsere *Vorlesungen Metapsychologie I* und *II*

zu einer real bedrohlichen Situation, wobei die Intensität der Angst aber ein Rätsel darstellt. Freud zählt die Phobie zu der Angsthysterie, betrachtet sie also «als eine der bekannten Konversionshysterie sehr verwandte Affektion» (op. cit. 415).

3. Eine Angst, bei der man den «Zusammenhang zwischen Angst und drohender Gefahr völlig aus den Augen» verliere. Diese Angst tritt z.B. bei der Hysterie auf als Begleitung der hysterischen Symptome oder bei Aufregung, aber auch «losgelöst von allen Bedingungen, für uns und den Kranken gleich unverständlich, als freier Angstanfall» (op. cit. 415). Dabei kann ein einzelnes Symptom (Zittern, Schwindel, Atemnot, Herzklopfen) als sogenanntes *Angstäquivalent* an Stelle eines Anfalls auftreten.

Freud unterscheidet bei der neurotischen Angst *Aktualneurosen* und *Psychoneurosen*, die sich in ätiologischer und pathognomonischer Hinsicht unterscheiden: Bei beiden Neuroseformen ist die Ursache eine sexuelle, aber bei der Aktualneurose liegt sie in einer Störung des aktuellen Sexuallebens, also in der Gegenwart und nicht in infantilen Konflikten der Vergangenheit; *aktual* ist also zuerst im Sinne einer zeitlichen Aktualität zu verstehen. Ferner ist bei den Aktualneurosen der Mechanismus der Symptombildung ein somatischer (z.B. direkte Umwandlung der Erregung in Angst) und kein symbolischer; *aktual* bezeichnet hier das Fehlen einer Vermittlung, wie man sie bei der Symptombildung der Psychoneurosen findet (Verschiebung, Verdichtung).

a) Zu den Aktualneurosen

Der Begriff *Aktualneurose*[2] erscheint in *Die Sexualität in der Ätiologie der Neurosen* (1898a), aber Freud erkannte das Besondere dieser Affektion schon vorher, wie aus seiner Korrespondenz mit Fliess und aus früheren Arbeiten (1894a, 1895b [1894], 1896b) hervorgeht. Für die sexuelle Ätiologie der Aktualneurose stützt Freud sich auf eine bereits im Rahmen der Theorie der Aktualneurosen (1898a, GW I, 509) berichtete These, wenn er in der 25. Vorlesung sagt, «dass die Erwartungsangst oder allgemeine Ängstlichkeit in enger Abhängigkeit von bestimmten Vorgängen im Sexualleben, sagen wir: von gewissen Verwendungen der Libido» stehe (1916–17a [1915–17], GW XI, 416).

Bei den Aktualneurosen unterscheidet Freud die *Angstneurose* von der *Neurasthenie*, später (1914c, GW X, 148ff) fügt er als dritte Aktualneurose noch die *Hypochondrie* hinzu. Die Störung des aktuellen Sexuallebens liegt nach Freud bei der Angstneurose in der mangelnden Abfuhr der sexuellen Erregung, bei der Neurasthenie in der inadäquaten Abfuhr der sexuellen Erregung. Beiden gemeinsam sind die Anhäufung sexueller Spannung sowie das Fehlen oder die Insuffizienz der psychischen Verarbeitungsfähigkeit. Die somatische sexuelle Erregung kann nur in psychische Libido umgewandelt werden, wenn sie mit bereits bestehenden sexuellen Vorstellungsgruppen in Verbindung tritt; ist das nicht möglich, wird die sexuelle Erregung direkt auf die somatische Ebene abgeleitet in Form von Angst. Nach Freud liegt der Grund für die Insuffizienz der psychischen Verarbeitungsfähigkeit hauptsächlich in Entwicklungsstörungen der psychischen und physischen Sexualität; er zählt einige diesbezügliche Mechanismen auf wie die virginale Angst, die Angst der sexuell Abstinenten, die durch den Coitus interruptus bewirkte Angst. Er weist in diesem Zusammenhang darauf hin, dass Angsterkrankungen auch in enger Beziehung zu gewissen Lebensphasen stehen, «denen man, wie der Pubertät und der Zeit der Menopause, eine erhebliche Steigerung in der Produktion der Libido zuschreiben» dürfe. Ausserdem könne man in «manchen Zuständen von Aufregung» auch «die Vermengung von Libido und Angst und die endliche Ersetzung der Libido durch die Angst direkt beobachten». «Der Eindruck», schreibt Freud, «den man von all diesen Tatsachen empfängt, ist ein zweifacher, erstens dass es sich um eine Anhäufung von Libido handelt, die von ihrer normalen Verwendung abgehalten wird, zweitens, dass man sich dabei durchaus auf dem Gebiete somatischer Vorgänge befindet». Wie «aus der Libido die Angst» entstehe, sei «zunächst nicht ersichtlich», man stelle «nur fest, dass Libido vermisst und an ihrer Statt Angst beobachtet» werde (1916–17a [1915–17], GW XI, 417f).

Bezüglich ihrer therapeutischen Beeinflussbarkeit ist Freud der Ansicht, dass die Aktualneurosen durch Psychoanalyse nicht behoben werden können, da ihre Symptome keinerlei symbolische Bedeutung haben, an welcher eine Therapie ansetzen könnte. Freud hat diese Ansicht nie aufgegeben; er dachte, dass der Mechanismus der Symptombildung auf dem Gebiet der Chemie zu suchen sei, weshalb die Aktualneurosen manchmal auch als *toxische Neurosen* bezeichnet werden.

---

2   vgl. unsere Vorlesung *Das Problem der Psychosomatik II*

Heutige Psychoanalytiker akzeptieren den Begriff *Aktualneurose* nicht ohne Einschränkung, aber das Bild der Angstneurose behält seinen nosographischen Wert für die Klinik: Eine Neurose, bei der eine massive Angst vorherrscht, ohne eindeutig bevorzugtes Angstobjekt, und bei der aktuelle Faktoren eine wichtige Rolle spielen.

b) Zu den Psychoneurosen

Bei der *Angsthysterie* oder *phobischen Neurose* ist die Angst an ein Ersatzobjekt fixiert. Die Phobie hat eine strukturelle Ähnlichkeit mit der Konversionshysterie; sie allein macht aber nicht die Angsthysterie aus, denn phobische Symptome kommen bei verschiedenen neurotischen und psychotischen Affektionen vor: Bei der Zwangsneurose und der Schizophrenie, sogar bei der Angstneurose kann man auf bestimmte Symptome phobischer Natur treffen. Deshalb meint Freud im *Kleinen Hans*, dass man den Phobien nicht «die Bedeutung besonderer Krankheitsprozesse» (1909b, GW VII, 349) einzuräumen brauche.

Die Analyse des *Kleinen Hans* bietet Freud die Gelegenheit, die *phobische Neurose* doch etwas von der *Angsthysterie* zu unterscheiden und ihre strukturelle Ähnlichkeit mit der Konversionshysterie zu beschreiben. Bei der Angsthysterie wie bei der Phobie zielt die Verdrängungsaktion zwar darauf ab, den Affekt von der Vorstellung zu trennen. Aber bei der Angsthysterie wird die «durch die Verdrängung entbundene Libido [...] nicht konvertiert, aus dem Seelischen heraus zu einer körperlichen Innervation verwendet», sondern «als Angst frei», während der phobischen Symptombildung eine «von Anfang an fortgesetzte psychische Arbeit zugrunde [liegt], um die frei gewordene Angst wieder psychisch zu binden». Die Angsthysterie entwickelt sich durch diese «fortgesetzte psychische Arbeit» immer mehr zur Phobie. Der Ausdruck *Angsthysterie* lenkt die Aufmerksamkeit auf den konstitutiven Mechanismus dieser Neurose und betont, dass die Verschiebung auf ein phobisches Objekt sekundär ist gegenüber dem Auftauchen einer freien, nicht an ein Objekt gebundenen Angst (op. cit. 349f).

Bei der Analyse der *Hysterie* tritt häufig scheinbar grundlose Angst auf. Rekonstruiert man die dabei wirksamen unbewussten Vorgänge und betrachtet den dazu gehörigen Affekt, so mache man die überraschende Erfahrung, dass «dieser den normalen Ablauf begleitende Affekt nach der Verdrängung in jedem Falle durch Angst ersetzt» werde, «gleichgültig, was seine eigene Qualität» sei. Bei einem hysterischen Angstanfall könne also dessen «unbewusstes Korrelat eine Regung von ähnlichem Charakter sein, also von Angst, Scham, Verlegenheit, ebensowohl eine positiv libidinöse Erregung oder eine feindselig aggressive, wie Wut oder Ärger». «Die Angst», meint Freud, «ist also die allgemein gangbare Münze, gegen welche alle Affektregungen eingetauscht werden oder werden können, wenn der dazu gehörige Vorstellungsinhalt der Verdrängung unterlegen ist» (1916–17a [1915–17], GW XI, 418f).

Freud beobachtete, dass *Zwangskranke* in «bemerkenswerter Weise von der Angst verschont» scheinen. Angst träte dann auf, wenn man ihnen den Zwang verbieten würde, wenn man sie «an der Ausführung ihrer Zwangshandlung [...] zu hindern» versuche oder wenn sie selbst den Versuch wagten, «einen ihrer Zwänge aufzugeben». Er schliesst daraus: «Wir verstehen, dass die Angst durch die Zwangshandlung gedeckt war und dass diese nur ausgeführt wurde, um die Angst zu ersparen. Es wird also bei der Zwangsneurose die Angst, die sich sonst einstellen müsste, durch Symptombildung ersetzt, und wenn wir uns zur Hysterie wenden, finden wir bei dieser Neurose eine ähnliche Beziehung: Als Erfolg des Verdrängungsvorganges entweder reine Angstentwicklung oder Angst mit Symptombildung oder vollkommenere Symptombildung ohne Angst. Es schiene also in einem abstrakten Sinne nicht unrichtig zu sagen, dass Symptome überhaupt nur gebildet werden, um der sonst unvermeidlichen Angstentwicklung zu entgehen. Durch diese Auffassung wird die Angst gleichsam in den Mittelpunkt unseres Interesses für die Neurosenprobleme gerückt.» (op. cit. 419)

Bei der *Konversionshysterie* besteht der Mechanismus der Symptombildung in der Umsetzung eines psychischen Konfliktes in somatische Symptome, motorische (wie Lähmungen) oder sensible (wie umschriebene Anästhesien oder Schmerzen) – ein Konfliktlösungsversuch wie der Zwang beim Zwangsneurotiker. Die von der verdrängten Vorstellung abgetrennte Libido wird in Innervationsenergie umgewandelt. Kennzeichnend für die Konversionssymptome ist ihre symbolische Bedeutung. Die ökonomische Interpretation der Konversion ist bei Freud verknüpft mit dieser Symbolisierung: In den körperlichen Symptomen «sprechen» verdrängte, durch die Mechanismen der Verdichtung und Verschiebung entstellte Vorstellungen mit. Konversionssymptome sind durch diese ihre symbolische Bedeutung von psychosomatischen Symptomen und Krankheiten unterscheidbar: Bei den Psychosomatosen (wie Magenulkus, Asthma) ist keine symbolische Bedeutung der Symptome feststellbar. Wichtig in Bezug auf unser Angstthema ist, dass die reine Konversionshysterie ohne jede Angst abläuft – der Konflikt ist auf eine symbolisch zu verstehende Weise somatisiert.

Zusammenfassend kann gesagt werden, dass alles davon abhängt, wie ein Individuum mit der Angst umgeht, wie es sie bindet. In der Konversionshysterie erfolgt diese Angstbindung durch körperliche Symptome mit symbolischer Bedeutung, in der Angsthysterie durch phobische Symptome und in der Zwangsneurose durch zwangsneurotische Symptome.

II. Die 2. Angsttheorie

Mit *Das Ich und das Es* (1923b) führt Freud die 2. Topik ein mit den Instanzen *Es, Ich, Über-Ich*. Ab dieser Zeit gilt das Ich als die eigentliche Angststätte. Das Ich steht dabei «unter dreierlei Dienstbarkeiten» und leidet «demzufolge unter den Drohungen von dreierlei Gefahren», nämlich «von der Aussenwelt her, von der Libido des Es und von der Strenge des Über-Ichs» (1923b, GW XIII, 286).

In *Hemmung, Symptom und Angst* (1926d [1925], GW XIV) distanziert sich Freud von der früher im Rahmen der ersten Angsttheorie vertretenen Auffassung, der zu einer verdrängten Vorstellung gehörige Affekt erfahre eine Umwandlung in Angst. Beim Versuch, die Vorgänge im Rahmen der Fallgeschichten des *Kleinen Hans* und des *Wolfsmannes*[3] nun genauer in metapsychologischen Kategorien zu beschreiben, kommt er zum Schluss, «der Angstaffekt der Phobie» stamme «nicht aus dem Verdrängungsvorgang, nicht aus den libidinösen Besetzungen der verdrängten Regungen, sondern aus dem Verdrängenden selbst». Die «Angst der Tierphobie» sei «die unverwandelte Kastrationsangst, also eine Realangst, Angst vor einer wirklich drohenden oder als real beurteilten Gefahr». Hier mache «die Angst die Verdrängung», nicht wie er früher gemeint habe «die Verdrängung die Angst». Selbstkritisch schreibt er: «Es ist nicht angenehm, daran zu denken, aber es hilft nichts, es zu verleugnen, ich habe oftmals den Satz vertreten, durch die Verdrängung werde die Triebrepräsentanz entstellt, verschoben und dergleichen, die Libido der Triebregung aber in Angst verwandelt. Die Untersuchung der Phobien, die vor allem berufen sein sollte, diesen Satz zu erweisen, bestätigt ihn also nicht, sie scheint ihm vielmehr direkt zu widersprechen. [...] Die meisten Phobien gehen, soweit wir es heute übersehen, auf eine solche Angst des Ichs vor den Ansprüchen der Libido zurück. Immer ist dabei die Angsteinstellung des Ichs das Primäre und der Antrieb zur Verdrängung. Niemals geht die Angst aus der verdrängten Libido hervor. Wenn ich mich früher begnügt hätte zu sagen, nach der Verdrängung erscheint an Stelle der zu erwartenden Äusserung von Libido ein Mass von Angst, so hätte ich heute nichts zurückzunehmen. Die Beschreibung ist richtig, und zwischen der Stärke der zu verdrängenden Regung und der Intensität der resultierenden Angst besteht wohl die behauptete Entsprechung. Aber ich gestehe, ich glaubte mehr als eine blosse Beschreibung zu geben, ich nahm an, dass ich den metapsychologischen Vorgang einer direkten Umsetzung der Libido in Angst erkannt hatte; das kann ich also heute nicht mehr festhalten. Ich konnte auch früher nicht angeben, wie sich eine solche Umwandlung vollzieht.» (op. cit. 137f)

«Woher schöpfte ich überhaupt die Idee dieser Umsetzung? Zur Zeit, als es uns noch sehr ferne lag, zwischen Vorgängen im Ich und Vorgängen im Es zu unterscheiden, aus dem Studium der Aktualneurosen. Ich fand, dass bestimmte sexuelle Praktiken wie Coitus interruptus, frustrane Erregung, erzwungene Abstinenz Angstausbrüche und eine allgemeine Angstbereitschaft erzeugen, also immer, wenn die Sexualerregung in ihrem Ablauf zur Befriedigung gehemmt, aufgehalten oder abgelenkt wird. Da die Sexualerregung der Ausdruck libidinöser Triebregungen ist, schien es nicht gewagt anzunehmen, dass die Libido sich durch die Einwirkung solcher Störungen in Angst verwandelt. Nun ist diese Beobachtung auch heute noch gültig; anderseits ist nicht abzuweisen, dass die Libido der Es-Vorgänge durch die Anregung der Verdrängung eine Störung erfährt; es kann also noch immer richtig sein, dass sich bei der Verdrängung Angst aus der Libidobesetzung der Triebregungen bildet. Aber wie soll man dieses Ergebnis mit dem anderen zusammenbringen, dass die Angst der Phobien eine Ich-Angst ist, im Ich entsteht, nicht aus der Verdrängung hervorgeht, sondern die Verdrängung hervorruft? Das scheint ein Widerspruch und nicht einfach zu lösen. Die Reduktion der beiden Ursprünge der Angst auf einen einzigen lässt sich nicht leicht durchsetzen. Man kann es mit der Annahme versuchen, dass das Ich in der Situation des gestörten Koitus, der unterbrochenen Erregung, der Abstinenz, Gefahren wittert, auf die es mit Angst reagiert, aber es ist nichts damit zu machen. Anderseits scheint die Analyse der Phobien, die wir vorgenommen haben, eine Berichtigung nicht zuzulassen. Non liquet! [Das ist nicht zu entscheiden, H.W.]» (op. cit. 138f)

Die weiteren, umfangreichen Ausführungen in *Hemmung, Symptom und Angst* stellen den Versuch dar, das alte und das neue Angstkonzept zu einem übergeordneten zu vereinigen. Nachdem nun auch die neurotische

---

3 vgl. unsere Vorlesung *Aus Freuds klinischen Schriften: Der Wolfsmann*

Angst als Reaktion auf eine Gefahr aufgefasst wird, ist das erste, schon in der 25. Vorlesung formulierte Ziel, Gemeinsamkeiten und Unterschiede mit der Realangst anzugeben, erreicht: «Unser Fortschritt bestand in dem Rückgreifen von der Reaktion der Angst auf die Situation der Gefahr. Nehmen wir dieselbe Veränderung an dem Problem der Realangst vor, so wird uns dessen Lösung leicht. *Realgefahr* ist eine Gefahr, die wir kennen, *Realangst* die Angst vor einer solchen bekannten Gefahr. Die neurotische Angst ist Angst vor einer Gefahr, die wir nicht kennen. Die neurotische Gefahr muss also erst gesucht werden; die Analyse hat uns gelehrt, sie ist eine Triebgefahr. Indem wir diese dem Ich unbekannte Gefahr zum Bewusstsein bringen, verwischen wir den Unterschied zwischen Realangst und neurotischer Angst, können wir die letztere wie die erstere behandeln.» (op. cit. 198)

Freud nimmt dieses Thema ausführlich wieder auf in seiner 32. Vorlesung *Angst und Triebleben* (1933a [1932]). Auf dem Boden des in *Das Ich und das Es* (1923b) eingeführten 2. topischen Modells mit den Instanzen *Es*, *Ich* und *Über-Ich* und seiner neuen festen Position, dass das «Drohungen von dreierlei Gefahren» ausgesetzte Ich die alleinige Angststätte sei, gelingt Freud eine Synthese der verschiedenen Angstkonzepte: *Die drei Arten von Angst, die Realangst, die neurotische und die zuletzt konzipierte Gewissensangst lassen sich damit zwanglos beziehen auf die drei Abhängigkeiten des Ichs, von der Aussenwelt, vom Es und vom Über-Ich.*

Mit dieser neuen Auffassung ist für Freud auch die Funktion der *Angst als Signal* zur Anzeige einer Gefahrensituation, «die uns ja vorher nicht fremd war, in den Vordergrund getreten, die Frage, aus welchem Stoff die Angst gemacht wird, hat an Interesse verloren und die Beziehungen zwischen Realangst und neurotischer Angst haben sich in überraschender Weise geklärt und vereinfacht» (1933a [1932], GW XV, 92).

Bereits in *Hemmung, Symptom und Angst* (1926d [1925]) hatte Freud das in der 25. Vorlesung *Die Angst* (1916–17a [1915–17]) unterbreitete erste Angstkonzept revidiert. Pointierter als dort betont er nun in der 32. Vorlesung, dass die Angst nicht durch verdrängte Triebwünsche, sondern durch eine äussere Gefahr entsteht: «Nicht die Verdrängung schafft die Angst, sondern die Angst ist früher da, die Angst macht die Verdrängung! Aber was für Angst kann es sein? Nur die Angst vor einer drohenden äusseren Gefahr, also eine Realangst. Es ist richtig, der Knabe bekommt Angst vor einem Anspruch seiner Libido, in diesem Fall vor der Liebe zu seiner Mutter, es ist also wirklich ein Fall von neurotischer Angst. Aber diese Verliebtheit erscheint ihm nur darum als eine innere Gefahr, der er sich durch den Verzicht auf dieses Objekt entziehen muss, weil sie eine äussere Gefahrensituation heraufbeschwört. Und in allen Fällen, die wir untersuchen, erhalten wir dasselbe Resultat. Bekennen wir es nur, wir waren nicht darauf gefasst, dass sich die innere Triebgefahr als eine Bedingung und Vorbereitung einer äusseren, realen Gefahrsituation herausstellen würde.» (1933a [1932], GW XV, 92f)

Als gedanklich antizipierte reale, von aussen drohende Gefahr, die der Knabe als Folge seiner Mutterverliebtheit befürchtet, sieht Freud die Kastration durch den Vater. Gerade bei den Masturbationen in der phallischen Phase könne es in Wirklichkeit zu Drohungen solcher Art kommen, zudem könne diese Befürchtung phylogenetisch verstärkt worden sei, da es in primitiven Gesellschaften möglicherweise tatsächlich zu solchen Kastrationen gekommen sei – Freud weist auf die Beschneidung als Mannbarkeitsritual hin, die als Überrest davon verstanden werden könnte. Da «das Denken ein probeweises Handeln mit kleinen Energiemengen» sei, löse die Kastrationsbefürchtung im Ich eine gedankliche Antizipierung der Gefahr aus: «Das Ich antizipiert also die Befriedigung der bedenklichen Triebregung und erlaubt ihr, die Unlustempfindungen zu Beginn der gefürchteten Gefahrsituation zu reproduzieren. Damit ist der Automatismus des Lust-Unlust-Prinzips ins Spiel gebracht, der nun die Verdrängung der gefährlichen Triebregung durchführt.» (op. cit. 96) «Das Gefährliche, das Gefürchtete an einer solchen Gefahrsituation» ist «offenbar nicht die objektiv zu beurteilende Schädigung der Person, […] sondern was von ihr im Seelenleben angerichtet wird», wo wie bei der Geburt die innere Unlustsituation einer hochgespannten Erregung hervorgerufen werde, die *traumatisierend* sei, nicht durch Entladung behoben werden könne. Freud folgert: «Heissen wir einen solchen Zustand, an dem die Bemühungen des Lustprinzips scheitern, einen traumatischen Moment, so sind wir über die Reihe neurotische Angst – Realangst – Gefahrsituation zu dem einfachen Satz gelangt: Das Gefürchtete, der Gegenstand der Angst, ist jedesmal das Auftreten eines traumatischen Moments, der nicht nach der Norm des Lustprinzips erledigt werden kann.» (op. cit. 100)

Freud sucht jedoch auch in dieser 32. Vorlesung noch nach einem übergreifenderen Angstkonzept: «Wir sehen aber auch noch etwas anderes; vielleicht ist dies die Lösung, die wir suchen. Nämlich, dass es sich hier überall um die Frage der relativen Quantitäten handelt. Nur die Grösse der Erregungssumme macht einen

Eindruck zum traumatischen Moment, lähmt die Leistung des Lustprinzips, gibt der Gefahrsituation ihre Bedeutung. Und wenn es sich so verhält, wenn sich diese Rätsel durch eine so nüchterne Auskunft beheben, warum sollte es nicht möglich sein, dass derartige traumatische Momente sich im Seelenleben ohne Beziehung auf die angenommenen Gefahrsituationen ereignen, bei denen also die Angst nicht als Signal geweckt wird, sondern neu mit frischer Begründung entsteht? Die klinische Erfahrung sagt mit Bestimmtheit aus, dass es wirklich so ist. Nur die späteren Verdrängungen zeigen den Mechanismus, den wir beschrieben haben, bei dem die Angst als Signal einer früheren Gefahrsituation wachgerufen wird; die ersten und ursprünglichen entstehen direkt bei dem Zusammentreffen des Ichs mit einem übergrossen Libidoanspruch aus traumatischen Momenten, sie bilden ihre Angst neu, allerdings nach dem Geburtsvorbild. Dasselbe mag für die Angstentwicklung bei Angstneurose durch somatische Schädigung der Sexualfunktion gelten. Dass es die Libido selbst ist, die dabei in Angst verwandelt wird, werden wir nicht mehr behaupten. Aber gegen eine zweifache Herkunft der Angst, einmal als direkte Folge des traumatischen Moments, das andere Mal als Signal, dass die Wiederholung eines solchen droht, sehe ich keinen Einwand.» (op. cit. 100f)

Im ganzen ist festzustellen, dass die Angsttheorie zunehmend psychologischer, dabei vielleicht auch etwas verschwommener wird. Freuds Versuch, über eine toxische Angstkonzeption die Metapsychologie (Verdrängungs- und Libidolehre) mit der Biologie zu verknüpfen, war damit gescheitert. Ich nehme an, dass jene in der 32. Vorlesung getroffene Feststellung, die Frage, «aus welchem Stoff die Angst gemacht» werde, habe «an Interesse verloren» (GW XV, 92) von Freud nicht ganz ohne Bedauern vorgebracht wurde.

III. Zusammenfassende Schlussbemerkungen

Freud begegnete dem Angstproblem zum ersten Mal bei seinen Untersuchungen der *Aktualneurosen*. Noch stark unter dem Einfluss seiner neurologischen Studien, setzte Freud in den 1890er Jahren alle Mühe daran, auch psychologische Fakten in physiologischen Termini auszudrücken. In Anlehnung an Fechner postulierte er insbesondere das «Konstanzprinzip», wonach das Nervensystem in sich die Tendenz hat, den jeweils vorhandenen *Erregungsbetrag* zu reduzieren oder zumindest konstant zu halten. Als er die klinische Beobachtung machte, dass bei der Angstneurose immer auch Störungen in der Abfuhr der Sexualspannung vorhanden waren, erschien es ihm daher selbstverständlich, daraus zu schliessen, dass die angehäufte Erregung sich ihren Weg nach aussen mittels Umwandlung in Angst zu bahnen suche; er betrachtete dies als einen rein physischen Vorgang ohne jegliche psychische Determinanten. Bei den *Psychoneurosen* war für ihn zwar die Ursache für die Anhäufung unabgeführter Erregung eine psychische: die Verdrängung. Was freilich darauf folgte, war das gleiche wie bei der Aktualneurose: Die angehäufte Erregung (oder Libido) verwandle sich unmittelbar in Angst. An dieser Ansicht hielt Freud etwa 30 Jahre lang fest und sprach sie mehrfach aus. So konnte er im Jahre 1920 bei der 4. Auflage der *Drei Abhandlungen zur Sexualtheorie* in einer Fussnote (1905d, GW V, 126) noch immer schreiben, die neurotische Angst entstehe aus der Libido, sei ein Umwandlungsprodukt derselben, verhalte sich also etwa so zu ihr wie der Essig zum Wein, Erkenntnis, die er als eines der bedeutsamsten Resultate psychoanalytischer Forschung bezeichnete. Erst in *Hemmung, Symptom und Angst* (1926d [1925]) gab Freud die so lange aufrechterhaltene Theorie auf. Aber selbst hier behauptete er noch, es sei durchaus möglich, dass im Falle der Angstneurose der Überschuss an unverwendeter Libido seine Abfuhr in der Angstentwicklung finde. Wenige Jahre später wurde dann auch dieser letzte Überrest der alten Theorie preisgegeben, als Freud in der 32. Vorlesung über die Reihe neurotische Angst – Realangst – Gefahrsituation fand, dass der Gegenstand der Angst immer in einem traumatischen Moment bestehe (1933a [1932]).

Freud hielt lange daran fest, dass zwischen *Realangst* (Angst als Reaktion auf eine äussere Gefahr) und *neurotischer Angst* (Angst aufgrund von Triebgefahr) eine enge Beziehung bestehe, und baute diese Position, vor allem in Zusammenhang mit den Phobien, in vielen späteren Arbeiten weiter aus, z.B. in der 25. Vorlesung (1916–17a [1915–17]). Aber es war schwierig, die Gleichheit der Angst in diesen beiden Fällen zu behaupten, so lange er daran festhielt, dass bei den Aktualneurosen die Angst unmittelbar aus der Libido entstehe. Als er in *Hemmung, Symptom und Angst* (1926d [1925]) diese Auffassung fallen liess und die Unterscheidung zwischen automatischer Angst (ungewollte Neuentstehung) und Signalangst (beabsichtigte Reproduktion als Signal) einführte, klärte sich die Situation, und es bestand nun kein Grund mehr, zwischen neurotischer und Realangst einen generischen Unterschied zu sehen.

Die eigentliche Determinante für die automatische Angst ist das Eintreten einer traumatischen Situation[4] durch eine Erregungsanhäufung äusseren oder inneren Ursprungs, die das Ich nicht verarbeiten kann – es empfindet das Kernerlebnis der Hilflosigkeit. Angst als Signal ist die Antwort des Ichs auf eine drohende traumatische Situation, sie erlaubt ihm, dieser Situation vorzubeugen. Eine solche Drohung schafft eine Gefahrsituation. Die Gefahren von innen wandeln sich mit den Entwicklungsphasen des Lebens, haben aber immer mit Trennung von einem Liebesobjekt zu tun, wodurch es zur Aufstauung ungestillter Wünsche und damit zum Erlebnis der Hilflosigkeit kommen kann. Spezifische Gefahren, die in den verschiedenen Lebensaltern eine traumatische Situation auslösen können, sind z.B. Geburt, Verlust des Mutterobjekts, Verlust der Liebe des Objekts, Verlust der Liebe des Über-Ichs.

Anhand der auffallendsten Angstsymptome wie Atemlosigkeit und Herzklopfen verglich Freud die Angst vorerst mit dem Koitus, dessen normale Abfuhrwege im Angstanfall versperrt seien. Erst in einem Zusatz von 1909 zur *Traumdeutung* (1900a, GW II/III, 405f) bezeichnete er den Geburtsakt als das erste Angsterlebnis und somit als Quelle und Vorbild des Angstaffekts. Diese Hypothese gab er nie auf. Er räumte ihr einen hervorragenden Platz ein in *Beiträge zur Psychologie des Liebeslebens* (1910h), in der 25. Vorlesung *Die Angst* (1916–17a [1915–17]) wie auch in *Das Ich und das Es* (1923b). Damit sind wir beim Zeitpunkt der Veröffentlichung von Otto Ranks Buch *Das Trauma der Geburt* (1924) angelangt. Rank, einer der ersten Schüler Freuds, behauptete, dass alle späteren Angstanfälle Versuche seien, das ursprüngliche Geburtstrauma abzureagieren. Ähnlich erklärte er sämtliche Neurosen, wobei er beiläufig den Ödipuskomplex entthronte und eine Reform der therapeutischen Technik mit dem Ziel der Überwindung des Geburtstraumas vorschlug. Freuds publizierte Hinweise auf das Buch Ranks klingen zunächst positiv. Seine spätere Ablehnung der Ansichten Ranks regte Freud aber zur Revision der eigenen Überlegungen an, wodurch seine grundlegende Arbeit *Hemmung, Symptom und Angst* (1926d [1925]) entstand.

Nach Ansicht des zeitgenössischen Genfer Psychoanalytikers Jean-Michel Quinodoz (1991, 74ff) gibt es in Zusammenhang mit der Trennungsproblematik[5] bei Freud im *Abriss der Psychoanalyse* (1940a [1938], GW XVII, 130) einen Hinweis auf eine *dritte Angsttheorie*: «Das Ich hat sich die Aufgabe der Selbsterhaltung gestellt, die das Es zu vernachlässigen scheint. Es bedient sich der Angstsensationen als eines Signals, das seiner Integrität drohende Gefahren anzeigt.» Diese das Ich in seiner Integrität bedrohende Trennungsangst hat nach Quinodoz als Vernichtungsangst psychotisches Ausmass.

---

4 vgl. unsere Vorlesung *Das psychische Trauma*
5 vgl. unsere Vorlesung *Separations- und Individuationsprozesse*

Vorlesung XXII

Neurosen

Der Begriff *Neurose* wurde wahrscheinlich vom schottischen Arzt *William Cullen* in der 1777 erschienenen medizinischen Abhandlung *First Lines of the Practice of Physics* eingeführt; deren zweiter Teil nennt sich *Neurosis or Nervous Diseases* und behandelt nicht nur Geisteskrankheiten, sondern auch Dyspepsie, Herzklopfen, Kolik, Hypochondrie und Hysterie (Laplanche und Pontalis, 1973, 326).

Freud bezeichnet die Neurosen als psychogene Affektionen, deren Symptome symbolischer Ausdruck eines psychischen Konfliktes sind, der seine Wurzeln in der Kindheitsgeschichte des Individuums hat. Die Symptome sind Kompromissbildungen zwischen dem Wunsch und der Abwehr dieses Wunsches.

Er gibt uns nirgends einen zusammenfassenden Überblick über die Neurosebildung, lässt uns aber vom Anfang bis zum Schluss seines Werkes an seinem sich entwickelnden Verständnis der Neurosen teilhaben, wobei er der infantilen Sexualität[1] eine ausschlaggebende Rolle zuweist. Diese Entwicklung im Freud'schen Denken möchte ich für Sie in historischer Reihenfolge nachzeichnen.

Von den ersten Schriften über Hysterie 1892 bis hin zum *Abriss der Psychoanalyse* 1938 lassen sich im Neuroseverständnis Freuds vier Schritte unterscheiden:
1. Die Abtrennung der Aktualneurosen von den Psychoneurosen.
2. Das Verständnis der Psychoneurose im Rahmen der Verführungstheorie – das 1. Modell.
3. Das Aufgeben der Verführungstheorie und das Verständnis der Neurose im Lichte der ödipalen Konflikte – das 2. Modell.
4. Strukturtheoretische Neurosemodelle – Hysterie, Phobie und Zwangsneurose sind die eigentlichen Psychoneurosen mit multifaktorieller Ätiologie, wobei Libidofixierung, sexuelle Konstitution, infantiles Erleben, akzidentelles Erleben und Abwehrmechanismen die einzelnen Neurosen kennzeichnen sowie die Neurosewahl bestimmen.

I. Die Abtrennung der Aktualneurosen von den Psychoneurosen

In den Jahren 1892 bis 1915 trennt Freud die Aktualneurosen[2] von den Psychoneurosen, welche er damals auch *Neuropsychosen* nannte. Unter diesen Neuropsychosen verstand er die Übertragungsneurose und die narzisstische Neurose. Die narzisstische Neurose umfasste damals die Psychose, welche er auch Paraphrenie hiess.

Unter die *Aktualneurosen* reihte er die Neurasthenie, die Angstneurose sowie die Hypochondrie ein. Aktualneurosen beruhen auf einer aktuellen Sexualstörung und auf einer somatischen Ursache – der Mechanismus der Symptombildung ist ein somatischer und kein symbolischer; die Symptome resultieren direkt aus einer fehlenden oder inadäquaten aktuellen sexuellen Befriedigung. Diese Ansicht Freuds beruht auf seiner damaligen Idee, dass gestaute Libido direkt in Angst[3] umgewandelt wird, eine Idee, die er, wie wir wissen, spätestens bei der Neuformulierung seiner Angsttheorie in *Hemmung, Symptom und Angst* (1926d [1925]) aufgab.

Der Ursprung der *Psychoneurosen* hingegen liegt im psychischen Bereich und beruht auf psychischen Konflikten. Ferner sind im Unterschied zu den Aktualneurosen bei den Psychoneurosen Abwehrmechanismen wie Verschiebung, Verdichtung, Verdrängung vorhanden.

In den Jahren 1915 bis 1924 begann Freud die Aktualneurosen und die Psychoneurosen von den narzisstischen Neurosen und den Psychosen zu unterscheiden. Eine ausschlaggebende Arbeit dazu ist *Neurose und Psychose* (1924b [1923]). Die sogenannte *narzisstische Neurose* meinte damals eine Affektion vom melancholischen Typus. Der Ausdruck *narzisstische Neurose* wird heute immer weniger verwendet.

---

1 vgl. unsere Vorlesung *Stufen der Sexualorganisation*
2 vgl. unsere Vorlesung *Das Problem der Psychosomatik II*
3 vgl. unsere Vorlesung *Die Bedeutung der Angst in der Psychoanalyse*

Der Begriff *Aktualneurose* hat sich mittlerweile in denjenigen der *psychosomatischen Affektion* umgewandelt. Die Einteilung Freuds der Psychoneurosen in Hysterie, Phobie und Zwangsneurose hingegen ist bis heute unverändert beibehalten worden.

Die moderne Nosographie psychischer Erkrankungen unterscheidet Neurosen, Perversionen, Borderlinestörungen, Psychosen und psychosomatische Krankheiten.

II. Das Verständnis der Neurose im Rahmen der Verführungstheorie

Das 1. Neurosemodell Freuds beruht auf der Annahme einer realen Verführung[4]. In *Weitere Bemerkungen über die Abwehr-Neuropsychosen* finden sich dazu zwei fundamentale Thesen: Die Ursprünge der Hysterie und der Zwangsneurose gehen in die frühe Kindheit zurück und sind stets sexueller Natur: «Es reicht für die Verursachung der Hysterie nicht hin, dass zu irgendeiner Zeit des Lebens ein Erlebnis auftrete, welches das Sexualleben irgendwie streift und durch die Entbindung und Unterdrückung eines peinlichen Aspekts pathogen wird. Es müssen vielmehr diese sexuellen Traumen der früheren Kindheit (der Lebenszeit vor der Pubertät) angehören, und ihr Inhalt muss in wirklicher Irritation der Genitalien (coitusähnlichen Vorgängen) bestehen.» (1896b, GW I, 380)

1897 beginnt Freud jedoch, wie wir wissen, aufgrund seiner Entdeckungen bei Patienten und aufgrund seiner Selbstanalyse an der Verführungstheorie zu *zweifeln* – er schreibt im Brief 139 vom 21. September 1897 an Wilhelm Fliess, dass er an seine *Neurotica* nicht mehr glaube (1985c [1887–1904], 283). Von da an unterstreicht er immer mehr die Wichtigkeit der infantilen Sexualität und der ödipalen Konstellation. Hierzu schreibt er in seiner *Selbstdarstellung*: «Als ich mich gefasst hatte, zog ich aus meiner Erfahrung die richtigen Schlüsse, dass die neurotischen Symptome nicht direkt an wirkliche Erlebnisse anknüpften, sondern an Wunschphantasien, und dass für die Neurose die psychische Realität mehr bedeute als die materielle. Ich glaube auch heute nicht, dass ich meinen Patienten jene Verführungsphantasien aufgedrängt, ‹suggeriert› habe. Ich war da zum ersten Mal mit dem Ödipuskomplex zusammengetroffen, der späterhin eine so überragende Bedeutung gewinnen sollte, den ich aber in solch phantastischer Verkleidung noch nicht erkannte.» (1925d [1924], GW XIV, 60)

In den *Vorlesungen zur Einführung in die Psychoanalyse* legt Freud nahe, Phantasie und Wirklichkeit gleichzustellen und sich zunächst nicht darum zu kümmern, ob die zu klärenden Kindheitserlebnisse das eine oder das andere seien. Es bleibe eine Tatsache, dass der Kranke sich solche Phantasien geschaffen habe, und diese Tatsache habe kaum geringere Bedeutung für seine Neurose, als wenn er den Inhalt dieser Phantasien wirklich erlebt hätte. Diese Phantasien besässen psychische, innere Realität im Gegensatz zur materiellen Realität, und man lerne allmählich verstehen, dass in der Welt der Neurosen die psychische Realität die massgebende sei (1916–17a [1915–17], GW XI, 383). Keineswegs aber bestreitet Freud damit reale Verführungsvorkommnisse von Kindern durch Erwachsene. Freud stösst mit der Betonung der Phantasie bei neurotisch Kranken auf die sogenannten Urphantasien; er hebt besonders die Phantasien der Verführung, der Kastration (Kastrationsdrohung) und der Urszene hervor, die er alle als einen phylogenetischen Besitz betrachtet; diese Urphantasien kommen regelmässig in Psychoanalysen zum Vorschein.

III. Das Verständnis der Neurose im Lichte der ödipalen Konflikte

Nach Aufgeben der monokausalen Verführungstheorie und der Entdeckung der zentralen Wichtigkeit der ödipalen Konflikte vertritt Freud in seinem 2. Neurosemodell eine multifaktorielle ätiologische Konzeption. Eine prägnante Darstellung zur Ätiologie der Psychoneurosen gibt Freud in der 23. Vorlesung *Die Wege der Symptombildung*, wo er folgendes Schema präsentiert (op. cit. 376):

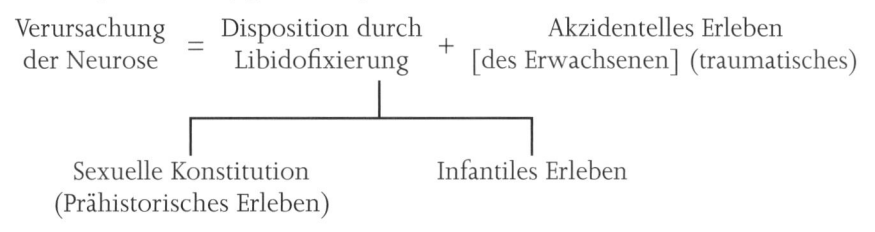

$$\text{Verursachung der Neurose} = \text{Disposition durch Libidofixierung} + \text{Akzidentelles Erleben [des Erwachsenen] (traumatisches)}$$

$$\text{Disposition durch Libidofixierung} \rightarrow \text{Sexuelle Konstitution (Prähistorisches Erleben)} \quad \text{Infantiles Erleben}$$

---

[4] vgl. unsere Vorlesung *Sexueller Missbrauch*

In *Über neurotische Erkrankungstypen* fasst Freud zusammen: «Gerade die psychoanalytische Forschung hat uns ermöglicht, die neurotische Disposition in der Entwicklungsgeschichte der Libido nachzuweisen und die in ihr wirksamen Faktoren auf mitgeborene Varietäten der sexuellen Konstitution und in der frühen Kindheit erlebte Einwirkungen der Aussenwelt zurückzuführen.» (1912c, GW VIII, 322)

Die *sexuelle Konstitution*, wie Freud sie in seinem Schema aufzeigt, definiert er über die besondere Bedeutung einzelner erogener Zonen, welche – oft zusammen mit infantilen Erlebnissen – zur Libidofixierung, zum Verweilen auf einer im Normalfall bereits überwundenen Entwicklungsstufe führen; diese sexuelle Konstitution sei eine wesentliche Determinante der Neurosenentstehung: «Die Zähigkeit, mit welcher die Libido an bestimmten Richtungen und Objekten haftet, sozusagen die Klebrigkeit der Libido» (1916–17a [1915–17], GW XI, 360f), erscheint Freud als ein selbständiger, individuell variabler Faktor, dessen Abhängigkeiten ihm völlig unbekannt seien, dessen Bedeutung für die Ätiologie der Neurosen aber nicht unterschätzt werden dürfe. Ferner unterstreicht er die Wichtigkeit der *Versagung* einer libidinösen Befriedigung; das heisst aber nicht, dass die Versagung jeden, den sie trifft, neurotisch macht, sondern bloss, dass in allen untersuchten Fällen von Neurose das Moment der Versagung nachweisbar ist – der Satz ist also nicht umkehrbar. Freud spricht von der Versagung der libidinösen Befriedigung im Erwachsenenalter, die zu Symptomen führt, welche den Ersatz für die versagte Befriedigung bilden. Im ödipalen Alter trifft jedes Kind auf eine sich aus dem Inzestverbot ergebende notwendige Versagung, was zur Bewältigung der ödipalen Konstellation oder aber zu einer Fixierung der Libido führt.

An anderer Stelle expliziert Freud den Gedanken des *Konflikts als pathogener Faktor*: Ein Teil der Persönlichkeit vertritt gewisse Wünsche, ein anderer sträubt sich dagegen und wehrt sie ab. Ohne einen solchen Konflikt gibt es keine Neurose. Oder: Zur äusseren Versagung muss, damit sie pathogen wird, noch die innere Versagung hinzutreten.

Die Regression der Libido und ihre Abweisung durch das Ich sind also die spezifischen Vorgänge bei der Neurosenbildung; Libidofixierung, äussere Versagung und Konfliktneigung mit der Folge innerer Versagung erscheinen als wesentliche ätiologische Momente.

Bezüglich der Neurosenwahl weist Freud auf die *spezifische Regression der Libido* hin: Bei der Hysterie gibt es zwar eine Regression der Libido zu den primären inzestuösen Sexualobjekten, aber so gut wie keine Regression auf eine frühere Stufe der Sexualorganisation. Bei der Zwangsneurose hingegen ist die Regression der Libido auf die Vorstufe der sadistisch-analen Organisation das auffälligste und das für die Äusserung in Symptomen massgeblichste.

Wird jeder Mensch aufgrund einer libidinösen Versagung neurotisch? Natürlich nicht. Sexuelle Entbehrungen werden nicht von allen gleich schwer erlebt. Dank der Plastizität der Sexualtriebe lässt sich die Versagung aufheben, etwa durch Übergehen auf ein anderes Sexualobjekt oder durch die Sublimierung der Sexualstrebung, die dann ihr Ziel wechselt.

Was einen Menschen in die Neurose treibt oder ihn darin festhält, hängt auch vom *primären und sekundären Krankheitsgewinn* ab; in ihm liegt letztlich das Motiv zum Kranksein. Die Krankheit erspart zunächst eine psychische Leistung, stellt also im Falle eines psychischen Konflikts die ökonomisch einfachste Lösung dar, obwohl sich in den meisten Fällen später die Unzweckmässigkeit eines solchen Auswegs erweist; dieser Anteil des Krankheitsgewinns wird als der *innere, psychologische*, als der *primäre* bezeichnet. Äussere Momente wie Schonung, Verwöhnung, Berentung des Kranken sind oft klarer erkennbar und stellen ebenfalls ein Motiv dar, krank zu werden; man spricht dann vom sekundären Krankheitsgewinn.

IV. Strukturtheoretische Neurosemodelle

Nachdem wir nun Freuds allgemeine Modelle der Neurosenentstehung kennengelernt haben, möchte ich am Beispiel der Hysterie, der Phobie und der Zwangsneurose auf strukturelle Besonderheiten zu sprechen kommen. Dabei beziehe ich mich auf drei Krankengeschichten Freuds: *Dora* (1905e [1901], *Bruchstück einer Hysterie-Analyse*, GW V, 161–286), den *Kleinen Hans* (1909b *Analyse der Phobie eines fünfjährigen Knaben*, GW VII, 241–377) und den *Rattenmann* (1909d, *Bemerkungen über einen Fall von Zwangsneurose*, GW VII, 379–463).

1. Zur Hysterie der *Dora*

Dora[5] ist ein 18jähriges Mädchen, das auf Veranlassung ihres Vaters in Freuds Behandlung kam und diese nach drei Monaten, anscheinend ohne direkten Anlass, zu einem von ihr selbst gesetzten Termin abbrach, so dass wesentliche

---

5 vgl. unsere Vorlesung *Aus Freuds klinischen Schriften: Der Fall Dora I und II*

Punkte in der Analyse offen blieben und auch die therapeutischen Fortschritte nur gering waren. Dora litt an Charakterveränderungen und Verstimmungszuständen, sie war mit sich selbst und den Angehörigen unzufrieden; auffälligste Symptome waren nervöse Hustenanfälle und Heiserkeit mit zuweilen völliger Stimmlosigkeit. Die Symptome entstanden im Rahmen einer abgewehrten Liebe zu Herrn K., dessen Frau ein Verhältnis mit Doras Vater hatte. Wesentlicher Anlass zur Symptombildung war eine Liebeswerbung Herrn K.s, welcher einige Jahre vorher ein körperlicher Annäherungsversuch an die damals 14jährige Dora vorausgegangen war. Als wichtig hebt Freud hervor, dass Dora bis ins fünfte Lebensjahr eine Lutscherin war – er meint, dass die frühe ausgiebige Betätigung dieser erogenen Zone eine der Bedingungen war für das spätere somatische Entgegenkommen des mit den Lippen beginnenden Schleimhauttrakts; das somatische Entgegenkommen als ein Ausweg, psychische Vorgänge ins Somatische zu verlagern, ist auch dafür verantwortlich, dass es zu einer Konversionshysterie kommt anstatt zu einer Zwangsneurose.

Freud interpretiert Doras Symptome als *szenische Darstellung*, als Realisierung einer Phantasie mit sexuellem Inhalt. Hustenanfälle und Heiserkeit sind zwar ursprünglich auf eine tatsächliche Erkrankung der Atemwege zurückzuführen, eignen sich aber gleichzeitig dazu, einen aus der persistierenden Erogenität der Mundzone herrührenden Wunsch nach Saugen am Penis szenisch darzustellen, womit wiederum die aus der ödipalen Situation libidinös besetzte Vorstellung eines oralen Verkehrs zwischen Doras Vater und Frau K. zusammenhängt. Das Symptom ist auch Ausdruck von Mitleidsgefühlen bezüglich des väterlichen Lungenleidens.

Die Doppeldeutigkeit des Wortes *Katarrh*, von Dora synonym für *Scheidenausfluss* gebraucht, beinhaltet ferner den Selbstvorwurf wegen kindlicher Masturbation und drückt schliesslich über weitere Assoziationsketten die Sehnsucht nach einer Beziehung mit Herrn K. aus – hysterische Symptome sind immer überdeterminiert, wie auch die einzelnen Elemente des manifesten Traums.

Freud fasst seine ätiologischen und strukturellen Überlegungen zum Fall Dora wie folgt zusammen: «Wir können nun den Versuch machen, die verschiedenen Determinierungen, die wir für die Anfälle von Husten und Heiserkeit gefunden haben, zusammenzustellen. Zuunterst in der Schichtung ist ein realer, organisch bedingter Hustenreiz anzunehmen, das Sandkorn also, um welches das Muscheltier die Perle bildet. Dieser Reiz ist fixierbar, weil er eine Körperregion betrifft, welche die Bedeutung einer erogenen Zone bei dem Mädchen in hohem Grade bewahrt hat. Er ist also geeignet dazu, der erregten Libido Ausdruck zu geben. Er wird fixiert durch die wahrscheinlich erste psychische Umkleidung, die Mitleidsimitation für den kranken Vater und dann durch die Selbstvorwürfe wegen des ‹Katarrhs›. Dieselbe Symptomgruppe zeigt sich ferner fähig, die Beziehungen zu Herrn K. darzustellen, seine Abwesenheit zu bedauern und den Wunsch auszudrücken, ihm eine bessere Frau zu sein. Nachdem ein Teil der Libido sich wieder dem Vater zugewendet, gewinnt das Symptom seine vielleicht letzte Bedeutung zur Darstellung des sexuellen Verkehrs mit dem Vater in der Identifizierung mit Frau K.» (1905e [1901], GW V, 245f)

Die hysterischen Symptome Doras ergeben sich aus den Bedürfnissen des Sexuallebens einerseits und aus deren Verdrängung andererseits – die Erkrankung ist das Resultat des Konflikts zwischen Libido und Sexualverdrängung, das Symptom ein Kompromiss zwischen diesen beiden seelischen Strömungen. Freud meint, dass bei Dora aufgrund der Versagung – die unerfüllte Liebe zu Herrn K. – eine Regression zu den primären inzestuösen Sexualobjekten stattgefunden habe, aber, wie es für die Hysterie typisch ist, so gut wie keine Regression auf eine frühere Stufe der Sexualorganisation.

Es gibt heute eine umfangreiche Sekundärliteratur zum Fall Dora, welche noch weitere Interpretationsmöglichkeiten ihrer Hysterie aufzeigen. Im einzelnen darauf einzugehen, würde den Rahmen dieser Vorlesung sprengen – der wichtige Aspekt der negativ-ödipalen (homosexuellen) Einstellung Doras in ihrer Liebe zu Frau K. sei wenigstens andeutungsweise erwähnt!

Katamnestisch weiss man (*Alain de Mijolla*, 2002, I, 184), dass Ida Bauer, wie Dora mit ihrem wirklichen Namen hiess, im Jahre 1903 (3 Jahre nach Abbruch ihrer kaum dreimonatigen Behandlung bei Freud) mit dem erfolglosen Musiker Ernst Adler eine unglückliche Ehe einging; der einzige Sohn Kurt Herbert sollte berühmt werden als Dirigent an der Oper von San Francisco. 1923 wurde sie auf Veranlassung ihres Hausarztes vom Psychoanalytiker Felix Deutsch untersucht, der sie ans Krankenbett gebunden vorfand, an paranoiden Anfällen leidend und über alle Männer schimpfend. In der Folge kam es in Wien zu einer Freundschaft zwischen Ida Bauer und Peppina Zellenka (Frau K.), die beiden spielten in den 1930er Jahren zusammen Bridge. Verfolgt von den Nazis, versteckte sich Ida vorerst bei Peppina, bis zu ihrer Flucht nach Paris und New York, wo sie 1945 verstarb. Ich werde in der Vorlesung *Dora II* noch etwas ausführlicher über diese recht gut dokumentierte Katamnese sprechen.

2. Zur Phobie oder Angsthysterie des *Kleinen Hans*

Mit *Angsthysterie* bezeichnet Freud jenes Krankheitsbild, welches mehr oder weniger ausschliesslich durch ein phobisches Syndrom charakterisiert ist; phobische Züge gibt es ja bei verschiedenen psychischen Erkrankungen. Der Ausdruck *Angsthysterie* drückt die enge konzeptionelle Beziehung zur Konversionshysterie aus, indem hier wie dort die durch Verdrängung frei werdende Libido in bestimmter Weise gebunden wird; bei der Konversionshysterie erfolgt diese Bindung über den Körper (in einem körperlichen Symptom mit symbolischer Bedeutung), bei der Angsthysterie in einem ersten Schritt durch Umwandlung der gestauten Libido in Angst (das entspricht, wie wir wissen, der ersten, von Freud später aufgegebenen, Angsttheorie), in weiteren Schritten psychischer Arbeit dann auf der psychischen Ebene durch die Phobie.

Die Beschreibung der Pferdephobie des *Kleinen Hans*[6] ist eine der bekanntesten und zugleich umstrittensten Fallgeschichten Freuds; ihre Bedeutung liegt vor allem in der Bestätigung der Thesen Freuds über die infantile Sexualität. Im Vordergrund steht die sexuelle Neugier, die Sexualforschung des etwa vierjährigen Knaben, der sich insbesondere für den «Wiwimacher» von Vater, Mutter, Schwester und Tieren (u.a. Pferden) interessiert. Ausserdem berichtet Freud von masturbatorischer Betätigung des Jungen, wobei seine Onaniephantasien auch um die Mutter kreisen; in diesem Zusammenhang hatte man ihm einmal gedroht, das Glied abzuschneiden. Neben dem starken libidinösen Interesse an der Mutter fanden sich feindselige, rivalisierende Regungen gegen den Vater. Der Pferdephobie voraus gingen vor allem im Alter von 4¾ Jahren eine übergrosse Zärtlichkeit zur Mutter, Angstträume und eine unbestimmte Angst, auf die Strasse zu gehen. Freud verbindet das pathogenetische Moment der Phobie mit den libidinösen Regungen gegenüber der Mutter, welche in Angst umgesetzt worden seien. Zusätzlich könnten sowohl die Abweisungen durch die Mutter (sie war zu dieser Zeit schwanger) als auch die früheren Kastrationsdrohungen des Vaters eine Rolle gespielt haben; dieser habe Hans einmal mit folgenden Worten gewarnt: «Gib den Finger nicht zum Pferde, sonst wird es Dich beissen.» Die Angst vor dem Vater wurde verschoben auf das Pferd, was zur Pferdephobie führte; deren Entstehen war auch bedingt durch das Erlebnis eines Unfalls, bei dem ein Pferd mit einem Wagen auf der Strasse strauchelte und umfiel oder durch die Erinnerung an frühere «Pferd-Spiele» mit dem Vater, wobei einmal ein Spielkamerad umgefallen war und sich verletzt hatte.

Fasst man die verschiedenen Mosaiksteine der Pferdephobie des kleinen Patienten zusammen, so lässt sich mit Sicherheit sagen, dass der Knabe mitten in einem Bewältigungsversuch der ödipalen Situation stand. Die Analyse der Phobie geschah durch den Vater – Freud spielte dabei lediglich die Rolle eines Supervisors. Die Behandlung des Kindes dauerte vier Monate, nach welchen die Pferdephobie verschwand und später nicht wieder auftauchte.

Da Hans (1922c, GW XIII, 431f) als «ein stattlicher Jüngling von 19 Jahren» besuchsweise wieder auftauchte, existiert eine *Katamnese von Freud selbst*. Er hatte ihn etwa zwei Jahre nach Abschluss der Analyse aus den Augen verloren, und war nun froh, ihn als gesunden jungen Mann ohne jede Symptome wieder zu sehen, hatte doch die Veröffentlichung der Behandlung zu beträchtlicher Kritik Anlass gegeben: «Die Veröffentlichung dieser ersten Analyse an einem Kinde hatte viel Aufsehen und noch mehr Entrüstung hervorgerufen, und dem armen Jungen war grosses Unheil prophezeit worden, weil er in so zartem Alter ‹entharmlost› und zum Opfer einer Psychoanalyse gemacht worden war.»

3. Zur Zwangsneurose des *Rattenmanns*

Es handelt sich um einen fast 30jährigen Juristen, welcher 1907 die Behandlung Freuds aufsuchte; diese dauerte elf Monate und führte zu einer völligen Genesung. Aus der Anamnese erfährt man, dass der Patient zwischen dem 4. und 7. Lebensjahr sexuelle Erlebnisse mit Gouvernanten hatte, welche eine brennende, peinigende Neugierde zurückliessen, den weiblichen Körper zu sehen. In diesem Zusammenhang stellten sich bald die ersten Zwangssymptome ein: Er hatte die Idee, die Eltern wüssten seine Gedanken, und während er den drängenden Wunsch verspürte, Mädchen, die ihm sehr gefielen, nackt zu sehen, überkamen ihn eigenartige Vorstellungen: «Ich hatte aber bei diesen Wünschen ein unheimliches Gefühl, als müsste etwas geschehen, wenn ich das dächte, und ich müsste allerlei tun, um es zu verhindern», sagt der Patient (1909d, GW VII, 387) – eine wichtige Befürchtung war, der Vater würde dann sterben. Seine Zwangsbefürchtung lautete also: Wenn ich den Wunsch habe eine Frau

---

6 vgl. unsere Vorlesung *Zur Kinderanalyse I*

nackt zu sehen, muss mein Vater sterben. Freud fasst zusammen: «Also: ein erotischer Trieb und eine Auflehnung gegen ihn, ein (noch nicht zwanghafter) Wunsch und eine (bereits zwanghafte) ihr widerstrebende Befürchtung, ein peinlicher Affekt und ein Drang zu Abwehrhandlungen; das Inventar der Neurose ist vollzählig.» (op. cit. 389)

Die grosse Zwangsbefürchtung, die ihn als erwachsenen Mann in die Behandlung zu Freud führte, betraf *Ratten*: Nachdem schon jahrelang Zwangssymptome verschiedener Art vorhanden waren, begann die Entwicklung der jüngsten Symptomatik an einer Waffenübung wenige Monate vor Beginn der Therapie. Ein Hauptmann hatte von einer Strafe im Orient erzählt, bei welcher dem Verurteilten ein Topf über das Gesäss gestülpt werde, unter dem eine Ratte gefangen sei, die sich dann in den After des Opfers einbohre. In dem Augenblick tauchte beim Patienten die Vorstellung auf, dass diese Strafe an der von ihm verehrten Dame sowie auch an seinem längst verstorbenen Vater vollzogen werde. Mit dieser Vorstellung war gleichzeitig die Abwehrmassnahme erfolgt – damit sich eine solche Phantasie nicht erfülle, musste er zwanghaft denken: «Aber» (von einer wegwerfenden Handbewegung begleitet), «was fällt Dir denn ein?»

Am darauffolgenden Abend bildete sich in diesem militärischen Ambiente eine zweite Zwangsvorstellung, als ein vom Patienten bestellter *Zwicker* aus Wien per Post ankam und ihm jener Hauptmann das Paket mit den Worten überreichte: «Der Oberleutnant A. hat die Nachnahme für dich ausgelegt. Du musst sie ihm zurückgeben.» (op. cit. 393) In diesem Augenblick tauchte wieder die Rattenphantasie auf, verbunden mit der Idee, dass, wenn er dem Oberleutnant das Geld zurückgäbe, die Rattenstrafe an der Dame und am Vater vollzogen würde. Nach bekanntem Muster kämpfte er gegen diese Verknüpfung mit einer Art zwanghaftem Eidschwur, dem Oberleutnant das Geld trotzdem unbedingt zurückzugeben, was er beinahe halblaut vor sich hinsagte. Der Rückgabe stellten sich in der Folge immer neue Schwierigkeiten anscheinend objektiver Natur entgegen. Als er dann endlich den gesuchten Oberleutnant A. traf, wies dieser das Geld mit der Bemerkung zurück, er habe nichts für ihn ausgegeben. Die Zwangsgedanken erfuhren noch weitere Umwandlungen, die ich der Kürze halber nicht weiter ausführen will.

Freud versteht die Zwangsvorstellung, dem Oberleutnant A. das Geld unbedingt zurückgeben zu müssen, als eine beim Patienten immer in militärischen Verhältnissen auftretende Identifikation mit dem Vater, der selbst mehrere Jahre gedient und vieles aus seiner Soldatenzeit zu erzählen gewusst hatte. Eines der kleinen Abenteuer des Vaters hat ein wichtiges Element mit der Aufforderung des Hauptmanns gemeinsam: Der Vater hatte einmal eine kleine Summe Geldes, über die er als Unteroffizier verfügen sollte, im Kartenspiel verloren und wäre in Schwierigkeiten gekommen, wenn ein Kamerad ihm den Betrag nicht vorgestreckt hätte; später hatte der Vater dann vergeblich versucht, diesen hilfreichen Kameraden zu finden und ihm das Geld zurückzugeben. Die zur Zahlung auffordernden Worte des Hauptmanns klangen dem Patienten wie eine Anspielung an jene uneingelöste Schuld des Vaters.

Komplizierter ist es, die Zwangsvorstellung der Rattenstrafe aufzuklären, wozu vielfältiges assoziatives Material auftauchte. Zunächst führte diese Vorstellung zur Analerotik, die in der Kindheit des Patienten eine grosse Rolle gespielt hatte und über einen jahrelang dauernden Reiz durch intestinale Würmer unterhalten worden war. Eine Reihe von Einfällen des Patienten zur Ratte zeigten die Bedeutung von Geld im unbewussten Denken in der Neurose, wo Kot oder Dreck in Beziehung zu Gold oder Geld gesetzt wird. «Diese Geldbedeutung der Ratten stützte sich überdies auf die Mahnung des Hauptmannes, den Betrag der Nachnahme zurückzugeben, mit Hilfe der Wortbrücke Spielratte, von der aus der Zugang zur Spielverfehlung des Vaters aufzufinden war.» (op. cit. 433) Überdies hatte die Ratte beim Patienten über eine Reihe verschiedener Assoziationen die Bedeutung des männlichen Geschlechtsorgans angenommen; so ergab «die Einsetzung des Penis für die Ratte in der Erzählung des Hauptmannes eine Situation von Verkehr per anum», welche «ihm in ihrer Beziehung auf Vater und Geliebte besonders widerlich erscheinen musste» (op. cit. 434).

Katamnestisch ist bekannt (*Alain de Mijolla*, I, 913), dass der Rattenmann Ernst Lanzer hiess, sein Rechtsstudium erst nach zehn Jahren abschloss und nach zweimonatiger praktischer Arbeitsunfähigkeit und einigen Stellenwechseln schliesslich 1913 eine Anstellung als Rechtsanwalt erhielt. Sein Privatleben gestaltete sich ähnlich kompliziert – er löste nach anderthalb Jahren seine Verlobung auf und lebte dann kinderlos mit einer Kusine zusammen. Im August 1914 wurde er zur Armee eingezogen, am 21. November von den Russen gefangen genommen; vier Tage danach verstarb er.

In verschiedenen *Schriften zur Zwangsneurose* versucht Freud diese Erkrankung theoretisch zu erfassen:

In *Charakter und Analerotik* (1908b) führt er die Eigenschaften Ordnungssinn, Sparsamkeit und Eigensinn auf eine ursprünglich sehr intensive, im Laufe der Entwicklung dann aber unterdrückte Analerotik zurück. Er begründet ein neues Paradigma, nach welchem die Neurosewahl nicht mehr aufgrund bestimmter Erlebnisse, sondern aufgrund spezifischer Fixierungen und Regressionen zu erklären ist.

In *Die Disposition zur Zwangsneurose* (1913i) formuliert er zum ersten Mal eine regelrechte sadistisch-anale Stufe der Libidoorganisation; in der Regression auf diese Stufe liegt das Wesen der Zwangsneurose.

In *Hemmung, Symptom und Angst* (1926d [1925]) spricht er bezüglich der Zwangsneurose von einer schwächlichen genitalen Libidoorganisation; wenn das Ich in seinem Gehorsam gegenüber einem besonders strengen Über-Ich sein Abwehrstreben beginnt, so erzielt es als ersten Erfolg, dass die Genitalorganisation der phallischen Phase ganz oder teilweise auf die frühere sadistisch-anale Stufe zurückgeworfen wird. Den Motor der Abwehr bildet bei der Zwangsneurose der Kastrationskomplex; abgewehrt werden die Strebungen des Ödipuskomplexes. Neben der Regression kommt es zu als Übertreibung der normalen Charakterbildung verständlichen Reaktionsbildungen des Ichs gegen die sadistisch-analen Regungen; solche Reaktionsbildungen können sich in einem Wasch- und Reinlichkeitszwang oder in übermässiger Freundlichkeit ausdrücken. Die Verdrängung gelingt bei der Zwangsneurose nicht so gut wie bei der Hysterie; die Vorstellung wird verdrängt, während der dazu gehörige Affekt einer Verschiebung auf indifferente Inhalte zum Opfer fällt. Ein weiterer Abwehrmechanismus bei der Zwangsneurose ist das Isolieren; dabei wird ein Gedanke oder ein Verhalten isoliert, so dass die Verbindung mit anderen Gedanken oder mit der übrigen Existenz unterbrochen ist. Isolierungsvorgänge zeigen sich in Pausen im Gedankenablauf, in Formeln und Ritualen – ganz allgemein in allen Massnahmen, die es ermöglichen, im zeitlichen Ablauf der Gedanken oder Handlungen einen Hiatus zu errichten. Manche Kranke wehren sich durch Isolieren gegen einen Gedanken, einen Eindruck, eine Aktion – sie unterbrechen den Zusammenhang und schieben eine Pause ein, in der sich nichts mehr ereignen darf, keine Wahrnehmung gemacht und keine Aktion ausgeführt wird. Dies ist eine aktive motorische Abwehrtechnik. Durch die Trennung des Affekts von einer Vorstellung und dessen Verschiebung auf eine indifferente Vorstellung kommt es zu einer falschen Verknüpfung, die oft unlogisch und absurd erscheint. Ein weiterer Abwehrmechanismus ist das *Ungeschehenmachen*, welches in seinem irrationalen Charakter an magische Praktiken erinnert; es ist sozusagen negative Magie, will durch motorische Symbolik nicht die Folgen eines Ereignisses, sondern dieses selbst aus dem Weg schaffen. Freud bezeichnet das Isolieren und das Ungeschehenmachen als Surrogate der Verdrängung.

Vorlesung XXIII

Perversion

Zu diesem Kapitel der psychoanalytischen Theorie gibt es recht kontroverse Ansichten – Kontroversen zwischen Freud und modernen Psychoanalytikern wie auch zwischen zeitgenössischen psychoanalytischen Autoren selbst. Mein Vorhaben ist, Ihnen einen gewissen Überblick über einige wesentliche Beiträge zur Perversion zu verschaffen.

Die Perversion ist zuallererst eine äusserst wirksame und starre Abwehrformation sowohl gegen die Regression in die Psychose als auch gegen die Progression in Richtung der ödipalen Konflikte.

Dem aus Bern stammenden Zürcher Analytiker Fritz *Morgenthaler* verdanken wir den vielzitierten Satz, dass die Perversion wie eine *Plombe* auf der Psychose sei: «Perversionen sind – metapsychologisch gesehen – in allererster Linie Funktion. Diese Funktion lässt sich am besten als Plombe, Pfropf, als ein heterogenes Gebilde beschreiben, das die Lücke schliesst, die eine fehlgegangene narzisstische Entwicklung geschaffen hat. Dank dieser Plombe wird die Homöostase im narzisstischen Bereich ermöglicht und aufrechterhalten.» (Morgenthaler, 2004, 29)

Freud hat in verschiedenen Arbeiten auf die Perversion Bezug genommen: In den *Drei Abhandlungen* (1905d), in der *Gradiva-Studie* (1907a [1906]), in der *Analyse des Rattenmannes*[1] (1909d), besonders aber in *Fetischismus* (1927e) und in *Die Ich-Spaltung im Abwehrvorgang* (1940e [1938]). Mit den beiden letzteren Arbeiten führt Freud das Negative[2] in der psychischen Arbeit ein – unter anderen hat der führende französische Psychoanalytiker *André Green* in seinem Buch Le travail du négatif (1993) Sinn und Bedeutung dieser negativen psychischen Tendenzen untersucht.

Der *Kernkonflikt* in diesen beiden Arbeiten ist folgender: Der Knabe reagiert beim Anblick des weiblichen Genitales mit einem Kastrationsschreck; daraus entwickelt sich eine Angst, welche sich auf das eigene Genitale bezieht, also die Angst, ebenfalls den Penis zu verlieren. Die drohende Kastration kann zu einer Ich-Spaltung führen – eine Seite des Ichs hat wahrgenommen, dass es einen Geschlechtsunterschied gibt, während die andere Seite verleugnet, dass die Frau ein penisloses Wesen ist; dabei bleibt die eine Seite des Ichs vor der andern verborgen. Zur Stützung der Verleugnung dieser, wie Freud es nennt, *weiblichen Kastration* baut sich der Knabe einen Ersatz des bei der Frau nicht vorhandenen Penis auf, nämlich den *Fetisch*. Der Fetisch ist von unlebendiger Natur: Nach Freud kann der Glanz auf der Nase eines Objekts zur fetischistischen Bedingung erhoben werden, es kann aber auch irgendein anderer Penisersatz gewählt werden wie ein Strumpf, ein Bein, ein Pelz, ein Schuh. In der Folge bedeutet der Fetisch für den erwachsenen Mann die Conditio sine qua non um zu einer Erektion zu kommen und einen genussvollen Geschlechtsverkehr zu haben, weil der Fetisch die Kastrationsperspektive aufhebt.

Freud lässt jedoch dabei ausser acht, dass die Frau nicht nur durch was sie nicht hat, den Penis, im Knaben eine Kastrationsdrohung weckt, sondern auch durch was sie hat, nämlich die Genitalöffnung, die Scheide. In zahlreichen Arbeiten zu Fetischismus und Perversion zeigten spätere Psychoanalytiker, wie der Fetisch auch gebraucht wird, um dieses «Loch», diesen «Abgrund», die vaginale Öffnung der Mutter zu verleugnen, sie sozusagen mit der Zuteilung eines künstlichen Penis zu schliessen. Dies wäre dann ein zusätzlicher Aspekt der Kastrationsdrohung: Der Penis kann nicht nur abgeschnitten werden, sondern er kann in diesem unendlichen Schlund/Hohlraum, dem Mund-Vagina-Hohlraum verloren gehen, verschlungen werden. Die Wahrnehmung des Geschlechtsunterschiedes spielt nicht nur für den Knaben eine ausschlaggebende Rolle, sondern ebenso für das Mädchen – die Kastrationsdrohung betrifft beide Geschlechter.

Ich möchte betonen, dass trotz der erwähnten späteren Ergänzungen die beiden Arbeiten Freuds zu Fetischismus und Ich-Spaltung bahnbrechend sind mit der Sequenz: Kastrationsschreck bei der Wahrnehmung der sogenannten weiblichen Kastration, Ich-Spaltung durch Anerkennung und gleichzeitige Verleugnung der Realität des Geschlechtsunterschieds, Stützung der Verleugnung mit dem phantasmatisch der Frau zugeordneten Fetisch als künstlichem Ersatzpenis – wenn Mann und Frau einen Penis haben, droht keine Kastration.

---

1 vgl. unsere Vorlesung *Neurosen*
2 vgl. unsre Vorlesung *Die negative psychische Arbeit*

Die Wahrnehmung des Geschlechtsunterschiedes ist effektiv der härteste Prüfstein innerhalb der psychischen Entwicklung eines Kindes sowie innerhalb eines psychoanalytischen Prozesses. Dieser Prüfstein geht dem Fortschreiten zur ödipalen Situation voraus; das Scheitern an ihm besteht im Risiko einer Fixierung an dieses Stadium oder einer Regression auf frühere Stadien, vor allem auf das anale Stadium, wo es keinen Geschlechtsunterschied gibt. Freud stellte die Frage, warum gewisse Kinder den Kastrationsschreck überwinden und dadurch problemlos in die ödipale Phase eintreten, während andere Kinder an diesem Wendepunkt scheitern und beispielsweise zu Fetischisten werden. Freud hat die Frage nicht beantwortet[3]. Wahrscheinlich deswegen nicht, weil er zu wenig in Betracht gezogen hat, mit welcher Biographie und welchen psychischen Entwicklungsvoraussetzungen ein Kind in diese Phase der Wahrnehmung des Geschlechtsunterschiedes eintritt. Es ist klar, dass ein Kind mit günstigen biographischen wie entwicklungsmässigen Voraussetzungen die Kastrationsdrohung überwinden und eine mehr oder weniger normale Entwicklung durchmachen wird, während ein Kind mit Entwicklungsstörungen an diesem Punkt scheitern kann.

Wahrscheinlich haben Sie in der Institution wenig Gelegenheit, perverse Patienten zu behandeln. Es ist auch eher selten, dass perverse Patienten eine psychoanalytische Behandlung aufsuchen. Der Grund liegt darin, dass die perverse Organisation dem Patienten eine so starke und gut funktionierende Abwehr liefert, die zudem einen grossen Lustgewinn mit sich bringt, dass er erst nach einer Dekompensation dieser Abwehr, dann also, wenn er zu leiden beginnt, eine Therapie aufsucht.

Die beiden folgenden klinischen Beispiele (nach *Robert J. Stoller*, 1979, 102ff und 168ff) sollen das Gesagte illustrieren:

Im *1. klinischen Beispiel* ist der Patient ein biologisch normaler Mann von Mitte 30, der Frau und Kinder hat. Sein Leben wird vom Interesse an sexuell erregenden Frauenkleidern beherrscht. Verhalten, Kleidungswahl – sofern er nicht seiner Perversion freien Lauf lässt – und Beruf sind männlich. In den ersten 3 Jahren seines Lebens behandelten ihn die Eltern als das, was er war, als einen normalen Jungen, der zum Mann heranwachsen würde. Bei der Geburt gaben sie ihm einen eindeutig männlichen Namen und liessen auch nicht erkennen, dass sie an seiner Geschlechtszuweisung zweifelten. Infolgedessen entstand bei ihm, wie bei fast allen Jungen, die Überzeugung, dass er zum männlichen Geschlecht gehöre – ein für alle Männer notwendiger erster Schritt zur Männlichkeit. Dann kam es bei der Mutter zu einer chronischen Krankheit, die sie von zu Hause fernhielt und zwei Jahre später zu ihrem Tod führte. Als sie zum ersten Mal im Krankenhaus lag, sorgten auf Wunsch des Vaters eine Tante des Jungen und deren Tochter, ein Teenager, für das Kind. Diese beiden Frauen hassten unglücklicherweise die Männer und alles Männliche. Da sie freie Hand hatten, auf den Jungen einzuwirken, konnten sie seine sich allmählich entfaltende Männlichkeit attackieren. Dies geschah, indem sie seine äussere Erscheinung veränderten. Ein leichtes Unterfangen: Frauen brauchen einem Jungen nur unmännliche oder gar weibliche Kleider anzuziehen. Dazu werden sie durch seine schon vorhandene Männlichkeit veranlasst. Dieser gilt ihr Hass, und sie greifen sie an, um sie zu beschädigen, aber ohne sie zu zerstören. Solche Frauen wollen nicht etwa die männliche Geschlechtszugehörigkeit des Kindes an sich antasten. Sie suchen vielmehr ihren Neid dadurch zu besänftigen, dass sie Männlichkeit als unwichtig und minderwertig ansehen. Um das zu erreichen, geben sie dem Jungen und sich selbst zu verstehen, dass sie ihn erniedrigen wollen. Als Folge davon muss er sowohl den Wunsch, ein Mann zu sein, als auch das Bewusstsein, immer wieder gedemütigt werden zu können, zeitlebens behalten. An seinem 4. Geburtstag, ein paar Wochen vor ihrem Tod, kam die Mutter nach Hause, um ihn zu besuchen. Bei dieser Gelegenheit stellten Tante und Cousine der sterbenden Mutter den Sohn als «neues Mädchen aus der Nachbarschaft» vor und machten Erinnerungsfotos von dem Scherz. Der Mann, der früher dieser kleine Junge gewesen war, erinnert sich nicht an das traumatische Ereignis; seine Frau entdeckte es durch das Bild im Familienalbum, als sie damals in die Sprechstunde des Analytikers kamen. Die Tante bestätigte dann die Geschichte. Soweit bekannt ist, begann die sexuelle Erregung zwei oder drei Jahre später. Aus dieser Zeit erst datieren die Erinnerungsspuren des Patienten an Transvestismus. Damals wurde er zur Strafe von einer anderen Frau gezwungen, ihre Strümpfe anzuziehen. Sogleich erfasste ihn ein Gefühl von Wollust, das er vorher, wie er sicher weiss, noch nie erlebt hatte. Dieses lustvolle Erlebnis war mit einem unbestimmten Schuldbewusstsein verknüpft, und so nahm er die Gelegenheit zu einer Wiederholung in den folgenden Jahren nur ein paar Mal wahr; in der Pubertät verband es sich jedoch mit einem Orgasmus, und von da an war es seine grösste Lust. Selbst beim Geschlechtsverkehr ist er nur dann ganz potent, wenn er gegengeschlechtliche Kleidung trägt (vielleicht ist es kein Zufall, dass die Frau, die ihn zwang, zur Strafe Frauenstrümpfe anzuziehen, einen Sohn hatte, den sie ähnlich behandelte). Seine Männlichkeit ist im Verlauf der Kindheit und Jugend sowie des Erwachsenenalters bis heute nicht zerstört, sondern nur beschädigt worden. So wollten es die Frauen, die ihn angriffen; hätte er sich wirklich in eine Frau verwandelt, wäre er ihnen als Opfer verloren gegangen. Insgeheim kämpfte der Patient gegen seine Peinigerinnen, als müsse er sich den männlichen Kern seines Wesens bewahren.

In der pornographischen Literatur, die sich an Transvestiten wendet, kommt immer wieder dasselbe Thema vor: Ein verängstigter bemitleidenswerter, wehrloser junger Mann gerät ohne sein Zutun in die Hände mächtiger, gefährlich schöner Frauen, die ihn einschüchtern und demütigen. Die Männer, die solches Material brauchen, sehen gerade dem Augenblick der grössten Qual des Gedemütigtwerdens mit der höchsten Erwartung entgegen.

---

3   Redaktionelle Bemerkung: Hannelore Wildbolz hat in *Wurzeln und Fesseln der Perversion* (Zeitschrift für psychoanalytische Theorie und Praxis 23(3):283–309, 2008) versucht, diese offen gebliebene Frage Freuds zu beantworten.

Der besprochene Patient, der also bis zum 3. Lebensjahr eine männliche Entwicklung durchgemacht hat, wurde im Alter von 4 Jahren durch «bemutternde» Frauen mit der Kastration bedroht. Die Frauen gingen sadistisch mit ihm um, hatten Gewalt über ihn und machten seine Männlichkeit lächerlich. Ein wesentlicher Faktor dabei war, dass der Vater sich jahrelang tagsüber wie nachts kaum zu Hause aufhielt und den Jungen praktisch den beiden Frauen auslieferte; auch einen anderen Mann gab es nicht. Die beiden Frauen entwarfen und schneiderten gerüschte, weibisch wirkende Kleidung für den kleinen Jungen; später zogen sie ihm nur zum Hohn richtige Männerkleider an. Der Knabe war damals in der unterlegenen Position, die Frauen älter und grösser als er, sie hatten eine ungeheure psychologische Macht und überwältigten ihn auch physisch; er hatte nicht die Kraft zum Kampf, noch weniger zur Flucht. Trotz allem brauchte der kleine Junge diese Frauen, er wollte sie haben und liebte sie sogar. Was blieb ihm anderes übrig mit 3, 4 oder 5 Jahren? Sie dienten ihm nicht nur als Identifikationsvorbilder, sondern auch als begehrte heterosexuelle Objekte, denn sie waren nun seine Mutter. Die Frauen werden als phallisch und gefährlich, aber auch als schön und feminin dargestellt. Der Angriff der Frauen zielte nicht auf seine physische Männlichkeit, sondern auf seine Identität, seine männlichen Attribute, die ihren sichtbarsten Ausdruck in den Kleidern findet. Mit 6 Jahren dann verwandelte der Knabe seine Scham und seine Ausgeliefertheit, das Unheil, in Triumph: Durch das Anziehen eines weiblichen Kleidungsstückes wurde er sexuell erregt. Auf die Traumatisierungen reagierte der Knabe mit intensiver, wachsender Sinnlichkeit bezüglich Frauenkleider, die ihm anfangs aufgezwungen worden waren. Das fetischistische Verkleiden nahm allmählich an Häufigkeit und Vollständigkeit zu, bis er sich ganz wie eine Frau anzog, so dass eine nichtgenitale Lust an vollkommen weiblicher Kleidung hinzukam. Der Patient fand dann eine offenbar gütige, sanfte Frau, die ihn heiratete, obwohl sie von seinem Transvestismus wusste. Sie freute sich, ihm beim Einkaufen von Frauenkleidern und Perücken helfen zu können und brachte ihm bei, sich elegant anzuziehen, Make-up aufzulegen und sich wie eine Frau zu benehmen. Die Weibsteufel sind nun gewissermassen sanft geworden, freundlich und zugänglich, feminin und mädchenhaft. Wichtig ist die Latenzperiode nach dem Trauma. Sie dauert oft Monate oder Jahre, in denen keinerlei Anzeichen auf offenen Transvestismus hindeuten.

Stoller spricht von einer *Kerngeschlechtsidentität*, die sich in den ersten drei Lebensjahren aufbaut und dann kaum mehr zu verändern ist. Auch dieser Patient vermochte trotz der jahrelangen Bedrohung ein Bewusstsein körperlicher und seelischer Männlichkeit zu bewahren. Es ist bekannt, dass Transvestiten ausser im Zustand sexueller Erregung männlich wirkende Männer sind. Fast immer sind sie nach aussen heterosexuell, haben Frau und Kinder und können sich mühelos männlich verhalten.

Der geschilderte Fall eines fetischistischen Transvestismus mit Verleugnung der Kastrationsdrohung und imaginierter Phallizität der Frauen hat also eine reale biographische Grundlage. Im fetischistischen Szenario wird das Opfer zum Sieger. Wir erkennen auch die Identifikation mit dem Aggressor, einen Sadismus, eine Rache für das passiv erlebte Trauma; der Patient ist in einer Spaltung sowohl mit dem Opfer als auch mit dem Täter identifiziert – er kann zwei verschiedene Seiten in seinem Inneren befriedigen.

Im *2. klinischen Beispiel* geht es um einen verheirateten Mann, der zeitlebens offen heterosexuell war, unauffällig männlich im Auftreten und in einem durchaus männlichen Beruf tätig ist, jedoch wegen Exhibitionismus bereits dreimal verurteilt wurde. Obwohl er schon eine Haftstrafe verbüsste und jetzt auf Bewährung entlassen ist, setzt er seine Ehe, seinen Beruf und sein Ansehen aufs Spiel, um alle 14 Tage ein- oder zweimal seine perversen Handlungen auszuführen. Das geschieht gewöhnlich nach einer Demütigung, die er durch seine Frau oder bei der Arbeit erlebt hat. Dann treibt ihn eine Spannung, die er nicht als erotisch empfindet, auf die Strasse. In einer unbekannten Gegend sucht er sich eine Frau oder ein Mädchen, dem er seinen Penis zeigt. Er wählt stets Fremde aus. Einer ihm bekannten Frau gegenüber hat er sich noch nie so verhalten. Im Grunde hat er sogar eine gewisse Scheu, sich vor der eigenen Frau, die von ihm und seinem Penis kein Aufhebens macht, nackt zu zeigen. Er will die Fremde schockieren und zeigt seinen Penis nicht etwa, um den Geschlechtsakt vorzubereiten. Er weiss nicht, warum er es tut, ihm ist nur bewusst, dass er sich wie dazu gezwungen fühlt. Wenn Frauen bei solchen Gelegenheiten nicht erschrecken, sondern mit ihm scherzen und Interesse vortäuschen, flüchtet er. Wenn die Frau aber böse wird und nach der Polizei ruft, die Lage also riskant zu werden droht, zögert er, sich schnell aus dem Staub zu machen. Seine Angst wächst zwar, vermischt sich aber mit einem Gefühl der Lähmung. Wenn diese erregte Lethargie zu lange anhält, wird er gefasst. Bei seiner Festnahme fühlt er trotz der unglücklichen Situation, wie sich eine unverständliche, friedvolle, wohltuende Ruhe in ihm ausbreitet.

Stoller meint: Ein Risiko wird eingegangen und überwunden; ein Trauma hat sich in einen Triumph verwandelt. Die Niederlage der polizeilichen Verhaftung bedeutet nicht soviel wie die Tatsache des Sieges über die unbekannte Frau. Man würde also irren anzunehmen, die Polizei sei das Risiko, sie ist es nicht – sie ermöglicht vielmehr den Triumph. Aus der Sicht der Perversion betrachtet, liegt das eigentliche Risiko in der kurz zuvor erfolgten Erniedrigung, einer Wiederholung der Demütigung in der Kindheit, die in ihm einen Riss zurückgelassen hat, die Angst, er sei kein eigenständiger, potenter, imponierender Mann. So besteht also das Risiko, das ein Leben lang anhält, nicht in seiner möglichen Festnahme (im Gegenteil, diese unterstreicht seine Wichtigkeit), sondern in der Fortdauer der Demütigung. Wenn er seinen Penis zur Schau stellt, zeigt er ganz konkret, dass die ihn früher traumatisierenden Frauen ihn nicht besiegt, kastriert haben. Wenn er eine Frau schockieren kann, indem er seinen Penis exhibiert, hat er die Kindheitssituation umgekehrt: Jetzt ist *sie* das Opfer und *er* der Täter. Die eigenartige Stimmung der Ruhe bei der Festnahme erklärt sich aus dem Triumph, trotz früherer Demütigungen und Erniedrigungen einen herrlichen Penis bewahrt zu haben, der durchaus fähig ist, die Umwelt aufzuschrecken. Gewöhnlich ist deshalb die Zahl der Verhaftungen beim Exhibitionismus höher als bei anderen Perversionen. Der Exhibitionist sehnt sich nach Sicherheit, nicht vor der Polizei, sondern vor dem Schreckbild, ein unzulänglicher Mann zu sein.

Bei eingehender Untersuchung der sexuellen Phantasien oder Handlungen wird man entdecken, dass keine der zahlreichen Einzelheiten dem Zufall unterliegt – alle haben die Aufgabe, den Exhibitionisten davon zu überzeugen, dass er nun in Sicherheit ist bezüglich seiner unkastrierten männlichen Identität: *Diesmal* wird sich der durch die Phantasie neu inszenierte Angriff gegen ihn in eine Offensive gegen den ehemaligen Sieger verwandeln – nun wird gezielte Rache geübt; der frühere Gegner soll genau die Empfindungen durchleiden, die ihn als Kind, als einstiges Opfer peinigten.

Ein 3. klinisches Beispiel aus der Praxis betrifft einen jungen Mann, der an einem Strumpffetischismus leidet. Er kann zu keiner Erektion und sexuellen Befriedigung durch Masturbation kommen, wenn er nicht einen Strumpf in der Hand hat. Ein Sexualakt mit einer Frau ist ihm absolut unmöglich, da er sich dort trotz des Strumpffetisches als impotent erweist. Aus seiner Biographie erfährt man, dass er bereits mit 13 Jahren von einer lüsternen Verwandten sexuell missbraucht wurde. Diese erwachsene Frau pflegte mit ihrem bestrumpften Fuss den auf dem Rücken liegenden Patienten zu betreten und am Penis zu masturbieren. Es kam dabei bis zum Samenerguss.

Für *Stoller* (1974, 1979) ist die Perversion das Ergebnis einer Wechselwirkung zwischen Feindseligkeit und sexuellem Verlangen. Sie entsteht aus dem Versuch, Bedrohungen der eigenen geschlechtlichen Identität – des Bewusstwerdens von Männlichkeit und Weiblichkeit – zu bewältigen. Die perverse Handlung ist ein Versuch, erlebte sexuelle Traumen[4] aus der Kindheit aufzuarbeiten und zu bewältigen. Von daher ist die Perversion eine Abwehr – im Laufe des Lebens baut sich ein ganzes Abwehrsystem zur Erhaltung erotischer Lust auf, welche sich in einer ganz bestimmten Phantasie des perversen Menschen ausdrückt.

Es geht dabei um höchste körperliche Lust, die von Natur aus nach Wiederholung verlangt, und um ein Bedürfnis nach Aufrechterhaltung der Identität. Die Perversion als die erotische Form von Hass legt es darauf an, anderen Schaden zuzufügen. Die erotische Handlung besteht in einer Technik oder in einer Verknüpfung von Techniken, die anstelle des vollständigen Sexualakts angewendet werden. Der Hass resultiert aus einer Rachephantasie; er dient dazu, ein erlittenes sexuelles Kindheitstrauma in den Triumph des Erwachsenen zu verwandeln. Das Objekt, sei es ein Mann, eine Frau, ein Tier, ein Körperteil oder ein lebloser Gegenstand, wird grausam, sadistisch behandelt. Dieser anale Sadismus steht im Zentrum der Perversion. Ihm folgt auch der sadistische Triumph über das Opfer, das geschädigte Objekt. Das in der Kindheit erlittene sexuelle Trauma hat sich tatsächlich ereignet und wird in den Einzelheiten der Perversion abgebildet. Seit Freud wissen wir, dass allzu frühe Erregung zur Perversion beiträgt. Der perverse Mensch muss in seinen Handlungen immer eine Spur von Risiko erleben; das heisst, er spielt mit der Angst. Die mit der Perversion erzeugte Angst darf nicht zu gross sein, sonst erlebt der Perverse sie als lustfeindlich und ist impotent; sie darf aber auch nicht zu klein sein, sonst ist er gelangweilt. Das perverse Ritual zeigt eine entmenschlichte Sexualität. Besonders deutlich wird dies im Fetischismus oder in der Nekrophilie. Es geht überhaupt nicht um eine objektale Beziehung, in der die Sexualität gelebt wird, sondern nur um ein technisches, mechanisches Funktionieren des Sexualorgans innerhalb eines perversen Szenariums. Ein weiteres wichtiges Merkmal der Perversion ist die Mystifizierung, Idealisierung des perversen Rituals. An diesem haftet gewissermassen ein erhabenes, göttliches Geheimnis.

Auch *Joyce McDougall* (1972) fand, dass alle Fälle von Perversion nach dem gleichen Handlungsschema verlaufen. Dem Individuum scheint die Kastration nicht weh zu tun – im Grunde ist sie die Voraussetzung erotischer Erregung und Lust. Immer gibt es auch Zuschauer bei diesem Bühnenstück; eine Rolle, die das Individuum oft selber übernimmt, wenn es seinen eigenen sexuellen Auftritt im Spiegel betrachtet. Man denke an die Beziehung zur Pornographie: der Leser oder Betrachter als Regisseur und die abgebildeten Beteiligten als das traumatisierte Kind und seine traumatisierenden Eltern. Dabei findet eine wichtige Rollenumkehr statt: Das Kind, einst Opfer der Kastrationsangst, manipuliert diese nun selbst; das erregte Kind, einst hilfloser Zuschauer der elterlichen Beziehung oder Opfer unangemessener Stimulation, mit der es nicht umzugehen wusste, ist jetzt der Urheber und Kontrolleur der Erregung, ob es sich nun um seine eigene oder die seines Partners handelt. Vielen Perversen geht es ja ausschliesslich darum, die sexuelle Reaktion des anderen zu manipulieren. Im übrigen betont McDougall im Unterschied zu Stoller weniger den Hass; sie verwendet auch lieber unbelastetere Begriffe wie *Perversität* oder *Neosexualität* und plädiert sogar für eine gewisse Anormalität, was sich im Titel eines ihrer Bücher (1978, deutsch 1985) niederschlägt.

---

4   vgl. unsere Vorlesungen *Das psychische Trauma* und *Sexueller Missbrauch*

Janine Chasseguet-Smirgel (*Das Ichideal*, 1975, deutsch 1981) verdanken wir einen fundamentalen Beitrag zum Verständnis der Perversion, die sie mit einer Krankheit des Ichideals[5] in Zusammenhang bringt. Chasseguet-Smirgel bezieht sich auf Freuds *Narzissmus*-Arbeit (1914c), wo das Ichideal als Erbe des primären Narzissmus eingeführt wird. Der Mensch will die narzisstische Vollkommenheit seiner Kindheit nicht entbehren und versucht, sie in Form des Ichideals wiederzugewinnen. Was er als sein *Ideal* vor sich hinprojiziert, ist der Ersatz für den verlorenen Narzissmus seiner Kindheit, in der er sein eigenes Ideal war. Dieser so vor sich hinprojizierte Narzissmus wird dann andere Objekte besetzen; zur Zeit des Ödipuskomplexes[6] wird er sich auf die Figur des Vaters beziehen.

Chasseguet-Smirgel unterstreicht die Wichtigkeit des sogenannten negativen (homosexuellen) Ödipus: Es ist von grundlegender Bedeutung, dass der Knabe seinen Narzissmus dem homosexuellen Eltern-Objekt anvertraut, dem Vater, der zu seinem Vorbild wird oder zu seinem Identifizierungsprojekt[7]. Tritt bei dieser Übertragung des Ichideals auf den ödipalen Vater eine Störung auf, kann es zur Perversion kommen. Eine solche Störung kann darin bestehen, dass die Mutter mit ihrer verführerischen Haltung das Kind in eine Komplizenschaft einbindet, die den Vater entwertet und ausklammert. Es gibt viele Beispiele aus Biographien von Patienten, wo die Mutter in ungewöhnlicher körperlicher Promiskuität den Knaben in ihr Bett nimmt, während der Vater in einem anderen Zimmer schläft oder wo die Mutter sich vor dem Kind entkleidet, es auf den Mund küsst, es ständig mit ihrer Vergötterung oder Liebkosungen überschwemmt, auch zärtliche Worte und geistige Intimitäten mit ihm austauscht. Durch diesen intensiven Kontakt zwischen Mutter und Sohn in einem geschlossenen Kreis unter Ausklammerung des Vaters ergibt sich folgendes Konfliktthema: Der von der Mutter verführte Sohn wiegt sich im falschen Glauben, er sei mit seiner infantilen Sexualität[8] bereits der perfekte Partner für sie, müsse also den Vater um nichts beneiden, sich nicht weiterentwickeln um ein erwachsener Mann wie der Vater zu werden. Sein Ichideal kann nicht auf den genitalen Vater und dessen Penis übertragen werden, sondern bleibt einem prägenitalen Modell verbunden. Diese fehlende Idealisierungsmöglichkeit des Vaters ist für die Ausbildung der Perversion verantwortlich.

Chasseguet-Smigel (op. cit. 20) bringt das klinische Beispiel einer Mutter, die erzählte, sie sei eigentlich erst durch die Entbindung, also von ihrem Sohn defloriert worden. Die Geschichte der Empfängnis lautete, dass sie mit dem Vater des Kindes nackt getanzt habe und in dieser Situation geschwängert worden sei. Die so dargestellte Urszene schliesst den Vater aus – er tut nichts, was ein Kind mit seiner unreifen prägenitalen Sexualität nicht auch tun könnte, nämlich nackt tanzen. Zudem schreibt die Mutter dem deflorierenden Sohn eine genitalere Rolle zu als dem Vater.

Die Illusion des Knaben, den Vater bei der Mutter sexuell ersetzen zu können, entstellt gleichzeitig die Realitätswahrnehmung bezüglich seiner durch den Generationsunterschied bestehenden realen sexuellen Unreife (*Kastration*) gegenüber dem positiv-ödipalen Liebesobjekt, der Mutter. Es wird also nicht nur, wie Freud es beschreibt, der *Geschlechtsunterschied* verleugnet, sondern auch der den Grössenunterschied und die kindliche Unreife des Sexuellen mitbeinhaltende *Generationsunterschied*. Freud hat besonders Wert auf die Wahrnehmung und Verleugnung der Penislosigkeit der Mutter gelegt. Chasseguet-Smirgel aber betont, dass die Verleugnung der Penislosigkeit gleichzeitig die Verleugnung des Vorhandenseins der Vagina verschleiert. Sie denkt, dass für den Knaben der Anblick des weiblichen Genitales weniger wegen der Kastrationsdrohung traumatisierend ist als vielmehr wegen der Wahrnehmung seiner eigenen Unreife und Unzulänglichkeit – also wegen des unvermeidlichen ödipalen Scheiterns, bedingt durch die kindliche Kleinheit seines Penis' und durch seine allgemeine sexuelle Unreife im Vergleich zur Grösse des Genitales der erwachsenen, reifen Mutter. Das Risiko einer Perversion entsteht dann, wenn der Knabe seine Illusion nicht aufgibt, der Mutter ein adäquater Partner sein zu können, während umgekehrt alle Faktoren, welche die Projektion des Ichideals auf den Vater begünstigen, ihm helfen, seine Ängste vor dem penislosen, mit einer Vagina versehenen weiblichen Objekt zu bewältigen. Wenn der Fetischist seine Kastrationsängste abwehrt, indem er der Mutter einen Fetisch-Phallus zuschreibt, dann wehrt er damit auch zugleich die Anerkennung einer genitalen Beziehung zwischen den Eltern ab und verleugnet die Urszene – hat die Mutter einen Penis, braucht sie den des Vaters nicht, und er, der kleine Knabe, kann sie mit seiner prägenitalen Sexualität befriedigen, mit unbestimmten Berührungen, bei denen der Penis nur auf eine vage Weise miteinbezogen ist. Wenn der ödipale Vater nicht idealisiert werden kann, kommt es zur Regression auf ein prägenitales Niveau und zur Idealisierung der prägenitalen Sexualität mit ihren erogenen Zonen und Partialobjekten; die Idealisierung

---

5 vgl. unsere Vorlesung *Metapsychologie II*
6 vgl. unsere Vorlesung *Der Ödipuskomplex heute*
7 vgl. unsere Vorlesung *Zum Begriff der Identifizierung*
8 vgl. unsere Vorlesung *Stufen der Sexualorganisation*

des prägenitalen Triebs soll dem Individuum wie den andern die Illusion geben, dass dieser dem genitalen Trieb gleich, ja sogar überlegen ist. Bei perversen Menschen richtet sich die Idealisierung niemals auf erwachsene totale Objekte, sondern auf Partialobjekte – auf Nahrung, Faeces, Urin, erogene Zonen, wobei die Partialobjekte der anal-sadistischen Phase eine bevorzugte Rolle spielen.

> Chasseguet-Smirgel (op. cit. 27f) bringt dazu eindrückliche Beispiele: In einem typischen Fall wurde der anale Sphinkter als ein am Himmel schwebender mythisch-idealisierter Halo phantasiert. Ein anderer Patient sagte nach der mit perversen erotischen Phantasien erfolgten Masturbation, dass er die Messe gelesen habe. Und im Film des tschechischen Regisseurs J. Herz *Der Leichenverbrenner* ist der Protagonist ein Nekrophiler, der die Einäscherung der Leichen mit grossem Genuss durchführt und dabei seine Handlung idealisiert mit der Behauptung, er befreie dadurch die Seele vom schmutzigen Körper.

Viele Patienten suchen die Psychoanalyse auf, ohne an äusserlich erkennbaren perversen Symptomen zu leiden; trotzdem kann sich in der Übertragung eine perverse Seite darstellen. Man spricht dann von *pervertierter Übertragung*. Dabei bleiben die von vielen Perversen ausagierten perversen Symptome im phantasmatischen Bereich – sie werden in der Sitzung selbst agiert als *Acting-In*. Bei einer solchen perversen Übertragung kann sich eine Konstellation einstellen, wo der Analytiker als Vater gänzlich entwertet wird. Oder es kommt zu einer Übertragung der verführerischen Mutter, welche das Kind durch ihre Promiskuität in einer inzestuösen Beziehung unter Ausklammerung des Vaters gefangen hält.

Eine andere Form der perversen Übertragung zeigt sich in der Reduktion des Analytikers zu einer fäkalen Masse. In Anlehnung an das Konzept der *analen Masturbation* von Donald Meltzer (1966) kann gesagt werden, dass der Analytiker phantasmatisch in eine Kotsäule verwandelt wird, welche im Darm des Patienten geknetet, zurückbehalten, ausgestossen, also anal-sadistisch malträtiert wird. Dabei verliert der Analytiker seine Bedeutung als abgegrenztes, getrenntes Objekt mit einem Zentrum eigener Initiative. Bei dieser phantasmatischen Perversität kann der Analytiker in eine kollusive Falle geraten, wenn er seine eigene Perversität nicht genügend durchgearbeitet hat; er merkt nicht, dass er von seinem Patienten in ein perverses Spiel einbezogen wird und kann deswegen auch keine entsprechenden Deutungen geben, so dass der therapeutische Prozess stagnieren wird.

> In einer fortgeschrittenen Analyse träumte ein Patient von einem Kater, den er durch den Fleischwolf drehte und zu Hackfleisch, einer homogenen Masse, verarbeitete, was gleichbedeutend ist mit einer Fäkalisierung. Dieser Traum gab die momentane Übertragungssituation wieder, in welcher der Analysand seinen Analytiker auf Kot reduzierte, wobei – stark erotisiert – extreme Feindseligkeit, Grausamkeit und Hass auf den Analytiker sichtbar wurden. Eine entsprechende Deutung verhinderte die Stagnation des Prozesses.

Ich halte besonders die Ausführungen von Chasseguet-Smirgel zur Perversion für ausserordentlich stringent und hilfreich in der klinischen psychoanalytischen Arbeit mit perversen Menschen. Diese sind verwandt mit den *Herstellern des Falschen*, wie Chasseguet-Smirgel (op. cit. 29) am Beispiel des bekannten Märchens Hans Christian Andersens von der Nachtigall des Kaisers von China zeigt – die künstlich hergestellte prunkvolle Nachtigall, ein totes mechanisches Fetisch-Objekt, kann sich letztlich nicht vergleichen mit der unscheinbar aussehenden, aber lebendigen Nachtigall. Gleichzeitig sind perverse neosexuelle Szenarien, um den Ausdruck von Joyce McDougall wieder aufzunehmen, oft die bestmögliche Lösung angesichts erlittener Kindheitstraumen – warum sollte man sie bekämpfen, zumindest wenn dabei niemand zu etwas gezwungen, niemand geschädigt wird? Sie stellen einen Selbstheilungsversuch dar, einen besseren als die Psychose, deren Ausbrechen sie nach Fritz Morgenthaler, wie wir gehört haben, gleich einer Plombe verhindern – sie bedeuten letztlich einen Triumph von Eros über Thanatos, einen Sieg des Lebens über den Tod.

Vorlesung XXIV

Depression und Manie

I. Das klinische Bild der manisch-depressiven Persönlichkeit

Hat man Gelegenheit, zyklothyme Patienten vor ihrem Zusammenbruch oder während der erkrankungsfreien Intervalle zu beobachten, so ist man beeindruckt über die Leichtigkeit ihrer Sublimierungsmöglichkeiten. Solange sie nicht erkranken, können sie warmherzige Kameraden oder Ehepartner sein. In ihrem Sexualleben können sie zur vollständigen genitalen Reaktion fähig sein. Im Gegensatz zu Schizophrenen zeigen sie Gefühlswärme und oft liebevolle Anhänglichkeit an Menschen, die sie mögen. Sie haben ohne Zweifel intensiv besetzte emotionale Objektbeziehungen aufbauen können und sind ihren Möglichkeiten nach fähig, ausserordentlich gut zurechtzukommen. Trotzdem scheinen sie unter einer spezifischen Ich-Schwäche zu leiden, die sich in einer bemerkenswerten Verletzbarkeit, Frustrationsintoleranz und Kränkbarkeit zeigt. Bei Manisch-Depressiven findet sich eine besondere infantil-narzisstische Abhängigkeit vom Liebesobjekt. Sie sind darauf angewiesen, dass ein hochgeschätztes Liebesobjekt sie ständig liebt und moralisch unterstützt, wobei dieses Objekt keine Person zu sein braucht, sondern auch durch eine mächtige Organisation oder eine wichtige Angelegenheit vertreten sein kann, an der sie sich beteiligt fühlen. Solange ihr Glaube an dieses Objekt anhält, vermögen sie mit Enthusiasmus und grosser Leistungsfähigkeit zu arbeiten. Dabei neigen sie jedoch dazu, Partner oder Unternehmungen in masochistischer Weise auszuwählen und eine Lebenssituation herzustellen, die den Schauplatz für ihre Erkrankung bildet, da sie ihnen Enttäuschung bringen muss (nach *Jacobson*, 1978, 290ff). Zur Illustration folgendes klinisches Beispiel (op. cit. 292ff):

Herr N., ein Arzt, soll näher klinisch untersucht werden wegen einer Depression, ausgelöst durch die beängstigende Nachricht, dass seine Mutter Gebärmutterkrebs habe und sofort operiert werden müsse. Bereits in den vorausgehenden Jahren hatten sich bei ihm depressive Zustände entwickelt, die sich in Gefühlen von Müdigkeit und Erschöpfung, in einer Reihe psychosomatischer Symptome sowie in Befürchtungen äusserten und paranoid gefärbt waren. Diese Zustände begannen, als seine Frau sich einer gynäkologischen Operation unterziehen musste, die ihre Fruchtbarkeit gefährdete.

Zu Beginn seiner Depression träumte der Patient, er habe zwei seiner «wunderbaren» Zähne verloren. Als sie ausfielen, zerbrach ein feiner, dünner Silberdraht, der sie zusammengehalten hatte. Er selber interpretierte sofort, dass die beiden Zähne ihn und seine Mutter darstellten. Der feine Draht stünde für die Nabelschnur, durch die er noch immer mit ihr verbunden sei. Falls seine Mutter stürbe, würde er sich so fühlen, als hätte er sein eigenes Selbst verloren. Der Silberdraht stellte also auch seine schwache Persönlichkeit dar die im Falle von Mutters Tod zerbräche.

Wenn dieser Patient nicht deprimiert war, präsentierte er eine ziemlich deutliche «Aufblähung» seines Selbst. Sein Verhalten zeigte, dass er sich als sehr gut aussehend empfand, strahlend und geistreich, in seiner Arbeit so «wunderbar» wie seine Zähne. Wenn er in dieser Verfassung war, sprach er ausserdem unaufhörlich von seiner Verehrung für die Mutter, von ihrer unendlichen Güte und Grosszügigkeit, ihrer hohen Intelligenz, ihrer körperlichen und geistigen Stärke. Er hatte eine Frau geheiratet, die der Mutter zu gleichen schien. In Wirklichkeit entsprach jedoch, wie sich bald zeigen sollte, keine der beiden Frauen diesem Idealbild – beide waren neurotisch, überängstlich, anklammernd, und beide hatten ein gynäkologisches Leiden; dem Patienten war es jahrelang gelungen, ihre Schwächen, einschliesslich ihrer körperlichen Einschränkungen zu verleugnen. Er selbst machte einige schwere Krankheiten durch, auf die er jeweils mit depressiver Verstimmung, hypochondrischen Beschwerden und Ängsten reagiert hatte; sonst aber stellte er einen ungewöhnlichen Stolz auf seinen Körper zur Schau.

In der gleichen Sitzung, in welcher der Patient den Traum erzählte, brachte er auch einen tiefen Groll gegenüber Mutter wie Ehefrau zum Ausdruck; beide seien unfähig, für die eigene Gesundheit wie auch für die seiner Kinder richtig zu sorgen. Er gab der Mutter die Schuld für seine schweren Kinderkrankheiten, die von ihr wahrscheinlich ebenso nachlässig wie seine Zähne behandelt worden seien; letzteres hatte in der Adoleszenz zu einem Zahnausfall geführt. Im weiteren Verlauf der Sitzung bezeichnete er den gesamten medizinischen Berufsstand als völlig machtlos; er sprach von bekannten Ärzten, die Nichtskönner seien und aus der Unwissenheit ihrer Patienten eigene Vorteile herausholten. Schliesslich erging er sich in schweren Selbstvorwürfen und beschuldigte sich, ein unfähiger und nachlässiger Arzt zu sein, der an seinen Patienten kein Interesse habe und sie nicht behandeln könne. Am Ende der Stunde drückte er schwere Schuldgefühle seiner Mutter gegenüber aus; er habe ihre Krankheit erst bemerkt, als es für jede Rettung schon zu spät war. Er verliess die Sitzung in sehr deprimiertem Zustand.

Der Traum, die zugehörigen Einfälle und die entsprechenden emotionalen Reaktionen während dieser einen Sitzung zeigen, wie in kurzer Zusammenfassung, die Voraussetzungen für den depressiven Konflikt und seine Entstehung. Der Patient bietet uns eine mehr an der Oberfläche liegende symbolische Interpretation an und setzt uns zugleich über den pathogenen Kern seiner manisch-depressiven

Persönlichkeit in Kenntnis. Der dünne, zerbrechliche Silberdraht, von dem er träumte, zeigt die Schwäche seines Ichs, die auf der engen Bindung zwischen ihm und der Mutter beruht. Die beiden miteinander verbundenen Zähne symbolisieren die Repräsentanzen dieses mütterlichen Liebesobjekts und seine eigenen Selbstrepräsentanzen; dass diese beiden Repräsentanzen ungetrennt oder nur unzureichend voneinander getrennt sind, ist charakteristisch für diese Patienten. Die fehlende Abgrenzung zeigt sich in der zu starken Fixierung an die elterlichen Liebesobjekte; die Selbstrepräsentanzen dehnen sich sozusagen auf die Objektrepräsentanzen aus und sind beide unreif und instabil.

Wie man sieht, misst Herr N. seine Liebesobjekte und sich selbst an infantilen Wertmassstäben, vorzugsweise an körperlicher Allmacht und Unverletzbarkeit. Diese Massstäbe sind in seinem hochfliegenden Ideal eines sachkundigen, genaugenommen aber allmächtigen Arztes verankert, der sich mit seinem ganzen Leben der Rettung seiner Patienten verschreibt. Aus seinen Assoziationen können wir sehen, dass sein Ichideal personifiziert und unzulänglich von der idealen Eltern-Imago gesondert ist. Ohne kritisch zu unterscheiden, spricht er einmal vom Wert, einmal vom Unwert der gesamten medizinischen Wissenschaft und des ärztlichen Berufsstandes sowie von einzelnen Ärzten, die für Eltern-Imagines stehen.

Dieses Beispiel zeigt ausserdem, wie die Repräsentanzen der überschätzten elterlichen Liebesobjekte bei den Manisch-Depressiven eine Art von psychischem Mittelpunkt darstellen, um den sich alle ihre Neigungen und Absichten drehen. Die elterlichen Liebesobjekte dehnen sich sozusagen auf die ganze Welt aus. Damit hängt zusammen, dass dem Manisch-Depressiven alle Ich-Funktionen versagen, wenn das Liebesobjekt ihn enttäuscht und an Wert verliert. Wir sehen häufig, dass diese Patienten eher für ihre Ideale oder ihre idealisierten Partner als für ihr eigenes Ich leben. Sie sind auf ihre Idealisierungen ungewöhnlich stolz – als könnte allein ihr eigener Idealismus sie schon zu wertvollen Menschen machen. Es ist hinzuzufügen, dass sich der Idealismus des Manisch-Depressiven von demjenigen des Schizophrenen erheblich unterscheidet; er ist beim Manisch-Depressiven wie im Fall von Herrn N. meistens mit einer Person, einem menschlichen Objekt verknüpft, während er sich beim Schizophrenen abstrakter äussert und von menschlichen Objekten wegbewegt. Dieser Unterschied verleiht dem Manisch-Depressiven einen Schein von Realismus, wie er von den klinischen Psychiatern beschrieben wird.

Unter klinischen Gesichtspunkten war der aktuelle depressive Zustande dieses Patienten reaktiv, ausgelöst durch die Krankheit der Mutter; frühere Depressionen entstanden jedoch, weil er entweder selber erkrankte, in seiner Arbeit versagte, finanzielle Schwierigkeiten bekam oder in seinen Liebesbeziehungen enttäuscht wurde. Man kann sagen, dass sein eigenes Versagen ebenso wie das Versagen seines Liebesobjekts depressive Zustände auslöste; die Analyse zeigte jedoch, dass er sich in beiden Fällen verletzt fühlte und dafür das Liebesobjekt verantwortlich machte. Herr N. konnte in der Tat mit ungewöhnlicher Klarheit sein Gefühl ausdrücken, dass all seine Leistungen oder Fehler davon abhängig waren, ob er seine Intuition, seine Eingebung nutzen konnte oder nicht; das bedeutet, dass alle seine Leistungen und Fehler Folge oder Auswirkung dessen waren, was ihm mitgegeben worden war; die Arbeitsweise seines Ichs galt ihm nicht als eigenständige Leistung, sondern als Nachbildung dessen, was er erhalten hatte. Man sieht, wie ungeachtet dessen, wozu der Patient möglicherweise fähig war, in seinen Selbstrepräsentanzen die infantile Vorstellung eines hilflosen Selbst bestehen blieb, welches seine Stärke von einem mächtigen idealen Liebesobjekt bezieht. Er bemühte sich, die Imago dieses Liebesobjektes in einem Zustand libidinöser Überbesetzung zu halten; die libidinöse Besetzung, die er der Selbstimago ständig entzog, liess er der Objektimago zufliessen. Dann freilich musste er wieder seine Selbstimago stützen, indem er sich von der Imago des Liebesobjekts einen libidinösen Rückfluss sicherte. Diese ständigen Fluktuationen der Besetzung drückten sich in entsprechenden emotionalen Schwankungen aus. Im konkreten Verhalten zum Liebesobjekt mischten sich Eitelkeit und Demut, Sadomasochismus und Beschützung; zugleich forderte er ständig Beweise, dass sein Liebesobjekt wertvoll, mächtig und ihm geneigt sei. Der Manisch-Depressive kann die Imago des Liebesobjektes nur dadurch anhaltend libidinös überbesetzen, indem er in ständiger Anstrengung sowohl seinen eigenen inneren Wert wie auch die Schwächen des realen Liebesobjekts verleugnet. Oder anders ausgedrückt: Eine fortgesetzte illusorische Überschätzung des Liebesobjekts und eine gleichermassen illusorische oder sogar wahnhafte Unter- oder Überschätzung seiner selbst sollen die eigene unsichere Position dem Liebesobjekt gegenüber schützen. Im Falle einer Enttäuschung oder eines Misserfolgs müssen die Verleugnungsmechanismen entweder dermassen verstärkt werden, dass der Patient manisch wird, oder sie versagen, und er wird depressiv.

II. Der Beitrag Freuds

Zum Thema Depression findet sich wenig in Freuds Werk. Er verwendet den Begriff zwar sporadisch, schreibt aber vor allem über die Melancholie und ihr Gegenstück, die Manie, in seiner grundlegenden Arbeit *Trauer und Melancholie* (1916–17g [1915], GW X), der fünften seiner metapsychologischen Schriften[1] aus den Jahren des ersten Weltkriegs. Schon zu Beginn betont Freud, damit keine allgemeine psychogenetische Theorie aufstellen zu wollen: «Die Melancholie, deren Begriffsbestimmung auch in der deskriptiven Psychiatrie schwankend ist, tritt in verschiedenartigen klinischen Formen auf, deren Zusammenfassung zur Einheit nicht gesichert scheint, von denen einige eher an somatische als an psychogene Affektionen mahnen.» (op. cit. 428) Sein Material beschränke sich auf eine kleine Anzahl von Fällen, deren psychogene Natur keinem Zweifel unterliege.

Freud vergleicht die Melancholie mit der dieser symptomatisch ähnlichen Trauer. Zunächst konstatiert er die auslösenden Momente: Trauer sei «regelmässig die Reaktion auf den Verlust einer geliebten Person oder einer an ihre Stelle gerückten Abstraktion wie Vaterland, Freiheit, ein Ideal». Bei Personen mit einer bestimmten Disposition könne anstelle der Trauer, die nichts Krankhaftes habe und nicht mit einer Störung des Selbstwertgefühls einhergehe,

---

1 vgl. unsere Vorlesungen *Metapsychologie I* und *II*

eine Melancholie auftreten. Diese sei «seelisch ausgezeichnet durch eine tief schmerzliche Verstimmung, eine Aufhebung des Interesses für die Aussenwelt, durch den Verlust der Liebesfähigkeit, durch die Hemmung jeder Leistung und die Herabsetzung des Selbstgefühls, die sich in Selbstvorwürfen und Selbstbeschimpfungen» äussere und «bis zur wahnhaften Erwartung von Strafe» steigere (op. cit. 429). Im Unterschied zur Trauer ist bei der Melancholie der Objektverlust nicht immer erkennbar; er wird jedoch von Freud gewissermassen postuliert: «So würde uns nahegelegt, die Melancholie irgendwie auf einen dem Bewusstsein entzogenen Objektverlust zu beziehen, zum Unterschied von der Trauer, bei welcher nichts an dem Verluste unbewusst ist.» (op. cit. 431)

Freud charakterisiert den Melancholiker noch genauer: «Der Melancholiker zeigt uns noch eines, was bei der Trauer entfällt, eine ausserordentliche Herabsetzung seines Ichgefühls, eine grossartige Ichverarmung. Bei der Trauer ist die Welt arm und leer geworden, bei der Melancholie ist es das Ich selbst. Der Kranke schildert uns sein Ich als nichtswürdig, leistungsunfähig und moralisch verwerflich, er macht sich Vorwürfe, beschimpft sich und erwartet Ausstossung und Strafe. Er erniedrigt sich vor jedem anderen, bedauert jeden der Seinigen, dass er an seine so unwürdige Person gebunden sei. Er hat nicht das Urteil einer Veränderung, die an ihm vorgefallen ist, sondern streckt seine Selbstkritik über die Vergangenheit aus; er behauptet, niemals besser gewesen zu sein. Das Bild dieses – vorwiegend moralischen – Kleinheitswahnes vervollständigt sich durch Schlaflosigkeit, Ablehnung der Nahrung und eine psychologisch höchst merkwürdige Überwindung des Triebes, der alles Lebende am Leben festzuhalten zwingt» (op. cit. 431f); hier meint Freud wohl die Suizidneigung der Melancholiker.

Als wichtiges Unterscheidungskriterium hebt Freud die bei der Trauer stattfindende *Trauerarbeit* hervor. Die Realitätsprüfung hat ergeben, dass das geliebte Objekt nicht mehr vorhanden ist, weshalb schliesslich alle Libido von diesem abgezogen wird: «Jede einzelne der Erinnerungen und Erwartungen, in denen die Libido an das Objekt geknüpft war, wird eingestellt, überbesetzt und an ihr die Lösung der Libido vollzogen» (op. cit. 430); dadurch wird das Ich nach Abschluss der Trauerarbeit wieder frei. Der Melancholiker hingegen macht keine Trauerarbeit, er vermag die libidinösen Besetzungen nicht abzuziehen vom verlorenen Objekt, erleidet also statt eines Objektverlustes einen Ichverlust, was sich in der Störung seines Selbstwertgefühls ausdrückt: «Hört man die mannigfachen Selbstanklagen des Melancholikers geduldig an, so kann man sich endlich des Eindruckes nicht erwehren, dass die stärksten unter ihnen zur eigenen Person oft sehr wenig passen, aber mit geringfügigen Modifikationen einer anderen Person anzupassen sind, die der Kranke liebt, geliebt hat oder lieben sollte. Sooft man den Sachverhalt untersucht, bestätigt er diese Vermutung. So hat man denn den Schlüssel des Krankheitsbildes in der Hand, indem man die Selbstvorwürfe als Vorwürfe gegen ein Liebesobjekt erkennt, die von diesem weg auf das eigene Ich gewälzt sind.» (op. cit. 434)

Dazu schreibt Freud: «Die Frau, die laut ihren Mann bedauert, dass er an eine so untüchtige Frau gebunden ist, will eigentlich die Untüchtigkeit des Mannes anklagen, in welchem Sinne dies auch gemeint sein mag.» Die Klagen der Patienten seien Anklagen: «Sie schämen und verbergen sich nicht, weil alles Herabsetzende, was sie von sich aussagen, im Grunde von einem anderen gesagt wird; und sie sind weit davon entfernt, gegen ihre Umgebung die Demut und Unterwürfigkeit zu bezeugen, die allein so unwürdigen Personen geziemen würde, sie sind vielmehr im höchsten Grade quälerisch, immer wie gekränkt und als ob ihnen ein grosses Unrecht widerfahren wäre.» (op. cit. 434f) Dies alles sei nur möglich, «weil die Reaktionen ihres Benehmens noch von der seelischen Konstellation der Auflehnung» ausgingen, «welche dann durch einen gewissen Vorgang in die melancholische Zerknirschung übergeführt worden» sei. Freud rekonstruiert diesen Vorgang als einen *Abzug der Libido vom einst geliebten Objekt*, wobei diese abgezogene Libido nicht wie bei der Trauer auf ein neues Objekt verschoben werden konnte, sondern ins eigene Ich zurückgezogen wurde: «Es hatte eine Objektwahl, eine Bindung der Libido an eine bestimmte Person bestanden; durch den Einfluss einer realen Kränkung oder Enttäuschung von seiten der geliebten Person trat eine Erschütterung dieser Objektbeziehung ein. Der Erfolg war nicht der normale einer Abziehung der Libido von diesem Objekt und Verschiebung derselben auf ein neues, sondern ein anderer, der mehrere Bedingungen für sein Zustandekommen zu fordern scheint. Die Objektbesetzung erwies sich als wenig resistent, sie wurde aufgehoben, aber die freie Libido nicht auf ein anderes Objekt verschoben, sondern ins Ich zurückgezogen. Dort fand sie aber nicht eine beliebige Verwendung, sondern diente dazu, eine Identifizierung des Ichs mit dem aufgegebenen Objekt herzustellen. Der Schatten des Objekts fiel so auf das Ich, welches nun von einer besonderen Instanz wie ein Objekt, wie das verlassene Objekt beurteilt werden konnte. Auf diese Weise hatte sich der Objektverlust in einen Ichverlust verwandelt, der Konflikt zwischen dem Ich und der geliebten Person in einen Zwiespalt zwischen der Ichkritik und dem durch Identifizierung veränderten Ich.» (op. cit. 435) Diese poetische Formulierung des auf das Ich fallenden Schattens des verlorenen Objekts wird oft zitiert.

Hier beginnen nun die eigentlichen, schwierigen metapsychologischen Überlegungen. Freud bietet als Lösung an, dass beim Melancholiker bereits vor der Manifestation der Erkrankung eine Objektwahl nach dem narzisstischen Typ stattgefunden habe und dass die durch den Objektverlust bedingte Regression auf eine narzisstische Organisationsstufe erfolge, die dann über die narzisstische Identifizierung[2] die Grundlage des eigentlichen Krankheitsgeschehens bilde: «Es muss einerseits eine starke Fixierung an das Liebesobjekt vorhanden sein, anderseits aber im Widerspruch dazu eine geringe Resistenz der Objektbesetzung. Dieser Widerspruch scheint nach einer treffenden Bemerkung von O. Rank zu fordern, dass die Objektwahl auf narzisstischer Grundlage erfolgt sei, so dass die Objektbesetzung, wenn sich Schwierigkeiten gegen sie ergeben, auf den Narzissmus regredieren kann. Die narzisstische Identifizierung mit dem Objekt wird dann zum Ersatz der Liebesbesetzung, was den Erfolg hat, dass die Liebesbeziehung trotz des Konflikts mit der geliebten Person nicht aufgegeben werden muss. Ein solcher Ersatz der Objektliebe durch Identifizierung ist ein für die narzisstischen Affektionen bedeutsamer Mechanismus.» (op. cit. 435f)

Freud weist auf frühere Ausführungen zum Vorgang der Identifizierung hin, welcher einer Einverleibung des Objekts entspreche und der oralen Libidoorganisationsstufe[3] zuzuordnen sei: Die Identifizierung sei «die Vorstufe der Objektwahl» und die «erste, in ihrem Ausdruck ambivalente Art, wie das Ich ein Objekt auszeichnet. Es möchte sich dieses Objekt einverleiben, und zwar der oralen oder kannibalischen Phase der Libidoentwicklung entsprechend auf dem Wege des Fressens» (op. cit. 436). Freud sagt dann, dass die Regression von der Objektbesetzung auf die noch dem Narzissmus angehörige orale Libidophase in die Charakteristik der Melancholie aufzunehmen sei. Die Selbstvorwürfe, die in Wirklichkeit dem verlorenen Objekt gelten, zeigen nach Freud die ambivalente Haltung letzterem gegenüber: «Hat sich die Liebe zum Objekt, die nicht aufgegeben werden kann, während das Objekt selbst aufgegeben wird, in die narzisstische Identifizierung geflüchtet, so bestätigt sich an diesem Ersatzobjekt der Hass, indem er es beschimpft, erniedrigt, leiden macht und an diesem Leiden eine sadistische Befriedigung gewinnt. Die unzweifelhaft genussreiche Selbstquälerei der Melancholie bedeutet [...] die Befriedigung von sadistischen und Hasstendenzen, die einem Objekt gelten und auf diesem Wege eine Wendung gegen die eigene Person erfahren haben.» (op. cit. 438)

So habe die Liebesbesetzung des Melancholikers für sein Objekt ein zweifaches Schicksal erfahren; sie sei zum einen Teil auf die Identifizierung regrediert, zum anderen Teil aber unter dem Einfluss des Ambivalenzkonflikts auf die ihm nähere Stufe des Sadismus zurückversetzt worden.

In *Trauer und Melancholie* versucht Freud auch eine (ihn selbst aber nicht ganz befriedigende) Erklärung der Manie zu geben. Er stützt sich dabei auf zwei Anhaltspunkte (op. cit. 440f):

1. Den psychoanalytischen Eindruck, dass «die Manie keinen anderen Inhalt hat als die Melancholie, dass beide Affektionen mit demselben ‹Komplex› ringen, dem das Ich wahrscheinlich in der Melancholie erlegen ist, während es ihn in der Manie bewältigt oder beiseite geschoben hat».
2. Die allgemeine Erfahrung, dass «alle Zustände von Freude, Jubel, Triumph, die uns das Normalvorbild der Manie zeigen, die nämliche ökonomische Bedingtheit erkennen lassen. Es handelt sich bei ihnen um eine Einwirkung, durch welche ein grosser, lange unterhaltener oder gewohnheitsmässig hergestellter psychischer Aufwand endlich überflüssig wird, so dass er für mannigfache Verwendungen und Abfuhrmöglichkeiten bereitsteht». Freud meint, dass in der Manie das Ich den Verlust des Objekts überwunden haben muss, und nun der ganze Betrag von Gegenbesetzung, den das schmerzhafte Leiden der Melancholie aus dem Ich an sich gezogen und gebunden hatte, verfügbar geworden sei; der Manische demonstriere uns auch unverkennbar seine Befreiung vom Objekt, an dem er gelitten hat, indem er wie ein Heisshungriger auf neue Objektbesetzungen ausgehe.

Freud hat in *Das Ich und das Es* (1923b) das Über-Ich als Erbe des Ödipuskomplexes und als Träger des Ichideals bezeichnet, während, wie wir gesehen haben[4], die französische Psychoanalytikerin Janine Chasseguet-Smirgel (1975, deutsch 1981) ausgehend von Freuds *Narzissmus*-Arbeit (1914c) aber im Unterschied zu ihm das Bestehenbleiben des Ichideals neben dem Über-Ich postuliert: Sie unterscheidet das Ichideal als Erbe des primären

---

2 vgl. unsere Vorlesung *Zum Begriff der Identifizierung*
3 vgl. unsere Vorlesung *Stufen der Sexualorganisation*
4 vgl. unsere Vorlesung *Metapsychologie II*

Narzissmus vom Über-Ich als Erbe des Ödipuskomplexes. Ausgehend davon könnte man wohl sagen, dass bei der Melancholie Ich und Über-Ich in einem von Selbstvorwürfen und Minderwertigkeitsgefühlen geprägten sadomasochistischen Verhältnis zueinander stehen, was bei der Manie als triumphaler Verschmelzung des Ichs mit dem Ichideal gewissermassen ins Gegenteil umschlägt.

III. Der Beitrag Karl Abrahams

Abraham verfasste seine ersten Arbeiten zum Thema der *Depression* schon 1911 und 1916. Als Psychiater im Zürcher *Burghölzli*, später in freier Praxis in Berlin, hat er in seiner Begeisterung über Freuds *Libido-Theorie* Patienten mit einer manisch-depressiven Psychose nach den damals bereits entwickelten analytischen Gesichtspunkten untersucht und behandelt. Von ihm stammt die Unterscheidung zwischen *Melancholie* und *Trauer*. Wer auf Verlust mit Melancholie reagiert, dessen orale Triebhaftigkeit ist konstitutionell verstärkt, aus unbewussten Hassgefühlen ist er seinem Liebesobjekt gegenüber ambivalent eingestellt. Die Depression stammt aus verdrängter Aggression, welche den Schuldgefühlen der Melancholiker zugrunde liegt. Entsprechend der Auffassung, dass sich die Symptome von bestimmten Fixierungspunkten der Libido herleiten, betonte Abraham den kannibalischen Ursprung des melancholischen Erlebens. Er entdeckte, dass die Wahnvorstellungen des Verhungerns und Verarmens auf verdrängte oral- und anal-sadistische Impulse zurückzuführen sind.

In Anlehnung an Freuds *Drei Abhandlungen zur Sexualtheorie* (1905d), *Triebe und Triebschicksale* (1915c) sowie *Trauer und Melancholie* (1916–17g [1915]) stellte Abraham 1924 (*Psychoanalytische Studien I*, 113ff) ein Schema der Organisationsstufen der Libido und der Entwicklungsstufen der Objektliebe auf, worauf er seine Theorie der Depression bezog.

Abraham fand, dass die zu Melancholie Disponierten eine zwanghafte Charakterstruktur aufweisen; sie sind gewissenhaft und ordentlich, und gehen mit ihren Objekten auf eine Weise um, wie es der Fixierung auf analer Stufe entspricht. Verliert der Prädepressive sein Liebesobjekt, so reagiert er mit Hass, Verachtung und Entwertung, das frustrierende Objekt wird ausgestossen und durch Regression auf die orale Stufe sogleich wieder inkorporiert. Durch diese narzisstische Identifikation mit dem entwerteten Objekt wird sich der Melancholiker selbst wertlos. Abraham war nicht der Meinung, die Ursache der Melancholie gefunden zu haben. Ihn interessierte der Inhalt der depressiven Phantasien und die durch sie zum Ausdruck gebrachten Triebbedürfnisse. Dabei spielen die aggressiven Impulse gegenüber dem frustrierenden Objekt die entscheidende Rolle. Von den Thesen Abrahams zur Depression bleiben bis heute unbestritten:
1. Die orale Fixierung und die Frustrationsintoleranz, verbunden mit grosser Zuwendungs-Bedürftigkeit.
2. Die narzisstische Verletzung durch frühe, präödipale Enttäuschungen.
3. Die Wiederholung der frühkindlichen Enttäuschungssituation als auslösende Ursache einer Depression im späteren Leben.

Zur Unterscheidung der *Manie von der Melancholie* weist Abraham (op. cit. 156ff) auf das unterschiedliche Verhältnis zum Ichideal hin. Das Ichideal wird nach Freuds Darstellung durch Introjektion von Objekten der kindlichen Libido gebildet. Es hat gegenüber dem Ich eine kritisierende Funktion, insbesondere durch das Gewissen; so wird das Individuum zum sozialen Wesen – es bekommt nun alle Anweisungen für sein Tun und Lassen, die es früher von aussen über die erziehenden Personen erhielt, von innen durch das Ichideal. Diese kritisierende Tätigkeit des Ichideals ist in der Melancholie zu grausamer Härte gesteigert. In der Manie hingegen fehlt sie, die Herrschaft des Ichideals wird wie abgeschüttelt, das Ichideal löst sich im Ich auf, es besteht kein Gegensatz mehr. Wie Freud sagte, triumphiert der Manische über das einst geliebte, dann aufgegebene und introjizierte Liebesobjekt. Der «Schatten des Objektes», der auf das Ich gefallen war, ist wieder von ihm gewichen; befreit atmet das Subjekt auf und gibt sich einem förmlichen Freiheitsrausch hin.

In Ergänzung der Freud'schen Überlegungen erwähnt Abraham, dass die Verschmelzung des Ichs mit dem Ichideal gestattet, in eine positive lustvolle Phase einzutreten. Zu den mannigfaltigen Erscheinungen dieser Umstimmung gehört das gesteigerte orale Begehren, das bis zur Fresssucht geht, aber nicht auf die Nahrungsaufnahme beschränkt ist – verschlungen wird alles, was dem Patienten in den Weg kommt. Die erotische Begehrlichkeit des Manischen ist bekannt, aber mit gleicher Gier nimmt er neue Eindrücke in sich auf, denen er sich in der Melancholie verschlossen hat; war er in der depressiven Phase von der Welt der Objekte ausgeschlossen, versucht er nun in der manischen sich gewissermassen alle Objekte einzuverleiben. Dem lustvollen Aufnehmen entspricht aber ein ebenso rasches lustbetontes Wieder-Ausstossen des kaum Aufgenommenen – die Gleichsetzung der ausgesprochenen Gedanken mit Kot ist in den Assoziationen der Patienten unschwer festzustellen. Wer die Assoziationen eines Manischen beobachtet, sagt Abraham, erkennt dieses stürmisch verlaufende Aufnehmen neuer Eindrücke und ihr Wieder-Ausstossen im typischen ideenflüchtigen Rededrang. War in der Melancholie das *eine* introjizierte Objekt wie eine einverleibte Speise, die endlich wieder ausgestossen wurde, sind nun in der Manie *alle* Objekte dazu bestimmt, in eiligem Tempo durch den «psychosexuellen Stoffwechsel» des Kranken hindurchzugehen. Abraham illustriert dies mit einem Fallbeispiel (op. cit. 159):

> Einer seiner Patienten geriet nach Ablauf einer Depressionsphase in eine leichte manische Schwankung. Als diese nach wenigen Tagen abgeklungen war, sagte der Patient, er habe während dieser kurzen Periode das Bedürfnis nach einem Exzess gespürt. «Ich hatte den Gedanken, ich müsse viel Fleisch essen, ja – mich einmal in Fleisch ganz satt und dumm essen!» Er habe sich das wie einen Rausch oder eine Orgie vorgestellt. Hier werde deutlich, sagt Abraham, dass die Manie im tiefsten Grund eine Orgie von kannibalischem Charakter sei. Diese Äusserungen des Patienten seien ein schlagender Beweis für die Auffassung Freuds, wonach die Manie ein vom Ich gefeiertes Fest der Befreiung darstellt.

IV. Der Beitrag Melanie Kleins

Melanie Klein, die bei Karl Abraham eine ihrer Lehranalysen machte, beschrieb zwei von ihr *Positionen* genannte Phasen der normalen kindlichen Entwicklung; auf die durch primitive Spaltungsmechanismen gekennzeichnete *paranoid-schizoide Position* folgt die *depressive Position*, welche bezüglich der Phantasie-Inhalte eindrucksvolle Gemeinsamkeiten mit dem klinischen Bild der Depression zeigt.

Nach Melanie Klein reagiert mit *Depression* im späteren Leben jemand, dem es nicht gelungen ist, die Konfliktsituationen der normalen depressiven Position zu meistern, sei es wegen einer angeborenen verstärkten oralen Empfindlichkeit oder aufgrund gestörter frühkindlicher Beziehungen; in beiden Fällen ist der orale Sadismus und die Ambivalenz gegenüber dem Liebesobjekt verstärkt. Die Verlust- und Bestrafungsängste bleiben so gross, dass kein stabiles Selbstwertgefühl entwickelt werden kann. Melanie Klein untersuchte die Reaktionen des Kindes auf Frustration; es interessierte sie, wie je nach Entwicklungsstand mit aggressiven Spannungen umgegangen wird. Sie fand, dass das Kind mit Wut reagiert und mit verschiedenartigen sadistischen Phantasien, denen es umso hilfloser ausgesetzt ist, je unreifer sein Ich noch ist, je geringer also sein Widerstand gegen diese heftigen inneren Spannungen sein kann – die Reife des kindlichen Ichs zeigt sich unter anderem darin, welche Abwehrleistungen es erbringen kann.

Das Kind in der paranoid-schizoiden Position ist das Opfer sowohl seiner sadistischen Impulse, die es nach aussen projiziert, als auch der dadurch entstandenen bösen verfolgenden Teilobjekte, die es nach Re-Introjektion wiederum in seinem eigenen Inneren wähnt. Werden die Bedürfnisse des Kindes gestillt, entwickelt sich ein Gefühl der Zuneigung zwischen ihm und seiner Pflegeperson; sogenannte gute Objekte können introjiziert werden und zähmen die sadistischen Impulse. Das Kind wird nach und nach fähig, anstatt der Teilobjekte ganze Objekte wahrzunehmen und ein Gefühl von Schmerz und Trauer über den Verlust des Liebesobjekts zu empfinden, ein Verlust, der in dieser Phase als Folge der eigenen hasserfüllten Phantasien interpretiert wird. Melanie Klein bezeichnet die Verzweiflung über den Verlust des guten Objektes – was mit dem Verlust des Guten, Sicheren *an sich* gleichbedeutend ist – als die *zentrale Angstsituation*, die den Kern der depressiven Position bildet. In ihr erlebt das Kind sowohl Verfolgungsängste aufgrund seiner eigenen aggressiven Impulse als auch Gefühle von Besorgnis für seine Liebesobjekte, Angst, sie zu verlieren und Sehnsucht nach ihnen. Noch kann es sich seiner eigenen Liebesfähigkeit nicht gewiss sein und sich nicht auf die Vertrauenswürdigkeit seiner Objekte stützen; es neigt vielmehr dazu, seinem bei Frustrationen ausgelösten Ambivalenzkonflikt zu entfliehen, indem es das ganze Objekt wieder spaltet, die guten und bösen Teilobjekte projiziert und re-introjiziert oder indem es in die manische Abwehr flüchtet. Genau diese Mechanismen sind es aber, die bei erwachsenen Melancholikern das Krankheitsbild beherrschen. *Es war Melanie Klein, die als erste eine Theorie begründete, die für die Prädisposition zur Melancholie die Qualität der Mutter-Kind-Beziehung in den Mittelpunkt rückte.*

Zur *Manie* schreibt Melanie Klein in ihrem *Beitrag zur Psychogenese der manisch-depressiven Zustände*: «Freud hat gesagt, dass sich die Manie auf derselben Basis entwickle wie die Melancholie und im Grunde eine Möglichkeit darstelle, dem melancholischen Zustand zu entrinnen. Ich bin der Ansicht, dass das Ich in der Manie nicht nur der Melancholie zu entfliehen versucht, sondern auch einem paranoischen Zustand, den es nicht zu bewältigen vermag. Die qualvolle und gefährliche Abhängigkeit von seinen Liebesobjekten drängt das Ich, sich von ihnen zu befreien.» (*Gesammelte Schriften I*, 2, 57)

Nach Melanie Klein wird die Manie in erster Linie durch das *Allmachtsgefühl* charakterisiert, in zweiter Linie durch den Mechanismus der *Verleugnung*. Der Verleugnungsmechanismus hat seinen Ursprung in jener ganz frühen Phase, in der das unentwickelte Ich sich der mächtigsten und tiefsten aller Ängste zu erwehren sucht, nämlich der Angst vor den verinnerlichten Verfolgern und dem Es. Das heisst, zunächst verleugnet das Ich die psychische Realität und danach unter Umständen auch einen Grossteil der äusseren Realität. Für die Manie absolut spezifisch ist die Verwendung des Allmachtsgefühls zur Kontrolle und Beherrschung der introjizierten Objekte; das ist nötig, um die Angst vor ihnen zu verleugnen, so dass der (in der vorangegangenen depressiven Position erworbene) Mechanismus der Wiedergutmachung am Objekt durchgeführt werden kann.

Der Manische glaubt, dass er seine Objekte, wenn er sie beherrscht, daran hindert, ihn zu beschädigen, wie auch daran, sich gegenseitig zu gefährden; er wendet in der Phantasie gewaltsame Mittel an, die Objekte werden getötet, können aber aufgrund seiner Allmacht, sobald er es will, wieder ins Leben zurückgerufen werden: Ein Patient Melanie Kleins nannte diesen Prozess die Objekte «in einem scheintoten Zustand halten» (op. cit. 59).

Das Töten entspricht dem (von der frühesten Phase der paranoid-schizoiden Position her beibehaltenen) Abwehrmechanismus der Zerstörung des angsterregenden Objekts, das Wiederbeleben entspricht der Wiedergutmachung am Objekt im Rahmen der depressiven Position. Der für die Manie so charakteristische Objekthunger zeigt an, dass hier das Ich den Abwehrmechanismus der depressiven Position, nämlich die Introjektion guter Objekte, beibehalten hat. Der Manische verleugnet die verschiedenen mit dieser Introjektion verbundenen depressiven Ängste.

Melanie Klein denkt, dass der von Freud für die Manie nachgewiesene Prozess des Zusammenfallens von Ich und Ichideal wie folgt verläuft: Das Ich verleibt sich das Objekt auf kannibalische Weise ein (das *Fest*, wie Freud es nennt), leugnet aber, dass es sich um dieses Objekt Sorgen macht – das Ich argumentiert gleichsam, es sei doch nicht weiter wichtig, ob dieses Objekt zerstört werde, gebe es doch noch viele andere zum Fressen. Nach Melanie Klein ist diese «Bagatellisierung der Wichtigkeit des Objekts und die Verachtung, die ihm das Ich entgegenbringt» (op. cit. 60) ein spezifisches Charakteristikum der Manie.

V. Der Beitrag von Pierre Marty

Pierre Marty (1976, 1980), Pariser Psychoanalytiker und Begründer der französischen psychoanalytischen Psychosomatik[5] betrachtet die sogenannte *essentielle Depression* als charakteristisch für psychosomatisch kranke Menschen. Marty nennt sie *essentiell*, weil sie durch ein Absinken des Tonus der Lebenstriebe bewirkt wird, ohne symptomatische Färbung und ohne positive ökonomische Gegenbewegung. Sie stellt sich ein, wenn traumatisierende Ereignisse[6] die psychische Verarbeitungsfähigkeit überfordern. Die Desorganisation des psychischen Apparates führt zum sogenannten operativen Denken. Die Grundlage der progressiven Desorganisation ist die Charakterneurose, welche gekennzeichnet wird durch mangelhafte individuelle Unabhängigkeit, Fehlen zuverlässiger Fixierungen, ein von seinen somatischen Wurzeln schlecht abgegrenztes Ich, Vorherrschen des Idealichs, Reduzierung der Beziehungen auf ein frühes Entwicklungsniveau und Abhängigkeit von äusseren Objekten. Die *essentielle Depression* Martys scheint etwas ähnliches zu sein wie die von René Spitz (1976) beschriebene *anaklitische Depression*.

VI. Der Beitrag von Edith Jacobson

1. Zur psychoanalytischen Theorie der zyklothymen Depression

Jacobson (1978, 287ff) versucht eine Abgrenzung zwischen depressiven und schizoiden bzw. schizophrenen Zuständen, wobei der Fixierungspunkt letzterer weiter zurückliegt, früher lokalisierbar ist; nach Melanie Klein liegt er, wie wir gesehen haben, auf der Ebene der paranoid-schizoiden Position, nicht auf der Ebene der depressiven Position, wo das Liebesobjekt bereits als ganzes Objekt erlebt und Ambivalenz-Angst gefühlt werden kann.

---

5 vgl. unsere Vorlesung *Das Problem der Psychosomatik I*
6 vgl. unsere Vorlesung *Das psychische Trauma*

Psychotische Patienten suchen im Gegensatz zu neurotischen ihre Konflikte auf dem Weg einer regressiven Flucht zu lösen. Das bringt neben der Triebregression eine schwere regressive Persönlichkeitsveränderung mit sich. Ein von einer schizophrenen Episode genesener Patient Jacobsons drückte das drastisch folgendermassen aus: «Ich rannte und rannte, zurück zum Mutterleib».

Die Prädisposition dieser Patienten zu einer derart tiefgreifenden Regression besteht offensichtlich darin, dass ihre Ich- und Über-Ich-Entwicklung durch das Zusammenwirken von konstitutionellen und umweltbedingten Faktoren (emotionale Entbehrungen sowie übermässige Stimulation und/oder Trieb-Frustration in der frühen Kindheit) zum Stillstand gekommen oder unzulänglich verlaufen ist. Selbst- und Objektrepräsentanzen und das Ichideal sind bei präpsychotischen Persönlichkeiten nicht scharf gesondert. Die Repräsentanzen behalten Eigenschaften frühkindlicher Objekt- und Selbstimagines und bleiben dadurch Träger unreifer, infantiler und magischer Wertvorstellungen. Das Über-Ich der präpsychotischen Persönlichkeit ist kein fest integriertes intrapsychisches System, sondern personifiziert und in seinen Funktionen instabil. Der psychotische Zusammenbruch geht mit einer schweren regressiven Deformierung der Objekt- und der Selbstrepräsentanzen einher und führt zu ihrem Zusammenbruch, letztlich zu ihrer Auflösung und Aufspaltung in unreife Imagines. Die Ich- und Über-Ich-Identifizierungen desintegrieren und werden durch narzisstische Identifizierungen ersetzt, d.h. durch regressive Fusionen des Über-Ichs, der Selbstimagines und der Objektimagines. Schliesslich kommt es zu einem Zusammenbruch des gesamten psychischen Systems. Diese psychischen Vorgänge finden ihren Ausdruck in den Erlebnissen der Schizophrenen vom Ende der Welt, im Verlust der Identität und im Gefühl, gestorben zu sein. Bei solchen Psychotikern versagt das sekundärprozesshafte Denken, und sie zeigen schwere Störungen ihres Realitätssinnes.

Jacobson meint, dass die Art und die Tiefe der Regression darüber entscheidet, ob sich eine manisch-depressive oder eine schizophren-paranoide Psychose entwickelt. Es hat in mancher Hinsicht den Anschein, dass die ja auch klinisch als warmherzig imponierenden manisch-depressiven Patienten eine höhere Stufe der Differenzierung und Integration psychischer Systeme erreicht haben. Schon Bleuler (1911) habe einen charakteristischen Unterschied zwischen schizophrenen und manisch-depressiven Patienten beobachtet: Die Ängste der Schizophrenen beziehen sich auf Unheil, das zum gegenwärtigen Zeitpunkt eintritt, während die Ängste der Manisch-Depressiven mit zukünftigen Katastrophen zusammenhängen. Jacobson nimmt an, metapsychologisch betrachtet bedeute dieser Unterschied, dass der Zusammenbruch der Objekt- und Selbstwertrepräsentanzen innerhalb des Ichs der Schizophrenen bis zum Punkt der Auflösung dieser Repräsentanzen geht, während der Manisch-Depressive fühlt, dass diese Auflösung droht. Die Ängste der Manisch-Depressiven können sehr intensiv sein, sind aber keine echten Panikzustände. Ausserdem weisen die Wahnvorstellungen in manischen oder melancholischen Zuständen gegenüber schizophrenen Wahnvorstellungen charakteristische Unterschiede auf, die nach Jacobson die These einer andersartigen Regression bei den manisch-depressiven Patienten unterstützen. Zum Selbstmord des Melancholikers muss man sich Freuds Feststellung in Erinnerung rufen, wonach sich das Liebesobjekt mächtiger erwiesen hat als das Selbst. Dazu ist zu ergänzen, dass auch das Selbst in der Selbstmordhandlung ein Gefühl der Macht wiedererlangt – es erringt einen endgültigen, wenn auch todbringenden Sieg.

Der Manisch-Depressive möchte sein Liebesobjekt am Leben erhalten, sich ihm unterwerfen oder sich mit ihm versöhnen; er klammert sich an dieses, gibt seine eigenen Identitätsgefühle jedoch nicht auf. Er wünscht und braucht Bestrafung durch das Liebesobjekt, auf die Vergebung, Liebe, Befriedigung und Belohnung durch dieses oder durch das Über-Ich folgen sollen (op. cit. 328f). Das an dieser Stelle von Jacobson gebrachte Fallbeispiel des klinischen Bildes der manisch-depressiven Persönlichkeit haben wir am Anfang der heutigen Vorlesung bereits kennen gelernt (Herr N.).

Jacobson denkt, dass die *Manie* im Unterschied zu schizophrenen Grössenideen einen Zustand darstellt, in dem das Selbst dauerhaft an der phantasierten Allmacht des Liebesobjekts partizipiert. Der manische Patient kann es sich sozusagen leisten, dass sich seine Aggression vollständig und diffus entlädt; da er die Existenz von Unlust und Zerstörung verleugnet, wird die ganze Welt zu einem Reich, in dem die Lust nicht endet, nicht zerstört wird und seine Aggression keinen Schaden anrichtet (op. cit. 297):

> Eine Patientin, die nach einer depressiven Phase von neun Monaten hypomanisch wurde, erzählte Jacobson, wie gierig sie sich fühlte. Ihr war danach, alles aufzuessen – Nahrungsmittel, Bücher, Bilder, Menschen, die ganze Welt. Jacobson bemerkte scherzhaft und leicht provozierend, dies sei eine recht arge und auch gefährliche Begierde – denn was würde sie tun, wenn alles aufgegessen wäre? Diese Bemerkung schien der Patientin grossen Spass zu bereiten, denn sie sagte: «Aber nein, die Welt ist doch so reich, und das wird nie aufhören; die Dinge werden nicht einmal abnehmen. Ich kann weder einem Menschen noch einer Sache schaden.»

Die Manie beruht auf Verleugnung in Phantasie, Wort und Handlung. Sie ist eine Krankheit des Ichideals, die Periode der bedingungslosen Allmacht wird wieder belebt aufgrund einer regressiven Bewegung. Die Unterscheidung zwischen Selbst und Idealselbst ist aufgehoben. Das Lustprinzip herrscht uneingeschränkt, da sowohl die Macht des Introjekts wie auch die Schwäche des Selbst verleugnet werden. Ein totaler narzisstischer Sieg über das Introjekt ist errungen, das dann ohne Schuldgefühl verachtet und verspottet werden kann.

2. Psychotische Identifizierungen

Jacobson (1978, 304ff) unterscheidet *Ichidentifizierungen* von *frühinfantilen Identifizierungsphantasien*. Ichidentifizierungen sind insofern realitätsgerecht, als sie zu bleibenden Ichveränderungen führen, die das Gefühl rechtfertigen, den Liebesobjekten zumindest teilweise ähnlich zu sein. Frühinfantile Identifizierungsphantasien hingegen sind ihrem Wesen nach magisch; sie stellen vorübergehende, partielle oder totale Vermischungen von magischen Selbst- und Objektimagines dar und gründen sich ungeachtet der Realität auf Phantasien oder sogar auf die vorübergehende Überzeugung, mit dem Objekt eins zu sein oder selber dieses Objekt zu werden. In psychotischen Regressionsvorgängen desintegrieren die normalen Objektbeziehungen und Identifizierungen und werden durch präödipale, magische Identifizierungsformen ersetzt (op. cit. 308).

Bei Schizophrenen erreicht der Zerfall oder die Schädigung der Systeme *Ich* und *Über-Ich* ein wesentlich gefährlicheres Ausmass als beim Manisch-Depressiven; der Konflikt zwischen Über-Ich und Selbstimago verwandelt sich zurück in Kämpfe zwischen magischen, sadistischen, drohenden Liebesobjektimagines und der Imago des Selbst. Die pathologischen Identifizierungen bringen einander abwechselnde Introjektions- und Projektionsvorgänge zum Ausdruck, die zu einer mehr oder weniger vollständigen Verschmelzung der Selbst- und Objektimagines innerhalb des zerfallenden Ich-Es-Systems führen.

Der Schizophrene neigt im Unterschied zum Manisch-Depressiven zur Zerstörung der Objektimago und zu ihrer Ersetzung durch die Selbstimago; oder aber er vernichtet die Selbstimago und ersetzt sie durch die Objektimago. Dieser Unterschied zeigt sich klinisch darin, dass beim psychotischen Patienten die Imitation des Liebesobjekts und die Ängste vor dem Identitätsverlust eine überragende Rolle spielen.

Der Schizophrene mit seinem defekteren Selbst und tiefgreifenderen Regressionsprozessen ist in seinem Wahn davon überzeugt, dass er sein Liebesobjekt *ist*; bei ihm sind Selbst und Objekt verschmolzen und zudem in archaische Teilobjekte zerfallen: In omnipotente, männlich-weibliche Brustphallusfiguren, in verletzte oder tote Stücke – erscheinen solche Vorstellungen im bewussten Phantasieleben des Patienten, haben wir es nach Jacobson nicht mit einer Depression zu tun – der Depressive hängt noch im regressivsten Zustand an einer strengen, machtvollen Objektimago; sich selbst behandelt er so, *als wäre* er sein Liebesobjekt.

Auch das Über-Ich des Schizophrenen ist defekter, das Ichideal umfasst rücksichtslose, oft sadistisch-kriminelle Grössenphantasien. Die Kindheit dieser späteren Schizophrenen ist beherrscht von einer narzisstischen, sadistisch dominierenden Mutter, von denen sie masochistisch abhängig sind, während in der Anamnese von Melancholikern eher eine elterliche Verwöhnung mit anschliessender schwerer Desillusionierung und Verlassenwerden zu finden ist – sie klagen denn auch über Hilflosigkeit, Abhängigkeit vom anderen, haben ein strenges Über-Ich und sind im Intervall warmherzige Menschen, obgleich sie in ihren melancholischen Phasen ein parasitäres Verhalten an den Tag legen können. Schizoide Patienten jedoch waren schon als Kinder emotional steif und leer; ihre Beziehungen sind formell, sie haben, auch wenn sie deprimiert sind, keine Schuldgefühle, klagen nicht über ihre Unfähigkeit zu lieben, sind eher narzisstisch gekränkt über ihre Unfähigkeit, andere zu ihren Gunsten auszunutzen. Nur dann können sie sich stark und akzeptabel finden, wenn sie aggressiv sind: Der andere soll froh sein, wenn er etwas für mich tun darf.

Nach Jacobson wird aus einer Depression nie eine Schizophrenie – die Depression ist keine Abwehr der Schizophrenie. Im Interview kann es schwierig sein, eine depressive Symptomatik richtig zu interpretieren; die Hinweise für einen schizoiden Hintergrund und damit die Gefahr eines schizophrenen Zusammenbruchs bei einem vordergründig depressiv verstimmten Patienten werden leicht übersehen.

Das folgende Fallbeispiel illustriert einige Merkmale des schizophren-depressiven Zustandes im Unterschied zu ähnlichen depressiven Zuständen, die zu den manisch-depressiven Störungen gehören. Es handelt sich um Janet Q., eine schizophrene Patientin Ende vierzig, die Jacobson über einen Zeitraum von fast vierzig Jahren beobachten konnte, zunächst während ihrer Kindheit und später ab ihrem dreissigsten Altersjahr (op. cit. 333ff):

Nichts deutete auf eine erbliche Disposition zu Psychose in Janets Familie hin. Der Vater konsultierte die Analytikerin erstmals, als Janet 7 Jahre alt war. Er hatte eine schöne, aber unberechenbare, dominierende, narzisstische, infantile und agierende Frau. Es ist für die Pathogenese von Janets Störung sicherlich bedeutsam, dass ihre Mutter eine Affäre mit Janets späterem Vater hatte, während sie noch mit ihrem ersten Ehemann verheiratet war. Dieser Ehemann war bestens mit dem Bruder ihres Liebhabers und späteren Mannes befreundet. Er war ein Intellektueller, der seinen Theorien gemäss liebte und sich zum Sklaven seiner Frau gemacht hatte. Als sie endgültig die Scheidung wollte, erschoss er sich; in seinem Abschiedsbrief gab er dem Wunsch Ausdruck, dass sein Selbstmord das Glück seiner Frau und ihres Geliebten für immer zerstören möge. Janets Mutter kam denn auch nie von ihren Schuldgefühlen los. Die Feindseligkeit, die sie gegen Janets Vater empfand, der sie zur Scheidung gedrängt hatte und sich später als ein unverbesserlicher Schürzenjäger entpuppte, liess sie an Janet, ihrem ersten Kind aus und behandelte sie sehr grausam. Sie gab Janet nichts von der Zärtlichkeit und Zuneigung, mit der sie ihr zweites Kind, einen Sohn, der drei Jahre später geboren wurde, überschüttete.

Die kleine Janet litt schon sehr früh unter vielfältigen phobischen Ängsten; besonders fürchtete sie sich vor Insektenstichen. Ihre Angst war so panikartig, wie man es kaum jemals bei einem neurotischen Kind sieht. Sie zitterte vor Furcht, wenn ihre Mutter sie wie ein preussischer Offizier anschrie. Der Vater hatte von Janets Kindheit an die Mutterrolle übernommen; allerdings war und blieb sein Verhalten dem Mädchen gegenüber äusserst verführerisch. Die Grausamkeit der Mutter und ihr strafender Erziehungsstil bewirkten, dass Janet schon in der präödipalen Phase zwanghafte Persönlichkeitsmerkmale zeigte. Sie wurde extrem gehorsam, pflichtbewusst, gewissenhaft und sorgte sich übermässig wegen ihrer Habseligkeiten. So spielte sie niemals mit ihren Puppen und anderem Spielzeug, weil sie Angst hatte, sie könnte es beschädigen. Ein zwangsneurotisches Schlafzeremoniell, das sie zu Beginn der Latenzphase entwickelte, veranlasste den Vater, mit ihr eine Therapie aufzusuchen.

Das schöne Mädchen besass eine überdurchschnittliche Intelligenz, war jedoch schon als Kind verdächtig zurückhaltend, unnahbar, steif, gefühlsarm und schwunglos. Sie hatte Lern- und Lesehemmungen und klagte, es sei ihr dauernd langweilig. Schon zu dieser Zeit dachte die Analytikerin an eine affektive Störung und an eine möglicherweise später auftretende, schizophrene Psychose. Trotz der auffälligen Symptome Janets wies ihre Mutter die Ratschläge der Analytikerin für eine unverzügliche Behandlung derart hartnäckig zurück, dass Janets Vater sich nicht dagegen durchsetzen konnte.

Als Janet 14jährig war, musste die Familie Deutschland verlassen und flüchtete nach Belgien. Das Mädchen kam zuerst nach Paris, dann in ein Internat nach England. Der Vater besuchte sie dort, nahm sie in London in die Wohnung seiner Geliebten mit und schickte sie allein zum Friseur, als er mit seiner Freundin sexuellen Verkehr haben wollte. Janet hat ihm dieses Ereignis niemals vergessen oder vergeben und geriet bald darauf in eine schwere Depression. Eine Londoner Psychoanalytikerin wurde konsultiert; sie diagnostizierte Janets Zustand als psychotische Depression, vielleicht auch als beginnende Schizophrenie. Janet wurde nach Belgien zurückgeholt, erlebte dort den Angriff der Deutschen und wurde auf einem Bauernhof versteckt. Sie soll in den folgenden Jahren abwechselnd melancholisch-depressive und manisch-erregte Zustände durchgemacht haben; die gesunden oder freien Intervalle dauerten ungefähr ein Jahr. In dieser Zeit wurde Janet auch zweimal in einer psychiatrischen Klinik mit Elektroschocks behandelt.

Später als Erwachsene lebte Janet, wenn sie nicht depressiv war, ihre Sexualität in recht promiskuitiver Weise aus. Sie musste auch einmal eine Abtreibung vornehmen lassen, bei der sie vom Vater unterstützt wurde. Er billigte ihre sexuelle Freizügigkeit und sagte zu ihr: «Wenn man so krank ist, sollte man jede Lust geniessen, die das Leben bereitet.» Aber alle ihre Liebschaften endeten damit, dass Janet von den Männern verlassen wurde.

Mit 30 Jahren, kurz nach dem Tod des Vaters, kam Janet in die Vereinigten Staaten. Als Jacobson sie damals wiedersah, berichtete ihr die Patientin, dass ihr jetziger Liebhaber, ein verheirateter Amerikaner ihr versprochen habe, sich scheiden zu lassen und sie zu heiraten. Wie zu erwarten war, zerbrach aber auch diese Liebesbeziehung, und Janet wurde einige Wochen später depressiv. Sie verlor an Gewicht, litt unter Schlaf- und Appetitlosigkeit, zog sich von ihren Verwandten und Freunden zurück, dachte, sie sei wertlos und müsse wegen ihrer Denkhemmung und schweren psychomotorischen Verlangsamung die Arbeit aufgeben. Die Depression hielt einige Monate an, dann geriet Janet überraschend in einen schweren katatonen Erregungszustand; sie war desorientiert und verwirrt, zeigte ein bizarres Verhalten und entwickelte Wahnvorstellungen, vergiftet zu werden. Diese ganze Episode dauerte ungefähr ein Jahr. In der Klinik erhielt sie Elektroschocks und anschliessend Psychotherapie. Obgleich Janets Mutter wiederholt einzugreifen versuchte, nahm die Patientin den therapeutischen Rat der Analytikerin an und setzte 15 Jahre lang sehr zuverlässig ihre Behandlung bei einem Psychiater fort.

Edith Jacobson gibt uns folgende *theoretische Überlegungen zu ihrem Fallbeispiel*:

Janet war eine jener schizophrenen Patienten, die zunächst als manisch-depressiv diagnostiziert werden, weil ihre psychische Erkrankung zyklisch oder phasisch verläuft. Die Depression, mit der ihre letzte psychotische Episode anfing, war einem einfach verlaufenden, nicht wahnhaften melancholischen Zustandsbild sicher sehr ähnlich. Aber die tiefgreifenden Abhängigkeitskonflikte von der narzisstischen Mutter, die homosexuelle Auseinandersetzung mit dieser, die auch in ihren bewussten Konflikten immer im Vordergrund stand, weckte doch wegen ihrer Intensität schwerwiegende Befürchtungen.

Ein weiteres Charakteristikum von Janet passte nicht ins Bild einer Melancholie. Ihre Selbstanklagen, die sich wiederholten, als würde eine Schallplatte abgespielt, unterbrach sie nicht nur im Beginn, sondern auch während der gesamten depressiven Phase oft und überraschend durch kühle, scharf kritisierende und abwertende Bemerkungen, besonders über die Mutter, aber auch über den Vater, die späteren Liebhaber, Verwandte und Freunde. Auch ihr gefühllos frostiger Gesichtsausdruck, der nicht mit ihren Anklagen oder Selbstvorwürfen in Einklang zu bringen war, erschien verdächtig. In den offen feindseligen Bemerkungen der Patientin kamen äusserst unreife, gierige und auch ziemlich absurde Forderungen zum Vorschein, die sie an ihre Mitmenschen stellte. Dieser Art von Bemerkungen folgten wiederum bittere Klagen, dass sie unfähig sei sich durchzusetzen und die Erfüllung ihrer (prägenital sadistischen) Wünsche zu erlangen.

Mit Janets gestörtem Selbstwertgefühl hängen einige wichtige Merkmale ihrer Persönlichkeit zusammen, die von den Selbstwertproblemen abweichen, wie man sie üblicherweise bei Melancholikern antrifft. Janets Vorstellungen über ihre eigene Wertlosigkeit drehten sich nämlich darum, dass sie unfähig sei, zu arbeiten und sich ihren Lebensunterhalt zu verdienen; darin zeigten sich Persönlichkeitszüge der Mutter.

Oder sie klagte, dass sie nicht lesen und keinen intellektuellen wie auch künstlerischen Interessen nachgehen könnte, womit sie Mängel oder Schwächen zum Ausdruck brachte, die ihre Mutter dem Vater immer vorgeworfen hatte.

Abgesehen von diesen Selbstvorwürfen sprach Janet kaum jemals über Schuldgefühle. Selbst während ihrer depressiven Phase berichtete sie sachlich nüchtern über ihr erst kurz zurückliegendes promiskuitives Sexualverhalten, über ihre Verhältnisse mit verheirateten Männern und über die Abtreibung. Sie litt, mit anderen Worten ausgedrückt, nicht unter Versündigungsgedanken, wie sie für die Melancholie so charakteristisch sind. Sie klagte auch nicht darüber, dass sie zu wenig für andere empfinde und unfähig sei zu lieben. Ganz im Gegenteil, sie warf sich selber vor, dass sie die Männer nicht dahin bringen konnte, sie zu verwöhnen. Janet hatte unverhüllte Forderungen, trug offene kalte Feindseligkeit zur Schau, und ihre Scham und Minderwertigkeitsgefühle bezogen sich darauf, dass sie keine erfolgreiche Geliebte sein konnte. Wenn es ihr nicht gelang, in aggressiver Weise auf andere Menschen Macht auszuüben, fühlte sie sich, als sei sie für immer dazu verurteilt, ein Nichts zu bleiben. Die befremdliche Mischung von zwanghaften Charakterzügen mit impulsivem Verhalten und dem Ziel, eine erfolgreiche, schöne Geliebte zu werden, ergab sich aus Janets Identifizierungen mit dem amoralischen Vater, einem erfolgsgewohnten Schürzenjäger, mit seinen Werten und seinen Geliebten; aber auch ihre Identifizierungen mit der schönen, eitlen Mutter schlugen sich darin nieder. Aus der Selbstmordgeschichte des ersten Ehemanns der Mutter bildete Janet die Überzeugung, dass der erste Ehemann ihr richtiger Vater sei und dass die Mutter und der zweite Ehemann an seinem Tode schuld seien. In einem ihrer katatonen Erregungszustände verwandelte sich diese Überzeugung in eine paranoide Wahnvorstellung, bei der sie sich mit ihrem vermeintlichen ermordeten Vater identifizierte. Als der Vater sie ins Krankenhaus brachte, sprang sie aus dem Wagen, rannte davon und schrie in wilder Verzweiflung: «Du bist nicht mein Vater – Du bist ein Mörder! Hilfe, Hilfe, er will mich umbringen!» Janets Vater wurde damals tatsächlich von der Polizei angehalten und festgenommen. Janets psychotische Identifizierungen kommen in diesem Verhalten klar zum Ausdruck.

Mit dem Beitrag von Edith Jacobson zu Depression und Manie in Abgrenzung zur Schizophrenie sind wir gut vorbereitet auf das Thema unserer beiden nächsten Vorlesungen: Psychotische Zustände.

Vorlesung XXV

Psychotische Zustände I

I. Der Beitrag von Marguerite Sechehaye zur Behandlung der Schizophrenie

Als erstes möchte ich Ihnen heute von einem berühmten Fallbeispiel sprechen. Es handelt sich um Renée, eine schizophrene Patientin, deren Tagebuch kurz nach ihrer Heilung von der behandelnden Genfer Psychologin und Psychoanalytikerin *Marguerite Sechehaye* kommentiert und herausgegeben wurde (1950, deutsch 1973).

Die ersten Irrealitätsgefühle empfand Renée im Alter von fünf Jahren (1973, 13f):

> Ich erinnere mich noch genau an den Tag, an dem es mir zustiess. Ich ging alleine spazieren (wir waren zur Sommerfrische auf dem Land), wie ich es öfters tat. Plötzlich liess sich aus der Schule, an der ich gerade vorbeikam, ein deutsch gesungenes Lied vernehmen. Es waren Kinder, die Musikunterricht hatten. Ich blieb stehen, um zuzuhören, und genau in diesem Augenblick entstand ein sonderbares Gefühl in mir, ein schwer zu beschreibendes Gefühl, das aber all denen glich, die ich später empfand: die Irrealität. Mir schien, als würde ich die Schule nicht wiedererkennen, denn sie war gross geworden wie eine Kaserne, und die singenden Kinder kamen mir wie Gefangene vor, die zum Singen gezwungen wurden. Es war, als hätten sich die Schule und der Gesang der Kinder von der übrigen Welt getrennt. Genau in diesem Augenblick erblickte ich ein Weizenfeld, dessen Grenzen ich nicht erkennen konnte. Und diese gelbe, in der Sonne leuchtende Unendlichkeit, die sich mit dem Gesang der Kinder verband, die in jener Schulkaserne aus glattem Stein gefangen waren, machte mir solche Angst, dass ich zu schluchzen begann. Dann rannte ich in unseren Garten und fing an zu spielen, «damit alles wieder so würde wie sonst», d.h. um wieder in die Realität zurückzufinden. Es war das erste Mal, dass sich die Elemente, die später immerzu bei meinem Irrealitätsgefühl vorhanden waren, so darstellten: eine grenzenlose Weite, ein grelles Licht, die Glätte der Materie. Ich kann mir nicht erklären, was damals geschehen war. Doch in jener Zeit hatte ich erfahren, dass mein Vater eine Geliebte hatte und meine Mutter zum Weinen brachte: eine Enthüllung, die mich verstörte, denn ich hatte meine Mutter einmal sagen hören, sie würde sich umbringen, wenn mein Vater sie verlassen sollte.

Renée hatte bis zum Alter von etwa zwölf Jahren noch viele weitere Irrealitätsgefühle. Doch von diesem Zeitpunkt an wurden sie immer intensiver und häufiger. Das auffallendste Ereignis jener Zeit, an das sie sich erinnert, bezieht sich auf ihre Schule, die sie seit zwei Jahren besuchte. Einmal beim Seilhüpfen in der Pause erlebte sie eine Kameradin als irreal. Diese wurde zuerst immer kleiner und dann beim Näherkommen immer grösser, bis ihr Renée zurief, sie solle stehen bleiben, sie sehe aus wie ein Löwe und mache ihr angst. Das wiederholte sich, und Renée sah plötzlich die Ähnlichkeit dieser Erscheinung mit dem Alptraum von der Nadel im Heu. Dies war ein Traum, den sie öfters träumte, vor allem wenn sie Fieber hatte, und er machte ihr entsetzliche Angst. Später verband sie ihre Irrealitätsgefühle mit diesem Traum (op. cit. 15):

> Eine grell elektrisch beleuchtete Scheune. Die Wände waren weiss gestrichen, glatt, sehr glatt und glänzten. Und in dieser Endlosigkeit lag eine dünne, hauchdünne und harte Nadel, die im Licht glänzte. Diese Nadel in jener Leere jagte mir fürchterliche Angst ein. Dann füllte ein Heuhaufen die Leere aus und verschlang die Nadel. Der zuerst kleine Heuhaufen wuchs und wuchs, und in der Mitte lag die Nadel und hatte eine sehr hohe elektrische Spannung, die sie dem Heu übermittelte. Diese Spannung, das Wuchern des Heus sowie das blendende Licht steigerten meine Angst bis zum äussersten, und ich erwachte mit dem Schrei: «Die Nadel, die Nadel!»

Seither überkam Renée während der Schulpausen öfters ein solches Irrealitätsgefühl. Dieses trat immer häufiger auf und nahm einen immer grösseren Teil ihres Lebens in Anspruch. Renée war eine ausgezeichnete Schülerin in der Volksschule; sie bekam mehrere Preise. Als sie aber in die Oberschule kam, konnte sie dem Unterricht nicht folgen, weil sie vermehrt unter diesen Irrealitätsgefühlen litt und vor allem in den praktischen Fächern versagte. In der Folge erkrankte sie an einer Lungentuberkulose und musste die Schule verlassen, um ein Sanatorium in den Bergen aufzusuchen. Dort verminderten sich zunächst die Anfälle von Irrealität, bis der Herbstwind, der durch den Wald brauste, wiederum eine irreale Bedeutung bekam. Dabei sah Renée, wie ihr Zimmer unendlich wuchs und aus den Fugen geriet, wie die Wände glatt und glänzend wurden und das schreckliche elektrische Licht jeden Gegenstand mit seiner blendenden Helligkeit überflutete. Von neuem stieg eine masslose Angst in ihr auf, die sie nicht mehr verlassen sollte. Im Wind nachts hörte sie ein Brüllen, ein Klagen, ein verzweifeltes Schreien; für Renée weinte und stöhnte ihre Seele darin. Mehr und mehr verstärkte sich ihre Vermutung, dass der Wind eine Botschaft trug, die sie erraten musste. Endlich verstand sie diese Botschaft: Der eisige Wind vom Nordpol wollte die Erde aufbrechen, sie in die Luft jagen, oder vielleicht war er auch ein Vorzeichen dafür, dass die Erde zerbersten werde. Mit der Zeit erzählte sie dies auch ihren Kameradinnen und erklärte, dass die Welt bald explodieren würde und dass Flugzeuge kommen würden, um sie zu bombardieren und zu vernichten. Nach über einem Jahr verliess sie das Sanatorium und war wieder zu Hause, wo sie als verantwortungsvolles und fleissiges junges Mädchen den Haushalt für sechs Personen führte. Sie zog ihre Geschwister auf und war eine vorzügliche Schülerin. Innerlich aber fühlte sie sich immer angstvoller und verlorener. Die Irrealitätszustände nahmen zu, und ihre Angst war dauernd vorhanden.

Im Alter von siebzehn Jahren entwickelte Renée eine zwanghafte Beschäftigung und Fürsorge mit einer kleinen verschmutzten alten Puppe, welche sie aus einem Lumpenhaufen herausnahm und sorgfältig in einen Wagen legte. Tagtäglich war sie unter grossem Zwang damit beschäftigt, dieser Puppe genügend Wärme zu geben. Diese regressive Beschäftigung mit der Puppe Riquette bedeutete für sie das Idealbild des *Babyglücks* – sich immer in der körperlich angenehmsten Temperatur zu befinden, entspannt zu liegen, sich wohl zu fühlen. Renée drückte ihr Liebe auf der Ebene des körperlichen Behagens aus.

Die *Behandlung* von Renée durch Marguerite Sechehaye erfolgte teilweise hospitalisiert, teilweise ambulant. In der ersten Zeit blieb Renée tief verstrickt in ihrer psychotischen Welt, mit Angststimmen, selbst schädigenden Tendenzen, Depersonalisation, Wahnentwicklung. Dann entwickelte Frau Sechehaye in Anlehnung an Piagets Erkenntnisse und Freuds Bemerkungen zur Psychose aus der klinischen Beobachtung der Kranken heraus eine eigene, äusserst originelle Behandlungsform der Schizophrenie, welche sie *symbolische Wunscherfüllung* (*réalisation symbolique*) nannte. Nachdem das Ich der Kranken auf die frühesten Stadien der menschlichen Entwicklung zurückgefallen war, ging es darum, durch die symbolische Wunscherfüllung dieses zerfallene Ich wieder zu rekonstruieren. Renée hatte sich aus eigenem Antrieb von einem der Klinik nahegelegenen Apfelbaum Äpfel gestohlen, deren Verzehr ihr einen Moment angenehmer Realität verschaffte. Als die von der Kranken *Mama* genannte Analytikerin ihr darauf Äpfel kaufte, lehnte Renée diese ab, und es entwickelte sich folgendes Gespräch und folgende Handlung (op. cit. 81):

«Warum magst du die Äpfel nicht, die ich für dich kaufe?» – «Weil die Äpfel die du kaufst – das ist Nahrung für Erwachsene, aber ich will Äpfel, richtige Äpfel, Äpfel von Mama, solche», und Renée zeigte auf die Brust von Frau Sechehaye. Diese stand auf, holte einen herrlichen Apfel, schnitt davon ein Stück ab, reichte es ihr und sagte: «Jetzt wird Mama ihre kleine Renée ernähren. Es ist nun Zeit, die gute Milch von Mamas Äpfeln zu trinken.» Renée war überglücklich und genoss, den Kopf an die Brust der Therapeutin gelehnt, das passive Glück eines ganz kleinen Kindes, womit sich für sie ein wunderbares Realitätsgefühl ergab, welches die schmerzhafte Irrealität, in der sie seit Jahren lebte, ersetzte.

Als Renée während Monaten wieder grosse Anfälle von Schuldgefühlen und Verzweiflung hatte, die Welt zusammenbrechen sah wegen ihres vermeintlichen Verbrechens, desjenigen von Kain, hatte Marguerite Sechehaye folgende Idee: Sie brachte Schlagsahne und steckte der Kranken einen Löffel davon in den Mund mit den Worten (op. cit. 91):

«Nimm weissen Schnee, das wird Renée reinigen; wenn Mama ihrer Renée Schnee gibt, geht das Verbrechen fort, und Renée wird ganz rein.» In diesem Augenblick beruhigte sich Renée und war befreit von ihren Schuldgefühlen und dem Gefühl der Nichtswürdigkeit.

Als Renée erneut in eine lange regressive psychotische Phase mit Wahnvorstellungen und zerstörerischer Verzweiflung, wechselnd mit finsterer Gleichgültigkeit gelangte, nahm Frau Sechehaye eines Tages eine Puppe in ihre Arme, welche die Patientin *Ezechiel* getauft hatte. «Mama» deckte die Puppe zu, küsste sie, legte sie behutsam in eine Wiege, und liess diesem «Baby» alle nötige mütterliche Aufmerksamkeit und Pflege zukommen. Die Kranke schaute aufmerksam zu; indem sie sich als Ezechiel erlebte, begann sie wieder zu essen und akzeptierte, wie Ezechiel gewaschen und angezogen zu werden. So tauchte Renée nach und nach aus ihrer Gleichgültigkeit empor und interessierte sich immer mehr für das, was Mama mit Ezechiel tat und sprach. Allmählich fühlte sie sich freier und hatte ein besseres Gefühl der Realität. Doch war ihr Interesse ausschliesslich auf Nahrung, Körperkontakt und Sauberkeit gerichtet.

Auf eine Erkrankung der Therapeutin reagierte Renée mit einer Regression bis auf die fötale Stufe. Sie wünschte sich, in den Körper von «Mama» zurückzukehren. Frau Sechehaye versprach, Ängste und böse Stimmen zu verjagen und sie so schlafen zu machen wie Ezechiel; sie verabreichte ihr eine Beruhigungsspritze, und Renée empfand ein wunderbares Gefühl tiefen Friedens – sie meinte im Wasser zu schwimmen, was für sie bedeutete, tatsächlich in Mamas Körper zu sein, um als Ezechiel wiedergeboren zu werden.

Dies waren nur einige Beispiele symbolischer Wunscherfüllung aufgrund derer Renée langsam ihr Ich wieder rekonstruieren konnte; sie durchlebte nochmals die ödipale Phase wie alle weiteren zum Aufbau eines funktionierenden Erwachsenen-Ichs nötigen Entwicklungsstufen und wurde später selber Psychoanalytikerin. Marguerite Sechehaye-Burdet, 1887–1964, von Raymond de Saussure analysiert, war in den 1930er Jahren eine zentrale Figur der Genfer Psychoanalyse. Freud selbst ermunterte sie, ihre Forschungen zur Behandlung der Schizophrenen weiterzuführen, soll ihr aber auch gewisse Zweifel mitgeteilt haben – es ist klar, dass diese originelle Behandlungsmethode auch ihre Risiken hat und nicht allgemein angewendet werden kann. 1964, einige Monate vor ihrem Tod, würdigte der Berner Psychoanalytiker Christian Müller die psychiatrischen und psychoanalytischen Verdienste von Marguerite Sechehaye vor der Schweizerischen Gesellschaft für Psychoanalyse (Mijolla, 2002, II, 1549).

II. Freud und der Begriff der Schizophrenie

Der Begriff der *Schizophrenie* wurde, wie Sie wissen, von *Eugen Bleuler* (1911) eingeführt zur Kennzeichnung einer Gruppe von Psychosen, welche der deutsche Psychiater und Begründer der wissenschaftlichen Psychiatrie *Emil Kraepelin* bereits unter der Bezeichnung *Dementia praecox* zusammengefasst und dabei drei klassisch gebliebene Formen unterschieden hatte: die hebephrene, katatone und paranoide Form. Mit der Einführung dieses Begriffs beabsichtigte Bleuler, das seiner Ansicht nach grundlegende Symptom dieser Psychosen hervorzuheben: die Persönlichkeitsspaltung. Der Ausdruck hat sich in der Psychiatrie und in der Psychoanalyse durchgesetzt, welches auch immer die Meinungsverschiedenheiten über das Spezifische der Schizophrenie und über die Ausdehnung des nosographischen Rahmens sein mögen. Deskriptiv-psychiatrisch unterscheidet man gewöhnlich eine Inkohärenz des Denkens, des Handelns und der Affektivität, eine Ablösung von der Realität mit Rückzug auf sich selbst und Vorherrschaft eines Innenlebens, das den Phantasieproduktionen preisgegeben ist (Autismus) und eine mehr oder weniger intensive, schlecht systematisierte Wahnaktivität. Schliesslich ist der chronische Charakter, der sich nach den verschiedensten Rhythmen im Sinne eines intellektuellen und affektiven Abbaus entfaltet und oft zu demenzartigen Zuständen führt, für die meisten Psychiater ein Hauptzug, ohne den man die Diagnose der Schizophrenie nicht stellen kann (nach *Laplanche* und *Pontalis*, 1973, 453ff).

Gegen den von ihm selbst gelegentlich verwendeten Ausdruck Schizophrenie hat Freud Bedenken geäussert: Er sei allzu «präjudizierlich», weil er einen theoretisch postulierten Charakter zur Benennung verwende, überdies einen solchen, welcher der Affektion nicht ausschliesslich zukomme und nicht als der wesentliche erklärt werden könne. Obwohl Freud viele andere Angaben besonders über das Funktionieren des schizophrenen Denkens und der schizophrenen Sprache gemacht hat, blieb die Aufgabe, die Struktur der Schizophrenie zu definieren, seinen Nachfolgern überlassen (op. cit. 456).

Freud hat sich in der Praxis nicht mit der Psychose befasst, aber in verschiedenen Schriften Bemerkungen darüber gemacht:

In seiner *Fliess-Korrespondenz* (1985c [1887–1914], Manuskript H als Beilage zum Brief 53 vom 24. Januar 1895, 106) beschreibt Freud «die chronische Paranoia in ihrer klassischen Form» als «ein pathologischer Modus der Abwehr wie Hysterie, Zwangsneurose und halluzinatorische Verworrenheit».

Bezüglich der Psychose am bekanntesten ist Freuds Arbeit *Psychoanalytische Bemerkungen über einen autobiographisch beschriebenen Fall von Paranoia* (1911c [1910], GW VIII), der *Fall Schreber*. Dort schlägt er vor, anstatt des Begriffs *Dementia praecox* denjenigen der *Paraphrenie* zu verwenden, der seiner Ansicht nach leichter mit Paranoia gekoppelt werden könne und somit sowohl die Einheit des Gebiets der Psychosen als auch deren Teilung in zwei grundlegende Seiten kennzeichne. Dazu schreibt Freud: «Die disponierende Fixierung [der Paraphrenie] muss also weiter zurückliegen als die der Paranoia, im Beginn der Entwicklung, die vom Autoerotismus zur Objektliebe strebt, enthalten sein.» (op. cit. 314)

In *Zur Einführung des Narzissmus* (1914c, GW X, 139) schreibt Freud: «Ein dringendes Motiv, sich mit der Vorstellung eines primären und normalen Narzissmus zu beschäftigen, ergab sich, als der Versuch unternommen wurde, das Verständnis der Dementia praecox (Kraepelin) oder Schizophrenie (Bleuler) unter die Voraussetzung der Libidotheorie zu bringen. Zwei fundamentale Charakterzüge zeigen solche Kranke, die ich vorgeschlagen habe als Paraphreniker zu bezeichnen: den Grössenwahn und die Abwendung ihres Interesses von der Aussenwelt.» Freud fragt sich, was das Schicksal der den Objekten entzogenen Libido bei der Paraphrenie sei. Der Grössenwahn dieser Zustände weise hier den Weg, denn dieser sei auf Kosten der Objektlibido entstanden: Die der Aussenwelt entzogene Libido sei dem Ich zugeführt worden, so dass ein Verhalten entstand, welches man Narzissmus heissen könne. Der Grössenwahn selber sei aber keine Neuschöpfung, sondern die Vergrösserung und Verdeutlichung eines Zustandes, der schon vorher bestanden habe. Damit unterscheidet Freud einen durch

Einziehung der Objektbesetzungen entstehenden sekundären Narzissmus, der sich über einen primären, durch mannigfache Einflüsse verdunkelten, Narzissmus aufbaut.

In der ersten metapsychologischen Arbeit[1] *Triebe und Triebschicksale* (1915c, GW X, 217) betrachtet Freud in Zusammenhang mit seiner Ich- oder Selbsterhaltungstriebe und Sexualtriebe unterscheidenden 1. Triebtheorie die narzisstischen Psychoneurosen als Schizophrenien, wenn er schreibt: «Es ist immerhin möglich, dass ein eindringendes Studium der anderen neurotischen Affektionen (vor allem der narzisstischen Psychoneurosen: der Schizophrenien) zu einer Abänderung dieser Formel und somit zu einer anderen Gruppierung der Urtriebe nötigen wird.» Wie wir wissen, ändert Freud fünf Jahre später diese Formel tatsächlich, idem er in *Jenseits des Lustprinzips* (1920g) den Todestrieb einführt, dem er nun in seiner 2. Triebtheorie den aus Ich- oder Selbsterhaltungstrieben und Sexualtrieben zusammengesetzten Lebenstrieb oder Eros gegenüberstellt.

In *Neurose und Psychose* (1924b [1923], GW XIII, 387), also nach Einführung der 2. Triebtheorie wie auch der 2. Topik (Es - Ich - Über-Ich) versucht Freud eine weitere Differenzierung. Er schreibt, dass die Neurose der Erfolg eines Konflikts zwischen dem Ich und seinem Es sei, die Psychose aber der analoge Ausgang einer solchen Störung in den Beziehungen zwischen Ich und Aussenwelt.

In *Der Realitätsverlust bei Neurose und Psychose* (1924e, GW XIII, 368) weist Freud darauf hin, dass bei beiden der Realitätsverlust wie auch der Realitätsersatz eine Rolle spielen. Aber bei der Psychose will sich die neue phantastische Aussenwelt an die Stelle der äusseren Realität setzen, während sie sich bei der Neurose wie das Kinderspiel gern an ein Stück dieser Realität anlehnt.

Da wir uns mit der Diskussion des Begriffs der Schizophrenie heute im *Grenzgebiet von Psychiatrie und Psychoanalyse* bewegen, mag es interessieren, ob Freud selbst über das Verhältnis dieser beiden verwandten Disziplinen etwas gesagt hat? Die Frage kann bejaht werden, er hat sich wiederholt dazu geäussert. In *Libidotheorie – Psychoanalyse* (1923a [1922], GW XIII, 227) z.B. findet sich das folgende: «Die Psychiatrie ist gegenwärtig eine wesentlich deskriptive und klassifizierende Wissenschaft, welche immer noch mehr somatisch als psychologisch orientiert ist und der es an Erklärungsmöglichkeiten für die beobachteten Phänomene fehlt. Die Psychoanalyse steht aber nicht im Gegensatz zu ihr, wie man nach dem nahezu einmütigen Verhalten der Psychiater glauben sollte. Sie ist vielmehr als Tiefenpsychologie, Psychologie der dem Bewussten entzogenen Vorgänge im Seelenleben, dazu berufen, ihr den unerlässlichen Unterbau zu liefern und ihren heutigen Einschränkungen abzuhelfen. Die Zukunft wird voraussichtlich eine wissenschaftliche Psychiatrie erschaffen, welcher die Psychoanalyse als Einführung gedient hat.»

Im Sinne dieser erstaunlich aktuell klingenden Freud'schen Sätze möchte ich Ihnen nun aufzeigen, wie die psychiatrisch-deskriptive Diagnose *Psychose* durch das psychoanalytische Verständnis moderner Psychoanalytiker erweitert werden kann.

III. Beiträge moderner Psychoanalytiker zum Verständnis der Psychose

1. Der Beitrag von Paul-Claude Racamier

a) Schizophrenie und Paradoxalität (Racamier, 1980, deutsch 1982, 116–130)

Eine *Paradoxie* ist ein psychotisches Gebilde, das zwei Annahmen oder Entwürfe unauflöslich miteinander verbindet und vom einen auf das andere verweist, obwohl beide Elemente nicht in Übereinstimmung gebracht werden können, dennoch aber nicht eigentlich gegensätzlich sind.

Einige Beispiele für Paradoxien bei psychotischen Patienten: Das Ich ist nur, indem es nicht ist. Die Kunst der Beziehung in der Nichtbeziehung und der Nichtbeziehung in der Beziehung. Die psychotische Ich-Besetzung: Ein Narzissmus, der ungeheuer arbeitet, um selber bis zur Leere zu verschwinden.

Eine einzelne Paradoxie bedeutet wenig; wichtig aber ist, was darunter liegt und was daraus folgen kann: Ein ganzes System der Paradoxalität. Für die klinische Beschreibung der paradoxen Kommunikationssysteme verweist Racamier auf *Bateson* (1956), der als erster von der *doppelten Bindung* sprach – sie ging als *double bind* in die Umgangssprache ein. Er erwähnt das bekannte Beispiel von den beiden Krawatten, welches die mütterliche Besitzergreifungs-Strategie illustriert:

---

[1] vgl. unsere Vorlesungen *Metapsychologie I* und *II* sowie *Die Trieblehre*

> Eine Mutter schenkt ihrem lieben Sohn zwei Schlipse, einen roten und einen grünen. Zufrieden und brav bindet er sich den grünen um: «Ach», bedauert die Mutter, «du magst also den roten Schlips nicht, den ich dir geschenkt habe?» Er bindet sich den anderen um, gleiche Situation. Nun bindet er sich beide Krawatten zugleich um: «Lieber Sohn, Du bist wohl nicht ganz bei Verstand!»

Racamier meint, dass diese paradoxe Verbindung, Verknüpfung sich auf einer narzisstischen Ebene abspielt und grundsätzlich gegen das Ich gerichtet ist – sie sei eine eigentliche Aufknüpfung, bei der das Ich des andern erwürgt werde. Die projektive Identifizierung[2] in ihrer bösartigen Form verwirrt den Empfänger derart, dass er nicht mehr weiss, wer er ist. Die Paradoxie in ihrer malignen Version macht denjenigen, an den sie sich richtet, verrückt – er wird unaufmerksam, ist unfähig zu antworten, auf geistiger wie auf affektiver Ebene. Das erinnert an *Harold F. Searles'* (1974, 69ff) berühmten, 1959 auf Englisch erstveröffentlichten Artikel *Das Bestreben, die andere Person zum Wahnsinn zu treiben – ein Bestandteil der Ätiologie und Psychotherapie von Schizophrenie.* Racamier bringt dazu ein klinisches Beispiel (1982, 119):

> Ein Patient hatte beschlossen, Suizid zu begehen. Er war schon mehrmals knapp dem Tod entgangen. Was man auch gegen seine Entscheidung ins Feld führen mochte, jedes Argument war falsch. Nicht ohne Schwierigkeit gelang es, das Motiv des Patienten herauszufinden; man fand schliesslich, dass für ihn der Suizid eine unerlässliche Lebensbedingung war: Um zu leben, musste er sich also töten. Als man dem intelligenten Patienten diese Paradoxie aufzeigte, war er verblüfft. Die Paradoxalität muss als Abwehr betrachtet werden; mit ihrer Enthüllung und Auflösung trat beim Patienten ein sehr wichtiges und angsterregendes Material in der Behandlung zutage.

Treffen auf das Kind von äusseren Objekten ausgehend Paradoxien, so werden sie wie Angriffe aufgefasst, denen es ausgeliefert ist und die es später in der Übertragung wieder belebt. Paradoxien bedeuten grundsätzlich eine Disqualifikation für das Ich. Die Paradoxie ist das Gegenteil einer narzisstischen Anerkennung und Bestätigung der Eigenaktivität des Ichs. Racamier illustriert dies wie folgt (op. cit. 121):

> Ein Kind kommt von der Schule heim und sagt, es habe Hunger. Seine Mutter antwortet: «Aber nein, du hast keinen Hunger.» Ein anderes Kind wird von seinen Eltern in ein siedendheisses Bad getaucht, und wie es puterrot und atemlos klagt, es würde verbrennen, versichern die Eltern, die Wassertemperatur sei gerade richtig, das Kind spiele bloss Theater.

Man sieht hier eindeutig, dass ein Kind, dessen Wahrnehmung disqualifiziert wird, vor der Alternative steht, entweder seinen Sinnesempfindungen zu trauen oder dem Objekt zu glauben. Es hat zu wählen zwischen dem Zutrauen in sein Ich und der Liebe des Objekts, ist wie auseinandergerissen zwischen Ich und Objekt. Ist diese Disqualifikation häufig, oder sogar konstant, wird daraus folgen, dass die unter natürlichen Umständen nicht konflikthaften Tätigkeiten des Ichs konflikthaft werden; wahrzunehmen, zu fühlen, zu denken an sich wird zum Konflikt. Die Paradoxie, Disqualifikation des Ichs, wird aus diesem Ich etwas ganz und gar Konflikthaftes machen; sie disqualifiziert nicht nur das Denken und den Sekundärprozess, sondern auch die Affekte. So erschöpft sie alle Kraftreserven der psychischen Arbeit des Ichs. Man kann von einem *Seelenmord* sprechen. Für das schizophrene Ich ist alles konflikthaft. Die Disqualifikation des Ichs beruht nicht auf einer oralen oder anderen Triebfrustration. Es kann im Gegenteil häufig beobachtet werden, dass die Ich-Schädigung durch frühzeitige und lang dauernde übermässige Befriedigung der oralen und analen Partialtriebe und schliesslich sogar der genitalen Triebe (bis zum Inzest) bedingt ist.

Warum wird überhaupt disqualifiziert, woher stammt dieses wenn es konstant ist als pervers zu bezeichnende Bedürfnis? Weil der Disqualifizierende damit seinen eigenen verletzlichen Narzissmus schützt – seine intrusiven Angriffe sind für ihn präventiv, haben eine antidepressive Funktion. Dabei sind Eltern, die ein Kind disqualifizieren, nie erwiesenermassen krank; sie sind gewesene (vernarbte, versteckte) oder zukünftige (latente) Kranke, die ihre eigene Zerbrechlichkeit verleugnen. Auf Kosten ihres «Maschinenkindes» fühlen sie sich stark.

Auch bei schizophrenen Patienten kommt dem Erkennen ihrer selbst und ihres Erlebens in der *Analyse* eine grosse Bedeutung zu. Die Wahrnehmung der paradoxen Übertragung, in welcher das Bild der aktiven und wiederholten Disqualifikation auf den Analytiker projiziert wird, ist dabei von zentraler Wichtigkeit. Der Patient, im Abwehrmechanismus der Identifizierung mit dem Angreifer, wird zum Disqualifizierenden; jede Paradoxie ist eine Falle, innerhalb der Übertragung fühlt sich der Patient von Fallen bedroht und wird selber zum Fallensteller. Das Grundmuster der psychoanalytischen Situation wird so im Rahmen der paradoxen Übertragung mit negativen Akzenten versehen. Was der Analytiker auch tut, empfindet, sagt oder denkt, nie ist es das richtige. Schliesslich spürt er eine wachsende Ohnmacht, wird hasserfüllt oder verrückt und hat nur noch ein einziges Verlangen, nämlich mit dem Patienten zu einem Ende zu kommen. Immer wenn solche Schattierungen in der Gegenübertragung

---

2 vgl. unsere Vorlesung *Die projektive Identifizierung*

auftauchen, kann man mit Sicherheit sagen, dass es sich um eine paradoxe Übertragung handelt. Die Hauptparadoxie des Schizophrenen bezieht sich auf die Existenz des Objekts, des Selbst und auf deren gegenseitige Beziehung: Objekt, Subjekt und Beziehung existieren nur, indem sie nicht existieren. Wenn es sie gibt, dann nur indem es sie nicht gibt; wenn es sie nicht gibt, dann gibt es sie. Ein Schizophrener findet keinen Ausweg aus dieser Paradoxie, und ihm gegenüber haben wir selbst ebenfalls oft den Eindruck, dass es keinen Ausweg gibt.

Racamier weist darauf hin, dass gerade bei Schizophrenen die Paradoxalität erotisiert werden kann. Die Paradoxie wird dann für den Patienten zu einem Objekt der Lust, zu seinem einzigen Lustobjekt, dient ihm also nicht nur als allgemeines Abwehrsystem, ebenso wenig nur als subtile offensive Waffe, die wirksam gegen das Objekt wie auch gegen sich selber eingesetzt werden kann – wie könnte man den Verlust eines Mittels ertragen, das so vielen Zielen dient und gleichzeitig Lustquelle ist? Die paradoxe Erotisierung gehört denn auch zu jenen wichtigen Faktoren, welche beim Schizophrenen den Widerstand gegen die Therapie bilden; denn die paradoxe Erotisierung erlaubt ihm, seine geistige Tätigkeit zu geniessen, sie zu bewahren, also auch eine Behandlung mitzumachen – sie ist es, die es dem Schizophrenen so schwer macht, nicht mehr schizophren zu sein. Racamier sagt, dass man sich an der schizophrenen Paradoxie die Zähne ausbeissen könne. Er hält wenig von der Technik der *Gegenparadoxie* – er denkt aber, dass Paradoxien analysierbar sind; dieser Weg führt von der Erklärung der Paradoxie zur Aufdeckung der Widersprüche und weiter zur Erhellung der Konflikte, die durch die Paradoxalität verdeckt werden. Der psychoanalytische Weg führt auch hier vom Agieren zum Bewusstwerden, zum Ambivalenzkonflikt, zum Gefühl der Hilflosigkeit, das sich für den Schizophrenen in besonders erschütternder Weise offenbart.

b) Von der narzisstischen Verführung (Racamier, 1982, 97–107)

Wie kommt es überhaupt zur Psychose, zur Errichtung eines solchen Systems der Paradoxalität? Racamier unterstreicht die Bedeutung der narzisstischen Verführung – er tut dies in der für ihn charakteristischen Sprache, die ich als literarisch, poetisch bezeichnen möchte; das scheint mir auch in der deutschen Übersetzung durch Marie-Henriette Müller zum Ausdruck zu kommen, an die sich meine zusammenfassenden Äusserungen anlehnen – sie ist die Tochter von Christian Müller, der die erwähnte Laudatio auf Marguerite Sechehaye hielt und mit Racamier persönlich befreundet war:

Um nicht parteiisch zu sein, muss man sagen, dass es zur Verführung immer zwei braucht. Das verführte Kind liebt es, verführt zu werden und verführt dabei selber. Es ist aber zu bemerken, dass das Kind sich der Verführung schlecht erwehren kann. Darum muss man sich eine Mutter vorstellen, die ihren eigenen Wünschen gegenüber feindlich gesinnt ist, selbst vielleicht immer noch an die eigene Mutter gebunden, verstrickt in ihren Ödipuskomplex, erschreckt durch die libidinösen Wünsche, welche das Kind äussert, wachruft und selbst verkörpert; eine Mutter schliesslich, die ständig von Depression bedroht ist – wäre dann nicht ihr tiefster Wunsch, dass das Kind sie weiterhin vervollständigt oder besser gesagt, ein integrierender Teil ihres Selbst, gleichsam eines ihrer vitalen Organe bleibt? Eine solche Mutter möchte ihr Kind ein für allemal in sich selbst wieder einbetten: dieses narzisstisch verführte Kind soll gewissermassen so sein, als ob es nicht geboren wäre. Es darf vor allem nicht zu jener zweiten, der psychischen Geburt kommen. Das Kind darf nicht wachsen, nicht denken, nicht wünschen, nicht träumen; eigene Träume, Wünsche und Gedanken zu haben, wäre ein Beweis der Auflehnung gegen die Mutter. Eine Möglichkeit, die Wünsche des Kindes im Keim zu ersticken, ist, wie es auch *Winnicott* beschreibt, dass die Mutter die Wünsche des Kindes erfüllt schon bevor sie erlebt und ausgeformt sind; um zu vermeiden, dass das Kind den Wunsch zu trinken und später den Wunsch zu lieben verspürt, muss es also ohne Unterlass genährt werden. Was später der Inzest ist, ist hier in der präödipalen Zeit schon vorhanden als narzisstische Verführung und hat eine antiödipale Wirkung. Es geht der Mutter darum, das Kind als narzisstisches Organ (Phallus) nicht zu verlieren. Das Kind bildet mit der Mutter eine allmächtige Einheit, aus welcher der Vater und auch die Kastration ausgeklammert sind. Die narzisstische Verführung hebt den Unterschied zwischen Subjekt und Objekt auf und führt zu einer Konfusion. Man kann nicht mehr entscheiden, wer der Verführer und wer der Verführte ist. Es bildet sich eine sehr umfassende Phantasie der Einverleibung, diese ist oral, präambivalent und narzisstisch. Dabei geht es um das Gefressen- oder Geschlucktwerden. *Didier Anzieu* (1985) hat darauf hingewiesen, dass es eine Phantasie des Kindes gibt, mit der Mutter eine gemeinsame Haut zu besitzen, woraus ein vereinheitlichender Behälter entsteht.

Um sich zu autonomisieren muss das Kind jedoch aus diesem Zustand, der Phallus der Mutter zu sein, herauskommen. Das drückt der zeitgenössische Genfer Analytiker *Nicos Nicolaïdis* (1984, 108) in Anlehnung an Lacan folgendermassen aus: «Il ‹manque à être› l'organe de la mère, il porte (il a) lui-même le phallus.»

c) Ödipus und Schizophrenie oder Antödipus (Racamier, 1982, 108–115, und 1989)

Racamier wirft die Frage auf, welche «Umstülpung» Narziss dem Ödipus auferlegt; er meint damit die eben erwähnte frühe narzisstische Verführung des Kindes und deren Auswirkungen auf die Ödipus-Situation.

Obschon bekannt ist, dass zukünftige Psychotiker manchmal bis ins Erwachsenenalter im elterlichen Bett schlafen, ist die reale Verführung, ob nun vom Kind oder Erwachsenen ausgehend, nicht einmal das wichtigste – ausschlaggebend ist der inzestuöse Charakter der Beziehung, das inzestuöse Äquivalent. Die narzisstisch-inzestuöse Beziehung ist die radikalste Abwehr gegen den Ödipuskomplex, die es gibt. Am Auftreten der antödipalen Konstellation bei Psychotikern sind oft die Mütter ursächlich beteiligt. Solche Mütter negieren, verabscheuen geradezu den Ödipuskomplex; sie verwerfen oder verschleiern den Gedanken, dass ihr Kind in einem sexuellen Akt mit einem Mann gezeugt wurde, und das sinnliche Begehren des Mannes fehlt ihnen. Es ergibt sich eine spezifische Organisation, die sowohl *ante-ödipal* ist (vor den ödipalen Unterscheidungen von Geschlecht und Generation liegend) wie *anti-ödipal* (in radikalem Gegensatz zu allen ödipalen Ängsten stehend) – diese Organisation nennt Racamier *Antödipus*. Dadurch wird dem Kind verunmöglicht, sich seine Herkunft vorzustellen; das führt zu einem primären Wahndenken, welches sich bemüht, die Paradoxie einer eigentlich undenkbaren Herkunft zu erfinden. Nach Racamier ist der Antödipus mehr als eine Regression; er ist eine Transgression: ein Ödipus, der durch die narzisstische Verführung umgestürzt wird, ein verrückter Ödipus. In seiner narzisstisch-inzestuösen Verstrickung mit der den Vater ausschliessenden Mutter nimmt der Schizophrene selbst den Platz von Vater und Mutter ein, erzeugt sich gewissermassen selbst – Racamier nennt dies die Phantasie der *Selbsterschaffung* (*le fantasme d'auto-engendrement*). Der Preis für diese Grandiosität ist hoch – die Phantasie der Selbsterschaffung zerstört die Quelle der Phantasie selbst: «Keine Schöpfung und kein Denken ist mehr möglich in der Psychose eines Menschen, der weder akzeptiert, dass er unschuldig an seinem Dasein ist, noch anerkennt, dass es Unterschiede gibt zwischen den Geschlechtern, den Generationen und den menschlichen Wesen.» (1982, 113) Der Antödipus setzt der analytischen Arbeit einen sehr grossen Widerstand entgegen; der Schizophrene ist Schöpfer und Geschöpf zugleich – Genie des Ursprungs, *le génie des origines*, was Racamier zum Titel seines Buches von 1992 machte, auf welches ich mich nun beziehe zum Thema der originären Trauer.

d) Die originäre Trauer (Racamier, 1992, 29–58)

Racamier versteht unter der *originären Trauer* (*le deuil originaire*) den fundamentalen psychischen Prozess einer lebenslänglichen Trauerarbeit, dank welcher das Ich den Verlust der absoluten narzisstischen Einheit und Allmächtigkeit überwindet, von welcher uns Freud, Ferenczi, Tausk und Winnicott als erste gesprochen haben; dieser Prozess wirkt der Ausbildung einer Psychose mit ihrer ganzen oben beschriebenen Paradoxalität entgegen. Das sich aus der narzisstischen Verschmelzung mit der Mutter lösende Kind entdeckt erst in diesem Verlust der «atmosphärischen» frühen Mutter diese Mutter als zu begehrendes ganzes, getrenntes Objekt – das Objekt wird gewissermassen nur gefunden, wenn es zuvor verloren, betrauert werden kann; Racamier nennt dies ein wahres, ein *identitäres* Paradox; ganz ähnlich hat sich der zeitgenössische französische Analytiker *Jean-Claude Rolland* in seinem Buch *Avant d'être celui qui parle* (2006) geäussert. Nur dank dieser Trauerarbeit findet das Kind seine eigene Identität, kann es psychisch wachsen, sich selbst und das Objekt entdecken, sein seelisches Innenleben erfinden, phantasieren.

In der Mutter muss parallel ein ähnlicher Trauerprozess ablaufen, sie muss das Kind aus der narzisstischen Verschmelzung gehen lassen, sich über sein Wachstum, seine zunehmende Autonomisierung freuen können, in einer Art kreativer Vorwegnahme (*anticipation créatrice*).

Die originäre Trauer bildet das Muster jeder künftiger Trauerarbeit: Bei der Entwöhnung, beim Ödipuskomplex, in der Adoleszenz – bei allen weiteren lebenslänglich stattfindenden Autonomisierungsschritten. Racamier selbst erinnert an die depressive Position von *Melanie Klein*: Auch bei der originären Trauer geht es um Verzicht auf ursprüngliche Megalomanie, Erkennung des ganzen Objekts, Unterscheidung äusserer und innerer Realität, lebenslängliche Dauer; aber die originäre Trauer hat nichts mit *Depression* zu tun, vielmehr mit psychischem Wachstum, löst nicht einen primären schizo-paranoiden Spaltungsprozess ab, sondern «installiert einen diptychonen Zustand an Stelle des ursprünglichen wirbelnden Magmas einer primitiven Teig-Masse», wird durch eine Trennungsaggression ausgelöst, die aber nicht die Qualität einer sezierenden Aggressivität hat. Racamier versteht dies keineswegs als Kritik an Melanie Klein, eher im Sinne einer Ergänzung ihres wichtigen Beitrags zum Thema Psychose.

Mit diesen zusammenfassenden Ausführungen über die wichtigsten Punkte von Racamiers Psychoseverständnis möchte ich für heute schliessen. Nächstes Mal werden wir den Faden aufnehmen und die Beiträge Melanie Kleins, einiger Postkleinianer und weiterer Autoren diskutieren.

Vorlesung XXVI
Psychotische Zustände II

Nachdem wir letztes Mal mit dem grundlegenden Beitrag von Paul-Claude Racamier aufgehört haben, möchte ich heute mit den *Beiträgen weiterer moderner Psychoanalytiker zum Verständnis der Psychose* fortfahren. Dabei gehe ich vorerst auf Melanie Klein und die wichtigsten Postkleinianer Segal, Rosenfeld, Bion und Milner ein, um dann zu Pankow, Fromm-Reichmann, Searles und Benedetti noch ein paar Worte zu sagen.

I. Der Beitrag von Melanie Klein

Melanie Klein (*Bemerkungen über einige schizoide Mechanismen*, 1946, in 2000 Gesammelte Schriften III, 1–41) bezeichnet, wie wir gehört haben, die ersten drei oder vier Monate des Lebens als die *paranoid-schizoide Position*, die sie auch als *Verfolgungsphase* beschreibt, weil die Verfolgungsängste des Kindes während dieser frühen Zeit stark sind; der Begriff der *Position* will hervorheben, dass es um eine normale allgemeine Entwicklungsstufe geht. Diese Phase ist gekennzeichnet durch den Abwehrmechanismus der Spaltung, welche zu einer scharfen Trennung von Liebe und Hass führt; das erste Objekt, die Mutterbrust, wird vom Kind in die Partialobjekte *gute* (befriedigende) und *böse* (versagende) *Brust* gespalten. Die Verfolgungsängste stammen aus den oral-sadistischen Triebregungen des Kindes, den mütterlichen Körper seiner guten Inhalte zu berauben, während aus den anal-sadistischen Triebregungen der Wunsch resultiert, in den Körper der Mutter einzudringen, sie von innen her zu beherrschen, und in ihren Körper seine Exkremente hineinzutun; die Beziehung zu diesem ersten Objekt des Kindes wird also von Introjektion und Projektion beherrscht, von Idealisierung und Verleugnung innerer und äusserer Realität. Die sadistischen Angriffe auf die Mutter sind verbunden mit Ängsten, von dieser deswegen selbst aufgefressen und vergiftet zu werden. *Die meisten dieser in den allerersten Monaten des Lebens vorherrschenden Mechanismen finden sich nach Melanie Klein in der späteren Symptomatik Schizophrener wieder.*

Wenn die Verfolgungsängste sehr stark sind und das Kind die paranoid-schizoide Position nicht gut durchlaufen kann, ist die Durcharbeitung der nachfolgenden *depressiven Position* ebenfalls gestört. Dies kann zu einer regressiven Verstärkung der Verfolgungsängste führen und die Fixierungspunkte für schwere Psychosen bilden. Eine andere Folge ernster Schwierigkeiten in der depressiven Position können manisch-depressive Erkrankungen[1] im späteren Leben sein. Zeitlich lokalisiert Melanie Klein die depressive Position in das zweite Viertel des ersten Lebensjahres; dabei treten Veränderungen in der intellektuellen und emotionalen Entwicklung des Kindes auf: Die Spaltung wird langsam aufgehoben, es kommt zu einer Annäherung von Lieben und Hassen, Gut und Böse; die vorher partialen Objekte erscheinen jetzt als totale, ganze Objekte. Das führt zu Ängsten, das unentbehrliche Objekt in seiner Ganzheit zu verlieren – mit Schuldgefühlen wegen der vorangegangenen sadistischen Attacken, und mit Wiedergutmachungswünschen, das beschädigte Objekt zu reparieren, es zu beleben und zu erhalten. Ein wichtiges Kennzeichen der depressiven Position ist also die Trauer über die vorangegangenen destruktiven Impulse gegen das Objekt. Zu den mit der depressiven Position verbundenen fundamentalen Veränderungen der kindlichen libidinösen Organisation gehört nach Melanie Klein die um die Mitte des ersten Lebensjahres erfolgende Erreichung der Frühstadien des Ödipuskomplexes, was mit der Wahrnehmung eines ganzen, vom Selbst getrennten Objekts zusammenhängt.

Wir haben letztes Mal gesehen, wie Racamier seinen Begriff der *originären Trauer* mit dem Begriff der *depressiven Position* Melanie Kleins verbindet, aber auch, wie er ihn davon unterscheidet.

Wie für alle wichtigen Entwicklungsphasen gilt auch für die beiden Positionen Melanie Kleins, dass sie nicht in jener Frühzeit gewissermassen ein für allemal abgeschlossen sind – wir pendeln lebenslänglich immer wieder hin und her in wechselnden Regressions- und Progressionsschritten.

---

1 vgl. unsere Vorlesung *Depression und Manie*

II. Der Beitrag von Hanna Segal

Hanna Segal ist international bekannt durch ihre zahlreichen Veröffentlichungen. Ich werde mich hier auf ihren Artikel *Anmerkungen zur Symbolbildung* (in *Wahnvorstellung und künstlerische Kreativität*, 1992, 73–92) beziehen, in welchem sie in Anknüpfung an Melanie Klein den Begriff *symbolische Gleichsetzung* (*symbolic equation*) ausführlich behandelt. Symbolische Gleichsetzung findet sich bei Patienten, die eine Störung oder Hemmung in Bildung oder Gebrauch der Symbole zeigen, wie bei schizoiden oder psychotischen Patienten. Hanna Segal illustriert das mit folgenden Beispielen (op. cit. 73):

> Patient A. war als Schizophrener in einer psychiatrischen Klinik. Einmal fragte ihn sein Arzt, warum er seit Beginn seiner Erkrankung aufgehört habe, die Geige zu spielen. Mit einiger Heftigkeit erwiderte er: «Warum? Erwarten Sie, dass ich in der Öffentlichkeit onaniere?»
>
> Ein weiterer Patient, B., träumte eines Nachts, er und ein junges Mädchen spielten ein Geigenduett. Er hatte dazu Assoziationen von Herumfingern (fiddling), Onanieren usw., wobei sich dann herausstellte, dass die Geige sein Geschlechtsteil repräsentierte und das Geigenspiel die Onaniephantasie von einer Beziehung mit dem Mädchen.

Es handelt sich also um zwei Patienten, die offenbar die gleichen Symbole für die gleiche Situation benutzen: Eine Geige, die das männliche Geschlechtsteil darstellt, und das Geigenspiel, das die Onanie repräsentiert. Die Rolle dieser Symbole jedoch ist sehr unterschiedlich: Für A. war die Geige symbolisch so vollständig mit seinem Genitale gleichgesetzt, dass es ihm unmöglich geworden war, sie in der realen Öffentlichkeit anzufassen. Für B. hingegen stellte das Geigenspiel in seinem Wachleben eine bedeutende Sublimierung dar, und die Tatsache, dass ihm die Bedeutung des Traumes bewusst war, hinderte ihn keineswegs daran, die Geige in der Wirklichkeit zu spielen – bei B. verschmolz das Symbolisierte nicht mit Symbol, wie das bei A. der Fall war.

> Ein weiteres Beispiel betrifft einen schizophrenen Patienten in analytischer Situation. Während der ersten Wochen der Analyse kam er kichernd und errötend zur Sitzung und sprach nicht mit der Analytikerin. Schliesslich stellte sich heraus, dass er zuvor an einer Beschäftigungstherapie teilgenommen hatte, wo er einen Stuhl gebaut hatte, den er nun mitbrachte. Der Grund für das Kichern und Erröten lag darin, dass er sich nicht überwinden konnte, darüber zu sprechen, weil er das Wort Stuhl mit dem Stuhl seiner Exkremente gleichsetzte. Die nachfolgende Analyse zeigte, dass ihm diese symbolische Gleichsetzung der Stühle als Sitzmöbel und als Kot zu jenem Zeitpunkt überhaupt nicht bewusst war. (op. cit. 74)

Hanna Segal zieht die Schlussfolgerung, dass die gesamte Entwicklung des Ichs gehemmt wird, wenn sich keine Symbolisierung entwickelt. Sie betrachtet die Symbolisierung als eine triadische Beziehung (*three-term relation*) – als eine Beziehung zwischen der Sache, die symbolisiert wird, der Sache, die als Symbol fungiert, sowie einem Menschen, für den das eine das andere darstellt; psychologisch formuliert, wäre die Symbolik eine Beziehung zwischen dem Ich, dem Objekt und dem Symbol. Die Symbolbildung ist eine Aktivität des Ichs, das versucht, mit den Ängsten umzugehen, die von seiner Beziehung zum Objekt wachgerufen worden sind; dabei geht es vor allem um die Angst vor bösen Objekten sowie um die Angst vor Verlust oder Unerreichbarkeit guter Objekte. Störungen der Beziehung des Ichs zum Objekt spiegeln sich demnach in Störungen der Symbolbildung wider – Differenzierungsstörungen zwischen Ich und Objekt führen zu Differenzierungsstörungen von Symbol und symbolisiertem Objekt und deshalb zu dem konkretistischen Denken, das die Psychose kennzeichnet. Nach Klein bildet die paranoid-schizoide Position den Fixierungspunkt der schizophrenen Krankheitsgruppe, während es nach Freud in dieser Zeit der frühen Oralität um halluzinatorische Wunscherfüllung geht, womit das Kind bei Abwesenheit des Objektes sich dieses halluzinatorisch erschafft; auch Bion spricht, wie wir heute noch sehen werden, von der Bedeutung der Frustration bei der Bildung des Denkapparates.

Hanna Segal (op. cit. 76) verweist auf Melanie Kleins 1930 beschriebenen Fall des autistischen 4jährigen Dicks, der weder sprechen noch spielen konnte und ein ausgeprägtes Problem bezüglich der Symbolbildung zeigte. Für ihn hatte die umgebende Welt nicht die geringste symbolische Bedeutung, weshalb er keinerlei Interesse für sie zeigte. Als Dick aber in seiner Analyse Fortschritte machte, begann er Interesse an bestimmten Objekten des Behandlungszimmers zu zeigen, welche die Eigenschaften von symbolischen Gleichsetzungen erlangten; so sagte er, als er die beim Bleistiftspitzen abgefallenen Späne sah: «Arme Frau Klein» – die Späne waren für ihn eine in Stücke zerschnittene Frau Klein. Die projektive Identifizierung ist in der paranoid-schizoiden Position sowohl ein Abwehrmechanismus wie auch ein Kommunikationsmodus; dabei wird das Objekt mit Teilen des Selbst des Kindes identifiziert. Projektionen und Identifikationen stellen also den Anfang des Prozesses der Symbolbildung dar.

III. Der Beitrag von Herbert Alexander Rosenfeld

Die psychoanalytischen Forschungen Rosenfelds auf dem Gebiet der Psychose (in 1981, *Zur Psychoanalyse psychotischer Zustände*) reichen in die 1940er Jahre zurück. Rosenfeld nimmt wie Freud an, dass die Psychosen auf frühe Fixierungen zurückgehen. Freud schreibt im *Fall Schreber* (1911c [1910]), dass paranoide Patienten auf die Stufe des Narzissmus regredieren und darauf fixiert sind, während schizophrene Patienten noch sehr viel weiter zurück regredieren, nämlich bis auf den infantilen Autoerotismus mit entsprechender Fixierung auf dieser frühsten Stufe. Während Freud aber in seinen *Vorlesungen* (1916–17a [1915–17]) wie auch noch im *Abriss der Psychoanalyse* (1940a [1938]) betont, dass ein Behandlungsversuch bei psychotischen Patienten durch deren fehlende Übertragungsfähigkeit verunmöglicht werde, kam Rosenfeld aufgrund seiner klinischen Erfahrung zu einer anderen Auffassung.

Rosenfeld wollte zunächst herausfinden, ob psychotische Patienten eine Übertragung herstellen können oder nicht; wenn ja, dann musste in einem zweiten Schritt geklärt werden, welcherart diese sei. Gestützt auf das kleinianische Konzept der Theorie und Klinik der *frühen Psychopathologie* und durch seine psychoanalytische Deutung positiver wie negativer Übertragungsäusserungen fand Rosenfeld, dass bei psychotischen Patienten sehr wohl eine Übertragung stattfindet, nämlich in Form einer *Übertragungspsychose*; dabei weist er darauf hin, dass man es unterlassen sollte, durch Beschwichtigung oder Sympathiebezeugungen bei psychotischen Patienten eine positive Übertragungsbeziehung herstellen zu wollen – bei allen von ihm behandelten Fällen war er bemüht, die Übertragungspsychose zu beobachten, die psychoanalytische Situation aber nicht zu verändern. *Die Behandlung psychotischer Patienten ähnelt seiner Meinung nach sehr der Analyse von Kindern:* Wie Kinder sind psychotische Patienten oft darauf angewiesen, zur Behandlung gebracht zu werden, legen sich im allgemeinen nicht auf die Couch und haben Schwierigkeiten, sich in Worten zu äussern, so dass der Analytiker die averbale Kommunikation in Form von Gesten oder Handlungen in seine Arbeit einbeziehen muss. Der psychotische Patient versucht dabei bewusst und unbewusst auf sehr verschiedene Weise, auf den Analytiker Druck auszuüben, eigene innere Anteile wie seine verrückten Bereiche, seine Angst, seine inneren Objekte in den Analytiker hineinzudrücken, zu projizieren, damit dieser von der analytischen Methode abweicht; das heisst, er versucht, den Analytiker zum Mitagieren statt zum Interpretieren zu bewegen, was in eine therapeutische Sackgasse führen würde. Rosenfeld meint, wenn die psychoanalytische Behandlung eines psychotischen Patienten misslinge, sei dies auf das Nichtverstandenhaben der Übertragungspsychose zurückzuführen oder auf das vielfältige Agieren des Patienten, welches auch dessen Eltern dazu bewegen könne, eine Behandlung abzubrechen; diese sabotierten oft aus eigenen Schwierigkeiten heraus die Entwicklung durch die Therapie. Rosenfeld meint jedoch, dass eine endgültige Aussage über den Wert einer psychoanalytischen Behandlung psychotischer Patienten noch nicht gemacht werden könne.

Bei der Erforschung der Übertragungspsychose benutzte Rosenfeld sehr stark seine *Gegenübertragung*. Er fand, dass sich in der Übertragungs-/Gegenübertragungsdynamik eine primitive Form der Objektbeziehung und eine damit verbundene Ich-Störung zeigt, die mit starken projektiven Identifizierungen einhergeht; dabei kommt es zur Abspaltung und Projektion von Teilen des infantilen Selbst und zur Identifizierung dieser Teile mit der Mutter oder anderen Objekten wie dem Analytiker; das führt zu einer Vermischung des Ichs und der Objekte und zu einer Störung der Funktionen des Ichs im abstrakten Denken und im Gebrauch und Verständnis von Wörtern, so dass Patienten die Fähigkeit zu sprechen verlieren können oder nicht mehr in der Lage sind, genau zu verstehen, was gesagt wird. Wenn bei der neurotischen Übertragungssituation immer eine Als-ob-Situation besteht (der Patient erlebt den Therapeuten *als ob* er die Mutter, der Vater, der Bruder wäre), so wird bei der psychotischen Übertragung der Therapeut mit den projizierten Anteilen gleichgesetzt (der Therapeut *wird zu* jenen übertragenen Figuren); deswegen treten auch massive Verfolgungsängste auf, das projizierte böse Objekt wendet sich dann scheinbar vom Therapeuten her als Verfolgung auf den Patienten zurück.

Rosenfeld (1981, 21f, frei zitiert) berichtet von akuten Ängsten einer psychotischen Patientin, die während der Analysestunde auftauchten – sie befürchtete, eines Tages mit einer fremden Stimme oder einem fremden Akzent zu sprechen, wenn sie mit Bekannten zusammenträfe. Rosenfeld, deutschen Ursprungs, war sicher, dass die Patientin mit *seiner* Stimme und *seinem* Akzent gesprochen hätte, doch sie konnte diesen Zusammenhang lange bewusst nicht akzeptieren. Als zentrale Angst der Patientin fand sich später die Phantasie, der Therapeut wolle gewaltsam in sie eindringen, um sie zu beherrschen, so dass sie ihre eigenen Gedanken und Gefühle wie auch ihr eigenes Selbst verlieren würde. Diese übertragungspsychotische Angst beherrschte die Patientin so stark, dass sie nicht mehr fähig war, irgendwelche Gefühle zu zeigen, sondern ständig gegen den Drang anzukämpfen hatte, sich vollständig vom Therapeuten zurückzuziehen. Ein weiterer Schritt im Verständnis dieser Übertragungspsychose zeigte, dass die Übertragung nichts mit ihrer realen Mutter zu tun hatte, sondern sich auf ein Phantasiebild der Patientin gründete, welches sie auf ihre Mutter und den Analytiker projizierte: Sie selbst fühlte sich getrieben, in den Mutter/Analytiker omnipotent einzudringen, um ihn zu beherrschen und zu kontrollieren; sie hatte also Angst vor ihren eigenen negativen wie positiven Gefühlen, welche sie als eindringend oder dominierend und deshalb als gefährlich erlebte, weshalb sie sich dieser Gefühle und Phantasien über den projektiven Mechanismus zu entledigen suchte – durch Projektion auf den Analytiker.

Wie wir anhand dieses klinischen Beispiels sehen, arbeitet Rosenfeld zum Verständnis der Übertragungspsychose in Anlehnung an Melanie Klein mit den *Charakteristika der primitiven Objektbeziehungen und primitiven Abwehrformen*. Ich will diese Charakteristika kurz zusammenfassen: Es handelt sich um Spaltungsvorgänge im Ich mit Abspaltung von Teilen des Selbst und der inneren Objekte, projektive Identifizierung, Idealisierung als Abwehr gegen die negative Übertragung, Konfusion von Selbst und Objekten – negative Übertragungsimpulse bekommen so paranoide Züge; Vermischung von präödipalen und ödipalen Momenten; omnipotente Vorstellungen, welche auf einem Über-Ich beruhen, das sich aus idealen wie auch verfolgenden Objekten gebildet hat: Wenn bei einem Kind Verfolgungsangst und schizoide Mechanismen überstark sind, vermag es sich schwerlich durch die depressive Position hindurchzuarbeiten; es regrediert auf die paranoid-schizoide Position, was die früheren Verfolgungsängste und schizoiden Phänomene verstärkt. In diesem Fall werden die inneren Objekte, auch das Über-Ich, durch die spätere Entwicklung nur wenig verändert – sie behalten viele Charakteristika der frühen paranoid-schizoiden Position, wie die Spaltung der Objekte in gute und böse; sind die bösen Objekte besonders schlecht und verfolgend, so werden die guten Objekte durch Reaktionsbildung als übermässig gut und hoch idealisiert erlebt. Die idealen wie die verfolgenden Objekte tragen zur Bildung jenes frühen Über-Ichs bei, welches als verfolgend und destruktiv erlebt wird, was die Introjektion wie das In-sich-Behalten von guten Objekten erschwert.

IV. Der Beitrag von Wilfred Ruprecht Bion

Auch Bions (deutsch 1990, 1992, 1997) Überlegungen zur Psychose gehen vom Konzept der paranoid-schizoiden Position Melanie Kleins aus; der Psychotiker ist nie wirklich aus dieser Position herausgekommen, hat das Realitätsprinzip nicht ausreichend errichtet, kann deshalb nicht genügend zwischen Realität und Irrealität unterscheiden. Dennoch gibt es für Bion beim psychotischen Patienten neben dem psychotischen Persönlichkeitsanteil immer auch einen nichtpsychotischen – er denkt, dass der *Realitätsbezug* niemals vollständig verloren geht, auch wenn es aussieht, als ob der psychotische Realitätsverlust total wäre; der Rückzug von der Realität in der Psychose ist eine Folge des Einsatzes massiver projektiver Identifizierungen gegen den psychischen Apparat.

Nach Bion weist die *psychotische Persönlichkeit* folgende Merkmale auf:
1. Ein Überwiegen destruktiver Impulse von solcher Intensität, dass selbst der Liebesimpuls von ihnen überschwemmt wird und sich in Sadismus verkehrt – der Psychotiker ist ständig im Konflikt zwischen Lebens- und Todestrieb, auch in der Analyse hin und her gerissen zwischen dem Versuch, die Beziehung zum Analytiker zu erweitern und dem gegenteiligen Versuch, sie wieder aufzulösen.
2. Hass auf die innere wie die äussere Realität, der sich auf alles erstreckt, was zu einem Realitätsbewusstsein beiträgt.
3. Massive Furcht vor drohender Vernichtung.
4. Wenig tragfähige, übereilt hergestellte Objektbeziehungen, wobei die Flüchtigkeit der Übertragung einen auffallenden Kontrast zur Hartnäckigkeit bildet, mit welcher sie an den Objekten haften bleibt – die Beziehung zum Analytiker ist überstürzt, unreif, aber von intensiver Abhängigkeit geprägt.

Ob diese angeborenen ungünstigen Persönlichkeitsfaktoren zur Psychose oder zur Entwicklung eines normalen Denkvermögens führen, hängt von der Umgebung ab, vor allem von der *Alpha-Funktion* der Mutter. Bion versteht darunter die träumerische Bewusstseinsfähigkeit der Mutter, mit einer den Vater einschliessenden Liebe auf das Kind einzugehen, als lebendiger Behälter (*Container*) die von ihm ausgesendeten *Beta-Elemente* (Sinneseindrücke und Emotionen im Urzustand, undenkbar, unträumbar) aufzunehmen und ihm als *Alpha-Elemente* (verwandelte Sinneseindrücke – akustische Muster, Geruchsmuster oder visuelle Bilder) gewissermassen in verdaulicher Form und zum Denken und Träumen verwendbar wieder zurückzugeben; *Container/Contained* wachsen, entwickeln sich gemeinsam. Vergleichbares geschieht in einer analytischen Beziehung.

Bion nimmt aber auch einen angeborenen, minimalen psychischen Apparat beim Kind an, der Lust oder Frustration wahrnehmen kann. Das Denken entwickelt sich von rudimentären Ursprüngen Richtung Abstraktion und Komplexität: Eine *Präkonzeption* (dies ist eine im Säugling a priori vorhandene Erwartung z.B. der Mutterbrust) stösst auf die entsprechende *Realisation* (die reale Brust); aus dieser Begegnung entsteht eine *Konzeption*, deren Bewusstwerdung die *konzeptuelle Entwicklung* fördert, welche also mit einer emotionellen Erfahrung von Zufriedenheit verbunden ist. Für die Entstehung des Denkens nun ist es aber nach Bion wichtig, dass die Präkonzeption nicht auf eine Realisation stösst, sondern auf eine *Frustration* (in unserem Beispiel wäre das eine abwesende Brust – und welche normale Brust wäre nicht immer auch wieder abwesend); aus dieser Begegnung erwächst die Notwendigkeit, die abwesende Brust zu denken, es entsteht ein *Gedanke*, und in der Folge ein *Denkapparat*, um die Gedanken zu denken. Ist aber die Frustrationstoleranz des Säuglings zu klein oder die Frustration allzu gross, wird die Bildung des Denkapparats gestört, er wird zu einem *Ausscheidungsapparat*. Das begünstigt ein späteres Funktionieren in einem Status von –K statt +K – +K steht für *Kennenlernenwollen, Wachstum, Neugier, Öffnung*; K (*Knowledge*) neben L (*Love*) und H (*Hate*) weisen auf die Einführung eines originellen Bion'schen psychoanalytischen Notationssystems hin.

Sowohl mütterliche Mängel bezüglich träumerischer Einfühlungsfähigkeit, Alpha- und Container-Funktion, wie auch die Unfähigkeit des Kindes, Frustrationen auszuhalten, können also zu schweren Störungen in der Ich-Entwicklung führen, zu einer Psychose.

Beim in der (durch primitive Spaltungsmechanismen gekennzeichneten) paranoid-schizoiden Position fixierten Psychotiker entstehen durch Spaltung sogenannte *bizarre Objekte*; das sind winzige Fragmente jener Teile seiner Persönlichkeit, die ihm die verhasste Realität bewusstmachen könnten, also des Wahrnehmungsapparats. Bewusstsein, Sinneseindrücke, Aufmerksamkeit, Gedächtnis, Urteilsfähigkeit und Denken, in winzige Fragmente gespalten und aus der Persönlichkeit ausgestossen, wegprojiziert auf Menschen wie auf Gegenstände, werden zu solchen bizarren Objekte; diese haben dann teils den Charakter des realen Objekts, z.B. eines Grammophons, teils den Charakter des ausgestossenen, auf das Grammophon projizierten Persönlichkeitsanteils – hat der Persönlichkeitsanteil etwas mit dem Sehen zu tun, glaubt der Patient, dass das Grammophon ihn beobachtet, wenn es spielt; hängt der Persönlichkeitsteil mit dem Hören zusammen, hat er das Gefühl, das spielende Grammophon höre ihm zu.

Neben der Projektion besteht für den Psychotiker eine weitere Möglichkeit, sich von der schmerzlichen Realität zu befreien, indem er zerstörerische Angriffe auf Verbindungselemente führt; damit wird verhindert, dass Sinneseindrücke mit dem Bewusstsein verbunden werden. Bion nennt dies *Angriffe auf die Verbindungen (attacks on linking)*.

Diese kurze Zusammenfassung einiger Konzepte Bions, welche mit einer möglichen psychotischen Entwicklung in Zusammenhang stehen, leuchtet sein sehr umfangreiches originelles Werk selbstverständlich keineswegs aus! Gérard Bléandonu gibt mit seinem Buch *Wilfred R. Bion – La vie et l'oeuvre* (1990), das auch in einer englischen Übersetzung vorliegt (1994), eine gute Gesamtschau; für einen allerersten Überblick mag der Zeitungsartikel von Alexander Wildbolz (*Der Bund*, 1998) genügen.

V. Der Beitrag von Marion Milner

Marion Milner ist ebenfalls aus der Londoner Schule hervorgegangen und von den kleinianischen Konzepten beeinflusst. In ihrem reich mit Zeichnungen illustrierten Buch *The hands of the living god* (1969) berichtet sie über die 20 Jahre dauernde psychoanalytische Behandlung der schizophrenen Patientin Susan.

Bei ihrer Arbeit mit psychotischen Patienten prägt Marion Milner den ins psychoanalytische Vokabular eingegangenen Begriff des *verformbaren Mediums* (*pliable medium, médium malléable*). Mit *Medium* ist die Verbindung zwischen selbstgeschaffener und äusserer Realität gemeint; durch die Malleabilität, Verformbarkeit werden die Sinneseindrücke vermittelt, wird den Phantasien Form gegeben (1979, 862) – man denkt unwillkürlich an den Begriff des *Übergangsobjektes* von *Winnicott*, dem Milner nahesteht, und der auch das Vorwort zu *The hands of the living god* geschrieben hat.

Der Psychoanalytiker soll für seinen Patienten ein solches verformbares Medium sein.

VI. Der Beitrag von Gisela Pankow

Gisela Pankow hat sich in zahlreichen Veröffentlichungen mit der Psychose (1974) befasst und interessierte sich auch für deren Zusammenhang mit der Familienstruktur (1984).

Der Unterschied zwischen Neurose und Psychose besteht nach Gisela Pankow darin, dass Grundstrukturen, die symbolhaft in der Sprache in Erscheinung treten und den Niederschlag erster Erfahrungen des Körpers enthalten, in der Neurose verzerrt, in der Psychose aber zerstört sind. Sie ging in jahrzehntelanger Arbeit mit psychotischen Patienten immer vom Körperbild aus und konnte herausarbeiten, dass Zerstörungszonen im Körperbild solche in der Familienstruktur entsprechen. In der Psychose geht es nicht um die Deutung des Verdrängten, sondern um die Deutung des psychologisch nicht Repräsentierten. Die Eltern eines Schizophrenen nehmen sich wie ein Recht auf das Kind, die Frucht ihres Körpers; der Schizophrene aber hat nicht das Recht, zu existieren; die ödipale Situation ist verstümmelt und gespalten. Zwischen Körperbild und «double bind» besteht ein Zusammenhang, wie Gisela Pankow (1984, 57f) anhand eines klinischen Beispiels zeigt, welches sie *Bateson* verdankt:

> Ein junger schizophrener Kranker, dem es nach einem heftigen Schub sehr viel besser ging, umarmt seine Mutter, die stocksteif wird. Er weicht zurück und fragt: «Du liebst mich nicht mehr?» Er wird rot, und sie sagt: «Liebling, Du musst nicht so schnell verwirrt werden und über Deine Gefühle erschrecken.» Der Patient konnte seine Mutter nur noch einige Augenblicke ertragen. Nachdem sie weggegangen war, griff er einen Pfleger an und wurde in die Zwangsjacke gesteckt. Dieser Ausgang hätte sich vermeiden lassen, wenn der junge Mann fähig gewesen wäre, seiner Mutter zu sagen: «Mutter, ich verstehe, dass Du nicht erfreut bist, wenn ich meine Arme um Deine Schulter lege; Du kannst diese Art von Zuneigung nur schwerlich ertragen.» Aber der Schizophrene kann so nicht formulieren. Die äusserste Abhängigkeit von der Mutter macht es ihm unmöglich, den Kommunikationsmodus seiner Mutter klarzulegen, obwohl sie es ihm gegenüber tut. Damit entsteht ein unmögliches Dilemma: Wenn ich meine Mutter behalten will, darf ich ihr nicht zeigen, dass ich sie liebe; wenn ich ihr aber nicht zeige, dass ich sie liebe, dann verliere ich sie.

Die Tragik in den Familien schizophrener Patienten liegt darin, dass die Eltern, besonders die Mutter, den Leib ihrer Kinder brauchen, um selbst in Sicherheit leben zu können. Dieses Teilhaben am Leib des Kindes vollzieht sich über die Sprache. Solange das Kind Teil des Körpers der Mutter ist, ihrem Wünschen und Wollen untertan, ist die Mutter nett und zufrieden. Trotzdem weist sie das Kind ab, um nicht zu zeigen, dass sie diese Symbiose braucht. Wenn das Kind dann aber versucht, nicht als Teil des Leibes seiner Mutter, sondern allein, in eigenen Grenzen und mit eigener Identität ein Leben zu beginnen, reisst die Mutter es aufs neue an sich, um diesen Teil ihres Selbst festzuhalten. Solange das Kind mit der Mutter in symbiotischer Beziehung steht, scheint alles gutzugehen; wenn es aber versucht, Liebesobjekt der Mutter oder einer anderen Person zu werden, bricht alles zusammen. Denn die Mutter kann keine auf einen anderen Menschen gerichteten Wünsche entwickeln, weil sie ihren Leib nicht allein bewohnt und infolgedessen nicht zu einer eigenen Identität gelangen konnte. Wenn man als Therapeut an eine derartige Symbiose zwischen Mutter und Kind rührt, können Tragödien entstehen (op. cit. 59):

> Die Mutter einer psychotischen Patientin schrieb in einem Brief an die Therapeutin, dass sie ohne ihre Tochter nicht leben könne und dass sie diese verlieren würde, wenn die Behandlung fortgesetzt werde. Deshalb habe sie beschlossen, ihre Tochter umzubringen und dann Selbstmord zu begehen.

Um solche Entwicklungen zu vermeiden, arbeitete Gisela Pankow immer auch mit den Eltern ihrer psychotischen Patienten, sei es in Einzelsitzungen mit ihnen oder in Familiensitzungen.

VII. Der Beitrag von Frieda Fromm-Reichmann

Am Psychoanalytischen Institut in Berlin ausgebildet und von Hanns Sachs analysiert, arbeitete sie eng mit Georg Groddeck und Sándor Ferenczi zusammen; während vier Jahren war sie mit Erich Fromm verheiratet. Nach der Machtübernahme der Nationalsozialisten wanderte sie 1933 aus, um über Frankreich und Palästina schliesslich in die USA zu gelangen. Dort arbeitete sie mit Harry Stack Sullivan in Chestnut Lodge, einem Sanatorium in Rockville, Maryland, welches sie zu einem Zentrum für die Psychotherapie der Schizophrenie machte. Eine Auswahl der Schriften dieser Pionierin der psychoanalytischen Psychosetherapie erschien 1978 in deutscher Übersetzung.

Auch Frieda Fromm-Reichmann lokalisiert die Störung schizophrener Patienten in die *Säuglingszeit*, wo das Kind noch nicht zwischen sich selbst und der Mutter unterscheiden kann. Sie weist auf die Bedeutung der *Einsamkeit* für die Entwicklung psychotischer Störungen hin, welcher sie die Arzt-Patienten-Beziehung als heilende zwischenmenschliche Begegnung gegenüberstellt. Sie befasst sich mit dem *therapeutischen Prozess* und der *Persönlichkeit des Therapeuten* – nur wenn dieser an Veränderungsmöglichkeiten beim Patienten wie bei sich selbst glaubt, kann eine *intensive Psychotherapie* (1950) gelingen; diese muss mit der Angst des Psychotikers als zentralem Phänomen umgehen können und ihm bei seiner Selbstverwirklichung behilflich sein durch die Vermittlung allgemeiner Werte wie Wachstum, Liebes- und Arbeitsfähigkeit.

Ihre bekannteste Patientin war die spätere Schriftstellerin Joanne Greenberg, die unter dem Pseudonym Hannah Green ein Buch (1964, deutsch 1978, *Ich habe dir nie einen Rosengarten versprochen*) über ihre Krankheit und deren Behandlung bei Frieda Fromm-Reichmann, im Buch Dr. Fried genannt, schrieb.

Hilde Bruch (deutsch 1982, *Der goldene Käfig: Das Rätsel der Magersucht*), Ärztin und Psychoanalytikerin, Schülerin Frieda Fromm-Reichmanns, wurde eine Spezialistin für die Therapie von Essstörungen – Sie kennen ihren Namen wahrscheinlich im Zusammenhang mit der Anorexie-Behandlung.

VIII. Der Beitrag von Harold F. Searles

Der amerikanische Analytiker, der noch in Wien ausgebildet wurde und die Arbeit Frieda Fromm-Reichmanns fortsetzte, war Ausbildungsanalytiker am Psychoanalytischen Institut von Washington; er gehört heute zu den Klassikern der Schizophrenieforschung. Die wichtigsten seiner Aufsätze erschienen 1974 in deutscher Übersetzung mit einem Vorwort von Dieter Eicke. Dank Searles haben wir gelernt, die auf Störungen der frühen Mutter-Kind-Beziehung zurückzuführende Schizophrenie besser zu verstehen und zu behandeln. Er spricht von den wirren Schicksalen menschlicher Abhängigkeitsbedürfnisse, wenn sie nicht bewusst gelebt werden können; er erwähnt auch die Bedeutung des symbolischen Denkens, das beim Psychotiker gestört ist – für diesen haben Märchen, Bilder, Phantasien, Träume Realitätscharakter. In steter Gefahr, verrückt zu werden, ausser sich und aus der gegebenen Ordnung zu geraten, braucht der Schizophrene therapeutische Hilfe, braucht das Erkanntwerden durch den Therapeuten, um aus dem Kreislauf des Wiederholungszwanges aussteigen zu können; gleichzeitig ist er sehr anfällig für die unbewussten Prozesse des Therapeuten, denkt konkretistisch, macht eine Übertragungspsychose.

Auf den wohl berühmtesten Artikel von Searles, *Das Bestreben, die andere Person zum Wahnsinn zu treiben – ein Bestandteil der Ätiologie und Psychotherapie von Schizophrenie* (op. cit. 69ff), habe ich bei der Behandlung der Paradoxalität Racamiers in der vorangegangenen Vorlesung hingewiesen.

IX. Der Beitrag von Gaetano Benedetti

Aus einer süditalienischen Intellektuellen-Familie stammend, emigrierte Benedetti in die Schweiz, wo er vorerst mit Manfred Bleuler im Zürcher *Burghölzli* arbeitete. Von 1957 bis 1985 hatte er in Basel eine Professur für Psychotherapie und Psychohygiene inne. 1956 gründete er zusammen mit dem heute in Bern arbeitenden Psychoanalytiker Christian Müller das *Internationale Symposium für Psychotherapie der Schizophrenie*, 1963 in Mailand ein Institut für Psychoanalyse und Psychotherapie (*Associazione e scuola di studi psychoanalitici*). In seiner reichen publizistischen Arbeit, die fast 400 Artikel und über 20 Bücher umfasst, hat er sich eingehend mit der psychoanalytischen Psychotherapie der Schizophrenie befasst; er erhielt mehrere Ehrenmitgliedschaften europäischer Gesellschaften für Psychiatrie und Psychoanalyse und einige Preise, worunter der Frieda-Fromm-Reichmann-Preis figuriert. Benedettis Buch *Ausgewählte Aufsätze zur Schizophrenielehre* (1975) gibt einen Überblick über sein frühes Schaffen; am bekanntesten ist wohl das spätere, reichhaltige Werk *Todeslandschaften der Seele* (1994), wo er darauf hinweist, dass die psychotische Übertragung an sich insofern schon therapeutisch ist, als sie die Wiederholung einer früheren Verhaltensweise gegenüber einem neuen, sich anders verhaltenden Partner vollzieht (op. cit. 207). In *The Psychotherapy of Schizophrenia* (1993) tritt Gaetano Benedetti zusammen mit Pier Maria Furlan als Herausgeber auf.

Mit diesem letzten, gewissermassen lokalen, kurzen Hinweis möchte ich meine Ausführungen zum psychoanalytischen Verständnis der Psychose abschliessen – in vollem Bewusstsein, dass das Thema damit natürlich noch lange nicht abgeschlossen ist und wohl nie abschliessbar sein wird, weil ja die psychoanalytische Forschung unaufhaltsam weiterschreitet. Sicher ist, dass die Psychotherapie von Psychotikern eine der grössten und faszinierendsten Herausforderungen bleibt – ich hoffe, dass es mir gelungen ist, Ihr Interesse daran zu wecken.

Vorlesung XXVII

Drogensucht

Heute möchte ich Ihnen Grundlegendes über die Drogensucht aus psychoanalytischer Sicht vermitteln. Für eine kleine Literatur-Übersicht stütze ich mich dabei auf die zusammenfassende Arbeit von *Edith Sabshin* (sie äussert sich auch zum Suchtverhalten Sigmund Freuds), für das wichtige Thema der emotionalen Entwicklungsstörungen bei Suchtververhalten auf die Studie von *Henry Krystal* und für die Bedeutung autistischer Phänomene bei Süchtigen auf den Artikel von *David M. Hurst*. Diese drei Arbeiten, die frei aus dem Englischen zu übersetzen ich mir erlaube, finden sich im Buch von *Scott Dowling* (1995, *The psychology and treatment of addictive behaviour*). Bezüglich des besonders wichtigen Kapitels der Psychodynamik der Drogensucht schöpfe ich aus zwei auf Deutsch erschienenen Werken von *Léon Wurmser* (1987, *Flucht vor dem Gewissen* und 1997, *Die verborgene Dimension*). Am Schluss werde ich Ihnen über ein paar persönliche Erfahrungen mit Drogensüchtigen berichten und versuchen, das wichtigste kurz zusammenzufassend darzustellen.

I. Kleine Literatur-Übersicht

Edith Sabshin (in *Dowling*, 1995, 3–15) weist darauf hin, dass die Variationsbreite der Sucht gross ist: Alkoholismus, Drogen, Rauchen, Spielen, Essen, Hypersexualität. Angesichts der Bedeutung des Themas ist es erstaunlich, wie wenig sich Autoren bisher damit psychoanalytisch befassten – von den Pionieren der klassischen Psychoanalyse gibt es nur gelegentliche Kommentare. Erst die letzten 20 Jahre brachten eine ganze Fülle von Daten und eine Diskussion über Natur, Ursprung und Behandlung der Sucht. Dieses Anwachsen des Interesses hat mit der Zunahme der Sucht zu tun, verursacht durch leichteren Zugang zu stärker suchterzeugenden Drogen wie Kokain und durch die Zunahme der Häufigkeit bei Jugendlichen, aber auch mit einer grösseren Offenheit und Veränderungsbereitschaft der Psychoanalyse. Bei Patienten mit schwerem Suchtverhalten fragen sich die Psychoanalytiker, bis zu welchem Grad die Sucht den psychoanalytischen Prozess kompliziert oder die Entstehung einer Übertragungsneurose in einer Psychoanalyse oder psychoanalytischen Therapie verhindert.

Der Zugang zum Verständnis der Psychopathologie der Drogensucht führt über die klassische Psychoanalyse Sigmund Freuds zur Ich-Psychologie (Hartmann und Jacobson) und zur Objektbeziehungstheorie der britischen Schule (Fairbairn, Winnicott und Balint). Auch die Selbstpsychologie von Heinz Kohut mit seiner Studie der narzisstischen Persönlichkeitsstörung leistet einen Beitrag:

Freuds Konflikttheorie betont die libidinösen Zonen und Phasen (oral, anal, phallisch und genital) – viele Autoren haben bei den Drogensüchtigen das Bestehen einer Fixierung auf der oralen Triebentwicklungsphase betont. Andere Autoren verbinden die libidinösen Phasen mit der Objektbeziehung, welche in der Kind-Mutter-Dyade zum Ausdruck kommt. Die britische Schule der Objektbeziehungstheorie denkt, dass für das psychoanalytische Verständnis eines Individuums eine Theorie des Defizits *und* eine Theorie des Konfliktes nötig sind. So sagten Winnicott und Balint, dass die psychische Entwicklung durch das Versagen der Mutter, auf die Grundbedürfnisse des Kindes einzugehen, gestört werden könne. Die Formulierungen der Objektbeziehungstheorie wurden auch durch die Säuglings- und Kleinkindbeobachtung von Margaret Mahler erarbeitet; ihre Forschungen haben zu unserem wachsenden Verständnis der Entwicklungsstörung bei Borderline-Patienten beigetragen, einer Gruppe, die einige Suchtpatienten beinhaltet. Die Selbstpsychologie Kohuts sieht den Patienten als ein Individuum, das ständig auf der Suche ist nach Selbstwertschätzung und Kohäsion des Selbst. Dabei spielt das Gefühl der Leere, der Depression und des Unbefriedigtseins in Beziehungen eine Rolle. Die Selbstwertschätzung ist höchst verletzlich. In modernen Arbeiten über die Suchtkrankheit wird das Versagen der Eltern, die Selbstwertschätzung des Kindes zu unterstützen, betont; ein Individuum wird darauf mit Alkoholismus, ein anderes mit einer anderen Sucht reagieren – die Reaktionen erfolgen aufgrund einer komplexen Interaktion zwischen genetischen Prädispositionen, Strukturdefekten, neurotischen Konflikten, familiären, kulturellen und Umweltvariablen. Als Psychoanalytiker haben wir die Aufgabe, uns mit den Strukturdefekten und neurotischen Konflikten zu befassen.

Heute versteht man die *Drogensucht als eine defensive und adaptive Bewegung.* Drogeneinnahme kann vorübergehend (aber eben nur vorübergehend) regressive Zustände aufheben und das Ich gegen mächtige Affekte wie Wut, Scham und Depression schützen. Viele heutige Psychoanalytiker sehen die Drogeneinnahme nicht primär als einen selbstzerstörerischen Impuls, sondern als Defizit einer adäquaten Verinnerlichung von Elternfiguren mit konsekutiver Schädigung der Fähigkeit, sich selbst zu schützen – es fehlt das schützende Über-Ich. Drogensüchtige leiden an miteinander zusammenhängenden Störungen der Realitätskontrolle, der Affekt-Selbstregulierung, der Impulskontrolle und der Aufrechterhaltung des Selbstwertgefühls. Diese Defizite schaffen entsprechende Probleme in den Objektbeziehungen, wie die Unfähigkeit, zwischenmenschliche Nähe zu ertragen; zu diesem Beziehungsproblem trägt die narzisstische Verwundbarkeit bei, und die Unfähigkeit, mit Nähe verbundene Affekte zu modulieren. Drogeneinnahme als ein adaptives Verhalten sucht Erleichterung von schmerzlichen Affekten und erhöht temporär die Fähigkeit eines *Coping* und Funktionierens; sie kann als verzweifelter Selbstmedikationsversuch angesehen werden.

Viele Autoren unterstreichen bei der Drogensucht die Bedeutung der Aggressionskontrolle, der Sehnsucht nach Befriedigung symbiotischer Bedürfnisse mit einer mütterlichen Figur und der Notwendigkeit, depressive Affekte zu mildern. Die Drogenabhängigen kämpfen mit Gefühlen der Wertlosigkeit und Scham; sie zeigen eine intensive entwertende Selbstkritik. Léon Wurmser (1974) betont, dass Drogenabhängige an einem quälenden archaischen Über-Ich leiden, dem sie durch Drogenkonsum zu entgehen suchen. Viele Kliniker, aber nicht alle, glauben, dass Abstinenz eine Voraussetzung für eine psychoanalytische Behandlung sei. Häufig findet man bei Drogensüchtigen eine Alexithymie – eine Unfähigkeit, Gefühle zu erkennen und zu identifizieren; deshalb muss der Therapeut seinem Patienten während der Therapie helfen, Gefühle wahrzunehmen.

Jeder aus den Erforschungen der Neurose und der Psychose stammende Fortschritt in der psychoanalytischen Theorie hat dazu beigetragen, auch eine Theorie der Sucht zu entwickeln. In der frühen Literatur wurden bestimmte Aspekte der Sucht, wie Alkoholismus, alkoholische Halluzinose, Delirium tremens und Kokainsucht behandelt. Theoretische Arbeiten zentrierten sich nach Sabshin (in Dowling, 1995, wo auch die genauen englischen Literaturangaben zu finden sind) auf die libidinösen Elemente, hauptsächlich auf die oral-erotischen:

Freud stellt in den *Drei Abhandlungen zur Sexualtheorie* (1905d) fest, dass Knaben, welche einen konstitutionell starken Lippen-Erotismus haben, als erwachsene Männer einen hervorstechenden Wunsch zum Trinken oder Rauchen zeigen. Im *Fall Schreber* (1911c [1910]) erklärt er den alkoholischen Eifersuchtswahn auf der Basis einer unbewussten Homosexualität. In *Metapsychologische Ergänzung zur Traumlehre* (1916–17f [1915]) versteht er die Alkoholhalluzinose und das Alkoholdelirium als Reaktion auf den unerträglichen Verlust bei Alkoholentzug. Die Halluzinationen hörten auf, sobald Alkohol gegeben wurde. Die schimpfenden Stimmen in der Halluzinose wurden von Freud mit dem Ichideal in Verbindung gebracht.

Abraham postuliert 1908 (*Die psychologische Beziehung zwischen Sexualität und Alkoholismus*, in *Psychoanalytische Studien*, Band II, 1971), dass Alkohol die Fähigkeit zu Sublimierung unterminiere. Als Ergebnis davon käme es unter Aufhebung der Verdrängung zu Äusserungen infantiler Sexualität wie Exhibitionismus, Sadismus, Masochismus, Inzest und Homosexualität. Der Alkoholismus produziere schliesslich genitale Impotenz, welche die Basis sei für den Eifersuchtswahn.

1922 schreibt *Brill*, dass libidinöse Momente bei Tabakmissbrauch ursächlich seien. Tabakmissbrauch sei Ausdruck einer autoerotischen Aktivität und eines Exhibitionismus.

1924 erscheint im *International Journal of Psychoanalysis* ein Artikel von *Lévy*, *The psychology of the effect produced by morphia*. Er beschreibt darin drei Patienten, welche wegen einer schweren organischen Krankheit mit Morphium behandelt wurden und die Effekte dieser Behandlung.

Herausragend ist *Rádo* mit seinen Arbeiten von 1926 (*The psychic effect of intoxicants: An attempt to evolve a psychoanalytic theory of morbid craving*) und 1933 (*The psychoanalysis of pharmacothymia*): Rádo beginnt mit dem Grundkonzept von Schmerz, Sedierung, hypnotischem Drogeneffekt und Stimulation. Er diskutiert den euphorisierenden Effekt von Morphium, sich auf Abrahams Diskussion der erotischen Natur der Morphineuphorie beziehend, und spricht von einem *pharmakogenen Orgasmus* als Ziel bei Drogenabusus, der aber zu einem Rückzug von der Realität und von den Objekten führe. Der pharmakogene Orgasmus sei ein alimentärer, wie das Kind ihn an der Mutterbrust erlebe; bei jeder Sucht bestehe deshalb eine ausgeprägte Oralerotik, auch wenn die Droge nicht durch den Mund aufgenommen werde. Süchtige hätten eine intensive Frustrations- und Schmerzintoleranz, was zu einer starken Depression und konsekutiver Drogeneinnahme führe. Unter Drogenwirkung würden Liebesobjekte nicht länger benötigt. Der pharmakogene Orgasmus daure länger als der genitale, der Süchtige fühle sich dabei unverletzlich, nichts könne ihm mehr geschehen. Aber dieses Regime kollabiere leicht, was zu Suizid oder psychotischen Zuständen führe oder in einem drogenfreien Intervall ende, um die durch Gewöhnung herabgesetzte Wirkung der Droge wieder heraufzusetzen.

1927 beschreibt auch Simmel (*Psychoanalytic treatment in a sanatorium*) die Sucht als eine Regression auf die orale Phase des Saugens.

Glover hebt 1931 (*The prevention in treatment of drug addiction*) hervor, dass eine nichtpsychologische Behandlung der Drogensucht wertlos sei, weil die Bedeutung der Droge für den Patienten eine psychologische sei. Das scheint mir eine wichtige Aussage.

1931 befasst sich Fenichel (*Outline of Clinical Psychoanalysis*) ebenfalls mit der Drogensucht. Er sagt, dass Drogenabhängigkeit vor schmerzlichen äusseren und inneren Stimuli schütze.

Knight betont 1937 (*Dynamics and the treatment of chronic alcohol addiction*) das Vorherrschen von oralen Charakterzügen bei Alkoholikern.

Savitt klassifiziert 1963 (*Psychoanalytic studies on addiction, ego structure and narcotic addiction*) die Drogensucht als malignes Übergangsstadium zwischen Psychoneurose und Psychose.

Der Artikel von Wurmser (1974, *Psychoanalytic considerations of the etiology of compulsive drug use*) ist auch für Sabshin ein Markstein des psychoanalytischen Verständnisses der Drogensucht. Ich werde in Kapitel V dieser Vorlesung speziell auf die wichtigen Beiträge von Léon Wurmser eingehen.

Aus dieser nach Edith Sabshin zitierten Literatur ist ersichtlich, wie sehr die Psychoanalytiker auf der Suche waren nach einem tieferen Verständnis der Drogensucht, und wie sie dabei zum Teil ähnliche Konzepte entwickelten, zum Teil aber auch in ihren Ansichten voneinander abwichen.

II. Freud und die Sucht

Ich komme nun zu Freuds Entdeckung und Gebrauch des Kokains und zu seiner Zigarrensucht, wie sie auch von Edith Sabshin beschrieben wird; sie stützt sich dabei auf den ersten Band der Freud-Biographie von Ernest Jones (1953, deutsch 1960, I, 102–124):

Freud nimmt erstmals in einem Brief vom 21. April 1884 an seine Braut (in Sigmund Freud, *Briefe*, 1873–1939, 1980, 113–116) auf das Kokain Bezug. Er habe über den Gebrauch eines Extraktes aus Kokablättern gelesen. Ein Deutscher habe dieses verabreicht, um die Energie seiner Soldaten zu erhöhen. Freud besorgte sich in der Folge die reine Droge und versuchte sie selbst in oraler Applikation. Er fand, dass damit seine schlechten Launen in Heiterkeit verwandelt würden, und dass er sich fühle wie nach einem guten Essen. So sei nichts dabei gewesen, über das man sich hätte Sorgen machen müssen, auch weil die Droge seine Arbeitsenergie nicht beeinträchtigt habe. Freud offerierte das Kokain auch einem Arztfreund, Ernst Fleischl, der versuchte, sich von seiner Morphiumsucht zu befreien, welche er aufgrund unerträglicher Nervenschmerzen nach der Teilamputation einer Hand entwickelt hatte. Fleischl begann, das Kokain regelmässig zu nehmen, und befreite sich bald darauf von seiner Morphinsucht. Selbst bevor dies geschah, wurde Freud immer enthusiastischer und betrachtete das Kokain als eine magische Droge, welche er verschiedenen Kranken verabreichte. Er drängte die Droge auch seinen Freunden und Kollegen auf, für diese selbst und ihre Patienten. Jones schreibt, dass er vom heutigen Standpunkt aus sagen müsse, dass Freud so rasch eine öffentliche Bedrohung wurde. Zu seiner Zeit hatte Freud noch keinen Grund zur Annahme, dass die Droge gefährlich war, da er bei sich selbst keine Anzeichen für ein heftiges Verlangen (*craving*) nach ihr bemerkte. Im Juni 1884 (1894e, 1895b, in 1897b, GW I) publizierte Freud seinen Aufsatz über das Kokain, dessen Wirkung auf Hunger, Schlaf und Müdigkeit er beschrieb. Dabei stützte er sich weitgehend auf die Beobachtungen an sich selbst. Er hielt die Droge für anwendbar bei Neurasthenie, Verdauungsbeschwerden und zum Morphinentzug und erwähnte auch ihre anästhesierende Eigenschaft auf Haut und Schleimhaut – seine beiden Ophthalmologen-Freunde Koller und Königstein wendeten Kokain dann auf das Auge an und erwarben sich als Wohltäter der Menschheit damit Weltruhm.

Freud musste erfahren, dass sein Freund Fleischl zwar von der Morphiumsucht befreit worden, aber nun schwer kokainsüchtig war und in ernster körperlicher Verfassung. 1886 wurde von Kokainsüchtigen auf der ganzen Welt berichtet; Freud wurde angeklagt, diese üble Kraft in Bewegung gesetzt zu haben. Er reagierte zuerst defensiv, aber auch mit Schuldgefühlen und Selbstvorwürfen, besonders, was seinen Freund Fleischl betraf.

Im Briefwechsel mit Fliess (1985c [1887–1904]) erwähnt Freud seinen Kokainkonsum ab und zu; er benützte diese Droge gelegentlich bis in seine späten Jahre. Es gibt jedoch keinen Hinweis auf ein eigentliches Suchtverhalten, in welchem Freud getrieben, verlangend und unersättlich gewesen wäre. Der Tabakmissbrauch hingegen blieb für ihn eine lebenslange Gewohnheit, welche er auch angesichts des drohenden fatalen Ausgangs seines Gaumenkarzinoms nicht aufgab; zu Freuds Zeiten galt das persistierende Zigarrenrauchen nicht als anormal. Heute betrachten wir diesen Tabakmissbrauch als Ausdruck einer menschlichen Schwäche Freuds, was uns an eigene Schwächen erinnern mag. Freud war damit einer Form von Sucht ausgeliefert, die schliesslich möglicherweise sogar seinen Tod verursachte. *Peter Gay* schreibt 1988 in seiner Freud-Biografie (*Freud, a life for our time*), dass es in der Seele Freuds Tiefen gab, welche seine Selbstanalyse nie erreichte, und Konflikte, welche er nie lösen konnte.

III. Drogensucht und emotionale Störungen

Henry Krystal (in *Dowling*, 1995, 65–100) untersuchte zwischen 1956 und 1959 in einem Aufnahmespital der USA 1098 meist opiatsüchtige (vorwiegend Heroin) Patienten. Die Patienten klagten zwar über körperliche Symptome, die gewöhnlich mit Angst oder Depression verbunden sind, aber auffallenderweise nie über diese unangenehmen Gefühle selbst. Krystal schloss daraus, dass sie, ähnlich wie kleine Kinder, in schlechter Selbstwahrnehmung ohne emotionale Differenzierung mit allgemeinem Missbehagen vorwiegend körperlich reagieren, die Affekte also ohne Symbolisierung, somatisch und undifferenziert, namenlos erleben.

Demnach zeigen Heroinsüchtige eine Affektregression von einem erwachsenen, verbalen Niveau auf ein kindlich-undifferenziertes, körperliches Niveau.

Krystal erinnert an die in Bern wohlbekannten Pariser Psychosomatiker *Pierre Marty* und *Michel de M'Uzan*, auf welche wir in der nächsten Vorlesung eingehen werden; sie wiesen 1963 auf das *Operative Denken* und die *Alexithymie* der psychosomatischen Patienten hin. Diese sind nicht in der Lage, ihre Gefühle zu beschreiben und sind auch in ihrer Phantasiewelt behindert, haben z.B. keine wuscherfüllenden Phantasien. Sie können kaum Übertragungen aufbauen, weil alle Menschen um sie herum eine Art bedeutungslose Reduplikationen ohne persönliche Züge sind. Krystal stellt, wie übrigens auch *Joyce McDougall* (1991, 108ff), die Drogensucht ganz in die Nähe einer solchen Psychosomatose. Krystal versuchte also, ähnlich wie das psychoanalytische Psychosomatiker und Kinderanalytiker tun, seinen Suchtpatienten zu helfen, ihre Emotionen wahrzunehmen und zu benennen.

Es gibt zwei Wege zu lernen, auf der Symbolebene mit Affekten umzugehen:
1. Durch Selbstbeobachtung, reflektierende Selbstwahrnehmung. Die Individuen, die dazu fähig sind, erkennen, dass sie ein bestimmtes Gefühl erleben. Sie erleben die subjektive Erfahrung eines Affekts und können dies benennen.
2. Durch einen intensiven Affekt in der Gegenwart; die Intensität beruht oft auf der Verstärkung durch einen vergangenen, aus der Kindheit stammenden Affekt. Das erlaubt Assoziationen und Erinnerungen aus der Vergangenheit und deren Elaboration. Daraus ergibt sich die Fähigkeit zur Affekttoleranz. Das Gefühlserleben des Patienten führt immer zu den Geheimnissen der präverbalen und präobjektalen Zeit. Affektintoleranz ist immer als Nacheffekt eines infantilen Traumas zu verstehen.

Krystal weist bei seinen Suchtpatienten das Vorhandensein eines solchen in den ersten zwei Jahren erlebten und kaum überlebten Traumas nach. Der Wiederholungszwang sucht diesen traumatischen Zustand der Katastrophe immer wieder herzustellen, was *Rádo* (1933) als *posttraumatische Traumatophilie* bezeichnete. Der Süchtige ist getrieben vom Wiederholungszwang und beständig auf der Suche nach einer Substanz, die Erleichterung verschafft und die Vereinigung mit dem ambivalent geliebten primären Objekt herstellt.

Neben den kognitiven und expressiven Elementen der Emotion sind nach Krystal zwei weitere Aspekte des Affekts für normales Leben wichtig – der hedonische und der aktivierende; ist einer davon oder sind beide gestört, so prädisponiert dies zur Drogenabhängigkeit.

Zum *hedonischen* Aspekt der Emotion: Lust ist getrennt von Befriedigung, Leiden getrennt von Schmerz. Wenn wir einem Patienten ein Phenothiazin-Präparat geben, hat er zwar seinen Schmerz immer noch, aber er fühlt ihn nicht mehr, hat die Qualität des Leidens verloren. Eine Art Perversion ist es, wenn die normale, das Überleben durch Essen garantierende Lustregulation des Organismus durch eine Droge ersetzt wird – wenn eine hungrige Person z.B. Kokablätter kaut, damit die mukösen Membranen anästhesiert werden, was ihr erlaubt, den Hunger zu ignorieren.

Zum *aktivierenden* Aspekt der Emotion: Emotionen aktivieren den Organismus und die Psyche. Gefährlich wird es, wenn ein Patient darüber klagt, sich tot oder leer zu fühlen – die Gefahr besteht in Suizid oder Drogenkonsum. Krystal zitiert dazu die Forschungsergebnisse der Säuglingsbeobachtung von *Stern*: Dieser unterstreicht die fundamentale Wichtigkeit, dass die bemutternde Person im Kontakt mit dem Baby durch Gesichtsausdruck, Mimik, Berührung und Stimme Vitalitätsaffekte verbreitet und ausstrahlt. Krystal hält das Versagen der Mutter in diesem Bereich für die Erklärung eines bislang schlecht verstandenen infantilen Traumas, welches er als den hauptsächlichen historischen Faktor für die Prädisposition zur Drogenabhängigkeit betrachtet. Auch *Jones* spricht in diesem Sinne von der *affektiven Einstimmung* der bemutternden Person auf das Baby. Die Affekte sind mit den frühen Selbstrepräsentanzen verbunden und bleiben bis ins Erwachsenenalter als eine Art *sensorio-motorische Erinnerungsspur* intakt. Eine Beobachtung in einer Methadonklinik bestätigt dies: Wenn Patienten im Methadonprogramm emotionale Probleme hatten, drückten sie dies oft lediglich über den Körper aus, mit aus ganz frühen Quellen stammenden körperlichen Panikreaktionen wie Herzklopfen, Hyperventilation, Verstopfung oder Diarrhö, Koliken, Brustschmerzen; zum Arzt sagten sie dann nur: «Doktor, das Methadon hält mich nicht.»

IV. Transitionale und autistische Phänomene bei süchtigem Verhalten

David M. Hurst (in Dowling, 1995, 163–174) schreibt, dass ein früh traumatisiertes Kind etwas in seiner Umgebung findet, das nicht an die Mutter erinnert, sondern an ihre Stelle gesetzt wird. Dieses Objekt ist nicht ein Übergangsobjekt im Sinne Winnicotts. Es wird im Selbst aufgerichtet und zu einem autistischen Objekt. Die autistischen Objekte werden als verlässlicher erlebt als menschliche Objekte oder Übergangsobjekte; sie können besser kontrolliert werden und enttäuschen oder verletzen nicht. Hurst fragt sich, ob das autistische Objekt ein Vorläufer des Suchtobjekts der Droge ist. Wir wissen, wie viel Zeit und Energie die Beziehung eines Süchtigen zu seinem Suchtobjekt konsumiert. Es ist das Zentrum seines Lebens und hat menschliche Beziehungen ersetzt. Der Süchtige hat wenig Vertrauen in sich selbst oder in andere Menschen und wird von der Idee beherrscht, dass er mit seinem Suchtobjekt die Welt kontrollieren könne. Hurst zitiert *Bessel van der Kolk* (1989), der bei Süchtigen eine Sucht nach dem Trauma beschrieb, was uns wiederum an Rádos posttraumatische Traumatophilie erinnert – das Trauma werde immer wieder gesucht, so dass ein Verfolgungsopfer wie süchtig nach seinem Verfolger werde; das beschreibt eigentlich den Wiederholungszwang.

V. Zur Psychodynamik der Drogensucht

Für dieses Kapitel beziehe ich mich auf die meines Erachtens grundlegenden Werke von *Léon Wurmser*, *Flucht vor dem Gewissen – Analyse von Über-Ich und Abwehr bei schweren Neurosen* (1987) und *Die verborgene Dimension – Psychodynamik des Drogenzwangs* (1997).

Ich beginne mit Wurmsers *Fallbeispiel Schwarze Rose* für zwanghaften Drogenkosum. Es geht um die 21jährige, intelligente, nicht unattraktive Patientin Rose, mit schwarzen Haaren, blass, von Aknenarben übersät, die zum methadongestützten Entzug von Heroin und Dilaudid in Therapie kam. Wurmser sah sie ungefähr während eines halben Jahres im Rahmen eines psychotherapeutischen Versuches, als sie auf Methadon umgestellt war. Als sie später vom Methadon entzogen war, stieg sie aus der Behandlung aus, kam für 2–3 Monate wieder und ging erneut. Hier eine kurze Zusammenfassung dessen, was sie dem Therapeuten sagte (1997, 26ff):

«Mit 16 Jahren begann ich LSD zu nehmen, ich rauchte Gras und Haschisch, dann nahm ich Amphetamine und Barbiturate. Ungefähr vor 4 Jahren begann ich an Wochenenden Heroin zu spritzen, aus Neugier, denke ich. In dieser Zeit wurde ich vergewaltigt, als ich mit einem Jungen trank, wurde schwanger und hatte eine Abtreibung. Ich habe wirklich keine sexuellen Wünsche. Meine Mutter hasst Sex. Sie denkt, Sex ist schlecht. Es macht sie traurig, wenn sie jemanden schwanger sieht. Sie wünschte nicht, dass ich (als mittleres von 3 Mädchen) geboren wurde. Die Mutter versuchte sich zu töten, als sie mit mir schwanger war. Mir wurde immer gesagt, dass Sex schlecht sei. Die Mutter behält mich nun immer zu Hause, sperrt mich ein. Sie ist überprotektiv, liebt mich zu sehr. Sie drohte, mich zu verprügeln, wenn ich mit einem Jungen Sex hätte; sie sagte, sie würde dann mich und sich selbst erschiessen. Sie zerriss alle meine Kleider, so dass ich das Haus nicht verlassen konnte. In so grosser Angst ist sie, mich zu verlieren. Ich würde gerne ein Baby haben [die Patientin dachte, wieder schwanger zu sein], und wenn es nur aus Trotz gegen meine Mutter wäre. Ich habe meine Mutter nie bekämpft, war ein gutes Mädchen. Sie hat mich bevorzugt, aber sie muss verstehen, dass sie mich eines Tages gehenlassen muss. Ich versuchte, mich mit Barbituraten zu töten, nachdem ich mit meiner Mutter Schwierigkeiten hatte, weil ich ausgehen wollte. Einmal habe ich einen Spiegel nach ihr geworfen und sie am Bein verletzt. Einmal habe ich sie mit den Füssen getreten. Wenn Sie mit dieser Frau leben müssten, würden sie auch versuchen, sie zu töten, damit sie von ihr wegkommen.»

Nach einer Therapieunterbrechung und einem zusätzlichen Suizidversuch mit Tuinal sagte sie dem Therapeuten, dass sie wieder auf Dilaudid zurückgekommen sei. «Als ich vom Methadon weg war, fühlte ich mich krank. Mein Vater ging und kaufte mir Drogen. Ich hasse ihn. Er hat versucht, mich zu vergewaltigen, seine eigene Tochter, nachdem er mir Drogen gekauft hatte. Er hatte es schon vorher einmal versucht nach der Abtreibung. Ich stiess ihn und schrie und weinte. Meine Mutter drohte, ihn zu töten, dann habe ich ihm vergeben. Mutter und Vater schrien aufeinander ein. Vater pflegte uns mit dem Gürtel zu schlagen. Wenn er an uns vorbeilief, bückten wir uns, weil wir Angst hatten, er würde uns schlagen. Wenn er noch einmal versuchen sollte, mit mir zu schlafen, werde ich ihn mit einem Fleischermesser töten. Ich habe es schon bereit. Ich gehe nicht mehr in seine Nähe und spreche nicht mehr mit ihm. Die Mutter drohte wieder, mich zu erschiessen, wenn ich erneut Drogen nehme. Wenn ich stürbe, würde sie mich am selben Tag begraben. Sie hat bereits drei Grabstellen gekauft, eine für sich selbst, eine für den Vater und eine für mich.»

All diese grässlichen Geschichten wurden von der Patientin wie unbeteiligt berichtet, in keiner schizophrenen, sondern einer niedergeschlagenen, apathischen Unbeteiligtheit. Einige Wochen darauf erzählte sie: «Ich habe einen drogensüchtigen Jungen besucht und ihm für Drogen alles Geld gegeben, meine Mutter hat mich deswegen geschlagen.» Sie erinnerte sich mit Abscheu an ihre früheren LSD-Erfahrungen: «Ich fühlte mich sehr schmutzig. Meine Zähne fühlten sich an, als wären sie verkrustet, meine Hände, als wären sie aus Gummi. Mein Gesicht sah schrecklich aus im Spiegel.» Sie versuchte erfolglos, eine Arbeitsstelle zu finden und bei einer Tante zu wohnen, wurde aber wegen ihrer Drogengeschichten nicht akzeptiert. Um sich von der erstickenden Gegenwart der Mutter zu befreien, wollte sie erneut von Methadon entzogen werden und weit weg gehen, mit einer Freundin reisen. Zwei Wochen später wurde sie von der Muter zurückgebracht, die dem Analytiker vorwarf: «*Sie* haben ihr gesagt, sie solle aussteigen. Sie war noch nicht so weit. Sie hat wieder Schlaftabletten genommen, ist gefallen und hat sich den Kopf angeschlagen. Ich will sie lieber in einer Anstalt sehen als tot. All meine Liebe gilt ihr.» Bei dieser Begegnung bestätigte die Mutter die Verführungsversuche des Vaters, ihre eigenen Drohungen, Rose umzubringen und dass sie bereits drei Grabstellen gekauft habe. Die Patientin wurde hospitalisiert und setzte die Psychotherapie fort mit einer scharfsichtigen, warmherzigen Medizinstudentin. Ein halbes Jahr später, während eines Urlaubs von der Klinik, nahm sich Rose mit einer Überdosis Barbituraten das Leben.

Diese dramatische Lebensgeschichte einer schwer drogensüchtigen Patientin scheint mir sehr bewegend. Leider finden wir häufig ähnliche Biographien bei schwerer Drogensucht.

Bereits 1987 (*Die zusammenschlagende Falle – Psychodynamik der Toxikomanie*, in *Flucht vor dem Gewissen*, 221ff) hat Wurmser den *pathologischen Familienhintergrund* dieser Fälle betont, wie nicht anders zu erwarten sei, bei solchen Versuchen, das Über-Ich auszuschalten. Die archaische Natur von Affekt, Abwehr und Konfliktlösung spiegle Tiefe und Primitivität der Familienpathologie wider, wobei Wurmser vier hauptsächliche Familientypen unterscheidet, die sich, auf dem Hintergrund einer Scham und Schuld mehr und mehr verleugnenden Gesellschaft zerfallender Werte, insbesondere durch massive *Traumatisierung*, *Aufdringlichkeit*, *Täuschung* und *Inkonsequenz* kennzeichnen liessen:

1. Durch Traumatisierung charakterisierte Familiendynamik

Anhand verschiedener Beispiele, worunter auch der Fall von Rose ist, demonstriert Wurmser das Vorliegen schwerer Kindsmisshandlungen bei, entsprechend seiner Erfahrung, etwa 60% der Heroinsüchtigen. Zudem weist er auf historische Figuren wie Hitler hin, der selbst süchtig geworden und ein vom brutalen, alkoholsüchtigen Vater schwer misshandeltes und von der scham- und schuldgeplagten Mutter verwöhntes aber uneinfühlend erzogenes Kind gewesen sei. Hitlers eigene Grausamkeit habe weniger mit der Rache am Vater, als vielmehr mit dem Abwehrmechanismus der Identifikation mit dem Angreifer, Quäler zu tun, wobei die Wahl der Opfer die eigene frühere, nun verabscheute Bedürftigkeit, Verletzlichkeit und Machtlosigkeit widerspiegle. Als Beispiele überwundener Kindsmisshandlungen zitiert Wurmser Beethoven und Ibsen, die beide unter brutalen alkoholsüchtigen Vätern zu leiden und später selbst ein Alkoholproblem hatten, aber die beide dadurch ihre Integrität gerettet hätten, dass sie Leidende und Unschuldige zu schützen und ihnen gegen die Verlogenheit und Brutalität einer gefühllosen Gesellschaft zu helfen versucht hätten. Auch im kleinen werde oft eine Art Konto des Schreckens beglichen – jemandem aktiv das antun, was man selbst passiv einmal erlitten hat. Oder man greife eben zu den Drogen, um diese Gefühle von Schmerz, Scham und Hilflosigkeit zu ersticken. Wurmser ist überzeugt, dass die beste Drogenprävention darin läge, das Problem der Kindsmisshandlung systematisch anzugehen.

2. Durch Aufdringlichkeit charakterisierte Familiendynamik

Bei dieser Gruppe herrscht ein Sich-den-Kindern-Aufdrängen vor, eine Missachtung ihrer altersgemässen Bedürfnisse, ähnlich wie in Psychotiker-Familien, wo es zu einer vergleichbaren Mischung aus Pseudoidentität und alldurchdringender Scham kommt. Das ständige Eindringen in seine emotionelle und physische Intimsphäre beraubt das Kind der Kontrolle über seine privatesten Belange und lässt es ausgeliefert und entblösst; es gibt nichts, über das es sich stolz fühlen und worin es Selbstvertrauen gewinnen kann. So müsse es die Maske einer falschen, heuchlerischen Identität als Panzer, Maske der Scham tragen, und Drogen konsumieren, um den Kern von etwas, das es selbst und das ganz sein eigen sei, zu schützen gegen die herrschsüchtigen, gewaltsamen, possessiven Invasoren. Wurmser zitiert hier Nietzsche (*Jenseits von Gut und Böse*): «Bei harten Menschen ist die Innigkeit eine Sache der Scham – und etwas Kostbares.» In solchen Fällen werde die Therapie der Scham zur Drogentherapie der Wahl.

3. Durch Täuschung charakterisierte Familiendynamik

Diese Gruppe ist eine Art Gegenstück zur aufdringlichen. Es geht um Geheimnistuerei, um ein Familiengeheimnis, dessen man sich schämt. Die Familie funktioniert mit einer Lebenslüge hinter der falschen Fassade von Anständigkeit und Achtbarkeit, wie das in der Literatur Ibsen so schön beschrieben hat. Auch diese Familiendynamik fördert die Depersonalisierung, ein durchdringendes Gefühl der Unwirklichkeit, Entfremdung und Falschheit – vertieft oder durchbrochen durch die Drogen.

4. Durch Inkonsequenz charakterisierte Familienstruktur

Äusserste Inkonsequenz und Unverlässlichkeit kennzeichnen solche Familien. Das narzisstische Verlangen bestimmt, was wirklich sein soll und was als recht und anständig zu gelten hat. Was die Mutter preist, bestraft der Vater. Kein Gesetz, keine Regel, keine hierarchische Struktur bleibt verlässlich bestehen – es gibt keine Über-Ich-Strukturen. Wurmser weist darauf hin, dass das bis zu einem gewissen Grad bei allen Familien Toxikomaner der Fall ist, hat aber den Eindruck, dass das Ausmass der Auflösung aller Schranken die Bildung dieser 4. Gruppe rechtfertigt.

Bezüglich der *Handhabung der Übertragung* in der Therapie mit diesen angesichts der erwähnten Familienpathologie sehr schwierigen Patienten empfiehlt Wurmser (1987, 33ff) besondere Vorsicht. Man soll vorerst die allgemeinen Prinzipien beachten, also von der jeweiligen Oberfläche ausgehen und sich auf das beziehen, was für den Patienten im Moment von grösster emotioneller Wichtigkeit ist. Auch hier gilt ferner, dass Abwehranalyse der Triebanalyse voranzugehen hat. Besonders wichtig ist das Wahrnehmen der Affekt-Abwehr (Wut statt Angst, Fröhlichkeit statt Trauer usw.) und der Umgang mit der negativen Übertragung, die oft mit der Angst des Patienten zu tun hat, vom Analytiker ausgelacht, verurteilt, angegriffen zu werden – eben im Register der Scham und der Schuld. Wie Anna Freud und Joseph Sandler warnt Wurmser, den Patienten «in die Übertragung hineinzuzwingen» – bei Schwerkranken könne es sogar sinnvoll sein, zeitweilig durch Benützung der Intellektualisierung von einer allzu tiefen anxiogenen Übertragung wegzukommen. Besonders delikat sei die Analyse der Abwehr gegen Über-Ich-Funktionen, sowohl innerhalb wie ausserhalb der Übertragung. Trotz sei Ausdruck einer solchen Abwehr dagegen, sich einer als verhasst erlebten inneren und äusseren Autorität anscheinend unterwerfen zu müssen. Erschwerend bei der Behandlung Drogensüchtiger sei ganz allgemein ihre *Psychophobie*, eine Verleugnung innerer Konflikte, Affekte, als hätten diese nichts mit ihren Lebensproblemen zu tun – so äusserten Süchtige oft, ihr einziges Problem sei die Sucht, und alles wäre in Ordnung, wenn sie nur davon loskämen.

In meinen *eigenen klinischen Erfahrungen mit süchtigen Patienten* hat sich mir bestätigt, dass Drogensüchtige immer wieder eine traumatische Situation der frühen Kindheit aufsuchen; sie wiederholen diese in einer selbstverständlich unbewussten Weise, versuchen sie wieder zu erleben, um sie zu verarbeiten. Das Charakteristikum dieses frühen Traumas scheint mir das Erlebnis eines psychischen Todes durch plötzlichen Abbruch der Verbindung zum mütterlichen Objekt und einer darauf folgenden namenlosen Einsamkeit zu sein. Die Drogeneinnahme unterbricht die Verbindung zu den Objekten und verändert das Selbst vorübergehend so drastisch, dass man von einem *Seelenmord* sprechen kann oder besser von einem *Seelen-Selbstmord*, wodurch die damalige Passivität in Aktivität verwandelt wird. Ich denke, dass diese abgetötete Form des Selbst zu einem autistischen Objekt werden kann, so dass die Sucht sich vielleicht gar nicht so sehr auf die Droge selbst bezieht, sondern auf den Zustand der Wiederholung des Totseins, der mit der Drogeneinnahme erreicht wird. Ähnliches sagt *Rosenfeld* (1981, 152), wenn er die Identifizierung des Süchtigen mit der Droge als einem kranken oder toten Objekt als entscheidenden Aspekt zum Verständnis der Psychopathologie der Rauschgiftsucht bezeichnet.

Abschliessend sei das zur Psychopathologie der Drogensucht Gesagte zusammenfassend dargestellt. Die Psychopathologie der Drogensucht ist gekennzeichnet durch:
- *Affektverleugnung* (Verleugnung innerer psychischer Realität, Psychophobie)
- *Ichspaltung* (freundliches versus trotziges Selbst, Depersonalisierung)
- *Verkehrung ins Gegenteil* (Rollentausch Opfer/Täter, passiv/aktiv)
- *Affektmobilisierung und -blockierung* (Mobilisierung von verhüllenden Deck-Affekten, Blockierung durch Gefühlsabtötung)
- *Alexithymie* (Affekte somatisch erlebt, vgl. Psychosomatosen, keine Symbolisierung)
- *Abwehr durch Agieren*
- *Narzisstische Objektbeziehung*
- *Archaisch-grausames Über-Ich* (kein schützendes Über-Ich, keine Rahmengebung, nur Traumatisierung, Aufdringlichkeit, Täuschung, Inkonsequenz als familiäre Dynamik)
- *Orale Fixierung*
- *Neidproblematik*
- *Scham- und Schuldproblematik*
- *Sadomasochistische Abwehr*
- *Autistisches Objekt Droge*

Vorlesung XXVIII

Das Problem der Psychosomatik I

Schon der Begriff *Psychosomatik* ist Bekenntnis, theoretische Stellungnahme für die in zahlreichen Wechselwirkungen zum Ausdruck kommende Verbundenheit von Psyche und Soma, Soma und Psyche. Es geht also um den Menschen als psychophysisches Ganzes. Das Thema scheint mir so wichtig, dass ich ihm zwei Vorlesungen widmen möchte.

Dabei will ich gleich mit dem meines Erachtens wichtigsten Beitrag beginnen, jenem der *Pariser Schule*. Erst nächstes Mal gehe ich dann historisch auch auf frühere Beiträge ein.

Die Pariser Schule um *Pierre Marty, Michel de M'Uzan, Christian David* und *Michel Fain* trat 1963 mit dem mittlerweile zum Standardwerk gewordenen Buch *L'investigation psychosomatique* in Erscheinung; darin werden anhand von sieben klinischen Fällen Grundlagen bezüglich Untersuchung und Theoretisierung erarbeitet. Insbesondere wird auf die Wichtigkeit dreier unterschiedlicher Ebenen bei der psychosomatischen Beurteilung einer pathologischen Organisation hingewiesen: *Die mentale Ebene, die Ebene des Verhaltens und die somatische Ebene.*

Damit wird der metapsychologische Standpunkt Freuds erweitert durch den Einbezug der ganzen Kette somatischer Funktionen.

In *Les mouvements individuels de vie et de mort* (P. Marty, 1976, I) beschreibt der Autor das Wirken von Lebens- und Todesinstinkt in entwicklungsfördernden organisierenden und, umgekehrt laufenden, entwicklungshemmenden desorganisierenden Prozessen; er zieht den Begriff *Instinkt* vor, im Unterschied zu Freud, der von Lebens- und Todestrieb sprach. Im Zentrum stehen die sogenannten *Verhaltensneurosen* (*névroses de comportement*), in welchen wegen der schlechten Konstituierung des mentalen Apparats die Ebene des Verhaltens dominiert und kaum regressive Schutzwälle bestehen gegen die deshalb rasch auf das Somatische übergreifenden anti-evolutiven, progressiv-desorganisierenden Bewegungen des Todesinstinkts.

Die Fortsetzung (und Band II) ist *L'ordre psychosomatique* (P. Marty, 1980), ein Werk, das ich mit Ihnen im folgenden etwas genauer betrachten möchte. Dabei stütze ich mich auf meine eigene Übersetzung aus dem Französischen. Zentral ist die Idee des *mentalen Mangels*, der sich in einer Kargheit im Phantasieleben, im Traum, im Assoziativen ausdrückt und im somatischen Symptom, welches – im Unterschied zum neurotischen Symptom – keine symbolische Bedeutung, keinen Sinn hat. Nach den Verhaltensneurosen untersucht Pierre Marty in dieser Arbeit die höherentwickelte, aber immer noch schlecht mentalisierte und deshalb fragile Charakterneurose.

I. Die Charakterneurose

Sie weist meistens eine polymorphe Symptomatologie auf. Ihren Namen erhält sie von den vorliegenden *Charakterzügen*. Daneben findet man Manifestationen eines bestimmten *Verhaltens*, auch neurotische und manchmal psychotische Mechanismen. Die oft diskrete Symptomatologie gewisser Charakterneurosen umfasst eine grosse Gruppe von Menschen, welche man als eigentlich normal bezeichnet. Es scheint jedoch, dass der grösste Teil der Charakterneurosen, also ein grosser Teil unserer Population, zu schwerwiegender *Desorganisation* neigt. Allein die *Organisation einer aktiven psychischen Pathologie* (bis hin zur Psychose) kann diese bis ins Somatische reichende Desorganisation verhindern. *Die bei den Charakterneurosen vorliegende Fragilität zeigt sich in der Irregularität des psychischen Funktionierens und in Schwierigkeiten bezüglich der Objektkonstanz.*

1. Zur Irregularität des psychischen Funktionierens bei der Charakterneurose

Die vorliegenden Charakterzüge sind aus dem frühen Erleben des Individuums hervorgegangene Reaktionsbildungen, massive Gegenbesetzungen, die zu unbewussten Tendenzen in Opposition stehen und ein Hindernis darstellen, unbewusste Konflikte zu bearbeiten. Die Solidität der Charakterzüge und der Widerstand, den sie gegen die Analyse richten, zeigen, dass sie einen grossen defensiven Wert gegen eine eventuelle Desorganisation besitzen. Deshalb wird der Analytiker diese Charakterzüge sehr vorsichtig angehen. Aber neben dieser bemerkenswerten strukturalen

Stabilität findet sich ebenso eine grosse strukturale Fragilität des mentalen Apparates, welche sich ausdrückt in einer Weiterführung des bisherigen (mangelhaften) psychischen Funktionierens wie auch in gravierenden Desorganisationen. Bei pathologischen psychischen Organisationen finden wir starke regressive Rückzugslinien, welche eine Desorganisation aufhalten können. Bei den Charakterneurosen hingegen haben wir diese starken Rückzugslinien nicht; jenes flexible Spiel der Besetzungen, des Besetzungsentzugs, der Gegenbesetzungen ist defizient. Deshalb existieren bei der Charakterneurose keine regressiven Mittel, die stark genug wären, das Individuum gegen eine tiefe Desorganisation zu schützen. Abgesehen vom psychischen Apparat der Charakterneurotiker muss man auch an ihre somatische Konstitution denken, welche zur progressiven Desorganisation neigt, weil auch in diesem Bereich starke Fixierungen und Wege des regressiven Rückzugs und der Abwehr fehlen. Bei der Charakterneurose sieht man eine Unterbrechung des psychischen Prozesses daran, dass das psychische Funktionieren den Manifestationen des Charakters und des Verhaltens Platz macht. Beim nur vorübergehenden Unterbruch des Funktionierens des psychischen Apparates bleibt jedoch die Organisation der 1. Topik (Ubw - Vbw - Bw) unter dem Patronat der Lebenstriebe bestehen. Sobald aber durch äussere oder innere Einwirkungen der psychische Apparat stillsteht, kann es zu ausgedehnten dauernden traumatischen Schäden kommen. Die mentale Elaboration funktioniert nicht mehr, die Regressionen können sich nicht installieren, und es kommt zu einer fundamentalen Desorganisation. Besonders fällt dabei auf, dass das vorher funktionierende Vorbewusste nicht mehr funktioniert. Diese Momente des Zusammenbruchs werden von heftigen diffusen Ängsten begleitet, die mit archaischen initialen Traumatisierungen zu tun haben. Die Charakter- und Verhaltensmanifestationen ebenso wie sublimatorische oder perverse Mechanismen hören auf zu funktionieren, und kein organisiertes System kann auch nur vorübergehend ihren Platz einnehmen. Was bleibt, sind gewisse Automatismen des Verhaltens. Da eine substitutive Organisation nicht möglich ist, kommt es zu einer *Desorganisation unter der Vorherrschaft des Todestriebes*.

Diese Desorganisation greift den psychischen Apparat auf dem Niveau der funktionellen Organisation der ersten Topik an. *Sie zeigt sich im phantasmatischen Leben, im Traumleben und im Beziehungsleben.* Bezüglich des phantasmatischen Lebens finden sich keine vorbewussten Repräsentanzen (Wortvorstellungen) mehr. Die Verbindung zwischen Vorbewusstem und Unbewusstem ist unterbrochen, Symbole und Metaphern fehlen, man sucht vergeblich Assoziationen von Ideen. Die Worte bezeichnen konkrete Dinge, welche in der Realität des sozialen Lebens verhaftet bleiben. Diese Kranken können verbal kommunizieren, es scheint ihnen auch nicht besonders schwer zu fallen. Der Interviewer bemerkt jedoch eine Reduktion des vollen Wertes der Worte – in seiner Gegenübertragung hat er Schwierigkeiten, sich mit dem Patienten zu identifizieren, und bezüglich seiner eigenen Sprache erlebt er eine fatale, ihm aufgezwungene Einschränkung. Er stellt ein Verschwinden der Träume fest oder das Verschwinden ihrer üblichen Qualität und mentalen Elaboration – es sind Träume vom operativen Typus. Auf der Objektbeziehungsebene fehlt jede Übertragung, es gibt keine Projektion, auch keine Interferenz von Imagines. Die Beziehung ist trocken, fleischlos, beschränkt sich auf das Nötigste, konform den allgemeinen Gegebenheiten von Familie, Beruf und sozialer Stellung, ohne dass Affekte durchscheinen. Die 2. Topik (Es - Ich - Über-Ich) funktioniert nicht. Das Ich ist abgeschnitten von seinen Quellen.

Diese kontra-evolutive psychische Desorganisation kann sich bis ins Somatische weiterausdehnen. Eine Vielzahl körperlicher Affektionen (ohne Symbolwert), neu oder als Rückfall, führt die Patienten in die Konsultation, immer begleitet von psychischen Symptomen, die aber oft vom Kranken selbst oder von seiner Umgebung kaum bemerkt werden. Am besten erkennbar ist die depressive Tonalität, welche zur Desorganisation gehört. In gewissen Fällen einer solchen bis ins Somatische reichenden Desorganisation kann der Patient sich wieder rekonstruieren über die somatische Regression und auch über den Gewinn, den er durch seine Krankheit erhält. Das Risiko, dass es aufgrund einer für das Individuum charakteristischen bestimmten somatischen Fixierung zu einer schwerlich reversiblen somatischen Läsion kommt, darf jedoch nicht unterschätzt werden.

2. Zu den Schwierigkeiten bezüglich der Objektkonstanz bei der Charakterneurose

Darunter versteht man *Schwierigkeiten bei der Verinnerlichung und beim Behalten von Objekten.* Auch bei den Charakterneurosen muss bezüglich der Objektbeziehungen unterschieden werden zwischen inneren und äusseren Objekten:

Mit den *inneren Objekten* etabliert sich dank der klassischen neurotischen Mechanismen auf der phantasmatischen Ebene ein Gleichgewicht zwischen einer zu grossen Distanz des Objekts (z.B. seine Mutter nicht genügend zu lieben oder von ihr nicht genügend geliebt zu werden) und einer zu grossen Nähe des Objektes (sie zu sehr zu lieben oder von ihr zu sehr geliebt zu werden). Zu grosse Distanz führt zum Fehlen der affektiv notwendigen Objektbeziehung, zu grosse Nähe führt über aggressive Projektion zur Destruktion des Objektes.

Bezüglich des Umgangs mit den *äusseren Objekten* kommt es darauf an, wie diese erlebt werden. Wenn das reale äussere Objekt als gut erlebt wird, ist seine Gegenwart wohltuend, seine Abwesenheit schmerzlich. Diese Abwesenheit ist durch eine innere Repräsentanz nur ungenügend kompensierbar, was dem Verlust einer positiven Besetzung entspricht. Wenn umgekehrt das reale äussere Objekt als schlecht erlebt wird, ist seine Abwesenheit wohltuend, seine Gegenwart schmerzlich. Keine innere Einrichtung kann dieses schlechte Objekt auf Distanz halten.

Die vordergründige Leichtigkeit (*Unkompliziertheit*) der Beziehung mit dem Charakterneurotiker kontrastiert bei der Verinnerlichung und beim inneren Behalten des Objekts oft mit seinem Problem, also mit seinen Schwierigkeiten bezüglich der Objektkonstanz. Sein direktes scheinbares Engagement in der Beziehung auch mit dem Interviewer oder Therapeuten stellt weder einen Beweis für die Tiefe des Austausches dar noch ist es eine Garantie für dauerhaftes, positives oder negatives Interesse am andern. Seine Verbalisierung hat nicht den Wert eines symbolischen Ausdrucks und einer Verbindung zum Unbewussten, wie man es erwarten würde, und es gibt keine assoziativen Möglichkeiten – das lässt sich im Gespräch mit ihm leicht feststellen.

Bezüglich der Schwierigkeiten der Objektkonstanz bei der Charakterneurose halte ich zusammenfassend folgendes fest:
1. Die Fixierungen, die normalerweise alle Variationen von Verinnerlichung leisten, erweisen sich bei Belastung als fragil.
2. Konfliktverarbeitungsfähigkeit und Multiplizität der Verinnerlichungsfunktionen sind möglicherweise durch Traumatisierungen beeinträchtigt.
3. Das Ich ist von seinen somatischen Wurzeln schlecht abgegrenzt, auf dem Niveau der zweiten topischen Organisation schlecht autonomisiert, weil das Über-Ich wegen des unsicheren Charakters der Introjektionen schlecht installiert ist. Deshalb kommt es zu leicht zur Rückkehr von primitiven Idealich-Bildungen.
4. Es besteht eine Abhängigkeit von äusseren Objekten – deren Autonomie oder die Autonomisierung von ihnen stellt eine Bedrohung dar.
5. Die Reduzierung der Objektbeziehungen auf ein oberflächliches sensorio-motorisches Niveau kann eine objektale libidinöse Besetzung nicht wirklich und langdauernd aufrechterhalten.
6. Es besteht oft eine umgekehrte Proportionalität zwischen der vordergründigen Leichtigkeit der Objektbeziehungen und der Fähigkeit zur Verinnerlichung und des Behaltens der Objekte.

II. Der Reizschutz

Er spielt eine *kapitale* Rolle bei der mütterlichen Funktion, den Säugling vor zu starken und zu lange dauernden äusseren (Licht, Hitze, Kälte, Lärm) wie inneren Erregungen (z.B. Hunger) zu schützen, weil diese einen traumatischen Effekt haben: Sie führen zu einer psychischen Desorganisation des Säuglings, der in direkter Gefahr ist, weil der Todestrieb ihn ohne Moderation durch den Lebenstrieb überschwemmt. Die Handhabung des Reizschutzes durch die Mutter ist sehr delikat; eine zu starke Verminderung der inneren wie der äusseren Erregungen, eine Art Aseptizismus, der überhaupt keinen Platz für desorganisierende Traumatisierungen lässt, verhindert oder beschränkt beim Subjekt die Bildung von Fixierungen und schadet ihm dadurch im Hinblick auf seine zukünftigen regressiven und defensiven Möglichkeiten.

Beim psychotherapeutischen Gespräch sind bezüglich des Reizschutzes zwei Regeln zu beachten: Ohne passiv und stumm zu sein, muss sich der Interviewer *in der Wahl der Beziehungsform vom Patienten leiten lassen*, eine Wahl, die ein bestimmtes Beziehungsniveau impliziert, welches vom weniger Elaborierten bis zum mehr Elaborierten geht. Dieses Niveau darf nicht verlassen werden, es sei denn, man habe die Überzeugung gewonnen, dass der Patient zu einer tieferen Öffnung fähig ist.
1. Der Interviewer muss sich für die Beziehungsform interessieren, *bevor* er sich für den konfliktuellen Inhalt interessiert – welches auch immer die Ebene ist, psychisch oder somatisch, oder was auch immer für konfliktuelle Momente er wahrnimmt. *Er darf sich nur für den Inhalt interessieren, wenn er auf die Stabilität der Form zählen kann.*
2. Zu langes Schweigen und zu direktes Anregen ist in einer Psychotherapie gefährlich. Hierzu gehört auch, dass man Sackgassen in Analysen verursachen kann, wenn man diese zu rasch indiziert. Man könnte steckenbleiben, weil für den Patienten die Frustrationen in der Beziehung die Schwelle der tolerierbaren Erregung überschreiten. Umgekehrt würde man in einer Psychotherapie *face à face* die zur Bearbeitung fundamentaler

Probleme (wie z.B. des Sadomasochismus, der Imagines oder der Organisation der zweiten Topik) nötigen Frustrationen dem Patienten nicht auferlegen können. Alles in allem verhindert jedoch eine vorläufige Entscheidung für eine psychotherapeutische Lösung *face à face* nicht von vornherein, schliesslich auf eine analytische Kur mit demselben Analytiker überzugehen.

Die Schwierigkeit, dauerhafte Modifikationen bezüglich der Interiorisierung und des Behaltens von Objekten zu erhalten, hat zweifellos mit dem archaischen Mangel beim Beginn des nachgeburtlichen Lebens zu tun. Sie liegt also ausserhalb des hereditären wie auch des intrauterinen Prädeterminismus. *Dieser archaische initiale Mangel ist auf Defekte des mütterlichen Reizschutzes in der frühen Periode der sensorio-motorischen Beziehung zwischen Mutter und Säugling zurückzuführen.* In einer Psychotherapie mit solchen Patienten ist es wichtig, eine genügende Anzahl von Sitzungen vorzusehen, um dem Patienten zu helfen, seinen besten psychischen Organisations-Zustand wiederzufinden. Es ist riskant, später die Anzahl der Sitzungen zu reduzieren.

III. Die Multiplizität der desorganisierenden Ereignisse

Eine grosse Zahl der desorganisierenden Ereignisse des psychischen Apparates kann man unter dem Gesichtspunkt des *Objektverlustes* verstehen, im Sinne einer *nicht elaborierten Trauer*. Dabei müssen immer die beiden miteinander in Verbindung stehenden Ebenen betrachtet werden, das traumatisierende Ereignis und die psychische Struktur, auf die es trifft, denn das Trauma greift nur die ungenügend defensiven Zonen der individuellen Regressionen an. Ich werde nun einige der strukturellen Schwächen aufzählen (sie können sich natürlich miteinander kombinieren), auf deren Boden sich innere oder äussere Ereignisse als traumatisch und desorganisierend erweisen können.

Innere möglicherweise desorganisierende Ereignisse:
1. Eine zu grosse Distanz zum inneren Objekt.
2. Eine zu grosse Nähe zum inneren Objekt.
3. Eine zu grosse Distanz zum äusseren Objekt, das als gut erlebt wird.
4. Eine zu grosse Nähe zum äusseren Objekt, das als schlecht erlebt wird.
5. Das Fehlen der Verbindung zwischen Primärprozess und Sekundärprozess (vgl. *André Green*, 2002, 117, *Tertiärprozess*) als strukturale Disposition, die eine evolutive Diskontinuität impliziert. Diese schwache psychische Organisation ist sehr leicht störbar. Plötzlich auftretende Affekte können nicht bearbeitet werden, was rasch zu somatischen Manifestationen führt.
6. Der Widerstand gegen Regressionen im Zusammenhang mit einem allmächtigen Idealich, welches das Individuum mit Gewalt in Situationen (häufig familiären oder sozialen) festhält, die zum Teil unerträglich sind.
7. Phobien bezüglich der psychischen Aktivität: Man sieht verzweifelte Affekt-Vermeidungsversuche, was zu Schwierigkeit im Interview mit solchen Patienten führt, weil dieses immer solche Affekte hervorrufen wird. Darin liegt der Widerspruch der Therapie: einerseits ist es wichtig, eine relativ stabile Beziehung herzustellen, andererseits verträgt diese Beziehung kaum, dass phantasmatisches Leben hervorgerufen wird.
8. Die Realisierung eines Wunsches.
9. Die Nichtrealisierung eines Wunsches.
10. Die fusionelle Beziehung zum Objekt.
11. Die symbolische Gleichsetzung.

Äussere möglicherweise desorganisierende Ereignisse:
1. Entwicklungsbedingte soziale, professionelle Verluste, Einbusse von Körperfunktionen.
2. Äussere Erregungen, die den Reizschutz überfordern und die Selbstregulation angreifen.
3. Die Abwesenheit von Beziehungen.

IV. Die wichtigsten Begriffe des Psychosomatik-Konzepts von Pierre Marty

1. Die essentielle Depression (*La dépression essentielle*)

Sie ist eine Depression ohne Objekt, ohne Selbstanklage, ohne bewusste Schuld. Gefühle persönlicher Entwertung und narzisstischer Kränkung breiten sich gegen das Somatische aus, was auf die mangelhafte Ausbildung des mentalen Apparats hinweist – die essentielle Depression, welche regelmässig vom operativen Denken begleitet wird, besteht in einem Absinken des Tonus der Lebenstriebe auf dem Niveau der psychischen Funktionen. Pierre Marty qualifiziert sie als essentiell insofern, als es um das reine Absinken dieses Tonus geht, ohne symptomatische Färbung und ohne positive ökonomische Gegenbewegung. Die essentielle Depression stellt sich ein, wenn traumatisierende Ereignisse eine gewisse Anzahl von psychischen Funktionen desorganisieren, indem sie deren Verarbeitungs-Fähigkeit überfordern. Es scheint, dass die essentielle Depression etwas Ähnliches ist wie die von René Spitz (1976) beschriebene *anaklitische Depression*, in welcher es nach einer guten ersten Periode mit der Mutter bei einem späteren Kontaktunterbruch mit ihr ebenfalls zu somatischen Affektionen kommt, die den somatischen Desorganisationen der essentiellen Depression gleichen.

2. Das operative Denken (*La pensée opératoire*)

Die grösste Desorganisation des Lebensprinzips im psychischen Apparat führt zum operativen Denken. Als Grundlage der progressiven Desorganisation haben wir die Charakterneurose kennengelernt mit ihrer mangelhaften individuellen Unabhängigkeit, dem Fehlen zuverlässiger Fixierungen, dem von seinen somatischen Wurzeln schlecht abgegrenzten Ich, dem Vorherrschen des Idealichs, der Reduzierung der Beziehungen auf ein früheres Entwicklungsniveau, der Abhängigkeit von äusseren Objekten und dem ungenügenden Reizschutz während der frühen Mutterbeziehung.

Das operative Denken findet sich vorwiegend bei Psychosomatosen – bei Erkrankungen einer Persönlichkeit also, die aufgrund ihrer Disposition in Konfliktsituationen einen vorwiegend somatischen Ausgang wählt. Es ist charakterisiert durch funktionelle Mängel der Aktivität in Phantasie und Traum, einer Aktivität, die normalerweise die Triebspannungen integriert und so die körperliche Gesundheit aufrecht hält. Es ist ein bewusstes, konkretes Denken ohne Verbindung zu phantasmatischen repräsentativen Inhalten, scheint keinerlei libidinalen Wert zu haben und erlaubt kaum eine Externalisierung der Aggressivität noch sadomasochistischer Regungen. Es kann als eine Modalität des Sekundärprozesses angesehen werden, weil es sich an der hier und jetzt wahrnehmbaren Realität orientiert, der Sorge um Kausalität, Logik und Kontinuität. Dabei geht es um das *Aktuelle und Faktuelle*, nicht um abstrakte Konzepte, Imagination oder Symbole, weshalb auch eine Unsicherheit in der Verknüpfung von Sach- und Wortvorstellungen vorliegt. Das spricht für einen Besetzungsvorgang auf archaischem Niveau. Im Unterschied zum Zwangsneurotiker, der im Zwangsdenken die Worte überbesetzt und durch aktive Manipulation eines an symbolischen oder magischen Bedeutungen reichen Denkens eine Pseudo-Bemeisterung der Realität schafft, erreicht der psychosomatische Patient, bei dem die Worte unterbesetzt sind, diese Pseudo-Bemeisterung durch die Automatisierung von Handlungsabfolgen. In der Therapie ergibt sich eine sogenannte *blande Beziehung* (*relation blanche*) ohne wirklichen Kontakt – der Therapeut stellt lediglich eine Funktion dar, jemand, dem der Patient seine Symptome übergeben kann, ohne irgendein emotionales Engagement (Pierre Marty und Michel de M'Uzan, 1978).

3. Das primäre Mosaik (*La mosaïque première*)

Die zum Operativen führenden Desorganisationen bringen Pierre Marty zu der Hypothese, dass das individuelle Unbewusste in der ersten Zeit ebenfalls parzellär ist, ohne Anfangsorganisation, ohne allgemeines Programm, stückweise gebunden an verschiedene funktionelle Elemente eines primären Mosaiks, welches er auch *psychosomatisches Muster oder Matrix* nennt. Mit der Entwicklung vereinigt das Unbewusste seine ersten Kerne, um die ersten evolutiven Gruppen somatischen wie psychischen Funktionierens zu schaffen, ein Ganzes von spezifischer Kohäsion.

In diesem Unbewussten existieren wie in allen evolutiven Systemen, in allen Organisationen psychosomatischer Natur zwei im Sinne des Lebenstriebes arbeitende Prinzipien: Ein *Prinzip der Automatisierung*, welches durch Wiederholung alle notwendigen psychosomatischen Grundfunktionen aufrecht hält, und ein *Prinzip der Programmierung*, welches durch Anstossen und In-Bewegung-Setzen eines Programms den Weg zu den verschiedenen funktionellen Verbindungen und Assoziationen öffnet, zur Hierarchisierung, Sexualisierung – also zur weiteren Entwicklung. Nach Pierre Marty wird bei progressiven Desorganisationen vorerst und vor allem die Ebene dieses Programmierungsprinzips betroffen, nicht jene ontogenetisch archaischere und auch phylogenetisch ältere Ebene des Automatisierungsprinzips, ist doch die ganze Symptomatologie des Operativen durch den Automatismus charakterisiert.

4. Die *Dicke* des Vorbewussten (*L'épaisseur du préconscient*)

Bei der Bildung des Vorbewussten betrifft ein erster Prozess die mnestischen Inschriften der Wahrnehmung einer gleichen Epoche, was zu *Repräsentanzen* (*Vorstellungen*) führt und zur *Verbindung* dieser Repräsentanzen. Die erste Organisation dieser Phänomene zeigt einen *transversalen Typ* der Verbindung der Repräsentanzen. Der zweite Prozess betrifft die Verbindung der verschiedenen Schichten der Repräsentanzen aus verschiedenen Epochen; es handelt sich um einen *longitudinalen Typ* der Verbindung. Die Disponibilität der psychischen Assoziationsbewegungen zwischen den transversalen und den longitudinalen Verbindungen der Repräsentanzen nennt man die *Fluidität der vorbewussten Zirkulation*. Während das Unbewusste durch Sachvorstellungen charakterisiert ist, haben wir es im Vorbewussten mit *Wortvorstellungen* zu tun.

Es kann bei der Ausbildung der repräsentativen Schichten im transversalen wie im longitudinalen Bereich Schwierigkeiten geben, welche sogenannte *Lücken im Vorbewussten* hinterlassen. Als fundamentale, primäre Lücken betrachtet Pierre Marty die quantitative wie qualitative Insuffizienz der Wortvorstellungen wie die Insuffizienz ihrer affektiven Ausstattung. Diese Insuffizienzen stammen aus einer angeborenen und/oder erworbenen Schwäche der Funktionen im sensorio-motorischen Bereich des Kindes oder seiner Mutter, wie wir bei der Diskussion des Reizschutzes gesehen haben. Sekundäre Lücken haben mit der zeitlichen Ungewissheit der Erinnerungsspuren der verschiedenen Schichten zu tun.

Je «dicker», reicher also das Vorbewusste an Wortvorstellungen ist, und je besser und permanenter diese miteinander verbunden sind, desto mehr wird sich eine eventuelle Pathologie auf der mentalen Ebene abspielen. Je «dünner», ärmer das Vorbewusste an Wortvorstellungen und deren permanenter Verbindungen ist, desto mehr wird sich eine eventuelle Pathologie auf die somatische Ebene ausdehnen. In diesem Sinne versteht Pierre Marty das Vorbewusste als Drehscheibe der psychosomatischen Ökonomie.

5. Das Idealich (*Le Moi-Idéal*)

Nach Pierre Marty ist das Idealich der Erbe des primären Narzissmus. Im Unterschied zum Ich, wo das Realitätsprinzip herrscht, das Mass, vertritt das Idealich das Übermässige oder Unmässige, Grandiose. Das unvermeidliche Scheitern des Idealichs in seinem Grandiositätsanspruch an der Realität wird als tiefe narzisstische Kränkung erlebt und führt rasch zur bis auf die somatische Ebene reichenden Desorganisation, weil es Rückzugsmöglichkeiten auf der mentalen Ebene noch gar nicht gibt – so fehlen z.B. Schuldgefühle, die zu Verhandlungen mit dem Über-Ich, einer mentalen Aktivität, führen könnten, weil die Instanz *Über-Ich* noch gar nicht ausgebildet ist. Das Idealich hat deshalb etwas immanent Tödliches.

6. Die Somatisierung (*La somatisation*)

Krankheiten werden allgemein durch Unangepasstheit an Lebensbedingungen verursacht. Das betrifft bereits die erste Zeit der Entwicklung. Da die Lebensbedingungen sich nie als adäquat erweisen, muss das Individuum sich anpassen, so gut es dies vermag, mit den Mitteln, die es hat, in den Grenzen dessen, was es gemäss seinem Alter ertragen kann, gemäss dem Ort, wo es lebt und entsprechend der Zeit. Wenn die mentale Ebene und die Ebene des Verhaltens durch das Auftreten einer neuen Situation überfordert sind, führen Desorganisationen bis hinunter auf die somatische Ebene – es kommt zur Somatisierung.

Vorlesung XXIX

Das Problem der Psychosomatik II

Heute will ich einen kleinen historischen Ausflug machen. Dieser führt uns zunächst zurück zu Freud und dann zur weiteren Geschichte der psychosomatischen Medizin, die wesentlich durch die Forschungen der amerikanischen Psychoanalytiker geprägt wurde, Forschungen, die dann von der französischen Schule weitergeführt wurden, von welcher wir letztes Mal gehört haben.

I. Der Beitrag Freuds

Wenn auch Freud in seinen Schriften nie den Ausdruck *Psychosomatik* verwendete, so hat er doch Grundlegendes dazu beigetragen durch den von ihm geprägten Begriff der *Aktualneurosen*. Der Begriff als solcher findet sich in seinem Werk erstmals 1898 (1898a, GW I, 509), aber bereits im Briefwechsel mit Fliess (1985c [1887–1904]) schreibt er über die Besonderheit dieser Neurosen und ihre Ätiologie. Zunächst rechnete Freud die Angstneurose und die Neurasthenie zu den Aktualneurosen, später schlug er vor, die Hypochondrie als 3. Aktualneurose dort einzuordnen.

Wie wir in der Vorlesung *Neurosen* gehört haben, ist der Unterschied der Aktualneurosen zu den Psychoneurosen vor allem ein ätiologischer und pathogenetischer: Bei beiden Neuroseformen ist die Ursache zwar eine sexuelle, aber bei der Aktualneurose muss sie in Störungen des aktuellen Sexuallebens und nicht in wichtigen Ereignissen des infantilen Lebens gesucht werden – *aktual* ist also zuerst im Sinne einer zeitlichen Aktualität zu verstehen; ferner liegt die Ursache nicht im Psychischen sondern im Somatischen, bei der Angstneurose aufgrund der mangelnden Abfuhr der sexuellen Erregung, bei der Neurasthenie aufgrund der inadäquaten Abfuhr dieser Erregung (z.B. durch Masturbation) – *aktual* bezeichnet hier das Fehlen dieser psychischen, symbolisierenden Vermittlung, die man bei der Symptombildung der Psychoneurosen wie z.B. der Hysterie findet (Verschiebung, Verdichtung). Freud schreibt: «Der Unterschied liegt bloss darin, dass die Erregung, in deren Verschiebung sich die Neurose äussert, bei der Angstneurose eine rein somatische (die somatische Sexualerregung), bei der Hysterie eine psychische (durch Konflikt hervorgerufene) ist.» (1895b [1894], GW I, 342)

Die von Freud später als 3. *Aktualneurose* eingeführte Hypochondrie stellte er den Paraphrenien oder narzisstischen Psychoneurosen gleich: «Die Hypochondrie äussert sich wie das organische Kranksein in peinlichen und schmerzhaften Körperempfindungen [...]. Der Hypochondrische zieht Interesse wie Libido – die letztere besonders deutlich – von den Objekten der Aussenwelt zurück und konzentriert beides auf das ihn beschäftigende Organ.» (1914c, GW X, 149) Freud meint, dass bei der Hypochondrie nicht nur vorübergehende funktionelle Störungen, sondern auch organische auftreten könnten.

Freuds Arbeit über die psychogene Sehstörung (1910i) wurde von seinen unmittelbaren Nachfolgern als Basis für weitere Forschungen auf dem Gebiet der sogenannten *Organneurosen* gebraucht. Auch moderne Psychosomatiker wie diejenigen der französischen Schule denken, dass diese Arbeit wichtige Grundideen der psychosomatischen Problematik enthält.

II. Der Beitrag Groddecks

Georg Groddeck (1866–1934), ein Zeitgenosse Freuds, wird als einer der Bahnbrecher der psychosomatischen Medizin bezeichnet. Als Freund und Bewunderer Freuds leistete er mit seiner Definition des *Es* einen wichtigen Beitrag zur psychoanalytischen Begriffsbildung. Für Groddeck (1926) bedeutete psychosomatische Medizin, die Gesetzmässigkeiten zu untersuchen, wann und unter welchen Umständen und zu welchem Zweck das Es, dieses rätselhafte Wesen, welches das bewusste und unbewusste Leben regiert, «Lust bekommt» zu erkranken. Nach Groddeck ist es das Es, das in die Aussenwelt hineingreift, um sich dort irgendeine Schädigung, eine pathogene Mikrobe, eine Erkältung, einen Unglücksfall als Krankheitsursache auszuwählen.

III. Der Beitrag der amerikanischen Schule

Bei der Besprechung des Beitrags der amerikanischen Schule stütze ich mich vorwiegend auf meine Übersetzung aus dem Englischen von Teilen des Buchs von G. J. Taylor (1989, *Psychosomatic medicine and contemporary psychoanalysis*), welches auch bezüglich historischer Aspekte einen guten Überblick gibt und ausführliche Literaturangaben enthält.

Gemäss Taylor wurde der Begriff *psychosomatisch* vom Dichter S.T. Coleridge (1796) geprägt, dessen intuitives Erfassen der Zusammenhänge zwischen Emotionen und körperlicher Krankheit nicht nur von seinen sensiblen Zeitgenossen, sondern von Generationen früherer wie späterer psychologisch interessierter Ärzte geteilt wurde. Der Beginn des formalen Studiums der sogenannten *psychosomatischen Störungen* geht aber auf die 1930er Jahre zurück. Einige der Forscher waren in Psychoanalyse ausgebildet. Während der 1950er Jahre wurde die psychosomatische Medizin eine gut etablierte klinische Spezialität, welche sich vor allem auf das psychoanalytische Konzept der unbewussten psychischen Konflikte bezog.

Taylor meint, dass die amerikanische psychosomatische Medizin dann jedoch aufgrund ihrer schliesslichen Ablehnung der psychoanalytischen Methode die Weiterentwicklung des Verständnisses für die wichtige Rolle psychologischer Zustände in Gesundheit und Krankheit verpasst habe. Es sei aber immer deutlicher geworden, dass Menschen mit einer Tendenz, körperliche Krankheiten zu entwickeln, mehr als andere an psychologischen Defiziten litten. Oft handle es sich dabei um schwere Ich-Defizite – man könne sagen, dass psychosomatisch Kranke den Patienten mit narzisstischer oder Borderline-Organisation glichen. Psychobiologische Untersuchungen von Kindern bestätigten das Vorhandensein von Defiziten in den frühen Objektbeziehungen und von daraus entstehenden Entwicklungsdefekten, welche die Fähigkeit zur Selbstregulierung essentieller Funktionen beeinträchtigen und damit zu körperlichen Krankheiten prädisponieren.

Taylor, der auf einige Publikationen der französischen Schule hinweist, möchte mit seinem Buch die Wichtigkeit der Psychoanalyse für die psychosomatische Medizin wiederherstellen. Er schreibt: «In writing this book I have attempted to restore the importance of psychoanalysis to psychosomatic medicine by showing how several contemporary psychoanalytic concepts can be integrated with recent findings from research in developmental psychology, developmental biology, and neurobiology, and then applied to patients with a wide range of physical diseases.» (op. cit. 6)

Aus der klassischen Ära der amerikanischen psychosomatischen Medizin möchte ich nun mit Taylor (op. cit. 11–34) fünf Themen besonders herausgreifen – für die von ihm zitierte Literatur verweise ich auf seine eigene Bibliographie:

1. Die Theorie der Persönlichkeitsspezifität

Eine der wichtigsten Pionierinnen der psychosomatischen Medizin war *Flanders Dunbar*, eine Ärztin und Psychoanalytikerin. Sie ist die Gründerin der *Amerikanischen Psychosomatischen Gesellschaft* und die erste Herausgeberin von deren Journal. Sie schrieb verschiedene Bücher über psychosomatische Medizin, darunter *Emotions and bodily changes* (1935) und *Mind and Body: Psychosomatic Medicine* (1947). Dunbar war wie Freud der Meinung, dass psychosomatische Symptome durch eine Entladung von Triebenergie in das vegetative System des Körpers hervorgerufen würden. Sie versuchte, eine Beziehung herzustellen zwischen einer spezifischen Erkrankung und einer spezifischen Persönlichkeitsstruktur. So konstruierte sie Persönlichkeitsprofile für verschiedene Krankheiten. Diese Profile berühren aber nur oberflächliche Aspekte. Sie reichen nicht unter die Oberfläche der bewussten Bereiche, tangieren die tieferen Ängste und Gefühle nicht, zu welchen diese Patienten keinen Zugang haben.

2. Die Theorie der Konfliktspezifität

Dieses psychosomatische Konzept wurde von *Franz Alexander* (1950) aufgestellt, der 1932 das *Chicago Institute for Psychoanalysis* gegründet hatte. Alexander machte eine scharfe Unterscheidung zwischen der Hysterie und der psychosomatischen Erkrankung. Letztere nannte er *vegetative Neurose*. Er argumentierte, dass psychosomatische Symptome keine symbolische Bedeutung hätten und sah die Veränderungen in organischen Strukturen und Funktionen als eine Ursache von physiologischen Veränderungen, welche begleitet seien von chronisch unterdrückten Gefühlen und ungelösten unbewussten Konflikten. Er behauptete, dass es bei psychosomatischen Patienten Abhängigkeits-Konflikte seien. Als Psychoanalytiker zog Alexander seine Schlüsse aus psychoanalytischen Behandlungssituationen. Er war speziell an der Frage der *Krankheitswahl* interessiert und beschrieb spezifisch unbewusste Konflikte und damit verbundene Abwehren, welche nach seiner Meinung eine wichtige ätiologische Rolle bei den verschiedenen psychosomatischen Krankheiten spielten. Alexander schrieb 1968 zusammen mit French und Pollock sein berühmtes Buch *Psychosomatic specificity I: Experimental study and results*.

3. Die Theorie der physiologischen und Ich-Regression

Verschiedene psychoanalytische Forscher wie *Felix Deutsch* und *Max Schur* postulierten, dass mit den unterdrückten Emotionen physiologische Regressionen zu früheren Arten des Funktionierens einhergehen. Sie schlugen vor, anzunehmen, dass die pathologischen physiologischen Funktionen psychosomatischer Patienten den physiologischen Antworten der Kindheit gleichen. Sie spekulierten, dass Störungen in der Mutter-Kind-Beziehung bestimmte konstitutionell determinierte physiologische Muster verstärken.

Felix Deutsch (1927, 1939, 1953) unterstrich die Regression zu primitiven Entwicklungspunkten physiologischer Fixierungen. Diese Punkte sind seiner Meinung nach bestimmt durch das Auftreten einer organischen Krankheit im frühen Leben in Verbindung mit Triebkonflikten auf dieser spezifischen Ebene der psychischen Entwicklung; so könnte eine Atemerkrankung, welche zu einer bestimmten Zeit eines emotionalen Konflikts in der frühen Kindheit auftrat, das Organ sensibilisieren und zur späteren Dysfunktion wie Asthma führen im Moment des Wiederauftretens dieses Konflikts. Mit anderen Worten, wenn einmal eine bestimmte physiologische Aktivität mit einem bestimmten Gefühl oder Affekt assoziiert wird, kann diese Aktivität in Begleitung oder als Ausdruck dieses Affekts später wieder auftreten.

Beeinflusst durch *Anna Freuds The Ego and the mechanisms of defense* (1936), begannen einige Psychoanalytiker, besonders H. Hartmann, E. Kris und R. M. Loewenstein (1946), sich für die Ich-Funktionen, die Ich-Psychologie zu interessieren. Dieses neue Interesse am Ich fand die Aufmerksamkeit der psychosomatischen Theoretiker. So schlug *Max Schur* (1955) eine Theorie der Affektentwicklung vor, nach welcher die physiologischen Antworten der Kindheit in progressiver Weise desomatisiert und in einem Sekundärprozess durchgearbeitet werden. Er bezog sich auf eine undifferenzierte psychosomatische Phase der Entwicklung, auf welche der Patient unter Resomatisierung der Angst regrediert, wenn sein Ich unfähig ist, sich adäquat gegen Stress zu verteidigen. Ausserdem schlug er vor, diese psychosomatische Regression als *Borderline-Zustände* zu bezeichnen. Damit antizipierte Schur das Interesse vieler zeitgenössischer Psychoanalytiker an Patienten mit Borderline-Organisation – heute unterscheiden wir aber die Borderline-Struktur von der Persönlichkeitsstruktur eines psychosomatischen Patienten.

4. Die Theorie der prägenitalen Konversion

In ihren Studien über die Hysterie hatten Freud und Breuer (1895d) demonstriert, dass unbewusste Konflikte durch den Mechanismus der Konversion symbolisch in sensorio-motorischen Symptomen ausgedrückt werden können. In seiner Arbeit über die *psychogene Sehstörung* hatte Freud (1910i) dann geschrieben, dass es noch andere Mechanismen geben könnte als die der Konversion, bei welchen unbewusste Vorgänge die physiologischen Funktionen ohne Symbolisierung eines bestimmten psychischen Inhalts ändern könnten, aber er ging in seinen Spekulationen nicht soweit, deren mögliche Natur anzugeben.

Führende Psychosomatiker der ersten Stunde waren in ihrem Denkansatz über die Rolle von Konversion und Symbolisierung bei der psychosomatischen Symptombildung uneinig.

Dunbar, Alexander und die Theoretiker der psychophysiologischen Regression stimmten mit Freud überein und machten eine fundamentale Unterscheidung zwischen den (symbolisierenden) *Konversionshysterien* und den (nicht-symbolisierenden) *vegetativen Neurosen*. Andere Analytiker haben aber diese Unterscheidung nicht übernommen und auch den psychosomatischen Erscheinungen einen symbolischen Inhalt zugeschrieben. Dies führte zu einer unabhängigen Linie der Theorisierung psychosomatischer Mechanismen:

Georg Groddeck (1926) war der erste Arzt, der das Unbewusste in die Behandlung von Patienten einführte, welche an organischen Krankheiten litten. Lange bevor Groddeck Freud traf, führte er, wie wir gehört haben, das Konzept vom *Es* ein und dachte, dass das Es darüber bestimme, ob eine Person krank oder gesund sei. Er schockierte seine Psychoanalytiker-Kollegen, indem er Freuds Konversionskonzept und sein eigenes Konzept des Es auf eine grosse Reihe somatischer Symptome und Krankheiten anwendete, die er als Symbolisierungen ansah (1925).

Freud (1910i) glaubte, dass die Konversion nicht vor dem Ödipuskomplex auftrete, aber *Karl Abraham* (1927), *Otto Fenichel* (1945) und *Sándor Ferenczi* (1955) schlugen später vor, dass ungelöste prägenitale Konflikte einen Einfluss auf die Entstehung verschiedener körperlicher Erkrankungen des Körpers haben könnten, was sie als *prägenitale Konversion* bezeichneten. Dies führte zum Konzept der *Organneurosen*; so schrieb Fenichel (1945) die gestörte Atmungsfunktion einem Konflikt zwischen grundlegenden physiologischen Bedürfnissen (*Selbsterhaltungstrieben*) und den unbewussten Wünschen gegenüber einem introjizierten ambivalent besetzten Objekt zu, welches sozusagen durch den Respirationstrakt inkorporiert werde.

Meng (1934) meinte zu erkennen, dass bei psychosomatischen Erkrankungen eine noch tiefere Störung des Ichs vorliege. Er führte das Konzept der *Organpsychose* ein. Diese Idee haben nur wenige Psychoanalytiker weiterverfolgt, obwohl das Interesse an den primitiven mentalen Zuständen heute gewachsen ist.

Einige Analytiker, insbesondere *Melitta Sperling* und *Felix Deutsch* waren der Meinung, dass Konversion und Symbolisierung die Mechanismen seien, welche die Wahl der psychosomatischen Erkrankung determinieren. *Melitta Sperling* (1973) schloss, dass prägenitale Konflikte in symbolische psychosomatische Ausdrucksweisen konvertiert würden, genauso wie sexuelle Konflikte und Phantasien verantwortlich seien für die Symptome der Konversionshysterie. Sie beschrieb 1960 einen Patienten, dessen Colon die Rolle eines Sexualorgans angenommen hatte, das symbolisch prägenitale Ängste und Phantasien durch die Symptome einer Colitis ulcerosa ausdrückte. Andererseits glaubte Sperling (1978), dass die Wahl einer psychosomatischen Krankheit zu einem grossen Teil von der Qualität der Mutter-Kind-Beziehung abhängt. In ihrer Sicht führt die übermässige Beschäftigung der Mutter mit einem bestimmten Organ oder mit einer Organfunktion zu einer sehr früh erworbenen Disposition des Kindes, mit einer Störung dieses spezifischen Organs zu antworten, wenn es mit einer traumatischen Situation konfrontiert ist.

Verschiedene heutige psychoanalytische Psychosomatiker haben, wie Taylor uns sagt, die prägenitale Konversionstheorie psychosomatischer Erkrankungen kritisiert. Sie glauben, dass körperliche Ereignisse erst sekundär mit Phantasien und Affekten verbunden werden und die in psychoanalytischen Therapien gefundene Symbolisierung möglicherweise bei der Initiierung der Erkrankung keine Rolle spielt:

So unterstrich *Joyce McDougall* (1980) die nicht-symbolische Natur psychosomatischer Symptome. Aber sie schloss auf der Basis ihrer klinischen Erfahrung, dass die primäre Störung der mentalen Organisation der Patienten hinter einer neurotischen Psychopathologie mit symbolischer Bedeutung versteckt sein könnte.

Ein häufig gegen die Konversionstheorie psychosomatischer Krankheiten verwendetes Argument war, dass sich Konversionssymptome nur in Körperteilen zeigen könnten, welche vom willentlichen nervösen System innerviert seien.

Georg L. Engel (1967) war jedoch der Meinung, das es nicht auf die Art der Innervierung ankommt, sondern darauf, dass das an einer Konversion beteiligte Organ eine mentale Repräsentierung erreichen kann, die zu körper-sprachlichem Ausdruck führt.

5. Die Objektbeziehungs-Theorie

Viele Psychoanalytiker unterstrichen die Rolle der *pathologischen Objektbeziehungen* bei der Pathogenese von Krankheiten und hoben die *Wichtigkeit der Ich-Defekte* hervor. Die Theorien der Symbolisierung, wie sie von den britischen Objektbeziehungsanalytikern *Melanie Klein*, *Hanna Segal*, *Donald W. Winnicott* und *Wilfred R. Bion* formuliert wurden, sind zum Verständnis psychosomatischer Symptombildungen besonders wichtig.

Belastende Ereignisse im Leben, welche eine psychosomatische Krankheit hervorrufen können, sah man damals wie heute in den *Verlusterlebnissen*. Es kann sich dabei um den Verlust wichtiger Objekte handeln oder um einen drohenden Objektverlust, um Entbehrungen wie Liebesentzug, Scheidung oder um Veränderung der Gesundheit von Familienmitgliedern. Hierzu eine klinische Vignette (op. cit. 47):

> Eine 21jährige Frau entwickelte 10 Monate nach der chirurgischen Intervention wegen eines malignen Hodentumors ihres Freundes eine Crohn'sche Darmkrankheit. Trotz Radiotherapie kam es beim jungen Mann sehr bald zu Metastasen, und weitere chirurgische Eingriffe waren erforderlich, um die abdominalen Lymphknoten und eine Niere zu entfernen. Das Paar verlobte sich trotzdem, aber die Eltern der

Patientin opponierten heftig gegen die Verbindung – sie fürchteten, dass wegen der Erkrankung des Verlobten ihre Tochter keine Kinder haben könnte. Trotz der Opposition der Eltern blieb die Frau bei ihrem Vorhaben und plante die Hochzeit, obwohl sie sich dessen bewusst war, dass ihr Verlobter vielleicht in zwei Jahren tot war. Als die Eltern ihr nun Liebe und Unterstützung auch noch entzogen, reagierte sie depressiv und hatte häufig Träume, in welchen ihr Verlobter getötet wurde oder nicht zur Hochzeit erschien. In dieser Zeit entwickelte sie abdominale Schmerzen. Nach einer grossen Zahl medizinischer Untersuchungen einschliesslich Laparotomie wurde schliesslich die Diagnose der Darmkrankheit – Morbus Crohn – gestellt.

Das amerikanische Konzept der Alexithymie gleicht dem französischen Konzept des operativen Denkens. Unter *Alexithymie* versteht man auffallende Schwierigkeiten im verbalen Ausdruck von Gefühlen und eine Abwesenheit oder auffallende Verminderung von Phantasien. Eine klinische Vignette (op. cit. 80f) illustriert das sehr schön:

Es handelt sich um eine 26jährige geschiedene Frau mit Diabetes mellitus. Sie musste wiederholt hospitalisiert werden wegen ketoazidotischer Episoden, welche keinen organischen Grund hatten. Einer solchen Episode ging einmal das Zusammenbrechen ihres Autos voraus. Bei der anschliessenden Hospitalisierung wurde sie interviewt. Der Dialog zwischen Arzt (A) und Patientin (P) entwickelte sich folgendermassen:

A: «Wie fühlten Sie sich, als Ihr Auto zusammenbrach?»
P: «Es geht nur darum, dass ich diesen Wagen brauche, um meine Tochter während der Woche zur Schule zu bringen.»
A: «Hatten Sie irgendwelche Gefühle dabei, als sie sich so eingeschränkt sahen?»
P: «Nein, ich brauchte einfach den Wagen, Cindy ist im Kindergarten, und ich muss sie, bevor ich zur Arbeit gehe, dort abliefern.»
A: «Die meisten Leute würden gefühlsmässig reagieren, wenn ihr Wagen zusammenbricht. Hatten Sie nicht irgendwelche Empfindungen?»
P: «Es kann sein, dass ich ein bisschen aufgeregt war.»
A: «Ist das alles?»
P: «Ja, einfach blöd und aufgeregt.»
A: «Was geschah, als Sie nach Hause kamen?»
P: «Ich ging ins Haus und blieb ruhig.»
A: «Was sagten Sie zu Ihrer Mutter?»
P: «Ich erzählte ihr, dass der Wagen zusammengebrochen war.»
A: «Erzählten Sie, ihr wie Sie sich dabei fühlten?»
P: «Nein, sie liest in mir wie in einem Buch.»

Dieses Interview zeigt nicht nur das operative Denken oder die Alexithymie der Patientin, sondern auch (bezüglich Schule/Kindergarten), wie wenig präzis die Patientin in ihren Angaben ist. Ferner hören wir aus dem Schluss-Satz, dass sie mit der Mutter in einer pathologischen symbiotischen Beziehung zu leben scheint.

Im Rahmen der *Selbstpsychologie Heinz Kohuts* diagnostizierte man in den USA bei psychosomatischen Patienten pathologische symbiotische Fixierungen. Aus dem Kohut'schen Konzept des *Selbstobjekts* ergibt sich, dass der Verlust des Selbstobjekts zu einer Defizienz in der Selbstrepräsentanz führt, denn Objekte werden nicht als ganze, vom Subjekt getrennte Objekte erlebt, sondern als Teile des Selbst; dadurch wird ein Individuum abhängiger von äusseren Objekten bezüglich seines psychologischen und möglicherweise auch seines somatischen Funktionierens. Auch materielle Objekte können die Stelle eines Selbstobjekts einnehmen; dies erklärt das Auftreten von Erkrankungen nach Verlust des Heims, des Jobs und infolge anderer allgemeiner Veränderungen im Leben.

Die heutige amerikanische Psychosomatik gründet sich neben der Alexithymie vor allem auf die Kohut'sche Selbstpsychologie. Sie legt grosses Gewicht auf die *pathologische Symbiose* und die *fehlgeschlagene Individuation* bei psychosomatisch Kranken. Am besten wurde dies bei Patienten mit Colitis ulcerosa untersucht, was durch eine letzte klinische Vignette (op. cit. 242) demonstriert sei:

Ein 30jähriger Mann entwickelte den ersten Ausbruch einer Colitis ulcerosa, als er entdeckte, dass seine Frau eine Affäre hatte. Die verschiedenen weiteren Ausbrüche waren alle verbunden mit der Wahrnehmung, dass sie unglücklich war und sich darauf vorbereitete, die Ehe aufzulösen. Doch jedesmal, wenn der Patient krank wurde, hatte sie Schuldgefühle, ihn zu verlassen und änderte ihre Meinung, worauf seine Colitis wieder abklang. Als die Ehefrau dann ebenfalls eine Psychotherapie unternahm, wurde entdeckt, dass ihre Ambivalenz in Bezug auf die Ehe von ihren eigenen ungelösten Separations- und Individuationsthemen kam. Einiges jedoch von ihrem Unglücklichsein bezog sich auf die symbiotische Verwicklung ihres Ehemanns mit seiner Mutter und auf seinen Mangel an Empathie und emotionaler Ausdrucksmöglichkeit – Ausdruck seiner Alexithymie.

Gestatten Sie mir zum Abschluss dieser beiden Vorlesungen über das Problem der Psychosomatik eine persönliche Meinungsäusserung:

Das auf die Alexithymie und die Kohut'sche Selbstpsychologie gründende Konzept der gegenwärtigen amerikanischen Psychosomatik erscheint mir durchaus brauchbar. Es deckt jedoch nur einen Teil der Problematik bei psychosomatischen Patienten ab. Wenn die amerikanischen psychoanalytischen Psychosomatiker von einem *defizienten Selbst* sprechen, wird diese Defizienz nie tiefer psychoanalytisch ausgeleuchtet, wie dies die französische Schule tut. Es fehlt im amerikanischen Konzept die Berücksichtigung der hohen Bedeutung einer gut funktionierenden repräsentativen Welt, eines «dicken Vorbewussten» als Schutz vor einer psychosomatischen Erkrankung. Deshalb finde ich, dass die französischen psychoanalytischen Psychosomatiker bis heute am meisten zum Verständnis der psychosomatischen Erkrankung beigetragen haben. Insgesamt kann man sagen, dass die moderne Psychoanalyse mit dem Einbezug der somatischen Krankheiten die Freud'sche Metapsychologie ergänzt und dadurch sehr viel zum Verständnis *aller* Erkrankungen beigetragen hat, wenn auch aus dem Dargelegten hervorgeht, dass noch viele Fragen offen bleiben!

Vorlesung XXX

Aus Freuds klinischen Schriften: Der Fall Dora I

Der *Fall Dora* oder *Bruchstück einer Hysterie-Analyse* wurde erst im November 1905 veröffentlicht. Freud hatte jedoch diese Fallstudie zum grössten Teil bereits im Januar 1901 niedergeschrieben, aber aus Gründen, die nicht völlig bekannt sind, noch für mehr als vier Jahre zurückgehalten. Ein Grund mag die ärztliche Schweigepflicht gewesen sein, ein anderer die Rücksicht, seine Patientin durch die Veröffentlichung ihrer Krankengeschichte nicht zu schädigen.

Freud berichtet in seinem Brief vom 14. Oktober 1900 (Brief 255 in 1985c [1887–1904]) an Fliess, dass er den neuen Fall eines 18jährigen Mädchens habe. Die Behandlung endete jedoch bereits drei Monate später am 31. Dezember 1900. Am 25. Januar 1901 (Brief 261) schreibt er an Fliess: «‹Traum und Hysterie› ist gestern fertig geworden» – so lautete der Titel ursprünglich, wie Freud in seinem eigenen Vorwort schreiben wird. Er fährt fort: «Es ist ein Bruchstück einer Hysterie-Analyse, in der sich die Aufklärungen um zwei Träume gruppieren, also eigentlich eine Fortsetzung des Traumbuchs. Ausserdem sind Auflösungen hysterischer Symptome und Ausblicke auf das sexuell-organische Fundament des Ganzen [darin enthalten]. Es ist immerhin das Subtilste, was ich bis jetzt geschrieben, und wird noch abschreckender als gewöhnlich wirken. Immerhin man tut seine Pflicht und schreibt ja nicht für den Tag.» Am 30. Januar (Brief 262) schreibt Freud weiter: «‹Traum und Hysterie› soll Dich womöglich nicht enttäuschen. Die Hauptsache darin ist noch immer das Psychologische, die Verwertung des Traumes, einige Besonderheiten der unbewussten Gedanken. Aufs Organische gibt es nur Durchblicke, und zwar auf die erogenen Zonen und die Bisexualität. Aber genannt und anerkannt ist es einmal und vorbereitet für eine ausführliche Darstellung ein anderes Mal. Es ist eine Hysterie mit Tussis nervosa und Aphonie, die sich auf den Charakter der Lutscherin zurückführen lassen, und in den sich bekämpfenden Gedankenvorgängen spielt der Gegensatz zwischen einer Neigung zum Manne und einer zur Frau die Hauptrolle.»

Bevor ich zur klinischen Darstellung des *Falles Dora* komme, möchte ich Sie an einige wichtige theoretische Grundlagen erinnern, wie wir sie in unserer Vorlesung *Neurosen* besprochen haben, wo wir den *Fall Dora* als Beispiel einer Hysterie kurz anführten. In jener Vorlesung habe ich anhand der klassischen Graphik (Freud, 1916–17a [1915–17], GW XI, 376) auf die Wege der neurotischen Symptombildung hingewiesen und verschiedene Neurosemodelle erwähnt. Das Aufgeben der Verführungstheorie, wie es im Brief 139 vom 21. September 1897 an Fliess mitgeteilt wurde, war, wie Sie wissen, ein wichtiger Schritt im Verständnis der Neurosen und führte zur Erkenntnis der Bedeutung des Ödipuskomplexes und zur Annahme der Gleichwertigkeit von Phantasie und Realität. Urphantasien betreffen die Beobachtung der Urszene, die Verführung durch eine erwachsene Person und die Kastrationsdrohung. Auch der primäre und der sekundäre Krankheitsgewinn muss bei der Neurosetherapie berücksichtigt werden.

Im nun folgenden verwende ich ausführliche Zitate (alle aus 1905e [1901], GW V, 161–286), in der Hoffnung, Ihnen damit Freud auch als begabten Schriftsteller näherzubringen, lesen sich doch seine Fallstudien oft wie Novellen.

Die Krankengeschichte der Dora

Dora ist 18jährig. Sie hat einen um 1½ Jahre älteren Bruder. Freud schreibt: «Die dominierende Person war der Vater, dies sowohl durch seine Intelligenz und Charaktereigenschaften wie durch seine Lebensumstände, welche das Gerüst für die Kindheits- und Krankengeschichte der Patientin abgeben.» Als Freud das Mädchen in Behandlung nahm, war der Vater ein Mann in der zweiten Hälfte der 40er Jahre, von nicht ganz gewöhnlicher Beschäftigung und Begabung, ein Grossindustrieller in sehr behäbiger materieller Situation. «Die Tochter hing an ihm mit besonderer Zärtlichkeit, und ihre frühzeitig erwachte Kritik nahm umso stärkeren Anstoss an manchen seiner Handlungen und Eigentümlichkeiten. Diese Zärtlichkeit war überdies durch die vielen und schweren Erkrankungen gesteigert worden, denen der Vater seit ihrem sechsten Lebensjahr unterlegen war. Damals wurde seine Erkrankung an Tuberkulose der Anlass zur Übersiedlung der Familie in eine kleine, klimatisch begünstigte Stadt unserer südlichen Provinzen; das Lungenleiden besserte sich daselbst rasch, doch blieb der für nötig gehaltenen Schonung zuliebe dieser Ort, den ich mit B. bezeichnen werde, für die nächsten zehn Jahre ungefähr der vorwiegende Aufenthalt sowohl der Eltern wie auch der Kinder. Der Vater war, wenn es ihm gut ging, zeitweilig abwesend, um seine Fabriken zu besuchen; im Hochsommer wurde ein Höhenkurort aufgesucht.» (op. cit. 176)

Als Dora 10jährig war, erlitt der Vater eine Netzhautablösung, welche eine Dunkelkur notwendig machte; nach dieser Erkrankung blieb eine Einschränkung des Sehvermögens zurück. Die schlimmste Erkrankung des Vaters ereignete sich, als Dora 12jährig war. Der Vater hatte eine Attacke von Verworrenheit, Lähmungserscheinungen und leichte psychische Störungen. Freud, dessen Rat er suchte, leitete eine antiluetische Kur ein, wonach sich alle Störungen zurückbildeten. Diesem erfolgreichen Eingreifen war wohl zu verdanken, dass der Vater vier Jahre später seine 16jährige neurotische Tochter Freud vorstellte und sie ihm zwei Jahre später 18jährig zur psychotherapeutischen Behandlung übergab.

Eine wenig ältere Schwester des Vaters (also eine Tante Doras) litt an einer schweren Form von Psychoneurose und starb nach einem von einer unglücklichen Ehe erfüllten Leben unter nicht voll aufgeklärten Erscheinungen eines schnell fortschreitenden Marasmus. Ein älterer Bruder des Vaters war ein hypochondrischer Junggeselle.

«Das Mädchen, das im Alter von 18 Jahren meine Patientin wurde», schreibt Freud, «hatte von jeher mit seinen Sympathien auf Seite der väterlichen Familie gestanden und, seitdem sie erkrankt war, ihr Vorbild in der erwähnten Tante gesehen. Es war auch mir nicht zweifelhaft, dass sie sowohl mit ihrer Begabung und intellektuellen Frühreife als auch mit ihrer Krankheitsveranlagung dieser Familie angehörte. Die Mutter habe ich nicht kennengelernt. Nach den Mitteilungen des Vaters und des Mädchens musste ich mir die Vorstellung machen, sie sei eine wenig gebildete, vor allem aber unkluge Frau, die besonders seit der Erkrankung und der ihr folgenden Entfremdung ihres Mannes alle ihre Interessen auf die Hauswirtschaft konzentrierte und so das Bild dessen biete, was man die ‹Hausfrauenpsychose› nennen kann. Ohne Verständnis für die regeren Interessen ihrer Kinder, war sie den ganzen Tag mit Reinmachen und Reinhalten der Wohnung, Möbel und Gerätschaften in einem Masse beschäftigt, welches Gebrauch und Genuss derselben fast unmöglich machte» (op. cit. 177f) – Freud hielt die Mutter der Patientin für zwangsneurotisch. «Das Verhältnis zwischen Mutter und Tochter war seit Jahren ein sehr unfreundliches. Die Tochter übersah die Mutter, kritisierte sie hart und hatte sich ihrem Einfluss völlig entzogen. Der einzige, um 1½ Jahre ältere Bruder des Mädchens war ihr in früheren Jahren das Vorbild gewesen, dem ihr Ehrgeiz nachgestrebt hatte. Die Beziehungen der beiden Geschwister hatten sich in den letzten Jahren gelockert. Der junge Mann suchte sich den Familienwirren möglichst zu entziehen; wo er Partei nehmen musste, stand er auf seiten der Mutter. So hatte die gewöhnliche sexuelle Attraktion Vater und Tochter einerseits, Mutter und Sohn anderseits einander näher gebracht.» (op. cit. 178f) Dora zeigte schon im Alter von 8 Jahren nervöse Symptome; damals erkrankte sie an permanenter anfallsweiser Atemnot, die zuerst nach einer kleinen Bergpartie auftrat und darum auf Überanstrengung zurückgeführt wurde. Nach einem halben Jahr klang dieser Zustand unter Ruhe und Schonung wieder ab.

Wie Dora erzählte, «machte gewöhnlich der Bruder den Anfang mit der Erkrankung, die er im leichten Grade hatte, worauf sie mit schweren Erscheinungen nachfolgte. Gegen das Alter von 12 Jahren traten migräneartige halbseitige Kopfschmerzen und Anfälle von nervösem Husten bei ihr auf, anfangs jedesmal miteinander, bis sich die beiden Symptome voneinander lösten, um eine verschiedene Entwicklung zu erfahren. Die Migräne wurde seltener und war mit 16 Jahren überwunden. Die Anfälle von Tussis nervosa, zu denen ein gemeiner Katarrh wohl den Anstoss gegeben hatte, hielten die ganze Zeit über an.» (op. cit. 179f) Als Dora mit 18 Jahren in Freuds Behandlung kam, hustete sie in charakteristischer Weise. Die Dauer dieser Hustenanfälle betrug drei bis fünf Wochen, einmal auch mehrere Monate. «In der ersten Hälfte eines solchen Anfalles war wenigstens in den letzten Jahren komplette Stimmlosigkeit das lästigste Symptom gewesen. Die Diagnose, dass es sich wieder um Nervosität handle, stand längst fest; die mannigfachen gebräuchlichen Behandlungen, auch Hydrotherapie und lokale Elektrisierung, blieben ohne Erfolg. Das unter diesen Zuständen zum reifen, im Urteil sehr selbständigen Mädchen herangewachsene Kind gewöhnte sich daran, der Bemühungen der Ärzte zu spotten und zuletzt auf ärztliche Hilfe zu verzichten.» (op. cit. 180) Erst durch das Machtwort des Vaters gelangte sie in die Behandlung bei Freud. Dieser sah sie zum ersten Mal im Frühsommer ihres 16. Jahres mit Husten und Heiserkeit und schlug eine psychische Kur vor, die jedoch damals nicht zustande kam, weil die Anfälle spontan wieder vergingen. «Im Winter des nächsten Jahres war sie nach dem Tode ihrer geliebten Tante in Wien im Hause des Onkels und seiner

Töchter und erkrankte hier fieberhaft an einem Zustand, der damals als Blinddarmentzündung diagnostiziert wurde. In dem darauffolgenden Herbst verliess die Familie endgültig den Kurort B., da die Gesundheit des Vaters dies zu gestatten schien, nahm zuerst in dem Orte, wo sich die Fabrik des Vaters befand und kaum ein Jahr später in Wien dauernden Aufenthalt.»

«Dora war unterdes zu einem blühenden Mädchen von intelligenten und gefälligen Gesichtszügen herangewachsen, das ihren Eltern aber schwere Sorge bereitete. Das Hauptzeichen ihres Krankseins war Verstimmung und Charakterveränderung geworden. Sie war offenbar weder mit sich noch mit den Ihrigen zufrieden, begegnete ihrem Vater unfreundlich und vertrug sich gar nicht mehr mit ihrer Mutter, die sie durchaus zur Teilnahme an der Wirtschaft heranziehen wollte. Verkehr suchte sie zu vermeiden; soweit die Müdigkeit und Zerstreutheit, über die sie klagte, es zuliessen, beschäftigte sie sich mit dem Anhören von Vorträgen für Damen und trieb ernstere Studien. Eines Tages wurden die Eltern in Schreck versetzt durch einen Brief, den sie auf oder in dem Schreibtisch des Mädchens fanden, in dem sie Abschied von ihnen nahm, weil sie das Leben nicht mehr ertragen könne. Die nicht geringe Einsicht des Vaters liess ihn zwar annehmen, dass kein ernsthafter Selbstmordvorsatz das Mädchen beherrsche, aber er blieb erschüttert, und als sich eines Tages nach einem geringfügigen Wortwechsel zwischen Vater und Tochter bei letzterer ein erster Anfall von Bewusstlosigkeit einstellte, für den dann auch Amnesie bestand, wurde trotz ihres Sträubens bestimmt, dass sie in meine Behandlung treten solle.» (op. cit. 181)

Dora wies also folgende Symptome auf: Dyspnoe, Tussis nervosa, Aphonie, Migräne, Verstimmungen und Selbstmordwünsche.

Der Vater berichtete Freud, «dass er wie seine Familie in B. intime Freundschaft mit einem Ehepaar geschlossen hätte, welches seit mehreren Jahren dort ansässig war. Frau K. habe ihn während seiner grossen Krankheit gepflegt und sich dadurch einen unvergänglichen Anspruch auf seine Dankbarkeit erworben. Herr K. sei stets sehr liebenswürdig gegen seine Tochter Dora gewesen, habe Spaziergänge mit ihr unternommen, wenn er in B. anwesend war, ihr kleine Geschenke gemacht, doch hätte niemand etwas Arges daran gefunden. Dora habe die zwei kleinen Kinder des Ehepaars K. in der sorgsamsten Weise betreut, gleichsam Mutterstelle an ihnen vertreten.» (op. cit. 183) Als Dora und ihr Vater Freud im Sommer zwei Jahre vorher aufgesucht hatten, waren sie eben auf der Reise zu Herrn und Frau K., die in einem Sommeraufenthalt an einem Alpensee waren. «Dora sollte mehrere Wochen im Hause K. bleiben, der Vater wollte nach wenigen Tagen zurückreisen. Herr K. war in diesen Tagen auch zugegen. Als der Vater aber zur Abreise rüstete, erklärte das Mädchen plötzlich mit grösster Entschiedenheit, sie reise mit, und sie hatte es auch so durchgesetzt. Einige Tage später gab sie erst die Aufklärung für ihr auffälliges Benehmen, indem sie der Mutter zur Weiterbeförderung an den Vater erzählte, Herr K. habe auf einem Spaziergang nach einer Seefahrt gewagt, ihr einen Liebesantrag zu machen. Der Beschuldigte, beim nächsten Zusammentreffen von Vater und Onkel zur Rede gestellt, leugnete aufs nachdrücklichste jeden Schritt seinerseits, der solche Auslegung verdient hätte, und begann das Mädchen zu verdächtigen, das nach der Mitteilung der Frau K. nur für sexuelle Dinge Interesse zeige und in ihrem Hause am See selbst Mantegazzas ‹Physiologie der Liebe› und ähnliche Bücher gelesen habe. Wahrscheinlich habe sie, durch solche Lektüre erhitzt, sich die ganze Szene von der sie erzählt, ‹eingebildet›.» (op. cit. 183f)

Der Vater bezweifelte nicht, dass dieser Vorfall die Schuld an Doras Verstimmung, Gereiztheit und Selbstmordideen trüge. Sie verlange von ihm, dass er den Verkehr mit Herrn und besonders mit Frau K., welche Dora früher geradezu verehrt habe, abbreche. Er könne aber diese Beziehung nicht abbrechen, denn erstens halte er die Erzählung Doras von der unsittlichen Zumutung des Mannes für eine Phantasie, die sich ihr aufgedrängt habe, zweitens sei er an Frau K. durch ehrliche Freundschaft gebunden und wolle ihr nicht wehtun. Die arme Frau sei sehr unglücklich mit ihrem Manne, von dem er übrigens nicht die beste Meinung habe; sie sei selbst sehr nervenleidend und habe an ihm den einzigen Anhalt. Er versicherte Freud, dass bei seinem Gesundheitszustand hinter diesem Verhältnis nichts Unerlaubtes stecke. Sie seien zwei arme Menschen, die einander, so gut es gehe, durch freundschaftliche Teilnahme trösteten. Dass er nichts an seiner eigenen Frau habe, sei Freud bekannt. Dora aber, die seinen harten Kopf habe, sei von ihrem Hass gegen die K. nicht abzubringen. Ihr letzter Anfall sei nach einem Gespräch aufgetreten, in dem sie wiederum dieselbe Forderung an den Vater gestellt habe. Der Vater wünschte von Freud, dass er sie auf bessere Wege brächte. Er versuchte die Hauptschuld am unerträglichen Wesen seiner Tochter auf die Mutter zu schieben, deren Eigenheiten allen das Haus verleidete.

Während der Behandlung machte Dora Freud die Mitteilung eines früheren Erlebnisses mit Herrn K., welches Freud als geeignet betrachtete, als *sexuelles Trauma* zu wirken: Dora war 14 Jahre alt. Herr K. hatte mit ihr und seiner

Frau verabredet, dass die Damen am Nachmittag in seinen Geschäftsladen auf dem Hauptplatz von B. kommen sollten, um von dort aus eine kirchliche Feierlichkeit anzusehen. Er bewog aber seine Frau, zu Hause zu bleiben. Dora kam alleine in das Geschäft. Und als die Prozession herannahte, benutzte Herr K. die Gelegenheit, das Mädchen an sich zu pressen und ihm einen Kuss auf die Lippen zu drücken: «Das war wohl die Situation, um bei einem 14jährigen unberührten Mädchen eine deutliche Empfindung sexueller Erregtheit hervorzurufen. Dora empfand aber in diesem Moment einen heftigen Ekel, riss sich los und eilte an dem Manne vorbei zur Treppe und von dort zum Haustor.» (op. cit. 186) Trotzdem ging der Verkehr mit Herrn K. weiter, und keiner von beiden erwähnte je wieder diese Szene. Dora vermied jedoch in der nächsten Zeit Gelegenheiten, mit Herrn K. allein zu sein. Das Ehepaar K. plante einen mehrtägigen Ausflug, an dem auch Dora teilnehmen sollte. Nach jener Szene aber sagte sie ihre Beteiligung ohne Gründe anzugeben ab.

Freud schreibt: «In dieser, der Reihe nach zweiten, der Zeit nach früheren Szene ist das Benehmen des 14jährigen Kindes bereits ganz und voll hysterisch. Jede Person, bei welcher ein Anlass zur sexuellen Erregung überwiegend oder ausschliesslich Unlustgefühle hervorruft, würde ich unbedenklich für eine Hysterica halten, ob sie nun somatische Symptome zu erzeugen fähig sei oder nicht. Den Mechanismus dieser Affektverkehrung aufzuklären, bleibt eine der bedeutsamsten, gleichzeitig eine der schwierigsten Aufgaben der Neurosenpsychologie.» (op. cit. 187) Ferner sagt er, dass der Fall Doras durch die Affektverkehrung noch nicht genügend charakterisiert sei. Man müsse bei ihr ausserdem eine Verschiebung der Empfindung annehmen: «Anstatt der Genitalsensation, die bei einem gesunden Mädchen unter solchen Umständen gewiss nicht gefehlt hätte, stellt sich bei ihr die Unlustempfindung ein, welche dem Schleimhauttrakt des Einganges in den Verdauungskanal zugehört, der Ekel. Gewiss hat auf diese Lokalisation die Lippenerregung durch den Kuss Einfluss genommen.» Freud glaubt aber auch noch die Wirkung eines anderen Momentes zu erkennen: «Der damals verspürte Ekel ist bei Dora nicht zum bleibenden Symptom geworden, auch zur Zeit der Behandlung war er nur gleichsam potentiell vorhanden. Sie ass schlecht und gestand eine gelinde Abneigung gegen Speisen zu. Dagegen hatte jene Szene eine andere Folge zurückgelassen, eine Empfindungshalluzination, die von Zeit zu Zeit auch während ihrer Erzählung wieder auftrat. Sie sagte, sie verspüre jetzt noch den Druck auf den Oberkörper von jener Umarmung. Nach gewissen Regeln der Symptombildung […], im Zusammenhalt mit anderen, sonst unerklärlichen Eigentümlichkeiten der Kranken, die z.B. an keinem Manne vorbeigehen wollte, den sie in eifrigem oder zärtlichem Gespräch mit einer Dame stehen sah, habe ich mir von dem Hergang in jener Szene folgende Rekonstruktion geschaffen. Ich denke, sie verspürte in der stürmischen Umarmung nicht bloss den Kuss auf ihren Lippen, sondern auch das Andrängen des erigierten Gliedes gegen ihren Leib. Diese ihr anstössige Wahrnehmung wurde für die Erinnerung beseitigt, verdrängt und durch die harmlose Sensation des Druckes am Thorax ersetzt, die aus der verdrängten Quelle ihre übergrosse Intensität bezieht. Eine neuerliche Verschiebung also vom Unterkörper auf den Oberkörper. Der Zwang in ihrem Benehmen ist hingegen so gebildet, als ginge er von der unveränderten Erinnerung aus. Sie mag an keinem Manne, den sie in sexueller Erregung glaubt, vorbeigehen, weil sie das somatische Zeichen derselben nicht wieder sehen will.» (op. cit. 188)

«Die Scheu vor Männern in möglicherweise sexuell erregtem Zustande folgt dem Mechanismus einer Phobie, um sich vor einer neuerlichen Wiederbelebung der verdrängten Wahrnehmung zu sichern» (op. cit. 189) – hier macht Freud eine der wenigen technischen Bemerkungen zum *Fall Dora*; er bemerkt, dass er in der «vorsichtigsten Weise bei der Patientin angefragt» habe, ob ihr von körperlichen Zeichen der Erregtheit am Leibe des Mannes etwas bekannt sei. Die Antwort habe für die Gegenwart *ja* gelautet, für damals *nein*. Freud habe bei dieser Patientin von Anfang an die grösste Sorgfalt angewendet, um ihr keinen neuen Wissensstoff auf dem Gebiete des Geschlechtslebens zuzuführen, und dies nicht aus Gründen der Gewissenhaftigkeit, sondern weil er seine Voraussetzungen an diesem Fall einer Probe unterziehen wollte. Er nannte ein «Ding also erst dann beim Namen», wenn deutliche Anspielungen die «Übersetzung ins Direkte» erlaubten.

Freud fand es schwierig, die Aufmerksamkeit seiner Patientin auf ihren Verkehr mit Herrn K. zu lenken. Dora behauptete, dass sie mit dieser Person abgeschlossen habe. «Die oberste Schicht all ihrer Einfälle in den Sitzungen, alles was ihr leicht bewusst wurde und was sie als bewusst vom Vortag erinnerte, bezog sich immer auf den Vater. Es war ganz richtig, dass sie dem Vater die Fortsetzung des Verkehres mit Herrn und besonders mit Frau K. nicht verzeihen konnte. Ihre Auffassung dieses Verkehrs war allerdings eine andere, als die der Vater selbst gehegt wissen wollte. Für sie bestand kein Zweifel, dass es ein gewöhnliches Liebesverhältnis sei, das ihren Vater an die junge und schöne Frau knüpfe. Nichts was dazu beitragen konnte, diesen Satz zu erhärten, war ihrer hierin unerbittlich scharfen Wahrnehmung entgangen, hier fand sich keine Lücke in ihrem Gedächtnisse. Die Bekanntschaft mit den K. hatte schon vor der schweren Erkrankung des Vaters begonnen; sie wurde aber erst intim, als sich während dieser Krankheit die junge Frau förmlich zur Pflegerin aufwarf, während die Mutter sich vom Bette des Kranken ferne hielt. In dem ersten Sommeraufenthalte nach der Genesung ereigneten sich Dinge, die jedermann über die wirkliche Natur dieser ‹Freundschaft› die Augen öffnen mussten. Die beiden Familien hatten gemeinsam einen Trakt im Hotel gemietet, und da geschah es eines Tages, dass Frau K. erklärte, sie könne das Schlafzimmer nicht beibehalten, welches sie bisher mit einem ihrer Kinder geteilt hatte, und wenige Tage nachher gab ihr Vater sein Schlafzimmer auf, und beide bezogen neue Zimmer, die Endzimmer, die nur durch den Korridor getrennt waren, während die aufgegebenen Räume solche Garantie gegen Störung nicht geboten hatten. Wenn sie dem Vater später Vorwürfe wegen der Frau K. machte, so pflegte er zu sagen, er begreife diese Feindschaft nicht, die Kinder hätten vielmehr einen Grund, der Frau K. dankbar zu sein. Die Mama, an welche sie sich dann um Aufklärung dieser dunklen Rede wandte, teilte ihr mit, der Papa sei damals so unglücklich gewesen, dass er im Walde einen Selbstmord habe verüben wollen; Frau K., die es geahnt, sei ihm aber nachgekommen und habe ihn durch ihr Bitten bestimmt, sich den Seinigen zu erhalten. Sie glaube natürlich nicht daran, man habe wohl die beiden im Walde mitsammen gesehen und da habe der Papa dies Märchen vom Selbstmord erfunden, um das Rendezvous zu rechtfertigen. Als sie dann nach B. zurückkehrten, war der Papa täglich zu bestimmten Stunden bei Frau K., während der Mann im Geschäft war. Alle Leute hätten darüber gesprochen und sie in bezeichnender Weise danach gefragt. Herr K. selbst habe oft gegen ihre Mama bitter geklagt, sie selbst aber mit Anspielungen auf den Gegenstand verschont, was sie ihm als Zartgefühl anzurechnen schien. Bei gemeinsamen Spaziergängen wussten Papa und Frau K. es regelmässig so einzurichten, dass er mit Frau K. allein blieb. Es war kein Zweifel, dass sie Geld von ihm nahm, denn sie machte Ausgaben, die sie unmöglich aus eigenen Mitteln oder aus denen ihres Mannes bestreiten konnte. Der Papa begann auch, ihr grosse Geschenke zu machen; um diese zu verdecken, wurde er gleichzeitig besonders freigiebig gegen die Mutter und gegen sie (Dora) selbst. Die bis dahin kränkliche Frau, die selbst für Monate eine Nervenheilanstalt aufsuchen musste, weil sie nicht gehen konnte, war seither gesund und lebensfrisch.» (op. cit. 191f) Doras Vater benutzte unter dem Vorwand der Krankheit jede Gelegenheit, sich mit Frau K. zu treffen. «Dass der Papa unaufrichtig sei, einen Zug von Falschheit in seinem Charakter habe, nur an seine eigene Befriedigung denke und die Gabe besitze, sich die Dinge so zurechtzulegen, wie es ihm am besten passe, solche Kritik bekam ich besonders in den Tagen zu hören, als der Vater wieder einmal seinen Zustand verschlimmert fühlte und für mehrere Wochen nach B. abreiste, worauf die scharfsichtige Dora bald ausgekundschaftet hatte, dass auch Frau K. eine Reise nach demselben Ziel zum Besuch ihrer Verwandten unternommen hatte.» (op. cit. 192f)

Dora war wütend auf ihren Vater, weil sie empfand, dass dieser sie Herrn K. auslieferte als Preis für die Duldung der Beziehungen zwischen ihm und Frau K. Jeder der beiden Männer vermied es, aus dem Benehmen des anderen jene Konsequenz zu ziehen, welche für seine eigenen Begehrungen unbequem war. «Herr K. durfte Dora alle Tage seiner Anwesenheit ein Jahr hindurch Blumen schicken, jede Gelegenheit zu kostbaren Geschenken benutzen und alle seine freie Zeit in ihrer Gesellschaft zubringen, ohne dass ihre Eltern in diesem Benehmen den Charakter der Liebeswerbung erkannt hätten.» (op. cit. 193)

«Auch die Vorwürfe Doras gegen ihren Vater waren mit Selbstvorwürfen durchwegs des nämlichen Inhalts ‹unterfüttert›, ‹doubliert›, wie wir im einzelnen zeigen werden: Sie hatte recht darin, dass der Vater sich Herrn K.s Benehmen gegen seine Tochter nicht klarmachen wollte, um nicht in seinem Verhältnis zu Frau K. gestört zu werden. Aber sie hatte genau das nämliche getan. Sie hatte sich zur Mitschuldigen dieses Verhältnisses gemacht und alle Anzeichen abgewiesen, welche sich für die wahre Natur desselben ergaben. Erst seit dem Abenteuer am See datierte ihre Klarheit darüber und ihre strengen Anforderungen an den Vater. All die Jahre vorher hatte sie dem Verkehr des Vaters mit Frau K. jeden möglichen Vorschub geleistet. Sie ging nie zu Frau K., wenn sie den Vater dort vermutete. Sie wusste, dann würden die Kinder weggeschickt worden sein, richtete ihren Weg so ein, dass sie die Kinder antraf, und ging mit ihnen spazieren. Es hatte eine Person im Hause gegeben, welche ihr frühzeitig die Augen über die Beziehungen des Vaters zu Frau K. öffnen und sie zur Parteinahme gegen diese Frau anreizen wollte. Dies war ihre letzte Gouvernante, ein älteres, sehr belesenes Mädchen von freien Ansichten. Lehrerin und Schülerin standen eine Weile recht gut miteinander, bis Dora sich plötzlich mit ihr verfeindete, und auf ihrer Entlassung bestand. So lange das Fräulein Einfluss besass, benutzte sie ihn dazu, gegen Frau K. zu hetzen. Sie setzte der Mama auseinander, dass es mit ihrer Würde unvereinbar sei, solche

Intimität ihres Mannes mit einer Fremden zu dulden; sie machte auch Dora auf alles aufmerksam, was an diesem Verkehr auffällig war. Ihre Bemühungen waren aber vergebens, Dora blieb Frau K. zärtlich zugetan und wollte von keinem Anlass wissen, den Verkehr des Vaters mit ihr anstössig zu finden. Sie gab sich anderseits sehr wohl Rechenschaft über die Motive, die ihre Gouvernante bewegten. Blind nach der einen Seite, war sie scharfsichtig genug nach der anderen. Sie merkte, dass das Fräulein in den Papa verliebt sei. Wenn der Papa anwesend war, schien sie eine ganz andere Person, dann konnte sie amüsant und dienstfertig sein.» (op. cit. 194f) Dora wurde erst erbost gegen die Gouvernante, als sie merkte, dass sie selbst dieser ganz gleichgültig sei und dass die ihr erwiesene Liebe tatsächlich dem Papa gelte. Während der Abwesenheit des Papa hatte die Gouvernante keine Zeit für Dora und interessierte sich nicht für sie. Kaum war der Vater von B. zurückgekommen, zeigte die Gouvernante wieder alle Dienst- und Hilfeleistungen. Da liess Dora sie fallen. Die Gouvernante hatte ihr mit Klarheit ein Stück von Doras eigenem Benehmen beleuchtet.

«So wie das Fräulein zeitweise gegen Dora, so war Dora gegen die Kinder des Herrn K. gewesen. Sie vertrat Mutterstelle an ihnen, unterrichtete sie, ging mit ihnen aus, schuf ihnen einen vollen Ersatz für das geringe Interesse, das die eigene Mutter ihnen zeigte. Zwischen Herrn und Frau K. war oft von Scheidung die Rede gewesen; sie kam nicht zustande, weil Herr K., der ein zärtlicher Vater war, auf keines der beiden Kinder verzichten wollte. Das gemeinsame Interesse an den Kindern war von Anfang an ein Bindemittel des Verkehrs zwischen Herrn K. und Dora gewesen. Die Beschäftigung mit den Kindern war für Dora offenbar der Deckmantel, der ihr selbst und den Fremden etwas anderes verbergen sollte.» (op. cit. 196)

«Aus ihrem Benehmen gegen die Kinder, wie es durch das Benehmen des Fräuleins gegen sie selbst erläutert wurde, ergab sich dieselbe Folgerung wie aus ihrer stillschweigenden Einwilligung in den Verkehr des Vaters mit Frau K., nämlich, dass sie all die Jahre über in Herrn K. verliebt gewesen war. Als ich diese Folgerung ausspreche», schreibt Freud, «fand ich keine Zustimmung bei ihr. Sie berichtete zwar sofort, dass auch andere Personen, z.B. eine Cousine, die eine Weile in B. auf Besuch war, ihr gesagt hätten: ‹Du bist ja ganz vernarrt in den Mann›; sie selbst wollte sich aber an diese Gefühle nicht erinnern. Späterhin, als die Fülle des auftauchenden Materials ein Ableugnen erschwerte, gab sie zu, sie könne Herrn K. in B. geliebt haben, aber seit der Szene am See sei das vorüber. Jedenfalls stand es fest, dass der Vorwurf, sich gegen unabweisbare Pflichten taub gemacht und sich die Dinge so zurechtgelegt zu haben, wie es der eigenen verliebten Regung bequem war, der Vorwurf, den sie gegen den Vater erhob, auf ihre eigene Person zurückfiel.» (op. cit. 196f)

Der andere Vorwurf, dass er seine Krankheiten als Vorwände schaffe und als Mittel benütze, deckt wiederum ein ganzes Stück ihrer eigenen geheimen Geschichte. Sie klagte eines Tages über ein angeblich neues Symptom, schneidende Magenschmerzen; als Freud fragte, wen sie damit kopiere, stellte sich heraus, dass sie am Vortag ihre Cousinen, die Töchter der verstorbenen Tante, besucht hatte: «Die jüngere war Braut geworden, die ältere war zu diesem Anlass an Magenschmerzen erkrankt und sollte auf den Semmering gebracht werden. Sie meinte, das sei bei der älteren nur Neid, die werde immer krank, wenn sie etwas erreichen wolle, und jetzt wolle sie eben vom Hause weg, um das Glück der Schwester nicht mit anzusehen. Ihre eigenen Magenschmerzen sagten aber aus, dass sie sich mit der für eine Simulantin erklärten Cousine identifiziere, sei es, weil sie gleichfalls die Glücklichere um ihre Liebe beneidete oder weil sie im Schicksal der älteren Schwester, der kurz vorher eine Liebesaffäre unglücklich ausgegangen war, das eigene gespiegelt sah. Wie nützlich sich Krankheiten verwenden lassen, hatte sie aber auch durch die Beobachtung der Frau K. erfahren. Herr K. war einen Teil des Jahres auf Reisen; sooft er zurückkam, fand er die Frau leidend, die einen Tag vorher noch, wie Dora wusste, wohlauf gewesen war. Dora verstand, dass die Gegenwart des Mannes krankmachend auf die Frau wirkte, und dass dieser das Kranksein willkommen war, um sich den verhassten ehelichen Pflichten zu entziehen. Eine Bemerkung über ihre eigene Abwechslung von Leiden und Gesundheit während der ersten in B. verbrachten Mädchenjahre, die sich an dieser Stelle plötzlich einfügte, musste mich auf die Vermutung bringen, dass ihre eigenen Zustände in einer ähnlichen Abhängigkeit wie die der Frau K. zu betrachten seien», schreibt Freud. Und weiter: «Dora hatte eine Unzahl von Anfällen von Husten mit Stimmlosigkeit gezeigt; sollte die Anwesenheit oder Abwesenheit des Geliebten auf dieses Kommen und Schwinden der Krankheitserscheinungen Einfluss geübt haben? Wenn dies der Fall war, so musste sich irgendwo eine verräterische Übereinstimmung nachweisen lassen. Ich fragte, welches die mittlere Zeitdauer dieser Anfälle gewesen war. Etwa drei bis sechs Wochen. Wie lange die Abwesenheit des Herrn K. gedauert hätten? Sie musste zugeben, gleichfalls zwischen drei und sechs Wochen. Sie demonstrierte also mit ihrem Kranksein ihre Liebe für K. wie dessen Frau ihre Abneigung. Nur durfte man annehmen, dass sie sich umgekehrt wie die Frau benommen hätte, krank gewesen wäre, wenn er abwesend, und gesund, nachdem er zurückgekehrt.» (op. cit. 197f)

Freud erinnert sich, seinerzeit auf der Charcot'schen Klinik erlebt zu haben, dass bei den Personen mit hysterischem Mutismus das Schreiben vikariierend für das Sprechen eintrat. Sie schrieben geläufiger, rascher und besser als andere und als vorhin. Dasselbe war bei Dora der Fall gewesen. «In den ersten Tagen ihrer Aphonie war ihr ‹das Schreiben immer besonders leicht von der Hand gegangen›. Diese Eigentümlichkeit erforderte als der Ausdruck einer physiologischen Ersatzfunktion, welche sich das Bedürfnis schafft, ja eigentlich keine psychologische Aufklärung; es war aber bemerkenswert, dass eine solche doch leicht zu haben war. Herr K. schrieb ihr reichlich von der Reise, schickte Ansichtskarten; es kam vor, dass sie allein von dem Termine seiner Rückkehr unterrichtet war, die Frau von ihm überrascht wurde. Dass man mit dem Abwesenden, den man nicht sprechen kann, korrespondiert, ist übrigens kaum weniger naheliegend, als dass man sich beim Versagen der Stimme durch die Schrift zu verständigen sucht. Die Aphonie Doras liess also folgende symbolische Deutung zu: Wenn der Geliebte ferne war, verzichtete sie auf das Sprechen; es hatte seinen Wert verloren, da sie mit ihm nicht sprechen konnte. Dafür bekam das Schreiben Bedeutung als das einzige Mittel, sich mit dem Abwesenden in Verkehr zu setzen.» (op. cit. 199)

Dora erhob gegen ihren Vater den Vorwurf der Simulation von Krankheiten. Freud machte sie aufmerksam, dass ihr jetziges Kranksein geradeso motiviert und tendenziös sei wie das von ihr verstandene der Frau K.: «Es sei kein Zweifel, dass sie einen Zweck im Auge habe, den sie durch ihre Krankheit zu erreichen hoffe. Dieser aber könne kein anderer sein, als den Vater der Frau K. abwendig zu machen. Durch Bitten und Argumente gelänge ihr dies nicht; vielleicht hoffe sie es zu erreichen, wenn sie den Vater in Schreck versetze (siehe den Abschiedsbrief), sein Mitleid wachrufe (durch die Anfälle von Ohnmacht), und wenn dies alles nichts nütze, so räche sie sich wenigstens an ihm. Sie wisse wohl, wie sehr er an ihr hänge und dass ihm jedesmal die Tränen in die Augen treten, wenn er nach dem Befinden seiner Tochter gefragt werde.» (op. cit. 201f)

Freud sagte Dora, er sei überzeugt, sie werde sofort gesund sein, wenn ihr der Vater erkläre, er bringe ihrer Gesundheit Frau K. zum Opfer.

Die Wiederholung derselben Gedanken über das Verhältnis ihres Vaters zu Frau K. führte zu weiteren wichtigen Überlegungen bezüglich *homosexueller Aspekte*: «Hinter dem überwertigen Gedankenzug, der sich mit dem Verhältnis des Vaters zu Frau K. beschäftigte, versteckte sich nämlich auch eine Eifersuchtsregung, deren Objekt diese Frau war – eine Regung also, die nur auf der Neigung zum gleichen Geschlecht beruhen konnte. Es ist längst bekannt und vielfach hervorgehoben, dass sich bei Knaben und Mädchen in den Pubertätsjahren deutliche Anzeichen von der Existenz gleichgeschlechtlicher Neigung auch normalerweise beobachten lassen. Die schwärmerische Freundschaft für eine Schulkollegin mit Schwüren, Küssen, dem Versprechen ewiger Korrespondenz und mit aller Empfindlichkeit der Eifersucht ist der gewöhnliche Vorläufer der ersten intensiveren Verliebtheit in einen Mann.» (op. cit. 220)

Freud erinnert auch an die zärtliche Bindung Doras an die Gouvernante, mit der sie anfangs in intimem Gedankenaustausch lebte, bis sie merkte, dass sie von ihr nicht ihrer eigenen Person, sondern des Vaters wegen geschätzt und gut behandelt worden sei. Darauf zwang sie die Gouvernante, das Haus zu verlassen. Dora verweise auch auffällig häufig und mit besonderer Betonung bei der Erzählung auf eine andere Entfremdung, die ihr selbst rätselhaft vorkam: «Mit ihrer zweiten Cousine, derselben, die später Braut wurde, hatte sie sich immer besonders gut verstanden und allerlei Geheimnisse mit ihr geteilt. Als nun der Vater zum ersten Mal nach dem abgebrochenen Besuch am See wieder nach B. fuhr und Dora es natürlich ablehnte, ihn zu begleiten, wurde diese Cousine aufgefordert, mit dem Vater zu reisen, und nahm es an. Dora fühlte sich von da an erkaltet gegen sie und verwunderte sich selbst, wie gleichgültig sie ihr geworden war, obwohl sie ja zugestand, sie könne ihr keinen Vorwurf machen. Diese Empfindlichkeiten veranlassten mich zu fragen», schreibt Freud, «welches ihr Verhältnis zu Frau K. bis zum Zerwürfnis gewesen war. Ich erfuhr dann, dass die junge Frau und das kaum erwachsene Mädchen Jahre hindurch in der grössten Vertraulichkeit gelebt hatten. Wenn Dora bei den K. wohnte, teilte sie das Schlafzimmer mit der Frau; der Mann wurde ausquartiert. Sie war die Vertraute und Beraterin der Frau in allen Schwierigkeiten ihres ehelichen Lebens gewesen; es gab nichts, worüber sie nicht gesprochen hatten.» (op. cit. 221f)

Freud fährt fort: «Wenn Dora von Frau K. erzählte, so lobte sie deren ‹entzückend weissen Körper› in einem Ton, der eher der Verliebten als der besiegten Rivalin entsprach. Mehr wehmütig als bitter teilte sie mir ein andermal mit, sie sei überzeugt, dass die Geschenke, die der Papa ihr gebracht, von Frau K. besorgt worden seien;

sie erkenne deren Geschmack. Ein andermal hob sie hervor, dass ihr offenbar durch die Vermittlung von Frau K. Schmuckgegenstände zum Geschenk gemacht worden seien, ganz ähnlich wie die, welche sie bei Frau K. gesehen und sich damals laut gewünscht habe. Ja, ich muss überhaupt sagen, ich hörte nicht ein hartes oder erbostes Wort von ihr über die Frau, in der sie doch nach dem Standpunkt ihrer überwertigen Gedanken die Urheberin ihres Unglücks hätte sehen müssen. Sie benahm sich wie inkonsequent, aber die scheinbare Inkonsequenz war eben der Ausdruck einer komplizierenden Gefühlsströmung. Denn wie hatte sich die schwärmerisch geliebte Freundin gegen sie benommen? Nachdem Dora ihre Beschuldigung gegen Herrn K. vorgebracht und dieser vom Vater schriftlich zur Rede gestellt wurde, antwortete er zuerst mit Beteuerungen seiner Hochachtung und erbot sich, nach der Fabrikstadt zu kommen, um alle Missverständnisse aufzuklären. Einige Wochen später, als ihn der Vater in B. sprach, war von Hochachtung nicht mehr die Rede. Er setzte das Mädchen herunter und spielte als Trumpf aus: Ein Mädchen, das solche Bücher liest und sich für solche Dinge interessiert, das hat keinen Anspruch auf die Achtung eines Mannes. Frau K. hatte sie also verraten und angeschwärzt; nur mit ihr hatte sie über Mantegazza und über verfängliche Themata gesprochen. Es war wieder derselbe Fall wie mit der Gouvernante; auch Frau K. hatte sie nicht um ihrer eigenen Person willen geliebt, sondern wegen des Vaters. Frau K. hatte sie unbedenklich geopfert, um in ihrem Verhältnis mit dem Vater nicht gestört zu werden. Vielleicht, dass diese Kränkung ihr näherging, pathogen wirksamer war als die andere, mit der sie jene verdecken wollte, dass der Vater sie geopfert. Wies nicht die eine so hartnäckig festgehaltene Amnesie in betreff der Quellen ihrer verfänglichen Kenntnis direkt auf den Gefühlswert der Beschuldigung und demnach auf den Verrat durch die Freundin hin?» (op. cit. 222f)

Zum Abschluss seines Kapitels über den Krankheitszustand Doras schreibt Freud: «Ich glaube also mit der Annahme nicht irrezugehen, dass der überwertige Gedankenzug Doras, der sich mit dem Verhältnis des Vaters zur Frau K. beschäftigte, bestimmt war nicht nur zur Unterdrückung der einst bewusst gewesenen Liebe zu Herrn K., sondern auch die in tieferem Sinne unbewusste Liebe zu Frau K. zu verdecken hatte. […] Sie sagte sich unablässig vor, dass der Papa sie dieser Frau geopfert habe, demonstrierte geräuschvoll, dass sie ihr den Besitz des Papas nicht gönne, und verbarg sich so das Gegenteil, dass sie dem Papa die Liebe dieser Frau nicht gönnen konnte und der geliebten Frau die Enttäuschung über ihren Verrat nicht vergeben hatte. Die eifersüchtige Regung des Weibes war im Unbewussten an eine wie von einem Mann empfundene Eifersucht gekoppelt. Diese männlichen oder, wie man besser sagt, gynäkophilen Gefühlsströmungen sind für das unbewusste Liebesleben der hysterischen Mädchen als typisch zu betrachten.» (op. cit. 223f)

Es scheint aber, dass diese Überlegungen bezüglich der Homosexualität in die ja bereits 1901, also 4 Jahre vor der schriftlichen Fassung erfolgte Behandlung kaum einflossen. Darüber werden wir bei der Fortsetzung dieser berühmten Fallgeschichte Freuds in unserer nächsten Vorlesung etwas hören, in welcher wir insbesondere auf zwei Träume Doras eingehen und auch etwas über Doras Therapieabbruch sagen. Einige kritische Bemerkungen zur nach damaligem Erkenntnisstand geführten Behandlung und ein paar katamnestische Angaben zu Doras weiterem Schicksal werden das Thema schliessen.

Vorlesung XXXI

Aus Freuds klinischen Schriften: Der Fall Dora II

I. Der erste Traum

Freud und Dora sind sechs Wochen nach Analysebeginn gerade daran, einen dunklen Punkt in ihrem Kinderleben zu erhellen, wobei Freud nicht erwähnt, um welches Material es sich handelt. Da sagt Dora, dass sie in einer der letzten Nächte einen Traum hatte, welchen sie früher schon wiederholt geträumt habe (1905e [1901], GW V, 225):

> In einem Haus brennt es, der Vater steht vor meinem Bett und weckt mich auf. Ich kleide mich schnell an. Die Mama will noch ihr Schmuckkästchen retten, der Papa sagt aber: Ich will nicht, dass ich und meine beiden Kinder wegen deines Schmuckkästchens verbrennen. Wir eilen herunter, und sowie ich draussen bin, wache ich auf.

Auf Freuds Frage nach ihren Einfällen zum Traum erinnert sich Dora, ihn in L. am See, wo, wie wir wissen, die Szene mit Herrn K. vorgefallen war, während drei Nächten nacheinander und dann vor einigen Tagen wieder geträumt zu haben.

Dora fährt fort: «Also der Papa hat in diesen Tagen mit der Mama einen Streit gehabt, weil sie nachts das Speisezimmer absperrt. Das Zimmer meines Bruders hat nämlich keinen eigenen Ausgang, sondern ist nur durchs Speisezimmer zugänglich. Der Papa will nicht, dass der Bruder bei Nacht so abgesperrt sein soll. Er hat gesagt, das ginge nicht; es könnte doch bei Nacht etwas passieren, dass man hinaus muss.» (op. cit. 226) Daraus ergibt sich ein Zusammenhang mit *Feuergefahr* durch Gewitter, Blitz in L. am See.

Dora assoziiert weiter: «Am Nachmittag nach unserer Seefahrt, von der wir, Herr K. und ich, mittags zurückkamen, hatte ich mich wie gewöhnlich auf das Sofa im Schlafzimmer gelegt, um kurz zu schlafen. Ich erwachte plötzlich und sah Herrn K. vor mir stehen.» – «Also wie Sie im Traume den Papa vor Ihrem Bette stehen sehen?», fragt Freud, und Dora antwortet: «Ja. Ich stelle ihn zur Rede, was er hier zu suchen habe. Er gab zur Antwort, er lasse sich nicht abhalten, in sein Schlafzimmer zu gehen, wann er wolle; übrigens habe er etwas holen wollen. Dadurch vorsichtig gemacht, habe ich Frau K. gefragt, ob denn kein Schlüssel zum Schlafzimmer existiere, und habe mich am nächsten Morgen (am zweiten Tag) zur Toilette eingeschlossen. Als ich mich dann nachmittags einschliessen wollte, um mich wieder aufs Sofa zu legen, fehlte der Schlüssel. Ich bin überzeugt, Herr K. hatte ihn beseitigt.» (op. cit. 228)

Der Satz «ich kleide mich schnell an» lässt sich verstehen aus Doras Befürchtung, von Herrn K. überrascht zu werden.

Auch den Satz «sowie ich draussen bin, wache ich auf» versteht Freud in diesem Zusammenhang, aber in Form einer Umkehrung; Dora kann nicht ruhig schlafen im Haus, sie muss dazu hinaus – eine Wunscherfüllung.

Auf Freuds Frage nach dem *Schmuckkästchen* antwortet Dora: «Die Mama liebt Schmuck sehr und hat viel von Papa bekommen.» Und weiter: «Ich habe Schmuck früher auch sehr geliebt; seit der Krankheit trage ich keinen mehr. – Da gab es damals vor vier Jahren (ein Jahr vor dem Traum) einen grossen Streit zwischen Papa und Mama wegen eines Schmuckes. Die Mama wünschte sich etwas Bestimmtes, Tropfen von Perlen im Ohre zu tragen. Der Papa liebt aber dergleichen nicht und brachte ihr anstatt der Tropfen ein Armband. Sie war wütend und sagte ihm, wenn er schon soviel Geld ausgegeben habe, um etwas zu schenken, was sie nicht möge, so solle er es nur einer anderen schenken.» Freud: «Da werden Sie sich gedacht haben, Sie nähmen es gerne?» Dora: «Ich weiss nicht, weiss überhaupt nicht, wie die Mama in den Traum kommt; sie war doch damals nicht mit in L.» Auf Freuds Hinweis, dass sie bis jetzt nur vom Schmuck, nicht aber vom Kästchen gesprochen habe, erwähnt Dora, dass Herr K. ihr vor einiger Zeit ein kostbares Schmuckkästchen geschenkt habe. Nun erklärt ihr Freud, dass Schmuckkästchen eine *beliebte Bezeichnung für das weibliche Genitale sei* (op. cit. 231).

Dora: «Ich wusste, dass Sie das sagen würden.»

Freud: «Das heisst, Sie wussten es. – Der Sinn des Traumes wird nun noch deutlicher. Sie sagten sich: Der Mann stellt mir nach, er will in mein Zimmer dringen, meinem ‹Schmuckkästchen› droht Gefahr, und wenn da ein Malheur passiert, wird es die Schuld des Papa sein. Darum haben Sie in den Traum eine Situation genommen, die das Gegenteil ausdrückt, eine Gefahr, aus welcher der Papa Sie rettet. In dieser Region des Traumes ist überhaupt alles ins Gegenteil verwandelt.»

Freud fährt in seinen Deutungen fort und erklärt Dora, dass die Mama, ihre frühere Konkurrentin, in der Gunst des Papa sei – bezüglich des Schmucks hätte sie gerne angenommen, was die Mama zurückgewiesen habe; sie wäre bereit gewesen, dem Papa zu geben, was die Mama ihm verweigerte. Ein paralleles Thema sei die Erinnerung an das Schmuckkästchen, welches ihr Herr K. geschenkt habe. In ihren Assoziationen habe sie sich an Herrn K. erinnert, welcher vor ihrem Bett steht, anstelle des Papa wie im Traum; in dieser Gedankenreihe werde auch die Mama durch Frau K. ersetzt. Dora sei also bereit gewesen, Herrn K. das zu schenken, was ihm seine Frau verweigerte. Der Traum bestätige, sagt Freud, dass Dora die alte Liebe zum Papa wachrufe, um sich gegen die Liebe zu Herrn K. zu schützen. Dora fürchte sich sehr vor der Versuchung, dem Herrn K. nachzugeben.

Dora ist aber nicht bereit, diese Deutung zu akzeptieren.

Freud greift nun Doras mit Feuergefahr verknüpfte Assoziation bezüglich des abgesperrten Speisezimmers («es könnte doch bei Nacht etwas passieren, dass man hinaus muss») zur Stützung seiner Deutungen auf. Er benützt das Bild vom Feuer, das mit Wasser gelöscht werden kann, und argumentiert folgendermassen: «Die Mama will das Schmuckkästchen retten, damit es nicht verbrennt, in den Traumgedanken kommt es darauf an, dass das ‹Schmuckkästchen› nicht nass wird. Feuer ist aber nicht nur als Gegensatz zu Wasser verwendet, es dient auch zur direkten Vertretung von Liebe, Verliebt-, Verbranntsein. Von Feuer geht also das eine Geleise über diese symbolische Bedeutung zu den Liebesgedanken, das andere führt über den Gegensatz Wasser, nachdem noch die eine Beziehung zur Liebe, die auch nass macht, abgezweigt hat, anderswohin. Wohin nun? Denken Sie an Ihre Ausdrücke: dass bei Nacht ein Malheur passiert, dass man hinaus muss. Bedeutet das nicht ein körperliches Bedürfnis, und wenn Sie das Malheur in die Kindheit versetzen, kann es ein anderes sein, als dass das Bett nass wird? Was tut man aber, um die Kinder vor dem Bettnässen zu hüten? Nicht wahr, man weckt sie in der Nacht aus dem Schlafe, ganz so, wie es im Traume der Papa mit Ihnen tut? Dieses wäre also die wirkliche Begebenheit, aus welcher Sie sich das Recht nehmen, Herrn K., der Sie aus dem Schlafe weckt, durch den Papa zu ersetzen. Ich muss also schliessen, dass Sie an Bettnässen länger als es sich sonst bei Kindern verhält, gelitten haben. Dasselbe muss bei Ihrem Bruder der Fall gewesen sein. Der Papa sagt ja: Ich will nicht, dass meine beiden Kinder […] zugrunde gehen. Der Bruder hat mit der aktuellen Situation bei K. sonst nichts zu tun, er war auch nicht nach L. mitgekommen. Was sagen nun Ihre Erinnerungen dazu?» (op. cit. 234f)

Dora erinnert sich, dass ihr Bruder bis ins 6. oder 7. Lebensjahr das Bett nässte; sie selbst habe dies im 7. oder 8. Jahr eine Zeitlang getan, kurz vor dem nervösen Asthma.

Am nächsten Tag bringt Dora einen *Nachtrag zum Traum: Sie habe vergessen zu erzählen, dass sie nach dem Erwachen jedesmal Rauch gerochen habe.*

Freud meint, dass der Rauch zum Feuer passe, seine Deutung dadurch bestätigt werde; er pflege ihrer Kritik ja auch entgegenzuhalten, dass wo Rauch sei, auch Feuer sein müsse.

Dora fügt hinzu, dass Herr K. und der Papa leidenschaftliche Raucher seien; sie selbst habe an jenem See geraucht, und Herr K. habe ihr vor seiner unglücklichen Werbung eine Zigarette gedreht. Sie glaubte sich auch zu erinnern, dass der Geruch nach Rauch nicht erst im letzten, sondern schon in den dreimaligen Träumen in L. aufgetreten war.

Weil die Erinnerung an den Rauch erst als Nachtrag kam, dachte Freud, dass Dora diesbezüglich eine besondere Anstrengung unternehmen musste, um die Verdrängung zu überwinden; Gedanken, die mit der sexuellen Versuchungssituation zu tun haben, gehören nach seinem Dafürhalten zu den bestverdrängten – bei Dora dürfte die Sehnsucht nach einem Kusse verdrängt worden sein, der beim Raucher notwendigerweise nach Rauch schmeckt. Der Rauchgeruch scheint so auf die frühere Szene zurückgegriffen und die Erinnerung an jenen Kuss aufgeweckt zu haben, gegen dessen Verlockung sich die Lutscherin seinerzeit durch den Ekel schützte. Freud stellt nun *Überlegungen zur Übertragung* an, weil er selbst Raucher ist, und gelangt zur Ansicht, dass Dora eines Tages während der Sitzung eingefallen sein könnte, sich einen Kuss von ihm zu wünschen, was für sie wohl der Anlass gewesen sei, den Warnungstraum zu wiederholen und den Vorsatz zu fassen, die Behandlung abzubrechen.

Freud macht sich einige theoretische Gedanken zu Doras Fall von *Bettnässen* (op. cit. 236f), welchen er für ungewöhnlich hält: «Die Störung hatte sich nicht einfach über die fürs normale zugestandene Zeit fortgesetzt, sondern war nach ihrer bestimmten Angabe zunächst geschwunden und dann verhältnismässig spät, nach dem sechsten Lebensjahre wieder aufgetreten.» Ein solches Bettnässen lässt nach Freud auf *Masturbation* schliessen, und Traum wie zugehörige Assoziationen bestätigen ihm diese Annahme. Freud stützt seine Idee von Doras Kindheitsmasturbation mit ihrer Kenntnis der luetischen Natur der Krankheit des Vaters – dieser war also durch leichtsinnigen Lebenswandel krank geworden, und sie nahm an, dass er ihr das Kranksein erblich übertragen habe.

«Ich hütete mich», schreibt Freud, «ihr zu sagen, dass ich [...] gleichfalls die Ansicht vertrete, die Nachkommenschaft Luetischer sei zu schweren Neuropsychosen ganz besonders prädisponiert. Die Fortsetzung dieses den Vater anklagenden Gedankenganges ging durch unbewusstes Material. Sie identifizierte sich einige Tage lang in kleinen Symptomen und Eigentümlichkeiten mit der Mutter, was ihr Gelegenheit gab, Hervorragendes in Unausstehlichkeit zu leisten, und liess mich dann erraten, dass sie an einen Aufenthalt in Franzensbad denke, das sie in Begleitung der Mutter – ich weiss nicht mehr, in welchem Jahre – besucht hatte. Die Mutter litt an Schmerzen im Unterleibe und an einem Ausflusse – Katarrh –, der eine Franzensbader Kur notwendig machte. Es war ihre – wahrscheinlich wieder berechtigte – Meinung, dass diese Krankheit vom Papa herrühre, der also seine Geschlechtsaffektion auf die Mutter übertragen hatte.» (op. cit. 237f) Freud begreift, dass sie bei diesem Schluss Gonorrhö und Syphilis, übertragen oder erblich, vermischt. Ihr Verharren in der Identifizierung bewegt Freud zur Frage, ob sie denn auch eine Geschlechtskrankheit habe, und er erfährt, dass sie an einem Katarrh, Ausfluss (Fluor albus) leide, an dessen Beginn sie sich nicht erinnern könne. Er versteht nun, dass hinter Doras Anklage des Vaters wie gewöhnlich eine Selbstbeschuldigung verborgen ist und versichert ihr, dass der Fluor der jungen Mädchen vorzugsweise auf Masturbation hinweise. Sie sei also auf dem Weg, ihre Frage, warum gerade sie erkrankt sei, durch das Eingeständnis ihrer Masturbation, wahrscheinlich in den Kinderjahren, zu beantworten.

Dora bestreitet entschieden, sich an etwas Derartiges erinnern zu können. Aber einige Tage später führt sie etwas auf, was Freud als weitere Annäherung an ein Geständnis betrachtet: Sie hatte ein *Portemonnaie-Täschchen*, wie sie eben modern wurden, umgehängt und spielte damit, während sie im Liegen sprach, indem sie es öffnete, einen Finger hineinsteckte, es wieder schloss, usw. – Freud sah ihr eine Weile zu und erklärte ihr dann, was eine Symptomhandlung sei: Symptomhandlungen nenne er jene Verrichtungen, die der Mensch, wie man sagt, automatisch, unbewusst, ohne darauf zu achten, wie spielerisch vollzieht, denen er jede Bedeutung absprechen möchte und die er für gleichgültig und zufällig erklärt, wenn er nach ihnen gefragt wird. Sorgfältigere Beobachtung zeige aber dann, dass solche Handlungen, von denen das Bewusstsein nichts weiss oder nichts wissen will, unbewussten Gedanken und Impulsen Ausdruck gäben, somit als zugelassene Äusserungen des Unbewussten wertvoll und lehrreich seien. Freud (op. cit. 239f): «Das zweiblättrige Täschchen Doras ist nichts anderes als eine Darstellung des Genitales, und ihr Spielen damit, ihr Öffnen und Fingerhineinstecken eine recht ungenierte, aber unverkennbare pantomimische Mitteilung dessen, was sie damit tun möchte, die der Masturbation.»

Zur Zeitbestimmung von Doras Bettnässen bis kurz vor dem Auftreten des nervösen Asthmas meint Freud, dass die hysterischen Symptome fast niemals aufträten, solange die Kinder masturbieren, sondern erst danach, in der Abstinenz. Sie seien also ein Ersatz für die masturbatorische Befriedigung, nach der das Verlangen im Unbewussten erhalten bleibe, solange nicht eine andersartige normalere Befriedigung eintrete. Freud weiss nicht sicher anzugeben, durch welchen Einfluss die Masturbation bei Dora unterdrückt wurde. Aus ihrer Biographie ergibt sich, dass das Bettnässen bis nahe zur ersten Erkrankung an Dyspnoe heranreichte. Das einzige, was Dora zur Aufklärung dazu anzugeben wusste, war, dass der Vater damals erstmals nach seiner Besserung verreist gewesen sei. Freud meint, dass in diesem erhaltenen Stückchen Erinnerung eine Beziehung zur Ätiologie der Dyspnoe angedeutet sein müsse. Aus verschiedenen Symptomhandlungen und anderen Anzeichen schliesst er, dass das Kind, dessen Schlafzimmer sich neben dem der Eltern befand, einen nächtlichen Besuch des Vaters bei seiner Ehefrau belauscht und das Keuchen des Vaters beim Koitus gehört habe – lägen doch die Ausdrucksbewegungen für die sexuelle Erregung als mitgeborene Mechanismen, Urphantasien in den Kindern bereit; dass die Dyspnoe und das Herzklopfen der Hysterie und Angstneurose nur gelöste Stücke aus der Koitusaktion sind, hat er schon früher ausgeführt.

Freud hält also die Dyspnoe Doras für ein hysterisches Symptom und führt dieses nervöse Asthma auf das Belauschen des elterlichen sexuellen Verkehres zurück. Das verliebte Kind habe sehnsüchtig an den abwesenden Vater gedacht und in einer Art Identifikation und Erinnerung an den Eindruck des belauschten Koitus einen Asthmaanfall produziert. Die unbewusste Bedeutung des Fluor albus und des Hustens, der ursprünglich von einem geringfügigen realen Katarrh herstammte, fasst Freud im folgenden hypothetischen Ausspruch, den er Dora unterstellt, zusammen: «Ich bin die Tochter von Papa. Ich habe einen Katarrh wie er. Er hat mich krankgemacht, wie er die Mama krankgemacht hat. Von ihm habe ich die bösen Leidenschaften, die sich durch Krankheit strafen.» (op. cit. 245)

Freud betrachtet den Wunsch, Herrn K. durch den Vater zu ersetzen, als Triebkraft zum Traum. Dora rief ihre infantile Neigung zum Vater wieder wach, um die verdrängte Liebe zu Herrn K. in der Verdrängung halten zu können.

II. Der zweite Traum

Freud weist einleitend darauf hin, dass dieser zweite Traum wenige Wochen nach dem ersten auftrat, und dass die Analyse dann von Dora abgebrochen wurde, weshalb nicht alles geklärt werden konnte. Dora erzählt (op. cit. 256f):

Ich gehe in einer Stadt, die ich nicht kenne, spazieren, sehe Strassen und Plätze, die mir fremd sind. Ich komme dann in ein Haus, wo ich wohne, gehe auf mein Zimmer und finde dort einen Brief der Mama liegen. Sie schreibt: Da ich ohne Wissen der Eltern vom Hause fort bin, wollte sie mir nicht schreiben, dass der Papa erkrankt ist. Jetzt ist er gestorben, und wenn Du willst, kannst du kommen. Ich gehe nun zum Bahnhof und frage etwa 100mal: Wo ist der Bahnhof? Ich bekomme immer die Antwort: Fünf Minuten. Ich sehe dann einen dichten Wald vor mir, in den ich hineingehe und frage dort einen Mann, dem ich begegne. Er sagt mir: Noch 2½ Stunden. Er bietet mir an, mich zu begleiten. Ich lehne ab und gehe allein. Ich sehe den Bahnhof vor mir und kann ihn nicht erreichen. Dabei ist das gewöhnliche Angstgefühl, wenn man im Traume nicht weiterkommt. Dann bin ich zu Hause, dazwischen muss ich gefahren sein, davon weiss ich aber nichts. – Trete in die Portierloge und frage ihn nach unserer Wohnung. Das Dienstmädchen öffnet mir und antwortet: Die Mama und die anderen sind schon auf dem Friedhofe.

Zum ersten Satz: «Ich gehe in einer Stadt, die ich nicht kenne, spazieren, sehe Strassen und Plätze, die mir fremd sind» fällt Dora ein, dass sie zu den Weihnachtsfeiertagen ein Album mit Stadtansichten von einem jungen Ingenieur, dessen flüchtige Bekanntschaft sie gemacht hatte, bekommen habe. Der junge Mann hatte eine Stellung in Deutschland angenommen, um rascher zur Selbständigkeit zu kommen, benützte jede Gelegenheit, um sich in Erinnerung zu bringen, und es war leicht zu erraten, dass er daran dachte, wenn sich seine Position gebessert habe, mit einer Werbung um Dora hervorzutreten. Dieses Album lag in einer Bilderschachtel, die Dora nicht sogleich fand, und deswegen fragte sie ihre Mutter: «Wo ist die Schachtel?»

Zum Satz, dass Dora den Mann, dem sie begegnet und der sie begleiten will, ablehnt, gibt es folgende Assoziationen: Dora erinnert sich an einen Aufenthalt in Dresden, wo sie als Fremde herumwanderte, es aber nicht versäumte, die berühmte Galerie zu besuchen. Ein Vetter wollte den Führer durch die Galerie machen, aber sie wies ihn ab und ging allein, blieb vor den Bildern stehen, die ihr gefielen. Vor der Sixtina verweilte sie zwei Stunden lang in still träumender Bewunderung.

Der Satz: «[Ich] frage etwa 100mal» führt Dora in ihren Assoziationen zu einem dem Traum vorangegangenen Anlass, bei dem ihr Vater nach Cognac verlangte. Er schlafe nicht, wenn er nicht vorher Cognac getrunken habe. Dora verlangte den Schlüssel zum Speisekasten der Mutter, welche aber in ein Gespräch verwickelt war und keine Antwort gab. Dora entfuhr es ungeduldig: «Jetzt habe ich Dich schon hundertmal gefragt, wo der Schlüssel ist.» Aber in Wirklichkeit hatte sie die Frage nur etwa fünfmal wiederholt – von daher stammen die «fünf Minuten».

Für Freud ist die Frage «wo ist der Schlüssel?» das männliche Gegenstück zur Frage «wo ist die Schachtel?» Nach ihm sind es also Fragen nach den Genitalien (op. cit. 260).

Zum Inhalt des mütterlichen Briefes im Traume, dass der Vater gestorben sei, sie sich eigenmächtig vom Haus entfernt habe, erinnerte Freud Dora an den Abschiedsbrief, den sie den Eltern geschrieben oder wenigstens für diese aufgesetzt hatte. Dieser Brief war bestimmt, den Vater in Schrecken zu versetzen, damit er von Frau K. ablasse, oder wenigstens an ihm Rache zu nehmen, wenn er dazu nicht zu bewegen sei. Das Thema ihres Todes und des Todes des Vaters liegt nahe beieinander. Freud nimmt an, dass es sich hier im Traume um eine Rachephantasie gegen den Vater handle: «Sie ginge von Haus weg in die Fremde, und dem Vater würde aus Kummer darüber, vor Sehnsucht nach ihr das Herz brechen. Dann wäre sie gerächt. Sie verstand ja sehr gut, was dem Vater fehlte, der jetzt nicht ohne Cognac schlafen konnte.»

Der Zusatz «und wenn Du willst» im Brief führt Dora zu einem anderen Brief, den sie von Frau K. erhalten hatte, welche sie nach L. am See einlud, «wenn Du kommen willst». Diese Erinnerung an den Brief führt also wieder zur Szene am See mit Herrn K., der bei seiner Liebeswerbung dort die Worte gebraucht habe: «Sie wissen, ich habe nichts an meiner Frau.» Dora schlug ihn ins Gesicht und wollte dann, um nicht mehr mit ihm zusammenzutreffen, den Weg nach L. zu Fuss um den See machen; sie fragte einen Mann, der ihr begegnete, wie weit sie dahin habe. Auf seine Antwort «2½ Stunden» gab sie diese Absicht auf und suchte doch wieder das Schiff auf, das bald danach abfuhr (op. cit. 261).

Der Wald im Traume sei ganz ähnlich dem Wald am Seeufer gewesen. Genau den nämlichen dichten Wald habe sie aber gestern auf einem Gemälde in der Sezessionsausstellung gesehen. Im Hintergrunde des Bildes sah man Nymphen.

Bei den Ausdrücken *Bahnhof, Friedhof, dichter Wald, Nymphen* denkt Freud an eine *symbolische Sexualbiographie des weiblichen Genitales*. All diese Kenntnisse der Anatomie des weiblichen Genitales habe Dora wohl aus einem Konversationslexikon geschöpft, welches sie in ihrer jugendlichen sexuellen Neugierde konsultierte. Freud teilt ihr seine Vorstellungen mit, worauf Dora ein vergessenes Stückchen Traum erinnert, nämlich: «*Dass sie ruhig auf ihr Zimmer geht und in einem grossen Buch liest, welches auf ihrem Schreibtische liegt.*» Über den Hinweis Freuds auf das Konversationslexikon fällt Dora ein, dass sie damals, als die geliebte Tante an Blinddarmentzündung gestorben war, in einem solchen Lexikon über diese Krankheit nachgelesen habe. Kurz nach dem Tod der Tante habe sie selbst eine angebliche Blinddarmentzündung durchgemacht. Ein Restsymptom dieser Affektion sei das Nachziehen eines Beines gewesen. Freud findet heraus, dass Dora neun Monate nach der Szene am See an dieser Blinddarmentzündung erkrankt war. Die angebliche Blinddarmentzündung war für ihn deshalb die Phantasie einer Entbindung. Das Nachziehen des Fusses deutete er als einen Fehltritt. Dora erinnerte sich, dass sie als Kind denselben Fuss übertreten hatte, den sie in der Folge der Blinddarmentzündung nachzog. Dieser Fuss schwoll an, nachdem sie eine Treppenstufe heruntergerutscht war; er musste bandagiert werden, und sie lag einige Wochen ruhig. Dies geschah kurze Zeit vor dem nervösen Asthma im 8. Lebensjahr.

Freud fasst Traum und Assoziationen zusammen und gibt Dora folgende Deutung (op. cit. 266f): «Wenn Sie neun Monate nach der Szene am See eine Entbindung durchmachen und dann mit den Folgen des Fehltrittes bis zum heutigen Tage herumgehen, so beweist dies, dass Sie im Unbewussten den Ausgang der Szene bedauert haben. Sie haben ihn also in Ihrem unbewussten Denken korrigiert. Die Voraussetzung ihrer Entbindungsphantasie ist ja, dass damals etwas vorgegangen ist, dass Sie damals all das erlebt und erfahren haben, was sie später aus dem Lexikon entnehmen mussten. Sie sehen, dass ihre Liebe zu Herrn K. mit jener Szene nicht beendet war, dass sie sich, wie ich behauptet habe, bis auf den heutigen Tag – allerdings Ihnen unbewusst – fortsetzt. – Sie widersprach dem auch nicht mehr.»

Freud arbeitet mit Dora zwei Sitzungen an der Aufklärung des zweiten Traumes. Als er nach Schluss der zweiten Sitzung seine Befriedigung über das Erreichte zum Ausdruck bringt, antwortet sie geringschätzig: «*Was ist denn da viel herausgekommen?*»

In der dritten Sitzung überrascht sie Freud mit den Worten: «*Wissen Sie, Herr Doktor, dass ich heute das letzte Mal hier bin?*» Freud antwortet, dass er es nicht wissen könne, da sie ihm nichts davon gesagt habe. «Ja, ich habe mir vorgenommen, bis Neujahr halte ich es noch aus; länger will ich aber auf die Heilung nicht warten.» Es stellt sich heraus, dass Dora bereits vor 14 Tagen daran gedacht hatte, die Behandlung abzubrechen. Freud sagt enttäuscht, er fühle sich wie eine Gouvernante behandelt, die eine 14tägige Kündigungsfrist habe. Darauf assoziiert Dora über eine Gouvernante, die damals bei Herrn K. tätig war, als Dora ihn in L. am See besuchte; diese Gouvernante habe sie eingeweiht, dass Herr K. mit ihr eine Affäre unterhalten und sie danach fallengelassen hatte. Herr K. habe bei der Gouvernante die gleichen Worte gebraucht wie ihr gegenüber, nämlich, dass er nichts an seiner Frau habe. Freud erklärt sich nun den Schlag Doras bei der Werbung von Herrn K. am See: Er hält ihn für eifersüchtige Rache, weil Herr K. mit ihr ähnlich umging wie mit der Gouvernante (op. cit. 268f).

Freud bemüht sich, die verschiedenen Assoziationen von Dora zu einer Konstruktion zusammenzufassen. Er schreibt: «Sie hatte zugehört, ohne wie sonst zu widersprechen. Sie schien ergriffen, nahm auf die liebenswürdigste Weise mit warmen Wünschen zum Jahreswechsel Abschied und – kam nicht wieder.»

Etwas später schreibt er: «Es war ein unzweifelhafter Racheakt, dass sie in so unvermuteter Weise, als meine Erwartungen auf glückliche Beendigung der Kur den höchsten Stand einnahmen, abbrach und diese Hoffnungen vernichtete.» Freud fragt sich nachträglich: «Ob ich das Mädchen bei der Behandlung erhalten hätte, wenn ich mich selbst in einer Rolle gefunden, den Wert ihres Verbleibens für mich übertrieben und ihr ein warmes Interesse gezeigt hätte, das bei aller Milderung durch meine Stellung als Arzt doch wie ein Ersatz für die von ihr ersehnte Zärtlichkeit ausgefallen wäre? Ich weiss es nicht.» (op. cit. 272)

III. Kritische Bemerkungen

Bei Freuds Ausführungen fällt auf, dass Freud seinem damaligen Theoriestand entsprechend sehr wenige Hinweise für das *Geschehen in der Übertragungs-Gegenübertragungs-Dynamik* liefert – erst im Nachwort (op. cit. 275–286) geht er etwas näher darauf ein. Ich denke, dass die nach heutigem Erkenntnisstand mögliche Einbeziehung dieser Dynamik eine Aufklärung des Analyseabbruchs von Dora bringen könnte.

Freuds Kommentare, die uns in vorbildlicher Weise an seinen Überlegungen teilhaben lassen, zeigen auch, wie sehr Freud im *Schema des positiven Ödipuskomplexes* geblieben ist. Freud selbst erklärt in einer später hinzugefügten Fussnote (op. cit. 284) das Missglücken der drei Monate dauernden Analyse damit, dass er das *homosexuelle* Band zwischen Dora und Frau K. nicht erkannt habe – er habe wesentliche Dinge übersehen, nämlich dass Dora öfters das Schlafzimmer mit Frau K. teilte, dass beide sehr vertraut miteinander waren, und dass Dora wie eine Verliebte über den «entzückend weissen Körper» von Frau K. sprach. Dies gibt auch eine andere Perspektive für das Verständnis ihrer zwanghaften Beschäftigung mit dem Verhältnis zwischen dem Vater und seiner Geliebten – nicht ihres Vaters wegen befasste sie sich so intensiv damit, sondern wegen Frau K. Die Person hinter Frau K. ist Doras Mutter; diese ist die Quelle ihrer Sehnsucht, ihrer Enttäuschung und ihrer Angst, verlassen zu werden. Diesen Mangel letztlich versucht Dora mit Frau K. wie mit der Gouvernante auszugleichen; auch ihre Suiziddrohung ist ein Schrei nach Aufmerksamkeit. Bewundernswert selbstkritisch sagt Freud, dass er vor der Erkennung der Bedeutung der homosexuellen Strömung bei den Psychoneurotikern in den Behandlungen oft steckengeblieben oder in völlige Verwirrung geraten sei.

Viele Autoren sind sich darin einig, dass Dora in Frau K. die Mutter sieht. Sie tut dies auch, indem sie sich mit dem Vater identifiziert in *negativ-ödipaler Position*: Sie wird wie der Vater – Husten, Atemnot und Suiziddrohung sind dem Vater nachgeahmt. Diese Identifizierung bedeutete nicht etwa, dass sie grossen Wert auf Männer im allgemeinen legt; zur Identifizierung mit dem Vater kam es aus Enttäuschung über die Mutter. Freud konnte sich nicht vorstellen, dass die Avancen von Herrn K. Dora nicht passten. Zudem war sie eine Adoleszente, was Freud ganz aus den Augen verloren zu haben schien. Man kann sich auch fragen, ob Dora die vielleicht allzu offene, erklärende, nach theoretischer Bestätigung suchende Sprache Freuds über die Sexualität nicht auch als *Verführung* erlebt hat: Als er ihr deutete, sie wolle einen Kuss von ihm haben, lief sie fluchtartig davon. Der in Doras Fallgeschichte zum Ausdruck kommende damalige Gesprächsstil Freuds hat, wie mir scheint, ihre *negative therapeutische Reaktion* geradezu herausgefordert – aber erst 22 Jahre später in *Das Ich und das Es* (1923b) wird er, wie wir in unserer Vorlesung darüber gehört haben, diesen Begriff formulieren.

IV. Doras weiteres Schicksal

Doras wirklicher Name war Ida Bauer. Sie wurde 1882 in Wien geboren. Etwa 15 Monate nach Beendigung der Analyse liess sie Freud wissen, dass sie nicht heiraten werde und sich ganz ihrem Studium widmen wolle. Trotzdem heiratete sie 1903 und gebar einen Sohn. Ihr Mann war ein erfolgloser Komponist, im Unternehmen ihres Vaters angestellt, der ihm wenigstens einmal ein Orchester mietete, damit er die eigenen Kompositionen aufführen konnte. Aus dem Ersten Weltkrieg kam er verwundet zurück und war fortan körperlich behindert; er starb ziemlich jung an einem Herzanfall. In den 1930er Jahren kam es in Wien zu einer Freundschaft zwischen Ida Bauer und Peppina Zellenka, wie Frau K. mit richtigem Namen hiess – die beiden spielten zusammen Bridge; Peppina versteckte sie auch vor den Nazis, bis zu ihrer Auswanderung in die USA 1939. Der Sohn Herbert sollte berühmt werden als Dirigent an der Oper von San Francisco. Dora verstarb 1945 in New York an Dickdarmkrebs wie ihre Mutter.

Über Doras psychischen Zustand um das 40. Lebensjahr sind wir deshalb unterrichtet, weil sie 1923 auf Veranlassung ihres Arztes den Psychoanalytiker *Felix Deutsch* konsultierte. Ein paar Jahre nach ihrem Tod hat er darüber berichtet: Dora klagte über Schwindel, Schwerhörigkeit im rechten Ohr, Ohrensausen (Morbus Menière) und als Folge davon über Schlaflosigkeit. Sie hatte immer an rechtsseitiger Migräne gelitten. Dann erging sie sich aus heiterem Himmel in einer Tirade über ihren Mann, der sie vernachlässige und unglücklich mache, über ihre frustrierte Liebe und über ihre Frigidität. Sie hatte nur ein Kind, weil sie die Wehen kein zweites Mal hätte ertragen können. Ihr Mann soll ihr auch untreu gewesen sein. Sie habe die Scheidung erwogen und wisse nicht, was sie machen solle. Männer seien grundsätzlich egoistisch und anspruchsvoll. Nun lasse sie auch ihr Sohn im

Stich. Allein auf ihrem Bruder hielt sie grosse Stücke. Dann kam sie auf ihren Vater und sein Verhältnis zu einer jüngeren Frau zu sprechen, deren Mann wiederum ihr Anträge machte. Sie fragte Deutsch, ob er Analytiker sei und Freud kenne, und erzählte dann stolz, sie sei Dora – Deutsch stieg in ihrer Achtung, als er wusste, wer dies war. Als Deutsch Hörproblem und Schlaflosigkeit mit dem Umstand in Verbindung brachte, sie liege nachts wach, um auf die Rückkehr ihres Sohnes zu lauschen – er war gerade im Alter, in dem man sich für Mädchen interessiert – akzeptierte sie diese Deutung. Ihre Beschwerden waren bei der nächsten Konsultation verschwunden, die deshalb auch die letzte war (*Roudinesco et Plon*, 1997, 94–99; *Mijolla*, 2002, I, 184f).

Vorlesung XXXII

Aus Freuds klinischen Schriften: Der Wolfsmann

In der psychoanalytischen Literatur gibt es eine relativ geringe Zahl gut belegter, ausführlicher und flüssig geschriebener Krankengeschichten. Ein solcher Mangel im eigentlichen Arbeitsgebiet des Analytikers ist auf den ersten Blick erstaunlich und nicht damit zu erklären, dass die behandelnden Analytiker zuwenig von ihren Patienten wissen. Im Gegenteil: Sie wissen zuviel. Assoziationen und Traumdeutung, Widerstands- und Übertragungsdeutung bringen eine Unzahl von Tatsachen an die Oberfläche und beleuchten Vergangenheit und Gegenwart des Patienten, sein Innenleben wie seine Beziehungen zur Aussenwelt. Eine solche Fülle des Materials ist nicht leicht zu handhaben und seine Umwandlung in lesbaren Stoff eine schwierige schriftstellerische Aufgabe, weshalb sich in Veröffentlichungen häufig nur Ausschnitte aus dem Krankenmaterial finden. Nachdem wir in den letzten beiden Vorlesungen am Beispiel des Falles von Dora gesehen haben, wie Freud auch als Schriftsteller eine solche Fülle bewältigt, wollen wir uns heute einer anderen seiner Fallgeschichten zuwenden, die ich Ihnen in zusammengefasster Form vorstelle.

Die Geschichte des *Wolfsmanns*, dessen bürgerlicher Name Sergej Pankejeff war, stellt eine Besonderheit dar; auch weil nach den verschiedenen Behandlungen durch Freud und weitere Analytiker seine Identität nicht in dasselbe geheimnisvolle Dunkel gehüllt ist, wie diejenige von *Katharina* oder diejenige von *Anna O.*, die nach abgeschlossener Behandlung feindselig zur Analyse steht, und diejenige vom *Kleinen Hans*, der im Erwachsenenalter vor der Wissbegierde der Analytiker flüchtet. Der Wolfsmann, der nach eigenem Zeugnis der Analyse von allem Anfang an Achtung und Dankbarkeit entgegenbrachte, entwickelte ein Verständnis für das Unbewusste, das ihn vor anderen auszeichnete und in Stand setzte, sich nicht nur als Patient, sondern auch als jüngerer Mitarbeiter eines erfahrenen Forschers an der weiteren Rekonstruktion und dem Studium seines Falles aktiv zu beteiligen. Dieses Verhalten half ihm, den Widerstand in der 1. Analyse zu überwinden, ging zwar in den Charakter-Veränderungen zur Zeit der 2. Analyse vorübergehend verloren, wurde dann wiedererlangt und widerstand von da an den schwersten Schicksalsschlägen wie Revolution, Krieg, Verarmung und traumatischem Objektverlust. Die Intelligenz, die er nach dem Urteil von Freud besass und die zuerst nur ihm selbst und seiner Kur diente, kommt durch die weitere Entwicklung seiner eigenen Mitarbeit dem ganzen analytischen Leserkreis zugute, wurde sein Fall doch zur wohl ausführlichsten und bestdokumentierten Krankengeschichte:

Nach Freuds Originalarbeit *Aus der Geschichte einer infantilen Neurose – Der Wolfsmann* (1918b [1914], GW XII, 27–157) gibt uns Ernest Jones (1978, II, 325–331) in seiner Freud-Biographie einen Überblick. Der Wolfsmann selbst schrieb Meine Erinnerungen an Sigmund Freud in Muriel Gardiners zusammenfassendem Werk *Der Wolfsmann* (1972, 169–189), wo sich auch der Bericht von Ruth Mack Brunswick (297–346) findet über die zeitweilige nachanalytische Verschlechterung im Befinden des Patienten und ihre Analyse dieses Rückfalls. Muriel Gardiner hat die Arbeit ihrer beiden Vorgänger fortgesetzt, sich durch mehr als 30 Jahre fürsorglich dem Wolfsmann angenommen und grosse Geduld bezüglich seiner immer wieder auftauchenden Klagen, Zweifel und Besorgnisse gezeigt. Sie hat ihn auch zu seinen selbstdarstellerischen Ausführungen ermutigt und schliesslich die von ihm gelieferten Einzelstücke zusammengefügt. Gardiner hat im von ihr herausgegebenen, illustrierten Buch den Faden der Ereignisse ohne Unterbrechung von Kindheitserinnerungen, infantiler Neurose über Jugend und Erwachsenenalter bis zum Endkapitel mit seinem überzeugenden Bild vom Wolfsmann im Alter verfolgt. Schliesslich hat Karin Obholzer (1980) ihre Gespräche mit dem Wolfsmann veröffentlicht.

I. Der erste Kontakt mit Freud

Sergej Pankejeff traf Freud zum ersten Mal im Februar 1910 in Begleitung seines Arztes Dr. Drosnes. Dieser hatte eine Art Gesprächstherapie mit ihm durchgeführt, da aber seine analytischen Fähigkeiten unzureichend waren, beschlossen sie gemeinsam, einen Analytiker aufzusuchen. Dafür hatten sie Dr. Dubois in Bern in Betracht gezogen. Bei einem Zwischenhalt in Wien hörten sie, dass dort der Begründer der Psychoanalyse wohne und Freud hiesse. Sie beschlossen, ihn aufzusuchen. Pankejeff bekam unmittelbar einen sehr günstigen Eindruck von Freud und wünschte, zu ihm in Behandlung zu kommen. Freud konnte ihn aus zeitlichen Gründen nicht sofort bei sich zu Hause behandeln, brachte ihn aber vorläufig in einer psychiatrischen Institution unter, die er täglich wegen eines anderen Patienten aufsuchte. Pankejeff bestand diese Probezeit sichtlich gut und kam definitiv in Behandlung. Er war damals ein hilfloser junger Mann im Alter von 23 Jahren. Unfähig, sich selbst anzuziehen oder sonst sich irgendeiner Aufgabe des Lebens zu stellen, wurde er ausser von seinem privaten Arzt von einem Diener begleitet; dem Stuhlgang musste jede Woche mit einem Klistier nachgeholfen werden. Freud charakterisiert ihn als «gänzlich abhängig und existenzunfähig» (GW XII, 29). Der Anlass seiner psychischen Krankheit als Erwachsener, eine gonorrhoische Infektion, lag nun schon fünf Jahre zurück. Umsonst hatte er die berühmtesten Nervenärzte seiner Zeit konsultiert: Bechterew in St. Petersburg, Ziehen in Berlin und Kraepelin in München. Er wurde als manisch-depressiv bezeichnet. Freud hat aber Stimmungsäusserungen ohne ersichtlichen Grund bei ihm nie festgestellt; er beschreibt ihn als narzisstisch und zwangsneurotisch: «Folgezustand nach einer spontan abgelaufenen, mit Defekt ausgeheilten Zwangsneurose», das war seine Diagnose (op. cit. 30). Übrigens war bei Pankejeff nicht alles bedrückend. Er war damals zwar hilflos und auf andere angewiesen, aber er konnte es sich leisten, da er ein vermögender Grundbesitzer war. Ausserdem hat ihm die Therapie bei Dr. Drosnes gutgetan, und auch die Reise nach und der Aufenthalt in Wien bekamen ihm. Freud spricht von seiner «liebenswürdig entgegenkommenden Persönlichkeit», seiner «scharfen Intelligenz» und «vornehmen Denkungsart» (op. cit. 138), im Unterschied zu seinem «völlig ungebändigten Triebleben». Vom 5. Lebensjahr an zwanghaften Blasphemien gegen den Allmächtigen leidend, stand er wohl unter einem solchen Zwang, als er Freud am Anfang der 1. Analysestunde aufforderte, mit ihm rektal zu verkehren, um dann auf seinen Kopf zu defäzieren! Nach dem 10. Lebensjahr kam eine relativ störungsfreie Periode, wenn auch nicht ohne beträchtliche Hemmungen und Absonderlichkeiten, bis er dann nach dem erwähnten Gonorrhö-Anfall in seinem 17. Lebensjahr unter der Krankheit zusammenbrach.

II. Zum familiären Hintergrund

Der *Vater* Pankejeffs war in sozialer Hinsicht ein erfolgreicher Mann gewesen: Ein reicher Grossgrundbesitzer, Ehrenrichter, Führer der liberalen Partei und Herausgeber einer politischen Zeitschrift; er hatte den Adelstitel erworben. Anfangs soll seine Ehe glücklich gewesen sein, was aber nicht lange dauerte. Als Sergej sechs Jahre alt war, wurde der Vater bereits in einer psychiatrischen Klinik untergebracht. Er befasste sich wenig mit seinen Kindern, und als er nach dem Selbstmord der Tochter das Versäumte beim Sohn nachholen wollte, war es zu spät. Er war damals selbst sehr krank, wurde als manisch-depressiv diagnostiziert und sollte nicht mehr lange leben. Wahrscheinlich starb er durch Suizid. Die *Mutter* des Wolfsmanns stammte aus einer Adelsfamilie, die weniger reich war als die ihres Mannes. Ihr Sohn bezeichnete sie als kalt, unfähig zur Zärtlichkeit, hypochondrisch und dauernd mit ihren Krankheiten beschäftigt. Sie überliess die Versorgung der Kinder dem Personal, ausser wenn sie krank waren. Sie war zeichnerisch begabt, hatte Sinn für Humor und reiste gerne. Sie soll sehr eifersüchtig gewesen sein und die Kontakte ihres Sohnes zu Frauen hintertrieben haben. Die Mutter und Therese, seine spätere *Ehefrau* kamen schlecht miteinander aus. Anna, Sergejs zwei Jahre ältere *Schwester*, war sehr intelligent und in vieler Hinsicht ihrem Bruder überlegen; zu Sergejs Verdruss und manchmal ohnmächtiger Wut war der Vater ihr mehr zugetan als ihm. Sie suizidierte sich mit 21 Jahren. Nachträglich wurde bei ihr eine Schizophrenie diagnostiziert. Auch die Grossmutter väterlicherseits endete durch Suizid. Ein Onkel väterlicherseits und eine Tante mütterlicherseits sollen an Paranoia gelitten haben. Der familiäre Hintergrund Pankajeffs war also schwer belastet.

III. Zum Rahmen der Behandlungen

Freud arbeitete mit Pankejeff vier Jahre lang mit 5 oder 6 Sitzungen pro Woche. Als er den inneren affektiven Widerstand des Patienten nicht überwinden konnte und die Analyse stagnierte, kündigte Freud an, sie bis zu den Sommerferien im Juli 1914 zu beenden, wie weit sie auch immer gediehen sein möge. Diese Art des Vorgehens durch *Terminsetzung* war riskant; sie hatte jedoch die Wirkung, den Widerstand zu brechen und die infantile Neurose zu reaktivieren und der Bearbeitung zuzuführen, so dass die Analyse in ein paar Monaten beendet werden konnte. Der Patient ging in einem Gesundheitszustand, wie er ihn nie zuvor gekannt hatte, nach Russland zurück, und war nun imstande, mit den verschiedenen Aufgaben, die ihn erwarteten, fertig zu werden. Nachdem der

Vater 1917 gestorben war und die bolschewistische Revolution den Patienten seines ganzen Besitzes beraubt und ihn ohne Geld zurückgelassen hatte, konnte er 1919 entkommen und fand wieder seinen Weg nach Wien. Dort analysierte ihn Freud weitere vier Monate (November 1919 bis Februar 1920) wegen einer hartnäckigen hysterischen Verstopfung, die er dann für immer verlor. In jener Zeit gewährte ihm Freud nicht nur eine kostenlose Behandlung, sondern sammelte regelmässig bei seinen Kollegen und Schülern Geld, um den Patienten und seine Frau die nächsten sechs Jahre durchzubringen – Jahre, in denen es im geschlagenen Wien ein höchst prekäres Unterfangen war, sein Leben zu fristen.

Pankejeff blieb nach Freuds erster Behandlung 12 Jahre lang frei von jeder ernsteren neurotischen Störung, dann entwickelte er eine paranoische Psychose. Diesmal analysierte ihn Freuds Schülerin Ruth Mack Brunswick während fünf Monaten (Oktober 1926 bis Februar 1927). Der Patient kam jedoch zwei Jahre später zu ihr zurück, und sie behandelte ihn im Laufe mehrerer Jahre noch verschiedene Male. Nachdem Ruth Mack Brunswick endgültig von Wien weggezogen war, übernahmen andere Analytiker die Analyse, unter ihnen Muriel Gardiner und Kurt R. Eissler. Letzterer, gebürtiger Österreicher, arbeitete mit Pankejeff jedes Jahr während einiger Wochen in den Sommerferien.

Der Wolfsmann lebte unter sehr unterschiedlichen sozialen, politischen und ökonomischen Bedingungen: Er war reich im feudalen Russland und brodelnden Wien vor dem 1. Weltkrieg, ziemlich arm im bedrückenden Wien nach dem verlorenen Krieg und der Auflösung des Kaiserreichs, wie dann auch im Wien unter den Nazis bis ins moderne Wien, wo er im Alter von 92 Jahren starb.

Während der 1. Analyse bei Freud begab sich Pankejeff auf die Suche nach seiner früheren Geliebten, Therese, welche er damals verlassen hatte. Freud hatte von Anfang an keine Einwände dagegen, vorausgesetzt, er nehme während der Analyse keine lebensentscheidende Änderung vor. Nach der Beendigung der Analyse 1914 kehrte der Patient nach Russland zurück und heiratete Therese. Sie suizidierte sich mit Gas im März 1938, dem Monat des Hitler'schen Einmarsches in Österreich. Danach zog die Mutter bei ihm ein und blieb bis zu ihrem Tode.

IV. Zur Krankheitsgeschichte

Pankejeff kommt am Weihnachtstag 1887 im russischen Odessa zur Welt. Seine jung verheirateten Eltern führen anfänglich eine glückliche Ehe, auf welche aber bald *Erkrankungen* die ersten Schatten werfen, wie die Unterleibskrankheiten der Mutter und die Verstimmungsanfälle des Vaters, die seine Abwesenheit vom Hause zur Folge hatten. Die Krankheit des Vaters lernt der Patient erst sehr viel später verstehen, die Kränklichkeit der Mutter wird ihm schon in frühen Kinderjahren bekannt, gibt sie sich doch deshalb wenig mit den Kindern ab; er erinnert sich, vor seinem 4. Jahr die Klage der Mutter an den Arzt mit angehört zu haben: «So kann ich nicht mehr leben.» Die um zwei Jahre ältere Schwester, lebhaft, begabt, spielt eine grosse Rolle in seinem Leben. 1888, mit 1½ Jahren soll er an Malaria erkrankt sein und die *Eltern beim Sexualakt «a tergo» beobachtet haben*. Der Knabe wird von einer Kinderfrau betreut, einem «ungebildeten, alten Weib» aus dem Volk, welche von unermüdlicher Zärtlichkeit für ihn ist; er war ihr Ersatz für den eigenen früh verstorbenen Sohn.

In den ersten Monaten der Behandlung erzählte der Patient von einer *zwanghaft aufgetretenen Verliebtheit in ein Bauernmädchen*, bei dem er sich seine gonorrhoische Erkrankung geholt hatte. Diese Verliebtheit entpuppte sich in der Analyse als Folge verschiedener unbewusst gebliebener Kindheitserlebnisse: Die Urszenenbeobachtung, die Szene mit Gruscha, die Verführung durch die Schwester und der Angsttraum von den Wölfen. In der Szene mit der Hausangestellten Gruscha, die ihn sehr lieb hatte, schaute der Knabe mit 2½ Jahren zu, wie sie den Boden aufwusch, auf den Knien, das Gesäss (die *Nates*, sagt Freud) vorgestreckt, den Rücken horizontal gehalten. Er fand also die Stellung wieder, welche die Mutter in der frühen Koitusszene, Urszene, eingenommen hatte. Das Mädchen wurde ihm zur Mutter; infolge der Aktivierung des früheren Bildes ergriff ihn die sexuelle Erregung, und er benahm sich männlich gegen sie wie der Vater, dessen Aktion er damals ja nur als ein Urinieren verstanden haben konnte – er urinierte auf den Boden; das war eigentlich ein Verführungsversuch, und das Mädchen antwortete darauf mit einer Kastrationsdrohung, als ob sie ihn verstanden hätte. Nach Freud ist die *frühe Urszenen-Beobachtung und ihre nachträgliche Wiederbelebung durch die Gruscha-Szene ausschlaggebend für die spätere schwere neurotische Erkrankung des Patienten*.

Zuerst soll Pankejeff ein sehr sanftes, gefügiges und eher ruhiges Kind gewesen sein, so dass man von ihm sagte, er hätte das Mädchen werden sollen, die ältere Schwester der Bub. Ungefähr im Alter von 3½ Jahren fanden die Eltern ihn aber wie verwandelt, als sie von einer Sommerreise zurückkehrten. Er war unzufrieden, reizbar, heftig geworden, fand sich durch jeden Anlass gekränkt, tobte und schrie. Es war der Sommer, in dem die englische Gouvernante anwesend war, eine närrische, unverträgliche und trunksüchtige Person. Hinter den Problemen mit der englischen Gouvernante, die bald darauf entlassen wurde, tauchten jedoch Erinnerungen auf, die mit einer *sexuellen Verführung durch die ältere Schwester im Alter von 3¼ Jahren* zu tun hatten. Die Schwester habe nach seinem Glied gegriffen, damit gespielt und dabei unbegreifliche Dinge über die Kinderfrau Nanja gesagt. Sie erklärte, dass die Nanja dasselbe mit allen Leuten, z.B. mit dem Gärtner tue – sie stelle ihn auf den Kopf und greife nach seinen Genitalien. Die Schwester sei ein vorwitziges, sinnliches Ding gewesen, und habe als Kind von 4 oder 5 Jahren einmal auf dem Schoss eines Vetters gesessen, der ein Jahrzehnt älter war, ihm die Hose geöffnet und nach seinem Glied gegriffen. *Diese sexuelle Verführung durch die Schwester war also der Grund für die Charakterveränderung des Patienten als Kind.*

Kurz darauf, im Alter von 4 Jahren, hatte er den (namengebenden) *Wolfstraum, dort begann auch seine Wolfsphobie*. Die ersten Zwangssymptome stellten sich ein. Pankejeff erinnert sich an seine Angst, welche sich die Schwester zunutze machte. Es gab ein Märchenbuch, in dem ein Wolf abgebildet war, aufrecht stehend und ausschreitend. Wenn er dieses Bild zu Gesicht bekam, fing er an wie rasend zu schreien – er fürchtete sich, der Wolf werde kommen und ihn auffressen. Die Schwester ergötzte sich an seinem Schrecken. Er fürchtete sich auch vor anderen Tieren, grossen und kleinen. Einmal jagte er einem grossen Schmetterling nach mit gelb gestriften Flügeln, die in Zipfeln ausliefen, wahrscheinlich ein Schwalbenschwanz; plötzlich packte ihn eine entsetzliche Angst vor diesem Tier, und er gab die Verfolgung schreiend auf. Vor Käfern und Raupen fürchtete er sich ebenfalls, quälte und zerschnitt sie aber auch. Pferde waren ihm unheimlich – wenn ein Pferd geschlagen wurde, schrie er auf und musste deswegen einmal den Zirkus verlassen; andererseits schlug er Pferde selbst.

Nach der Verführung durch die Schwester wandte er sich von ihr als Sexualobjekt ab und verschob seine Begierde auf die Kinderfrau, vor welcher er mit seinem Glied spielte. Die Nanja aber enttäuschte ihn, sie machte ein ernstes Gesicht und erklärte, das sei nicht gut – Kinder, die das täten, bekämen an dieser Stelle eine «Wunde». *Diese Abweisung und Kastrationsdrohung der Nanja hat nach Freud das Sexualleben, das zunächst bereits unter der Leitung der Genitalzone stand, auf eine frühere Phase prägenitaler Organisation zurückgeworfen. Infolge der Unterdrückung der Onanie nahm das Sexualleben des Knaben nun sadistisch-analen Charakter an.* Er wurde reizbar, quälerisch, und liess sich wie beschrieben an Tieren und Menschen aus, wobei die geliebte Nanja, die er zu peinigen verstand, bis sie in Tränen ausbrach, sein bevorzugtes Objekt war. Zum Thema Kastrationsangst gehört auch die im Alter von fast 5 Jahren aufgetretene negative Halluzination[1] über den Verlust eines Fingers.

Auf dem Boden der sadistisch-analen Sexualorganisation entwickelte sich nach dem Alter von 4½ Jahren die *Zwangsneurose*. Der Auslöser für diese psychische Veränderung war der Religionsunterricht durch die Mutter und Nanja. Vor dem Einschlafen musste er beten und eine unendliche Reihe von Kreuzen schlagen. Zudem pflegte er abends mit einem Sessel, auf den er stieg, die Runde vor allen Heiligenbildern zu machen, die im Zimmer hingen, um jedes einzelne andächtig zu küssen. Ausserdem hatte er gotteslästerliche Gedanken, die ihm wie eine Eingebung des Teufels in den Sinn kamen. Er musste denken: Gott-Schwein oder Gott-Kot. Auf einer Reise in einen deutschen Badeort war er von dem Zwang gequält, an die heilige Dreieinigkeit zu denken, wenn er drei Häufchen Pferdemist oder anderen Kot auf der Strasse liegen sah. Er musste ein eigentümliches Zeremoniell befolgen, wenn er bemitleidenswerte Leute sah wie Bettler, Krüppel, Greise: Geräuschvoll ausatmen, um nicht so zu werden wie sie, unter gewissen anderen Bedingungen auch den Atem kräftig einziehen.

V. Der Wolfstraum und die Urszene

Frühzeitig in der Analyse berichtet der Patient folgenden Traum (GW XII, 54f), den er als seinen ersten Angsttraum bezeichnet und den die Analyse auf seinen 4. Geburtstag datieren kann:

Ich habe geträumt, dass es Nacht ist und ich in meinem Bett liege (mein Bett stand mit dem Fussende gegen das Fenster, vor dem Fenster befand sich eine Reihe alter Nussbäume. Ich weiss, es war Winter, als ich träumte und Nachtzeit). Plötzlich geht das Fenster von selbst auf, und ich sehe mit grossem Schrecken, dass auf dem grossen Nussbaum vor dem Fenster ein paar weisse Wölfe sitzen. Es waren sechs oder sieben Stück. Die Wölfe waren ganz weiss und sahen eher aus wie Füchse oder Schäferhunde, denn sie hatten grosse Schwänze wie Füchse, und ihre Ohren waren aufgestellt wie bei den Hunden, wenn sie auf etwas passen.

Unter grosser Angst, offenbar, von den Wölfen aufgefressen zu werden, schrie ich auf und erwachte. Meine Kinderfrau eilte zu meinem Bett, um nachzusehen, was mit mir geschehen war. Es dauerte eine ganze Weile, bis ich überzeugt war, es sei nur ein Traum gewesen, so

---

1 vgl. unsere Vorlesung *Die negative psychische Arbeit*

natürlich und deutlich war mir das Bild vorgekommen, wie das Fenster aufgeht und die Wölfe auf dem Baume sitzen. Endlich beruhigte ich mich, fühlte mich wie von einer Gefahr befreit und schlief wieder ein. Die einzige Aktion im Traume war das Aufgehen des Fensters, denn die Wölfe sassen ganz ruhig ohne jede Bewegung auf den Ästen des Baumes, rechts und links vom Stamm und schauten mich an. Es sah so aus, als ob sie ihre ganze Aufmerksamkeit auf mich gerichtet hätten.

In absolut faszinierender, magistraler Weise interpretiert Freud nun diesen Wolfstraum (op. cit. 54–75). Über die Assoziationen des Patienten dazu und Ausflüge in verschiedene Märchen, in welchen Wölfe vorkommen, leitet er die Konfliktthemen des Patienten ab: Urszenen-Beobachtung, Schauen, Kastrationskomplex, Angst vor dem Vater.

Die Reaktivierung dieser Urszene – sei sie nun tatsächlich erlebt oder auch nur phantasiert oder stelle sie eine Mischung aus beidem dar (wobei auch Beobachtungen am Tier-Koitus auf die Eltern übertragen wurden) – kann nun nach Freud die Traumangst erklären: «Der Traum endigte damit, dass er Angst bekam, vom Wolf (wahrscheinlich vom Vater) gefressen zu werden und seine Zuflucht zur Kinderfrau nahm. Die Kenntnis seiner Sexualentwicklung vor dem Traum macht es uns möglich, die Lücke im Traume auszufüllen und die Verwandlung der Befriedigung in Angst aufzuklären. Unter den traumbildenden Wünschen muss sich, als der stärkste, der nach der sexuellen Befriedigung geregt haben, die er damals vom Vater ersehnte. Der Stärke dieses Wunsches gelang es, die längst vergessene Erinnerungsspur einer Szene aufzufrischen, die ihm zeigen konnte, wie die Sexualbefriedigung durch den Vater aussah, und das Ergebnis war Schreck, Entsetzen vor der Erfüllung dieses Wunsches, Verdrängung der Regung, die sich durch diesen Wunsch dargestellt hatte, und darum Flucht vom Vater weg zur ungefährlicheren Kinderfrau.» (op. cit. 62)

Dieses Bild der Urszene – «a tergo more ferarum», wie Freud es wiederholt schonend auf Lateinisch formuliert – erfüllte nämlich eine wesentliche Bedingung, die sich nach dem Material der Analyse ergab: Es konnte ihm die Realität der elterlichen Geschlechtsteile zeigen und war so geeignet, seine *Überzeugung von der Existenz der sogenannten weiblichen Kastration*[2] zu begründen: «Das wesentliche Neue, das ihm die Beobachtung des Verkehrs der Eltern brachte, war die Überzeugung von der Wirklichkeit der Kastration, deren Möglichkeit seine Gedanken schon vorher beschäftigt hatte.» Und nachdem Freud diese Beschäftigung des Knaben mit Kastrationsgedanken noch einmal skizziert, unter anderem die Drohung der Kinderfrau erwähnt hat, fährt er fort: «Denn jetzt sah er mit eigenen Augen die Wunde, von der die Nanja gesprochen hatte und verstand, dass ihr Vorhandensein eine Bedingung des Verkehrs mit dem Vater war.» (op. cit. 72) An anderer Stelle fasst Freud noch einmal das Charakteristikum des Traumes zusammen und nennt als wichtiges Motiv die Verdrängung der femininen (im Sinne von *passiven*) Einstellung zum Vater; man habe annehmen müssen, der Knabe habe während des Traumvorganges verstanden, «das Weib sei kastriert, habe anstatt des männlichen Gliedes eine Wunde, die dem Geschlechtsverkehr diene, die Kastration sei die Bedingung der Weiblichkeit und dieses drohenden Verlustes wegen habe er die feminine Einstellung zum Manne verdrängt und sei mit Angst aus der homosexuellen Schwärmerei erwacht» (op. cit. 110).

---

2 vgl. unsere beiden Vorlesungen *Die Weiblichkeit heute I* und *II*

Die assoziativen *Beziehungen zwischen Vater und Wolf*, wie sie sich im Traum manifestieren und später auch die Grundlage der Phobie bilden, sind vielfältiger Natur. Hier ist zunächst die *Stellung* des Vaters bei der Urszene anzuführen, welche der Haltung des Wolfes im Märchenbuch entsprach, einer Stellung, die dann auch eine spezifische an das phobische Objekt geknüpfte Bedingung bildet: «Wir haben schon gehört, dass ihn in der Angstzeit die Schwester mit dem Bild im Märchenbuch zu schrecken pflegte, auf dem der Wolf aufrecht dargestellt war, einen Fuss vorgesetzt, die Tatzen ausgestreckt und die Ohren aufgestellt», sagt Freud, und fügt hinzu: «Er meinte, die Stellung des Wolfes auf diesem Bild hätte ihn an die des Vaters während der konstruierten Urszene erinnern können.» (op. cit. 66) Oder, ein wenig später: «Der Wolf, vor dem er sich fürchtete, war unzweifelhaft der Vater, aber die Wolfsangst war an die Bedingung der aufrechten Stellung gebunden. Seine Erinnerung behauptete mit grosser Bestimmtheit, dass Bilder vom Wolf, der auf allen vieren gehe oder wie im Rotkäppchenmärchen im Bett liege, ihn nicht geschreckt hätten.» (op. cit. 68)

Hinzu kam, dass ein Detail aus einer anderen, vom Grossvater erzählten Wolfsgeschichte über den Ausdruck «auf ihn steigen» die Erinnerung an die Urszene weckte. Und schliesslich hatte der Vater dem Knaben im Spiel wiederholt zärtlich gedroht, ihn «aufzufressen», womit sich die Verbindung zum Märchen «Der Wolf und die sieben Geisslein» und zur Traumangst ergab, gefressen zu werden: «Der Vater meines Patienten hatte übrigens die Eigentümlichkeit des ‹zärtlichen Schimpfens›, die so viele Personen im Umgang mit ihren Kindern zeigen, und die scherzhafte Drohung ‹ich fress' Dich auf› mag in den ersten Jahren, als der später strenge Vater mit dem Söhnlein zu spielen und zu kosen pflegte, mehr als einmal geäussert worden sein.» (op. cit. 58)

Pankejeff zeigte eine *komplizierte Abwehr gegen eine ungewöhnlich starke Neigung, den Ödipuskomplex im homosexuellen Sinn zu lösen*. Freud analysierte die verschiedenen neurotischen Wirkungen dieses Konflikts. Insbesondere wies er darauf hin, dass die während jenes Angsttraumes erfolgte Verdrängung der überstarken Homosexualität zu einem Mangel an Sublimierungen führte. Es habe dem Patienten darum an sozialen Interessen gefehlt, welche dem Leben Inhalt gäben: «Erst als in der analytischen Kur die Lösung dieser Fesselung der Homosexualität gelang, konnte sich der Sachverhalt zum Besseren wenden, und es war sehr merkwürdig mitzuerleben, wie – ohne direkte Mahnung des Arztes – jedes befreite Stück der homosexuellen Libido eine Anwendung im Leben und eine Anheftung an die grossen gemeinsamen Geschäfte der Menschheit suchte.» (op. cit. 102)

Zum Schluss sei das wichtigste aus der Krankengeschichte des Wolfsmanns kurz chronologisch zusammengefasst:

1½ Jahre: Malaria-Erkrankung und Beobachtung des elterlichen Koitus oder jenes elterlichen Beisammenseins, in welches er nachträglich die Koitusphantasie eintrug

2½ Jahre (kurz zuvor): Szene mit Gruscha

3¼ Jahre: Klage der Mutter beim Arzt, Verführungsbeginn durch die Schwester, Kastrationsdrohung der Kinderfrau Nanja

3½ Jahre: Englische Gouvernante, Beginn der Charakterveränderung

4 Jahre: Wolfstraum, Entstehung der Wolfsphobie, Angst vor dem Schmetterling

4½ Jahre: Auftreten der religiösen Zwangssymptome

5 Jahre (kurz zuvor): Halluzination des Fingerverlustes

8, 10 Jahre: Letzte Ausbrüche der Zwangsneurose

17 Jahre: Zusammenbruch nach Gonorrhö

23 Jahre: Behandlungsbeginn bei Freud

Ich hoffe, dass meine Ausführungen zum Wolfsmann den einen oder die andere unter Ihnen zur Lektüre des ausserordentlich reichen Originals verleiten, dieser wohl wichtigsten aller Fallgeschichten Freuds, die er selber verschiedentlich zitiert und weiterverwendet (1913d, 1914a, 1915d, 1916–17a [1915–17], 1916–17e, 1926d [1925]). Als Antwort auf seine Kritiker Jung und Adler beweist Freud in dieser Arbeit auch Existenz und Wichtigkeit der kindlichen Sexualität sowie die Bedeutung der Nachträglichkeit.

Vorlesung XXXIII

Die Weiblichkeit heute I

I. Freuds Ansichten über die Weiblichkeit

Bevor ich auf moderne psychoanalytischen Beiträge zur weiblichen Sexualität eingehe, möchte ich Ihnen Freuds Ansichten über die Weiblichkeit zusammenfassen:

In den *Drei Abhandlungen* (1905d, GW V, 96) formuliert Freud die Grundlagen für seine Konzeption der Weiblichkeit. Er nimmt die Existenz eines *sexuellen Monismus* bei beiden Geschlechtern bis zur Pubertät an: «Die Annahme des nämlichen (männlichen) Genitales bei allen Menschen ist die erste der merkwürdigen und folgenschweren infantilen Sexualtheorien.» Für die Weiblichkeit liegt die Besonderheit des sexuellen Monismus darin, dass für beide Geschlechter, also auch für das Mädchen das männliche das anerkannte Sexualorgan ist. Freud zufolge ist die Klitoris für das Mädchen ein Homolog für den Penis. Knaben und Mädchen denken, die Welt sei nach dem eigenen Bild geschaffen und wissen nichts von der Existenz der Vagina. Diese bleibt unentdeckt, der Klitoris kommt eine exklusive Rolle zu. Die Sexualität des kleinen Mädchens hat demnach männlichen Charakter. Beim Mädchen wie beim Knaben gebe es *drei wichtige Masturbationsphasen*: Im Säuglingsalter, im Alter von etwa 4 Jahren (dies fällt mit dem Ödipuskomplex zusammen) und in der Pubertät. In der zweiten Phase der infantilen Masturbation bemerkt das männliche Kind, dass die Mädchen anders sind als es, dass sie keinen Penis besitzen, während das Mädchen bemerkt, dass ihm etwas fehlt. Der Knabe erschrickt, wenn er feststellt, dass es Wesen ohne Penis gibt; er interpretiert diesen Mangel als eine Kastration, fürchtet diese Möglichkeit für sich selbst und entwickelt daraus eine anhaltende Geringschätzung der Frau. Das kleine Mädchen glaubt ebenfalls, es sei kastriert worden und wünscht, ein Knabe zu sein. In der Pubertät weist das Vordrängen des erigiert gewordenen Gliedes den Mann auf das neue Sexualziel, auf das Eindringen in eine die Genitalzone erregende Körperhöhle hin; zur gleichen Zeit verdrängt das kleine Mädchen seine Klitorissexualität, d.h. das männliche Element seiner Sexualität, und beide Geschlechter entdecken die Vagina. Kurz gesagt: *Primär gilt für Freud der phallisch-sexuelle Monismus für beide Geschlechter. Bis zum Kastrationskomplex ist das kleine Mädchen ein kleiner Mann. Von dieser Zeit, etwa im Alter von vier Jahren bis zur Pubertät hat es nur einen kastrierten Penis und weiss nichts von der Existenz seiner Vagina.*

In *Die infantile Genitalorganisation* (1923e) behauptet Freud, dass sich die infantile Genitalorganisation im Hinblick auf die Objektbeziehung nicht von der des Erwachsenen unterscheide. *Männlich und weiblich bedeuten jedoch bis zur Pubertät phallisch und kastriert. Die Vagina ist unentdeckt.*

In *Der Untergang des Ödipuskomplexes* (1924d) beschreibt Freud, dass der *Kastrationskomplex beim Knaben den Untergang des Ödipuskomplexes, beim Mädchen hingegen den Eintritt in die ödipalen Wünsche bewirke.* In der ödipalen Situation hegt der Knabe keinen Wunsch, in die Mutter einzudringen, da er von der Existenz der Vagina nichts weiss. Die Vagina der Mutter wird also vom Knaben nicht sexuell besetzt. Der Ödipuskomplex verläuft gleichzeitig mit der phallischen Phase. Beim Mädchen wird der Kastrationskomplex durch den Anblick des Penis beim Knaben geweckt. Er führt zu *Minderwertigkeitsgefühlen* und *Penisneid*. Statt wie beim Knaben zum Aufgeben der ödipalen Wünsche zu führen, bewirkt der Kastrationskomplex beim Mädchen die Zuwendung zum Vater. Es will den fehlenden Penis durch ein Kind ersetzen. Der Wunsch, *als Substitut für den Penis vom Vater ein Kind zu bekommen*, ist die Antriebskraft des weiblichen Ödipuskomplexes. Freud vermutet, dass die Ausbildung des Über-Ichs erheblich erschwert ist, weil beim Mädchen die Kastrationsängste fehlen. Das Über-Ich der Frau sei deswegen bei weitem nicht so mächtig wie das des Mannes.

Aus *Einige psychische Folgen des anatomischen Geschlechtsunterschieds* (1925j) geht hervor, dass beim *Knaben der Ödipuskomplex eine primäre Bildung, beim Mädchen eine sekundäre Bildung ist:* Das Mädchen wünscht zuerst seine Mutter, dann einen Penis, dann ein Kind vom Vater, wobei der Wunsch nach einem Kind nur ein Substitut des Peniswunsches, die Bindung an den Vater nur eine Folge des Penisneides ist.

In *Über die weibliche Sexualität* (1931b) meint Freud, dass die weibliche Ödipussituation nicht mit der männlichen gleichzustellen sei. Die *präödipale Mutterbindung* spiele eine wesentliche Rolle in der Entwicklung des kleinen Mädchens.

Zum Schluss möchte ich auf den Artikel *Die Weiblichkeit* (33. Vorlesung in *Neue Folge der Vorlesungen zur Einführung in die Psychoanalyse*, 1933a [1932], GW XV) zu sprechen kommen. Dort schreibt Freud, die Analyse des Kinderspieles zeige, dass die aggressiven Impulse in der sadistisch-analen Phase beim Mädchen ebenso stark sind wie beim Knaben. Zu Beginn der phallischen Phase gebe es keinerlei Unterschied zwischen dem Knaben und dem Mädchen: «Wir müssen nun anerkennen, das kleine Mädchen sei ein kleiner Mann.» (op. cit. 125f) Die Masturbation ist zu dieser Zeit bei beiden Geschlechtern phallisch, die Vagina für beide Geschlechter unentdeckt. Die Wendung zur Weiblichkeit erfordert einen *Wechsel der erogenen Zone*, einen Übergang von der Klitoris zur Vagina. Er geht einher mit einem *Objektwechsel*, da das kleine Mädchen seine erste Bindung zur Mutter aufgeben und seinen Vater zum Objekt nehmen muss.

Freud leugnet eine natürliche gegengeschlechtliche Anziehung: «Wir wissen kaum, ob wir an jene geheimnisvolle, analytisch nicht weiter zersetzbare Macht [...] im Ernst glauben dürfen.» (op. cit. 127) Er nimmt an, dass der Vater anfänglich ein Rivale für das Mädchen ist, und die Mutterbindung über das vierte Lebensjahr hinaus dauern kann. Die *präödipale Bindung an die Mutter* spielt eine zentrale Rolle in der Entwicklung des kleinen Mädchens. Sie nimmt die Charakterzüge aller einzelnen Phasen an, die sie durchläuft: orale, anale, phallische, aktiv und passiv, und ist durch starke Ambivalenz gekennzeichnet. Die Sexualwünsche gegenüber der Mutter lassen sich nur schwer definieren. Im phallischen Stadium ist es der Wunsch, der Mutter ein Kind zu machen und eines von ihr zu gebären. Nach der phallischen Phase entwickelt das Mädchen einen tiefen Hass gegenüber der Mutter, welcher den Objektwechsel begünstigt. Der spezifisch weibliche und Hauptfaktor dieses Hasses liegt im Kastrationskomplex. Nachdem dieser durch den Anblick der männlichen Genitalien ausgelöst worden ist, macht das Mädchen die Mutter für seinen Penismangel verantwortlich. So entsteht der Penisneid, der das ganze Leben hindurch anhalte. Der Wunsch, einen Penis zu bekommen, sei häufig sogar ein Motiv, in die Analyse zu gehen; was die Frau von der Analyse erwarten könne, z.B. die Fähigkeit, einen intellektuellen Beruf auszuüben, lasse sich oft als sublimierte Abwandlung dieses verdrängten Wunsches erkennen. Immerhin schliesst Freud seinen Artikel mit Sätzen, die seine Ausführungen vielleicht etwas relativieren: «Das ist alles, was ich Ihnen über die Weiblichkeit zu sagen hatte. Es ist gewiss unvollständig und fragmentarisch, klingt auch nicht immer freundlich. [...] Wollen Sie mehr über die Weiblichkeit wissen, so befragen Sie Ihre eigenen Lebenserfahrungen, oder Sie wenden sich an die Dichter, oder Sie warten, bis die Wissenschaft Ihnen tiefere und besser zusammenhängende Auskünfte geben kann.» (op. cit. 145)

II. Freud bestätigende psychoanalytische Ansichten über die Weiblichkeit

In der Nachfolge gibt es eine Reihe von Psychoanalytikern, die ihre Ansichten über die weibliche Sexualität an diejenigen Freuds anlehnten. Nach *Chasseguet-Smirgel* (*Psychoanalyse der weiblichen Sexualität*, 1974, 26–45 und Literaturverzeichnis) möchte ich davon vier Psychoanalytikerinnen besonders hervorheben:

Jeanne Lampl-de Groot schrieb 1927 *Zur Entwicklungsgeschichte des Ödipuskomplexes* und 1933 einen weiteren Artikel mit dem Titel *Zu den Problemen der Weiblichkeit*. Nach ihr gibt es *keinen Unterschied zwischen dem positiven Ödipuskomplex des Knaben und dem negativen Ödipuskomplex des Mädchens* – bei beiden Geschlechtern ist der Phallus zentral in dieser Phase, die sexuelle Position aktiv-männlich.

Helene Deutsch verfasste ein zweibändiges Werk über die Psychologie der Frau (*Psychology of Women*, 1944–45). Ich möchte ihre Arbeiten von 1925 (*Psychologie des Weibes in den Funktionen der Fortpflanzung*) und 1930 (*Der feminine Masochismus und seine Beziehung zur Frigidität*) hervorheben. Im Artikel von 1925 vertritt sie die Meinung, dass der Prototyp des weiblichen Genitales die Oralität der Vagina und des Mundes sei. Die *Vagina bleibe unentdeckt bis zum Koitus*. Bei der Frau sei die Sexualität nicht von der Fortpflanzung zu trennen. Die *Klitoris spiele eine hemmende Rolle*, sie sei ein überflüssiges Organ. 1930 sagt sie zur Frigidität, dass es eine Anzahl von Frauen gebe, die keinen Orgasmus beim Geschlechtsverkehr erleben, jedoch psychisch völlig normal seien; sie hätten ein positives Verhältnis zu ihrer Umwelt und seien beim Koitus glücklich, weil sie ihrem Sexualpartner Freude spenden; sie seien überzeugt, dass der Sexualakt nur für den Mann wichtig ist. Die Frau sei glücklich in der zärtlich-mütterlichen Spenderfunktion auch im Koitus. Dieser Frauentyp sei jedoch am Aussterben und es scheine, dass die moderne Frau neurotisch sei, wenn sie frigid ist. Die Autorin glaubt, dass diese Entwicklung mit der Vermännlichung der Frau einhergehe. In einem Symposium in New York 1916 über die Frigidität behauptete Helene Deutsch, dass der *Orgasmus männlich sei, und die weibliche Frau keinen orgastischen Höhepunkt habe*. Die Vagina sei das Fortpflanzungsorgan, die Klitoris das Lustorgan.

Ruth Mack Brunswick (*Die präödipale Phase in der libidinösen Entwicklung*, 1940) wiederholt ebenfalls hauptsächlich Freud, wenn sie darauf hinweist, wie sehr *das kleine Mädchen in seiner aktiven präödipalen Mutterbeziehung dem kleinen Knaben gleiche* in seinem aktiven Ödipuskomplex. Allerdings entstehe der Kinderwunsch früher als der Penisneid, zwischen diesem und der Mutterbindung bestehe ein Zusammenhang.

Freud selbst weist in der erwähnten 33. Vorlesung über die Weiblichkeit auf diese drei seine Ansichten bestätigenden Autorinnen hin (1933a [1932], GW XV, 140).

Marie Bonaparte stützt sich in ihrem Artikel von 1951 (*Die Sexualität der Frau*) im wesentlichen auch auf die Ansichten Freuds über die weibliche Sexualität. Sie unterscheidet eine primäre Phase phallischer Passivität und eine sekundäre, koinzidierend mit dem passiven Ödipuskomplex. Dazwischen lokalisiert sie eine *aktive phallische Phase, koinzidierend mit der phallisch-ödipalen Mutterbindung aus einer aktiv-männlichen Position heraus*. Sie meint wie Helene Deutsch, die konstitutionelle weibliche Bisexualität sei das entscheidende Hindernis für die Entwicklung einer normalen Sexualität.

III. Freud widersprechende psychoanalytische Ansichten über die Weiblichkeit

Noch zu Zeiten Freuds gibt es eine Reihe von Psychoanalytikerinnen und Psychoanalytikern, die aus der Beobachtung an Kindern davon überzeugt sind, dass die vaginale Erregung in Zusammenhang mit masturbatorischer Tätigkeit beim kleinen Mädchen schon früh vorhanden ist (Chasseguet-Smirgel, 1974, 46–67 und Literaturverzeichnis):

Josine Müller (*Ein Beitrag zur Frage der Libidoentwicklung des Mädchens in der genitalen Phase*, 1925/1932) schreibt, dass *die Vagina das erste Sexualorgan ist, das libidinös besetzt werde. Die Besetzung der Klitoris sei ein sekundärer Vorgang*. Der Penisneid hänge mit der *narzisstischen Kränkung* – Nichtbefriedigung der verdrängten genitalen Triebregungen – zusammen.

Karen Horney beschreibt in ihren Artikeln *Die Angst vor der Frau* (1932) und *Die Verleugnung der Vagina* (1933) ebenfalls ein frühes Erwachen der vaginalen Erregung. *Die phallische Einstellung mit der Verleugnung der Vagina sei eine sekundäre Bildung*. Die angebliche Unentdecktheit der Vagina sei eng mit der Angst vor der Mutter verknüpft. Diese Angst ist bedingt durch die auf die Mutter projizierten aggressiven Wünsche und durch die den ödipalen Wünschen inhärente narzisstische Kränkung. Die Annahme Freuds, dass die Vagina bis zur Pubertät unentdeckt bleibe, widerlegt Karen Horney durch die von Kinderärzten beobachtete *vaginale Onanie in den frühen Kinderjahren der kleinen Mädchen*. Ausserdem hätten Frauen, die zur Analyse kommen, ein grosses Interesse daran, sich an ihre vaginale Vergangenheit zu erinnern, und in den Masturbationsphantasien und Träumen der kleinen Mädchen sei ein *instinktives Wissen von der Vagina* unverkennbar. Bei der vaginalen Frigidität geht es nicht um den *Übergang der Klitoriserregung auf die Vagina*, sondern um *die Verdrängung der vaginalen Erregung*. Die naheliegendste Erklärung dafür sind Kastrationsimpulse der Frau gegenüber dem Vater, die mit der ödipalen Versagung und der Vergeltungsangst im Sinne des Talion zusammenhängen. Da die Vagina unsichtbar ist, hat das Mädchen keine Möglichkeit, Befürchtungen, die auf sein Körperinneres bezogen sind, an der Realität zu überprüfen. Es fürchtet vor allem Eingriffe in das Innere seines Körpers. Es verdrängt die vaginalen Triebe und überträgt sie mit defensiv gerichteten Zielen auf sein äusseres Organ, die Klitoris. Viele Frauen, die in Analyse kommen, beklagen sich über die Abwesenheit des vaginalen Orgasmus. Sie leiden unter diesem Mangel.

Melanie Klein befasst sich 1932 (*Die Psychoanalyse des Kindes*) mit der Untersuchung des weiblichen Äquivalents der Kastrationsangst. Sie weist darauf hin, dass die Angstsituation des Mädchens mit dem *Frühstadium des Ödipuskomplexes* zusammenhängt. Nach den ersten *oralen Versagungen* durch die Mutter wendet das Mädchen sich von der Brust ab und sucht die Befriedigung beim väterlichen Penis, den es sich einverleiben will. Zugleich beginnen *genitale Regungen gegenüber dem väterlichen Penis* eine Rolle zu spielen. Dieser Übergang von der Brust, welche die Wünsche nicht erfüllt hat, zur Besetzung des Penis bildet den Kern des frühen ödipalen Konflikts. Der Penis des Vaters wird für diese Zeit als ein Objekt wahrgenommen, das sich im Inneren des mütterlichen Körpers befindet und von der Mutter vorenthalten wird. Deshalb richtet das Mädchen *sadistische Angriffe auf den Körper der Mutter*, um ihr das begehrte Objekt zu rauben; zugleich fürchtet es die Umkehrung dieser Angriffe durch die Mutter, die sein eigenes Körperinnere zerstören könnten. Nach Freud veranlasst der Kastrationskomplex das Mädchen, seine Mutter zu hassen, denn sie ist schuld am Fehlen des Penis. Melanie Klein gibt die gleichen Gründe für diesen Hass gegenüber der Mutter an; während jedoch Freud behauptet, dass das den Penisneid entwickelnde Mädchen einen eigenen Penis haben will (aus vorwiegend narzisstischem Interesse), vertritt

Melanie Klein die Auffassung, dass es den *Penis als libidinöses Objekt* begehrt: Demnach würde das weibliche Kind nicht auf dem Umweg über Männlichkeitstendenzen und Penisneid, sondern aus der *dominierenden weiblichen Komponente* heraus unter die Herrschaft der Ödipusstrebungen geraten. Melanie Klein kommt damit den Ansichten von Karen Horney sehr nahe. Darüber hinaus wird das orale *Begehren nach dem väterlichen Penis zum Prototyp des genitalen vaginalen Begehrens* nach diesem Penis. Dem dermassen begehrten Penis werden *magische Fähigkeiten* zugesprochen, mit welchen alle durch die orale mütterliche Verweigerung hervorgerufenen Triebregungen befriedigt werden können. Aber auch der Penis kann aufgrund der Versagung, die er dem kleinen Mädchen zufügt, zum Objekt intensiver Aggressionen werden. Wenn die *Aggressivität einmal auf den Penis* projiziert ist, wird dieser zu einem überaus gefährlichen, grausamen und bedrohlichen Objekt. Die Introjektion dieses so erlebten Penis bildet den Kern des väterlichen Über-Ichs, und der damit zusammenhängende Sadismus macht dieses *Über-Ich zu einem äusserst grausamen*. Die *weibliche Objektwahl hängt von der Bewältigung der infantilen Angst ab*. Das Mädchen kann einen guten Penis wählen, der die Ängste in Bezug auf seinen Körper beruhigt. Der beim Sexualakt erzielte Lustgewinn ist also viel grösser als die reine libidinöse Befriedigung; die Beruhigung der Angst bildet über den Sexualakt hinaus die Grundlage für dauernde und befriedigende Liebesbindungen. Ist das Ich allerdings nicht in der Lage, die Angst zu überwinden, so kann daraus (vaginale) Frigidität entstehen. *Nach Melanie Klein haben Mädchen schon sehr früh eine zumindest unbewusste Kenntnis von der Vagina*. Der Klitoris, dem sichtbaren Organ, kommt die Verdrängung der Vagina zugute; gleichwohl ist die *Vagina von Anfang an weiblich besetzt*. Die Phantasien bei der Klitorismasturbation spiegeln den Wunsch nach der Einverleibung des väterlichen Penis wider und rufen vaginale Erregungen hervor.

Ernest Jones meint in seiner Arbeit *The early development of female sexuality* (1927), dass die männlichen Analytiker zu phallozentrischen Gesichtspunkten und Unterschätzung der Bedeutung der weiblichen Organe neigen. Wie Melanie Klein, Karen Horney und Helene Deutsch hält auch Jones es für unerlässlich, zwischen dem autoerotischen präödipalen Penisneid und dem erotischen ödipalen zu unterscheiden, man könnte auch sagen zwischen dem *Penisneid* und dem *Peniswunsch*. Jones nimmt an, dass der *Penisneid (der Wunsch nach einem eigenen Penis) nichts weiter ist als eine regressive Verteidigungsmassnahme gegen den Wunsch, in einer Art von ödipalem Koitus am Penis des Vaters zu partizipieren*. Die ödipale Enttäuschung kann auf dem Wege der Regression den früheren Wunsch des Mädchens nach dem Besitz eines eigenen Penis reaktivieren. Nach Jones ist bei beiden Geschlechtern die fundamentale Angst nicht so sehr die Kastrationsangst, sondern vielmehr die Angst vor der Vernichtung der Sexualität überhaupt, der Aphanisis. Die Versagung der ödipalen Wünsche ist der alleinige Grund dieser Angst. Schuldgefühl und Über-Ich stellen weniger einen Schutz vor Einflüssen der Aussenwelt als vielmehr eine interne Verteidigung gegen diese Angst dar. Nach Jones ist die *phallische Phase Freuds für beide Geschlechter ein neurotischer Kompromiss*, zusammenhängend mit den gefährlichen ödipalen Wünschen: Der Knabe will den Penis des Vaters aus der mütterlichen Vagina vertreiben, das Mädchen will der Mutter den väterlichen Penis wegnehmen. Bei beiden entsteht durch die Umkehrung Kastrationsangst, äusserliche beim Knaben, innerliche beim Mädchen. *Bei beiden handelt es sich um einen positiven Ödipuskomplex*.

In seinem Artikel *Early female sexuality* (1935) bezieht sich Jones auf die Frühanalysen, die in London (Kleinianische Schule) mit ganz kleinen Kindern gemacht wurden, und die genaue Auskünfte über dieses Entwicklungsstadium der Mädchen gäben. Im Gegensatz zu Freud ist Jones der Ansicht, *dass die Einstellung des Mädchens von Anfang an feminin ist, dass es sich mehr mit seinem Körperinneren als mit seinem Äusseren beschäftigt*. Jones kann die Meinung Freuds nicht teilen, dass die vaginale Einstellung sich erst in der Pubertät entwickle. Jones verwendet die Vaginal-Anästhesie und die Dyspareunie bei erwachsenen Frauen als Argumente für seine Annahme, dass die Vagina schon früher eine Rolle spielte; für ihn sind sie ein Beweis für eine erotische Besetzung, denn man könne nicht fürchten, was es gar nicht gäbe. Für Jones ist der Penisneid ein weiblicher Wunsch, sich den Penis des Vaters einzuverleiben, zuerst auf oralem und später auf vaginalem Wege. Der Wunsch nach einem Kind ist nichts anderes als der Wunsch, einen Penis zu empfangen und ihn in ein Kind zu verwandeln. Im Gegensatz zu Freud ist für Jones der Wunsch nach einem Kind keine Kompensation für den Penismangel, sondern ein normaler weiblicher Wunsch. Jones sieht in der Frau ein *geborenes Weib* und nicht einen «homme manqué».

IV. Zeitgenössische psychoanalytische Beiträge: Roiphe und Galenson

Die amerikanischen Psychoanalytiker *Herman Roiphe* und *Eleanor Galenson* haben sich mit den frühen Ursprüngen der sexuellen Identität befasst im gleichnamigen Buch *Infantile origins of sexual identity* (1981). Ich gehe insbesondere auf ihren Artikel *Some suggested revisions concerning early female development* (1976, in Harold P. Blum, Editor: *Female psychology, contemporary psychoanalytic views*, 1977, 29–57) ein:

Galenson und Roiphe vertreten einen ähnlichen Standpunkt wie Horney, Jones und andere Autoren. Sie fechten Freuds Betonung einer phallischen Phase als Beginn der Geschlechtsentwicklung des Kindes an. Schon 1968 schlug Roiphe eine frühe genitale Phase vor, welche normalerweise und regelmässig zwischen dem 16. und 24. Altersmonat vorkommt und durch das Auftreten eines Verhaltens charakterisiert ist, welches genitale Erregung anzeigt.

Galenson und Roiphe gehen von einer Population von 70 Kindern aus, welche sie von der frühesten Zeit bis hin zur ödipalen Phase beobachtet haben. Sie stellen die Hypothese einer echten *frühen genitalen Phase* auf, welche der später bekannten sogenannten phallisch-ödipalen Phase ungefähr ein Jahr oder noch mehr vorausgeht. Freud schrieb bereits in seiner 33. Vorlesung *Die Weiblichkeit* (1933a [1932]), dass die Mutter durch ihre pflegerischen Aktivitäten unvermeidlich die ersten lustvollen Gefühle in den Genitalien ihrer Kinder stimuliert oder sogar erweckt. Kris (1951) meinte zu diesem Punkt, dass der Übergang von der allgemeinen Zärtlichkeit der Mutter zu den genitalen Zonen auch durch die Folge der im allgemeinen grossen körperlichen Nähe bewirkt wird, auf welche, so nimmt er an, das Kind mit Erregungen in der genitalen Region reagiert.

Die beiden amerikanischen Autoren sagen, dass das genitale Spiel der ersten 16 Lebensmonate unter normalen Verhältnissen die Natur einer allgemeinen körperlichen Exploration hat, und dass man diese noch nicht als wirkliche Masturbation bezeichnen könne. Genitales Verhalten in Jungen und Mädchen bekommen ungefähr zwischen dem 15. und 17. Lebensmonat eine neue, masturbatorische Qualität. Bei den 35 untersuchten Mädchen war die genitale Manipulation fokussierter, sie waren mehr in ihre Aktivität vertieft und zogen intensive Lust daraus, und man konnte begleitende Zeichen von Erregung feststellen, wie Hautrötung, Transpiration und rasche Atmung. Zu diesem Zeitpunkt wird die Masturbation manuell durchgeführt, die Tätigkeit ist rasch und repetitiv, oft ein kräftiges Reiben, Kneifen oder Drücken, bei dem die Finger sich in der Nähe des Mons pubis oder zwischen den Labien positionieren. Es wurden Fälle beschrieben, dass kleine Mädchen mit ihrem Finger in die vaginale Öffnung eindringen. In zwei besonderen Fällen kam es regelmässig und wiederholt zur Einführung des Schnullers tief in die Vagina. Die manuelle Masturbation ereignete sich meistens während des Badens oder des Windelwechslens. Die nicht-manuelle Masturbation erfolgte häufig durch Schaukelpferde, Spielzeug, Möbel, Beine der Eltern oder durch Trinkflaschen, Übergangsobjekte wie Leintücher, Stofftiere und Puppen.

1. Genitale Trieborganisation und das Gefühl der Weiblichkeit

Die Forschungsergebnisse von Roiphe und Galenson beinhalten drei Punkte:
1. Die sexuelle Trieborganisation spielt eine zentrale und exemplarische Rolle für das frühe Gefühl einer sexuellen Identität und beeinflusst die Objektbeziehungen und die Ich-Entwicklung zutiefst.
2. Obwohl Freud in seinen späteren Arbeiten (1931b, 1933a [1932]) annahm, dass die präödipale Entwicklung beim Mädchen eine ausschlaggebende Bedeutung für seine spätere Entwicklung hat, insbesondere für den Objektwechsel, unterschätzte er doch die Rolle der präödipalen Psychosexualität.
3. Der frühe, noch nicht mit der ödipalen Konstellation in Verbindung stehende Kastrationskomplex mit seinen Komponenten des Penisneids ist beim Mädchen eine Drehscheibe für die Entwicklung seiner Feminität. Er ist ausschlaggebend für den erotischen Wechsel zum Vater als Liebesobjekt.

2. Die Rolle der frühen Triebentwicklung

Die frühen genitalen Explorationsspiele beim Mädchen tragen zum beginnenden Gefühl eines genitalen Bereiches bei. Ungefähr mit 16 Monaten ändert sich die Qualität des genitalen Spiels und geht in eine echte Masturbation über. Es kommt begleitend zu einer affektiven Verhaltensänderung, und die Ich-Entwicklung gerät unter den Einfluss der genitalen Besetzung.

Hierzu seien einige klinische Beobachtungen angeführt (in Blum, 1977, 49ff):

Lilly begann mit 14 Monaten während des Windelwechslens und Badens an ihrem Genitale zu ziehen. Mit 17½ Monaten wollte sie die Pubes der Mutter examinieren und fragte sie, ob sie ihren Penis sehen könne. Sie führte auch ihre Finger tief zwischen ihre eigenen Labien ein, spreizte ihre Beine weit und inspizierte mit ihrem Blick die Genitalregion. Sie zog kontinuierlich Puppen aus und beobachtete andere Kinder beim Windelwechseln.

Peggy berührte seit 12½ Monaten beim Baden ihr Genitale. Mit 14 Monaten schlief sie ein, indem sie ihren Teddybär zwischen die Beine steckte. Sie betastete während des Windelwechsels häufig ihre Labien. Mit 15 Monaten rieb sie ihre Labien mit Toilettenpapier, hatte dabei einen lustvollen Ausdruck und errötete. Auch sie examinierte Puppen und war sehr interessiert daran, beim Windelwechseln anderer Kinder zuzuschauen. Etwas später war sie sehr auf sich selbst zurückgezogen, wenn sie ihre genitalen Manipulationen vornahm.

Winnie betastete schon einige Monate lang beim Windelwechseln regelmässig ihre Genitalien, aber mit 19 Monaten begann sie zu lächeln, wenn sie dies tat und schaute dabei ihre Mutter an.

Jenny war eines der frühen *Schaukelpferdkinder*. Dieses Schaukeln wurde eine intensive erotische Aktivität, bei der sie im Alter von 14½ Monaten errötete und eine rasche Atmung bekam. Mit 17 Monaten begann sie ihre genitale Zone mit der Hand zu betasten, aber die Schaukelsituation war ihre hauptsächliche genitale Aktivität. Sie nahm einen Füllfederhalter des Vaters in Besitz und versteckte ihn mehrere Tage. Diese Bemächtigung und dieses Interesse an phallischen Objekten schien mit dem Auftauchen von Symbolen in Verbindung zu stehen. Mit 19 Monaten, während sie immer noch intensiv auf dem Schaukelpferd ritt, insistierte sie, dass ein kleiner Junge, mit dem sie badete, ein Mädchen sei und machte viele Buben/Mädchen-Irrtümer in der Verbalisierung. Mit 20 Monaten verlangte sie danach, alle Füllfederhalter ihres Vaters zu besitzen.

3. Die Entdeckung des sexuellen anatomischen Unterschieds und sein Einfluss auf die psychosexuelle Entwicklung

Alle 35 Mädchen in der Untersuchungsgruppe zeigten bei der Entdeckung des genitalen Unterschieds nach 18 Monaten eine definitive und wichtige Reaktion. 8 davon entwickelten eine intensive Kastrationsreaktion. Die Kastrationsreaktionen bei den Mädchen waren zum Teil milde und vorübergehend. Bei anderen zeigte sich eine tiefe Unterbrechung in Bezug auf praktisch jeden Aspekt ihres Verhaltens. Diese Beobachtung scheint Freuds Behauptung (1933a [1932]) zu unterstützen, dass die Entdeckung des Mädchens, dass es «kastriert» sei, ein wichtiger Wendepunkt in seiner Entwicklung sei. Nach Roiphe und Galenson geschieht jedoch diese mit einer Kastrationsphantasie verbundene Entdeckung zu einem sehr viel früheren Zeitpunkt als Freud annahm und scheint von einer spezifischen Besetzung der genitalen Zone gefolgt zu sein, welche vom Auftauchen analer und urethraler Bewusstheit begleitet wird. Die Autoren glauben, dass die Kastrationsreaktion bei der Entdeckung des sexuellen Unterschiedes von dieser Zeit an einen wichtigen organisierenden Einfluss hat und dass sie nicht nur die Richtung der nachfolgenden psychosexuellen Entwicklung des Mädchens bestimmt, sondern auch andere Aspekte der Persönlichkeit, beides in progressiver wie hemmender Richtung. Denn im Moment der Kastrationsreaktion beobachteten die Autoren beim Mädchen eine oral-regressive Verhaltensweise; auch Exploration der analen Zone und anale Masturbation intensivierten sich eindeutig, und es tauchten wieder Angst vor Objektverlust, Angst vor analem Verlust und eine Änderung im Muster der genitalen Masturbation auf. Häufig wurde die manuelle Masturbation durch indirekte Masturbation ersetzt, durch Schaukeln oder Zusammenpressen der Oberschenkel, oder sie wurde in die anale Region oder den Nabel verlegt, während einige Mädchen die Masturbation gänzlich aufgaben. Andere fuhren weiter, konnten aber nicht mehr ein ähnliches Vergnügen darin finden. In den Momenten der präödipalen Kastration kann sich eine depressive Verstimmtheit durch Apathie, Verlust an Eifrigkeit oder Enthusiasmus einstellen, die Mädchen hatten oft einen traurigen Gesichtsausdruck. Eine Reihe von Mädchen beschäftigte sich plötzlich mit anderen Puppen, mit anderen unbelebten Objekten, die so etwas wie einen infantilen Fetisch bedeuteten. Diese unbelebten Objekte aber standen in Verbindung mit einem sich erweiternden inneren Phantasieleben, welches durch die Wahrnehmung des Geschlechtsunterschiedes ausgelöst wurde. Viele Mädchen begannen, sich mit Zeichnungen symbolisch auszudrücken. Insgesamt zeigten die Mädchen unter der Kastrationsreaktion ein vermehrtes Investieren des inneren Phantasielebens, welches sich im Spiel und in graphischen Darstellungen ausdrückte. Es kam zu einer Elaboration vieler Abwehren und zu einem Wechsel in der Grundstimmung wie auch in den masturbatorischen Mustern.

Lilly zum Beispiel, welche vor der Entdeckung des Geschlechtsunterschiedes ihre genitale Region betrachtete und manuell untersuchte, begann mit 18 Monaten, diese Aktivitäten zu unterdrücken. Zur gleichen Zeit wurde sie irritierbar und anhänglich, ihr Spiel war weniger temperamentvoll und erfinderisch, und sie bezeichnete alle Puppen als Jungen. Sie rief vermehrt nach dem Vater und wurde gegenüber der Mutter widerspenstig.

Jenny, das passionierte *Schaukelpferdmädchen*, masturbierte bis ins 3. Jahr weiterhin auf diese Weise, während sie das Genitale gelegentlich auch manuell betastete. Sie hatte eine ganze Sammlung von Vaters Füllfederhaltern aufgebaut. Bei der Geburt ihrer Schwester war sie 17 Monate alt. Sie geriet in eine Periode von Ärger mit der Mutter und machte viele Irrtümer bezüglich der Bezeichnung Junge/Mädchen, was sich auch in ihren graphischen Darstellungen ausdrückte. Mit 21 Monaten zog sie deutlich und konstant ihren Vater vor oder, wenn er nicht erreichbar war, seine Füllfederhalter.

4. Die Ich-Entwicklung und das Gefühl einer sexuellen Identität

Die Kastrationsreaktion bei der Entdeckung des Geschlechtsunterschiedes hatte einen Effekt auf das symbolische Funktionieren. Dieses war vorübergehend verzerrt, was sich in Verwechslungen bei Jungen/Mädchen-Bezeichnungen zeigte. Davon war nicht nur der verbale Symbolismus betroffen, sondern auch viele Aspekte des auftauchenden Semi-Symbolismus. Nach der Überwindung dieser unsicheren Phase bei der Wahrnehmung der Geschlechterdifferenzierung kam es zu einem bemerkenswerten Aufblühen des Phantasielebens und zu graphischen Darstellungen in der Form von Zeichnungen und Schreibversuchen. Das kleine Mädchen begann viele Wege der Abwehr zu benutzen wie Verschiebung, Introjektion, Projektion, um sich den neu ausgelösten Ängsten aktiv stellen zu können. Wenn die Kastrationsreaktion nicht überwältigenden Ausmasses ist, wird ein neues Niveau intellektuellen Funktionierens erreicht. Das zeigte sich in Spielen, die sich mit dem genitalen Geschlechtsunterschied auseinandersetzen – es wurden phallisch geformte, unbelebte Objekte als phallische Substitute gebraucht, und ein Anklammern an Puppen oder an andere unbelebte Objekte, die als eine Art infantile Fetische dienten, war feststellbar; das Zerbrechen von Spielzeug wurde vermieden.

Wie das Mädchen nach der Entdeckung des Geschlechtsunterschiedes und der Trauerphase gemäss heutiger psychoanalytischer Auffassung in den Ödipuskomplex eintritt, werden wir das nächste Mal betrachten. Zudem werden wir uns mit wesentlichen Beiträgen der französischen Schule zur weiblichen Sexualität befassen.

Vorlesung XXXIV

Die Weiblichkeit heute II

In dieser zweiten Vorlesung über die Weiblichkeit möchte ich aufzeigen, wie das Mädchen nach heutiger Auffassung in den Ödipuskomplex eintritt und gleichzeitig den wichtigen Beitrag der französischen Psychoanalyse zu unserem Thema würdigen. Ich konzentriere mich dabei auf die drei grundlegenden Arbeiten von *Janine Chasseguet-Smirgel, Maria Torok* und *Joyce McDougall* (alle in *Chasseguet-Smirgel*, 1974).

I. Die weiblichen Schuldgefühle
Über einige spezifische Aspekte des weiblichen Ödipuskomplexes
(Janine Chasseguet-Smirgel, op. cit. 134–191)

Es ist erstaunlich festzustellen, dass die Freud'sche Theorie dem Vater beim Ödipuskomplex des Knaben einen zentralen Platz einräumt, diesen Platz aber beim Mädchen beträchtlich reduziert. Bereits Jones hat als Antwort auf Freuds Arbeit *Über die weibliche Sexualität* (1931b) mit seinem Artikel *The phallic phase* (1932) folgendes dazu geäussert: «Dies widerspricht Freuds überraschender Behauptung, dass ‹unsere Aussagen über den Ödipuskomplex in voller Strenge nur für das männliche Kind passen› und dass ‹die schicksalhafte Beziehung von gleichzeitiger Liebe zu dem einen und Rivalitätshass gegen den anderen Elternteil […] sich nur für das männliche Kind […] herstellt›. Wir können hier nicht anders, wir müssen ‹plus royaliste que le roi› sein […]. Ich sehe keinen Grund zu bezweifeln, dass die Ödipussituation, in der Realität und in der Phantasie, für das Mädchen so gut wie für den Knaben das schicksalsvollste psychische Ereignis des Lebens darstellt.»

Nach Freuds Artikel *Über die weibliche Sexualität* (1931b) kann die positive Ödipuseinstellung beim Mädchen vollständig fehlen, und wo sie auftrete, sei sie meist ein treues Abbild der Beziehung zur Mutter. Bis auf den Wechsel des Objektes füge die Ödipuseinstellung dem Liebesleben des Mädchens kaum einen neuen Zug hinzu. Wenn eine positive Ödipuseinstellung beim Mädchen entstehe, so nicht wegen seiner Liebe zum Vater und seiner weiblichen Wünsche, sondern aufgrund der maskulinen Wünsche, aufgrund des Neides um den Penis, den es vom Penisträger, dem Vater, zu erhalten hoffe. Werde die positive Einstellung tatsächlich erreicht, so bestehe die Tendenz, sie zu perpetuieren; sie sei in erster Linie eine Ruheposition, ein Hafen (*Die Weiblichkeit*, 1933a [1932]). Da das Mädchen keine Kastrationsängste habe, bestehe für es weder ein Grund, von dieser Situation abzukommen, noch ein mächtiges Über-Ich auszubilden (*Der Untergang des Ödipuskomplexes*, 1924d). In der Zeit, die dem Objektwechsel vorausgeht, ist der Vater für das Mädchen nicht viel anderes als ein lästiger Rivale (1931b). Im übrigen sei die Rivalität mit dem Vater in der Zeit der negativen Ödipuseinstellung nur sehr schwach ausgeprägt und in keiner Weise mit der ödipalen Rivalität des Knaben um den Besitz der Mutter vergleichbar. In seiner homosexuellen Liebe zur Mutter identifiziere sich das Mädchen nicht mit dem Vater. Führt man Freuds Gedanken weiter, so kommt man zum Schluss, dass der Vater dem Knaben weitaus mehr gehört als dem Mädchen.

Freud hat jedoch seine Arbeiten über die weibliche Sexualität nie als endgültig betrachtet; er stellte sie zur Diskussion und forderte seine Schüler auf, das «Rätsel des Weibes», den «schwarzen Kontinent» weiter zu erforschen. Diese für zukünftige Forschungsergebnisse offene Haltung Freuds kommt, wie wir letztes Mal erwähnt haben, auch am Ende seiner 33. Vorlesung Die Weiblichkeit (1933a [1932], GW XV, 145) zum Ausdruck.

Wir befassen uns jetzt zunächst mit bestimmten *Aspekten der weiblichen Ödipussituation*, die keine Entsprechung beim Mann haben und die Quelle sind von *spezifischen Schuldgefühlen*, die bei einem bestimmten Moment der psychosexuellen Entwicklung der Frau inhärent sind: Beim *Objektwechsel*.

Für Freud resultiert der Ödipuskomplex beim Mädchen aus einer zweifachen, zunächst objektbezogenen und dann narzisstischen Enttäuschung, die vor allem aus der Bewusstwerdung seiner «Kastration» herrührt – die Mutter hat ihm weder die gewünschte Liebe noch den Penis gegeben. Penisneid und Kinderwunsch treiben das Mädchen nach Freuds Auffassung dazu, sich dem Vater zuzuwenden. Wie wir gesehen haben, vertraten Melanie

Klein und Ernest Jones eine entgegengesetzte Meinung, wonach das weibliche Kind nicht auf dem Umweg der Männlichkeitstendenzen und des Penisneids, sondern aus der dominierenden weiblichen Komponente heraus unter die Herrschaft der Ödipusstrebungen gerät. Das Mädchen möchte sich einen Penis einverleiben, nicht primär um einen Penis zu haben, sondern um ein Kind daraus zu machen. Der Kinderwunsch ist aber kein Ersatz für den unerfüllbaren Wunsch, einen Penis zu besitzen. Klein und Jones glauben, dass der ödipale Wunsch des kleinen Mädchens durch die Versagung der Mutterbrust sehr früh geweckt, aktiviert wird und die Brust infolge der Versagung zu einem sogenannten *bösen Objekt* wird. Dieser *böse* oder enttäuschende Charakter des ersten Objekts bildet den Ursprung des Objektwechsels, da das Mädchen nach einem *guten Objekt* sucht, das in der Lage ist, ihm die fehlenden narzisstischen und objektgebundenen Befriedigungen zu verschaffen. Das zweite Objekt – der Vater und sein Penis – wird wegen der enttäuschenden Beziehung zum ersten Objekt einem Idealisierungsprozess unterworfen. *Diese Hoffnung auf ein gutes Vater-Objekt, das alle Mangelerscheinungen des Mutter-Objektes ausgleichen kann, gilt als notwendige Bedingung für den Objektwechsel.* Dabei geht es auch um die tiefe Enttäuschung an der Mutter, die dem Mädchen seine weiblichen Wünsche, sich den Penis des Vaters vaginal einzuverleiben und ihn zu geniessen, wegen ihrer Penislosigkeit nicht erfüllen kann. Auch deshalb wendet es sich dem Vater zu. Die negativen Aspekte des Vaterobjektes werden von ihm abgespalten und auf das *Urobjekt*, die Mutter projiziert. *Eine solche Spaltung ist unerlässlich, damit der Objektwechsel überhaupt in Gang kommen kann.*

Die Idealisierung des Vaters, auf welcher der Objektwechsel aufbaut, lastet schwer auf dem psychosexuellen Schicksal der Frau. Sie impliziert eine Triebentmischung, da die Objekte während des Vollzugs des Objektwechsels entweder gänzlich negativ (die Mutter, ihre Brust) oder aber völlig positiv (der Vater und sein Penis) besetzt werden. Um diese Triebentmischung aufrechterhalten zu können, neigt das Mädchen zur *Verdrängung und Gegenbesetzung der Aggressionstriebe* innerhalb seiner Beziehung zu Vater und Penis. Daraus resultieren spezifisch weibliche Schuldgefühle bei jeder Betätigung der sadistisch-analen Komponente der Sexualität, deren Wesen der Idealisierung radikal widerspricht. Die Beziehung zwischen Tochter und Vater wird selbstverständlich deutlich von den ersten Erfahrungen mit dem Mutterobjekt sowie den besonderen Eigenschaften des Vaterobjekts geprägt. Die ersten Erfahrungen mit dem Mutter- und Vaterobjekt müssen genügend gut sein. Wenn sich allerdings die ersten Erfahrungen als schlecht erweisen und das zweite Objekt unfähig ist, die Projektion der guten Aspekte des ersten Objektes zu begünstigen, können schwerste Störungen aller Art auftreten (Charakterstörungen, Perversionen, Psychosen). *Eine optimale psychosexuelle Entwicklung der Frau bedingt also die Integration der sadistisch-analen Triebe.* Unter Hinweis auf die *Drei Abhandlungen zur Sexualtheorie* (1905d) schreibt Freud in *Jenseits des Lustprinzips* (1920g): «Wir haben von jeher eine sadistische Komponente des Sexualtriebes anerkannt [...], später trennt sich der sadistische Trieb ab und endlich übernimmt er auf der Stufe des Genitalprimats zum Zwecke der Fortpflanzung die Funktion, das Sexualobjekt soweit zu bewältigen, als es die Ausführung des Geschlechtsaktes erfordert.» (GW XIII, 58) Freud zeigt in diesem Text, dass der Sadismus während des Geschlechtsaktes in den Dienst des Eros gestellt wird, um die Bemächtigung des Objektes zu gewährleisten. Freud bringt diesen *Bemächtigungstrieb* mit der sadistisch-analen Phase und der Motorik in Verbindung. *Die Integration dieser sadistisch-analen Komponenten der weiblichen Sexualität kann sich als besonders konfliktreich zeigen:*

In den *Drei Abhandlungen* sagt Freud in Zusammenhang mit der infantilen Masturbation, dass das Mädchen sich häufig masturbiert, indem es die Schenkel aneinanderpresst, während der Knabe meist die Hand dazu benutzt. Das deute darauf hin, «welchen wichtigen Beitrag zur männlichen Sexualtätigkeit der Bemächtigungstrieb einst leisten wird» (1905d, GW V, 89). Eigentlich weist hier Freud gleichzeitig auf die Bedeutung hin, die genau diesem Bemächtigungstrieb bei der sexuellen Aktivität der Frau zukommt, wird doch beim Koitus, einer Einverleibung, die Vagina zum Ersatz der Hand, wenn sie den Penis in sich hineinpresst.

Chasseguet-Smirgel weist darauf hin, dass in der psychoanalytischen Literatur die gegen den Penis gerichtete Aggressivität der Frauen als Quelle von Schuldgefühlen zu wenig herausgearbeitet worden ist. Sie betont die Möglichkeit einer starken Konfliktualisierung bei der Frau angesichts ihres fundamental weiblichen Wunsches, sich den Penis des Vaters unter Hinzuziehung der sadistisch-analen Komponenten ihrer Sexualität einzuverleiben. Die Autorin gibt uns dazu ein ausführliches klinisches Beispiel (1974, 146ff):

Anne ist etwa 40 Jahre alt, Augenärztin, verheiratet, Mutter von zwei Kindern. Ihre Konflikte äussern sich in starken Ängsten, Depersonalisierungserscheinungen und Impulsen, sich ins Wasser oder ins Leere zu werfen. Das vorherrschende Thema ihres reichhaltigen Materials, ihrer Assoziationen und ihrer Übertragungserlebnisse ist das Versinken im Wasser. Sie ist von den ersten Sitzungen an ausgesprochen verängstigt und projiziert das Bild eines Aquariums auf eine grüne Wand im Sprechzimmer. Sie fühlt sich selbst in diesem Aquarium gefangen und sagt zur Analytikerin: «Ich habe Angst. [...] Diese Sache mit dem Aquarium hat mit einem Fötus zu tun. [...] Ich glaube, ich werde schizophren.» Mehrere Male und zu unterschiedlichen Zeiten der Analyse drückt sie ihre Angst folgendermassen aus: «Ich breche ein, ich ertrinke, ich brauche einen Ast, an dem ich mich da rausziehen kann. Ob Sie dieser Ast sind?» Die Patientin zeigt klaustrophobe Ängste. Sie fürchtet, sich in einem Zimmer weit entfernt vom Ausgang aufzuhalten, hat Angst, in Aufzügen zu fahren, träumt, in einem finsteren, engen Zimmer eingeschlossen zu sein, das wie ein Grab ist, aus dem sie nicht entkommen kann.

Anne stammt aus einer Bauernfamilie. Sie wurde von einer strengen und kastrierenden Mutter äusserst rauh erzogen. Der Vater dagegen, älter als die Mutter, war zärtlich und gutmütig. «Meine Mutter brachte ihn auf Trab. Sie verteilte die Prügel. Wir standen alle unter ihrer Fuchtel. [...] Mein Vater war gutmütig, er liess alles durchgehen. Sie missbrauchte seine Gutmütigkeit.» Die Patientin brachte zahlreiche, diese Kastration des Vaters durch die Mutter beinhaltende Erinnerungen, wie die folgende: Eines Tages kommt der Vater vom Markt nach Hause. Er hatte getrunken, legt sich deshalb hin und schläft ein. Die Mutter nutzt die Gelegenheit, ihm seine Börse wegzunehmen. Dann beschimpft sie ihn, dass er diese verloren habe. Diese Urszenenphantasie zieht sich wie ein roter Faden durch die Assoziationen der Patientin. Sie verläuft nach dem Modell eines sadistischen Aktes, in dessen Verlauf sich die Mutter des Penis des Vaters bemächtigt. Diese konfliktreiche Mutter-Imago zeigt die Schwierigkeit der Identifikation mit der Mutter, was ein Haupthindernis für eine befriedigende ödipale Entwicklung war. Anne hätte sich mit einer kastrierenden Mutter identifizieren müssen, welche sich den Penis des Vaters sadistisch einverleibt und ihn sogar zerstört. Diese Position zu übernehmen war der Patientin jedoch aufgrund ihrer Liebe zum Vater versagt.

Hierzu ein Traumbeispiel. Anne erzählt: *«Der Traum ist sehr beängstigend. Ich wate mit meiner Mutter (Versuch der Identifikation mit der Mutter) in dem Fluss, wo ich die ersten Impulse verspürt hatte, mich ins Wasser zu werfen. Wir suchten nach Aalreusen. Das erinnert mich an den Penis in der Vagina (sadistischer und kastrierender Charakter des Koitus). Meine Mutter war meinem Vater gegenüber ausgesprochen bösartig. Der Traum hat mir angst gemacht.»*

Ein weiterer Traum in derselben Nacht: *«Meine Mutter kam vom Fluss zurück und trug die Weste meines Vaters auf den Schultern. Sie hatte den Verstand verloren. In Wirklichkeit habe ich Angst, selbst verrückt zu werden, dass meine Impulse mit mir durchgehen.»* Hinter ihrem Impuls, sich ins Wasser oder ins Leere zu stürzen, versteckt sich also die unbewusste Phantasie einer Identifizierung mit dem Vater, welchen die Mutter beim Koitus kastriert (die Mutter, die mit der Weste des Vaters vom Fluss zurückkommt). In der Übertragung auf die Analytikerin erlebt Anne ihren Kastrationstrieb in allen Variationen, manchmal sogar in wahnähnlicher Weise. So macht sie z.B. der Analytikerin Vorwürfe, weil sie überzeugt ist, dass diese ihr beim Handgeben (um ihr auf Wiedersehen zu sagen) das Handgelenk ausgerenkt hat (Identifikation mit der kastrierenden Mutter).

Eines Tages assoziiert Anne zu ihrem Eindruck, einzubrechen und zu ertrinken, folgende Erinnerung: «In der Gave sind Untiefen im Wasser, wissen Sie, abgrundtiefe Strudel. Einmal wäre mein Vater fast darin ertrunken. Er wurde von einem Strudel mitgerissen. Er konnte sich gerade noch an einem Ast festhalten. [...] Im Aufzug habe ich Angst. Der Aufzug in seinem Schacht könnte mit mir abstürzen. So stelle ich mir einen Penis vor, der von einer Vagina aufgesaugt wird.»

Der elterliche Koitus bedeutet für die Patientin eine aggressive und zerstörerische Einverleibung des väterlichen Penis durch die Mutter (die Weste des Vaters auf den Schultern der Mutter, der Aal in der Reuse, der vom Strudel verschlungene Vater). Um in die Ödipussituation hineinzukommen, müsste sie sich mit der kastrierenden Mutter identifizieren, wie diese den Penis des Vaters mit der eigenen Vagina verschlingen und möglicherweise zerstören.

Hinter den Symptomen der Patientin, ihren Impulsen, sich ins Wasser oder ins Leere zu stürzen, erkennt man die umgekehrte Phantasie: Sie selbst wird zum Inhalt (Penis des Vaters oder Vater) einer destruktiven Form (Mutter oder Vagina der Mutter – oder vielmehr ihr eigener Körper oder ihre Vagina wird mit der Mutter oder der Vagina der Mutter identifiziert). Der destruktive Charakter der Vagina hängt mit der analen Komponente zusammen. Die Phantasie, welche sich hinter dem Symptom verbirgt, ist ein Kompromiss zwischen der Erfüllung des Wunsches und der Strafe. Die Patientin identifiziert ihren ganzen Körper mit dem Penis des Vaters, während ihre destruktive Vagina auf die Aussenwelt projiziert und als Höhle erlebt wird, in der sie selbst verschwindet. Das bedeutet eine Inversion von Form und Inhalt. Sie selbst wird zum Inhalt, der in der Form verschwindet. Eine ähnliche Phantasie der Patientin war: «Ich bin das Loch, das meinen Vater (seinen Penis) verschlingt.»

Nach Chasseguet-Smirgel liegt bei vielen Fällen weiblicher Phobien (vom Wasser verschlungen zu werden; sich ins Wasser oder ins Leere zu stürzen; Schwindelanfälle mit der Phobie, hinzufallen; Klaustrophobien) eine Inversion von Form und Inhalt vor. Durch Umwendung der Aggressivität erlebt das Objekt sich selbst als Inhalt, der von einer gefährlichen Form bedroht wird.

Bei solchen Fällen komme es oft zu sexuellen Störungen, bei denen die Sexualität klitorisbezogen ist, während die erotische Besetzung der Vagina als Ort und Organ der Einverleibung verboten ist – die Besetzung wird also auf das externe Organ, die Klitoris, verlagert. Manchmal würden als Abwehr gegen die konfliktgeladene Einverleibung des Penis aktiv homosexuelle Triebregungen vorgeschoben. Eine Form der Frigidität basiert auf der Unfähigkeit der Vagina, sich beim Geschlechtsverkehr zusammenzuziehen. Dies ist das Gegenteil des Vaginismus und kommt ebenso häufig vor. Die Patientinnen, die darunter leiden, schreiben dieses Symptom ihrer anatomischen Gestalt zu und werden sich seines psychogenen Charakters erst bewusst, wenn es im Laufe der Behandlung verschwindet. Dieses Symptom ist vielleicht deutlicher als jedes andere Ausdruck einer Gegenbesetzung des sadistisch-analen Bemächtigungstriebes. Wenn die sadistisch-anale Komponente der Sexualität besser integriert ist, kann die Vagina sich endlich mit dem Penis vereinigen – oder, um in Freuds Terminologie zu sprechen, da der Bemächtigungstrieb sich in den Dienst des Eros stellt, kann dieser seinen Wunsch, sich mit dem Objekt zu vereinen, befriedigen.

Die spezifischen Schuldgefühle des Mädchens gegenüber dem Vater beeinträchtigen nicht nur seine sexuellen Beziehungen, sondern auch jede Art von Selbstverwirklichung, die im Unbewussten die Bedeutung eines Phalluserwerbs annehmen kann. Sie verdoppeln die mit der Lösung von der Mutter zusammenhängenden ödipalen Schuldgefühle. Die Folgeerscheinungen sind Hemmungen, die den Platz der Frau in Kultur und Gesellschaft weitgehend bestimmen, was sich bei intellektuellen beruflichen und kreativen

Tätigkeiten zeigt. Das gute intellektuelle Funktionieren ist beiden Geschlechtern ein Äquivalent für den Besitz des Penis. Aber für die Frau heisst ein solcher Besitz nicht nur, dass sie der Mutter den Penis des Vaters geraubt hat (was mit dem Ödipusschema übereinstimmt), sondern darüber hinaus, dass sie den Vater intellektuell kastriert hat. Hinzu kommt, dass die Benutzung dieses Penis im Unbewussten dessen Fäkalisierung und schliesslich das Gefangenhalten eines analen Penis bedeutet. Chasseguet-Smirgel bringt dazu ein kurzes klinisches Fallbeispiel (op. cit. 151):

Ein 15jähriges Mädchen, Lehrerstochter, leidet unter hartnäckigen Kopfschmerzen und hat erhebliche Schulschwierigkeiten, besonders in der Orthographie und in mündlichen Befragungen. Sobald es zu überlegen beginnt, verschwimmen seine Gedanken, werden unpräzis, verwickeln sich – kurz, sie verlieren ihre anale Komponente. Die Analyse der Hemmungen gegenüber dem Vater hinsichtlich des gemeinsamen intellektuellen Bereichs im Zusammenhang mit den ödipalen Schuldgefühlen vermochte die Bedeutung der Symptomatologie nicht voll zu erfassen.

Ein Traum, in welchem das Mädchen den Finger heben wollte – Zeichen, dass es auf eine Frage antworten konnte – aber plötzlich fühlte, «dass das verboten war», und ein anderer Traum, in welchem es eine Schlange in der Hand hielt, die sich in einen Kugelschreiber verwandelte, den es beim Polizeipräsidium abliefern musste, «weil der Herr, dem er gehört, ohne seinen Kugelschreiber nicht schreiben konnte», brachten die Analytikerin auf den Gedanken, ihre Interpretationen auf diejenigen Schuldgefühle zu beziehen, die mit der Kastration des Vaters zusammenhingen, womit Symptome und Schulhemmung zu beheben waren und die ödipale Entwicklung einen befriedigenden Verlauf nahm. Die Integration der Aggressivität gegenüber dem väterlichen Penis hatte eine ödipale sexuelle Annäherung im Phantasiebereich ermöglicht. Im letzten Traum während der psychotherapeutischen Behandlung schenkte der Vater dem Mädchen «wunderschöne Kugelschreiber», wonach sie einen gemeinsamen Spaziergang machten durch einen Hohlweg. Die Mutter, die im Traum der Analytikerin ähnlich sah, war unterdessen in die Ferien gefahren!

II. Die Bedeutung des Penisneides bei der Frau
(Maria Torok, op. cit. 192–232)

Bei manchen Frauenanalysen bildet der Penisneid den Kern der Behandlung. Der brennende Wunsch das zu besitzen, wovon die Frau glaubt, es sei ihr durch das Schicksal – oder durch die Mutter – vorenthalten worden, drückt eine fundamentale Unbefriedigtheit aus, die oft der Weiblichkeit selbst zugeschrieben wird. Eifersucht und Forderungen, Ärger und Verzweiflung, Hemmung und Angst, Bewunderung und Idealisierung, Ohnmachtsgefühl und Depression: Es gibt eine Vielzahl verschiedener und variierender Symptome dieses Mangelzustandes. *Auffällig ist nur, dass allein die Frau diesen Mangelzustand auf die Natur ihres Geschlechts zurückführt:* «Das kommt daher, dass ich eine Frau bin.» Darunter ist zu verstehen: «Ich habe keinen Penis, daher meine Schwäche, meine Trägheit, meine fehlende Intelligenz, meine Abhängigkeit, ja sogar meine Krankheiten.» – «Im Grunde sind alle Frauen in der gleichen Lage wie ich, deshalb kann ich für sie, genau wie für mich selbst, nur Verachtung empfinden.» – «Die Männer verfügen über alle Werte und Attribute, die sie würdig machen, geliebt und bewundert zu werden.»

Unter den Postfreudianern haben sich, wie wir gehört haben, Ernest Jones und Melanie Klein besonders verdient gemacht, da sie den Penisneid nicht länger für irreversibel hielten. Beide halten die Qualität der ersten Beziehung zur Mutterbrust für determinierend. Sobald die Analyse eine positive Veränderung der frühen Mutterbeziehung bewirkt hat, verlieren der Neid im allgemeinen und der Penisneid im besonderen ihre reale Grundlage. Hinter dem Penisneid verbirgt sich ein authentischer Wunsch, der einem Verbot zum Opfer gefallen ist. Unter dem äusseren Schein des Neides begraben, muss er ans Licht gebracht werden.

Maria Torok betont in ihrer Studie über den Penisneid, dass der Penis, sofern er ein Ding, eine objektive biologische oder soziokulturelle Realität ist, aus ihrer Studie über den Penisneid auszuklammern wäre. Auf den ersten Blick mag dies paradox erscheinen, aber beim Penisneid sei nichts weniger wichtig als der Penis selbst. Dieses Partialobjekt werde uns als eine Ad-hoc-Erfindung zur Verschleierung eines Wunsches erscheinen, als künstliches Hindernis auf dem Wege, durch die Befreiung von gehemmten Akten zu sich selbst zu finden. Wozu dient das Künstliche? Wovor schützt es?

Freud nahm an, dass die Entdeckung des männlichen Geschlechtsorgans durch das Mädchen ein hinreichender Grund für seinen Neid sei und damit auch für seinen Hass gegen die Mutter, die ja in der Hypothese des kleinen Mädchens für seine «Kastration» haftbar gemacht wird. Wie Freud selbst sagte, bleibt die Frage offen, warum bei gewissen Mädchen der Penisneid einen für das ganze Leben irreversiblen Neid hervorbringt, während er bei andern nur eine vorübergehende Erfahrung ist.

Die Verbindung von Penisneid und bewusstem oder unbewusstem Hass gegenüber der Mutter, welche dem kleinen Mädchen das nicht gegeben hat, was es so sehr begehrt, ist in Analysen eine gängige Beobachtung. *Der Penisneid richtet sich immer auf einen idealisierten Penis.* Torok bringt dazu klinische Fallbeispiele (op. cit. 197f):

Ida sagt: «Wenn man das hat [den Penis], hat man alles, man fühlt sich geschätzt, es kann nichts mehr passieren ... Man ist, was man ist, die anderen müssen einem folgen, einen bewundern ... Es ist eine absolute Macht, sie [die Männer] stehen nie unten an, auf der Stufe der Bedürftigen, sie kennen keinen Liebesmangel. Die Frau? Unvollständigkeit, ewige Abhängigkeit, die Rolle der Vestalin, die das Herdfeuer hütet. Die Geschichten von der heiligen Jungfrau haben da auch nichts genutzt ... Gottvater ist und bleibt ein Mann! Wenn ich das Wort ‹rein› höre, denke ich an Brei ... Ich habe schon immer eine gewisse Verachtung für die Frau empfunden.»

«Ich weiss nicht, woher dieses Gefühl kommt», sagt *Agnes*, «es entspricht überhaupt nicht der Realität, aber für mich war es schon immer so. Als wäre nur der Mann dafür geschaffen, sich selbst zu verwirklichen, Meinungen zu haben, sich zu bilden, weiterzukommen. Bei ihm scheint alles natürlich und einfach ... Eine Kraft, die nichts, nichts aufhalten kann ... Er kann alles, was er will. Ich strample mich ab, ich zögere, ich stehe da, wie vor einer Mauer ... Ich habe immer das Gefühl gehabt, dass ich nicht ganz fertig bin. Wie eine Statue, die darauf wartet, dass der Bildhauer ihr endlich die Arme macht.»

Yvonne, ein kleines Mädchen, war von Anfang an überzeugt, dass die Jungen «alles können ... Sie sprechen sofort alle Sprachen ... Sie könnten alle Kerzen aus der Kirche mitnehmen, und niemand würde sie daran hindern. Wenn sie jemals auf ein Hindernis stossen, werden sie spielend damit fertig.»

Es ist kaum möglich, den idealisierten Penis ausdrucksvoller zu beschreiben!

Analytisch gesehen entspricht die Idealisierung des Penis der Verdrängung des Hasses auf die Mutter: Wenn das Mädchen zu seiner verinnerlichten Mutter sagt «ich hasse Dich, weil Du mir diese Sache nicht gegeben hast», sagt es zugleich: «Da dieser Mangel offensichtlich ist, ist auch der Hass legitim. Aber sei beruhigt, den eigentlichen Hass, den ich empfinde, weil Du mich zur Verdrängung meines Wunsches nach dem eigenen, weiblichen Geschlecht gezwungen hast, halte ich für illegitim.»

Nichts könnte sich zur Darstellung des Unerreichbaren besser eignen als das Geschlecht, das man nicht hat. Genau das Verbot jener Körpererfahrungen, die sich auf das eigene Geschlecht richten, wird durch den Penisneid symbolisiert. Im Penisneid verdichtet sich ein komplexer unbewusster Diskurs, der sich an die mütterliche Imago wendet. Maria Torok bezeichnet diesen Diskurs als *Treueschwur an die Mutter* und leiht ihm folgende Worte (op. cit. 199):

1. «Das was mir fehlt, suche ich in einer Sache und nicht in mir selbst.»
2. «Meine Suche ist vergeblich, da man sich diese Sache gar nicht aneignen kann. Die offensichtliche Vergeblichkeit meiner Suche soll meinen definitiven Verzicht auf jene Wünsche garantieren, die Du bei mir missbilligst.»
3. «Mir liegt viel daran, den Wert dieser unerreichbaren Sache zu betonen, damit Du das Ausmass meines Opfers richtig einschätzen kannst, wenn Du mich zwingst, meinen Wunsch aufzugeben.»
4. «Eigentlich müsste ich Dich anklagen und Dich meinerseits berauben, aber genau das will ich vermeiden, leugnen und ignorieren, da ich Deine Liebe unbedingt brauche. Kurz, wenn ich den Penis idealisiere, um ihn dann besser begehren zu können, will ich Dich damit beruhigen. Ich will Dir zeigen, dass nichts zwischen uns treten kann, dass ich folglich nie zu mir selbst finden kann, dass mir selbst so etwas nie gelingen wird. Ich versichere Dir, das wäre genauso unmöglich, wie das Auswechseln meines Körpers.»

Der verborgene und verbotene Wunsch, verbotene Teil des Selbst des Mädchens ist also eigentlich der Wunsch nach dem eigenen Geschlecht. Das Symptom des Penisneides definiert einen Mangel, etwas nicht Existentes, das Nichtgeschehene in der Entwicklung, jenen Schritt voran zur Entwicklung der Weiblichkeit, der verhindert wurde. Der Penisneid erscheint nun als verkleideter Anspruch – nicht auf das Organ und die Attribute des andern Geschlechts, sondern auf Reifung und Selbstfindung in Zusammenhang mit weiblicher orgastischer Erlebnisfähigkeit.

Maria Torok weist darauf hin, dass bereits Melanie Klein, Ernest Jones, Karen Horney und Josine Müller die frühzeitige Entdeckung und Verdrängung vaginaler Empfindungen beschrieben haben. Sie fügt dem eine eigene Beobachtung hinzu: *Jede Begegnung mit dem anderen Geschlecht ist zugleich eine Erinnerung, eine Gelegenheit für das Erwachen des eigenen Geschlechts. Klinisch gesehen ist der Penisneid, die Entdeckung des männlichen Geschlechtes, häufig mit der verdrängten Erinnerung an eine orgastische Erfahrung verbunden.* Zur Illustration bringt sie folgendes klinisches Beispiel (op. cit. 202f):

Martha hat mehrere Sitzungen hindurch heftige Wein- und Lachkrämpfe. Nach und nach kommt der Inhalt dieser Gefühle zum Vorschein: Als kleines Mädchen war sie im Schwimmbad mit Knaben zusammengekommen. Seitdem wiederholte sie oft immer denselben Satz: «So kann ich nicht leben.» Im Laufe ihrer Analyse fällt ihr dieser Satz stets dann ein, wenn sie gerade unter tiefen Depressionen leidet. Bewusst heisst dies: so, ohne Penis. Aber damals im Schwimmbad presste sie auch die Schenkel aneinander, rollte ein Stück ihres Badeanzuges nach innen und verspürte eine Woge von Erregung. Das Lachen unter Tränen, ein Gemisch aus Lust und Schuldgefühlen, legt den Gedanken nahe: «Ob man mich zu Hause noch mag, wenn ich so bin, wenn ich diese Woge fühle?» Diese Patientin empfand in der Pubertät derart heftige Schuldgefühle gegenüber ihrer Mutter, dass sie ihr die Menstruation, das Zeichen ihrer genitalen Reife, ein ganzes Jahr lang verheimlichte. Die Sorge, der Mutter zu gefallen, siegte über die orgastische Lust. Der Orgasmuswunsch kam während der Sitzungen in Form der Lachanfälle zum Ausdruck. Er musste jedoch mit Hilfe des Penisneides in der Verdrängung gehalten werden. Die unendlich gute erregende Woge vermittelte dem Mädchen das Gefühl, dass es für seine Mutter schlecht ist.

Tatsächlich sind die *orgastischen Spiele der frühen Kindheit die eigentlichen Instrumente, die den Weg zur genitalen Geschlechtsreife und damit auch den Weg der gesamten heranwachsenden Persönlichkeit ebnen. Was entdeckt man auf dem Wege zum Orgasmus? Die Fähigkeit, sich eine Identität mit den Eltern vorzustellen, seine eigene Person in allen Positionen der Urszene zu sehen, und zwar auf sämtlichen Organisationsstufen der Urszene. Der erlebte Orgasmus hat tatsächlich den Wert einer Überprüfung*. Es ist verständlich, dass jede Hemmung einer solchen Begegnung mit sich selbst statt einer Identifizierung eine Lücke hinterlässt; daraus resultiert ein unvollständiger eigener Körper, und, als Korrelat, eine fragmentarische Aussenwelt.

Durch die *Masturbation*, durch das Sichberühren als solches, aber auch als spezifische Rückwirkung der Phantasie hat das Kind sich aus der Abhängigkeitsbeziehung zur Mutter befreit. Durch die eigene Unabhängigkeit ist auch die mütterliche Imago autonom geworden, d.h. auch sie könnte ihre Lust bei jemand anderem suchen. Sollte die mütterliche Imago die Masturbation verbieten, so erlischt diese Möglichkeit. Eine solche verbietende Imago entsteht durch exzessive oder frühzeitige anale Dressur und die Ausdehnung dieses Despotismus auf alle analogen Gebiete. Die überfordernde Mutter erzeugt eine eifersüchtige, leere, unbefriedigte Mutter-Imago. Wie sollte sie sich mit sich selbst begnügen, wenn ihr allein die Herrschaft über das Kind Befriedigung verschafft? Muss sie nicht eifersüchtig und argwöhnisch reagieren, wenn sie merkt, dass das Kind sich mit zunehmender Reifung von ihr löst? *Das Masturbationsverbot kettet das Kind an den Körper der Mutter und legt seinen eigenen vitalen Plänen Fesseln an*. Die Patientinnen drücken diese Situationen häufig mit folgenden Worten aus: «Ein Teil meines Körpers ist in meiner Mutter geblieben. Wie soll man sich das zurückholen? Sie braucht es doch so dringend! Es ist ihre einzige Freude.» Das Mädchen lebt in einem Dilemma ohne Ausweg: Entweder identifiziert es sich mit einer leeren, wertlosen, gefährlich-aggressiven Mutter, die sich durch den Besitz des Kindes vervollständigen muss, oder aber es bleibt ein nichtiges Anhängsel eines unvollständigen mütterlichen Körpers. In der späteren Ehebeziehung besteht die Gefahr, dass die Frau diese beiden Positionen reproduziert. In der Analyse ist eine positive Entwicklung feststellbar, wenn die Masturbation nicht mehr als Zerstörung der Mutter erlebt wird. *Die orgastische Enthemmung in einer Analyse geht stets mit einem Gefühl von Stärke einher. Es ist undenkbar, dass eine Frau durch die Analyse zu einer genitalen Reife gelangt, ohne dass ihr Penisneid, der die schwelenden analen und Masturbationskonflikte verdeckt, gelöst wäre.* Undenkbar auch, dass der Penisneid sich direkt in den Wunsch verwandelt, vom Vater ein Kind zu bekommen. Wenn das Kind die Rolle eines begehrten Penisobjektes der Mutter spielen muss, wenn es die Defekte der Mutter ausgleichen und ihr zur Vollständigkeit verhelfen muss, wie sollte seine Entwicklung von der Mutter akzeptiert, gewünscht und gefördert werden, einer Mutter, die ohne das Kind in Verbitterung und Neid zurückfallen würde? Eine solche Mutter kennt nur einen Wunsch: Das Kind/Penis als Garanten ihrer Vollkommenheit an seinen Zustand als ewiges Anhängsel zu fesseln. Zur Illustration dieser Mutter-Abhängigkeit bringt Maria Torok ein ausführliches klinisches Beispiel (op. cit. 208ff), aus welchem ich ein paar Sätze zitieren will:

Ida erzählt in der Analyse: «Arme Mutter, sie fühlt sich sehr allein gelassen. Sie glaubt, dass ich mich jetzt nur noch um mein Baby kümmern werde. Ich habe von einer Schlange geträumt. Sie kroch auf meine Brust und wollte die anderen stechen. Die Hebamme hat mir gesagt, dass das Kind bald kommen muss. Arme Mutter. Heute hat sie angerufen, aber sie wollte mit Jacques (dem Ehemann der Patientin) sprechen. Sie muss sehr einsam sein. Im Kinderheim waren nur Mädchen, und dann war noch der gute alte Doktor da. Ich mochte ihn gern. Er gab mir Spritzen. In der Schule waren Mädchen und Jungen gemischt. Meine Mutter schickte mich nie pünktlich zur Schule. Ich musste immer zu spät weggehen, weil sie nicht alleine sein wollte. Auch die Ferien wollte sie immer überziehen. Sie konnte die Schule nicht leiden. Obwohl die Schule Kraft, Autorität, Regelmässigkeit und Sicherheit bedeutet. Ich bin gern zur Schule gegangen.»

Diese Patientin hat ernsthafte Hemmungen, ihr Studium fortzusetzen. Sie begreift jetzt, durch ihr eigenes Kind wird die Mutter arm. Sie muss die Leere der Mutter ausfüllen. Das stechende Schlangen-Baby und der gute alte, Spritzen verabreichende Doktor sind Lustobjekte für die Patientin, aber Gefahren für diese Mutter. Sie merkt ganz deutlich, dass sie sich mit Hilfe dieser Lustobjekte befreien könnte. Die Patientin versteht nun, warum die Mutter sie bezüglich der Schule behinderte: Weil diese für sie eine Kraft, eine Autorität darstellte. Aus dem gleichen Grund kommt sie auch zu spät zu ihren Sitzungen. Die leere Mutter ohne Unterleib muss sie – um ihre Leere zu füllen – als eigenes Lustobjekt immer in ihrer Nähe behalten. Entweder autonom sein und mit dem Penis geniessen oder aber Zubehör der Mutter bleiben, das ist das Dilemma. «Wenn ich meiner Lust nachgehe, wird die Mutter arm und leer, dieser Gedanke ist mir unerträglich.»

In ihrer genitalen Entwicklung steckengeblieben, lebt die unter Penisneid leidende Frau in einem Gefühl von Versagung, dessen wahre Natur sie sich kaum erklären kann. Sie hat nur eine vage Vorstellung von einer möglichen genitalen orgastischen Vollkommenheit und wird dazu auch keinen Zugang finden, solange die Verdrängung bestehenbleibt. *Der grösste Wunsch der unter Penisneid leidenden Frau ist also zugleich der, dem sie am meisten ausweicht: Dem Mann in einer vollen orgastischen Fusion zu begegnen, sich in dieser authentischen weiblichen Aktivität selbst zu verwirklichen.*

III. Über die weibliche Homosexualität
(Joyce McDougall, op. cit. 233–292)

Homosexuelle Menschen, ob Mann oder Frau, welche ihre Homosexualität manifest leben, verlangen selten nach einer Analyse. Für den homosexuellen Menschen ist sein erotisches Leben ein individueller und wichtiger Besitz und ein integrierter Bestandteil seiner Identität. Er wünscht keine Therapie, eine Veränderung käme für ihn einer Kastration gleich. Erst wenn das seelische Gleichgewicht bedroht oder durchbrochen wird, wünscht er eine Psychoanalyse. Der Zusammenbruch des psychischen Gleichgewichts geht mit einer Depression und mit grosser Angst einher.

Aus dem klinischen Material homosexueller Patientinnen leitet Joyce McDougall eine spezifische ödipale Konstellation ab und ein Verständnis für den ökonomischen Wert und die Rolle der ausgelebten Homosexualität bei der Erhaltung der Ich-Identität.

Die psychoanalytische Theorie geht von der Universalität homosexueller Strebungen beim Menschen aus. Beim Neurotiker bleibt die Homosexualität im Bereich der Phantasietätigkeit, beim Homosexuellen wird sie ausgelebt.

1. Zur Integration der homosexuellen Libido bei der heterosexuellen Frau

Auch bei Frauen, die nicht homosexuell werden, bestehen Wünsche, die man als homosexuell qualifizieren kann – Wünsche, die gegenüber der Mutter wie gegenüber dem Vater bestehen. Das Mädchen wünscht sich, seine Mutter sexuell zu besitzen. Darüber hinaus wünscht es der Vater zu sein, um die Mutter sexuell so zu besitzen, wie der Vater es tut. Andererseits kann sich das Mädchen männlich identifizieren, um ein homosexueller Partner des Vaters zu sein.

Wie werden sich diese beiden aus mütterlichen und väterlichen Strömungen stammenden homosexuellen Tendenzen bei der nicht-homosexuellen Frau integrieren? Nach McDougall geschieht dies auf dreifache Weise:
1. In der Identifikation mit dem Partner innerhalb der heterosexuellen Beziehung. Das führt zum Thema der Bisexualität, wie es von Freud bereits in seiner Korrespondenz mit Fliess angesprochen wurde (1985c [1887–1904], Brief 208, 400): «Die Bisexualität! Mit der hast Du sicherlich recht. Ich gewöhne mich auch, jeden sexuellen Akt als einen Vorgang zwischen vier Individuen aufzufassen.» Ausgehend von den Fliess'schen biologischen Ansätzen hat Freud eine psychische Theorie der Bisexualität entwickelt. Seine Vorstellungen darüber verweisen uns auf die Situation des Kindes angesichts der Urszene, auf seinen Wunsch, sich mit beiden Elternteilen zu identifizieren, um sich ihre Rechte und Funktionen anzueignen.
2. In sublimierten Beziehungen zu Freunden des eigenen Geschlechts.
3. In der eigenen Mutterschaft und in jeder schöpferischen Tätigkeit. Die unbewusste Identifikation mit dem andersgeschlechtlichen Elternteil erlaubt Männern wie Frauen, schöpferische Werke zu erzeugen. McDougall weist darauf hin, dass in der Analyse eine Verkennung des in jedem schöpferischen Akt enthaltenen homosexuellen Elementes bei beiden Geschlechtern zu Problemen der Selbstverwirklichung führen kann.

2. Zur Integration der homosexuellen Libido bei der homosexuellen Frau

Wenn im heterosexuellen Leben Freundschaft, Mutterschaft, Arbeit mit der homosexuellen Libido besetzt werden, was geschieht dann bei der homosexuellen Frau mit dieser Libido? McDougall schlägt folgende Hypothese vor: Die in ihrer harmonischen Entwicklung auf Hindernisse gestossene homosexuelle Frau konnte die Integration ihrer Homosexualität nicht realisieren. Das zeigt sich in einer Störung des Identitätsgefühls, in Beziehungsängsten und in schweren Hemmungen der Sublimierungsfähigkeit.

Die von mir für unsere Vorlesung ausgewählte Studie von Joyce McDougall untersucht die Identifikation mit beiden Eltern und die besondere ödipale Lösung, die für die homosexuelle Frau daraus resultiert. Sie betrifft die Eltern-Imagines (Vaterbild und Mutterbild), so wie sie sich in der Analyse homosexueller Frauen darstellen.

a) Das Vaterbild der homosexuellen Frau

Der Vater wird weder idealisiert noch begehrt, er wird verabscheut. Er wird als aufbrausendes, brutales und gewalttätiges Wesen beschrieben, was ihm einen sadistisch-analen Zug verleiht. Seine phallischen Qualitäten werden ihm abgesprochen. In seiner Eigenschaft als Mann wird er als unwirksam und ohnmächtig beschrieben. Deshalb ist das

Zeichen des Vaters nicht mehr der Phallus, sondern alle Objekte und Akte, die mit fäkalen Stoffen in Verbindung gebracht werden. Die Imago des Vaters ist mit allen Eigenschaften der bösen Mutter ausgestattet, welche auf diese Weise wieder zu einem konfliktfreien Objekt wird. Diese schlechte väterliche Imago dient als Grundlage für eine pathologische Introjektion des Vaters in das Ich des Mädchens. Die durch analen Erotismus und Sadismus gekennzeichnete identifikatorische Vaterbindung offenbart sich in der Selbsteinschätzung und führt zu schwerwiegenden Modifizierungen der Ich-Struktur, in der gleichen depressiven Weise, wie Freud sie in *Trauer und Melancholie* (1916–17g [1915]) darstellt. Das Über-Ich verhält sich sadistisch und grausam gegenüber diesem zu einem Teil des Ichs gewordenen Introjekt. Dieser Sadismus wird auf den Vater und die andern Männer projiziert, die so zu Verfolgern werden. McDougall gibt dazu ein sehr anschauliches klinisches Beispiel (op. cit. 248):

Karen, eine begabte französische Schauspielerin kam wegen tiefer Ängste phobischer Art in Analyse. Wenn sie vor Publikum auftrat, machten diese Ängste ihre ganze Arbeit zunichte. «Sobald ich an meinen Vater denke, höre ich wie er den Schleim im Halse hochwürgt, wie er sich schneuzt, seine scheusslichen Geräusche beim Essen – es kam mir vor, als würden sie sich über den ganzen Tisch verbreiten und uns alle (sie selbst und ihre drei Schwestern) einhüllen. Jedesmal, wenn er mit mir sprach, hatte ich das Gefühl, ohnmächtig zu werden, als wollte er mir ins Gesicht spucken. Ich möchte ihm die Eingeweide herausreissen, diesem Schwein. Er ist ein Brechmittel. Nicht einmal essen konnte er, ohne diese Geräusche zu machen.»

Ein anderes Mal sagte sie: «Als Kind fürchtete ich ständig, mich nicht in der Gewalt zu haben. Ich wurde oft ohnmächtig. Jeden Morgen, bevor ich zur Schule ging, betete ich: Lieber Gott mach, dass ich heute nicht brechen muss.»

Sie berichtete auch eine erschreckende Phantasie, die fast 20 Jahre angehalten hatte. Sie stellte sich vor, dass der Vater sich heimlich von hinten an sie heranschleiche, um ihr den Kopf abzuschneiden. «Ich glaube, er muss mir wirklich gedroht haben, mich zu töten, als ich noch klein war. Jedesmal, wenn er hinter mir auftauchte, zuckte ich zusammen. Ich weigerte mich, mich im Auto neben ihn zu setzen.»

Karen träumte: «Ich sehe, wie ein kleiner Junge vor ein Auto läuft. Am Steuer sitzt eine Frau, sie kommt direkt auf ihn zu und fährt ihn um. Er bleibt regungslos liegen. Obwohl mein Vater selbst Arzt ist, bleibt er einfach stehen und sagt, er wisse nicht, wo ich Hilfe finden könnte. Ich überschütte ihn mit Vorwürfen und sage, dass er wegen unterlassener Hilfeleistung gehängt werden könne. Ich nehme das Kind und bringe es zu einer Ärztin. Die besprengt das Kind mit Äther. Ich rufe weiter nach meinem Vater und sage ihm, dass er mir helfen soll.»

Die Vorstellung vom Vater, seine physische Nähe ruft Angst und Ekel hervor. Der anale Charakter dieser Beschreibungen und die gleichzeitige Faszination sind ebenso offensichtlich wie ihre Verknüpfung mit Vorstellungen von sadistischen Angriffen. Man gewinnt den Eindruck von einem kleinen Mädchen, das unter dem Terror des Vaters lebt, der sie überfallen oder in sie eindringen will. Die Urszene bekommt einen sadistisch-analen Aspekt durch die ekelhaften Geräusche, die dem Vater zugeschrieben werden. So erschreckend dieses Vaterbild auch sein mag, als Mann wurde der Vater für unwirksam gehalten; im Empfinden des Kindes hatte die Mutter die väterliche Autorität insgeheim in Anspruch genommen oder für nichtig erklärt. Wenn der Vater mehr oder weniger kastriert ist, gibt es keinen Grund, bewusst zu fürchten, dass man ihn als Sexualobjekt begehren könnte. *Diese Vater-Imago ist für homosexuelle Patientinnen typisch, sie ist jeder bewussten libidinösen Bindung beraubt, verstümmelt, und zugleich mit unlustvollen und bedrohlichen Zügen ausgestattet.* Zusätzlich wird in den Erzählungen der homosexuellen Patientinnen das Gefühl deutlich, vom Vater schon als kleines Mädchen unwiderruflich abgelehnt worden zu sein. Daraus ergeben sich Schwierigkeiten der ödipalen Situation. *Anstelle einer möglichen positiv-ödipalen Einstellung werden diese Mädchen in eine anale Position zurückgeworfen, der Vater wird als libidinöses Objekt vertrieben und geht verloren.* Von da an wird das Begehren nach dem Vater und seinem Penis als sadistischer Akt erlebt, der das Gefühl erzeugt, ein Verbrechen begangen zu haben. Die ödipalen Schuldgefühle werden durch das Bestehen einer engen präödipalen Mutterbindung noch verstärkt. Die Mutter erscheint als diejenige, die jede Annäherung an den Vater verbietet und den Widerwillen des Mädchens gegen ihn noch ermutigt.

Wie ein solches *Vaterbild* sich auf das *Selbstbild* auswirkt, zeigt McDougall anhand weiterer Fallbeispiele (op. cit. 252f):

Olivia, eine homosexuelle Patientin, kam zu Beginn ihrer Analyse in immer den gleichen Kleidern: fleckige Bluejeans und dicke, weite Pullover. Sie klagte über ihre weibliche Umgebung, die ihr Aussehen kritisiere und sie dazu bewegen wolle, anmutigere Kleider zu tragen. «Ich fühle mich so hässlich. Wegen meiner Aufmachung sehen mich alle von oben herab an, ich bin wirklich hässlich und nicht altersgemäss. Unmöglich, dass Sie meine Analyse weitermachen wollen oder dass Sie sich für mich interessieren.» Gereizt fragt sie die Analytikerin, ob auch elegant gekleidete Frauen zu ihr kämen. Dann fängt sie an zu weinen und sagt, dass sie schmutzig, ungeschickt und abstossend sei und nicht wisse, wie sie es anders machen solle. «Aber ich käme mir so lächerlich vor, wenn ich angezogen wäre wie die anderen Frauen. Ich kann es nicht ertragen, wenn sie über ihre Fetzen und ihre Schminke reden. Mein ganzes Leben lang hat meine Mutter mich gezwungen, mich für Empfänge zurechtzumachen. Ich fühlte mich krank und gereizt.» Diese Patientin beschrieb sich so, wie sie den Vater beschrieben hatte. Man könnte sagen, dass sie in körperlichem Bereich Züge ihres Vaters annahm, den abstossenden, fäkalisierten Vater inkorporiert hatte. Diese analen Züge ihres Charakters wurden ein wesentliches Element zur Aufrechterhaltung ihrer Identität. Hinzu kam die Identifikation mit dem sadistischen Vater. Während längerer Zeit trug sie einen Armreif aus Kupfer, weil sie meinte, dieser verleihe ihr einen äusseren Schein von Kraft und Grausamkeit. Wenn sie ausging, versteckte sie ein langes Messer in ihrer Tasche, um sich vor Angriffen von Männern zu schützen, denen sie begegnen könnte. Lange schien sie an diese Gefahren wirklich zu glauben und bat mich, die Polizei zu verständigen, wenn sie nicht zu ihrer Sitzung käme. So ergänzten sich ihre erotisch-analen Eigenschaften durch bedrohliche Kraft und Mordgedanken. Dass sie es war, die das Messer besass, sie als die gefährliche Person erscheinen könnte, war ihr kein Augenblick bewusst. Auf diese Weise schloss sie sich innerlich wie äusserlich aus der heterosexuellen Welt aus.

Karen sagte: «Ich bin nur ein Haufen Scheisse und werde auch von allen Leuten so behandelt. Meine Freundin Paula dachte das nicht. Dadurch habe ich verstanden, dass sie mich wirklich liebte.» Nicht ganz sicher, ob die Analytikerin sie lieben wird, fügt sie zu ihrer Verteidigung hinzu: «Ich habe schon seit Wochen kein Bad mehr genommen, aber das ist mir vollkommen egal. Ich stinke wie ein Iltis und fühle mich wohl dabei.» Diese verzweifelte Bindung an die Produkte und Gerüche des Körpers, die sie offensichtlich stark narzisstisch besetzt, ergänzt sie durch entsprechende Kleidung. Wenn sie es zu bestimmten Anlässen für unumgänglich hielt, sich ein «weibliches Aussehen» zu geben, empfand sie heftige Angst und Übelkeit.

In der Analyse zeigte sich, dass der Vater wahrscheinlich auf dem Höhepunkt der klassischen ödipalen Phase als äusseres Liebesobjekt aufgegeben worden war. Dieses aufgegebene Liebesobjekt wurde introjiziert, um von da an nie wieder verlassen zu werden.

Joyce McDougall findet bei den homosexuellen Patientinnen ein *prägenitalisiertes* Über-Ich in Zusammenhang mit einer extremen Ich-Verarmung und Ich-Schwäche. Trotz des Vorhandenseins fast wahnhafter Ängste und somatischer Erfahrungen, die auf psychotische Weise wiedergegeben werden und trotz mangelhafter Realitätsprüfung bezüglich der männlichen Welt denkt sie, dass das Ich in seiner Totalität nicht im Sinn einer Psychose betroffen ist. Es scheint ihr mehr um das Vorliegen einer Ich-Spaltung zu gehen. Wie aber kam es dazu? Vielleicht gibt die Betrachtung des Mutterbilds mehr Klarheit darüber.

b) Das Mutterbild der homosexuellen Frau

Die Mutter wird von den homosexuellen Patientinnen idealisiert. Sie wird gewöhnlich für schön, begabt und verführerisch gehalten, für all das, was die Tochter nicht ist – eine ungleiche Situation, die ohne Widerspruch akzeptiert wird, ohne bewussten Neid. Bei keiner der Patientinnen jedoch war auch nur die Spur eines bewussten Eindrucks vorhanden, die Mutter könne durch den Besitz des Vaters als Liebesobjekt an Wert gewinnen. Auf der anderen Seite wurde die Mutter als sehr distanziert erlebt. Eine unzärtliche Mutter, die von niemandem berührt werden wollte. Trotzdem wurde sie neben jenem verabscheuten Vater als Chance betrachtet. Oft empfanden sich die Patientinnen als Liebling der Mutter, gleichzeitig aber konnten sie sich ihr nie nähern. Eine Patientin sagte: «Ich kann mich nicht erinnern, dass sie mich jemals in die Arme genommen hat, aber ich glaube, ich war selbst schuld daran.»

Die Identifikation mit einer solchen Mutter-Imago ist für homosexuelle Patientinnen aus zwei Gründen nicht möglich: Erstens aus ihrer Überzeugung heraus, dass diese Bestrebungen im narzisstischen Bereich zum Scheitern verurteilt sind angesichts der reichen Gaben der Mutter, welche sie selbst bei der Geburt ganz einfach nicht mitbekommen hätten, und zweitens bestand für sie auf heterosexueller Ebene überhaupt kein Verlangen nach dem unglücklichen Vater. Diese Patientinnen hatten den Eindruck, dass die Mutter selbst den Vater insgeheim verschmäht und abwertet. Oft machte eine solche Mutter die Tochter zur *Komplizin gegen den Vater* und hielt sie so von ihm fern, umgekehrt wurde der Vater von der Tochter ferngehalten. So musste das Mädchen annehmen, dass es ohne Komplizenschaft und Schutz der Mutter beim Vater einer realen Gefahr ausgesetzt wäre. Und der Vater schien diese von der Mutter gezogenen Grenzen zu akzeptieren – ein Verhalten, das ihm im Unbewussten der Tochter nie verziehen werden konnte, da es als Abweisung der Tochter sowie als ohnmächtige Unterwerfung unter die Mutter erlebt wurde. Viele Patientinnen glaubten, ihre Eltern hätten keinen Geschlechtsverkehr mehr.

Die idealisierte Mutter ist die Quelle aller Sicherheit, die später bei den andern Frauen gesucht werden muss, welche zu sexualisierten Liebesobjekten werden. Dem Ausschluss des Vaters folgt die Preisgabe aller Männer. Heterosexualität wird vom Mädchen nicht nur als etwas ihm selbst Verbotenes empfunden, sondern auch als etwas Unannehmbares für die Mutter. Es empfindet keine bewusste Eifersucht gegenüber der in der Erinnerung mit kostbaren weiblichen Attributen ausgestatteten Mutter. Es hofft, später durch die Liebe zu einer anderen Frau einige dieser Attribute zu gewinnen. Der einzige Missklang rührt von der Erfahrung her, dass die Mutter in *gewissem Masse kalt, distanziert und wenig einfühlsam war. Die Tochter konnte mit ihr keine körperliche Zärtlichkeit geniessen, wodurch ihr die Integration ihrer normalen Homosexualität verunmöglicht wurde.* Die Patientinnen hielten sich ausnahmslos für Kinder, die ihre Mutter tief enttäuscht hatten und deshalb nicht geliebt werden konnten. Wie könnte man erwarten, dass eine solche Mutter eine derart verkommene und in ihren Manieren wenig feminine Tochter akzeptiert, die oft noch durch anfällige Gesundheit behindert und trotz überdurchschnittlicher Intelligenz häufig eine schlechte Schülerin war? Die permanente Befürchtung, das Liebesobjekt, die Liebespartnerin, könne durch eine Katastrophe zerstört werden, einem sadistischen Akt oder einer tödlichen Krankheit zum Opfer fallen, lässt jedoch eine extrem ambivalente Einstellung zu dieser Mutter annehmen.

Ein weiteres Bild, das bei den Patientinnen McDougalls mit frappierender Regelmässigkeit wiederkehrte, zeigt die Mutter als eine Persönlichkeit, die eine rigide Kontrolle ausübt, pedantisch auf Ordnung bedacht und peinlich genau in den Sauberkeit und Gesundheit betreffenden Vorkehrungen ist:

Eine Patientin illustrierte das mit folgender Bemerkung: «Meine Mutter verabscheute alles, was mit meinem Körper zu tun hatte. Wenn ich defäzierte, benahm sie sich, als handle es sich um Gift. Jahrelang lebte ich in der Überzeugung, dass meine Mutter nicht defäziert. Heute noch fällt es mir schwer, daran zu glauben.»

Eine andere Patientin erzählte von ihrer Mutter, dass sie Wert darauf legte, *Verstopfungen* als *Rückenschmerzen* zu bezeichnen. Eine solche Beziehung zur analen Mutter hatte zur Folge, dass die Integration der analen Libidokomponenten in die Persönlichkeit misslang.

Ambivalente Gefühle der Mutter gegenüber wurden aber stets als Angriff auf die einzige Quelle der Sicherheit aufgefasst. Sie bedeuteten die Gefahr, einem Objekt entrissen zu werden, mit dem die Patientin auf fast symbiotische Weise verbunden war. Der tiefere Sinn der mütterlichen Ablehnung der eigenen Person als körperliches Wesen wird in der Analyse nur mühsam ans Licht gebracht und häufig zunächst in Form von Phantasien der Liebe zum Körper einer anderen Frau geäussert.

Es fällt auf, dass diesen Patientinnen der Penisneid in aller Regel völlig bewusst ist, während er in der Mehrzahl der Frauenanalysen zunächst unbewusst ist und sich meist in der Erinnerung an einen früheren Wunsch festmacht, ein Knabe zu sein, an der Eifersucht gegenüber Männern im Erwachsenenalter und am Wunsch, über den Penis des Mannes zu verfügen oder durch zahllose sexuelle Abenteuer Penisse zu sammeln. Die homosexuelle Frau träumt häufig, einen Penis zu besitzen. In bewussten Phantasien masturbiert sie mit einem eigenen Penis, mitunter stellt sie einen Penis her und befestigt ihn an ihrem Körper. Dieser Penis gehört niemandem aus dem Register der Objektbeziehungen. Er kann mit dem von Winnicott (1951) beschriebenen *Übergangsobjekt* verglichen werden, das die Mutter und zugleich ein Eigentum des Kindes repräsentiert.

Die Mutter, die anfangs einziges Objekt und einziger Faktor von Stabilität und Integration im Leben der Patientin war, erscheint *im Verlauf der Analyse* in Übertragungen, Träumen und Erinnerungen als eine dynamische Kraft, die jede Bewegung, jede Aktivität und jeden Ausdruck erotischer Wünsche verhindert, auf welcher Stufe auch immer. In dem Masse, in dem sich die mütterliche Imago in der Vorstellung der Kranken verändert, entwickeln sich im Lauf der Analyse Hassgefühle und Aggressivität. Die Mutter, einstige Beschützerin, wird nun zum Gefängnis, aus dem man nie mehr entkommt. Dem Wunsch, sich davon freizumachen, folgt unverzüglich die Furcht vor totalem Verlust, der dem Tode vergleichbar ist. Das Interesse für den Mann und den Vater taucht wieder auf und löst ebenfalls Angst aus. In Phasen der Analyse, in welchen die Erfahrungen ödipaler Wünsche mit weiblichen narzisstischen Strebungen und heterosexuellen Phantasien wiederbelebt wurden, erkrankten diese Patientinnen plötzlich. Diesem Krankwerden lagen Zerstückelungsphantasien zugrunde. Das wirft einiges Licht auf die Hartnäckigkeit der Bindung an die Mutter-Imago. Auf unbewusster Ebene erlebten diese Patientinnen ihre Mutterbindung als unerlässliches Element für das Funktionieren dieser Mutter. Man könnte auch sagen, dass sie sich als unter der Herrschaft der Mutter stehende fäkale Objekte erlebten oder als Körperteile der Mutter:

Ein solches Bild tauchte im Traum einer der homosexuellen Patientinnen McDougalls auf, einer Patientin, die sich buchstäblich als Beine der Mutter erlebte. Wie sollte ein Bein sich vom Körper trennen, eine unabhängige Existenz führen können? Und wie sollte ein Körper funktionieren ohne Beine?

In diesem Dilemma befindet sich die Homosexuelle, wenn sie zu wünschen beginnt, die enge Bindung an die Mutter aufzulösen. Sie steht zwei erschreckenden Situationen gegenüber: Lässt die Angst nach, nur ein Teil eines amputierten Körpers zu sein, so wird sie sofort durch die Angst ersetzt, die Mutter könne sich rächen oder sterben. Die zweite Gefahr bei der Befreiung aus der symbiotischen Mutterbindung (durch einen Identifikationsprozess mit der Mutter) besteht darin, dass die Frau sich nun aufs neue mit den Problemen konfrontiert sieht, eine Frau mit allen Rechten und Bedrohungen zu sein, welche mit der heterosexuellen Welt verbunden sind. Der Versuch, von der Mutter autonom zu werden, impliziert die Begegnung mit dem Vater als genitalem Liebesobjekt – eine Begegnung, deren Misslingen mit dem Risiko verknüpft ist, das Ich einer tiefen Regression auszusetzen.

In dieser Phase der Analyse hatte eine Patientin Gelegenheit, ihren Vater nach langen Jahren der Trennung wiederzusehen. Sie kleidete sich mit aller Sorgfalt und Eleganz für das gemeinsame Abendessen. Sie erzählte ihrem Vater, dass sie seit zwei Jahren eine Analyse mache. Er sagte überrascht, er sei zwar von der Notwendigkeit überzeugt, zweifle aber an der Möglichkeit einer Besserung, weil er sie im psychischen Bereich schon immer für retardiert gehalten habe. Dann begann er, ihre Kleidung zu kritisieren, und meinte, auch der

Schmuck passe nicht zu ihr. Die Patientin erlitt einen Schwindelanfall, schleppte sich zur Garderobe und klammerte sich an den Spiegel, indem sie ihr eigenes Bild zu fassen suchte: «Das Gesicht, das ich sah, war das Gesicht eines vollkommen fremden Wesens. Ich dachte, ich würde anfangen zu schreien. Unbestimmte Zeit verharrte ich in dieser Stellung, wiederholte meinen Namen und versuchte mich auf meinen Körper zu besinnen.» Bei der Besprechung der Bedeutung dieser Depersonalisierungserscheinung stellte die Patientin eine tiefgreifende Frage: «Gibt es bei der Frau etwas Ähnliches wie eine Kastration, ich meine etwas, das für die Frau genau so schrecklich ist, wie für den Mann der Verlust seines Penis?»

Joyce McDougall meint, dass es das Gefühl des immerwährenden Ausschlusses von der Rolle des vom Vater begehrten Objektes sei, welches einer solchen Kastration gleichkäme.

Zur Beantwortung jener Frage, warum bei der homosexuellen Frau zwar nicht eine Psychose, aber doch eine Ich-Spaltung vorliege, können wir nun nach den Überlegungen McDougalls zu den Imagines von Vater und Mutter sagen: Es liegt eine Spaltung auf der Ebene der Objekte im Sinne von Melanie Klein vor – das gefürchtete, böse, verfolgende Objekt wird auf den Mann projiziert, das begehrte, gute, idealisierte Objekt auf die Frau. Weil diese Spaltung mitten durch die Struktur verläuft, liegt auch eine Spaltung des Ichs im Freud'schen Sinne vor.

Die sexuelle Liebesbeziehung der Frau zu einer anderen Frau ist eine mögliche Lösung, aus dem symbiotischen Gefängnis der Mutter wegzukommen. In dieser Triangulation, die aus drei Frauen besteht, kann die Mutter ausgeschlossen werden, und die homosexuelle Frau kann mit einer anderen Frau im sexuellen wie im zärtlichen Sinne all das geniessen, was die Mutter ihr verboten oder vorenthalten hat.

Deshalb wird die Beziehung zur Partnerin als integrale Komponente der Ich-Stabilität empfunden; die unmittelbar zu Selbstmordphantasien führende Angst, vom Liebesobjekt verlassen zu werden, findet ihresgleichen nur in der Angst, was der Freundin passieren könnte, wenn diese ihrerseits von der Patientin verlassen würde.

Vorlesung XXXV

Separations- und Individuationsprozesse

Heute werde ich Ihnen von der Theorie und Klinik der Separations- und Individuationsbewegungen im psychoanalytischen Entwicklungsprozess sprechen. Dabei kommt der *Trennungsangst* eine grundlegende Bedeutung zu. Wie diese sich in der Praxis zeigen kann, möchte ich Ihnen an einem sehr schönen klinischen Beispiel demonstrieren, welches ich dem ausgezeichneten Buch *La solitude apprivoisée* (*Die gezähmte Einsamkeit*) des zeitgenössischen Genfer Psychoanalytikers Jean-Michel Quinodoz (1991, 27ff) entnehme (in freier Übersetzung aus dem Französischen):

Olivia war eine Analysandin, bei der die Übertragungsbeziehung von der Separationsangst und deren Veränderungen geprägt war. Sie kam in Analyse, weil sie Angst hatte, zu anderen Personen in Beziehung zu treten, und wenn sie es tat, hatte sie die Tendenz, die begonnene Beziehung wieder abzubrechen. Die Analyse mit vier wöchentlichen Sitzungen dauerte mehrere Jahre. Schon bei der ersten Wochenendtrennung zeigte Olivia eine starke Reaktion. Eine solche trat in der Folge am Ende der Stunden, an den Wochenend- und Ferientrennungen auf wie dann ebenfalls beim Herannahen des Endes der Analyse. Diese Reaktionen drückten sich auf verschiedene Weise aus, bald mit Angstkrisen oder Wutanfällen, wobei sie dem Analytiker vorwarf, er lasse sie im Stich, bald mit Depressivität und Verzweiflung. Besonders anfangs kam es zu zahlreichen «Actings» – sie kam zu spät oder fehlte eine oder mehrere Sitzungen, wenn ein Analyseunterbruch herannahte. Während der Wochenenden oder der Ferien kümmerte sich Olivia oft um Freunde, welche Probleme hatten, um, wie sie sagte, sich selbst zu vergessen, ohne dass sie sagen konnte, was und wen sie auf diese Weise vergessen wollte – sie projizierte dabei ihre eigenen Schwierigkeiten auf diese Personen. Andererseits identifizierte sie sich über solches Agieren mit dem Analytiker als Helferfigur. So spürte sie Trennungsschmerz und -angst in der Beziehung zu ihm nicht mehr, fühlte sich im Gegenteil stark, omnipotent und konnte damit ihre Hilflosigkeit verleugnen. Manchmal waren die Analyseunterbrechungen für Olivia ein Anlass, sentimentale Beziehungen abzubrechen oder neue anzuknüpfen. Bei anderer Gelegenheit drückte sich die Separationsangst in somatischen Symptomen wie Kopf- oder Bauchweh aus. Gelegentlich wurde sie während der Abwesenheit des Analytikers krank.

Die Unterbrechungen in der analytischen Begegnung beleben häufig Erinnerungen an Trennungen und Objektverluste in der Vergangenheit wieder. Sie werden in der Übertragungsbeziehung aufs neue erlebt und können nun durchgearbeitet werden. Auf Trennungen vom Analytiker reagierte Olivia häufig mit einem charakteristischen Symptom, nämlich dass sie während der Stunden einschlief. Häufig schlief sie in der Freitagssitzung vor der Wochenendtrennung ein. Manchmal hatte sie auch ein unwiderstehliches Bedürfnis, nicht nur in der Sitzung vor dem Wochenende, sondern während des ganzen Wochenendes zu schlafen. Mit der Zeit klärte sich die Bedeutung des Einschlafens bei Trennungen aufgrund einer Erinnerung, die bislang unbewusst geblieben war und die sich auf eine sehr frühe Trennung bezog. Als Olivia sechs Monate alt war, musste ihre Mutter sie für mehrere Tage einer anderen Person anvertrauen. Bei der Rückkehr der Mutter war Olivia nicht mehr die gleiche, sie erkannte ihre Mutter nicht mehr und schlief häufig ein, wenn man sie allein liess. Auf diese Weise wiederholte Olivia mit dem Analytiker lange jenen defensiven Schlaf ihrer Kindheit, statt sich daran zu erinnern – auf diese Phänomene wies schon Freud hin in seiner Arbeit *Erinnern, Wiederholen und Durcharbeiten* (1914g).

Im Verlauf der Analyse verloren Olivias Reaktionen an Heftigkeit, und die Bedeutung ihrer Separationsphantasien wechselte nach und nach von einem *prägenitalen zu einem ödipalen Organisationsniveau*. Am Anfang der Analyse wurde z.B. das Symptom des Einschlafens vor allem als Abwehr gegen den Schmerz gebraucht, den Analytiker als verschieden von ihr und dann als getrennt wahrzunehmen. In der Folge tauchten im phantasmatischen Inhalt der durch die Unterbrechungen des Stundenrhythmus hervorgerufenen Erinnerungen infantile Verlassenheitssituationen auf, von welchen einige früher als andere waren. Später konnte Olivia dies in der Beziehung zum Analytiker verbalisieren und dazu auch die affektive Dimension der Übertragung bearbeiten. Mit der Zeit ertrug sie Frustrationen, Angst und depressive Gefühle besser. Allmählich erhielten die Abwesenheiten des Analytikers eine neue sexualisierte Färbung. Der Analytiker wurde als von ihr besser differenziert und als sexuelles Wesen erkannt. Die Trennung, welche am Anfang der Analyse vor allem als ein Imstichgelassenwerden im Kontext der Mutterbeziehung empfunden wurde, erlebte sie nun im Rahmen des reiferen Registers der ödipalen Situation, in welcher sich Neid und Eifersucht dem elterlichen Paar gegenüber ausdrückt. Das Symptom des Einschlafens konnte demnach jetzt als Ausschluss Olivias von der intimen Verbindung der Eltern gedeutet werden.

Mit fortschreitender Analyse entwickelte Olivia immer mehr ein Gefühl, sich selbst zu sein und die Einsamkeit zu ertragen. Sie musste immer weniger mit dem Mechanismus der projektiven Identifizierung arbeiten, um sich gegen die Trennungsangst zu wehren. Eines Tages sagte sie folgendes: «Ich realisiere, dass wenn ich Teile meines Ichs verliere, ich nicht nur mich selbst verliere, sondern auch Sie. Wenn ich aber den Teil meines Ichs, den ich bei Ihnen deponiert habe, wieder zurücknehme, erlebe ich mich als getrennt von Ihnen, wir sind nicht mehr wie ineinandergeschachtelt, und nun habe ich die Angst, Sie zu verlieren.»

Diese Worte Olivias zeigen den Übergang von einer narzisstischen Beziehung mit dem Analytiker zu einer objektalen Beziehung. Sie erlebte sich nun als ganz und hatte das Gefühl, einmalig zu sein, sich von den anderen und vom Analytiker zu unterscheiden – ein neues Gefühl der Verantwortlichkeit aber auch der Einsamkeit. Die verstorbene kleinianische Genfer Psychoanalytikerin Marcelle Spira sagte das mit dem schönen Satz: «Je mehr man sich selbst ist, desto mehr fühlt man sich allein.» Das schmerzliche Gefühl, allein zu sein, ist jedoch sehr verschieden vom Gefühl der Angst, verlassen oder im Stich gelassen zu sein. Dieses neue Selbstgefühl teilte Olivia in folgenden Worten mit: «Jetzt bin ich es selbst, die entscheidet, in die Sitzungen zu kommen, vorher hatte ich dieses Gefühl der Verantwortlichkeit nicht, ich war gezwungen in die Sitzungen zu kommen, weil ich es nötig hatte, Teile meines Ichs wiederzufinden, die ich bei Ihnen gelassen hatte. Jetzt wo ich mich ganz fühle, komme ich in die Sitzungen, weil ich Sie verlassen hatte und ich Sie gerne wieder treffen will, jetzt als eine Person, die mich erwartet und die mir sehr wichtig ist.» *Olivia hatte gewissermassen ihre Einsamkeit gezähmt.* Die Abwesenheit des Analytikers wurde von ihr nicht mehr als Feindseligkeit, sondern als Abwesenheit eines wichtigen Objekts empfunden, und die Identifikation mit diesem guten Objekt erlaubte es ihr, in sich selbst die Fähigkeit zu finden, das Warten zu ertragen.

I. Trennungsangst und Objektverlust bei Freud

Die ersten Hinweise auf das Problem der Trennungsangst im Werk Freuds sind in seinen Fliess-Briefen enthalten, speziell im Manuskript E, das dem Ursprung der Angst gewidmet ist (1985c [1887–1904], Brief 42 vom 21. Mai 1894, 71) und im *Entwurf einer Psychologie* (1950c [1895], GW Nachtrag). Dort finden sich wiederholt Hinweise auf das Bedürfnis des Menschen, vom Beginn des Lebens an in seiner Umgebung eine Person zu haben, im allgemeinen die Mutter, welche ihm erlaubt, die von inneren somatischen und psychischen Faktoren ausgehenden Spannungen zu entladen. Freud formuliert damit die Anfänge einer psychoanalytischen Konzeption der Wichtigkeit der frühen Mutterbeziehung, ein Thema, welches *Winnicott* in seiner Theorie des *Holding* und *Bion* in seinem Konzept des *Containment* viel später wiederaufnehmen werden.

In den *Drei Abhandlungen zur Sexualtheorie* (1905d, GW V, 125) sagt Freud bezüglich der infantilen Angst, dass sie auch wenn sie als *Dunkelangst* auftrete mit dem Gefühl der Abwesenheit einer geliebten Person in Verbindung stehe.

In *Triebe und Triebschicksale* (1915c) knüpft Freud das Auftauchen des Hasses an den psychischen Schmerz, welcher an die Wahrnehmung der verschiedenen Aspekte des Objektes geknüpft ist. Das Objekt wird zwar geliebt, weil es eine Quelle der Befriedigung, der Lust ist, aber es wird gehasst, weil es auch eine Quelle der Unlust ist.

In die gleiche Richtung geht das Ihnen bekannte, von Freud in *Jenseits des Lustprinzips* (1920g, GW XIII, 11ff) beschriebene Beispiel des Spiels seines 1½jährigen Enkels mit einer Fadenspule. Dabei wird mit der Fadenspule das Verschwinden (*fort*) und das Wiederauftauchen (*da*) der Mutter reproduziert.

In *Trauer und Melancholie* (1916–17g [1915], GW X) stellt sich Freud Fragen über die Reaktion eines Individuums anlässlich des realen Verlustes eines geliebten Objektes oder einer Enttäuschung in Bezug auf eine geliebte Person oder auf den Verlust eines Ideals. Er stellt fest, dass im Unterschied zur normalen Trauer, welche sich auf einem bewussten Niveau abspielt, die pathologische Trauer sich auf unbewusstem Niveau situiert. Er unterstreicht, dass die Inhibition des Melancholikers auf den Verlust des Ichs zurückzuführen sei, welcher durch die Identifizierung des Ichs mit dem verlorenen Objekt verursacht wurde: «Der Schatten des Objekts fiel so auf das Ich», wie Freud es in einer viel zitierten Formulierung poetisch ausdrückt (op. cit. 435).

Die Separationsangst, so wie wir sie in der Klinik im Verlauf eines psychoanalytischen Prozesses antreffen, wurde von Freud in *Hemmung, Symptom und Angst* (1926d [1925]) beschrieben. Im Gegensatz zu seiner ersten Angsttheorie, nach welcher die Angst aus der Verwandlung unbefriedigter Libido stammt, wird, wie wir wissen, von nun an im Rahmen der zweiten Angsttheorie die Angst als ein Affekt aufgefasst, der vom Ich einer Gefahr gegenüber empfunden wird und letztlich immer die Bedeutung einer Trennungsangst und eines Objektverlustes hat. Freud unterscheidet dabei die *automatische Angst* von der *Signalangst*. Die automatische Angst tritt dann auf, wenn das Ich von einer traumatischen Situation überschwemmt wird, bei der es hilflos ist. Bei der Signalangst ist das Ich fähig, einer Gefahr vorzubeugen. Die typische traumatische Situation findet sich in der biologischen und psychischen Hilflosigkeit des unreifen Kindes, das unfähig ist, eine Akkumulation äusserer oder innerer Erregung zu meistern. Nach Freud sind die Gefahren, welche eine traumatische Situation auslösen können, je nach Lebensperiode verschieden. Sie haben jedoch das Charakteristikum der Trennung von einem geliebten Objekt gemeinsam. Typische Gefahren sind nach Freud die Geburt, der Verlust der Mutter, der Verlust des Penis, der Verlust der Liebe des Objektes und der Verlust der Liebe des Über-Ichs. Der Verlust der Mutter im Säuglingsalter ist nach Freud insofern bedeutsam, als sich der Säugling noch keine temporäre Abwesenheit vorstellen kann – im Moment, wo er die Mutter aus seinen Augen verliert, benimmt er sich so, als würde er sie nie wieder sehen. Die Separationsangst in den prägenitalen Stadien basiert auf einer Beziehung zwischen zwei Personen, ist also dual, während die Kastrationsangst, welche für den Ödipuskomplex bezeichnend ist, sich auf die Beziehung zwischen drei Personen bezieht und damit triangulär ist.

Wie wir in unserer Vorlesung über die Angst gehört haben, gibt es nach *Jean-Michel Quinodoz* (1991, 74ff) bei Freud eine dritte Angsttheorie, welche er im *Abriss der Psychoanalyse* (1940a [1938]) erwähnt: Sie ist durch die Angst gekennzeichnet, die dann auftritt, wenn das Ich sich in seiner Integrität bedroht fühlt – es ist eine Vernichtungsangst im Rahmen einer psychotischen Trennungsreaktion; also, wie ich meine, eine Angst des Ichs, gewissermassen sich von sich selbst zu trennen, seine Integrität zu verlieren, sozusagen in Stücke zu fallen.

II. Postfreudianische Autoren zu Trennungsangst und Objektverlust

Nach *Melanie Klein* (1959) erlebt jedes Kind im Laufe der Entwicklung Situationen der Trennung oder des Verlustes, welche für es eine Gefahr bedeuten. In diesem Sinne beinhaltet jede Etappe der Entwicklung einen Verlust. Die ersten und wichtigsten Verluste liegen für Melanie Klein in der Geburt und in der Entwöhnung. Die Entwöhnung stellt den Prototyp aller nachfolgenden Verluste dar – der Verlust der idealisierten Brust löst eine von Traurigkeit und Sehnsucht gekennzeichnete Reaktion aus, welche ein wichtiges Element der depressiven Position ist. Allmählich erlebt das Kind Verluste immer weniger auf dem Niveau der paranoid-schizoiden Position (Angst, vom schlechten Partialobjekt verfolgt zu werden), sondern mehr und mehr auf dem Niveau der depressiven Position (Angst, das gute interiorisierte Objekt in seiner Ganzheit zu verlieren).

Hanna Segal (1979), eine Kennerin und Nachfolgerin von Melanie Klein, beschreibt die durch Trennung charakterisierten verschiedenen Entwicklungsphasen auf anschauliche Weise. Beim Erlernen der Sauberkeit muss das Kind sich von seinem Kot trennen. Laufen und Reden bringt ebenfalls die Anerkennung seiner selbst als getrenntes Individuum mit sich. Im Verlaufe der Adoleszenz wird die infantile Abhängigkeit verlassen. Im Erwachsenenalter muss der Verlust der Eltern oder von Elternfiguren und allmählich der Verlust der eigenen Jugend ertragen werden. Bei jeder Etappe muss wie von neuem gewählt werden, ob man auf das paranoid-schizoide Funktionieren regrediert, um dem depressiven Schmerz auszuweichen oder ob man den depressiven Schmerz auf sich nimmt, um die Entwicklung zu vervollständigen. Eigentlich wird die depressive Position niemals ganz erreicht – ihre komplette Durcharbeitung würde in einen perfekten Reifezustand münden, den es nicht geben kann. Aber es ist der Grad der Elaboration der Depression und der Grad der Integration der guten inneren Objekte durch das Ich, welche Reife und Gleichgewicht eines Individuums bestimmen.

Margaret S. Mahler (et al., 1975, deutsch 1978) hat zu unserem heutigen Thema sehr viel beigetragen. Ihre Forschungen sind auf direkte Beobachtung der Kind-Mutter-Beziehung aufgebaut. Sie unterscheidet die biologische von der späteren *psychologischen Geburt* des Menschen. Diese Entwicklung bezeichnet sie als den *Prozess der Separation-Individuation*. Er spielt sich zwischen dem 4.–5. und dem 30.–36. Lebensmonat des Kindes ab und beinhaltet den Erwerb des Gefühls, getrennt und doch in Beziehung zu sein – das Kind erwirbt ein autonomes Funktionieren in Anwesenheit der Mutter mit deren emotionaler Verfügbarkeit. Im günstigen Fall kann es sich auf diese Weise den Gefahren des Objektverlustes stellen, welche jede neue Etappe des Reifungsprozesses mit sich bringt, und so langsam zur Lust eines echten autonomen Funktionierens gelangen.

Separation und Individuation sind zwei komplementäre, aber nicht identische Entwicklungen: Die Separation betrifft das Auftauchen des Kindes aus der Symbiose mit der Mutter, während die Individuation die Entwicklung eines Gefühls persönlicher Identität bedeutet. Margaret Mahler versteht diese Prozesse als intrapsychische – es geht um das Gefühl, sich als von der Mutter getrennt zu erleben. Die Entwicklung des Bewusstseins der Trennung bringt Differenzierung, Distanzierung mit sich, den Aufbau von Grenzen und die Loslösung von der Mutter. Es handelt sich um die allmähliche Differenzierung des Selbst vom Objekt.

Mahler beschreibt *eine (objektlose) autistische Phase, eine (präobjektale) symbiotische Phase* und *die Separations-Individuationsphase mit ihren vier Subphasen*: in der ersten Subphase geht es um Differenzierung und Entwicklung des Körperschemas, in der zweiten um die Entwicklung der Fortbewegung, in der dritten um die Wiederannäherung, wobei der Vater eine wichtige Rolle spielt. Die abschliessende vierte Subphase führt ungefähr mit 36 Monaten zur Konsolidierung der Individualität und zu den Anfängen der emotionalen Objektkonstanz wie auch der Selbstkonstanz.

Die Separationsangst tritt in der normalen kindlichen Entwicklung am Ende der symbiotischen Phase auf; sie hat einen ersten Höhepunkt um den 12., einen zweiten in der Wiederannäherungs-Subphase um den 18. Monat – dann beginnt das Kind sich als Individuum durchzusetzen. Bei den *psychotischen Kindern* beobachtete Mahler eine Unfähigkeit, sich zu trennen – sie gerieten in Panik gegenüber jeder Wahrnehmung eines Gefühles der Getrenntheit und entwickelten eine den Wahn einer fortbestehenden symbiotischen Einheit mit der Mutter beinhaltende symbiotische Psychose. Mahler formulierte die Hypothese, dass sich bei diesen Kindern die Reifungsimpulse einstellen, noch bevor das Ich bereit ist, unabhängig von der Mutter zu funktionieren. Die daraus sich ergebende Panik ist nicht mitteilbar, deshalb kann das Kind nicht bei der Mutter Zuflucht finden. Diese Hilflosigkeit beeinträchtigt die Ichstrukturierung und kann bis zur Fragmentierung führen, welche für das psychotische Ich kennzeichnend ist. Die psychische Fragmentierung kann sich in jedem wichtigen Moment im Anschluss an das Ende des ersten Jahres zeigen, nach einer schmerzhaften, unvorhergesehenen Traumatisierung, aber auch nach unbedeutenden Ereignissen wie einer kurzen Trennung oder einem minimalen Verlust.

Eng mit Mahler zusammengearbeitet hat der Berner Psychoanalytiker *Ernst Abelin* (1975). Er hat sich besonders verdient gemacht bei der Erforschung der wichtigen Rolle des sogenannten *frühen Vaters*. Dabei geht es in diesem Stadium um den realen Vater, der für eine optimale Internalisierung der ersten Muttervorstellung und der eigenen Liebe für die Mutter eine zentrale Rolle spielt.

Postkleinianische Autoren wie *Herbert Rosenfeld*, *Wilfred R. Bion*, *Donald Meltzer*, auf die ich in diesem Zusammenhang nicht im einzelnen eingehen werde, haben ebenfalls Beiträge zum Thema Separationsangst und Objektverlust geleistet.

III. Zur Trennungsangst am Ende der Analyse

Freud hat sukzessive verschiedene Kriterien der Termination in den Vordergrund gestellt. Zunächst war wichtig für ihn, dass der Patient fähig ist zu arbeiten und zu lieben. In der Folge war für ihn das Ziel, entsprechend der 1. Topik Unbewusstes bewusst zu machen. In Bezug auf die 2. Topik glaubte er, dass mit dem Ende der Analyse das Ich in Verbindung mit dem Über-Ich, dem Es und der Realität besser funktionieren sollte: «Wo Es war, soll Ich werden.» (1933a [1932], GW XV, 86)

In *Die endliche und die unendliche Analyse* (1937c) diskutiert Freud das Problem unüberwindbarer Widerstände in Bezug auf die Beendigung der Analyse. Er spricht vor allem von der Kastrationsangst beim Mann und vom Penisneid bei der Frau, aber wenig von der Trauerarbeit in der Übertragungs-/Gegenübertragungsbewegung.

Bei den heutigen Psychoanalytikern gibt es vor allem zwei sich auf den Terminationsprozess am Ende einer Analyse beziehende Konzepte: Etwas schematisch gesagt, bezieht sich das eine vor allem auf die Persönlichkeit des Analysanden, das andere hauptsächlich auf die Beziehung zwischen Analysand und Analytiker. Grundlegend scheint mir bei der Beendigung der Analyse die Thematisierung der Trauer. Der Verlust ist für den Analysanden ein doppelter: Er verliert den Analytiker als Projektionsträger seiner infantilen Übertragungsobjekte, aber auch als reale Person, mit welcher er für eine lange Zeit in einer sehr intimen analytischen Beziehung stand. Daraus ergibt sich die Wichtigkeit, das Ende der Analyse mehrere Monate zum voraus zu bestimmen, damit die Trauer durchgearbeitet werden kann. Die Fähigkeit, die Einsamkeit zu ertragen, ist ein weiterer wichtiger Aspekt des Endes der Analyse. *André Green* (1974, zitiert nach Quinodoz 1991, 181) hat dies in Abwandlung einer bekannten Formulierung von Donald W. Winnicott folgendermassen ausgedrückt: «Vielleicht zielt die Analyse nur daraufhin ab, dass der Patient fähig wird, allein zu sein (in Gegenwart des Analytikers).»

Lassen Sie mich schliessen, wie ich angefangen habe, mit einem Fallbeispiel von *Jean-Michel Quinodoz* (op. cit. 191ff), dem am Ende der Analyse eine Patientin folgendes sagte:

> «Lange Zeit dachte ich, dass meine Schwierigkeiten von den Fehlern meiner Mutter oder meines Vaters herrührten. Jetzt, nachdem ich mir bewusster werde und akzeptiere, dass ich auch etwas dazu beigetragen habe, ist es härter, aber ich kann nun einen andern Blick auf die Ereignisse und auf mich selbst werfen, kenne, verstehe mich besser.» Etwas später sagte sie: «Meine Ängste sind zwar nicht verschwunden, wenn es einen Unterbruch gibt, habe ich immer noch Angst, ihn nicht zu überstehen, zusammenzubrechen und nicht genügend Kraft in mir zu spüren.»

Quinodoz sagt dazu, dass es nicht darum gehe, durch die Analyse die Angst zum Verschwinden zu bringen – was der Erfüllung eines Wunsches nach Allmacht gleichkäme – sondern darum, besser umzugehen mit Angst, psychischem Schmerz und Einsamkeit. Quinodoz nennt diese Fähigkeit, die eigene Einsamkeit ertragen, zähmen zu können, «*portance*». Er hat in solchen Analyse-Situationen häufig die Beobachtung gemacht, dass ein angenehmes Bewusstsein des Gefühls sich selbst zu sein entsteht, sozusagen mit eigenen Flügeln fliegen zu können, und dass es dabei häufig zu typischen Träumen des Fliegens oder Davonfliegens kommt!

Vorlesung XXXVI

Zur Kinderanalyse I

Sigmund Freud, der so viel über die kindlichen Ursprünge psychischer Krankheiten entdeckte, hat selber kaum Kinder behandelt. In *Zur Psychopathologie des Alltagslebens* (1901b, GW IV, 220) berichtet er im Zusammenhang mit den Symptomhandlungen nur kurz über die Behandlung eines 13jährigen Jungen. Seine berühmte Behandlung des *Kleinen Hans* (*Analyse der Phobie eines fünfjährigen Knaben*, 1909b) führte er über dessen Vater durch. Aber er wusste um die Wichtigkeit der Kinderbehandlung (*Die Frage der Laienanalyse*, 1926e, GW XIV, 244): «Es ist kaum zu glauben, was in einem solchen Kind von vier bis fünf Jahren schon alles vorgeht. Die Kinder sind geistig sehr regsam in diesem Alter, die sexuelle Frühzeit ist für sie auch eine intellektuelle Blüteperiode.» Und in seiner 34. Vorlesung sagt er: «Nur an einem Thema kann ich nicht so leicht vorbeigehen, nicht weil ich besonders viel davon verstehe oder selbst so viel dazugetan habe. Ganz im Gegenteil, ich habe mich kaum je damit beschäftigt. Aber es ist so überaus wichtig, so reich an Hoffnungen für die Zukunft, vielleicht das wichtigste von allem, was die Analyse betreibt. Ich meine die Anwendung der Psychoanalyse auf die Pädagogik, die Erziehung der nächsten Generation. Ich freue mich wenigstens sagen zu können, dass meine Tochter *Anna Freud* sich diese Arbeit zur Lebensaufgabe gesetzt hat, mein Versäumnis auf solche Art wiedergutmacht.» (1933a [1932], GW XV, 157)

Der Beitrag von Anna Freud

In der Folge will ich Ihnen ausführlich über den wichtigen Beitrag von Anna Freud sprechen, die als die Begründerin der Kinderpsychoanalyse gilt. Dabei stütze ich mich auf das ausgezeichnete zusammenfassende und leicht lesbare Werk von *Joseph Sandler, Hansi Kennedy* und *Robert L. Tyson* (1980, deutsch 1982) *Kinderanalyse, Gespräche mit Anna Freud.*

In ihrem Vorwort zu diesem Buch schreibt Anna Freud: «Dass Kinder schwerer analytisch zu behandeln sind als Erwachsene, sollte niemanden überraschen. Erwartungen in einer optimistischeren Richtung wurden vielleicht anfangs durch die Feststellung geweckt, dass die Träume von Kindern leichter zu deuten sind als die älterer Menschen, da die Traumentstellung weniger kompliziert ist und der latente Traumwunsch offener zutage liegt. Diese kleine Erleichterung zählt jedoch wenig, wenn man sie gegen eine Unzahl von Nachteilen abwägt, wie etwa die geringere Einsicht und das fluktuierende therapeutische Bündnis des Kindes, seine grössere Intoleranz gegenüber Unlust und Angst, seine Unfähigkeit oder seinen Unwillen, sich der freien Assoziation zu überlassen, seine Vorliebe für Handlung statt Verbalisierung, seine Abneigung, Frustration in der Übertragungsbeziehung zu ertragen und die unvermeidliche Einmischung seitens der Eltern. Es ist nicht leicht, unter diesen Umständen eine Technik zu schaffen, die den Grundforderungen der klassischen Psychoanalyse entspricht: Widerstand und Übertragungsphänomene zu deuten, Verdrängungen und Regressionen aufzuheben, vernünftige, adaptive Massnahmen an die Stelle primitiver, pathogener Abwehrmechanismen zu setzen und allgemein die Ichfunktion zu stärken und das seelische Gebiet zu erweitern, über welches das Ich seine Kontrolle ausüben kann.» (op. cit. 9)

I. Der äussere Rahmen der Behandlung

1. Festsetzung und Besuch der Stunden

Die Bedeutung der Festsetzung von vier oder fünf Sitzungen in der Woche für die psychoanalytische Behandlung ist umstritten, denn die Psychoanalyse kann nicht einfach aufgrund der *Anzahl der Sitzungen pro Woche* definiert werden. Dennoch ist die Anzahl der wöchentlichen Sitzungen für die schwierige Frage der Unterscheidung zwischen Psychoanalyse und Psychotherapie wesentlich.

Hierzu sagt Anna Freud: «Fünfmal in der Woche ist die wünschenswerte Anzahl der Besuche für die Kinderanalyse, und selbst fünf Stunden wöchentlich stellen noch einen relativ geringen Kontakt mit einem Kind dar. Der intensivste Kontakt, der sich herstellen lässt, ist vonnöten, nicht nur um die grösstmögliche Menge an Material zu sammeln, sondern auch um die Deutungsarbeit in Fluss zu halten, um das analytische Material soweit wie möglich innerhalb der Grenzen der Behandlungssituation einzuschliessen, um die durch es erweckten Ängste zu bekämpfen und um die Umwelt des Kindes nicht zu sehr zu belasten. Jede Verringerung der Häufigkeit der Besuche ist aus diesen Gründen schädlich für die Wirksamkeit der Arbeit des Analytikers. So gesehen, sind fünf Wochenstunden in der Kinderanalyse ein blosses Minimum und gewiss kein Maximum.» (op. cit. 17)

Ein wichtiger Unterschied zwischen der Analyse von Erwachsenen und derjenigen von Kindern ist, dass der Kindertherapeut immer mit *zwei Parteien, dem Kind und den Eltern*, zu tun hat. Dieser Unterschied liegt auf der Hand, wenn es darum geht, wer für die Analyse zahlt. Die Nichtbezahlung der Rechnung wird in der Erwachsenenanalyse gewöhnlich als ein Zeichen des Widerstands des Patienten betrachtet. In der Kinderanalyse kann die Weigerung der Eltern, zu zahlen, als Widerstand ihrerseits oder als Ausdruck ihrer Ambivalenz und nicht als Ausdruck des Widerstands des Patienten verstanden werden. Anders als bei der Behandlung eines Erwachsenen spiegeln sich die Einstellungen der Eltern nicht notwendigerweise im analytischen Material des Kindes wider.

Oft schätzen Eltern den Wert der Behandlung geringer ein als sie es nach Ansicht des Analytikers tun sollten. Manche scheinen zu glauben, dass die Kinderanalyse letzten Endes nicht mehr als ein Spiel sei und daher billiger sein müsste als die Erwachsenenanalyse. Ein weiterer möglicher Faktor ist, dass Eltern gewohnt sind, für Kinder bei Bahn- oder Busfahrten nur die Hälfte zu zahlen. Alle Arten von sozialen und persönlichen Faktoren beeinflussen den Wert, den Eltern der Behandlung des Kindes beimessen, und diese Faktoren stehen nicht notwendigerweise in einem direkten Verhältnis zu dem, was sie dafür bezahlen. Eine Kinderanalyse, die von den Eltern nicht ausreichend gewünscht oder gewürdigt wird, muss früher oder später scheitern. Der Mangel an gutem Willen seitens der Eltern kann auch nur einen anfänglichen und oberflächlichen Widerstand darstellen, und es ist möglich, die Eltern für sich zu gewinnen. Sehr viel hängt davon ab, ob die Symptome des Kindes für die Eltern annehmbar sind und ihnen keine Schwierigkeiten bereiten oder ob sie für die Eltern eine Quelle echten Schmerzes und Unbehagens sind. In der Kinderanalyse muss der Therapeut stets die Wichtigkeit von realen Ereignissen im Leben des Patienten berücksichtigen. Der Therapeut darf keine starre oder unnachgiebige Haltung gegenüber dem Erscheinen des Kindes zur Sitzung einnehmen, sondern er muss die äusseren Umstände sowohl des Patienten als auch der Eltern in Betracht ziehen. Man muss die reale Situation gegen die Notwendigkeit der Fortsetzung der Behandlung abwägen.

2. Unterbrechungen

Die Reaktionen des Patienten auf Unterbrechungen können für den Therapeuten äusserst aufschlussreich sein, denn sie beleuchten die vom Kind erreichten Entwicklungsstadien und die Punkte, bis zu denen es regrediert, ebenso wie seine Pathologie. Das Kind kennt auf normale und unerwartete Unterbrechungen eine Vielfalt von Reaktionen, mit denen sich der Therapeut auseinandersetzen muss. Es liegt eine Gefahr in der zu konsequenten Deutung von Reaktionen auf Unterbrechungen als Ausdruck von Widerstand. Schliesslich kann, wenn das Kind an einem Montag verärgert ist, daraus nicht automatisch davon abgeleitet werden, dass es verärgert sei, weil es am Wochenende keine Behandlung hatte. Manchmal wird es zutreffender sein, den Ärger des Kindes in dem Sinne zu deuten, dass es zur Behandlung zurückkehren musste. Manchmal geht aus dem analytischen Material hervor, dass die Reaktion auf eine Unterbrechung die Wiederholung einer Trennung darstellt, die viel früher im Leben des Kindes stattgefunden hatte. Andere Reaktionen können durch die vorherrschende Art der Abwehr bestimmt werden wie im Fall des Kindes, das regelmässig entweder vor oder nach einem Feiertag eine Sitzung versäumt und damit vom Mechanismus Gebrauch macht, *passiv* in *aktiv* zu verwandeln. Durch das Fernbleiben von der Sitzung tut es dem Therapeuten an, was seiner Meinung nach ihm selbst angetan wird oder wurde. Eine andere Determinante von Reaktionen auf Unterbrechungen ist der Grad der Objektbeziehung des Kindes zum Therapeuten. Ein Beispiel wäre das Kind, das aus irgendeinem Grund nicht zu einer Sitzung kommen kann und dann so reagiert, als wäre der Therapeut derjenige gewesen, der die Sitzung abgesagt hatte. Die Trennung vom Therapeuten und nicht die Ursache der Trennung ist von Bedeutung.

Anna Freud sagt folgendes: «Manchmal ist die Unterbrechung besonders schwierig für den Patienten, und es ist das Beste, das zuzugeben. Ich sagte zu einem Patienten und meinte es wirklich: ‹Weisst Du, es tut mir leid, dass wir gerade jetzt unterbrechen müssen. Ich würde mir diesen Augenblick nicht eigens ausgesucht haben. Ich finde ihn sehr unglücklich.› Der Patient weiss, dass es Verpflichtungen oder Reisen oder sogar Urlaube gibt, die man nicht von einem Augenblick zum andern ändern kann. Aber es hilft, wenn man es zugibt. Das schlimmste ist, unverbindlich zu bleiben und keine Erklärung zu geben.» (op. cit. 33)

Unterbrechungen sind für ein sehr kleines Kind soviel wie eine erheblich längere Pause für einen Erwachsenen, denn es hat noch nicht genug Objektkonstanz entwickelt, um dem abwesenden Therapeuten während längerer Zeit eine bedeutsame Rolle in seiner Innenwelt geben zu können.

Das Erleben von Unterbrechungen ist auch in hohem Masse eine Frage der Art der vorliegenden Krankheit. Beim sehr schwer erkrankten, beim Borderline- oder beim autistischen Kind wirken sich Ferien gewöhnlich verheerend aus. Es kommt zu einem vollständigen Verlust des therapeutisch Erreichten, was etwas ganz anderes ist als das, was bei neurotischen Kindern während der Ferien geschieht. Dazu ein klinisches Beispiel (op. cit. 35):

Der 6jährige Jerry reagiert auf jede Art von Unterbrechung der Behandlung oder Trennung von der Therapeutin mit Angst und Zorn. Jerry war ein Kind, das nie tatsächlich von seiner Mutter getrennt worden war, diese war aber in seiner frühen Kindheit und auch während seiner Analyse deprimiert. Die Depression äusserte sich durch Zurückgezogenheit und Feindseligkeit gegen ihren Mann und ihre Kinder. Jerry verlangte immer eine detaillierte Erklärung für nichtvorgesehene Unterbrechungen. Selbst vor und nach geplanten Feiertagen phantasierte er, dass die Therapeutin sterben oder eine Verletzung erleiden könnte, wenn sie nicht bei ihm sei. Nach einer Krankheitsabwesenheit der Therapeutin hatte er die Phantasie, die Klinik niederreissen und das Zimmer der Therapeutin zu zerstören. Nach Feiertagen war er unordentlich und verärgert und brauchte einige Zeit, um sich zu beruhigen.

II. Ausdrucksweisen des Kindes

Das Kind bringt sein Material auf verschiedene Weisen in die analytische Sitzung. Es kann den verbalen Ausdruck gebrauchen oder es kann spielen, malen, dramatisieren oder agieren. Es bedient sich also verschiedener Ausdrucksweisen. Die Form, in der das Kind sein Material ausdrückt, ist wichtig für ein volles Verständnis des analytischen Prozesses. Vom technischen Standpunkt aus ist es bedeutsam, ob das Kind sein Material in der Sitzung beim Kommen oder Gehen oder ausserhalb des analytischen Settings durch Agieren in der Schule oder zu Hause bringt. Der gewählte Modus spiegelt wider, bis zu welchem Grad die unbewussten Kräfte dem Bewusstsein des kleinen Patienten zugänglich gemacht werden können. Der Therapeut zielt bei der Behandlung darauf ab, die Manifestationen unbewusster Antriebe des Patienten von der Handlungsebene auf die mentale Ebene zu verlagern, so dass das Kind zunehmend Einsicht gewinnen und Kontrolle ausüben kann. Schwer zu behandelnde Kinder werden ihre Probleme vor allem nonverbal einbringen. Solche Kinder wenden in ihren Behandlungsstunden eine beachtliche Muskeltätigkeit auf und scheinen nicht bereit zu sein, etwas anderes zu tun. Ihre Unfähigkeit, Gefühle und Impulse in Worte zu fassen, führt zu Schwierigkeiten bei der Behandlung und wirft manchmal die Frage auf, ob sie überhaupt behandelt werden können. Beim ideal behandelbaren Kind wird über den Dialog eine Kommunikation mit dem Therapeuten aufgenommen. Es ist wichtig, dass das Kind imstande ist, über das zu sprechen, was es hervorgebracht hat oder darüber nachzudenken, wenn die entsprechenden Worte vom Therapeuten kommen. Ein Fortschritt in der Behandlung ist, wenn das Kind im Laufe der Analyse von nichtverbalen Ausdrucksweisen mehr zum Sprechen mit dem Therapeuten übergehen und ihm von seinen Phantasien berichten kann.

1. Verbales Material

Die Verbalisierung ist eine Ausdrucksweise, die idealerweise im Laufe einer Kinderanalyse angestrebt wird. Manche Kinder neigen dazu, während der ganzen Behandlung oder wenigstens in bestimmten Phasen verbales Phantasiematerial zu produzieren. Andere vermeiden dies und beschränken ihre verbale Kommunikation auf Beschreibungen realer Erlebnisse. Solche Unterschiede in der Verwendung der Sprache, die natürlich älteren Kindern leichter fällt, geben wichtige individuelle Einblicke. Dazu ein paar klinische Beispiele (op. cit. 331, Fallregister):

Ingrid, ein blindes Mädchen, zeigte in der Analyse eine Vielfalt von Sprachverwendung. Die Behandlung begann, als sie 6 Jahre alt war. Ingrids Gebrauch der Sprache variierte in den Sitzungen. Manchmal kam ein regelrechter Wortschwall, und oft schien es, dass dieses Reden dazu diene, Raum auszufüllen. Zu anderen Zeiten herrschte eine schweigsame Zurückgezogenheit, die gewöhnlich von autoerotischen Betätigungen begleitet war. Als Ingrid während ihres zweiten Behandlungsjahres die Elementarschule zu besuchen begann, nahm ihr Schweigen manchmal eine andere Qualität an. Ingrid konnte ihre Trennungsängste besser ertragen. Ihr Schweigen war nicht mehr von autoerotischen Betätigungen begleitet, sie zeigte eine neu entwickelte Fähigkeit zur Selbstbeobachtung und konnte sich nun über ihr Schweigen äussern mit Bemerkungen wie: «Ich scheine Ihnen heute nicht viel zu sagen zu haben.» Bei Ingrid bestand ein grosser Kontrast zwischen Perioden, in denen sie viel sprach und Perioden des Schweigens. Bei blinden Kindern kommt es häufig vor, dass die Sprache defensiv gegen Ängste wie verlassen- oder getrennt zu werden angewandt wird. Die Sprache war für Ingrid auch ein Mittel, Kontakt zu halten und die ständige Gegenwart des Objektes sicherzustellen, was sie mit den Augen ja nicht vermochte. Der Inhalt des Gesprochenen ist für diese Zwecke irrelevant.

Der 13jährige *Victor* kommunizierte hauptsächlich verbal, und das schien für ihn so angenehm zu sein, dass es ihm oft schwerfiel, am Ende der Sitzung zu gehen. Im zweiten und dritten Behandlungsjahr gebrauchte er ausschliesslich verbale Mittel und drückte seine Konflikte durch Berichte über äussere Ereignisse aus. So äusserten sich z.B. seine ödipalen Probleme und die Rivalität mit dem Vater in Gedanken über den Tod des Papstes.

Frank begann die Analyse 7jährig. Mit 11½ Jahren hatte sich seine Verbalisierungsfähigkeit verbessert. Während des grössten Teils der Analyse hatte er eine Fülle von Phantasiematerial gebracht, dieses aber beinahe gänzlich in Form von Aktionen und symbolischem Spiel. Gegen Ende der Behandlung inszenierte er eine Phantasie mit Vorhängen und begleitete sie mit kindlicher Stimme. Nachdem diese Phantasie gedeutet worden war, brachte Frank für den Rest der Sitzung verbales Material. Für Frank hatte die Verbalisierung im Behandlungsprozess die Funktion, Material in Worte zu fassen, das zuvor nur auf der Ebene symbolischen Spiels existiert hatte. Als das eine unbewusste Phantasie (über die Geburt) ausdrückende Inszenieren vom Therapeuten in Worte gekleidet wurde, war das Kind imstande, es auf verbaler Ebene durchzuarbeiten. Die nichtverbale Darstellung im Spiel kann eine unbewusste Phantasie direkter enthüllen, als es eine verbale Kommunikation könnte. Es ist jedoch immer ein Zeichen von Entwicklung, wenn das Kind, statt zu inszenieren, Worte gebraucht.

Zum Thema der Verbalisierung, dem In-Worte-Fassen, schildert Anna Freud die Konsultation mit einer Mutter (op. cit. 151f):

Die Mutter war in grosser Sorge wegen ihres 2½jährigen Jungen. Er hatte unlängst eine Art von Persönlichkeitsveränderung durchgemacht, und sie fürchtete, dass daran ihre eigenen Handlungen schuld waren. Sie konnte es nicht ertragen, wenn er gegen sein neugeborenes Geschwister aggressiv war, und sie wurde dann immer gegen ihn aggressiv. Das machte ihn noch aggressiver gegen das Baby, ängstigte ihn aber so, dass er nicht schlafen konnte. Die Mutter wusste nicht, was sie mit seinen Aggressionen anfangen sollte. Seine Aggressivität gegen das Baby hatte zwei Ursachen: Die zornige Eifersucht auf das Baby und dann den von der Mutter abgelenkten Zorn. Er wagte es nicht, der Mutter gegenüber Zorn auszudrücken und schlug daher das Baby. Er hatte ausserdem sehr spät zu sprechen begonnen und konnte nur einige Worte sagen. Anna Freud schlug der Mutter vor, ihm einige sehr einfache Wörter und Begriffe zu leihen und mit ihnen daraufhin zu arbeiten, eine Reihe von Veränderungen herbeizuführen. Der erste Schritt wäre, ihm gegenüber auszudrücken: «Es ist jetzt nicht schlimmes Baby, es ist wirklich schlimme Mami.» Dies würde die Verschiebung von der Mutter auf das Baby mit Hilfe von Worten auflösen. Wenn sie seinen Ärger auf sich gelenkt oder ihm klargemacht hatte, dass der Ärger gegen sie gerichtet war, konnte sie auch sagen, dass er sie und nicht das Baby schlagen wollte. Er würde dann die Person schlagen wollen, auf die er wirklich zornig war. Der nächste Schritt wäre, ihn lehren zu sagen: «Schlimme Mami, böse auf Mami», der Schritt von der Handlung zum Wort. Sobald sie ihn so weit gebracht hätte, würde sie es ihm wirklich ermöglicht haben, mit seinem Zorn auf sie fertig zu werden, was dann auch so war.

In diesem Zusammenhang erwähnt Anna Freud, dass ihr Vater Sigmund Freud einmal einen Philosophen zitierte, der gesagt habe, dass der Mann, der zum ersten Mal ein Schimpfwort statt einer Waffe auf seinen Gegner schleuderte, der Begründer der Zivilisation gewesen sei!

2. Nichtverbales Material

Manche Kinder bringen Material durch nichtverbale Verhaltensweisen und Tätigkeiten, die vom groben körperlichen Ausdruck von Impulsen und Affekten zu kreativen Tätigkeiten wie dem Spiel reichen. Das Spiel selbst umfasst viele Ebenen der Symbolisierung und Verschiebung. Spielmaterial kann lediglich als Stoff zum Hämmern, Schmieren oder Werfen benutzt werden, oder es kann schöpferischem und symbolischem Ausdruck dienen. Die Unfähigkeit eines sehr kleinen Kindes zu verbalisieren hat nicht dieselbe Bedeutung wie eine solche Unfähigkeit im Alter von 7 oder 8 Jahren. Die Nichtverbalisierung bei einem Kind, das an sich die Fähigkeit hätte zu verbalisieren, stellt eine Abwehrhaltung dar. Für ein sehr kleines Kind ist es üblich, unbewusste Phantasien teils durch das Spiel mit Puppen, teils durch Rollenspiel auszudrücken. Wenn der Therapeut Bemerkungen zum Spiel macht, kann das Kind überaus zornig und aggressiv werden und das Zimmer verlassen. Solche Kinder können frühreif in ihren verbalen Fähigkeiten sein, was anzeigt, dass sie nicht unfähig sind, sondern sich weigern zu verbalisieren. Die Weigerung solcher Kinder zu verbalisieren oder die Verbalisierung durch den Analytiker zu gestatten, kann also defensiv sein. Die selbstbeobachtende Funktion verbindet sich mit dem Gebrauch der Sprache im analytischen Prozess.

Ein kleines Mädchen in Behandlung, das sich weigerte zu verbalisieren, wurde manchmal zornig, wenn eine Deutung darauf abzielte, ihm klar zu machen, was es tat. Tatsächlich weigerte es sich, den zornigen oder «bösen» Teil seiner selbst zu sehen. Das bedeutete nicht, dass seine Funktion der Selbstbeobachtung nicht entwickelt war, sondern dass sie nicht im Dienst der Behandlung mobilisiert werden konnte wegen Scham- oder Schuldgefühlen.

Die Verbalisierung kann für das Kind die Wirkung haben, seine Aufmerksamkeit auf sich selbst zu lenken, dadurch die selbstbeobachtende Funktion zu stimulieren und ihm zu helfen, sie im analytischen Prozess zu verwenden. *Das Spiel in der Kinderanalyse wird von vielen Therapeuten für das Äquivalent der freien Assoziation bei Erwachsenen gehalten.*

Technische Probleme können sich daraus ergeben, wenn ein Gesellschaftsspiel oder Brettspiel in der Analyse allein den Zwecken des Widerstandes zu dienen scheint und wenn wiederholte Deutung nicht ausreicht. Es ist die Aufgabe des Therapeuten, ständig die potentielle Brauchbarkeit einer bestimmten Tätigkeit für die Analyse zu beurteilen. Eine Zeitlang Spiele zu spielen, dient so nicht notwendigerweise nur dem Widerstand seitens des Kindes. Es mag Material geben, das nur auf diese Weise zum Vorschein kommen kann, oder das Kind kann Zeit brauchen, um sich in der analytischen Situation sicher und behaglich genug zu fühlen, bevor es einen Schritt weitergehen kann.

Die Tatsache, dass das Spiel formaler Spiele nicht immer Widerstand widerspiegelt, wird durch einen Patienten veranschaulicht, der erst nach einem Schachspiel mit dem Therapeuten erzählen konnte, was geschehen war, als er seine erste Schachpartie gegen den Vater gewonnen hatte: Der Vater warf Brett und Figuren auf den Boden und sagte, der Sieg des Sohnes sei reines Glück gewesen.

Die Frage, ob dieses Material auf irgendeine andere Weise Ausdruck gefunden hätte, wenn der Therapeut kein Schachspieler gewesen wäre oder es abgelehnt hätte, sich mit dem Kind auf diese Tätigkeit einzulassen, lässt sich dahingehend beantworten, dass das Material schliesslich wahrscheinlich auch ohne das Spiel aufgetaucht wäre – dies steht im Gegensatz zu der weitverbreiteten falschen Anschauung, dass die Vereitelung irgendeiner Tätigkeit in der Analysestunde die Kommunikation des Kindes hemmt. Das Kind hat nicht immer den Wunsch zu kommunizieren. Es gibt viele Abwehrmanöver, die als Ausdruck des Wunsches, nicht zu kommunizieren, nicht verstanden zu werden aufgefasst werden können. *Der Gebrauch, den ein Kind von den Spielsachen in der Behandlung macht, kann für die Zwecke des Ausdrucks, der Kommunikation oder der Abwehr benutzt werden.*

Anna Freud sagt, dass die Betonung des Spielzeugs eine wichtige Überlegung ausser acht lässt. Alle Kinderanalytiker wissen, dass gewisse Spielsachen der Produktion von Phantasie besser dienen als andere. Aber damit wird der Unterschied zwischen den Kindern ignoriert, die imstande sind, ihr Material auf Spielsachen verschoben vorzubringen und denjenigen, die es nicht sind und die nur ihre tatsächlichen Umstände, entweder ihren eigenen Körper oder den Körper ihres Analytikers oder reale Dinge verwenden können, um ihre verborgenen Impulse zu agieren. Analytiker wissen, dass es ein Fortschritt sein kann, wenn das Kind eine Puppe zerlegt, anstatt gegen den Analytiker aggressiv zu werden. Sand und Wasser zur Verfügung zu stellen, ist jedoch oft auch eine Verführung zur Regression, und gewöhnlich gibt es ohnehin genug Regression, mit der man fertigzuwerden hat. Historisch gesehen war es die anfängliche Idee in der Kinderanalyse, für die Kinder Spielzeug auszuwählen und eine sogenannte *kleine Welt* zu bauen, in der beinahe alles aus der wirklichen Welt in Miniaturform vorhanden war. Diese Spielsachen gehörten zum Rahmen der Behandlung, und sie konnten vom Kind verwendet werden, um seinen Phantasien Ausdruck zu verleihen. Spielsachen können Wertvorstellungen ausdrücken, Gefühle der Exklusivität oder der Rivalität mit anderen. Sie können auch als Wurfgeschosse dienen. Anna Freud meint, dass die Rolle des Spielzeugs als Instrument der Analyse sehr überschätzt wird. Was immer zur Verfügung gestellt wird ist nur ein Beiwerk zur Behandlungssituation, und wirklich wichtig ist, was der Patient und der Analytiker sagen, wie sie zueinander stehen. Die Praxis an Anna Freuds Hampstead Clinic in London war, dem einzelnen Kind spezifische Spielsachen in einem eigenen verschliessbaren Fach zu geben, um ihm die geeignetste Möglichkeit zu bieten, durch das Spiel auszudrücken, was in Worten auszudrücken es nicht vermag. Diese Praxis widerspricht der Vorstellung, alle Arten von Spielzeug allen Kindern zugänglich zu machen. Viele Therapeuten behaupten, dass sich die Phantasien des Kindes darin offenbaren, welche Spielzeuge es wählt. Das Kind kann aber auch Spielsachen im Dienste des Widerstandes auswählen. Anna Freud meint, dass die freie Wahl unter vielen Spielsachen die Wirksamkeit und Produktivität der analytischen Arbeit vermindert. Sie illustriert die nonverbale Kommunikation mit klinischen Beispielen (op. cit. 331, Fallregister):

Richard wählte im Alter von 9 Jahren folgende nichtverbale Ausdrucksweise: Während des ersten halben Jahres der Behandlung ging er im Laufe einer Sitzung zwei- oder dreimal wegen heftiger Magenschmerzen auf die Toilette. Später ersetzte er seine Besuche auf der Toilette durch offene anale Masturbation in der Sitzung und vor der Therapeutin. Seine Gänge auf die Toilette wurden als sein Wunsch verstanden, von seinem «schadhaften Hintern» zu erzählen, der die Exkremente nicht zurückhalten konnte. Bei Richard könnte eine vorschnelle symbolische Deutung seiner Aktivität auf der analen Stufe falsch gewesen sein, denn was vielleicht wirklich vorlag, war ein Konflikt im Zusammenhang mit der phallischen Phase, eine angstvolle Beschäftigung mit der Kastration, die im Sinne eines «schadhaften Hinterns» ausgedrückt wurde. Es wäre deshalb nicht richtig gewesen, Richards Besuche auf der Toilette lediglich als seine Reaktion auf anale Erregung zu betrachten.

Paul, dessen Behandlung mit ca. 3½ Jahren begann, drückte unbewussten Inhalt mit Wasserspielen aus. Während der ganzen Behandlung machte er vom Wasserhahn und dem fliessenden Wasser Gebrauch, um Phantasien und Ängste in Bezug auf seinen Penis und dessen Tätigkeit darzustellen. Wenn die durch Masturbation bedingte Kastrationsangst dominierte, klammerte er sich am Hahn fest und fragte, ob dieser brechen werde. Er drehte dann ängstlich das Wasser auf und hielt immer noch den Hahn fest. Wenn seine Furcht vor Löchern vorherrschte, verwendete er das fliessende Wasser, um die Angst zu meistern, indem er das Überflussloch im Waschbecken zustopfte und so dieses zum Überlaufen brachte. Zu anderen Zeiten drehte er den Hahn nur leicht auf, sagte zur Therapeutin, er sei durstig und meinte, sie müsse auch ein klein wenig durstig sein und werde mit ihm trinken wollen. Auf diese Weise drückte er aus, was man für Schwängerungsphantasien hielt.

Auch *Tommy*, dessen Behandlung mit 9 Jahren begann, drückte Wichtiges auf nonverbale Weise aus. Während einer Behandlungsperiode, in der er sich zunehmend positiver ödipaler Wünsche in der Übertragung bewusst wurde, trug er zwei Pullover, einen Blazer und einen Überzieher, wenn er zur Behandlung kam, einmal sogar Handschuhe. Dieses Verhalten wurde verstanden und gedeutet als Abwehr seines Wunsches nach sexuellem, körperlichem Kontakt mit der Therapeutin. Er schützte sich dagegen durch eine Rüstung aus Kleidern. Andere Deutungen sind jedoch möglich, obwohl der defensive Aspekt in Tommys Verhalten offensichtlich vorherrscht. Es könnte sein, dass sich Tommy nicht gegen seinen projizierten sexuellen Wunsch wehrte, sondern vielmehr gegen seine direkten sexuellen Impulse, die er beherrschen musste, möglicherweise mit der Notwendigkeit, auch eine Erektion zu verbergen. Er war nun beinahe 14 Jahre alt und sprach sonst verhältnismässig frei, aber in dieser Periode konnte er nur durch sein nichtverbales Verhalten verstanden werden.

3. Agieren

Dazu sagt Anna Freud, die Darstellung von Wünschen während einer Sitzung, beispielsweise durch das Werfen von Gegenständen nach dem Therapeuten oder durch die Suche nach körperlichem Kontakt mit ihm, werde oft *Agieren* genannt. Sie plädiert aber dafür, dass dieser Ausdruck auf analytisches Material beschränkt bleiben sollte, das *ausserhalb* des analytischen Settings durch Verhalten ausgedrückt wird. Um Verhalten sowohl innerhalb als ausserhalb der Sitzung zu kennzeichnen, sollte ein allgemeiner Ausdruck gewählt werden, etwa «*Darstellung durch motorische Mittel*». Die klassische Anschauung der Folgen des Agierens für die Analyse ist, dass die betreffenden Regungen und Gefühle vom Therapeuten und von der Analyse abgelenkt werden und dass sie, da sie ihren Ausdruck ausserhalb der Behandlung finden, nicht für die analytische Arbeit zur Verfügung stehen. In dem Masse jedoch, in dem das therapeutische Bündnis und die Funktionen der Selbstbeobachtung nicht beeinträchtigt werden, wird solches Material in der analytischen Sitzung berichtet. Agieren bedeutet also nicht notwendigerweise, dass dieses Material von der nachfolgenden Analyse ausgeschlossen ist.

Beim Agieren in der Übertragung kommt es im Laufe und als Folge der analytischen Arbeit zu einer Wiederkehr des Verdrängten. Ein neuer Abkömmling des Unbewussten wird gebildet, der die spezifische Person des Therapeuten miteinbezieht. Oft aber wird die Übertragung nach aussen verschoben auf eine andere Person als den Therapeuten. Anstatt innerhalb der Sitzung zu erscheinen, wird dieser besondere Übertragungsaspekt draussen gehalten und dort agiert. Das wird von Anna Freud wiederum mit anschaulichen klinischen Beispielen demonstriert (op. cit. 331, Fallregister):

Das Verhalten der 4jährigen *Greta* zu Hause spiegelte die Erlebnisse der Sitzungen wider, ob diese nun angsterregend oder angsterleichternd waren. So bat sie im ersten Behandlungsmonat, als der Therapeut ihren Wunsch nach einem Penis gedeutet hatte, zu Hause den Vater, einen Hammer und einen Schraubenzieher zu holen, um sie zu reparieren, so dass sie ein Junge sein könne. Im zweiten Jahr der Behandlung brachte Greta Material, das ihre Beschäftigung mit den analen und aggressiven Aspekten ihrer Phantasien vom Geschlechtsverkehr zeigte. Der Therapeut deutete dies als Folge davon, dass sie in den vorausgegangenen Sommerferien ihre Eltern beim Geschlechtsverkehr beobachtet hatte. Als Reaktion auf diese Deutung ging Greta am selben Abend unbemerkt ins Schlafzimmer der Eltern und beobachtete wieder deren Geschlechtsverkehr. Die Eltern berichteten von diesem Vorfall und fügten hinzu, dass sie nicht wussten, wie lange Greta schon zugesehen hatte. Obwohl Gretas Verhalten aus der analytischen Arbeit stammte, war es für ein (ödipales) Kind diesen Alters entwicklungsgemäss, Material frei von zu Hause zur Behandlung zu bringen und umgekehrt, den Therapeuten und die Eltern austauschbar zu benutzen und eine konkrete Denkweise anzuwenden. Daher taugt das Beispiel schlecht dazu, das Agieren zu veranschaulichen. Es wirft überhaupt die wichtige Frage auf, ob der Begriff des Agierens auf sehr kleine Kinder angewandt werden kann.

Der 10jährige *Frank* stellte im dritten Behandlungsjahr innerhalb der Sitzungen Phantasien von Geschlechtsverkehr, Schwangerschaft und Abortus dar und zeigte Todeswünsche gegenüber seinem kleinen Geschwister und gegenüber seiner Mutter. Er bekam in der Folge grosse Angst und rannte weg. Er erbrach sich, als er nach Hause kam und klagte über Magenschmerzen. Man gab ihm Aspirin, das nichts half. In der Nacht wurde er «hysterisch» vor Angst, wälzte sich vor Schmerzen im Bett hin und her und schrie: «Ich will sterben! Ich bringe mich um!» Der Arzt schickte ihn sofort ins Spital wegen der Möglichkeit einer akuten Appendizitis. Dort stellte man keine körperlichen Beschwerden fest und entliess Frank nach drei Tagen wieder. Dieses Verhalten Franks wurde verstanden als das Agieren einer Geburtsphantasie und des Selbstmordversuchs seiner Mutter, den sie vor der Geburt des jüngeren Bruders unternommen hatte. Später in seiner Analyse gab Frank eine verbale Bestätigung dieser Deutung. Anna Freud erwähnt, dass die Mutter kurz nach der Geburt des Babys die Familie verlassen hatte.

Bei der 16jährigen *Tina* kam es während der Behandlung häufig zum Agieren homosexueller Übertragungsgefühle. Wenn sie z.B. ausserstande war, ihre Ängste, von der Therapeutin zurückgewiesen zu werden, in die Sitzung mitzubringen, provozierte sie zu Hause Szenen mit der Mutter, um von ihr abgewiesen zu werden. Wenn sie sich gegen ihre homosexuellen Wünsche gegenüber der Therapeutin in der Übertragung wehrte, sprach Tina auch von ihren zärtlichen Gefühlen für die Mutter und kleidete sich verführerisch, indem sie enganliegende Hosen und eine dunkle Brille trug.

Nächstes Mal werden wir mit dem sehr wichtigen Beitrag Anna Freuds weiterfahren.

Vorlesung XXXVII

Zur Kinderanalyse II

Nachdem wir letztes Mal kurz über Sigmund Freuds Einstellung zur Kinderanalyse gesprochen und dann mit dem fundamentalen Beitrag seiner Tochter Anna Freud, die als Begründerin der Kinderanalyse gilt, begonnen haben, möchte ich nun damit fortfahren. Gestützt wiederum auf das zusammenfassende Buch von *Joseph Sandler et al.* (1982) werden wir heute über Übertragung, Deutung, Einschränkungen sowie körperlichen Kontakt und Befriedigung sprechen.

I. Die Übertragung

Anna Freud unterscheidet die Übertragung von üblichen Beziehungsweisen oder *Charakterübertragung*, die Übertragung gegenwärtiger Beziehungen, die Übertragung früherer Erlebnisse und die Übertragungsneurose.

Zur *Charakterübertragung* gehört, dass man sich zum Therapeuten verhält wie gewohnheitsmässig zu allen oder einer ganzen Kategorie von Menschen, nach früheren starren Schemata. So wird ein Kind, das gewohnheitsmässig jedem misstraut, die Analyse mit Misstrauen gegenüber dem Therapeuten beginnen. Anna Freud illustriert das mit einem klinischen Beispiel (op. cit. 331, Fallregister):

> Das grosse Problem des 7jährigen *Michael* beim Beginn der Behandlung war seine Angst, sich auf Beziehungen einzulassen und dann im Stich gelassen zu werden. Er wehrte sich gegen diese Angst, indem er so unangenehm war, wie er nur konnte, um damit den Therapeuten zu bewegen, ihn zurückzuweisen. Diese Tendenz nahm zwar im Laufe der Behandlung ab, blieb aber als Grundneigung bestehen. Michael benutzte diese gewohnheitsmässige Beziehungsart als Abwehr gegen jene Angst. Der Analytiker kann dem Patienten den inneren Widerspruch zwischen dem Wunsch nach einer emotionalen Beziehung zum Analytiker und der Angst davor zeigen und auf das hinweisen, was der Patient tut, um sich gegen die Beziehung zu schützen.

Bei der *Übertragung gegenwärtiger Beziehungen* können die auf den Therapeuten übertragenen Konflikte weitgehend wirklichkeitsbezogen sein, wie etwa die regressive Reaktion eines Kindes auf die Geburt eines Geschwisters. Sie können auch ein Ergebnis oder eine Manifestation des gegenwärtigen, dem Alter entsprechenden Funktionsniveaus des Kindes sein wie z.B. das Erscheinen ödipaler Strebungen als Folge seiner progressiven Entwicklung. Die Kriterien für eine solche Übertragung sind, dass sich die Konflikte des Kindes auf ein reales Objekt oder mehrere reale Objekte in der Gegenwart beziehen und dass ihre Manifestation in der Analyse eine Ausdehnung oder Verschiebung dieses Objektes oder dieser Objekte darstellt. Eine solche Beziehung zum Therapeuten hat also den Charakter einer Verschiebung oder Ausdehnung in der Gegenwart und nicht so sehr denjenigen einer Wiedererweckung der Vergangenheit. Ein Kind kann irgendeinen Konflikt in seiner gegenwärtigen Interaktion mit den Eltern in die Analyse bringen, dahin verschieben. Anna Freud nennt dies das *Überlauf-Phänomen*. Dieses Phänomen kann in beide Richtungen wirken, von aussen in die Analyse oder von der Analyse nach aussen (op. cit. 107f):

> Der 3jährige *Andy* war in seiner Übertragung gegenüber dem Therapeuten ausgesprochen negativ, als sein Vater eine neue Arbeit annahm, die es mit sich brachte, dass er einen Abend in der Woche nicht zu Hause sein konnte. Oft sagte Andy zum Therapeuten, er solle den Mund halten und er möge ihn nicht. Dies wurde als auf den Therapeuten übertragener Zorn gegen den Vater wegen dessen Abwesenheit verstanden.

> Ein *kleines Mädchen* wurde wegen einer heftigen Reaktion auf die Geburt eines zweiten Kindes zur Analyse gebracht. Während der Behandlung, als ein drittes Kind unterwegs war, wurde es ausserordentlich zornig auf das neue Kind «in Mamis Bauch». Es schlug mit den Fäusten auf den Unterleib des (männlichen) Therapeuten ein. Sein Zorn bezog sich gewiss auf die gegenwärtige Situation, aber er umfasste die Gesamtheit der Störung, in der auch die Wiederbelebung der Vergangenheit mit der Reaktion auf jene frühere Geburt enthalten war. Es war zu erwarten, dass auch jenes frühere Erlebnis in irgendeiner Form in der Analyse rekapituliert wurde. Sowohl eine gegenwärtige als auch eine frühere, wiederbelebte Reaktion gingen also das analytische Material ein.

Manifestierungen der *Übertragung früherer Erlebnisse* können als Abkömmlinge des Verdrängten betrachtet werden, die in Bezug auf den Therapeuten aufgrund der analytischen Arbeit auftauchen. Solche Manifestierungen kombinieren die gegenwärtige Wirklichkeit, einschliesslich der Person des Therapeuten, mit wiedererweckten Wünschen, Erinnerungen oder Phantasien, wie z.B. mit präödipalen Wünschen nach dem ausschliesslichen Besitz des Therapeuten (op. cit. 112):

Die 15jährige *Karen* verwandelte die Sitzungen in eine Wiederholung ihrer oralen und sadistisch-analen Beziehung zur Mutter, wodurch es möglich war, ihre Sehnsucht nach Wiederherstellung einer frühen Intimität zu erkennen. Sie bestach die Therapeutin mit Lebensmittelgeschenken, wie sie von ihrer Mutter bestochen worden war. Sie agierte in der Sitzung Kranksein, und anales Material erschien zusammen mit Geschichten von Krankheiten und dem Lob der Mutter, die sie nie im Stich gelassen habe, wenn sie krank war: «Sie tat immer alles für mich, wischte mir den Po ab und blieb den ganzen Abend bei mir in der Toilette.» Karen versuchte, die Therapeutin zu analen Spielen zu verführen und legte sich sogar auf den Boden, «wie ich es machte, wenn Mami mir Zäpfchen einführte».

Der Terminus der *Übertragungsneurose* stammt aus der Erwachsenenpsychoanalyse. Ob bei der Kinderanalyse eine regelrechte Übertragungsneurose zustande kommt, ist eine umstrittene Frage von grossem wissenschaftlichem Interesse. Die Übertragungsneurose ist eine sehr spezielle Intensivierung der Übertragung, zu der die Externalisierung oder Projektion eines grösseren pathogenen inneren Konflikts auf den Therapeuten gehört, so dass der Konflikt als ein zwischen Patient und Therapeut bestehender empfunden wird. Interesse, Aufmerksamkeit, Sorge und all die Gedanken, die den Patienten beschäftigen konzentrieren sich auf seine Interaktion mit dem Therapeuten; mit dem Konflikt zusammenhängende Symptome werden ausserhalb der Analyse schwächer oder können sogar ganz verschwinden. Anna Freud sagt, dass eine Übertragungsneurose dann vorliegt, wenn etwa ¾ der Übertragungswiederholungen ihren Schwerpunkt innerhalb der Analyse haben und sich auf die Wechselbeziehung mit dem Therapeuten konzentrieren (op. cit. 120):

Die 6jährige *Katrina* erwarb mit fortschreitender Behandlung eine grössere Fähigkeit, ihre Gefühle und Konflikte in der Behandlungssituation auszudrücken. Sie erwies sich als provokatives, herrschsüchtiges Kind mit vielen regressiven Verhaltensmustern und Phantasien, wie sie für viel jüngere Kinder charakteristisch sind. Als sich ihre Fähigkeit entwickelte, in der Analyse diese Gefühle auszudrücken, berichteten ihre Eltern, dass sie zu Hause und in der Schule «vollkommen» sei. Nach einer Behandlung von etwa einem halben Jahr sagten die Eltern, ihre früheren «hysterischen Anfälle» hätten praktisch aufgehört, sie scheine sich wohl zu fühlen und das Leben zu geniessen. Sie sei zu Hause nicht mehr aggressiv und herausfordernd, bleibe zu allen Mahlzeiten in der Schule und gehe gern zu den Parties anderer Kinder. Im Fall Katrinas trat die Besserung nach einer Behandlung von etwa einem halben Jahr ein, nachdem bei der analytischen Arbeit Fortschritte erzielt worden waren. Das regressive Verhalten, das sie zuvor ausserhalb der Behandlung gezeigt hatte, beschränkte sich nach und nach auf die analytischen Sitzungen, und ihr Verhalten in der Aussenwelt besserte sich merklich. Es kam also zu einer Konzentration von unbewussten Wünschen und Objektbesetzungen auf die Person des Therapeuten. Dieser Vorgang nahm die Patientin völlig in Anspruch, und deshalb war es in der Folge nicht mehr so wichtig, ausserhalb der Analyse die Vergangenheit zu re-inszenieren oder auszuleben.

II. Die Deutung

In der Kindertherapie werden *Deutungshilfen* wie Spielsachen, Geschichten, Puppen, Rollenspiel und verschiedene verbale Mittel auf unterschiedliche Weise benutzt, um den Weg für die Deutung vorzubereiten oder sie zu erleichtern. Ein gemeinsames Merkmal dieser Techniken ist, dass sie eine Verschiebung, Externalisierung von Selbst- und Objektvorstellungen und der dazugehörigen Interaktion gestatten. Diese Verschiebung findet auf andere Menschen oder Rollencharaktere statt. Gewöhnlich ist es das Kind, das mit der Verwendung von Spielmaterial auf eine Weise beginnt, die etwas über es verrät. Es kann das tun, indem es sich dazu entschliesst, mit einem Tier oder einer Puppe zu spielen oder zu arbeiten oder eine Geschichte zu erzählen. Der Therapeut kann das Stichwort des Kindes aufnehmen, sich am Spiel beteiligen und in Form einer Bemerkung, die eine der Spielzeugfiguren oder Personen der Geschichte macht, eine Deutung geben, indem er so die Person des Spiels stellvertretend verwendet. Gewöhnlich legt der Therapeut seine Deutung demjenigen Spielzeug oder derjenigen Person in den Mund, die für das Kind steht. Manche Kinder akzeptieren Deutungen leichter, wenn sie sich nicht direkt auf sie beziehen, sondern eher auf ein anderes Kind, eine Puppe oder die Person einer Geschichte (op. cit. 201f):

Der erste Therapeut des 7jährigen *Michael* erfand in Geschichten, die auf eine Deutung hinausliefen einen imaginären Jungen namens Freddy. In dieser Verkleidung konnte Michael Deutungen akzeptieren, die ihn sonst überwältigt hätten. Sein zweiter Therapeut hielt es für nützlich, einen anderen Jungen einzuführen, Peter, der Veränderungen verkörperte, die sich aus der analytischen Arbeit ergeben hatten, wie auch gewisse äusserliche Veränderungen. Peter hatte z.B. andere Probleme, eine grössere Familie und ein besseres Ich als Michael. Eine andere Deutungshilfe, die sich bisweilen als nützlich erwies, wenn die direkte Deutung Michael zu schockieren drohte, waren Bildergeschichten – die Anordnung von Bildern in einer bestimmten Reihenfolge, so dass sie eine Geschichte erzählten. Das hiess, dass Michael das Deutungsmaterial zu entziffern hatte. Er nahm auch zu Zeichnungen Zuflucht, um seine Ängste auszudrücken. Unter solchen Umständen konnte er die zur Situation gehörenden Deutungen akzeptieren.

Gewisse spezielle Deutungen beeinflussen die analytische Arbeit zu bestimmten Zeiten der Analyse besonders. Sie verdienen es, als sogenannte *signifikante Deutungen* hervorgehoben zu werden. Deutungen werden als *signifikant* betrachtet, wenn sie eine Änderung im Verhalten oder im Material des Patienten bewirken.

Solche Änderungen zeigen sich nicht immer augenblicklich, nachdem die Deutung zum ersten Mal erfolgte. Gewöhnlich ist eine Periode des Durcharbeitens nötig, in welcher die Deutung in verschiedenen Formen und verschiedenen Kontexten wiederholt werden muss. Oft wird der Therapeut erst nach dieser Periode Änderungen im Material und im Verhalten des Kindes sehen, welche die Signifikanz der Deutung demonstrieren (op. cit. 207f):

> Eine solche signifikante Deutung kann am Fall des 11½ Jahre alten Frank demonstriert werden. Im 4. Behandlungsjahr tauchte Franks Rivalität gegen seinen jüngeren Bruder wieder im Behandlungsmaterial auf, diesmal in analen Begriffen. Während er Winde fahren liess, erzählte Frank der Therapeutin, wie sehr er seinen Bruder hasse. Er behauptete, sich vor Toilettengeräuschen nicht zu fürchten, gab aber zu, dass er Angst habe, in der Toilette eingeschlossen zu werden. Dies führte zu Material bezüglich seiner Mutter, die dem kleinen Bruder erlaube, sich zu beschmutzen oder nass zu machen und ihn dabei sogar liebkose, während sie seine eigenen Exkremente voller Ekel wegschütte. Die Therapeutin deutete Franks Wunsch, den Bruder wie Exkremente in die Toilette zu werfen und verbalisierte auch seine eifersüchtige Wut. Dies bewirkte eine Explosion destruktiven Zorns in der Sitzung – Frank zertrümmerte Spielsachen und Möbel, schleuderte sie durch das Zimmer, warf mit Plastilin nach der Therapeutin und griff sie heftig an. Nun betraf das Material immer mehr Franks Zorn über die Mutter als den Zorn über den Bruder. Anstatt darüber zu sprechen, dass er seinen Bruder töten wolle und sadistische Hinrichtungen zu inszenieren, begann Frank, unordentlich mit Wasser und Plastilin zu spielen und spritzte schliesslich schmutziges Wasser auf das Kleid der Therapeutin. Dies wurde als eine Wiederholung von Episoden behandelt und gedeutet, in denen Frank versuchte, seine Mutter daran zu hindern, ihn zu verlassen, indem er ihre Kleider verschmutzte, wenn sie sich umgezogen hatte, um auszugehen. Franks unmittelbare Reaktion auf diese signifikante Deutung war Zustimmung und Erleichterung. In der Folge wechselte das Material von analen Inhalten auf andere, und gleichzeitig kam es zu Veränderungen in Franks äusserem Verhalten – so berichtete seine Lehrerin, dass seine Arbeit in der Schule innerhalb von nur wenigen Tagen bemerkenswert gute Fortschritte mache.
>
> Dass dieses Beispiel einer signifikanten Deutung aus dem 4. Behandlungsjahr Franks stammt, zeigt, dass gewöhnlich sogenannten signifikanten Deutungen sehr viel analytische Arbeit vorausgeht. Früher hatte Franks Therapeutin grosse Mühe darauf verwendet, sich mit dem Thema seiner Feindseligkeit gegenüber dem kleinen Bruder und mit seiner Angst vor Strafe zu beschäftigen, Material, das in Zusammenhang mit dem Quälen einer jungen Katze aufgetaucht war. Die Therapeutin erfuhr dann vom Vater, dass der Patient kurz nachdem sein Bruder geboren war, kaum irgendwelche Zeichen von Eifersucht auf das Baby oder Zorn auf die Mutter gezeigt, dass er aber eine junge Katze (stellvertretend) heftig gequält hatte – eine Katze, welche die Mutter, kurz nachdem sie mit dem Baby heimgekommen war, adoptiert hatte!

In der Erwachsenenanalyse hat sich, wie wir gehört haben[1], der Begriff *mutative Deutung* durchgesetzt (J. Strachey, 1934).

III. Einschränkungen

In der Behandlungssituation des Erwachsenen geniesst der Patient die völlige Freiheit des verbalen Ausdrucks, was gewöhnlich für einen zufriedenstellenden Verlauf der Analyse genügt. Da das Kind nicht die gleiche Verbalisierungsfähigkeit besitzt, sind andere Ausdrucksmittel erlaubt und auch notwendig. Dabei müssen ihm allerdings Einschränkungen auferlegt werden. Der Therapeut muss gewisse Verhaltensweisen missbilligen oder sogar verbieten. Gelegentlich müssen nach Anna Freud sogar physische Zwänge angewandt werden, um den Fortschritt der analytischen Arbeit zu gestatten. Manche Kinder akzeptieren die Einschränkungen des analytischen Settings von Anfang an, erproben aber in bestimmten Perioden der Analyse die Grenzen oder überschreiten sie. Andere rebellieren augenblicklich gegen das, was sie als Einschränkung empfinden. Für viele Kinder wird schon das analytische Setting an sich als Einschränkung erlebt, etwa, weil sie sich auf den Behandlungsraum oder die dort liegenden Spielsachen beschränken müssen. Tatsächlich stellt ja schon die von den Eltern eingegangene Verpflichtung, das Kind zur Analyse zu bringen oder zu schicken eine Einschränkung seiner spontanen Tätigkeiten dar. Das ist eine andere Situation als in der Erwachsenenanalyse, wo der Patient, wenn er nicht kommt, weiss, dass er selbst den Verlust trägt und für die versäumte Sitzung zu bezahlen hat. Das Kind wird von den Eltern unter Druck gesetzt, zur Sitzung zu gehen, auch wenn es nicht gehen will, und wenn es eine Sitzung versäumt, müssen die Eltern zahlen und den Verlust tragen. Der Unterschied zwischen der Behandlung von Erwachsenen und derjenigen von Kindern liegt in dieser Hinsicht darin, dass die Proteste gegen die analytischen Bedingungen und deren Überschreitung von den Erwachsenen häufig verbalisiert, von den Kindern aber häufig inszeniert werden. Die Neigung des Kindes zum Inszenieren wird zusätzlich noch gefördert durch die Regression und die Enthemmung, zu der es während der Analyse kommen kann. Solche Inszenierungen lassen sich nicht immer befriedigend deuten und können den Fortschritt der analytischen Arbeit beeinträchtigen, wenn der Therapeut

---

[1] vgl. unsere Vorlesung *Zur psychoanalytischen Technik*

dem Verhalten des Kindes nicht Einschränkungen auferlegt. Aber wenn auch die Neigung des Kindes, während der Analyse zu regredieren, Einschränkungen erforderlich machen mag, so ist doch ein gewisses Mass von Regression für den Fortschritt der Analyse wünschenswert. Der Therapeut muss ein heikles Gleichgewicht halten, um die progressive Entwicklung des Kindes zu fördern und gleichzeitig mit Material arbeiten zu können, das durch die regressive Wiederbelebung der Vergangenheit hervorgebracht wird. Statt im Behandlungszimmer Materialien wie Wasser und Sand zur Verfügung zu stellen, gibt man dem Kind besser Farben und Modelliermasse, die bis zu einem gewissen Grad auch eine Regression erlauben, im übrigen aber ein gestaltungsfähigeres Ausdrucksmittel darstellen. Techniken, welche die Regression fördern oder erleichtern und sich mit nichtverbalen Ausdrucksweisen verbinden, sind zu vermeiden (op. cit. 229):

> Der 4½jährige Paul war in den ersten sechs Wochen der Behandlung oft sehr aggressiv. Er griff die Therapeutin an, versuchte, sie zu beissen, zu treten, zu kratzen und warf mit Spielzeug nach ihr. Die Therapeutin hielt Paul körperlich fest, während sie seinen Zorn verbalisierte, um seine Ausbrüche zu zähmen und ihm die Möglichkeit zu geben, sich von ihr unterstützt und weniger von seinem Zorn überwältigt zu fühlen. Wenn er losgelassen wurde, rannte er aus dem Zimmer, wenn er zurückkam, schrie er die Therapeutin an, statt sie wie vorher körperlich anzugreifen. Während dieser Analyseperiode entfernte die Therapeutin die schweren Spielsachen, die sonst als Wurfgeschosse verwendet wurden. In einem späteren Stadium der Behandlung versuchte Paul, aus dem Behandlungszimmer und der Klinik auf die Strasse hinauszulaufen, sooft er von Panik überwältigt wurde. Dann nahm die Therapeutin den Kleinen in die Arme und brachte ihn im Haus in Sicherheit, weil sie das Gefühl hatte, dass es zu diesem Zeitpunkt nötig war, ihn körperlich festzuhalten und zu beschützen.

Der Therapeut muss bereit sein, dem Kind Einschränkungen aufzuerlegen und das aus gutem Grund: Zum Schutz des Kindes, des Therapeuten und der Umwelt. Durch diesen Schutz hofft man, die Sicherheit des Kindes zu gewährleisten, es davor zu bewahren, sich wegen seines Verhaltens allzu ängstlich und schuldig zu fühlen, und die Fortsetzung der Analyse zu erleichtern. Letzten Endes werden diese Ziele am besten erreicht, indem man das Kind dazu ermutigt, Material soweit wie möglich verbal oder durch Phantasiespiele auszudrücken, statt es zu agieren. Mit dieser Entwicklung erwirbt das Kind die Fähigkeit, immer besser zwischen der Inszenierung eines Wunsches und dem Wunsch selbst zu unterscheiden.

Hierzu sagt Anna Freud: «In der frühen Geschichte der Kinderanalyse glaubte man, dass das Agieren und besonders die Freisetzung von Aggressionen an sich schon einen therapeutischen Wert hätten. Heutzutage hört man das gelegentlich noch in dem Gedanken ausgedrückt, dass man dem Kind in seinem Verhalten einen grossen Spielraum geben müsse, weil sich das, was unbewusst ist, im ‹freien Ausdruck› deutlicher zeigen werde. Dem ist nicht so. Im Gegenteil, das analytische Material wird verdunkelt und verändert, wenn der Analytiker auf diese Weise eine massive Regression gestattet.» (op. cit. 230)

Die meisten Kindertherapeuten haben die Erfahrung gemacht, dass man wirksame Deutungen vornehmen kann, während man das Kind körperlich zurückhält. Es ist wahrscheinlich, dass die sexuellen Strebungen von Kindern durch Einschränkungen oder Begrenzungen während der Behandlung leichter abgelenkt werden können als aggressive Triebe. Etwas wie ein soziales Schamgefühl in Bezug auf sexuelle Dinge dringt wahrscheinlich in die Behandlungssituation ein, während bei aggressiven Impulsen wohl nicht in gleicher Weise Scham empfunden wird. Kinder scheinen weniger verlegen zu sein, wenn sie sich ein aggressives Verhalten gestatten als wegen eines sexuellen Verhaltens in irgendeiner Form.

Abgesehen davon, dass Kinder in den Sitzungen aggressives Verhalten zeigen, drücken sie manchmal starke Neugier aus oder werden sexuell erregt. Sie können auch ausprobieren, wie weit sie gehen dürfen, um sich ein Bild davon zu machen, bis zu welchem Grad der Therapeut sie toleriert und akzeptiert. Es kann nötig sein, dass der Therapeut schon recht früh in der Analyse als Reaktion auf ein provokatives Verhalten sagt: «Ich weiss, dass Du mich nur auf die Probe stellst; also sag mir gleich, was Du als nächstes tun willst.» Eine solche Feststellung kann als Deutung dienen, aber sie fordert das Kind auch auf, Dinge auf verbaler Ebene auszudrücken. Schwierig wird die Situation, wenn der Therapeut zu beweisen sucht, dass er nicht zornig wie die Mutter wird, denn dem Kind kann immer etwas einfallen, was unterbunden werden muss – es braucht nur zu versuchen, aus dem Fenster zu springen. Der Therapeut sollte eher anstreben, Agieren früh zu deuten, anstatt völlige Freiheit zu gewähren. Bei manchen Kindern, die ausprobieren, wie weit die Toleranz des Therapeuten reicht, kann es nötig sein zu sagen: «Ich weiss, dass Du mich auf die Probe stellst, aber ich kann Dir sagen, dass ich Dir dasselbe verbieten muss wie Deine Mami», oder: «Wie weit soll ich Dich gehen lassen? Wir wissen beide, dass ich dich früher oder später bremsen muss.» Das sind Beispiele für die Anwendung einer analytischen Technik mit gleichzeitiger Einschränkung der Handlungsfreiheit.

IV. Körperlicher Kontakt und Befriedigung

In der Kinderanalyse gibt es Gelegenheiten, bei denen es der Therapeut für nötig halten kann, sich direkt mit der tatsächlichen Befriedigung der Wünsche und Bedürfnisse des Patienten zu befassen. So kann sich bei einem kleinen Kind eine Situation ergeben, die erfordert, dass der Therapeut es auf die Toilette bringt oder ihm hilft, sich anzuziehen. Bei älteren Kindern können sich technische Probleme darauf beziehen, ob man Speisen und Getränke besorgt oder erlaubt, Spielsachen mit nach Hause zu nehmen.

Es wäre sehr unnatürlich, dem Kind einen Beistand zu verweigern, den es braucht und es etwa abzulehnen, ihm dabei zu helfen, einen Knopf zu öffnen oder die Schnürsenkel zuzubinden, wenn es dazu allein nicht in der Lage ist. Eine solche benötigte Hilfe nicht zu leisten, könnte dem Therapeuten sogar Aspekte des Innenlebens des Kindes verschliessen. Es ist jedoch etwas anderes, ob man einem Dreijährigen hilft, die Schnürsenkel zuzubinden oder einem Neunjährigen. Der Therapeut muss das Altersgemässe der Bitte des Kindes beachten und sein allgemeines Niveau der Ich-Funktion, einschliesslich seiner Fähigkeit, Frustration und Angst zu ertragen (op. cit. 234):

Ein 7jähriges Mädchen kam in einem leichten Sommerkleid zur ersten Sitzung ihrer Analyse, das der herrschenden Witterung entsprach. Als sie den Behandlungsraum im Kellergeschoss betrat, zitterte sie und sagte, sie friere. Der Therapeut, der wusste, dass dieser Raum ungewöhnlich kalt war und sich entsprechend angezogen hatte, gab zu, dass es tatsächlich kalt war und fragte, ob die Patientin einen Pullover mitgebracht habe. Da sie keinen hatte und immer noch zitterte, bot ihr der Therapeut seine Jacke an, die dankbar angenommen wurde. Dieser Therapeut erfüllte das realistische Bedürfnis seiner Patientin auf angemessene Wärme. Man kann argumentieren, dass es sexuell stimulierend für ein siebenjähriges Mädchen gewesen sein könnte, die Jacke des Therapeuten zu tragen – dieser würde höchstwahrscheinlich in späteren Sitzungen, wenn sich eine solche Situation wiederholen sollte, anders reagieren. Die Tatsache, dass dies die erste Sitzung war, kann den Therapeuten auch wegen seines Wunsches beeinflusst haben, ein gutes therapeutisches Bündnis herzustellen.

Es gibt viele Situationen, in denen das Kind aktiv körperlichen Kontakt zu suchen scheint, um daraus Befriedigung zu gewinnen. Es kann sein, dass es sich an die Therapeutin kuschelt oder auf ihrem Schoss sitzen möchte oder ihren Schmuck anprobiert oder ihr aggressiv die Schuhe auszieht. Das technische Problem besteht darin, wie man dem Kind den optimalen Ausdruck seiner unbewussten Wünsche gestattet, ohne dass es dabei Übererregung oder Zurückweisung erlebt. Manche Versuche, das energischere Verhalten einzuschränken, das Kinder in der Analyse oft an den Tag legen, können einen körperlichen Kontakt erforderlich machen, der dann nebenbei für den Patienten befriedigend sein mag.

Ein Kind kann hungrig zur Stunde kommen und um einen Keks oder etwas zu trinken bitten, ein anderes kann einfach ständig und ohne besondere unmittelbare Ursache etwas zu essen verlangen. Manche Kinder bitten den Therapeuten um Bonbons, andere bringen selbst solche mit. Es gibt Kinder, die ihren Therapeuten füttern wie das kleine Mädchen, das nicht sprechen wollte, solange die Therapeutin nicht die Bonbons ass, die es mitgebracht hatte. Solches Material kann über die einfache direkte Befriedigung hinaus bedeutend sein wie im Falle des verängstigten Kindes, das sich defensiv mit Nahrung vollstopft. Der Unterschied zwischen der Gabe von Süssigkeiten und von Spielzeug kann als ein rein willkürlicher betrachtet werden, denn letzten Endes lautet die Frage, ob der Therapeut überhaupt etwas geben soll oder nicht und nicht so sehr, was er im einzelnen gibt. In der Kinderanalyse ist der Therapeut notwendigerweise jemand, der in mancherlei Hinsicht etwas gibt, und für manche Kinder ist die Rolle des Therapeuten als Versorger in irgendeiner Art entscheidend für den Fortschritt der analytischen Arbeit.

Dem Kind zu zeigen, dass man an es denkt, gilt auch für Weihnachts- oder Geburtstagsgeschenke. Manchmal, besonders bei kleinen Kindern, können solche Geschenke ein nötiger und angemessener Teil der Beziehung sein. Zu diesem Bereich gehört die Frage, ob Spielsachen mit aus dem Behandlungszimmer nach Hause genommen werden dürfen oder nicht (op. cit. 237):

Der 6jährige Jerry, der am Anfang der Analyse gegen das Ende der Woche aufgeregt war und fürchtete, am Montag nicht zurückkehren zu können, durfte immer ein Spielzeug mit nach Hause nehmen.

In einem der ersten Fälle Anna Freuds bat ein *5jähriger Junge* oft darum, ein Spielzeug mit nach Hause nehmen zu dürfen. Sie stellte aber jedesmal fest, dass diese Spielsachen dann im Vorzimmer liegengelassen wurden. Der Junge wollte die Spielsachen gar nicht mit nach Hause nehmen, um die Trennung zu bewältigen: Was für ihn an erster Stelle kam, war der Kampf mit der Therapeutin. Das Spielzeug selbst war in diesem Fall irrelevant, wie Anna Freud wusste, aber indem sie dem Kind erlaubte, es mitzunehmen und dann sah, was es damit machte, konnte sie verstehen, wozu es verwendet wurde.

Gelegentlich besteht ein Kind darauf, in der Analysestunde seine Hausaufgaben zu machen. Wenn ihm der Therapeut während der Sitzung bei der Arbeit hilft, kann die Angst des Kindes in der Schule verringert werden.

In manchen Fällen wird jedoch damit nur der Ausbruch eines schweren Angstanfalls in der Sitzung aufgeschoben. Damit ergibt sich ein Dilemma. Wenn der Therapeut einerseits der Abwehr des Kindes gegen die Angst nachgibt, kann ihm das Ausmass der in ihm verborgenen Angst verschlossen bleiben. Weigert er sich andererseits von Anfang an, es in der Stunde seine Hausaufgaben machen zu lassen, kann es wegen seines allgemeinen Angstniveaus ausserstande sein, sich an der analytischen Arbeit zu beteiligen.

Anna Freud sagt hierzu folgendes: «Bei einer Analyse hat der Analytiker vorzugehen wie jemand, der einen Fisch an Land ziehen will, das heisst, indem er ihn erst hereinholt, wenn er ihn auch gefangen hat. Wenn sich der Analytiker zu starr an eine Regel hält, bekommt er das Material vielleicht nicht zu fassen. Der Analytiker entspricht abwechselnd dem Wunsch des Patienten und der analytischen Regel, er gibt manchmal nach, deutet manchmal im voraus, manchmal erst nachträglich. Die Hauptsache ist, das Material zu fassen zu bekommen, aber eine wichtige Regel lautet, nicht mit dem Patienten zu kolludieren. Zum Beispiel kann der phobische Mechanismus eines Patienten nicht analysiert werden, wenn der Analytiker mit ihm kolludiert. Ich bezweifle jedoch, dass ein Kind analysiert werden kann, indem man ihm ständig alle seine Bitten abschlägt, ja ich sehe nicht, wie jemand eine Kinderanalyse durchführen kann, ohne etwas Konkretes zu geben, was das Kind in dem einen oder anderen Augenblick der Analyse wünscht. Man kann die Lage so betrachten: Ein Kind braucht Anreize, Erfüllungen oder Befriedigungen [...], damit die analytische Arbeit weitergehen kann.» (op. cit. 240f)

Anstatt Regeln an sich aufzustellen, kann der Therapeut dem einzelnen Kind als Teil des Bezugsrahmens für das analytische Setting Richtlinien geben und Grenzen setzen, wenn die Behandlung in Gang kommt. So kann der Therapeut zulassen, dass das Kind ein Durcheinander anrichtet, aber nur bis zu einem gewissen Grad. Der Therapeut kann dem Kind Befriedigung gewähren, aber wiederum nur bis zu einem gewissen Grad. Richtlinien in Bezug auf das, was angemessen ist oder nicht, hängen vom Alter des Patienten und von seiner Störung ab. Auch die Toleranz des Therapeuten muss natürlich in Betracht gezogen werden.

Für heute schliesse ich. Das Thema *Kinderanalyse* ist damit natürlich bei weitem nicht abgeschlossen – zahlreiche Autoren haben in der Folge dazu beigetragen, unter ihnen insbesondere *Melanie Klein*, über die wir schon einiges gehört haben; zudem werden wir in der Vorlesung über die Latenz auf sie zurückkommen. Mit Anna Freud haben Sie aber eine gute Grundlage für weitere diesbezügliche Lektüre, wozu ich hoffe Ihre Neugier geweckt zu haben!

Vorlesung XXXVIII

Das psychische Trauma

Im Rahmen des heutigen Themas möchte ich über die Entwicklung des Trauma-Begriffs bei Freud, über das *kumulative Trauma* (Khan, 1977) und über die *sequentielle Traumatisierung* (Keilson, 1979) sprechen. Ein klinisches Beispiel (nach *Holderegger*, 1993, 121ff) sei der Theorie vorangestellt:

    Ein Patient suchte therapeutische Hilfe, weil er jede Möglichkeit der aktiven Lebensgestaltung verloren hatte und kaum noch in der Lage war, sein Zimmer zu verlassen, um andere Menschen zu treffen oder das Nötigste einzukaufen. Die Konfrontation mit andern verursachte in ihm eine tiefe Verunsicherung und Angst, die er kaum mehr kontrollieren, nicht integrieren konnte. Wenn er das Gebäude betrat, in dem er vor seiner Erkrankung gearbeitet hatte, geriet er in Panik und verlor die Orientierung. Ein solches Erlebnis löste in ihm nachträglich die verschiedensten Phantasien aus, in denen er sich bezeichnenderweise mit der Vernichtung der Welt, aber auch mit derjenigen seiner eigenen physischen und psychischen Existenz beschäftigte. Sein Aufenthalt im Bett schützte ihn vor solchen Erfahrungen.

    Offenbar war dieser Patient, ein junger Mann, der mitten in seiner Berufsausbildung stand und seit einigen Monaten getrennt von seinen Eltern lebte, in eine so starke Regression geraten, dass er sich in Kontakt mit ihm fremden Menschen in grundlegender Weise abgelehnt fühlte und deshalb von heftigen Wut- und Angstaffekten mit entsprechenden Vernichtungsphantasien überwältigt wurde. Die Trennung vom Elternhaus, welche er selbst initiiert hatte, erlebte er offenbar als traumatisierend, als ein Fallengelassenwerden.

    Der alarmierende psychische Zustand, der den Patienten veranlasst hatte, therapeutische Hilfe zu suchen, erwies sich als *Wiederholung eines Kindheitstraumas*:

    Als er 5 Jahre alt war, erkrankte seine Mutter und verliess die Familie für über ein halbes Jahr, um sich an einem entfernten Ort behandeln zu lassen und sich zu erholen. Der Vater reiste gelegentlich an den Wochenenden zu seiner Frau, ohne die Kinder mitzunehmen. Den Kindern wurde, so glaubte sich der Patient zu erinnern, mitgeteilt, die Mutter brauche viel Ruhe, damit sie wieder gesund werden könne. Die Trennung von der Mutter und der Abbruch der Beziehung zu ihr übten auf den Jungen eine traumatische Wirkung aus. Kurz bevor die Mutter die Familie damals verliess, erkrankte er. Diese Erkrankung wurde als Appell des Jungen an sie verstanden, nicht wegzugehen, aber auch als eine der Konfliktvermeidung und Angstbewältigung dienende regressive Identifikation mit der kranken Mutter. Die Wahrnehmung, dass seine Mutter imstande war, ihn im Zustand der Hilflosigkeit und Bedürftigkeit zu verlassen und dem Ungewissen auszuliefern, wirkte wie ein Fremdkörper in ihm, den er nie integrieren konnte und der ihn in seiner Entwicklung lähmte. Die aggressive Bedrohung des inneren Objektes, die durch das unfassbare Verhalten der Mutter ausgelöst worden war, führte zu einer grossen Irritation des Selbsterlebens und der Ich-Regulierung.

    Das Trennungserlebnis des Patienten im Alter von 5 Jahren war jedoch bereits eine Wiederholung früherer Trennungserfahrungen, welche ihn besonders verletzlich machten. Die Mutter hatte auf seine Geburt mit einer starken Depression und einem emotionalen Rückzug reagiert. Diese frühe traumatische Erfahrung wiederholte sich 1½ Jahre später bei der Geburt des Bruders, wonach die Mutter einen erneuten depressiven Rückzug machte.

    Der Patient erlebte diese wiederholten Trennungen von der Mutter als eine grundlegende Infragestellung und Ablehnung seiner psychischen Existenz. Die begleitende Entwicklung von Gefühlen der Wut, Schuld, Verzweiflung, Hilflosigkeit und Angst überforderten damals die Verarbeitungsmöglichkeit seines Ichs in einer traumatischen Art und Weise. Der Junge reagierte auf die traumatische Erfahrung in einer Form von autistischem Rückzug, der in einer ersten Phase wahrscheinlich die Funktion archaischer Restitutionsmechanismen anzeigte, zu denen der Stupor, die Starre, die schützende Lähmung der Affektentwicklung gehört.

    Im zweiten Analysejahr zeigten sich diese traumatisierenden Trennungserlebnisse in der *Übertragung*: Der Patient verstummte, war nicht mehr in der Lage, irgendein Gefühl auszudrücken, am wenigsten natürlich das gefährliche Gefühl der Wut, die alles zu zerstören drohte. Er brach die verbalen Kontakte zum Analytiker ab und schien während langer Zeit nichts mehr von dem, was dieser sagte, aufnehmen zu können. Er brachte den Analytiker damit in grosse Schwierigkeiten; er liess ihn ansatzweise Gefühle erleben, die er damals bei den Trennungserlebnissen nicht hatte integrieren können, Gefühle der Angst, Hilflosigkeit, Wut, Schuld und des Alleingelassenseins, ohne Kontakt zum abwesenden oder nicht verfügbaren anderen. Es zeigte sich der plötzliche Einbruch in die ödipale Entwicklung, die damals durch die Trennung von der Mutter jäh unterbrochen worden war.

    Ein kurzer Ausschnitt aus einer Sitzung im zweiten Jahr der Analyse:

P: (schweigt)
A: «Sie schweigen.»
P: (schweigt)

    Nachdem der Analytiker den Eindruck gewonnen hat, dass der Patient, wie in den vielen Stunden zuvor, nicht in der Lage war zu sprechen und dass auch die Feststellung des Schweigens ihm nicht helfen konnte, seinen emotionalen Zustand verbal zum Ausdruck zu bringen:

A: «In den Sitzungen der letzten Woche sprachen wir immer wieder über die Trennung von der Mutter; wir versuchten zu verstehen, wie Sie das Weggehen und die Abwesenheit der Mutter erlebten. Ich denke, dass Sie mir mit Ihrem Schweigen zu Beginn der Sitzungen in sehr direkter Art und Weise immer wieder mitzuteilen versuchen, wie man sich fühlt, wenn der Kontakt abgebrochen wird, wenn plötzlich der Dialog nicht mehr weitergeht und man völlig im Leeren hängt.»

P: (schweigt)

A: «Man hat Angst, mit seinen Worten und Handlungen etwas Schlimmes angerichtet zu haben; man empfindet auch Angst, dass mit dem anderen etwas Unwiderrufliches geschieht, wofür man die Schuld trägt. Es gibt auch die schreckliche Wut darüber, dass der andere einen im Stich lässt und dass man nicht in der Lage war, ihn für sich zu gewinnen.»

P: (schweigt)

A: «Meine Bemühungen, mit Ihnen in Kontakt zu kommen, sind momentan ebenso erfolglos wie ihre damaligen Versuche, die Mutter zu erreichen, als diese trotz ihrer Krankheit und Hilflosigkeit wegging und für Sie unerreichbar war. Ich vermute, dass Sie sich in Ihre Mutter zurückgezogen haben, die abwesende Mutter darstellen, und mich in die Situation manövrieren, die für Sie damals unerträglich war. Es ist für Sie wahrscheinlich sehr wichtig, dass ich jene schlimmen Gefühle selber empfinde und zum Ausdruck bringe, die das Weggehen der Mutter in Ihnen ausgelöst hat.»

P: «Als die Mutter zurückkam, verhielt sie sich mir gegenüber, wie wenn nichts geschehen wäre und das Leben so weitergehen könne wie vor ihrer Abreise.»

A: «Sie war nicht bereit wahrzunehmen, was während der Trennung in Ihnen vor sich gegangen war.»

Der Patient weist mit seinen Worten auf ein Phänomen hin, das man im Zusammenhang mit kindlichen Traumen immer wieder beobachten kann, nämlich «die Verleugnung [durch die Mutter], die Behauptung, es sei nichts geschehen […] bei Äusserungen traumatischer Denk- und Bewegungslähmung», erst dadurch werde das Trauma pathogen (Ferenczi, 1931, *Kinderanalysen mit Erwachsenen*, in *Schriften zur Psychoanalyse II*, 285ff).

In einer späteren Sitzung:

A: «Ich kann mir vorstellen, dass Sie sehr verletzt, wütend, verwirrt und traurig sind und dass Sie das Gefühl haben, Ihnen sei ein grosses Unrecht geschehen. Vielleicht weigern Sie sich, aus Ihrem inneren Rückzug zurückzukommen, wenn nicht von aussen eine Wiedergutmachung geschieht, wenn nicht eine grosse Anstrengung unternommen wird, Sie in Ihren Gefühlen ausfindig zu machen und Sie darum zu bitten, wieder zurückzukommen.»

Die Übertragung der traumatisierenden Affekte, welche die Trennungen begleiteten, geschah auf dem Weg einer nonverbalen oder *ausserverbalen* Kommunikation, durch das Schweigen; das wies darauf hin, dass die Traumatisierung des Patienten in einer sehr frühen, präsymbolischen und präverbalen Zeit stattgefunden hatte, als er sie noch in keiner Weise verarbeiten und in die Psyche integrieren konnte. *Die psychische Integration dieser Traumatisierung erfolgte über die Deutungen des Analytikers.*

I. Die Entwicklung des Trauma-Begriffs bei Freud

Im folgenden stütze ich mich teilweise auf *Khan* (1977, 50ff), der bezüglich des Traumas bei Freud vier Phasen unterscheidet:

1. Phase (1885–1905)

Anhand der Symptombildung und Ätiologie von Hysterien und Zwangsneurosen und anhand der *Traumdeutung*[1] (1900a) entwickelt Freud Grundlegendes für das Verständnis des Unbewussten. Der Begriff *Trauma* spielt dabei eine grosse Rolle (1893a, 1893c, 1895d). Freud versteht unter einem Trauma im wesentlichen einen Umweltfaktor, der störend auf das Ich einwirkt, wobei dieses die Störung weder durch Abreagieren noch durch assoziative Verarbeitung erledigen kann. Nach Freuds Beobachtungen ist «die pathogene Analogie der gewöhnlichen Hysterie mit der traumatischen Neurose nachzuweisen und eine Ausdehnung des Begriffes der ‹traumatischen Hysterie› zu rechtfertigen» (1893a, GW I, 84).

Wie wir wissen, sieht Freud vorerst die traumatische Situation in einer Verführung im Kindesalter. Ihm selbst wie auch seinem Hauptbiographen Jones verdanken wir anschauliche Schilderungen darüber, wie frustriert und niedergeschlagen er war, als er entdecken musste, dass es diese traumatischen Verführungssituationen nicht immer gegeben haben konnte: «Ich glaube an meine Neurotica nicht mehr», schrieb Freud seinem Freund Wilhelm Fliess in jenem berühmten Brief vom 21. September 1897 (1985c [1887–1904], Brief 139, 283).

Von den Abwehrmechanismen behandelt Freud damals hauptsächlich die Verdrängung; die neurotische Angst[2] entsteht für ihn aufgrund verdrängter sexueller Libido.

---

[1] vgl. unsere Vorlesungen *Die klassische Traumtheorie* und *Der Traum jenseits der Wunscherfüllung*
[2] vgl. unsere Vorlesung *Die Bedeutung der Angst in der Psychoanalyse*

2. Phase (1905–1917)

Sie ist hauptsächlich gekennzeichnet durch Freuds Arbeiten über die *Entwicklung der infantilen Sexualität*[3] (1905d), den *Narzissmus* (1914c) und die *psychoanalytische Metapsychologie*[4] (1915cde, 1916–17f [1915], 1916–17g [1915]).

Für die Entwicklung der infantilen Sexualität und die Libidotheorie sind folgende traumatische Situationen paradigmatisch: Kastrationsangst, Trennungsangst, Belauschung des elterlichen Geschlechtsverkehrs, Ödipuskomplex. Das Trauma beruht auf dem starken Andrängen der Sexualtriebe und dem Kampf des Ichs dagegen. Alle diese Konflikte und die daraus resultierenden traumatischen Situationen werden als unbewusste Phantasien und psychische Realität aufgefasst.

Während der zweiten Hälfte dieser Periode arbeitet Freud an einer ersten systematischen Zusammenfassung seiner Ergebnisse auf dem Gebiet der Metapsychologie. Aus dieser Periode stammen zum einen die Begriffe *Ichlibido*, *primärer Narzissmus* und *Ichideal* und zum anderen Erkenntnisse über die Mechanismen der Introjektion, Identifikation und Projektion.

3. Phase (1917–1926)

Freud greift die Themen Aggression und Schuld auf.

In *Jenseits des Lustprinzips* (1920g) definiert er erstmals den Wiederholungszwang als Grundlage des Todestriebs, eines den Ablauf des seelischen Lebens bestimmenden Prinzips. Die 1. Triebtheorie (Selbsterhaltungs- versus Sexualtriebe) wird ersetzt durch die 2. Triebtheorie (Selbsterhaltungs- und Sexualtriebe als Lebenstrieb versus Todestrieb).

Mit *Das Ich und das Es* (1923b) ergänzt er die 1. Topik (Ubw - Vbw - Bw) mit der 2. Topik (Es - Ich - Über-Ich) – die Anfänge der Ich-Psychologie.

In dieser Phase wird der Begriff des Traumas im Rahmen dieser Hypothesen Freuds bezüglich der Aggression (Wiederholungszwang, Todestrieb) und bezüglich der Schuld (Über-Ich) definiert. Die umfangreiche Literatur über Schuld, Masochismus, Melancholie, Depressionen und Situationen innerer Angst (im Rahmen der 1. Angsttheorie) enthält sehr ausführliche Schilderungen dieser Traumata und der Art und Weise, wie das Ich damit umgeht.

Im Zusammenhang mit Trauma, Reiz und Reizschutz möchte ich speziell hinweisen auf Freuds in *Jenseits des Lustprinzips* entworfenes Modell eines lebenden Organismus, der seiner Umwelt schicksalhaft ausgeliefert ist:

«Stellen wir uns den lebenden Organismus in seiner grösstmöglichen Vereinfachung als undifferenziertes Bläschen reizbarer Substanz vor; dann ist seine der Aussenwelt zugekehrte Oberfläche durch ihre Lage selbst differenziert und dient als reizaufnehmendes Organ.» Dieses Organ wird allmählich zur *Rinde* und dann zum *Reizschutz*. Freud fährt fort: «Für den lebenden Organismus ist der Reizschutz eine beinahe wichtigere Aufgabe als die Reizaufnahme; er ist mit einem eigenen Energievorrat ausgestattet und muss vor allem bestrebt sein, die besonderen Formen der Energieumsetzung, die in ihm spielen, vor dem gleichmachenden, also zerstörenden Einfluss der übergrossen, draussen arbeitenden Energien zu bewahren.» Im Anschluss an diese Argumentation stellt Freud fest, dass diese sensitive Rinde, das spätere System Bewusstsein, auch Reize von innen empfängt, gegen welche sie jedoch nur wenig Schutz bietet. Deshalb schützt sich der Organismus gegen die Unlust, die von inneren Reizen stammt durch ihre Projektion auf die Aussenwelt, behandelt sie demnach so, «als ob sie nicht von innen, sondern von aussen her einwirkten, um die Abwehrmittel des Reizschutzes gegen sie in Anwendung bringen zu können». In diesem Zusammenhang beschreibt Freud traumatische Erregungen als «solche Erregungen von aussen, die stark genug sind, den Reizschutz zu durchbrechen». Er sagt dazu: «Ich glaube, dass der Begriff des Traumas eine solche Beziehung auf eine sonst wirksame Reizabhaltung erfordert. Ein Vorkommnis wie das äussere Trauma wird gewiss eine grossartige Störung im Energiebetrieb des Organismus hervorrufen und alle Abwehrmittel in Bewegung setzen. Aber das Lustprinzip ist dabei zunächst ausser Kraft gesetzt. Die Überschwemmung des seelischen Apparates mit grossen Reizmengen ist nicht mehr hintanzuhalten; es ergibt sich vielmehr

---

3 vgl. unsere Vorlesungen *Stufen der Sexualorganisation* und *Die Trieblehre*
4 vgl. unsere Vorlesungen *Metapsychologie I* und *II*

eine andere Aufgabe, den Reiz zu bewältigen, die hereingebrochenen Reizmengen psychisch zu binden, um sie dann der Erledigung zuzuführen.» Schliesslich fasst Freud seine Argumentation folgendermassen zusammen: «So suchen wir dessen [des Reizes] Wirkung aus der Durchbrechung des Reizschutzes für das Seelenorgan und aus den daraus sich ergebenden Aufgaben zu verstehen. Der Schreck behält seine Bedeutung auch für uns. Seine Bedingung ist das Fehlen der Angstbereitschaft, welche die Überbesetzung der den Reiz zunächst aufnehmenden Systeme miteinschliesst. Infolge dieser niedrigeren Besetzung sind die Systeme dann nicht gut imstande, die ankommenden Erregungsmengen zu binden, die Folgen der Durchbrechung des Reizschutzes stellen sich umso vieles leichter ein. Wir finden so, dass die Angstbereitschaft mit der Überbesetzung der aufnehmenden Systeme die letzte Linie des Reizschutzes darstellt. Für eine ganze Anzahl von Traumen mag der Unterschied zwischen den unvorbereiteten und den durch Überbesetzung vorbereiteten Systemen das für den Ausgang entscheidende Moment sein; von einer gewissen Stärke des Traumas an wird er wohl nicht mehr ins Gewicht fallen.» (1920g, GW XIII, 25–32)

4. Phase (1926–1939)

Bezüglich des Traumas ist hier hauptsächlich auf Freuds Arbeit *Hemmung, Symptom und Angst* (1926d [1925]) hinzuweisen, wo Freud den Angstbegriff revidiert: Er ersetzt, wie wir gehört haben[5], die erste Angsttheorie (Angst als umgewandelte Libido, Realangst und neurotische Angst) mit der zweiten Angsttheorie (Angst als Signalangst), in welcher das Ich der 2. Topik die alleinige Angststätte ist.

Freud unterscheidet dabei *automatische Angst* und *Signalangst*: Automatische Angst tritt auf, wenn eine traumatische Situation gegeben ist, die durch das Kernerlebnis der Hilflosigkeit des unvorbereiteten Ichs angesichts einer Überflutung durch innere und äussere Reize gekennzeichnet ist. Signalangst ist die Antwort des Ichs auf eine drohende traumatische Gefahrsituation; sie ermöglicht es dem Ich, sich darauf vorzubereiten.

Die Revision des Angstbegriffs und, damit zusammenhängend, des Begriffs des Traumas bringt es mit sich, dass die Rolle der Umwelt, der Mutter und die Notwendigkeit der Hilfe von aussen in Situationen der Hilflosigkeit ins Zentrum der Beschäftigung mit dem Trauma rücken. Die beiden Quellen des Traumas – die äussere, in der Umwelt liegende (Ich versus Umwelt) und die innere, in den psychischen Instanzen der 2. Topik liegende (Ich versus Über-Ich und Es) – werden in einen einheitlichen theoretischen Bezugsrahmen integriert.

In den beiden Aufsätzen *Die endliche und die unendliche Analyse* (1937c) und *Die Ichspaltung im Abwehrvorgang* (1940e [1938]) richtete Freud gegen Ende dieser Phase sein Hauptaugenmerk auf die therapeutischen Veränderungsmöglichkeiten des durch Abwehrmechanismen und Todestrieb beeinflussten Ichs sowie auf die Störungen der synthetischen Funktionen des Ichs.

Nach dem Tode Freuds 1939 führt die Weiterentwicklung der Ich-Psychologie durch *Anna Freud* (1936, in 1980, I) und *Heinz Hartmann* (1939, in 1972) sowie die Schwerpunktverlagerung auf die Mutter-Kind-Beziehung zu einer vollkommen neuen Fassung des theoretischen Bezugsrahmens mit weitreichenden Folgen bezüglich Charakter und Funktion des Traumas: *Die Mutter in ihrer Funktion als Reizschutz rückt ins Zentrum.*

II. Das kumulative Trauma

Wenn die Mutter einen guten Reizschutz bietet, kann man mit Hartmann von zu erwartenden durchschnittlichen Umweltbedingungen sprechen, welche die anaklitischen Bedürfnisse des Säuglings erfüllen. *Ein kumulatives Trauma nach Masud Khan (1977, 55ff) liegt dann vor, wenn die Mutter ihre Funktion als Reizschutz im Lauf der Entwicklung des Kindes vom Säugling bis zum Jugendalter nur mangelhaft erfüllt* – wenn sie in all jenen Bereichen versagt, in denen das Kind sie bei der Verarbeitung von Erlebnissen nötig hätte als *Hilfs-Ich* zur Unterstützung seiner noch unreifen und instabilen Ich-Funktionen. Ein kumulatives Trauma ist also das Produkt aller Belastungen, denen Säuglinge und Kinder ausgesetzt sind, so lang ihr Ich noch von der Mutter als Reizschutz und Hilfs-Ich abhängig ist.

Mangelnde Anpassung der Mutter an die anaklitischen Bedürfnisse des Kindes führt zu Durchbrechungen des Reizschutzes, die einzeln vielleicht nicht traumatisierend wirken, aber die sich kumulieren und allmählich zu einer bestimmten Charakterstruktur führen.

---

5   vgl. unsere Vorlesung *Die Bedeutung der Angst in der Psychoanalyse*

Die Mutter kann ihre Funktion als Reizschutz nur dann wahrnehmen, wenn sie selbst über konfliktfreie Ich-Funktionen verfügt. Die *Reaktion des Kindes* auf Versagen und Rückzug der Mutter hängt ab von der Art, Intensität, Dauer und Häufigkeit des Traumas. Schwere Psychopathologie der Mutter kann beim Kind zu Psychose führen, aber auch jede Trennung von der Mutter, im Extremfall durch ihren Tod, stellt eine Durchbrechung des Reizschutzes dar. Auf der anderen Seite kann ein schweres psychisches oder physisches Leiden des Kindes die Reizschutz-Kapazität der Mutter überfordern.

Die *Folge des kumulativen Traumas* ist eine frühe und selektive Ich-Entwicklung. Die Ich-Funktionen werden einerseits in ihrem Wachstum beschleunigt und zur Abwehr der Unlust erweckenden Umwelteinflüsse benutzt. Andererseits verzögert sich die Entwicklung des Ichs zu einem selbständigen kohärenten Selbst. Es treten also psychische Dissoziationen auf, die man als Ich-Spaltungen verstehen muss. Diese Dissoziationen versetzen das Kind in die Lage, sowohl an der archaischen Abhängigkeit von der Mutter festzuhalten als auch vorzeitig durch verfrühte Reifung von Teilen des Ichs von dieser unabhängig zu werden; statt Trennung und Differenzierung von der Mutter erfolgt dann eine Rollenumkehr – das Kind sorgt für die Mutter. Neben diesen Ich-Entwicklungsstörungen finden sich Störungen der Libidoentwicklung mit Fixierungen auf bestimmten Stufen der Genitalorganisation.

Mit der *Übertragung* wird das kumulative Trauma in der Analyse auf eine nonverbale bzw. präverbale Art und Weise wiederbelebt. Durch projektive Identifizierung des nicht-verbalisierten, nicht-symbolisierten und nicht ins Ich integrierten Traumas erlebt der Analytiker seine Gegenübertragung in besonders heftiger Weise – er wird in die Lage versetzt, in welcher sich der Patient als traumatisiertes Kind befand. Es kommt also zu einer Übertragung der Traumatisierung; der Analytiker kann aufgrund der Wahrnehmung seiner Gegenübertragung die frühen, für den Patienten noch nicht benennbaren und nicht integrierbaren Erlebnisse in Worte fassen, damit benennbar, integrierbar machen, wie wir das im ersten Fallbeispiel gesehen haben. Dazu aus der Praxis eine weitere klinische Vignette:

Im vierten Jahr einer vierstündigen Analyse, kurz vor der Trennung durch die Sommerpause, berichtet eine Patientin in dramatischen Worten, dass sie am Wochenende auf einer Flussfahrt mit ihrer Freundin beinahe ertrunken sei. Sie habe der unerfahrenen Freundin auf deren Wunsch das Paddel anvertraut, worauf das Boot kenterte. Zum Glück seien Helfer herbeigeeilt. Sie habe mit Verwirrung, totaler Desorientierung reagiert und am ganzen Leib vor Angst gezittert. Es habe sie sehr befremdet, dass die Freundin, die ja an allem schuld war, dabei völlig unberührt blieb und das Ausmass der Gefahr offenbar nicht realisierte. Darauf erzählt sie in einer auffallend kindlichen und unbeholfenen Sprache einen *Traum*, den sie in der Nacht nach dieser Flussfahrt hatte:

Die Hauptperson ist ein Bébé. Es ist ein Bild von einer Mutter, die ein Bébé in den Armen hält. Das Bébé ist ganz geborgen, aber die Geborgenheit nur sehr kurz. Es sind viele Leute da. Ich selbst und eine Kollegin von der Schule, die später Kinderschwester geworden ist. Die Kollegin nimmt das Bébé und geht mit ihm hinaus. Dann hat das Bébé eine Brille und kann so Sachen machen, die Bébés eigentlich nicht machen können. Ich sehe zu, was das Bébé macht: Es macht so Sachen nach, die erwachsene Leute machen.

Die Patientin assoziiert, dass das Bébé mit der Brille sie selber sei, und dass die im Traum auftauchende, von ihr sehr geschätzte, als mütterlich-fürsorglich erlebte Kollegin etwas mit ihrer früheren geliebten Kinderschwester zu tun habe. Es macht sie traurig, dass das Bébé schon eine Brille trägt und bereits versucht, die Erwachsenen zu imitieren, sich ihnen anzupassen, nur damit man es gern hat, es sei doch dadurch völlig überfordert. Bestürzt stellt sie ihre eigene, bis heute bestehende Neigung fest, sich anzupassen, um welchen Preis auch immer, wenn sie nur akzeptiert werde. So habe sie sich auch der Freundin auf jener Flussfahrt wie ein Chamäleon angepasst und ihr auf Wunsch das Paddel überlassen, obwohl sie wusste, dass die Freundin in Boots-Angelegenheiten total unerfahren war. Genauso habe sie sich als fünfjähriges Kind auch dem Vater angepasst, als er sie zu lebensgefährlichen, manchmal bis zu acht Stunden dauernden Bergtouren und Gletscherwanderungen mitnahm. Sie passe sich auch der Analytikerin an und versuche, die Analyse für diese möglichst interessant zu gestalten. Sie fragt sich, ob die Analytikerin es wohl ertrüge, wenn sie sich nicht mehr anpasste, sich selbst würde und wüchse? Oder ob die Analytikerin auf sie einschlüge, wenn sie sich entwickelte, wie damals die Mutter, als sie in der Pubertät war?

Aus der agierenden Inszenierung der Flussfahrtkatastrophe durch die Patientin wie aus ihrem in kindlicher Sprache erzählten Traum und den dazugehörenden Assoziationen ergeben sich Anhaltspunkte für ein in der präverbalen Zeit der Symbiose beginnendes und bis in die Adoleszenz verfolgbares wiederholtes Zusammenbrechen der Reizschutz-Funktion der Mutter; das entspricht einem kumulativen Trauma mit frühster Fixierung in der Zeit der Symbiose. Dabei hat die Patientin wahrscheinlich nur dank der Präsenz ihrer guten Kinderschwester überleben können, welche sich im Traum in den Helfern beim Bootsunglück darstellen, sowie in der guten, sich um das Bébé kümmernden Kollegin. Die Trennungstraumata bestehen in der Nichtverfügbarkeit der Mutter aus inneren wie äusseren Gründen: Es handelte sich um eine depressiv strukturierte Mutter, die durch übermässige Arbeit überfordert und für ihre Entwicklungsbedürfnisse unzugänglich war; die Patientin erlebte diese Mutter als einen Teil ihrer selbst; sie diente ihr als Ersatz für den oft abwesenden Ehemann; war er da, so liess die Mutter sie immer wieder fallen – als sie sechs Monate alt war und der Vater aus dem Aktivdienst zurückkam, wiederholt dadurch, dass die Mutter mit dem Vater Ferien alleine verbrachte und die Patientin als Bébé auswärts plazierte, und täglich, wenn der Vater nach einem langen Arbeitstag aus dem Büro nach Hause kam.

Auf dieses kumulative Trauma hatte die Patientin einerseits mit Flucht in die Progression durch verfrühte Ich-Reifung – das Bébé mit der Brille – und einer forcierten Anpassung reagiert, andererseits mit dem Versuch, sich die symbiotische Einheit mit der Mutter über Umwege trotz allem zu bewahren, nämlich durch Rollenumkehr, indem sie der überforderten, depressiven Mutter eine gute Mutter zu sein versuchte.

Die Analytikerin deutet der Patientin die Übertragung der sich abwendenden und sie dabei überfordernden Mutter der Symbiose in Verbindung mit ihren bevorstehenden Ferien, in Verbindung mit der Inszenierung der Flussfahrtkatastrophe und in Verbindung mit ihren Einfällen zum sie lebensgefährlichen Strapazen aussetzenden Vater. Sie versucht also, über eine genetische Rekonstruktion dieses schwerwiegende, bereits in die frühe präverbale Zeit fallende kumulative Trauma für die Patientin zu verbalisieren, ihr so Gelegenheit zu geben, seine bis dahin ausgebliebene Verarbeitung und Integration ins Ich zu fördern.

III. Die sequentielle Traumatisierung

In seinem Buch *Sequentielle Traumatisierung bei Kindern* (1979) untersucht *Hans Keilson* die extremen Belastungssituationen holländischer jüdischer Kinder, die den Verfolgungen der Nazis ausgesetzt waren. Er weist auf die Schwierigkeit hin, dies in eine psychologisch-psychoanalytische Sprache zu übersetzen und von da aus einen Zusammenhang zwischen traumatischem Ereignis, Trauma-Erlebnis und Trauma-Reaktion herzustellen. Dabei muss der Begriff Trauma erweitert werden von einem einmalig und plötzlich auftretenden, das Gemütsleben erschütternden und den psychischen Apparat schädigenden Ereignis zur traumatischen Situation mit lang währenden, psychisch extremen Belastungssituationen.

Die Definition des Traumas nach Keilson entspricht der psychoanalytischen Ansicht, dass es erstens um das Plötzliche, Unvorhergesehene des sich als traumatisch erweisenden Erlebnisses geht, was dem Ich die Erfahrung der Hilflosigkeit vermittelt, und zweitens um einen zuweilen unmittelbaren und sichtbaren Nacheffekt als Zeichen einer stattgefundenen Ich-Destabilisierung.

Eine Aussage über die Folgen der sequentiellen Traumatisierung bei Kindern und Jugendlichen kann nur gemacht werden in Berücksichtigung einer Fülle individueller psychologischer Faktoren, bei welchen alters- und phasenspezifische Entwicklungs-Gesichtspunkte sowie der soziale und biologische Status eine Rolle spielen. Es fanden sich charakter- und angstneurotische Entwicklungen, chronisch-reaktive Depressionen, psychotische Episoden, Psychosomatosen, organisch-zerebrale Schädigungen, aber auch normale Entwicklungen.

Keilson unterscheidet bei der sequentiellen Traumatisierung verfolgter jüdischer Kinder drei Sequenzen:

1. Die erste traumatische Sequenz

Sie umfasst die Zeitspanne im Anschluss an den Überfall und die Besetzung der Niederlande durch die deutschen Truppen. Sie ist charakterisiert durch die Ängste der mit dem Abbröckeln des Rechtsschutzes und mit dem Tragen des gelben Sterns beginnenden und sich immer schärfer anlassenden Verfolgung, kulminierend in den Razzien und den Deportationen, den Angriffen auf die Würde und Integrität der Familie, die Vernichtung der wirtschaftlichen Existenz, die Ghettoisierung, die ängstliche Erwartung kommender Untaten, das plötzliche Verschwinden von Angehörigen, Bekannten, Freunden, Spiel- und Schulkameraden. Nicht nur die erzwungene Isolierung von der nicht-jüdischen holländischen Gemeinschaft, sondern auch die panische Auflösung der eigenen vertrauten Umgebung ist traumatisierend. Folgendes Fallbeispiel entnehme ich dem Buch von Keilson (op. cit. 62):

Ein 15jähriger Junge aus sozialistischem, jüdisch-liberalem Angestellten-Milieu fasst bei Beginn der Razzien selbst den Entschluss, sein Elternhaus zu verlassen und zieht zu Verwandten, die offenbar weniger gefährdet sind. Nach einiger Zeit kehrt er ins Elternhaus zurück. Bei einem plötzlichen Überfall durch die Gestapo flüchtet der Junge die Treppe hinauf zum Bodenversteck, wo er den Abtransport seiner Eltern und seiner jüngeren Schwester miterlebt. Die Gestapo hat jedoch die Schritte im Haus gehört und nach dem Urheber gefragt. Der Vater verweist auf die nicht-jüdische Untermieterin, und die Gestapo gibt sich mit dieser Erklärung zufrieden.

2. Die zweite traumatische Sequenz

Sie umfasst das Leben im Versteck oder im Konzentrationslager mit den Eltern oder ohne diese. Es kommt zu massiver Traumatisierung der Kinder durch die Rechtlosigkeit ihrer Situation des Ausgeliefertseins an eine feindliche Umgebung, durch lebensbedrohliche Dauerbelastungen wie Entbehrung, Hunger, Krankheit. Es ist ein Leben in Konfrontation mit der brutalen Macht, dem Grauen und dem Tod, in dauernder Bedrohtheit, Zermürbung, Infragestellung – bis anhin gesichert erscheinende überlieferte kulturelle Werte und mitmenschliche Verhaltensweisen sind zerstört. Dazu kommt das plötzliche Abbrechen und Aufhören jeglicher geregelten Spiel-, Lern- und

Bildungsmöglichkeit als ein die kindliche Entwicklung besonders belastendes Moment. Keilson (op. cit. 68) illustriert dies wie folgt:

> Ein ungefähr 5½jähriger Junge macht bei der ersten Untersuchung nach dem Krieg einen verbissenen, widerspenstigen und zugleich sehr bedrückten Eindruck. Er hat im Versteck bei Pflegefamilien an drei verschiedenen Adressen in Friesland überlebt. Seine Mutter findet ihn nach Kriegsende erst nach langem Suchen wieder. Als sie ihn mitnehmen will, weigerte er sich. Eine seiner Verwünschungen lautet: «Die Juden hätten nicht zurückkehren dürfen, Gott soll sich an diesen Heiden rächen.» Als die Mutter ihm von seinem Vater zu erzählen beginnt, sagt er, dass er es richtig fände, dass man ihn vergast habe: «Das hätte mit allen Juden geschehen müssen.» Als die Mutter schliesslich mit dem Kind nach Amsterdam zurückkehrt, wo sie unglücklicherweise eine Wohnung in derselben Strasse und gegenüber dem Haus zugewiesen bekommt, wo sie früher mit Mann und Kind gelebt hat, wiederholen sich diese und ähnliche Gespräche noch oft. Von den vielen Schwierigkeiten, die der Junge bei der Wiederanpassung an die Mutter zeigt, gewährt der folgende Ausspruch vielleicht den tiefsten Einblick in seine aktuelle Lebensproblematik: «Ich wollte, die alte Oma [seine Mutter] wäre nicht wiedergekommen. Wenn ich einmal gross bin, werde ich Pilot, dann fliege ich nach Palästina, um alle Juden mausetot zu bombardieren.»

3. Die dritte traumatische Sequenz

Sie umfasst die Rückkehr aus der Rechtlosigkeit in rechtlich gesicherte und bürokratisch geordnete Zustände. Die Kinder sind dabei Massnahmen unterworfen hinsichtlich Vormundschaft und weiterer Unterbringung – Massnahmen, die neue Eingriffe in ihr Leben in der stark dezimierten jüdischen Bevölkerungsgruppe bedeuten. Die Problematik der Waisen- und Vormundschaft beinhaltet die Konfrontation mit der Modalität des Todes der Eltern. Die neue Welt ist eine andere, als die, welche die Kinder verlassen haben. Das Ende der Lebensbedrohung, der Beginn der Rehabilitationsmassnahmen, der Versuch der Aufarbeitungen der entstandenen Schäden und Lücken führt nur zu oft zu einer Verstärkung der erlittenen Traumata – und dadurch zu neuen Schädigungen. Bei den Nachuntersuchungen bezeichnen viele Kinder diese Zeitspanne als die schmerzlichste ihres Lebens. Keilson (op. cit. 77) bringt dazu folgendes Beispiel:

> Ein 1937 geborener Junge benutzt die katamnestische Untersuchung, um seinen Groll über die jüdische Waisenorganisation zu äussern, die in seinem Fall schwere Fehler gemacht habe. Er bringt einige Vorfälle zur Sprache, in denen Angehörige des Vorstandes dieser Organisation ihm autoritär und verständnislos gegenübergetreten sind. Zu gleicher Zeit begrüsst er eine Untersuchung über Kinder, die wie er selbst untergetaucht waren. Er fühlt sich als Angehöriger einer Gruppe, die man totschweigt. Er zeigt sich äusserst verwundert, als der Untersucher ihm zugesteht, dass Fehler gemacht wurden. Im weiteren Verlauf der Nachuntersuchung entspannt er sich merklich, als ihm gesagt wird, dass die Erwachsenen jener jüdischen Organisation, die die Verfolgung überstanden haben und sich für das Los der Waisenkinder einsetzen, ebenfalls die Merkmale der Verfolgten tragen und im näheren persönlichen Kontakt mit den Kindern bestimmt ihre eigenen Probleme, ihre Trauer, ihre Instabilität nicht verbergen konnten. Dies war ein völlig neuer Gedanke für ihn. Bisher hatte er sich immer noch als Kind mit den damaligen Erwachsenen auseinandergesetzt.

Anknüpfend an die eindrücklichen Untersuchungsbefunde Keilsons möchte ich Sie zum Schluss der heutigen Vorlesung über das psychische Trauma noch auf die umfangreichen Arbeiten von *Anna Freud* zum Thema der Kriegskinder aufmerksam machen. Sie hat in Zusammenarbeit mit *Dorothy Burlingham* umfassende Berichte über Kriegskinder aus den Kriegskinderheimen der Hampstead Nurseries zwischen 1941 und 1942 veröffentlicht (in *Die Schriften der Anna Freud II*).

Nächstes Mal sprechen wir über eine ganz spezielle Form des psychischen Traumas: Über den sexuellen Missbrauch.

Vorlesung XXXIX

Sexueller Missbrauch

Wie wir hörten, dachte Freud vorerst, dass jeder Hysterie eine wirkliche Verführung des Kindes durch einen Erwachsenen zugrunde liege, bis er im Brief an Wilhelm Fliess vom 21. September 1897 (1985c [1887–1904], Brief 139, 283ff) diese allgemeine Verführungstheorie aufgab. Gestützt auf die Erfahrungen seiner Selbstanalyse zog er es nun vor, von allgemeinen *Inzestphantasien im Rahmen der Ödipussituation* zu sprechen. Das heisst aber natürlich nicht, dass Freud das Vorkommen realen Inzests bestritt – die Folgen eines in der Realität vollzogenen Inzests sind gravierend und in der Behandlungssituation erkennbar.

I. Ein Fallbeispiel

Ich möchte mit einem eindrücklichen klinischen Beispiel beginnen, welches ich *Leonard Shengold* (1989, *Soul murder – the effects of childhood abuse and deprivation*, 162ff) verdanke und Ihnen wie immer in freier Übersetzung aus dem Englischen vorlege:

Ein Mann in seinen mittleren 30er Jahren, verheiratet und Vater, kam zur Analyse, weil er sich deprimiert und unglücklich fühlte. «Es ist, als ob eine schwarze Wolke über mir hinge und ich darauf wartete, vom Blitz erschlagen zu werden», sagte er. Er fühlte, dass etwas in seinem Charakter war, das ihn daran hinderte, erfolgreich zu sein. Er hatte einen guten Beruf und konnte seine Familie ernähren, was ihm aber nicht genügte. Er wünschte sich einen spektakulären Erfolg, versuchte reich und berühmt zu werden, hatte aber dabei eine Serie von Ablehnungen und Misserfolgen provoziert. Das Muster war, dass er dann in Schwierigkeiten geriet, wenn er sich einem wichtigen Erfolg näherte oder wenn er gerade dabei war, einen solchen zu konsolidieren. Er war ein grosser, schlanker, gutaussehender Mann von athletischer Statur. Seine Kleidung gab ihm die aggressiv-männliche Aura einer Zigarettenreklame mit einem Cowboy-Look. Doch während des ersten Gesprächs zeigte sich um die Augen herum ein Ausdruck, der an ein passives und leidendes Kind erinnerte, was zu seiner Macho-Erscheinung in Kontrast stand. Er bezeichnete seine Ehe als eher gut, sprach aber von seiner Frau mit emotionaler Distanzierung und beklagte sich über ihre Frigidität. Sein eigenes sexuelles Funktionieren war gekennzeichnet von mechanischer Leistung, und gelegentliche Masturbationen waren für ihn befriedigender als Sexualverkehr.

Der Patient begann die Analyse mit grossem Widerstand und Misstrauen. Dem Analytiker gegenüber zeigte er versteckte feindliche und kompetitive Gefühle, in Abwechslung mit einem passiven, halsstarrigen, provokativen Verhalten. Es kam zu langen Perioden von Schweigen, unterbrochen durch Ausbrüche von Selbstentwertung. Er schien Verurteilung und Strafe zu fürchten und provozierte sie auch. Seine Angst vor der Wut des Analytikers war sehr gross. Allmählich begann er sich aber dann in der Analyse besser zu fühlen. Daraufhin tauchte über mehrere Behandlungsjahre die Geschichte seiner Kindheit und Adoleszenz langsam auf:

Die psychische Erkrankung der häufig deprimierten, zu brütendem Schweigen und gewalttätigen Ausbrüchen neigenden Mutter des Patienten hatte die Familie dominiert und eingeschüchtert. Auch in Perioden relativer Ruhe bestand eine schwelende Aggressivität zwischen den Eltern. Der Vater wurde als schwacher Mann in einem starken männlichen Körper beschrieben, der auf die familiäre Situation mit Abwesenheit reagierte. Gelegentlich zeigte auch er ein Missbrauchsverhalten, tyrannisierte und schlug die Kinder, war jedoch passiv und ineffizient, wann immer die Mutter ihre Wutausbrüche hatte. Der Patient war klar das bevorzugte Kind der Mutter, nicht des Vaters, der ihn auf Distanz hielt. Er war das erstgeborene Kind der Mutter, die sich jedoch ein Mädchen gewünscht hatte. Dies war verwirrend, weil die Mutter Mädchen nicht zu schätzen schien. Dennoch weigerte sie sich, die Haare ihres Sohnes kurz zu schneiden, so dass diese in langen Locken wuchsen, und zwang ihn jahrelang, hausgemachte Kleidung zu tragen, die Frauenkleidern ähnelte. Diese Feminisierung des Jungen war oft der Grund zu Kämpfen zwischen den Eltern. Der Patient glaubte, dass die hauptsächliche Motivation der Mutter, ihm weibliche Kleider anzuziehen, eine Trotzreaktion gegenüber dem Vater war. Diese Sicht erlaubte es ihm, die Tatsache zu minimieren, dass er selbst der Gegenstand ihrer Verachtung war. *Die Mutter ernährte ihren Sohn gut, aber wie viele mörderische Eltern war sie zwanghaft mit seinen Darmfunktionen beschäftigt und insistierte, ihm den Anus zu reinigen, bis er alt genug war, in die Schule zu gehen. Es gab auch ein mütterliches Ritual der Stuhlbesichtigung und häufige Einläufe.* Zunächst spürte der Patient seine grosse Erregtheit wie auch seine grosse Wut im Zusammenhang mit dieser analen Überstimulierung nicht, aber man sah, dass diese zu einer analen Fixierung der Erregung geführt hatte.

Sobald der Patient als Junge gewahr wurde, dass er in seinen aufgezwungenen Mädchenkleidern anders aussah als seine Spielkameraden, begann er sich zu wehren. Mit etwa 4 Jahren weigerte er sich, das Haus zu verlassen, wenn er nicht Hosen anziehen durfte, und die Mutter gab sie ihm schliesslich. Mit 5 Jahren schnitt er sich selbst in einer Geste der Verweigerung die langen Locken ab. Bei beiden Gelegenheiten empfand er, dass die Mutter seinen rebellischen Geist bewunderte. Er schien als Kind zu spüren, dass die Mutter Frauen als schwach und verachtenswert betrachtete und sich von ihm eigentlich nicht wünschte, dass er sich wie ein Mädchen benahm, sondern nur, dass er wie eines aussah. Die Mutter verachtete sein männliches Genitale nicht, obwohl sie darauf bestand, dass er es unter den Mädchenkleidern verstecke. Der Patient empfand dieses Verhalten der Mutter als sehr verwirrend. Seine störrische Verweigerung und Rebellion wurden von ihr besser ertragen, als diejenige ihres Ehemannes. Gelegentlich schlug sie ihn, aber nicht ernsthaft, und er fürchtete sich mehr vor ihren Wutausbrüchen als vor ihren Schlägen. Aber er hatte grosse Angst, wenn die Mutter auf den Vater zurückgriff, um ihn zu züchtigen.

Ein äusseres Ereignis führte zum Höhepunkt der analen und sadomasochistischen Überstimulierung: Der Knabe wurde eines Tages von einem verwandten, als Babysitter angestellten Adoleszenten *zu einem passiven analen Verkehr gezwungen*. Die in der Analyse auftauchende Erinnerung an den analen Sexualverkehr war vage und wurde vom Patienten als nebensächlich dargestellt. An die Folgen dieses Ereignisses erinnerte er sich jedoch gut, trug er doch einen blutenden analen Riss davon. In der Analyse wurde dem Patienten die *Komplizenschaft der Mutter* bei diesem Verführungsarrangement deutlich, denn die homosexuelle Neigung jenes Babysitters war eine bekannte Tatsache in der Familie – warum hatte sie ihren Sohn mit ihm allein gelassen? Nun war sie aufs äusserste alarmiert und befürchtete, er könnte homosexuell werden. Nachdem aber der anale Riss geheilt war, erwähnte sie diesen Vorfall nie wieder. Es war bemerkenswert, wie die Familie schmerzliche und beängstigende Dinge ausblendete. Das hing von der Mutter ab, wurde aber durch die Abwesenheiten des Vaters begünstigt

In der Latenzperiode tauchte beim Patienten ein vorherrschend männliches Verhalten auf. Er schloss sich in der Schule einer Gruppe von Freunden an und pflegte sportliche Interessen, welche ihn von zu Hause fernhielten. Seine Mutter liess ihn gehen und lockerte auch ihre anale Kontrolle, indem sie die Einläufe und täglichen Stuhlinspektionen aufgab. Sie wurde zu einer Art Begleiterin für den Knaben, der ihre «Verrücktheiten» vor den Nachbarn versteckte.

In der Pubertät zeichnete er sich durch athletische Leistungen aus und kleidete sich in einer übertrieben männlichen Art. Er war früh entwickelt und schon vor seinem zwölften Altersjahr grösser als der Vater. Bezüglich seiner Schambehaarung, seines grossen Penis und seiner Erektionen empfand er beides, Scham und Stolz. *Wiederum zeigte die Mutter ein zwanghaftes Interesse an seinem Körper*, drang neugierig in das nie abgeschlossene Badezimmer ein oder besuchte ihn am Morgen in seinem Schlafzimmer, wo sie ihn unbedeckt mit einer Erektion vorfand, welche er vor ihr exhibierte. Er entwickelte Ängste, hatte störende Träume und verschlechterte seine Leistungen in der Schule. Als er in der Analyse diese Zeit wiedererlebte, störte es ihn sehr, dass in die Wut und die Vergeltungswünsche der Mutter gegenüber sich Angst und sexuelle Erregung mischten.

Mit zwölf Jahren von der Schule heimgekehrt, fand er sich wie gewöhnlich alleine mit der Mutter. Diese war gerade aus dem Bad gestiegen und hatte die Türe offen gelassen. Als er näher herantrat, sah sie ihn einladend an und bot ihm eine andere offene Tür an, nämlich den Anblick ihres Genitales. Der Junge war von der Erregung überwältigt, näherte sich mit seinem erigierten Penis der Mutter wie in einer Trance und drang in ihre Scheide ein. Sie hatte einen Orgasmus, er hingegen war noch nicht zur Ejakulation fähig, fühlte aber so etwas wie einen Orgasmus. Diese vom Patienten als «wunderbare Erfahrung» erlebte *inzestuöse Sequenz* wurde in den nächsten Wochen mehrmals wiederholt und immer ohne Worte. Als nach längerer Zeit der Junge bei der Penetration der Mutter Ejakulationen zu haben begann, bemerkte sie dies, rannte davon und schrie «Nein! Nein! Nein!» Von diesem Moment an wurde der Inzest nie mehr wiederholt und auch nie mehr erwähnt. Es war, als wäre nichts geschehen. Der Junge verdrängte die Ereignisse, was fast unglaublich klingt, wenn man denkt, wie sehr er mit leidenschaftlichen und sinnlichen Qualitäten ausgestattet war.

Die Erinnerung an die inzestuösen sexuellen Kontakte mit der Mutter tauchte erst nach einigen Analyse-Jahren auf. Dabei zeigte sich, dass der Patient seine Mutter ent-individualisiert und in eine alle Frauen symbolisierende weibliche Gottheit umgeformt hatte. In dieser *narzisstischen Idealisierung und Ästhetisierung der als wundervoll erlebten inzestuösen Penetrations- und Ejakulationserfahrung ist selbstverständlich ein Abwehrmechanismus* gegen den erlebten Inzest zu sehen. Sie ist eine *Reaktionsbildung* dieses Patienten, der sich ein Leben lang ein intensives Gefühl für die Schönheit in Natur und Kunst bewahrte – eine Reaktionsbildung gegen die Aggressivität, die zur Ablösung von der verführerischen ödipalen Mutter wie auch von der präödipalen Sphinx-Hexen-Mutter nötig gewesen wäre, einer Ablösung, zu welcher der Vater in seiner Schwäche und Abwesenheit nichts beigetragen hatte. Dafür zahlte der Patient einen hohen Preis, indem er zwei kostbare Errungenschaften gefährdete: Erstens die Errungenschaft seiner eigenen Individualität (und die Möglichkeit der Anerkennung der Individualität der anderen) und zweitens die Errungenschaft seiner Liebesfähigkeit – beides zeigte sich durch Einschränkungen in seinem beruflichen wie privaten Leben. Gewissermassen mit jenem «Nein! Nein! Nein!» der Mutter identifiziert, brach der Patient die Analyse vorzeitig ab, weil er die Konfrontation mit dem mütterlichen Inzest nicht ertrug, auf die narzisstische Idealisierung nicht verzichten konnte.

Dieser Patient war wie Ödipus, was das Ausagieren des Inzestwunsches mit der Mutter und den Triumph über den schwachen Vater betrifft, aber im Unterschied zu jenem von Freud bei Sophokles entdeckten Ödipus wollte er letztlich die volle Wahrheit doch nicht wissen. Shengold spricht von *Seelenmord an Kindern*, die einen Inzest erleben mussten. Von Freuds Verführungstheorie und Ödipuskomplex ausgehend, bringt er zahlreiche Beispiele zu diesem Thema auch aus der neueren Literatur (z.B. Charles Dickens, George Orwell) und unterstreicht dabei die Bedeutung der *Gehirnwäsche* (*brain washing*) wie auch das auffallend häufige Auftreten von Ratten-Phantasien als Ausdruck intensiver Angst und mörderischer kannibalischer Impulse; das führt uns wieder zu Freud und seiner Fallstudie über den *Rattenmann* (1909d), auf welche wir in unserer Vorlesung über die Neurosen zu sprechen kamen.

II. Residualphänomene nach elterlichem sexuellem Missbrauch

Selma Kramer (in *Sugarman*, 1994, 69–95) untersuchte die Phänomene, die als Residuen von elterlichem sexuellem Missbrauch betrachtet werden können. Diese zeigten sich vorwiegend in einer Vielzahl körperlicher und sexueller Störungen, was sie als «*somatische Erinnerung*» bezeichnet, und in Lernstörungen.

Inzest ist immer traumatisch, besonders wenn er durch einen Elternteil geschah. Dabei wird das Schuldgefühl vom Täter oft dem Opfer aufgeladen, worauf bereits Ferenczi (1933, *Sprachverwirrung zwischen den Erwachsenen und dem Kind*, in *Schriften II*, 1972, 303–313) hingewiesen hat. Jedes Inzestopfer hat sich den Fragen zu stellen:
1. Geschah es wirklich?
2. Liess ich es geschehen?
3. Genoss ich die Erfahrung?

Die bei allen Inzestopfern feststellbare Individualisierungsstörung ist nach Kramer besonders ausgeprägt, wenn es sich um *mütterlichen Inzest* handelt. Dort findet man eine enge, nicht aufgelöste Symbiose mit der Mutter, die sich sehr früh übermässig mit der Hygiene des abdominalen Bereichs des Kindes beschäftigt. Reinigungsrituale setzen sich zu lange fort und werden von der Mutter in Masturbation des Kindes umgewandelt. Häufig gelingt es diesem erst in der Adoleszenz, die masturbatorischen Tätigkeiten der Mutter zu unterbrechen.

Nach Kramer zeigen im Unterschied dazu *Väter* selten sexuell missbräuchliches Verhalten vor der Latenz- oder Adoleszenzzeit ihres Kindes. Der spätere Beginn des sexuellen Missbrauchs ergibt, dass die Realitätskontrolle des Kindes meistens besser funktioniert. Dieses ist weniger geschädigt vom Inzest und seinen Folgen als das Opfer des früher einsetzenden mütterlichen Inzests.

Selma Kramer illustriert ihre Ausführungen mit einer ganzen Reihe klinischer Beispiele:

1. *Casey* kam in Analyse, als sie 20jährig war, weil sie nicht wusste, wohin ihr Leben gehen sollte. Sie trainierte Ballett, aber jetzt – obwohl man ihr sagte, sie hätte eine erfolgreiche Karriere vor sich – fand sie es unmöglich, eine professionelle Tänzerin zu werden. *Sie «gefror» auf der Bühne und ertrug es nicht, berührt zu werden*, insbesondere, wenn ihr Partner sie in die Höhe heben sollte. Sie hatte Angst, vor Publikum zu tanzen, wurde verwirrt und vergass die Routine. In der Analyse wurde bald klar, dass sie fürchtete, wenn sie erfolgreich wäre, das elterliche Zuhause verlassen zu müssen. Sie war die jüngere von zwei Schwestern und hatte einen 10 Jahre jüngeren Bruder. Für die Mutter war die Schwangerschaft mit ihr vorerst unerwünscht, dann hätte sie einen Buben vorgezogen.

Nach längerer Analysezeit konnte Casey sagen, *dass sie von der Mutter, soweit sie sich zurückerinnern konnte und bis zum Erreichen der Pubertät, masturbiert worden sei.* Sogar jetzt noch, im Alter von 20 Jahren, musste sie die Mutter davon abhalten, ihren bekleideten Körper zu betasten. In der Übertragung wurde die Analytikerin als verführende Mutter erlebt, weil sie Casey zur freien Assoziation «anregte», was für diese «Masturbation» bedeutete – frei assoziieren war von daher schmutzig und schlecht. Durch die Übertragung der verführerischen Mutter konnte jedoch der mütterliche Inzest bearbeitet und ein Entwicklungsprozess im Hinblick auf ein getrenntes und sexuell individuelles Dasein angestossen werden. Casey war durch die inzestuöse Masturbation ihrer Genitalien, welche die Mutter als entmenschlichten Teil ihrer selbst betrachtete, schwer narzisstisch traumatisiert. Diese mütterliche Intrusion interferierte massiv mit Caseys früher Entwicklung. Sie hatte wie keinen eigenen Körper, kein gesundes Selbstwert- und Autonomiegefühl, war voller Selbstzweifel und Scham. Sie zeigte einen grossen Widerstand bei der Aufarbeitung dieses *mütterlichen homosexuellen Inzests*, weil sie fürchtete, dass die Mutter homosexuell sei oder sie beide. Im College hatte sie *ausgeprägte Lernprobleme*, weil *Wissen an sich* ihr verboten war, hätte dies doch bedeutet, alles über die inzestuöse Beziehung zur Mutter zu wissen. Besonders durch ihre *Lernschwierigkeiten* betroffen war sie im Fach der Menschenkunde. Lange Zeit liess sie sich durch die Mutter abfragen, in der unbewussten Hoffnung, diese könne ihren Wunsch billigen, mehr zu lernen, zu «wissen» Unbewusst hoffte sie dabei, die Mutter wünschte sich, dass sie mehr über die inzestuöse Beziehung mit ihr wisse und erfahre. Als sie dann mit Freunden zu lernen begann, sagte die Mutter traurig: «Jetzt brauchst Du mich nicht mehr!»

Der Vater war ein erfolgreicher Geschäftsmann und sehr an seine Karriere gebunden; er war froh, dass Tochter und Mutter miteinander beschäftigt waren. Auf diese Weise war seine Frau für ihn weniger belastend.

Als Casey Mitte 20 war, hatte sie eine Anzahl von sexuellen Beziehungen mit Männern, mit denen sie gewisse Aspekte ihrer inzestuösen Mutterbeziehung wiederholte. Sie konnte keinen Orgasmus erreichen und wusste nicht, ob ihre Genitalien vom Liebhaber oder von der Mutter stimuliert würden. Sie sagte, bevor sie die Mutter nicht aus ihrem Kopf herausbekäme, könne sie diese auch nicht aus ihrem Bett vertreiben. Bei einem ihrer Liebhaber beklagte sie sich, dass er sie andrehe und abstelle, wie ihre Mutter es getan hatte. In der Analyse wurde ihre Furcht offensichtlich, dass sie durch die mütterlichen Masturbationen einen Orgasmus gehabt, es also auch genossen haben könnte – deswegen erlebte sie auch keinen Orgasmus mit ihrem Freund. *Die Bearbeitung des Inzests in der Mutterübertragung führte zu einer fortschreitenden Autonomisierung.* Casey freute sich über ihre neuen orgastischen Fähigkeiten mit einem neuen Freund und schloss die Analytikerin dann neckisch als «zu neugierig» aus, was diese als gutes Zeichen verstand: Der Körper, die Genitalien waren nun ihr Eigen, gehörten weder der Mutter noch der Analytikerin, sondern in einer neuen Art gesunden Selbstbewusstseins nur ihr selbst.

2. Die 23jährige, von Kramer R. genannte Patientin stammte aus armem, ungebildetem Milieu, war aber hochintelligent und in der Schule zum Teil brillant. Es gab jedoch *Dinge, die sie schwer lernen konnte*, wie die Uhrzeit oder eine Landkarte zu lesen oder mit Bleistift und Papier einfache Rechnungsaufgaben zu lösen. Sie kam in Behandlung wegen wiederkehrender Depressionen, gestörten Selbstwertgefühls, grosser Ängste und Panik. Auf dem College hatte ein Student ihr erzählt, dass er sexuell missbraucht worden sei. Das rührte etwas in ihr an, und sie stellte sich die Frage, wieso sie an all die Jahre der Prälatenz- und Latenzzeit bis zur Pubertät keine Erinnerung habe.

Während der Sitzungen wurde die Patientin durch eine *Geruchs-Empfindung* gestört. Oft nahm sie im Wart- und im Sprechzimmer einen chemischen Geruch wahr. Sie hasste diesen Geruch und wurde ängstlich, ohne jedoch sagen zu können, warum. Später assoziierte sie diesen chemischen Geruch mit Alkohol und erinnerte sich, dass die Eltern in der ersten Zeit ihrer Kindheit beide Alkoholiker waren. Auch war sie überempfindlich auf Berührung, vor allem auf Getragenwerden – sie war sehr klein, und manchmal trug ihr Ehemann sie ins Bett. Die Erinnerungsspur ihrer Hyperreaktionen auf Berührung und Getragenwerden führte zurück zu einer früheren, vorerst nicht näher definierbaren Art von Belästigungssituation. Sie erinnerte sich auch an ihren Ekel und ihre Angst vor Hunden, Katzen und Vögeln.

Dabei realisierte sie, dass es eigentlich nicht um die Angst gehe, gebissen zu werden, sondern eher um die Angst, unter der losen Haut des Tieres etwas Solides, Festes wie einen Knochen zu spüren. Bei der Erzählung wurde ihr übel, und sie beschuldigte die Analytikerin, sie zu Erfahrungen, Gefühlen und Erinnerungen hinzuführen, welche sie gar nicht wolle. Zum chemischen Geruch assoziierte sie nun den Geruch von Samenflüssigkeit.

Die Analytikerin rekonstruierte aus dem analytischen Material, dass die Patientin sie in der Übertragung bald als verführerischen Vater, bald als indifferente Mutter erlebe. Darauf erinnerte sich R., dass die Mutter, wenn sie sich vom Vater missbraucht fühlte, diesen veranlasste, an ihrer Stelle eines der Kinder ins Bett zu nehmen, während sie in ihr Bett ein anderes nahm. Der verführerische Vater, der unter Alkohol cholerisch war, wählte dieses Kind in einer Art Count-Down-Spiel aus, und seine Wahl fiel immer auf die Patientin. Er trug sie in ein anderes Bett und befahl ihr, «etwas» zu berühren, und sie wusste nie, ob sie es nun mit dem lieben oder mit dem bösen «Daddy» zu tun hatte. *Im Fall dieser Patientin führte die in der Geruchs-Empfindung schon anfangs zum Ausdruck kommende «somatische Erinnerung» schliesslich zum durch Alkohol und Samenflüssigkeit charakterisierten sexuellen Geruch des Vater-Inzests.*

3. Der 15jährige *Donald*, ein sehr elterngebundenes Einzelkind, kam in Behandlung, weil er seine Eltern mit immer heftigeren aggressiven Ausbrüchen terrorisierte. Er selbst erhoffte sich von der Analyse Hilfe wegen dieser vulkanartigen Ausbrüche, wegen seiner Trennungsängste und wegen seines tiefen Selbstwertgefühls. Er wusste, dass seine Mutter psychotisch war, hatte aber Angst, es wirklich wahrzunehmen. Sie zeigte einen «verrückten» Sauberkeitszwang und drang immer wieder unter irgendwelchen Vorwänden im durchsichtigen Nachthemd in sein Zimmer ein.

Donald erzählte, dass er schon früh in die Pubertät gekommen sei und die erste nächtliche Ejakulation mit 9½ Jahren hatte. Er fühlte sich von der sexuellen Erregung und seinem sich offensichtlich wandelnden Körper geplagt, wie auch von seiner ausgeprägten Akne, von der die Mutter sagte, sie sei dadurch verursacht worden, dass er «schlechte Dinge» mache. Im Laufe der Analyse stellte sich heraus, dass beide Eltern ihn sexuell überstimulierten – vom 7. bis 14. Lebensjahr schliefen sie einerseits immer wieder abwechslungsweise in seinem Zimmer, andrerseits konnte er durch die dünnen Wände voll Neugier ihre sexuellen Aktivitäten belauschen.

Erst gegen das Ende der Analyse erschien die *«somatische Erinnerung»* an den mütterlichen Inzest. Donald gelangte in eine tiefe Regression, als er der Analytikerin seine wahnhafte Überzeugung ausdrückte, sie könne seine Nase und seine Lippen sich vergrössern und verkleinern sehen, sie verheimliche ihm etwas, behalte es sarkastisch lächelnd für sich. Er war in grosser seelischer Not und flehte sie während Monaten an, ihm die Wahrheit zu sagen. Die Analytikerin machte schliesslich eine Rekonstruktion und teilte dem Patienten mit, dass sie glaube, es sei wirklich etwas passiert – jemand habe versucht, einen Teil seines Körpers, seinen Penis, anschwellen zu lassen, und er habe den Sarkasmus dieser Person dabei bemerkt. Daraufhin berichtete der Patient völlig überraschend, dass seine Mutter ihn bis nach dem 14. Altersjahr gebadet habe, «überall». Er empfand diese Bäder, bei denen er ab dem Alter von 9½ Jahren Erektionen hatte, wenn die Mutter seinen Penis beim Waschen rieb, als extrem schmerzvoll, schamvoll und erregend.

Selma Kramer zeigt mit diesen eindrücklichen Fallbeispielen, dass bei Patienten, die in ihrer Kindheit sexuellen Missbrauch erlebt haben oft die bewusste Erinnerung daran fehlt oder nur teilweise vorhanden ist. Die «somatische Erinnerung» hingegen besteht bis in die Gegenwart fort, begleitet von den damals aktuellen Gefühlen wie Furcht, Angst, Wut, Ekel, manchmal aber auch Genuss.

III. Zur Therapie in der Kindheit missbrauchter erwachsener Patienten

Ich möchte dieses letzte Kapitel der heutigen Vorlesung mit einer Definition des kindlichen Missbrauchs beginnen (nach B. F. Steele, 1990, in *Sugarman*, 1994, 144f):

Unter kindlichem Missbrauch versteht man die Verwicklung abhängiger, entwicklungsmässig unreifer Kinder in sexuelle Aktivitäten, die sie nicht ganz begreifen können und die ihrem psychosozialen sexuellen Entwicklungsstand nicht Rechnung tragen. Das kann in vielen Formen geschehen und in jedem Alter von der Kindheit bis zur Adoleszenz, durch Familienmitglieder, Verwandte oder Fremde. Es kann sich um ein einzelnes isoliertes Ereignis handeln oder um während Jahren wiederholte Ereignisse. Der Missbrauch kann homo- oder heterosexuell sein, Knaben wie Mädchen betreffen und alles umfassen, von Zärtlichkeiten bis zum vollen genitalen Verkehr oder dessen oralen und analen Variationen. Dabei können bis zu einem gewissen Grad Liebe, aber auch verbale Drohungen und körperliche Gewalt im Spiel sein. Alle diese Variablen haben einen Einfluss darauf, wie das Kind die sexuelle Erfahrung erlebt, wie sie in seine psychische Entwicklung integriert werden kann und wie sie sich in seinem späteren Verhalten zeigt. Die sexuellen Ereignisse an sich sind nicht direkt die Ursache späterer Schwierigkeiten. Das Problem entsteht dadurch, dass die sexuellen Handlungen durch Personen vorgenommen werden, die älter als das Kind sind und dass sie jenseits seiner Fähigkeit liegen, sie wirklich zu verstehen oder mit den von ihnen ausgelösten Affekten und Konflikten emotional umzugehen. Die sexuelle Aktivität beruht nicht auf gegenseitigem Einverständnis unter Gleichaltrigen, sondern ist ausbeuterisch, dient dem Täter mehr als dem Opfer. Die Traumatisierung hängt ab von der Stärke des Traumas und von der Fähigkeit des kindlichen Ichs, damit umzugehen.

Die moderne Psychoanalyse hält die nachträgliche Bedeutung eines in der Kindheit erlittenen sexuellen Missbrauchs für mehrfach determiniert. Dabei sind vier Punkte zu beachten:
1. Wie wurde das Trauma vom Kind erlebt in Zusammenhang mit dem bestehenden vortraumatischen Zustand?
2. Wie reagierten das Kind und seine Umgebung auf das Trauma?
3. Wie ist der Beitrag des Traumas zu den nachträglichen Entwicklungsstörungen?
4. In welchem Grad fielen die mit dem Trauma verbundenen Affekte und Erinnerungsspuren der Verdrängung oder Verzerrung anheim und bis zu welchem Grade war eine Psychisierung, symbolische Elaboration möglich?

Sexueller Missbrauch in der Kindheit führt demnach beim Erwachsenen nicht zu einem speziellen Typ der Charakterstruktur. Er kann sich im neurotischen, Borderline-, psychotischen und perversen diagnostischen Register in einem breiten Spektrum von Symptomen zeigen. Darunter sind nebst den von Kramer besonders hervorgehobenen körperlichen und sexuellen Symptomen («somatische Erinnerung») und den Lernschwierigkeiten («Wissen ist gefährlich») Depressionen, Angstzustände, Phobien, niedriges Selbstwertgefühl, selbstbestrafendes, selbstschädigendes und verführerisches Verhalten, Essstörungen, Verwirrungszustände, Promiskuität, Misstrauen, Depersonalisation usw.; das Repertoire der Abwehrmechanismen umfasst dissoziative Abwehren wie Ich-Spaltung und Verleugnung. All diese Faktoren beeinflussen die Wahl des Therapieansatzes.

Meines Erachtens liegt eine ganz besondere Herausforderung bei der Therapie Erwachsener, die in der Kindheit missbraucht worden sind, im ausgeprägten *Wiederholungszwang* dieser Patienten: Sie versuchen in einer unbewussten Wiederholung jede für sie wichtige menschliche Beziehung nach dem Muster jener kindlichen sexuellen Traumatisierung zu gestalten. In der Psychotherapie kann dies durch massive *Erotisierung bis Sexualisierung der Übertragungsbeziehung* in Erscheinung treten. Der Patient versucht dabei, oft mit grosser Vehemenz und Verführungskunst, den Therapeuten von der Ebene der Mentalisierung auf die Ebene des Handelns, Agierens zu drängen, im Sinne jener frühen sexuellen Täter/Opfer-Ereignisse (was für beide eine Katastrophe wäre). Das kann die *Gegenübertragung* aufs äusserste strapazieren. Gerade die Wahrnehmung dieser seiner Gegenübertragung erweist sich jedoch immer als das wichtigste Werkzeug des gut ausgebildeten Therapeuten: Es ermöglicht ihm, den irrealen Charakter des Übertragungs-/Gegenübertragungs-Geschehens zu erkennen und auf der mentalen Ebene in einer *Grundhaltung von Abstinenz und freundlicher Neutralität* zu bleiben. Mit *freundlich* meine ich, dass Verführungsversuche des Patienten weder *diskret* übersehen noch empört zurückgewiesen, sonder als Kommunikationsversuch, Chance, zum Thema gemacht werden sollen. Oft entspannt eine ruhige, freundliche Bemerkung des Therapeuten (etwa «mir fällt auf, dass Sie so verführerisch sein müssen») die Lage schlagartig; plötzlich darf verbalisiert statt agiert werden, und es ist erstaunlich, was der Patient nun alles erinnern und in Worte fassen kann. Das wird in einer tragfähigen therapeutischen Vertrauensbeziehung bei der langsamen Rekonstruktion und Durcharbeitung jenes kindlichen Traumas helfen.

Vorlesung XL

Zur Latenz

Ich möchte wie (fast) immer mit dem Beitrag von Sigmund Freud beginnen. Danach gehe ich speziell auf das umfassende Werk *Latency* von *Charles Sarnoff* (1976) sowie auf einen Beitrag von *Melanie Klein* (1979, 1981) ein.

I. Freud und die Latenz

In *Charakter und Analerotik* (1908b) schreibt Freud, dass während der Lebensphase, welche man *sexuelle Latenz* nennen könne, Reaktionsbildungen, Gegenkräfte, wie Scham, Ekel und moralische Gefühle in der Psyche entstünden auf Kosten der Trieberregung, welche von den erogenen Zonen stammt. Er situiert die sexuelle Latenz in diejenige Periode des Lebens, mit welcher wir sie auch heute noch verbinden: In die Zeit nach der Beendigung des 5. Jahres bis zu den ersten Manifestationen der Pubertät ungefähr im 11. Lebensjahr. In *Die Frage der Laienanalyse* (1926e) schreibt er, dass während der Latenzphase normalerweise die Sexualität sich nicht weiterentwickle, im Gegenteil, die sexuellen Triebe würden ihre Stärke vermindern. Diese Theorie der Triebverminderung betont die Rolle der Biologie, der Heredität und des Es, während die Rolle des Ichs vernachlässigt wird.

Ein anderes Konzept der Latenz, verstanden als eine Organisation der Ich-Abwehr, war aber von Freud bereits vor 1926 eingeführt worden. Vor allem in den *Drei Abhandlungen* (1905d) sprach er von der Verdrängung als dem verantwortlichen Mechanismus bei der Latenz. Er sah dort die Latenz als eine Periode, in welcher die Triebstärke durch die Abwehrmechanismen eingedämmt wird. Es sei aber immer möglich, dass die Abwehr erschüttert werde und die Triebe sich wieder unverändert durchsetzten. In diesem Konzept zeigte sich eine dynamische Auffassung der Latenz.

In *Formulierungen über die zwei Prinzipien des psychischen Geschehens* (1911b) sagt Freud, dass die Triebbefriedigung in der Realität gebremst ist und dass sich dafür Phantasien entwickeln, die eine Triebabfuhr erlauben. Das Vorherrschen der phantasiebildenden Funktion des Ichs sei ein Schlüsselelement der Ich-Struktur in der Latenz. In *Massenpsychologie und Ich-Analyse* (1921c) betont er, dass der Ödipuskomplex vom Beginn der Latenzperiode an der Verdrängung unterworfen wird. Dieses Konzept arbeitet Freud in *Der Untergang des Ödipuskomplexes* (1924d) noch weiter aus, wo er betont, dass die libidinösen Tendenzen, welche zum Ödipuskomplex gehören, teilweise desexualisiert und sublimiert werden.

Die Frage, ob die Latenz die Abwehrmechanismen produziert oder ob umgekehrt die Abwehrmechanismen die Latenz auslösen, ist von Freud also nicht eindeutig beantwortet worden. Freud, der keineswegs dogmatisch war und – wie wir gesehen haben – viele seiner Theorien nach neuen Erkenntnissen selber immer wieder neu formuliert hat, überliess es sehr oft seinen zahlreichen Nachfolgern, die von ihm skizzierten Konzepte weiterzuentwickeln, Lücken zu schliessen. Nicht zuletzt deshalb ist die Psychoanalyse bis heute ein offenes, dynamisches Gebilde geblieben.

II. Der Beitrag von Sarnoff zur Entwicklung in der Latenz

In Bezug auf unser heutiges Thema ist einer dieser Nachfolger der amerikanische Psychoanalytiker *Charles Sarnoff*, der mit seinem zusammenfassenden Werk *Latency* (1976) eine solche Lücke geschlossen hat. Auf Teile aus diesem Buch möchte ich nun etwas näher eingehen.

Latenz*alter* und Latenz*phase* werden gewöhnlich klinisch auf der Basis von Verhaltensindizien unterschieden. Das Latenzalter ist die Zeitperiode zwischen 6 und 12 Jahren. Die Latenzphase ist eine funktionale Organisation, charakterisiert durch das Verhalten des Kindes, welches ruhig ist, anpassungsfähig und erziehbar. Die Latenzphase umfasst drei kognitive organisierende Perioden: Den Beginn des Latenzstadiums, die Reifung während des Latenzstadiums und das Überwinden der Latenz. Jede kognitive organisierende Periode beinhaltet den Erwerb spezifischer kognitiver Fähigkeiten (op. cit. 85–145).

1. Die kognitiven organisierenden Perioden der Latenz

a) Die erste organisierende kognitive Periode

Das Latenzstadium beginnt nicht plötzlich beim Beginn des Alters von 6 Jahren, die kognitiven Fähigkeiten reifen und entwickeln sich bereits in der Prälatenz:
1. Die Fähigkeit zur Symbolisierung.
2. Die Fähigkeit zur Verdrängung.
3. Der Erwerb einer hochentwickelten verbalen Gedächtnisorganisation.
4. Der Erwerb einer Verhaltenskonstanz.

Die Verhaltenskonstanz bezieht sich auf die mentale Fähigkeit, Verhaltensmuster zu interiorisieren und sie in verschiedenen Situationen in angepasster Weise entsprechend den Erwartungen der Gesellschaft anzuwenden. Diese Muster beziehen sich auf die Hemmung von sozial unangepassten triebdominierten Verhaltensarten. Phantasie und Realität werden unterschieden.

b) Die zweite organisierende kognitive Periode

Folgende kognitive Fähigkeiten reifen und entwickeln sich im Alter von 7½ bis 8½ Jahren und stellen den Wechsel in die späte Latenz dar: konkretes operationales Denken, abstrakte konzeptmässige Gedächtnisorganisation und ein Wechsel der Phantasieinhalte von Gedanken über phantastische Objekte zu Gedanken über reale Objekte. Hinzu kommt eine Reorganisation des Über-Ichs in Richtung einer ethischen Individuation nach eigenen Motiven des Kindes und eine Wegbewegung von Motivationsinhalten, welche sich auf die Forderungen der Eltern beziehen.

Die Reifung dieser kognitiven Errungenschaften manifestiert sich klinisch mit etwa 8½ Jahren. Dieses Alter wird von den meisten Klinikern als Trennungslinie zwischen der frühen und der späten Latenz betrachtet. Die Teilung beruht auf in allen Gesellschaften feststellbaren Veränderungen, die sich in besserer physischer Koordination, verbesserter Realitätsprüfung, grösserer Zuverlässigkeit und im Beginn der Beschäftigung mit nichtinzestuösen Figuren als Objekten der Triebbefriedigung zeigen. Die Bewegung in Richtung von Unabhängigkeit, welche zu dieser Zeit beginnt, ruft Konflikte mit den Eltern und eine Verstärkung des Einflusses des Drucks durch die Peergruppe hervor.

c) Die dritte organisierende kognitive Periode

Sie umfasst den letzten Teil der späten Latenz, etwa das Alter von 10 bis 12 Jahren. Es kommt zu einer besseren Wahrnehmung und Verwendung der realen Welt und zur Fähigkeit, ein reales Triebobjekt zu besetzen. Diese Übergangsphase von der späten Latenz in die frühe Adoleszenz wird aber auch durch die körperlichen Veränderungen geprägt, die Zweifel und Verwirrung mit sich bringen. Die Kinder sind in ihrer Identität verunsichert und fragen sich, wer sie sind; sexuelle Phantasien und Ängste werden aufgewühlt. Bei jungen Knaben ist das Wachstum von Brustknospen eine Quelle der Besorgnis, weil dieses Zeichen normalen Wachstums als ein Zeichen von Feminität interpretiert werden kann.

2. Die Über-Ich-Entwicklung in der Latenz

Sarnoff weist darauf hin, dass die Entwicklung des Über-Ichs nicht auf die Latenzphase beschränkt werden kann, sondern sich über die ersten drei Jahrzehnte des Lebens erstreckt, wobei, wie wir gesehen haben, kognitive Reifung, psychosexuelle Entwicklung und soziale Erwartungen immer eine Rolle spielen.

Schon mit 6 bis 18 Monaten beginnen erste Restriktionen, die durch die wachsende Mobilität des Kindes nötig werden. Dieses sucht sich durch konformes Verhalten die Liebe der Mutter zu bewahren – nichtkonformes Verhalten führt zu Depression infolge Verlusts der Liebe der Mutter. Während des Toiletten-Trainings sind es dann die Affekte von Scham (in Gegenwart anderer) und Schuld (in Abwesenheit nun interiorisierter anderer), die das Kind zu über-ich-haft konformem Verhalten führen, was Sarnoff (op. cit. 134) in Anknüpfung an *Ferenczi* als *Sphinkter-Moralität* bezeichnet. Die Überwindung des Ödipuskomplexes mit dem Verzicht auf die elterlichen Liebesobjekte durch Identifikation mit den Eltern und ihre Interiorisierung im etwa 6. Altersjahr und der Beginn der Latenz stellen einen zentralen Kulminationspunkt der Über-Ich-Entwicklung und der Bildung von Schuldgefühlen dar. Diese Entwicklung setzt sich dann in der Latenz bis zur Adoleszenz und darüber hinaus fort mit einer Vielzahl neuer kognitiver Errungenschaften und Zunahme der Bedeutung der Realität in ihrer Unterscheidbarkeit von der Phantasie. Nun treten andere Autoritätsobjekte als die elterlichen ins Zentrum – mehr und mehr Angehörige der Peergruppe, Lehrer, Pfarrer, idealisierte Objekte. Der wichtigste Mechanismus der Informationserwerbung zum Einschluss ins Über-Ich ist derjenige der Projektion und Introjektion, der seinen Ursprung in der Mahler'schen Separations-Individuationsphase[1] der frühen Kindheit hat.

3. Die sexuelle Entwicklung in der Latenz

Aus diesem Kapitel (op. cit. 37–84) möchte ich besonders die masturbatorischen Aktivitäten sowie die Bedeutung der Menarche und der ersten Ejakulation besprechen.

a) Masturbatorische Aktivitäten

Beim *Mädchen*[2] ist es nicht immer so, dass, wie häufig beschrieben, seine masturbatorischen Aktivitäten im Alter von 6 oder 7 Jahren aufhören. Oft gibt es ein Kontinuum der masturbatorischen Aktivitäten, die der Entladung der Sexualtriebe dienen. Diese Aktivitäten können sich auf symbolisches Phantasiespiel und auf Körperbewegungen beschränken, welche beide der Triebabfuhr dienen. Es kann sich aber auch um manuelle Manipulation der Genitalien handeln, bei Mädchen der Klitoris, der Labien und seltener auch der Vagina. Die weniger symbolisierten Phantasien enthalten sadomasochistische Elemente, welche in der Latenz durch Triebregression verursacht werden. Nach Sarnoff berichten verschiedene Autoren von Mädchen, deren masturbatorische Tätigkeiten bis zum Gefühl der Entspannung gehen. Einige Autoren beschreiben, wie masturbatorische Aktivitäten Schuldgefühle hervorrufen wegen der sie begleitenden regressiven sadomasochistischen Phantasien, in welchen oft Menschen verletzt oder getötet werden – Hass und Liebe liegen nahe beieinander.

Das physiologische Potential, durch Gebrauch der Genitalien sexuelles Vergnügen zu erreichen, ist gewöhnlich in der Latenz des Mädchens präsent. Es ist sowohl in seinem Ausmass als auch in seinem Charakter variabel. Die Sensationen gehen von orgastischen Erlebnissen und Erregungsgefühlen bis hin zu Entspannungserlebnissen.

Beim *Knaben* in der Latenz gehen die Masturbationsaktivitäten ebenfalls vom hochsymbolischen Phantasiespiel und körperlichen Bewegungen bis hin zur manuellen Manipulation von Penis, Skrotum oder Analgegend mit regressiven sadomasochistischen Begleitvorstellungen. Auch beim Knaben sind es vor allem diese sadistischen Inhalte der Phantasien, welche zu Schuldgefühlen bei der Masturbation beitragen. Bei Knaben ist durch Stimulierung der Glans und des Penisschafts ein grosses Potential für die Produktion orgastischer Empfindungen vorhanden. Morgendliche Erektionen, Erektionen bei Harndrang und leichte Verfügbarkeit des Penis führen beim Knaben bereits ohne Masturbation zu sexuellen Erregungserlebnissen.

Für die Latenz ist charakteristisch, dass *bei beiden Geschlechtern* die aggressiven Triebe dazu dienen, die Umgebung zu meistern, etwa beim Lernen, beim Sport – ich denke im Sinne des Freud'schen Bemächtigungstriebes. Die begleitenden sadomasochistischen Phantasien können sich in Nägelbeissen und anderen Selbstverletzungen ausdrücken. Wenn Jungen oder Mädchen sich von der Masturbation abkehren, tun sie dies aufgrund ihrer Schuldgefühle wegen der sadomasochistischen Phantasien, die um Elternmord, Brudermord oder um Folterphantasien kreisen. Masturbationskonflikte sind in der Latenz für beide Geschlechter ein wesentlicher psychologischer Faktor. In der späten Latenz, etwa im Alter von 8½ Jahren bis zur Pubertät, werden bei beiden Geschlechtern die Phantasieobjekte während der Masturbation durch Vorstellungen von realen Objekten ersetzt. Die äussere Welt wird immer besser verfügbar als Quelle von Objekten, durch welche Phantasien befriedigt werden können.

b) Die Bedeutung der Menarche

Beim Mädchen sind späte Latenz und frühe Adoleszenz gekennzeichnet durch die Erwartung der Menarche. Diese Erwartungsphase beginnt dann, wenn das Mädchen zuerst davon hört. Dann entwickelt sich ein Konzept der Menstruation. Auch die Reaktion der Umgebung ist bedeutsam. Das Wiedererwachen von prägenitalen bisexuellen Konflikten und Phantasien während der Erwartung der Menarche kann zu Identitätsdiffusion und emotionaler Gleichgewichtsstörung führen. Alle Autoren betrachten jedoch diese bisexuelle Phase der späten Latenz und frühen

---

1 vgl. unsere Vorlesung *Separations- und Individuationsprozesse*
2 vgl. unsere Vorlesung *Die Weiblichkeit heute II*

Adoleszenz als eine normale Reaktion auf diese Erwartung. Mit dem Auftreten der unzweideutigen Realität der Menarche wird gewöhnlich die Konfusion über die sexuelle Identität aufgehoben. Die Menarche bedeutet den real feststellbaren Eintritt in die biologisch reife Weiblichkeit, welche das Mädchen mit erwachsenen sexuellen Fähigkeiten identifiziert. Sie definiert die sexuelle Rolle und Identität und führt zur Reorganisation des Ichs bezüglich einer klar definierten neuen Körpervorstellung.

Sarnoff (op. cit. 77ff) zitiert *Helene Deutsch* (1944), welche die Menarche als immer traumatisch bezeichnete, im Unterschied zu *Judith Kestenberg* (1961) die bei der Menarche die positiven Aspekte der psychologischen Neuorganisation betonte. Nach Kestenberg ist die Menarche ein Wendepunkt in der Akzeptanz der Weiblichkeit. Sie liefert einen konkreten Beweis für die Existenz eines komplexen Organsystems tief innen im Körper, aber sie bringt nicht immer die Lösung von Konflikten. Bei denjenigen Mädchen, welche die bisexuellen und Penis-Phantasien nicht überwinden können, intensiviert die erste Menstruation die Probleme.

c) Die Bedeutung der ersten Ejakulation

Beim Knaben ist die erste Ejakulation ein mit der Menarche vergleichbares Phänomen. Anders als die Menarche geschieht sie immer in einer Situation von sexueller Erregung und in einem Kontext, welcher dem Knaben eine Quelle von Stolz sein kann. Sie bedeutet für ihn ein Beweis seiner biologischen Männlichkeit und dient als Organisator seiner psychischen Identität. Die erste Ejakulation kann jedoch auch als beängstigend und konfliktreich erlebt werden und Anlass zu starken Kastrationsängsten geben.

4. Die Technik der Analyse im Latenzalter

Sarnoff (op. cit. 263ff) äussert sich zu diesem Thema vor allem bezüglich des Umgangs mit Versprechern, mit Träumen und anderen nächtlichen Phänomenen sowie mit Übergangs- und kindlichen Fetisch-Objekten.

III. Der Beitrag von Melanie Klein

Zur Technik der Analyse im Latenzalter scheint mir der Beitrag von *Melanie Klein* (1979, 81ff) besonders wichtig zu sein.

Nach Melanie Klein weist die Analyse des Kindes im Latenzalter besondere Schwierigkeiten auf. Beim kleineren Kind findet man infolge der stärkeren Phantasietätigkeit und der akuteren Angst leichter Einblick und Zugang zum Unbewussten als beim Kind im Latenzalter, welches im Zusammenhang mit den starken Verdrängungstendenzen, die für diese Stufe charakteristisch sind, eine viel stärker eingeschränkte Phantasietätigkeit aufweist. Hierzu gesellt sich eine für diese Entwicklungsperiode charakteristische misstrauische Verschlossenheit. Diese Einstellung erklärt sich aus der Tatsache, dass das Kind im Latenzalter intensiv mit dem Kampf gegen die Masturbation beschäftigt ist und aus diesem Grund alles, was an Ausforschen erinnert und an die mühsam niedergehaltene Sexualität rührt, innerlich stark ablehnt. Patienten dieser Altersstufe assoziieren noch nicht wie Erwachsene, sie spielen aber auch nicht mehr wie kleine Kinder. Das Spiel des Kindes im Latenzalter ist – der stärkeren Phantasieverdrängung und dem entwickelteren Ich entsprechend – der Realität mehr angepasst und weniger phantastisch als dasjenige des kleineren Kindes. So findet man beim Spiel mit Wasser nicht die unmittelbaren Darstellungen von prägenitalen Wünschen des Benässens, Beschmutzens wie beim kleinen Kinde, sondern stärker den reaktiven Tendenzen dienende Beschäftigungen in einer rationalisierten Form wie Kochen, Reinigen usw. Man sieht in dieser starken Betonung des Rationalen im Spiel des Kindes dieser Altersstufe nicht nur die Wirkung jener starken Phantasieverdrängung, sondern auch die einer zwanghaften Überbetonung der Realität, die mit den besonderen Entwicklungsbedingungen des Latenzalters zusammenhängt. Das Ich des grösseren Kindes im Latenzalter, das noch viel schwächer ist als das Ich des Erwachsenen, versucht seine Position zu stärken, indem es alle seine Kräfte in den Dienst der Verdrängungstendenzen stellt und an der Realität einen Rückhalt zu finden versucht. Deshalb erhält man zunächst vom Ich keine Hilfe für die analytische Arbeit, die all diesen Ich-Tendenzen widerspricht, so dass man sich so schnell wie möglich mit den unbewussten Instanzen in Verbindung setzen muss, um sich auf diese Weise dann schrittweise der Hilfe des Ichs zu versichern. Während das kleine Kind sich zunächst mehr an das Spielzeug hält, geht das Kind im Latenzalter im allgemeinen bald zum Rollenspiel über. Melanie Klein berichtet, dass sie mit Kindern zwischen 5 und 10 Jahren solche Spiele, die sich von einer Stunde zur anderen fortsetzten, wochen- und monatelang gespielt habe und dass ein Spiel erst dann einem neuen Platz machte, wenn die Analyse alle Einzelheiten und Zusammenhänge aufgeklärt hatte. Das dann einsetzende neue Spiel brachte häufig die gleichen komplexbetonten Phantasien in einer anderen Darstellung, aber mit neuen Einzelheiten, die wieder zu tieferen Zusammenhängen führten. Melanie Klein gibt ein klinisches Beispiel (op. cit. 84f):

> Die 7jährige Inge, aus deren Analyse ich nun einen Ausschnitt mitteilen werde, war trotz ihrer Schwierigkeiten – deren volles Ausmass erst durch die Analyse aufgeklärt wurde – ihrem ganzen Wesen und Verhalten nach als normales Kind zu bezeichnen. Inge spielte längere Zeit hindurch mit mir ein Bürospiel, in dem sie einen Bürochef darstellte, der Aufträge aller Art erteilte, Briefe diktierte und schrieb. (Im Gegensatz dazu stand die schwere Lern- und Schreibhemmung des Kindes.) In diesem Spiele erkennen wir Inges Männlichkeitswünsche. Sie gab dieses Spiel eines Tages auf, um mit mir Schule zu spielen. Hier ist zu bemerken, dass Inge nicht nur schwer und ungern lernte, sondern auch eine tiefe Abneigung gegen die Schule als solche hatte. Sie spielte nun längere Zeit mit mir Schule in der Weise, dass sie die Lehrerin war und ich die Schülerin darstellte. Die Gründe, aus denen sie mich versagen liess, lieferten mir wichtige Anhaltspunkte für die Gründe ihres eigenen Versagens in der Schule. Inge, die das jüngste Kind war, hatte entgegen allem Anschein nur sehr schwer die Überlegenheit der älteren Geschwister ertragen und fand diese Situation für ihr Gefühl wieder, als sie zur Schule kam. Aus den Einzelheiten des Unterrichts in ihrer Rolle als Lehrerin ging hervor, dass es letzten Endes die Nichtbefriedigung und Verdrängung eines sehr frühen Wisstriebes war, die ihr die Überlegenheit der Geschwister so unerträglich machte und später den Unterricht in der Schule verleidete.
>
> Wenn Inge also zuerst durch weitgehende Identifizierung mit dem Vater, dann im Spiel als Lehrerin durch Umkehrung der Rollen Mutter - Tochter sich mit der Mutter identifiziert hatte, so zeigte sie in einem daran anschliessenden Spiel, in dem sie eine Spielzeugverkäuferin darstellte, wobei ich für meine Kinder allerhand zu kaufen hatte, was die Mutter ihr hätte geben sollen. Die Gegenstände, die sie mir verkaufte, waren Penissymbole (Füllfedern, Bleistifte usw.), und das Kind, dem ich sie mitbringen sollte, wurde durch diesen Besitz klug und geschickt. Die Wunscherfüllung in diesem Spiele, bei dem zunächst die homosexuelle Einstellung und der Kastrationskomplex wieder hervortraten, ging dahin, dass die Mutter ihr den väterlichen Penis schenken sollte, mit dessen Hilfe sie den Vater ersetzen und die Liebe der Mutter gewinnen wollte. Im weiteren Verlauf des Spieles aber verkaufte sie mir als der Kundin doch lieber Esswaren für meine Kinder. Es zeigte sich also, dass der väterliche Penis und die Mutterbrust ihr die tiefsten oralen Wunschobjekte bedeuteten und dass die oralen Versagungen grundlegend für ihre Schwierigkeiten im allgemeinen und insbesondere für die des Lernens waren. Infolge des mit der oral-sadistischen Introjektion der Mutterbrust verbundenen Schuldgefühls hatte Inge schon sehr früh die orale Entbehrung als Versagung und Strafe empfunden.

Melanie Klein verstand, dass die aus der Ödipussituation stammende Aggressivität gegen die Mutter, der Wunsch, ihr die Kinder zu rauben, diese frühen Schuldgefühle bei Inge verstärkt und zu einer grossen, wenn auch äusserlich nicht erkennbaren Angst vor der Mutter geführt hatte. Die Ursache dafür war, dass Inge die weibliche Position nicht zu halten vermochte und sich mit dem Vater zu identifizieren suchte, aber auch in der homosexuellen Position versagte sie aus übergrosser Angst vor dem Vater, dem sie den Penis rauben wollte. Dazu kam das Gefühl des Nichtkönnens als Folge des Nichtwissens (der Nichtbefriedigung des frühen Wisstriebes), zu dem ihre Situation als Jüngste beigetragen hatte. Inge versagte also in der Schule in den Aktivitäten, die der männlichen Komponente entsprechen und konnte, da sie die weibliche Position – das Empfangen und Gebären von Kindern – auch in der Phantasie nicht zu halten vermochte, die dieser Position entstammenden weiblichen Sublimierungen ebenfalls nicht entwickeln. Aus Angst und Schuldgefühl versagte sie aber auch in der Beziehung des Kindes zur Mutter (im Verhältnis zur Lehrerin), da sie das Aufnehmen von Wissen unbewusst mit der Befriedigung ihrer oral-sadistischen Wünsche gleichsetzte, die die Zerstörung der Mutterbrust und des väterlichen Penis zum Inhalt hatten.

Während Inge also aus diesen Gründen in der Realität versagte, spielte sie in der Phantasie alle Rollen. So stellte sie in den von Melanie Klein angeführten Spielen als Bürochef ihre Erfolge in der Rolle des Vaters dar, hatte als Lehrerin zahlreiche Kinder (wodurch sie auch in Umkehrung ihrer Rolle als Kleinste sich in diejenige der klügsten Ältesten versetzte) und machte im Spiel als Spielzeug- und Esswarenverkäuferin ihre oralen Versagungen rückgängig.

Melanie Klein betont, dass es zur Aufklärung der tieferen Zusammenhänge nötig ist, nicht nur alle Einzelheiten eines Spiels, sondern auch die Ursachen des Wechsels zwischen verschiedenen Spielen zu erforschen. Sie hatte festgestellt, dass der Übergang von einem Spiel zum anderen Einblicke in die Ursachen des Wechsels zwischen verschiedenen psychischen Positionen, des Schwankens zwischen diesen und damit in die Dynamik des seelischen Kräftespiels ermöglicht.

Wie bei der Arbeit mit kleinen Kindern muss es auch bei Latenzkindern gelingen, sich Assoziationen zu verschaffen. Wir haben gesehen, dass dies schwieriger ist, weil das Latenzkind eine viel stärkere Phantasieverdrängung aufweist und ein grösseres Misstrauen in die Analyse mitbringt.

> Bei der Analyse der 7jährigen Inge, als diese die Rolle des Bürochefs spielte, der Briefe schrieb, Aufträge erteilte, fragte Melanie Klein sie: «Was steht denn in diesem Brief?» Darauf antwortete Inge schlagfertig: «Das werden Sie schon sehen, wenn Sie ihn bekommen!» Als

Melanie Klein aber den Brief bekam, enthielt er nur Gekritzel, worauf sie zum Kind sagte: «Der Herr X. lässt fragen, was in dem Briefe steht, denn er muss es wissen, und er bittet Sie, ihm telefonisch das Ganze vorzulesen.» Nun teilte Inge bereitwillig den ganzen phantasierten Inhalt des Briefes und damit eine Reihe aufschlussreicher Assoziationen mit! Ein anderes Mal wollte Inge einmal Arzt spielen. Als die Therapeutin sie frage, was ihr fehle, antwortete sie: «Ach, das ist ja ganz gleich.» Melanie Klein liess aber nicht locker und erklärte: «Ja, gnädige Frau, jetzt müssen Sie mir aber ganz genau sagen, was Ihnen weh tut, ich muss Bescheid wissen.» Daraus entwickelten sich die weiteren Fragen, wodurch Inge erkrankt sei, wann sie die Krankheit bekommen habe usw. Da Inge einige Male hintereinander Patientin spielte, lieferte sie durch die in dieser Form bereitwilligst beantworteten Fragen ein reiches und tiefgehendes Material. Bei der Umkehrung der Situation – als Klein Patientin und Inge Arzt war – gewann die Therapeutin dann durch die Ratschläge, die Inge ihr als Arzt gab, weitere Aufschlüsse.

Beim Kind im Latenzalter ist es notwendig, vor allem den Kontakt mit seinen unbewussten Phantasien herzustellen. Dies geschieht durch Deutung des symbolischen Inhaltes des Materials in Zusammenhang mit Angst und Schuldgefühl. Wegen der in dieser Entwicklungsperiode so viel stärkeren Phantasieverdrängung muss der Zugang zum Unbewussten häufig von anscheinend phantasielosen Darstellungen aus eröffnet werden. Man muss darauf gefasst sein, dass man in der typischen Analyse des Latenzalters Verdrängungen nur schrittweise und mühsam auflösen kann. Es gibt viele Fälle im Latenzalter, bei denen man wochen- oder auch monatelang nur Assoziationen erhält, die gar kein Material zu enthalten scheinen, z.B. Zeitungsberichte, Inhaltsangaben von Büchern, monotone Schulberichte. Ferner scheinen Beschäftigungen, wie monotones zwangsneurotisches Zeichnen, Bauen, Nähen, Herstellen von Gegenständen – insbesondere, wenn man dazu wenig Assoziationen erhält – den Zugang zum Phantasieleben nicht zu ermöglichen. Beschäftigungen und Berichte dieser völlig phantasielosen Art ermöglichen nach Erfahrung von Melanie Klein jedoch den Zugang zum Unbewussten, wenn man sie nicht nur als Äusserungen des Widerstandes, sondern als Material auffasst. Wenn man die kleinen Anzeichen genügend beachtet und den Zusammenhang zwischen Symbolik, Schuldgefühl und Angst bei diesen Darstellungen als Ausgangspunkt für Deutungen nimmt, ist eine Möglichkeit zur Einleitung und Fortführung der analytischen Arbeit gegeben.

Ein Latenzkind kann aus inneren Konflikten *Schulschwierigkeiten* haben, wie wir das ja auch am Fallbeispiel Inge gesehen haben.

Melanie Klein (1981, 104ff) weist darauf hin, dass bei der Prüfungsangst die Angst vom Sexuellen auf das Intellektuelle verschoben ist. *Prüfungsangst und Prüfungsträume stellen Kastrationsängste dar.* Schulhemmungen zeigen sich auf verschiedene Weise, in Unlust zum Lernen, in einem ausgesprochenen Widerwillen wie z.B. der «Faulheit», Hausaufgaben zu machen. Die Schule bedeutet im Leben des Kindes das Zusammentreffen mit einer als neu und oft sehr hart empfundenen Realität. Die bedeutsame Rolle der Schule ist in der Tatsache begründet, dass sie und das Lernen von vornherein für jeden einzelnen libidinös determiniert sind, da die Schule durch ihre Anforderungen das Kind zur Sublimierung seiner libidinösen Triebkräfte nötigt. Vor allem hat die Sublimierung der genitalen Aktivität einen ausschlaggebenden Anteil an den verschiedenen Lerntätigkeiten, deren Hemmung dann entsprechend durch die Kastrationsangst erfolgt. Melanie Klein liefert dazu wiederum sehr anschauliche klinische Beispiele (op. cit. 111f):

Der 6jährige Ernst zeigt kurze Zeit nach Schulbeginn, dem er mit grosser Freude entgegengesehen hatte, eine ausgesprochene Unlust zum Lernen. Er erzählt mir [Melanie Klein] vom *I*, das sie eben lernten und das ihm schwerfällt. Dabei erfahre ich auch, dass der Lehrer einen grösseren Jungen, der ihnen das *I* an der Tafel vorschreiben sollte, schlug, weil er es nicht gut genug machte. Ein andermal klagt er, dass die Aufgaben so schwer sind, dass er beim Schreiben immer Striche auf und ab machen muss, dass er beim Rechnen kleine Stühlchen zeichnet, überhaupt die Striche so machen muss, wie es der Lehrer will, der ihm dabei zuschaut. Nach diesem Bericht zeigt sich grosse Aggression, er reisst die Kissen vom Diwan und schleudert sie an das andere Ende des Zimmers. Er blättert dann in einem Buch und zeigt mir «eine ‹I›-Loge». Eine Loge sei etwas, «wo man allein drin ist» – das grosse *I* ist allein drinnen, ringsherum sind nur kleine schwarze Buchstaben, die ihn an Stuhl erinnern. Das grosse *I* ist das grosse «Popöchen» (Glied), das allein in der Mutti sein will, das er nicht hat und es darum dem Papa nehmen muss. Er phantasiert dann, dass er mit einem Messer Papas Popöchen abschneidet, dieser ihm mit einer Säge seines absägt, dafür hat er ja dann aber Papas. Dann schneidet er dem Papa den Kopf ab, der kann ihm dann nichts mehr tun, weil er nicht sieht – aber die Augen im Kopf sehen ihn doch. Dann versucht er plötzlich eifrig in dem Buch zu lesen, zeigt grosse Lust dazu – der Widerstand ist aufgelöst. Er räumt die Kissen zurück und erklärt, dass diese auch einmal «auf und ab» gemacht haben, und zwar den Weg vom Diwan zum anderen Ende des Zimmers und zurück. Er hat, um den Koitus ausführen zu können, der Mutter das Glied (die Kissen) genommen.

Beim nicht ganz 7jährigen Fritz war der *i*-Punkt, wie überhaupt Punkt und Doppelpunkt ein Stoss des Gliedes. Als er mir [Melanie Klein] einmal sagte, dass man den Punkt fest aufdrücken muss, hob und senkte er zugleich den Unterkörper und wiederholte das beim Doppelpunkt.

Bei Fritz konnte Melanie Klein die Hemmung in Bezug auf Schreiben und Lesen, also die Grundlage aller weiteren Schultätigkeit vom *I* ausgehen sehen, das ja auch mit seinem einfachen «Auf und Ab» die Grundlage der ganzen Schrift ist. Die sexualsymbolische Bedeutung des Federhalters ist eindeutig und wird in den

Phantasien von Fritz besonders deutlich, bei dem die Buchstaben auf einem Motorrad (der Feder) fahren. Es lässt sich erkennen, wie die sexualsymbolische Bedeutung des Federhalters in die damit ausgeübte Tätigkeit des Schreibens übergeht. Ebenso leitet sich die libidinöse Bedeutung des Lesens aus der symbolischen Besetzung des Buches und des Auges ab. Dabei sind natürlich auch andere durch die Partialtriebe gegebenen Determinanten wirksam; so beim Lesen das Voyeurtum, beim Schreiben exhibitionistische aggressiv-sadistische Tendenzen; der sexualsymbolischen Bedeutung des Federhalters lag ja wohl ursprünglich die der Waffe und der Hand zugrunde. Dementsprechend ist auch die Tätigkeit des Lesens eine passivere, die des Schreibens eine aktivere, und es sind für die Hemmungen der einen oder anderen eben auch diese verschiedenen Fixierungen der prägenitalen Organisationsstufen bedeutsam.

Bei Fritz z.B. ist die Zahl *1* ein Herr, der in einem heissen Land wohnt, deswegen nackt ist – nur bei Regen mit einem Mantel bekleidet. Er kann sehr geschickt fahren und lenken, besitzt fünf Dolche, ist sehr tapfer usw., und seine Identität mit dem «Pipigeneral» (das Genitale) erweist sich bald. Überhaupt sind bei Fritz die Zahlen Leute, die in einem sehr heissen Land wohnen. Sie entsprechen den farbigen Menschenrassen, während die Buchstaben die Weissen sind.

Was könnten wir aus diesen von Melanie Klein sehr anschaulich dargestellten Schulschwierigkeiten aufgrund libidinöser Besetzungen von Buchstaben und Zahlen lernen? Vielleicht, dass wir uns nicht mit oberflächlichen organischen Erklärungen zufriedengeben und auch bei sogenannten Legasthenikern und sogenannten ADHS-Kindern nach solchen zugrundeliegenden Sexualisierungen suchen sollten, bevor irgendwelche medikamentöse Therapien eingesetzt werden!

Vorlesung XLI

Zur Adoleszenz

Über Pubertät und Adoleszenz äusserte sich *Sigmund Freud* bereits in seinen frühen Schriften. *Die Drei Abhandlungen zur Sexualtheorie* (1905d, GW V) sind ein Meilenstein zum Verständnis der Entwicklung in der Adoleszenz, des Zusammenbruchs in der Adoleszenz sowie des Zusammenhangs der Adoleszenz mit späterer psychischer Gesundheit und Krankheit. Im darin enthaltenen dritten Aufsatz *Die Umgestaltungen der Pubertät* schreibt Freud zu Beginn: «Mit dem Eintritt der Pubertät setzen die Wandlungen ein, welche das infantile Sexualleben in seine endgültige normale Gestaltung überführen sollen.» (op. cit. 108) Diese Feststellung impliziert Freuds Ansicht, dass während der Adoleszenz die neue Beziehung eines jungen Menschen zur inneren wie äusseren Realität und zu seinem sexuell reifen Körper auch zu pathologischen Prozessen führen kann.

Anna Freud (1958) sucht in *Adolescence* eine Erklärung dafür, warum nach Meinung aller analytischer Experten auf diesem Gebiet die Einsicht in die verwirrenden emotionalen Erscheinungen und die Symptomatologie dieser Entwicklungsphase immer noch so unvollständig sei. Sie denkt, dass Adoleszente der Analyse gewöhnlich nicht zugänglich seien und dass erwachsene Patienten, auch wenn sie ausreichendes Erinnerungsmaterial aus der Zeit ihrer Adoleszenz liefern, die entsprechenden adoleszenten emotionalen Reaktionen normalerweise nicht wiederbeleben. Meiner Meinung nach ist diese Sichtweise nicht richtig, denn in jeder Erwachsenenanalyse taucht Material aus der Adoleszenz auf und wartet darauf, bearbeitet zu werden. Es kommt sehr darauf an, dass wir aufmerksam darauf bedacht sind, das in diese Periode gehörende wiederbelebte Material zu erkennen und einer analytischen Bearbeitung zuzuführen.

Viele Autoren haben sich zur Adoleszenz geäussert. Ich zähle einige von ihnen auf, deren Arbeiten ich für diese Vorlesung verwendet habe: *Helene Deutsch* (1968), *Peter Blos* (1970, 1990), *Marjorie Harley* (1974), *Erik H. Erikson* (1977), *Edith Jacobson* (1978), *Raymond Cahn* (1991) sowie *Moses und M. Eglé Laufer* (1984, 1996).

I. Zur normalen Adoleszenz

Die Adoleszenz ist ein Dasein zwischen *schmerzlichem Abschiednehmen von der Kindheit* und *allmählichem ängstlich-hoffnungsvollem Überwinden vieler Hindernisse*, was den Zugang zum unbekannten Reich des Erwachsenseins freigibt. Der Adoleszente muss sich von seinen Bindungen an Personen befreien, die während der Kindheit grösste Bedeutung für ihn hatten – angefangen bei den infantilen Liebesobjekten. Er muss aber auch auf seine früheren eigenen Befriedigungsformen und Strebungen verzichten. Während der Adoleszente sich darauf vorbereitet, früher oder später das Elternhaus zu verlassen, muss er sich um erwachsene Sexualität, Liebe und Verantwortlichkeit bemühen, um menschliche und soziale Beziehungen neuer und anderer Art, um neue Interessen und Sublimierungen, um neue Werte, Normen und Ziele, die ihm in seinem zukünftigen Leben als Erwachsener eine Richtung weisen können. Es geht also um eine vollständige Neuorientierung in struktureller und ökonomischer Art, um eine Umverteilung von Besetzungen. Das führt zu einer weitgehenden Erneuerung der gesamten psychischen Organisation. In struktureller Hinsicht erfolgt die Umgestaltung von Ich und Über-Ich und die daraus resultierende *Entwicklung eines neuen Identitätsgefühls*, ausserdem eine *Veränderung der Objektbeziehungen und der Identifizierungen*. Diese auf psychischem Gebiet sich vollziehenden Umwandlungen und die dabei entstehenden Konflikte werden durch die psycho-biologischen Veränderungen in der Adoleszenz hervorgerufen. *Die anatomischen und physiologischen Pubertätsveränderungen haben einen weitgreifenden Einfluss auf das Identitätsgefühl und die Identitätsbildung beim Adoleszenten, der überwältigenden Triebimpulsen ausgesetzt ist.*

Wie wir in der letzten Vorlesung gesehen haben, sind die wichtigsten Erlebnisse beim Jungen die *ersten Ejakulationen*, beim Mädchen das *Auftreten der Menarche*. Diese Erlebnisse sind mit ambivalenten Gefühlen verbunden. Beim Jungen führen die ersten Ejakulationen gewöhnlich zur Masturbation, bilden einen Anlass zur Wiederbelebung seiner Kastrationsängste und können Schuldgefühle von grosser Intensität hervorrufen, so dass die Freude, ein Mann zu werden, durch dauernde Ängste vor diesem Schritt überschattet oder erstickt wird. Beim Mädchen kann das Auftreten der Menarche ebenfalls grosse Konflikte heraufbeschwören, da die

Genitalblutungen dazu beitragen, seine infantilen Ängste eines Kastriertseins wiederzubeleben – wir haben in unseren Vorlesungen über die *Weiblichkeit* darüber gesprochen. Das kann zur Ablehnung der Menstruation führen – solche Mädchen hassen sie und suchen sie zu verbergen. Häufig beobachten Mädchen jedoch das erste Auftreten der Menstruation mit Stolz, prahlen damit untereinander oder sogar vor Erwachsenen, während Jungen die physiologischen Manifestationen der Pubertät vor Erwachsenen zu verschweigen suchen und eher nur heimlich mit anderen Gleichaltrigen darüber sprechen. Dieses Phänomen scheint damit zu tun zu haben, dass die Ejakulationen im Gegensatz zur Menstruation von orgastischem Erleben begleitet sind und zu Masturbation und manchmal auch vorübergehend zu homosexuellen Spielen führen, bis sich die heterosexuelle Betätigung durchsetzt. Deshalb sind beim adoleszenten Jungen die bewussten Onaniekonflikte stärker als beim Mädchen. Dieses leidet zudem häufig unter Menstruationsschmerzen, Unwohlsein und fürchtet sich vor der Berührung des blutenden Genitales, was es vom Masturbieren abhält, obwohl es während der Menstruation sexuell stärker erregbar ist als sonst. Die oft ängstlichen und ambivalenten Reaktionen auf die physiologischen Erscheinungen der Pubertät bedingen bei beiden Geschlechtern Besetzungsverschiebungen zugunsten deutlicher psychischer Veränderungen.

Der Junge kann aber auch stolz sein auf seine Ejakulationen, auf das Wachstum seines Körpers und seines Penis. Er wird dann das Erscheinen der sekundären Geschlechtsmerkmale, wie Schambehaarung, Bartwuchs und Stimmbruch, welche gewöhnlich einige Jahre nach der ersten Ejakulation auftreten, mit Interesse verfolgen. Der Triebdruck dabei ist ausserordentlich gross. Die gesamte Adoleszenzperiode quillt über von sexuellen und Ambivalenz-Konflikten, von Ängsten und narzisstischen Auseinandersetzungen. Sie zeigen sich im sexuellen und aggressiven Ausagieren der jungen Menschen und in ihrem schwankenden Verhalten gegenüber dem eigenen wie gegenüber dem anderen Geschlecht. Beim Mädchen sind im Unterschied zum Jungen Onaniephantasien und latent homosexuelle Schwärmereien verbreiteter als die Onanie und die homosexuelle Aktivität selbst. Inzestuöse Wünsche werden vom Jungen mehr ausagiert als vom Mädchen. Bei adoleszenten Patientinnen trifft man meist nur vorübergehende Inzestphantasien und -träume an, während bei männlichen Patienten das Handeln im Vordergrund steht – es kommt vor, dass sie ihre Schwestern zu verführen suchen, und sei es nur, um ihnen den Penis zu zeigen. Die sexuellen Beziehungen in der Adoleszenz zwischen Mädchen und Jungen beschränken sich gewöhnlich auf Petting, wobei die emotionalen wie die körperlichen Beziehungen bei beiden Geschlechtern mehr dem narzisstischen Ziel einer aggressiv-sexuellen und emotionalen Selbstbestätigung dienen als dem Erreichen voller genitaler Befriedigung und der Entwicklung tieferer Liebesbeziehungen. Mädchen reifen gewöhnlich emotional rascher als Jungen, ihr Übergang zur weiblichen Position in der Pubertät erfolgt schneller – wenn sie in der frühen Adoleszenz noch mehr den emotionalen Kontakt mit den Jungen suchen, stellen sie sich in der späteren Adoleszenz bereits vor, zu heiraten und Kinder zu haben. Manchmal führt der raschere Fortschritt der psychosexuellen Reifung beim Mädchen zu stärkeren Hemmungen und Einschränkungen hinsichtlich intellektueller Interessen und Berufswahl. Ein wichtiger Faktor ist auch beim Mädchen das grosse Bedürfnis nach narzisstischer Bestätigung. Triebentwicklung und Triebdruck führen bei der Entwicklung in Richtung Erwachsensein auf jeder neuen Stufe zu Angst, Verwirrung, Desintegration und Regression auf infantile Positionen, worauf erneut eine Vorwärtsbewegung erfolgt und eine Reorganisation auf fortgeschrittenerem Niveau. Solche Vorgänge der Progression und der Regression sind sicherlich auf jeder Entwicklungsstufe zu beobachten. In der Adoleszenzphase kommt es jedoch zu einem besonders heftigen Aufeinanderprallen progressiver und regressiver Kräfte. Das kann zur vorübergehenden Auflösung alter Strukturen und zu momentanen pathologischen Organisationen führen.

II. Trieb- und Gefühlskonflikte in der Adoleszenz

In der Adoleszenz führt der sexuelle Reifungsprozess zu einem zeitweiligen Wiederaufleben präödipaler und ödipaler Triebregungen und damit zu einer *Wiederbelebung infantiler Konflikte*. Dann aber müssen die inzestuösen sexuellen und feindseligen Wünsche endgültig aufgegeben werden. Die zärtlichen Bindungen an die Eltern müssen soweit gelockert werden, dass die Freiheit der Objektwahl gesichert ist und es zu einer gesunden Hinwendung zur eigenen Generation und zu einer Anpassung an die Realität der Erwachsenenwelt, zu einer persönlichen Autonomie kommen kann. Dieses umfassende Aufgeben-Müssen infantiler Objektbindungen verursacht eine starke *Trauerreaktion* in der Adoleszenz, welche in anderen Entwicklungsphasen keine Parallele findet. Freud (1905d) betrachtete die Ablösung von den Eltern als eine der bedeutsamsten, aber auch als eine der schmerzhaftesten seelischen Leistungen. Hinzu kommt, dass auch die Gesellschaft den Adoleszenten mit anderen Augen betrachtet – auch in dieser Hinsicht verliert er seine gewohnte Stellung.

Durch Identifizierungs-Veränderungen erfährt das Über-Ich in der Adoleszenz eine Neuorientierung und Festigung. Die Neuorientierung bringt mit sich, dass das Abwehrsystem neu eingestellt werden muss. Das Über-Ich wurde aufgebaut aus partiellen Identifizierungen mit idealisierten Elternimagines, mit elterlichen Normen, Förderungen und Verboten. Ein Kind mit normaler Ich-Stärke konnte sich vor allem dank seiner engen Beziehungen und seiner Identifizierungen mit Eltern und Elternfiguren an Gesellschaft und Realität anpassen – seine darauf gründende Abwehr hatte es dazu befähigt, Triebversagung, emotionale Entbehrung oder Objektverlust zu ertragen. Ein Adoleszenter, welcher nach Autonomie und Unabhängigkeit strebt, muss jedoch diese kindlichen Identifizierungen zu einem grossen Teil aufgeben. Andere Identifizierungen müssen nun gemacht werden, besonders auch mit den sexuell erwachsenen Aspekten der Eltern. In der Adoleszenz muss das Über-Ich das Inzesttabu erneut durchsetzen, gleichzeitig müssen aber die Verdrängungsschranken geöffnet und die Gegenbesetzung gelockert werden, soweit, dass es dem Adoleszenten auf dem Weg zur sexuellen Unabhängigkeit von den Erwachsenen möglich ist, reife Liebesbeziehungen einzugehen. Die Auflösung der ödipalen Bindungen erlaubt die Herstellung neuer Objektbeziehungen. Man spricht von einer Desexualisierung der Bindungen an die Eltern. Es handelt sich um eine Besetzungsverschiebung der Libido von den primären Inzestobjekten auf neue Objekte.

Diese progressiven Schritte können, wie wir gesehen haben, mit regressiven abwechseln, wobei Adoleszente vorübergehend einen narzisstischen Rückzug machen, welcher bis zu einer Art innerem Objekt- und Identitätsverlust gehen kann. Diese Zustände sind bei einer normalen Entwicklung jedoch reversibel – *auf die Regression erfolgt wieder eine Progression.*

Ein Kind hat als Zukunftsprojekt, später Erwachsenen-Genitalität geniessen zu können, wenn es sich den Forderungen und Verboten der Eltern unterwirft und sich mit diesen identifiziert, während ein Adoleszenter seine Genitalität nur dann geniessen kann, wenn er auf seine infantilen Triebwünsche verzichtet und die Bindungen der Kindheit an seine Eltern lockert. Dieser Kampf zwischen Es (Triebdruck), Ich und Über-Ich führt zu Phasen von sexuellem wie aggressivem Ausagieren oder zu narzisstischer Überhöhung. Perioden asketischer Ideale wechseln ab mit Perioden voller Schuld-, Scham- und Minderwertigkeitsgefühle. Bei der Umstrukturierung des Über-Ichs kommt es also zu starken aggressiven sexuellen Impulsen und oft grenzenlosen, aus dem Ichideal stammenden narzisstischen Strebungen. Phasen eines starken narzisstischen Rückzugs mit narzisstischen Zielsetzungen beeinträchtigen die Objektbeziehungen vorübergehend. Bei der durch den Triebandrang verursachten Auflockerung der Abwehr kann es zu regressiven Abwehrvorgängen mit teilweisem Zusammenbruch des Über-Ichs und der Verdrängung kommen – dann herrschen wieder primitivere Abwehrmechanismen wie Verleugnung, Introjektion und Projektion sowie prägenitale Impulse mit passiv-femininen Zielsetzungen (z.B. homosexuelle Bindungen oder Betätigungen) und mit Zurückgreifen auf inzestuöse Objekte in Gestalt älterer Personen. Der Adoleszente kann dabei Verhaltensformen zeigen, die psychoseähnlich aussehen, denn bei dieser Auflockerung der Abwehr und der vorübergehenden Schwächung des Über-Ichs kann es zu einem chaotisch anmutenden Durcheinander von Strebungen kommen. Abwechselnd werden reine und fromme oder verführerische und skrupellose Männer oder Frauen bewundert und nachgeahmt oder verachtet und gehasst, weil sie eigene sexuelle Versuchungen und Begierden des Adoleszenten repräsentieren oder auch die Tugendhaftigkeit, Bescheidenheit und Keuschheit, nach der er strebt. Es zeigt sich ein prägenitales phallisch-narzisstisches, selbstsüchtiges Lust- und Machtverhalten. Vorübergehende intensive homosexuelle Neigungen können auftreten. Die Beziehung zwischen Ich und Über-Ich kann zeitweise wieder triebhaften Charakter annehmen und personifiziert, das Ichideal mit pseudo-idealisierten, verlockenden, wunschbestimmten Selbst- und Objektimagines besetzt werden.

Bei einer optimalen Entwicklung wird es beim Heranwachsenden zur Bildung von eigenen Meinungen, Gedanken und Idealen kommen, zu einer Art *Weltanschauung persönlicher Natur.* Die Entwicklung einer solchen Weltanschauung beruht auf der Herstellung von Identifizierungen mit realistisch gesehenen Elternfiguren, die innerhalb gewisser Grenzen nicht nur Triebfreiheit und emotionale Freiheit, sondern auch Freiheit des Denkens und des Handelns gewähren. Bis zu diesem Zeitpunkt kann die sogenannte *Lebensphilosophie des Adoleszenten* lange Zeit in fast grotesker Weise zwischen gegensätzlichen Tendenzen schwanken, je nachdem, ob gerade der Einfluss des Über-Ichs oder derjenige des Es auf das Denken Einfluss nimmt. So wird der Adoleszente zwischen asketischer Haltung und Hedonismus schwanken.

Die *depressive Tonalität* des Adoleszenten hängt mit den schmerzlichen Sehnsüchten zusammen, die sich darauf beziehen, nicht mehr zu den alten Quellen der Befriedigung zurückkehren zu können und ein neues Niveau von Befriedigung und Lustgewinn noch nicht erreicht zu haben. Neben den depressiven Zuständen kann es auch zu ekstatischen Phasen kommen, welche ein Ausdruck jener starken Intensität des Narzissmus sind.

III. Der Psychoanalytiker, der Körper und der Adoleszente

Wie soll sich ein Psychoanalytiker oder Therapeut auf die Arbeit mit einem Adoleszenten vorbereiten? Man muss davon ausgehen, dass ein Adoleszenter, welcher in Behandlung kommt, besonders wenn es sich um eine psychoanalytische handelt, einen *Entwicklungs-Zusammenbruch* erlebt hat. Das heisst, dass der kranke Adoleszente unbewusst seinen sexuellen Körper zurückweisen wird mit dem begleitenden Gefühl einer Passivität angesichts der Erfordernisse, die von seinem Körper kommen. Das Ergebnis ist, dass er oder sie die Genitalien ignoriert oder das Gefühl hat, dass der Körper oder die Genitalien von dem verschieden sind, was er oder sie sich gewünscht hätten. Diese Antwort auf die sexuelle Reifung bedeutet einen *Zusammenbruch im Prozess der Integration des physisch reifen Körperbildes als Teil der Selbstrepräsentation.*

Dieser Prozess des Entwicklungs-Zusammenbruchs spezifiziert die Richtung der Behandlung des Adoleszenten und definiert die Bereiche der inneren Welt des Analytikers, welche angesprochen werden und über die er sich im klaren sein muss. Obwohl die Zurückweisung des Körpers in der Pubertät stattfindet, nimmt man an, dass sie schon in einer früheren Zeit erfolgte, zur Zeit der ödipalen Konstellation oder sogar zur Zeit der frühesten Mutterbeziehung, in der präödipalen Periode. Sie wird nun aber reaktiviert durch die Tatsache, dass jetzt ein physisch reifer, sexueller Körper da ist mit der Fähigkeit, ein Kind zu zeugen oder schwanger zu werden. Das bedeutet, dass der adoleszente Patient im Entwicklungszusammenbruch mit einem verzerrten Bild seiner Selbst und seiner Umwelt lebt – er unterhält eine psychoseartige Beziehung zu sich selbst und der Welt. Manchmal finden sich bei ihm denn auch paranoide Züge, Projektionen von Angriffen oder aktuelle Angriffe auf seinen Körper, melancholische Unterwerfung, Pseudo-Idealisierungen seines Körpers oder aktive Anstrengungen, seinen Körper oder seinen Geist durch Suizid zu zerstören.

In der frühen Übertragungsbeziehung zeigt sich diese Zurückweisung des Körpers durch den Adoleszenten in der Beziehung zum Analytiker. Sie drückt sich dadurch aus, dass der Adoleszente wünscht, seinen Körper dem Analytiker zu übergeben, damit dieser ihn zurückweist, ihn akzeptiert oder sich um ihn kümmert. In diesen Situationen wird der Analytiker selbst auf seine eigenen Ängste, Rationalisierungen und blinden Flecke angesprochen.

Welche Voraussetzungen muss der Analytiker zur Behandlung eines Adoleszenten erfüllen, der einen Entwicklungszusammenbruch erlitten hat?

IV. Die Integration der eigenen Adoleszenz des Psychoanalytikers

Die beste Voraussetzung zur psychoanalytischen Arbeit mit einem Adoleszenten ist, dass der Therapeut seine eigene Adoleszenzzeit in sein jetziges Leben integriert hat. Nur dann kann es als Teil des therapeutischen Lebens zu einer Wiederbelebung und Rekonstruktion der Phantasien, Beziehungen, Ängste, der perversen und psychotischen Ideen oder Handlungen jener selbst durchlebten Periode kommen, zum Wiedererleben jenes Ausser-Kontrolle-Seins, jenes eigenen sexuellen und masturbatorischen Verhaltens, jener eigenen Gedanken, aufzugeben oder sterben zu wollen.

Ohne die Integration der Erinnerung an die eigene Adoleszenz werden wir den Gefühlen des adoleszenten Patienten, der in einem emotionalen Zusammenbruch steht, nicht gewachsen sein.

Die *adoleszente Psychopathologie* reicht bis in die frühesten Lebenserfahrungen zurück – es geht um psychotische Ängste von Destruktion, Vernichtung, Verlassenheit, um das Gefühl, ein Junge und ein Mädchen gleichzeitig zu sein, um den Wunsch, in den Bauch der Mutter zurückzukehren, das Leben anzuhalten. Wenn der Psychoanalytiker diesen primitiven Wünschen und Ängsten nicht eine emotionale Bedeutung geben kann, was nur über seine eigene Erfahrung aus der Adoleszenz möglich ist, wird er mit dem kranken Adoleszenten nur eine theoretische Übung machen können, anstatt ihn in einer vitalen Erfahrung zu begleiten.

Der mit Adoleszenten arbeitende Psychoanalytiker wird mit Sicherheit auf Patienten treffen, deren Abwehr den Eindruck vermittelt, dass sie psychotisch sind. Die Verhaltensmanifestationen junger Menschen in einem

Entwicklungszusammenbruch variieren ausserordentlich, aber sie beinhalten unvermeidlicherweise Körperliches – im Suizid oder Suizidversuch, in der Drogeneinnahme, in perversen Handlungen, in physischer Gewalt.

Es ist ausserordentlich wichtig zu wissen, dass der Adoleszente seinen Körper wie eine Art *Vehikel* braucht – auf ihn projiziert er dauernd seine Ängste und Phantasien: *Der Kern des seelischen Lebens des Adoleszenten drückt sich in der Beziehung zu seinem sexuell reifen Körper aus.*

Die therapeutische Arbeit mit dem Adoleszenten kann konflikthafte Gefühle und Wünsche beim Therapeuten auslösen: zu retten, Schadenersatz zu leisten, sich verantwortlich für die Wiedergeburt des Patienten zu fühlen, aber auch, ihm Qualitäten zu stehlen oder zu verderben, auf die der Therapeut neidisch ist, was Hass oder ein Gefühl von Versagen in ihm wachruft. Ein ganz besonderes Charakteristikum der Arbeit mit ernsthaft gestörten Adoleszenten ist die Notwendigkeit, sich mit der Bedeutung des psychotischen Kerns, welcher die Pathologie des Patienten bewohnt auseinanderzusetzen. Dieser psychotische Kern muss wiederbelebt und rekonstruiert werden. Die Möglichkeit, für den Adoleszenten eine solche therapeutische Erfahrung zu schaffen, liegt ganz beim Psychoanalytiker und hängt von dessen eigenem inneren Frieden ab.

Vorlesung XLII

Zur Termination der Psychoanalyse

Bei jeder Analyse wird sich der Moment einstellen, wo Analysand und Analytiker gemeinsam ein Datum für das Ende der Analyse festlegen; bis dann soll diese sich in gleichbleibender Frequenz von im allgemeinen mindestens vier Sitzungen pro Woche fortsetzen. Es muss genügend Zeit, aber auch nicht eine zu lange Zeit bis zum Terminationsdatum eingeräumt werden – nicht Wochen oder Jahre, sondern Monate. Was sagt uns, dass eine Analyse sich ihrem Ende nähert?

I. Das Ende der Analyse bei Freud

Freud hat sukzessive verschiedene Beendigungs-Kriterien in den Vordergrund gestellt. Zunächst vertrat er die Ansicht, dass der Patient arbeits- und liebesfähig geworden sein müsse. In der Folge legte er das Gewicht auf die Bewusstmachung von Unbewusstem; dies entsprach seinem Konzept der 1. Topik (Ubw - Vbw - Bw). Später, nach der Einführung der 2. Topik[1] (Es - Ich - Über-Ich) betrachtete er als Ziel der Analyse, dass das Ich besser funktioniert in seinen Beziehungen zur äusseren Realität, zum Über-Ich und zum Es: «Wo Es war, soll Ich werden.» (1933a [1932], GW XV, 86)

In *Die endliche und die unendliche Analyse* sagt Freud ironisch, wenigstens in praktischer Hinsicht sei es leicht, das Ende einer Analyse zu bestimmen: «Die Analyse ist beendigt, wenn Analytiker und Patient sich nicht mehr zur analytischen Arbeitsstunde treffen. Sie werden so tun, wenn zwei Bedingungen ungefähr erfüllt sind, die erste, dass der Patient nicht mehr an seinen Symptomen leidet und seine Ängste wie seine Hemmungen überwunden hat, die zweite, dass der Analytiker urteilt, es sei beim Kranken soviel Verdrängtes bewusst gemacht, soviel Unverständliches aufgeklärt, soviel innerer Widerstand besiegt worden, dass man die Wiederholung der betreffenden pathologischen Vorgänge nicht zu befürchten braucht.» (1937c, GW XVI, 63) In derselben Arbeit diskutiert Freud ein Problem, welches sich durch verschiedene unüberwindbare Widerstände ergibt und die Beendigung einer Analyse erschwert – er nennt insbesondere die Kastrationsangst beim Mann und den Penisneid bei der Frau.

Bei dieser Konzeption der Beendigung der Analyse nimmt die Trauerarbeit in der Dynamik von Übertragung und Gegenübertragung einen kleinen Platz ein. Freud betrachtet die Trauer vorwiegend in Bezug zur Wirklichkeit, als eine Fähigkeit des Ichs, sich vom verlorenen Objekt zu trennen, die Realität des Verlustes zu akzeptieren, womit neue Objekt-Besetzungen möglich werden. Er spricht über dieses Thema ausführlich in *Trauer und Melancholie*[2] (1916–17g [1915], GW X, 428–446).

II. Terminationsmodelle nach der Zeit Freuds

Etwas schematisch gesehen sind nach der Zeit Freuds zwei Betrachtungsweisen erkennbar: Die eine interessiert sich fast ausschliesslich für die Persönlichkeit des Analysanden, die andere hauptsächlich für die Beziehung zwischen Analysand und Analytiker.

1. Die Persönlichkeit des Analysanden als Terminationskriterium

Psychoanalytiker, die sich vor allem für die Persönlichkeit des Analysanden interessieren, suchen bei diesem nach psychologischen Modifikationen, die sich als Kriterien zur Erkennung des nahenden Endes der Analyse eignen. Die meisten betrachten dabei die symptomatische Verbesserung allein als eher ungenügendes Kriterium; sie halten den Zuwachs von Einsicht und die Aufhebung der kindlichen Amnesie für bessere Kriterien.

---

1   vgl. unsere Vorlesungen *Metapsychologie I* und *II*
2   vgl. unsere Vorlesung *Depression und Manie*

Andere Analytiker, insbesondere diejenigen der amerikanischen Schule, stützen sich auf die erreichten strukturellen Veränderungen der Persönlichkeit, auf die Lösung psychischer Konflikte und auf das neu erworbene psychische Gleichgewicht, wodurch eine harmonischere Anpassung an die Realität möglich wird – dazu gehört *Heinz Hartmann* (1975), aber auch *Anna Freud* (1970 [1957], in 1980, IX).

Otto Rank (1924) glaubte, dass das Ende der Analyse für jeden Patienten eine *symbolische Geburt* bedeutet.

Sándor Ferenczi (1928) betrachtete die Beendigung als graduell und spontan: «Die richtige Beendigung einer Analyse ist wohl die, bei der weder der Arzt noch der Patient kündigt; die Analyse soll sozusagen an Erschöpfung sterben, wobei immer noch der Arzt der argwöhnischere bleiben und daran denken muss, dass der Patient mit seinem Weggehenwollen etwas Neurotisches retten will. Ein wirklich geheilter Patient löst sich langsam aber sicher von der Analyse los; solange aber der Patient noch kommen will, gehört er in die Analyse.» (1928, in 1972, II, 234f)

Michael Balint (1950) nimmt die Idee Ranks wieder auf. Auch er denkt, dass der Analysand sich gegen das Ende der Analyse wie zu neuem Leben geboren fühlt und im Hinblick auf einen Neubeginn seiner Existenz gemischte Gefühle der Trauer und der Hoffnung empfindet.

Jacques Lacan (zitiert nach Etchegoyen, 1991, 623) unterstreicht, dass der Analysand von der imaginären auf die symbolische Ebene gelangt sein soll. Das scheint logisch, steht doch die imaginäre Ebene für ein narzisstisches und duales Beziehungsmuster, während die symbolische Ebene das Abstrakte, Trianguläre ausdrückt. Das symbolische Denken ist es, welches schliesslich den Zutritt zur Ebene des Realen ermöglicht.

Für den Genfer Analytiker *Olivier Flournoy* (1979) beinhaltet das Ende der Analyse den Verzicht auf die ödipalen Triebziele. Analytiker und Analysand sind nur noch zwei in einem Zimmer vereinte Personen und haben psychoanalytisch gesehen nichts mehr gemeinsam. Einige Analytiker behaupten sogar, dass am Schluss der Analyse der Analytiker für den Analysanden sozusagen ein Niemand geworden ist, während andere der Meinung sind, dass der Analytiker am Ende für den Analysanden zu einer realen Person wird – Moment, in dem die Übertragungsneurose aufgehoben ist.

Nach *Jean-Michel Quinodoz* (1991) besteht am Ende der Analyse die Beziehung zwischen Analysand und Analytiker weiter, aber auf eine interiorisierte Weise. Er meint, die Behauptung, der Analytiker werde dann für den Analysanden zu einem Niemand, lasse auf ein Problem in der Dynamik von Übertragung und Gegenübertragung schliessen, welches auf beiden Seiten mit einer Verleugnung der Realität der Trennung und der depressiven Gefühle zu tun habe.

2. Die Beziehung zwischen Analysand und Analytiker als Terminationskriterium

Zahlreiche Psychoanalytiker betonen bezüglich der Beendigung der Analyse die Wichtigkeit der Beziehung zwischen Analysand und Analytiker.

Dabei geht es hauptsächlich um den in der Terminationsphase eingeleiteten *Trauerprozess*, dessen Bearbeitung eine entscheidende Rolle spielt. Die definitive Beendigung der Beziehung zwischen den beiden Partnern des analytischen Paares bedeutet für beide einen Verlust. Dessen Überwindung begünstigt die Vertiefung der Einsicht und die Fähigkeit zur Selbstanalyse. Nach *Quinodoz* (op. cit. 180f, übersetzt aus dem Französischen von H.W.) «ist dieser Prozess in allen Punkten vergleichbar mit normaler Trauerarbeit und impliziert, dass der Analysand fähig geworden ist, die Einsamkeit ohne excessive Ängste zu tolerieren, auf seinen Omnipotenzanspruch und sein Gefühl der Unsterblichkeit zu verzichten, sich der Wirklichkeit der begrenzten Lebensdauer zu stellen, es ertragen kann, die Trennung zwischen Analysand und Analytiker in Betracht zu ziehen und in der Lage ist, die Funktion des Analytikers zu interiorisieren». Quinodoz zitiert *Grinberg* (1980) wenn er sagt, dass die Analyse nach der Trennung zwischen Analytiker und Analysand nicht beendet ist, sondern dass dann dank der Selbstanalyse eine neue Phase des Prozesses beginnt. Gegen das Ende der Analyse ist die Dynamik der Übertragung und Gegenübertragung von besonderer Wichtigkeit, weil die Beendigung nicht nur den Analysanden, sondern auch den Analytiker mit der Trauer konfrontiert – es besteht die Gefahr, dass der Analytiker deshalb die Analyse verlängert oder, umgekehrt, zu früh abbricht.

III. Zur Analyse der Trauer während der Termination

Die Wichtigkeit der Trauerarbeit am Ende der Analyse wurde von verschiedenen Autoren unterstrichen. Ich stütze mich auch bezüglich der historischen Aspekte dazu auf *Quinodoz* (op. cit. 181f) und auf dessen Literaturangaben:

Annie Reich (1950) bemerkte, dass die Beendigung der Analyse für den Analysanden einen doppelten Verlust mit sich bringe: Einen Verlust der infantilen Übertragungsobjekte und einen Verlust des Analytikers als reale Person, mit welcher der Analysand in einer langen intimen analytischen Beziehung stand. Damit die Trauer bearbeitet werden kann, muss einige Monate vor dem Ende ein Terminationsdatum festgelegt werden.

Die Fähigkeit, die Einsamkeit zu ertragen ist ein weiterer essentieller Aspekt am Ende der Analyse. *André Green* (1974) drückte dies, wie wir gehört haben, folgendermassen aus: «Die Analyse zielt vielleicht nur darauf ab, dem Patienten eine Fähigkeit zum Alleinsein in Gegenwart des Analytikers zu vermitteln.» Damit paraphrasierte Green den bekannten Satz von *D.W.Winnicott* (1958) über «die Fähigkeit, allein zu sein in Gegenwart des andern» als Kriterium psychischer Reife und wendete ihn auf das Ende der Analyse an.

Für *Melanie Klein* gibt es einen direkten Zusammenhang der für die psychische Strukturierung bestimmenden depressiven Position mit dem Ende der Analyse. Ihrer Meinung nach organisiert sich die infantile depressive Position um die Erfahrung vom Verlust der Brust während der Entwöhnung, und die Erfahrung der Analysebeendigung ist eine Reproduktion dieser Entwöhnung. In ihrem Artikel *Über die Kriterien der Analysebeendigung* (1950) sagt sie, dass eine sich befriedigend entwickelnde Analyse zum Zeitpunkt der Beendigung (auch) im Analytiker eine Trauer hervorruft, welche nach jenem primordialen Entwöhnungsmodell der Trauer jedes frühere Trauern der Existenz reaktiviert.

In einem Artikel über die Termination weist *Hanna Segal* (1988) darauf hin, dass mit dem Nahen des Analyse-Endes oft alte Ängste und Abwehren auftauchen, ohne dass notwendigerweise Symptome wiedererscheinen. Sie illustriert dies mit dem klinischen Beispiel eines Patienten, der während der Analyse besonders sensibel auf Trennungen reagiert hatte:

> Wenige Wochen vor dem Ende der Analyse tauchten Separationsängste von sehr primitiver Art erneut auf; der Patient beschäftigte sich intensiv mit dem Tod und äusserte, wenn der Tod existiere, lohne es sich überhaupt nicht zu leben.

Dabei wirft Hanna Segal die Frage auf, ob ein Patient mit derartigen Ängsten am Ende der Analyse wirklich bereit ist, diese zu beenden. Sie denkt aber, dass der Terminationsentscheid richtig war, denn für sie kommt es nicht so sehr auf das Wiederauftauchen früherer Ängste und Symptome an, sondern vielmehr auf die erreichte psychische Mobilität, die es erlaubt, diese Ängste und Symptome, wie archaisch auch immer sie sein mögen, in den Träumen, Phantasien und Sitzungen darzustellen, zu repräsentieren. Nach Hanna Segal liegt das wichtigste Terminationskriterium in dieser psychischen Beweglichkeit zwischen der paranoid-schizoiden Position (mit ihren Mechanismen der Spaltung, projektiven Identifizierung und Fragmentierung) und der depressiven Position, die eine verbesserte Beziehungsfähigkeit mit den inneren wie den äusseren Objekten mit sich bringt; dabei denkt sie aber, dass die komplette Überwindung der depressiven Position nie erreicht wird, sondern dass es zwischen den beiden Positionen während des ganzen Lebens Fluktuationen gibt.

Jean-Michel Quinodoz (op. cit. 185) betont die Wichtigkeit der Trennungsangst im Separationsprozess[3] am Ende der Analyse. Er sagt, dass der Psychoanalytiker bereit sein muss, bei seinem Analysanden gegen das Ende der Analyse unerwarteten Reaktionen zu begegnen. Quinodoz erinnert sich an einen Analysanden, welcher fast bis auf den letzten Tag leugnete, dass gemeinsam ein definitives Datum für das Ende der Analyse festgelegt worden war.

> Dies ist ein Beispiel für Ich-Spaltung und Verleugnung wie Freud sie beschrieben hat. Dieser Analysand fand sich mit der unerträglichen Realität der Trennung konfrontiert; sein Ich hatte sich in zwei Teile gespalten, ein Teil akzeptierte diese Realität, der andere verleugnete sie. Erst einige Tage vor dem Schlussdatum der Analyse tauchte die Verleugnung in ihrer ganzen Tragweite auf: Der Analysand sagte, bis heute habe er immer gedacht, dass der Analytiker, ohne selber daran zu glauben, dieses Datum einzig und allein fixiert habe, um ihn zu prüfen und dass es sich um einen schlechten Witz des Analytikers handle. Er habe bis zum letzten Moment geglaubt, dass der Analytiker dieses Datum verschieben werde; heute erst bemerke er, dass dieser sein Wort halten werde. Einige Tage später trennten sich Analysand und Analytiker – zum Glück hatten sie wohl in letzter Minute die Verleugnung besprechen und aufheben können.

IV. Indikatoren der Termination

Wir haben nun gesehen, wie Freud selbst und einige seiner Nachfolger bezüglich der Termination unterschiedliche Akzente setzen. Es ist natürlich klar, dass es weniger auf einzelne Kriterien ankommt als vielmehr auf deren Gesamtheit.

---

3 vgl. unsere Vorlesung *Separations- und Individuationsprozesse*

John Rickman (1950, zitiert nach Quinodoz, 1991, 183f) vertritt diese Ansicht – es muss eine Synthese verschiedenster Kriterien erfolgen, um das Ende einer Analyse zu bestimmen, jenen *Punkt der Irreversibilität*, wie er es nennt, jenseits dessen der Analysand fähig ist, Frustrationen zu ertragen, ohne zu regredieren oder sich psychisch zu desintegrieren. Rickmann hebt sechs hauptsächliche Indikatoren hervor:

1. Die Fähigkeit, Vergangenheit und Gegenwart zu erinnern, die infantile Amnesie aufzuheben und den Ödipuskomplex durchzuarbeiten.
2. Die Fähigkeit zur heterosexuellen genitalen Befriedigung.
3. Die Fähigkeit, libidinale Frustrationen zu tolerieren wie auch Entbehrungen ohne regressive Abwehr noch Angst.
4. Die Fähigkeit zu arbeiten und Inaktivität zu ertragen.
5. Die Fähigkeit, eigene oder fremde aggressive Impulse zu ertragen, ohne das Liebesobjekt zu verlieren und ohne Schuldgefühle.
6. Die Fähigkeit, die Trauer durchzuarbeiten.

Ich denke, dass diese Indikatoren prinzipiell immer noch gültig sind, vielleicht mit der Ausnahme, dass wir heute eigentlich nicht mehr eine Fähigkeit zur heterosexuellen genitalen Befriedigung postulieren, was für viele einer Diskriminierung der homosexuellen genitalen Befriedigung gleichkäme – gibt es doch einen homosexuellen wie einen heterosexuellen Teil des kompletten Ödipuskomplexes[4]. Die Normalisierung oder Verbesserung des genitalen Sexuallebens ist ein wichtiger Indikator; das genitale Primat sollte dabei jedoch nicht zu einem unerreichbaren Mythos werden. Die Bearbeitung des Ödipuskomplexes, dessen Überwindung durch die Desexualisierung der ödipalen Objekte in der Übertragung geschieht, fällt mit der terminalen Phase der Analyse zusammen. Sobald die Beziehung des Analysanden zu seinem Analytiker postödipal wird, ist das Ende der Analyse nahe.

Die Überwindung des Ödipuskomplexes und die postödipale Phase zeigen sich in der Analyse meistens im Kleid der Adoleszenz durch Wachstum und Loslösung von den Eltern. Es ist aber nicht so, dass jede Übertragungsbeziehung zum Analytiker mit dem Ende der Analyse aufgelöst ist, es braucht dazu die postanalytische Phase, welche sozusagen die Auflösungsbewegung der Übertragung weiterführt und verfestigt.

Für *John Rickman* liegen die wertvollsten Indikatoren über den Stand der Integration, den der Analysand am Ende der Analyse erreicht hat, in seinem Verhalten während der durch die Wochenenden und die Ferien gegebenen Unterbrechungen der Analyse. Diese Unterbrechungen fördern Übertragungsphantasien, deren Veränderungen die Veränderung in den Objektbeziehungen des Analysanden sehr gut widerspiegeln.

Nach *Jean-Michel Quinodoz* (op. cit. 184) legen bezüglich der Trennung auch andere Autoren auf das Verhalten des Analysanden während jener Unterbrechungen im Laufe der Analyse Wert:

So sind für *David Liberman* (1967) Veränderungen der Phantasien während des Wochenendes ein signifikativer Indikator für Entwicklung oder auch Nicht-Entwicklung des Analysanden.

León Grinberg (1981) betrachtet vor allem den Inhalt der Träume während der Unterbrechungen sowie die Übertragungsphantasien.

Auch *Stephen K. Firestein* (1980) unterstreicht die Wichtigkeit der Evaluation der Übertragungsneurose während der Unterbrechungen der Analyse, vor allem während der Ferien, um die Fähigkeit zur Autonomie des Analysanden während der Abwesenheit des Analytikers zu überprüfen.

Für *Quinodoz* selbst sind die *Träume* gegen das Ende der Analyse von grosser Bedeutung; sie erlauben ihm zu erkennen, inwiefern der Analysand die Fähigkeit erworben hat, allein zu sein, sich selbst zu tragen anstatt getragen zu werden – wir erinnern uns, dass er diese Fähigkeit *Portance* nennt. Dazu gehören Träume mit dem Thema der Abreise, des Abflugs, mit allem Gepäck. Nach Quinodoz' Meinung entsteht das durch die Integration bewirkte Identitätsgefühl und das dieses begleitenden Gefühl der *Portance* aus der Vereinigung und fortwährenden Reorganisierung der essentiellen Aspekte des Ichs in einem vereinigten Ich oder besser in einem Ich, das dauernd eine solche Vereinigung anstrebt. Quinodoz erwähnt auch Träume, die wegen ihres oft erschreckenden Inhalts auf den ersten Blick dem Analysanden wie dem Analytiker wie ein Rückschritt vorkommen; aber es ist wichtig, ihre positive Seite zu interpretieren, sind sie doch ein Zeichen dafür, dass der Analysand bislang nicht Darstellbares, das er ausagieren musste, nun im Traum darstellen kann (op. cit. 209):

> Ein Analysand träumt, dass er mit dem Zug oder mit dem Flugzeug abreisen will und sich dabei in der extremen, beängstigenden Situation befindet, sein Gepäck nicht mit sich nehmen zu können. Er mag über den regressiven Inhalt dieses Traums erschrecken und denken, er könne nicht weggehen, und das gerade in einem Moment, in dem er im Leben autonomer wird. Der Analysand kann seine

---

[4] vgl. unsere Vorlesung *Der Ödipuskomplex heute*

Angst auf den Analytiker übertragen, und dieser läuft Gefahr, nur den regressiven Teil zu sehen und zu interpretieren, in der Art einer projektiven Gegenidentifizierung. Der Analytiker muss aber die Gesamtheit der Situation berücksichtigen, Traum, Assoziationen dazu, Dynamik der Übertragung und Gegenübertragung, Bewegungen in der Sitzung selbst, um den Traum richtig zu verstehen, um unterscheiden zu können, ob es wirklich um Regression oder nicht doch um Integration geht. Es ist wichtig, das Integrative zu deuten, wenn im Moment eines Fortschritts regressives Material auftritt – das Integrative liegt gerade in der Möglichkeit, dieses Regressive nun im Traum darstellen zu können.

David Liberman und *Fernando Guiard*, beides argentinische Psychoanalytiker (zitiert nach Etchegoyen, 1991, 635) verdanken wir originelle linguistische Indikatoren für die Termination. *Liberman* (1978) beobachtete, dass sich das sprachliche Verhalten eines Patienten im Laufe der fortschreitenden Analyse verändert, ähnlich wie Melanie Klein es vom Spielverhalten in Kinderanalysen beschrieb. Solche Veränderungen mit Verbesserung der sprachlichen Ausdrucksfähigkeit zeigen sich in der sprachlichen Anstrengung in Momenten der Einsicht. Dies ist sozusagen ein Epiphänomen des innerhalb wie ausserhalb der Sitzungen stattfindenden Durcharbeitungs-Prozesses. *Guiard* (1977) konzentrierte sich auf die spontan auftretenden Veränderungen der musikalischen Komponente der Sprache. In Intonation und Rhythmus der Sprache können sich signifikante Veränderungen zeigen, was für das Vorhandensein einer tiefen melodischen Linie in der kommunikativen Interaktion spricht. Aus deren Veränderung lässt sich eine Reihe von Gefühlen erraten, welche nicht nur als Indikatoren für die Termination dienen, sondern auch die Sublimationsmöglichkeiten des Patienten zeigen sowie seine Fähigkeit, die Gefühle des Analytikers wahrzunehmen.

Das Wiederauftreten alter, vermeintlich längst bearbeiteter Konflikte, besonders von Separationskonflikten auf allen Ebenen in der Terminationsphase, halte ich für eine vorübergehende negative therapeutische Reaktion[5] angesichts der bevorstehenden grossen Veränderung der endgültigen Separation zwischen Analysand und Analytiker. Die Ängste und die Schuldgefühle, die mit der Trennung zusammenhängen, müssen bearbeitet werden. Das gilt auch für wiederaufflammende Omnipotenzphantasien, die sich in grandiosen Wünschen nach Hermaphrodismus, nach Perfektion der eigenen Person, nach einer perfekten Analyse zeigen, aber ebenfalls im versteckten Wunsch, dass das immer vermutete Genie im Analysanden nun auftauchen werde. Auch bezüglich solcher Grössenphantasien muss eine Trauerarbeit geleistet werden, die sich auf die Realität der Beschränktheit unseres menschlichen Daseins bezieht.

Berichtet ein Analysand von der Verbesserung seiner Beziehungen in Partnerschaft, Familie, Freundeskreis und Arbeitsumfeld, kann dies ein wichtiger Indikator sein. Alte ungünstige Beziehungen werden durch günstigere neue ersetzbar. So kann es zu Scheidungen kommen – andererseits kann es möglich werden, Schwächen eines Partners besser zu tolerieren, und oft hat die Analyse durch die Veränderung des Analysanden auch eine verändernde Wirkung auf den Partner und weitere Personen. Bei allen diesen Verbesserungen muss die Art ihres Auftauchens beachtet werden – sie sollten an sich evident und vom Analysanden selbst nur nebenbei erwähnt werden; rückt er sie allzu sehr in den Vordergrund, könnte es sich um eine Flucht in die Gesundheit handeln oder darum, dem Analytiker gefallen zu wollen; solche «Veränderungen» wären nicht authentisch.

Nicht zuletzt wird sich am Ende der Analyse der Analysand Gedanken über die Zukunft machen, er wird Zukunftsprojekte besprechen; er wird sich auch, dies gilt besonders für den Fall von Lehranalysen, mit der zukünftigen kollegialen beruflichen Begegnung mit seinem Analytiker auseinandersetzen.

In einem optimalen Falle wird die letzte Zeit der Terminationsphase geprägt sein von beidseitiger Trauer bezüglich der bevorstehenden Trennung, aber auch von Dankbarkeit bezüglich der zusammen geleisteten Arbeit.

---

5   vgl. unsere Vorlesung *Die negative therapeutische Reaktion*

Vorlesung XLIII

Psychoanalytische Supervision

I. Klinisches Beispiel

Bevor ich zu einigen theoretischen Überlegungen zur Supervision komme, möchte ich Ihnen das *klinische Beispiel zweier Supervisionssitzungen* vorlegen. Es handelt sich um die wöchentliche Supervision einer vierstündigen Psychoanalyse, die von einem jungen Psychoanalytiker in Ausbildung durchgeführt wird. Die Patientin ist eine attraktive, unverheiratete Frau in ihren 20er Jahren mit einer hysterischen Charakterstruktur. Sie hat eine gute Fähigkeit zur Introspektion und Beobachtung ihrer Gefühle, die sie ungewöhnlich gut verbalisiert. Zur Analyse überwiesen wurde sie vom Gynäkologen, der erkannte, dass der Umgang mit ihren Schwangerschaften, welche sie bis zum Termin austrug, um die Säuglinge dann aber jeweils zur Adoption freizugeben, auf tiefliegenden Konflikten beruhte. Sie war das jüngste Kind der Familie, und als sie sechs Jahre alt war, starb der Vater plötzlich. Dies machte es nötig, dass die Mutter ausser Haus zur Arbeit gehen musste. Diese familiäre Situation hatte wohl auch einen Einfluss auf die seit Beginn ihrer Erinnerung immer wieder vorkommenden asthmatischen Anfälle der Patientin.

In den ersten 12 Supervisionssitzungen machte sich der Supervisor Handnotizen, die 13. Sitzung registrierte er auf Band, im Einverständnis mit dem vorstellenden Analytiker, mit dem sich ein gutes Arbeitsbündnis entwickelt hatte. Es folgen nun die 13. und die 14. Supervisionssitzung. Mit A bezeichne ich den Analytiker, mit S den Supervisor:

1. Die 13. Supervisionssitzung

A: «Die Patientin erzählte zuerst von ihren Phantasien über mich: Sie war sich ihres Wunsches bewusst, mich mit ihrem Freund in einer Rivalitätssituation um sie zu sehen, wisse aber, wie sie abwehrend hinzufügte, dass dieser Kampf in ihrem Innern stattfinde. Sie fuhr fort und berichtete, dass sie Gefühle der Wut gegen mich unterdrückt habe, Gefühle der Wut, weil ich ihre Fragen nicht beantworte.

Danach erzählte sie mir einen, wie sie sagte, lustigen kleinen Traum vom Morgen. Sie war nicht sicher, ob sie von der Couch aufstand oder sich hinlegte. Sie machte beides in diesem Traum, und als sie sich auf die Couch legte, lag sie entlang dieser Wand meines Büros, presste sich gegen diese Wand: ‹Ich lag auf diese Weise. Dann war da ein Raum und ein Küchenschrank. Dieser war wie eine Klippe. Es gab einen Küchenabfluss, er war weiss. Eine Küchenschabe kam an einem Ende heraus und kroch entlang des Randes. Ich schaute hin, beobachtete, was als nächstes passieren würde. Ich war fasziniert. Die Küchenschabe veränderte sich leicht, als sie krabbelte. Als sie das Ende des Randes erreichte, machte sie eine Kehrtwendung in U-Form, sie berührte mich an der Seite und kroch auf mein Fleisch, dann war sie weg, und ich wachte auf. Es war so wirklich, dass ich mich selbst berühren musste.›

Ich bat sie, dazu zu assoziieren. Als erstes sprach sie davon, dass es dort, wo sie früher lebte, im selben Gebäude wie ihr Freund, Küchenschaben gab – beide hatten sie Küchenschaben in den Wohnungen. In ihrer nächsten Wohnung gab es keine Küchenschaben mehr, und sie vermisste sie.»

S: «Sie vermisste sie?»

A: (lacht) «Ja, weil sie lebendig waren, und sie war dort total allein. Dort war nicht mal eine Küchenschabe.»

S: «Das erinnert mich an Kafka.»

A: «Sie sagt, dass sie fürchte, die würden sie beissen. Ausserdem sagt sie, dass sie Angst habe vor ihren Bewegungen, anschliessend beginnt sie darüber zu assoziieren und bringt eine vage Erinnerung aus der Kindheit zur Sprache. Sie denkt an den Sommer, als sie 9 Jahre alt war, hinter einem Tor mit hölzernen Latten stand und in den Hof sah.»

S: «Und was sah sie?»

A: «Sie schaute in den Hof. Sie erinnert sich nicht an das, was sie dort sah, aber sie denkt, dass die Angst zu dieser Zeit begann.»

S: «Sie erinnert sich an das Gefühl, das sie hatte, als sie schaute?»

A: «Das sagte sie nicht. Aber in diesem Moment habe ihre Käferphobie begonnen. Es war sehr vage.»

S: «Es ist sehr vage, aber ich denke, es ist sehr wichtig. Es tönt so, als ob dies eine Deckerinnerung wäre. Sie schaute etwas an, sie weiss nicht was sie sah. Diese vagen Gefühle der Kinder sind bedeutsam. Ich denke an einen Patienten, welcher seinen Vater verlor, ungefähr im Alter zwischen 4½ und 5 Jahren. Dieser Patient wiederholte in der Analyse oft, wie er mit vagen Gefühlen von Traurigkeit aus dem Fenster schaute, beobachtete, wie der Regen fiel und wie grau der Hintergrund des Hofes war. In den nostalgischen Phantasien dieses Patienten war es immer Herbstwetter, und dieses Wetter erinnerte ihn immer an das Wetter zur Zeit der Beerdigung seines

Vaters. Dieses Wetter hatte eine grosse Faszination für ihn, wie auch die depressiven nostalgischen Gefühle seiner Kindheit. Warum lächeln Sie?»

A: «Ich dachte gerade daran, warum ich die Patientin nicht fragte, mehr dazu zu sagen. Und ich dachte daran, dass ich selbst ein solches Gefühl einer besonderen Art von Jahreszeit habe, von meiner eigenen Kindheit her: Die Bienen und Wespen, die reifen Früchte, die Faulheit des Sommers, wenn niemand zugegen ist und du alleine wanderst, Sie wissen schon.»

S: «Ja, diese Art nostalgischer Gefühle ist bedeutungsvoll für verschiedene Aspekte in der Entwicklung eines Kindes.»

A: «Als sie 9 Jahre alt war, begann ihre Schwester zur Arbeit zu gehen. Sie war 18 und hatte eben die Schule abgeschlossen. Die Mutter arbeitete, auch die Schwester, und sie wurde alleine gelassen. Das war der Moment, wo ihr Asthma sich verschlechterte.»

S: «Der Traum von der Küchenschabe bezieht sich auch auf das Gefühl des Alleingelassenwerdens.»

A: «Ja, sie fährt damit fort. Ich fragte sie, welche anderen Dinge sie ängstigten. Sie hatte auch Angst vor Hunden, der Nachbar hatte eine Bulldogge, sie erzählte mir diese Geschichte. Und der Hund des Polizisten verfolgte sie einmal. Sie bekam Angst vor Hunden. Dann sagte sie: ‹Als Kind hatte ich einen sich wiederholenden Traum, in dem ich mit Insekten bedeckt war, die über meinen ganzen Körper krochen. Es war ein schrecklicher Alptraum.› Als sie dies sagte, lachte sie: ‹Nun ist nur noch ein Insekt übrig geblieben!›»

S: «Die Küchenschabe?»

A: «Ja, die Küchenschabe. Sie sagt: ‹Die Küchenschabe ist das Symbol, mit Leuten zusammen zu sein, ein Teil von etwas zu sein, gute Freunde zu haben, eine Familie.›»

S: (lacht) «Was finden Sie zur Personifizierung der Küchenschabe?»

A: «Ich glaubte es nicht. Ich denke, die Küchenschabe muss ein Teil ihrer selbst sein, den sie nicht mag.»

S: «Ja, aber wenn Sie sagen, dass Sie es nicht glauben, habe ich den Eindruck, dass Sie nicht glauben, dass sie sich so einsam fühlte und eng verbunden mit der Küchenschabe durch ihre Angst.»

A: «Daran habe ich nicht gedacht, ich weiss nicht, vielleicht haben Sie recht. An dieser Stelle kommt sie plötzlich auf ein anderes Thema. Sie spricht von einem Film, den sie gesehen hat, es war ein psychoanalytischer Film.»

S: «Auch wenn sie ein bisschen übertreibt, muss es einen Grund für ihre Sehnsucht geben, für ihre Einsamkeit. Dass sie einen psychoanalytischen Film anschaut, kann eine Abwehr sein, sie will nicht mehr an die Küchenschaben denken.»

A: «Sie sagte, dass dieser Film sehr gut war. Sie sprach über viele Dinge, die dieser Film in ihr anregte. Aber die Stunde war zu Ende. Sie wollte nicht mehr darüber sprechen. Sie sagte nur noch, dass sie in dieser Nacht einen anderen Insektentraum hatte.»

S: «Sie sehen, dass der Insektentraum mit der Analyse in Beziehung stand. Es handelte sich um Ihre Couch. In diesem Insektentraum zeigte sie auf, dass sie auf der Couch lag, mit dem Gesicht von Ihnen weggewandt. Wenn sie in den psychoanalytischen Film geht, dreht sie sich weg vom inneren Aufruhr, welcher durch die Küchenschabe symbolisiert wird, nämlich von ihren Ängsten, den kriechenden Ängsten. Das Symbol ist die Anerkennung der Tiefe ihrer Ängste, welche alle Rollen, die sie an der Arbeit oder mit Männern spielt, überschattet. Sie erwähnt die Kindheitsgefühle und den Angsttraum wiederholt. Dieses Bedecktsein mit Insekten, kriechenden Insekten, könnte die Traummanifestation einer erinnerten Hautsensation sein, aber es könnte auch etwas anderes sein. Wenn sie nächstes Mal dieses Thema bringt, versuchen Sie näher an ihre Gefühle heranzukommen.»

2. Die 14. Supervisionssitzung

A: «Nachdem die Patientin über den Küchenschabentraum gesprochen hatte, berichtete sie lange über ein Buch, das sie im Moment liest. Es ist das Buch ‹Mann und Frau› von Margaret Mead. Sie assoziierte damit ‹Kinder grossziehen, ihnen etwas über Sexualität und Körperausscheidungen beibringen.› Die Patientin fügte hinzu, dass sie gehört habe, dass Kinder sehr stolz auf ihre Darmbewegungen seien. Das verwirre sie. Sie sprach dann detailliert über die Haltung ihrer Familie zu Körperausscheidungen und Sex. Alles, was mit dem Körper in Verbindung stand, war schmutzig, verboten. Dann schwieg sie. Sie schien ängstlich und wartete darauf, dass ich mich äussere. Endlich, fast weinend, sagte sie: ‹Ich möchte, dass Sie etwas sagen.› Und ich schwieg immer noch für eine Weile. Als ich fühlte, dass sie es wirklich nicht länger aushalten konnte, sagte ich, und ich denke, das war falsch: ‹Es scheint mir, Sie möchten, dass ich Sie für diese intelligente Diskussion lobe.›»

S: «Intelligente Diskussion?»

A: «Ich sagte das, ja, und sie war schrecklich verletzt. Sie sagte: ‹Ich wollte nur wissen was Sie denken. Ich weiss es jetzt, weil Sie sarkastisch sind.› Ich sagte ihr darauf, dass ich nicht sarkastisch sei. Die Diskussion sei intelligent gewesen, aber es wären keine Gefühle darin gewesen. Es sei nicht relevant gewesen.»

S: «Nicht relevant? Warum war es nicht relevant?»

A: «Ich hatte das Gefühl, dass sie den Dialog intellektualisierte. Das wollte ich ihr sagen, aber es war mir nicht bewusst. Ich sagte: ‹Irrelevant war es nicht.› Sie gab aggressiv zurück: ‹Interessiert es Sie denn nicht, was ich denke?› Ich antwortete: ‹Nun, ich glaube, der Punkt ist, Sie erwarten von mir zu hören, dass Sie eine gute Patientin sind.› Darauf erwiderte sie: ‹Ja, ich möchte das gerne hören, aber ich möchte auch hören, ob das, was ich sage richtig oder falsch ist.› Darauf ich: ‹Sie möchten hören, dass Sie es gut gemacht haben.›»

S: «Ja, das kann möglich sein, aber ich denke, das ist nun nicht das Problem. Das Problem ist, dass sie sehr grosse Angst hatte, ich denke dabei an den Küchenschabentraum. Sie identifiziert sich mit den Küchenschaben. Intellektualisierung kann eine Abwehr gegen die

Emotionen sein und Ihr Problem ist, wie Sie ihr dies mitteilen könnten, ohne ihre Gefühle zu verletzen. Sie wurde nämlich schon einmal verletzt.»

A: «Nun, ich hätte ihr etwas sagen sollen über ihr Bedürfnis, in intellektuellen Termini zu sprechen.»

S: «Ich hätte z.B. gesagt: ‹Sie sprechen über diese Bücherdinge, weil Ihnen das hilft, Ihre Angst zu überbrücken› oder etwas in diesem Stil. Sie braucht Anerkennung. Anerkennung ist ein Teil davon, wie man Kinder erzieht. Ein Kind lernt besser, wächst besser, wenn es von den Eltern anerkannt wird. Wenn Sie alles mit der Angst in Verbindung bringen, tönt es anders. Wenn Sie nur sagen: ‹Sie brauchen Anerkennung›, so tönt das wie ein Vorwurf. Diese Frau kann das jetzt nicht ertragen.»

A: «Ja, sie kam dann auch auf ein anderes Thema, sprach über das Wochenende, und dann war ein langes Schweigen. Ich fragte sie, was sie denke, und sie sagte: ‹Wie schön es ist, ruhig zu sein.› Ich bekam fast das Gefühl, dass sie mir sagte: ‹Gut, wenn ich kein braves Mädchen sein muss, muss ich auch nicht sprechen.›»

S: «Ruhig sein, wie? Ich meine, es gibt hier einen Unterschied. ‹Wie schön es ist, ruhig zu sein› kann heissen, es ist gut, nicht in Wut zu sprechen oder es kann heissen, wie schön ist es, innerlich ruhig zu sein, so dass man überhaupt nicht sprechen muss. Sie denken an ihre Wut, ich denke an ihre Angst, ihre innere Unruhe, die sie mit Reden unterdrücken will. Die Schritte folgten sich schnell: Die Küchenschabenangst, die Intellektualisierung und nun die Beruhigung.»

A: «Ja, sie sprach davon, wie zornig sie wurde vorher in der Stunde, als ich nicht antwortete. Sie hatte ein unheimliches Gefühl, alles drehte sich vor ihren Augen, sie fühlte, dass sie sich nicht bewegen konnte, sie war ein Teil der Couch. Sie bemerkte, dass sie seither den linken Arm nicht mehr bewegt habe. Das ist der Arm, der näher bei mir ist.»

S: «Ja, sie kann darüber sprechen, in der Vergangenheit, das heisst, die Affekte sind abgeebbt.»

Was denken Sie über diese beiden Supervisionssitzungen?

Sie stammen aus dem Buch von *Joan Fleming* und *Therese Benedek* (1983, 59ff), einem Klassiker der psychoanalytischen Supervision – ich habe sie Ihnen in einer freien Übersetzung aus dem Englischen präsentiert. Mir scheint, dass der vorstellende Analytiker sich dagegen wehrt, wohl aus persönlichen inneren Gründen, die Angst der Patientin zu erkennen und zu deuten. Ganz besonders deutlich wird diese Abwehr in der zweiten Sitzung. Die Besprechung persönlicher Probleme des Supervisanden gehört aber nicht in die Supervision – ich werde darauf noch zurückkommen.

II. Zur Geschichte der Supervision

Wir gehen heute wie selbstverständlich davon aus, dass Supervision ein integraler Bestandteil der Ausbildung zum Psychoanalytiker oder Psychotherapeuten ist. Aber Supervision in der heutigen Form hat es nicht immer gegeben. Wir verdanken ihre Existenz der steten Auseinandersetzung mit Ausbildungsfragen innerhalb der psychoanalytischen Bewegung.

Man könnte sagen, dass es seit 1902, als Freuds *splendid isolation* zu Ende ging, Supervision gibt, die vorerst nicht reglementiert war. In seinem Aufsatz *Zur Geschichte der psychoanalytischen Bewegung* (1914d), schrieb Freud, dass vom Jahre 1902 an sich eine Anzahl junger Ärzte um ihn herum versammelt habe mit der ausdrücklichen Absicht zu lernen, zu praktizieren und das Wissen der Psychoanalyse zu verbreiten; es fanden regelmässige abendliche Diskussions-Zusammenkünfte in seinem Haus statt – eine Gruppensupervision, wie wir es heute wohl nennen würden.

Freud selbst überlieferte uns in der Beschreibung seiner Beratung des Vaters bei der Behandlung von dessen Sohn Hans das historische Modell einer Supervision. Er sagte in seiner Arbeit *Analyse der Phobie eines fünfjährigen Knaben* (Kleiner Hans, 1909b, GW VII, 243): «Ich habe zwar den Plan der Behandlung im ganzen geleitet und auch ein einziges Mal in einem Gespräch mit dem Knaben persönlich eingegriffen; die Behandlung selbst hat aber der Vater des Kleinen durchgeführt.» Freud musste einmal eingreifen, weil der Vater/Therapeut die Gegenübertragung mitagierte und dadurch die feindselige Übertragung seines Sohnes/Patienten nicht erkannte, wodurch die Behandlung momentan zum Stillstand kam. Die Lösung dieses Problems durch Freud veranlasste den Knaben zu einer Idealisierung des Supervisors: Der Kleine Hans fragte nämlich seinen Vater, ob denn der Herr Professor mit dem lieben Gott spreche, dass er das alles vorher wissen könne! Nur am Rande sei bemerkt, dass heute niemand mehr Familienangehörige oder Bekannte in Behandlung nähme, wissen wir doch nun sehr viel mehr über Übertragungs- und Gegenübertragungsphänomene als jene Pioniere der Psychoanalyse.

An verschiedenen Instituten wurde in der Folge die psychoanalytische Supervision mehr und mehr ein formeller Teil der Ausbildung zum Analytiker. Aber erst 1925 auf dem 9. Internationalen Kongress der Psychoanalyse wurde die Supervision weltweit institutionalisiert.

III. Zur Technik der Supervision

1. Der Supervisionsrahmen

Zu den Rahmenbedingungen der Supervision gehört ein *gutes Arbeitsbündnis*. Es ist die Aufgabe des Supervisors, mit dem Supervisanden ein Arbeitsbündnis zu schaffen, das es diesem ermöglicht, seine eigenen beruflichen Fähigkeiten zu entwickeln. Zu Beginn stellt die Zweierbeziehung ein ungleiches Verhältnis dar, welches sich natürlicherweise aus dem Erfahrungsvorsprung des Supervisors ergibt. Dieses anfängliche Lehrer-Schüler-Verhältnis veranlasste viele psychoanalytische Autoren, die Supervision als ein Lehrverhältnis (*teaching alliance*) zu bezeichnen. Ich persönlich ziehe den Ausdruck *Arbeitsbündnis* vor, da ich Supervision als eine gegenseitige Erfahrung betrachte, welche Wachstum auf beiden Seiten anregt, auch wenn die Aufgabenverteilung der beiden Partner eine verschiedene ist. Der Supervisor hat die Aufgabe, sowohl die Interessen des Patienten zu schützen als auch den Status und die Qualität der Psychoanalyse oder Psychotherapie. Mit seinem Respekt vor dem Lernenden schafft der Supervisor ein günstiges Arbeitsklima, das dem Supervisanden erlaubt, eigene Ideen über seinen Fall angstfrei zu formulieren. Trotzdem gibt es bei ihm zu Beginn häufig Unsicherheit, Kränkbarkeit, Ängste, Abhängigkeits- und Unterlegenheitsgefühle, Unterwerfung, Oppositionalität oder Idealisierung des Supervisors. Dieser schwierigen emotionalen Lage seines Supervisanden sollte der Supervisor mit Empathie und Takt begegnen, ohne jedoch die Ungleichheit durch Herstellung eines «Kaffeekränzchenklimas» zu verschleiern oder gar noch durch bevormundende, autoritäre oder infantilisierende Haltung zu akzentuieren.

Die Supervisionsarbeit sollte sich auf das *klinische Material* konzentrieren. Dem Supervisanden wird empfohlen, über den Sitzungsverlauf mit seinem Patienten zu berichten, wie er ihn nach der Sitzung schriftlich festgehalten hat. Vom Mitschreiben während der Sitzung, um eine Art Verbatim-Protokoll anzufertigen, ist abzuraten, weil dadurch die schon von Freud geforderte Grundbedingung der gleichschwebenden Aufmerksamkeit gestört wird. Noch weniger sind Tonbandaufnahmen zu empfehlen, weil sie Spontaneität, Authentizität und Intimität des therapeutischen Raumes gefährden. Je fortgeschrittener der Supervisand ist, desto unabhängiger von seinen Notizen wird er über das klinische Material berichten; zunehmend wird er über den Therapieverlauf und den analytischen Prozess frei assoziieren können. Natürlich hat dieses Material durch den psychischen Apparat des Supervisanden eine entsprechende Bearbeitung mit Verdichtungen, Verschiebungen, Entstellungen erfahren, wie wir es vom Traum her kennen. Der Supervisor wird denn auch dieses Material wie einen Traum entschlüsseln, weil er so seinem Supervisanden das Übertragungs- und Gegenübertragungsgeschehen, die unbewussten Inhalte am besten aufzeigen kann.

Vom Supervisanden wird *Offenheit* und *Ehrlichkeit* erwartet, eigentlich eine Selbstverständlichkeit für ein gutes Arbeitsbündnis. Es kann aber selten einmal vorkommen, dass ein Supervisand lügt, das Material verfälscht aus Kränkbarkeit und übergrosser Angst, einen eventuellen Fehler eingestehen zu müssen. Der Supervisor merkt in diesem Fall, dass das Material in sich nicht stimmig ist. Es wird daher für ihn nicht ersichtlich, was sich in Wirklichkeit in der Behandlung abspielt. Hier braucht es ein klärendes Gespräch. Gerade anhand von sogenannten Fehlern lässt sich ja die Übertragungs- und Gegenübertragungsbewegung besonders illustrativ darstellen.

Der Supervisor hat die Funktion eines Hüters des Supervisionsraumes und -rahmens. Er soll bei seiner Tätigkeit die eigenen Reaktionen in ständiger Selbstreflexion überprüfen und eine Art *Abstinenz* und *Neutralität* walten lassen. Das heisst, dass weder persönliche Anliegen oder Konflikte des Supervisors noch ungelöste Probleme des Supervisanden die Arbeit am Fallmaterial aus dem Mittelpunkt des Interesses verdrängen dürfen. Wenn für den Supervisor ungelöste Konflikte des Supervisanden sichtbar werden, weil dieser seine Gegenübertragung agiert, soll er sich enthalten, aus ihm einen Patienten zu machen und sein Problem zu analysieren. Es liegt beim Supervisanden selbst, sobald er darauf aufmerksam wird, seine Konflikte in selbstanalytischer Arbeit zu reflektieren oder, sofern er noch in Lehranalyse ist, sie mit seinem Analytiker zu besprechen oder noch ein Stück eigene Analyse, eine sogenannte *Tranche* bei einem weiteren Analytiker zu machen.

Anlässlich der Konferenz in Budapest 1937 wurde der heutige gültige Supervisionsrahmen herausgearbeitet: Lehranalytiker und Supervisionsanalytiker sollten nicht ein und dieselbe Person sein. Ausserdem wurde empfohlen, dass der Supervisand parallel zur Supervision mit Vorteil noch in Lehranalyse sein sollte.

Zu den Rahmenbedingungen der Supervision gehört schliesslich die Möglichkeit der *gegenseitigen Evaluation*. Dabei soll auch der Supervisand Kritik üben können. Der Supervisor hat die Aufgabe, den Supervisanden bezüglich seiner professionellen Fähigkeiten zu evaluieren. Selten wird er dabei auch die menschlich schwierige Aufgabe haben, einem Kandidaten psychotherapeutische Fähigkeiten absprechen zu müssen.

2. Die Technik des Supervisors im engeren Sinne

Die Technik des Supervisors ist scheinbar eine sehr einfache. Sie besteht im absichtsfreien Anhören des Fallmaterials und im Beobachten jedwelcher sonstiger Bemerkungen und Verhaltensweisen des Supervisanden in *gleichschwebender Aufmerksamkeit* (Freud, 1912e, GW VIII, 377) sowie im Registrieren der eigenen Gegenübertragungsreaktionen – Grundsätze auch jeder psychoanalytischen Behandlung. Dabei verlässt sich der Supervisor auf sein unbewusstes Gedächtnis, um den latenten Inhalt des Materials zu erfassen. Er wird sozusagen zum Behälter eines komplexen Netzes von Übertragungs- und Gegenübertragungsbeziehungen, welches es zugunsten des Verständnisses des Patienten zu entflechten gilt.

Häufig zeigen sich folgende Übertragungs- und Gegenübertragungsprobleme, die vom Supervisor angesprochen werden müssen:

1. Der Supervisand agiert seine Gegenübertragung am Patienten aus, wodurch der therapeutische Prozess blockiert wird, wie das im anfangs dargestellten klinischen Supervisionsbeispiel der Fall war.
2. Der Supervisand identifiziert aus seiner Abwehr heraus den Supervisor projektiv mit den Affekten seines Patienten, so dass der Supervisor bei sich entsprechende Gegenübertragungsreaktionen registriert (vgl. *Paula Heimann*, 1950). Er merkt, dass er in Vertretung des Supervisanden, welcher nicht in der Lage war, die Affekte des Patienten wahrzunehmen, diese Affekte bei sich aufgenommen und erkannt hat.
3. Der Supervisand macht aufgrund eigener ungelöster Konflikte Übertragungen auf den Supervisor. Dies kann geschehen, wenn der Supervisand noch in Lehranalyse steht, aber auch wenn er diese bereits abgeschlossen hat. In letzterem Falle ist die Quelle der Übertragung eine Restneurose.
4. Der Supervisand überträgt in einer übermässigen Identifikation mit dem Patienten die gesamte Übertragungs-/Gegenübertragungssituation auf die Supervisand-Supervisor-Beziehung. Diese Identifikation mit dem Patienten verhindert die Elaboration der Übertragung und die Deutung der Affekte. Z.B. kommt ein Supervisand eine halbe Stunde zu spät in die Supervision, weil er den vereinbarten Beginn der Supervisionsstunde vergessen hat. In der Supervision erzählt er dann, dass sein Patient ihn in der letzten Sitzung eine halbe Stunde habe warten lassen, weil er angeblich die vereinbarte Zeit falsch erinnerte.

Der Supervisor sollte seinem Supervisanden bei der Entwicklung eigener Ideen über die Bedeutung des Materials grösstmögliche Freiheit lassen, ohne dabei die Interessen des Patienten oder die Qualität der Behandlung zu vernachlässigen. Dort, wo der Supervisand *schweigt*, sollte der Supervisor mitteilen, wie *er* das Material verstanden hat oder was *er* gesagt hätte.

Wenn es sich um Psychotherapien handelt, nicht um Psychoanalysen, muss der Supervisor die Frage klären, ob bei einem bestimmten Patienten die Übertragung überhaupt gedeutet werden oder besser bei der Deutung von Nebenübertragungen geblieben werden soll.

IV. Der Lernprozess des Supervisanden

Der Supervisand wird mit Hilfe des Supervisors seine Empathie für den Patienten vertiefen. Ein echtes Verständnis für die Persönlichkeit seines Patienten wird bei ihm angstfreieres und interessierteres Arbeiten bewirken. Sein diagnostisch-strukturelles Verständnis zeigt ihm, auf welchem Niveau sich die Entwicklungsstörungen des Patienten befinden. Zum wichtigsten Lernziel gehört für ihn das Erkennen des unbewussten Materials aus dem manifesten Inhalt. Er wird lernen, dass die latenten Inhalte sich am besten durch ein zielloses, absichtsloses Zuhören in gleichschwebender Aufmerksamkeit erfassen lassen und erfahren, dass eine Deutung zeitlich günstig (*well-timed*) gelegen sein und so nahe wie möglich am Material und am Erleben des Patienten bleiben soll, da der Patient sich nur so verstanden fühlen, eine Einsicht gewinnen und sich verändern kann. Das heisst, der Supervisand wird erleben, dass ein therapeutischer Prozess in Gang kommt. Er wird im Laufe der Supervision im Umgang mit dem klinischen Material immer weniger auf der nur realen manifesten Ebene bleiben. Er wird nicht mehr zu schnell, ohne Berücksichtigung der Abwehr, des Widerstandes, oder zu spät (à *froid*) deuten, und in seinen Deutungen weniger intellektualisierend sein, aber auch weniger deutungsgehemmt. Der Supervisand wird immer besser in der Lage sein, die Übertragungen seines Patienten bei sich zu tolerieren und die Verantwortung für dieses Phänomen zu übernehmen, d.h. er wird diese Übertragungen immer besser deuten können. Er wird ausserdem lernen, seine Gegenübertragungsreaktionen immer besser wahrzunehmen, zu reflektieren und sie als Instrument für ein tieferes Verständnis seines Patienten zu gebrauchen.

Beim Supervisanden vollzieht sich so eine psychische Entwicklung, welche zur Bildung eines inneren professionellen Raumes führt. Diesen inneren Reflexionsraum gewinnt er schliesslich auch durch die Identifikation mit der versichernden und beobachtenden Funktion des Supervisors. In diesem fortgeschrittenen Stadium des Lernens kann der Supervisand die trianguläre Beziehung Patient - Supervisand - Supervisor mit mehr Gewinn und Bereicherung ausschöpfen. In der Beziehung zum Supervisor kommt es mehr und mehr zu einem kollegialen Erfahrungsaustausch. Der Supervisand wird endlich seine Identität und Individualität als Therapeut in Abgrenzung zu seinem Supervisor finden.

Für die *Supervision von Psychoanalysen* gelten die Richtlinien der Internationalen Psychoanalytischen Vereinigung (IPV):

1. Voraussetzung für die Supervision ist die Lehranalyse des Supervisanden bei einem anerkannten Psychoanalytiker.
2. Die Supervision muss wöchentlich stattfinden, es müssen zwei Analysen mit mindestens vier Sitzungen pro Woche supervidiert werden.
3. Der Supervisor muss einen Qualifikationsnachweis als Lehranalytiker seiner nationalen psychoanalytischen Gesellschaft haben.

Für die *Supervision von Psychotherapien* gibt es leider keine Reglementierung. Damit aber die Supervisionsarbeit auch von Psychotherapien fruchtbar wird und ein echter Lernprozess optimal stattfinden kann, müssen meines Erachtens mindestens drei Voraussetzungen gegeben sein:

1. Der Supervisand sollte eine abgeschlossene oder laufende Lehranalyse haben.
2. Der Supervisand sollte mindestens zwei Langzeitpsychotherapien, mit Vorteil inklusive Terminationsphase, unter Supervision zweier verschiedener Supervisoren durchführen.
3. Der Supervisor sollte seine Ausbildung mit einem Qualifikationsnachweis abgeschlossen haben.

Nachwort

Hannelore Wildbolz wurde 1943 während der Zeit der Bombenangriffe in München geboren, wohin die Familie in den Kriegswirren emigrierte. Der Vater war Sudetendeutscher, die Mutter stammte aus Wien; die Geburt der um 7 Jahre älteren Schwester erfolgte noch in Brünn (heute Brno, Tschechien). Den Schulabschluss mit der Matura machte sie am Münchner Luisen-Gymnasium, das Medizinstudium bis zum 2. Propae an der dortigen Ludwig-Maximilian-Universität, dann an der Universität Zürich mit Schweizer Staatsexamen 1969. Nach einer chirurgisch-anästhesiologischen Assistenzzeit im Kantonsspital Schaffhausen doktorierte sie auf der Forschungsabteilung der Psychiatrischen Universitätsklinik Burghölzli Zürich mit dem Thema *Asthma Bronchiale und Persönlichkeitsstruktur*, publiziert 1976 bei Karger. 1977 wurde ihr der Titel *Spezialärztin FMH für Psychiatrie und Psychotherapie* verliehen. Während der gemeinsamen Tätigkeit im Burghölzli lernte sie Alexander Wildbolz kennen, mit dem sie 1974 in La Paz, Bolivien die Ehe einging. Das Paar arbeitete vorerst in der französischen Schweiz, ab 1976 in Bern, von wo aus Hannelore Wildbolz für ihre persönliche Analyse während Jahren nach Zürich zu Frau Dr. med. Martha Eicke reiste.

Das grosse Interesse an der Psychoanalyse zeigte sich bereits in der Zürcher Zeit, als sie an der Ausbildung der Schweizerischen Gesellschaft für Psychoanalyse SGPsa aktiv teilnahm, später in Prangins, Lausanne und Genf. 1977 wurde sie Kandidatin, 1986 Mitglied, 1995 Ausbildungsanalytikerin. In der SGPsa arbeitete sie als Beisitzerin im Vorstand und während gut 15 Jahren im Unterrichtsausschuss der Deutschen Schweiz, den sie, als erstes Berner Mitglied überhaupt, 3 Jahre präsidierte.

Der Schwerpunkt ihrer psychoanalytischen Arbeit lag in Bern, wo sie zusammen mit Kaspar Weber und Alexander Wildbolz, beide ebenfalls Psychoanalytiker SGPsa, die Psychoanalytische Arbeitsgruppe Bern gründete, welche sie 15 Jahre als Präsidentin leitete. Dank ihr gewann diese Gruppe die Anerkennung wie auch die finanzielle Unterstützung der SGPsa, auf deren Ausbildungsprogramm der Name *Psychoanalytische Arbeitsgruppe Bern* 1986 erstmals auftauchte. Zahlreiche in- und ausländische Dozenten hielten auf Hannelores Einladung Vorträge oder Seminare, zunächst im Hotel Schweizerhof; dabei kam neben der deutschen auch die französische und die englische Sprache zum Zug, was Einblick in verschiedene psychoanalytische Subkulturen ermöglichte. Unter den ersten Dozenten waren Georges Costoulas/Genf, Heinz Müller/Zürich, Antoine Appeau/Lyon, James Gammil/Toulon, Ursula Häfliger/Zürich, Rolf Klüwer/Frankfurt, Ernest Freud/Köln, Peter Dreyfus/Basel, Lotte Köhler/München, Joseph Sandler/London, Lore Schacht/Freiburg i.Br., Jean-Michel und Danielle Quinodoz/Genf, Janice de Saussure/Genf, Betty und Hartmut Raguse/Basel, André Green/Paris, Serge Lebovici/Paris, Peter Neubauer/N.Y., Paul-Claude Racamier/Paris, François Ladame/Genf, Betty Denzler/Zürich, Thalia Vergopoulo/Genf, Nicos Nicolaïdis/Genf, Alexander Moser/Zürich, Olivier Flournoy/Genf, René Roussillon/Lyon, Joyce McDougall/Paris, Janine Chasseguet-Smirgel/Paris, Michel de M'Uzan/Paris, André Haynal/Genf und Gianpaolo Lai/Mailand.

Hannelore Wildbolz war Gründungsmitglied des 2000 aus der Arbeitsgruppe hervorgegangenen Sigmund-Freud-Zentrums Bern, welches bei der Blum-Zulliger-Stiftung an der Gerechtigkeitsgasse 53, 3011 Bern eigene Räume fand, wo auch sie zahlreiche Seminare leitete. Daneben hatte sie eine ausgedehnte Vortrags- und Supervisionstätigkeit innerhalb der SGPsa wie ausserhalb in verschiedenen bernischen psychiatrischen Institutionen. Von 1996 bis 2008 hatte sie einen Lehrauftrag der Medizinischen Fakultät der Universität Bern über *Theorie und Klinik der Psychoanalyse*, woraus die jetzt hier in Buchform vorliegenden Berner Vorlesungen entstanden. Ihre Tätigkeit fand auch einen Niederschlag in der Tagespresse sowie im Bulletin der SGPsa zu verschiedenen Themen, letztlich 2008 in der *Zeitschrift für psychoanalytische Theorie und Praxis* mit einer grösseren Arbeit über das Thema der Perversion. Das alles bewältigte sie neben einer umfangreichen psychoanalytischen Praxis.

Zum grossen Bedauern aller war Hannelore Wildbolz 2007 gezwungen, wegen einer Krebserkrankung ihre Praxis und ihre zusätzlichen Aktivitäten aufzugeben. Bis fast zum Schluss konnte sie aber publizistisch tätig bleiben und ihre grosse Erfahrung in die Geschäfte der Psychoanalyse einbringen.

Hanni Wildbolz war eine «grande dame» der Psychoanalyse – wir verdanken ihr ausserordentlich viel. Als Analytikerin, Supervisorin, Kollegin und Freundin war sie eine stets freundliche, aufmerksam zuhörende und integrative Persönlichkeit mit grossen assoziativen Fähigkeiten. Dies kam auch den beiden Kindern zugute, die sie zusammen mit ihrem Mann aufzog. Hanni fehlt ihrer Familie, fehlt uns allen schmerzlich!

Renata Sgier Büsser, Präsidentin des Sigmund-Freud-Zentrums Bern

Literatur

Abelin, E. (1975) *Some further obeservations and comments on the earliest role of the father*, Internat. J. Psycho-Anal. 56:293–302

Abraham, K. (1971) *Psychoanalytische Studien I und II*, Conditio humana, Fischer

Altman, L. L. (1981) *Praxis der Traumdeutung*, Suhrkamp

Anzieu, D. (1985) *Le Moi-peau*, Dunod

Argelander, H. (1976) *Im Sprechstundeninterview bei Freud*, Psyche 30

——— (1978) *Das psychoanalytische Interview und seine Methode – ein Nachtrag zum Fall Katharina*, Psyche 32

Balint, M. (1950) *On the termination of analysis*, IJP, 31:196–199,

Bégoin, J. et F. (1979) *Pour une resexualisation de la sublimation*, RFP 5–6:923–941

Benedetti, G. (1975) *Ausgewählte Aufsätze zur Schizophrenielehre*, Vandenhoeck & Ruprecht

——— (1993) Hrsg. *The psychotherapy of schizophrenia*, Hogrefe & Huber

——— (1994) *Todeslandschaften der Seele*, Vandenhoeck & Ruprecht

Bion, W. R. (1959) *Attacks on linking*, in *Second thoughts*, Heinemann, 1967

——— (1962) *Learning from Experience*, deutsch *Lernen durch Erfahrung*, Suhrkamp, 1990

——— (1963) *Elements of Psycho-Analysis*, deutsch *Elemente der Psychoanalyse*, Suhrkamp, 1992

——— (1970) *Attention and interpretation*, Tavistock

——— (1990) *Zur Unterscheidung von psychotischen und nicht-psychotischen Persönlichkeiten*, in Bott Spillius, E. *Melanie Klein heute*, Internat. Psychoanalyse I:75–99

——— (1991) *Anmerkungen zu Erinnerung und Wunsch*, in Bott Spillius, E. *Melanie Klein heute*, Internat. Psychoanalyse II:22–28

——— (1990) *Lernen durch Erfahrung*, Suhrkamp

——— (1992) *Elemente der Psychoanalyse*, Suhrkamp

——— (1997) *Transformationen*, Suhrkamp

Bléandonu, G. (1990) *Wilfred R. Bion: La vie et l'oeuvre*, Bordas

Blos, P. (1970) *The young adolescent*, Free Press

——— (1990) *Sohn und Vater*, Klett

Blum, H. P. (1977) Ed. *Female psychology. Contemporary psychoanalytic views*, IUP

Bonaparte, M. (1973) *Female sexuality*, IUP

Boothe, B., Meier, B. (2000) *Der Traum, Phänomen – Prozess – Funktion*, Hochschulverlag an der ETH Zürich

Brenner, C. (1972) *Grundzüge der Psychoanalyse*, Fischer

Breuer, J. (1893–95) *Frl. Anna O. ... und Theoretisches*, Beiträge zu den Studien über Hysterie, GW Nachtrag

Britton, R., Feldmann, M., O'Shaughnessy, E. (1989) *The Oedipus complex today*, Karnac

Bruch, H. (1982) *Der goldene Käfig: Das Rätsel der Magersucht*, Fischer

Cahn, R. (1991) *Adolescence et folie*, PUF

Caïn, J. (1990) *Le champ psychosomatique*, PUF

Chasseguet-Smirgel, J. (1974) Hrsg. *Psychoanalyse der weiblichen Sexualität*, Suhrkamp

——— (1981) *Das Ichideal*, Suhrkamp

Cooper, A. M. (1986) Ed. *La fin de l'analyse didactique: le processus, les prévisions, les réalisations*, Ass. Psychanalytique Internat., Monographie 5

Deserno, H. (1999) Hrsg. *Das Jahrhundert der Traumdeutung*, Klett-Cotta

Deutsch, H. (1944/45) *Psychology of women*, Grune & Stratton

——— (1968) *Selected problems of adolescence*, IUP

Dowling, S. (1995) Ed. *The Psychology and treatment of addictive behaviour*, IUP

Eissler, K. (1965) *Medical orthodoxy and the future of psychoanalysis*, IUP

Erikson, E. H. (1977) *Identität und Lebenszyklus*, Suhrkamp

Epstein, L., Feiner, A. H. (1979) Ed. *Counter-transference*, Aronson

Etchegoyen, R. H. (1991) *The fundamentals of psychoanalytic technique*, Karnac

Federn, P. (1978) *Ichpsychologie und die Psychosen*, Suhrkamp

Fenichel, O. (1945) *The psychoanalytic theory of neurosis*, Norton, deutsch *Psychoanalytische Neurosenlehre*, I 1974, II 1975 III 1977, Walter

Ferenczi, S. (1970/72) *Schriften zu Psychoanalyse I und II*, Fischer

Fleming, J., Benedek, T. (1983) *Psychoanalytic supervision: A method of clinical teaching*, IUP

Flournoy, O. (1979) *Le temps d'une psychanalyse*, Belfond

——— (1994) *Défense de toucher*, Calmann-Lévy

Freeman Sharpe, E. (1950) *The technique of psychoanalysis*, in Collected papers on Psychoanalysis, 9–106, Hogarth

Freud, A. (1936) *The Ego and the mechanisms of defense*, IUP, deutsch: *Das Ich und die Abwehrmechanismen*, Kindler, 1964, und in Die Schriften der Anna Freud I, Kindler, 1980

——— (1942) *Kriegskinder*, in Die Schriften der Anna Freud II, Kindler, 1980

——— (1945) *Anstaltskinder*, in Die Schriften der Anna Freud III, Kindler, 1980

——— (1954) *The widening scope of indications for analysis: Discussion*, in Indication for child analysis, Hogarth, London, 1969, deutsch: *Der wachsende Indikationsbereich der Psychoanalyse, Diskussion* in Die Schriften der Anna Freud V, Kindler, 1980

——— (1957) *Probleme der Beendigung in der Kinderanalyse*, in Die Schriften der Anna Freud IX, Kindler, 1980

——— (1958) *Adolescence*, The Psychoanalytic Study of the Child 13:255–278

——— (1965) *Diagnostic skills and the growth in psychoanalysis*, Int. J. Psychoanal. 46:31–38

——— (1980) *Die Schriften der Anna Freud I–X*, Kindler

Freud, S. (1894e) *Über Coca*, Zbl. ges. Ther. II:289–314 [Inhaltsangabe in 1897b]

——— (1895b) *Über die Allgemeinwirkung des Cocaïns*, Zschr. Therap. III:49–51

——— (1895f) *Nachträge zur Arbeit «Über Coca»* [Inhaltsangabe in 1897b]

——— (1897b) *Rezension ...*, GW Nachtrag

——— (1890a, früher 1905b) *Psychische Behandlung (Seelenbehandlung)*, GW V

——— (1892–93a) *Ein Fall von hypnotischer Heilung nebst Bemerkungen über die Entstehung hysterischer Symptome durch den «Gegenwillen»*, GW I

——— (1893a) *Über den psychischen Mechanismus hysterischer Phänomene. Vorläufige Mitteilung* (zusammen mit Breuer, J.), GW I

——— (1893c) *Quelques considérations pour une étude comparative des paralysies motrices organiques et hystériques*, GW I

——— (1893f) *Charcot †*, GW I

——— (1894a) *Die Abwehr-Neuropsychosen*, GW I

——— (1895b [1894]) *Über die Berechtigung, von der Neurasthenie einen bestimmten Symptomenkomplex als «Angstneurose» abzutrennen*, GW I

——— (1895d) *Studien über Hysterie* (zusammen mit Breuer, J.), GW I

——— (1896a) *L'hérédité et l'étiologie des névroses*, GW I

——— (1896b) *Weitere Bemerkungen über die Abwehr-Neuropsychosen*, GW I

——— (1896c) *Zur Ätiologie der Hysterie*, GW I

——— (1897b) *Inhaltsangaben der wissenschaftlichen Arbeiten des Privatdozenten Dr. Sigm. Freud*, GW I

——— (1898a) *Die Sexualität in der Ätiologie der Neurosen*, GW I

——— (1900a) *Die Traumdeutung*, GW II/III

——— (1901a) *Über den Traum*, GW II/III

——— (1901b) *Zur Psychopathologie des Alltagslebens*, GW IV

——— (1904a [1903]) *Die Freud'sche psychoanalytische Methode*, GW V

——— (1905a [1904]) *Über Psychotherapie*, GW V

——— (1905c) *Der Witz und seine Beziehung zum Unbewussten*, GW VI

——— (1905d) *Drei Abhandlungen zur Sexualtheorie*, GW V

——— (1905e [1901]) *Bruchstück einer Hysterie-Analyse*, GW V

——— (1907a [1906]) *Der Wahn und die Träume von W. Jensens «Gradiva»*, GW VII

——— (1907b) *Zwangshandlungen und Religionsübungen*, GW VII

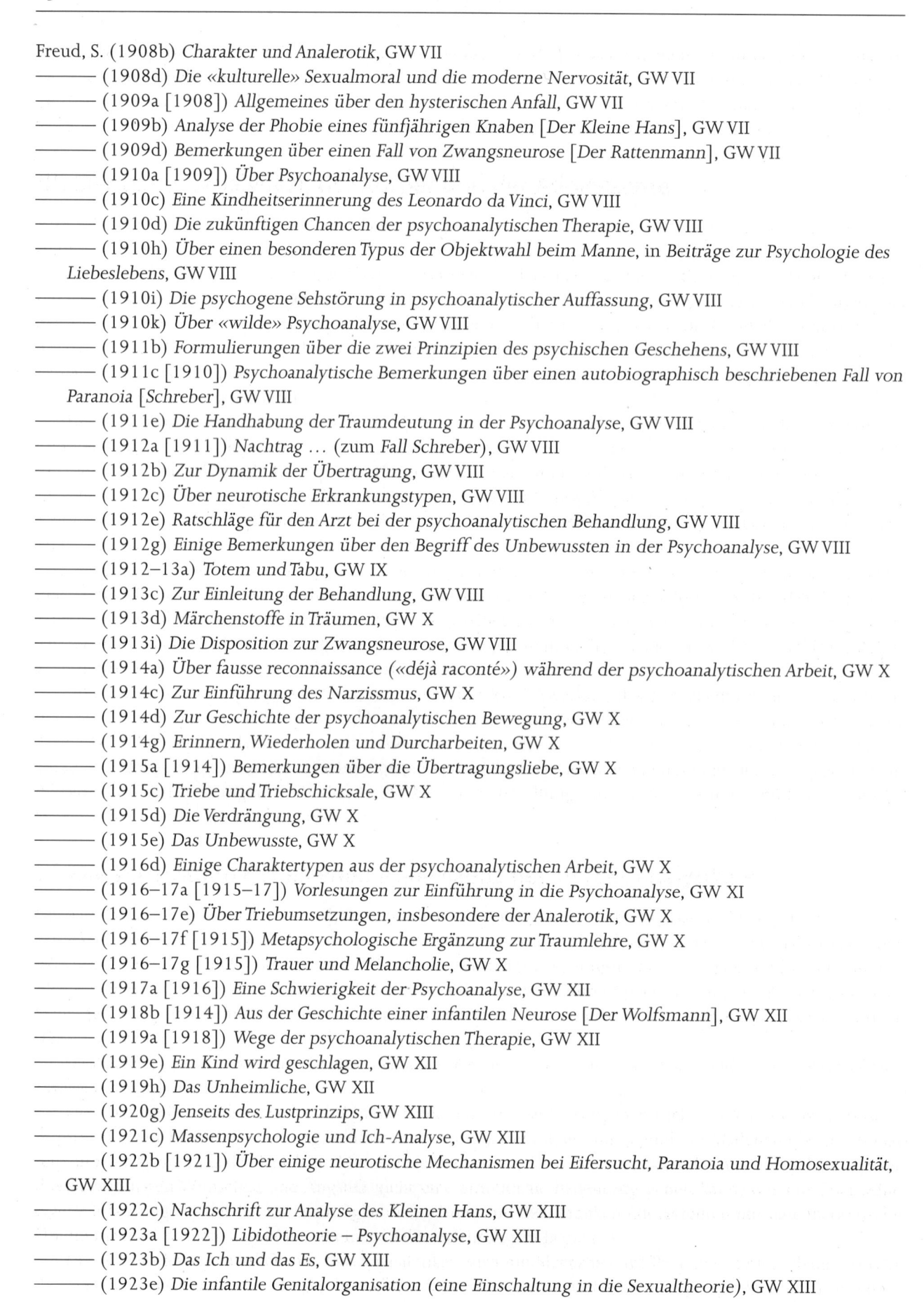

Freud, S. (1908b) *Charakter und Analerotik*, GW VII
—— (1908d) *Die «kulturelle» Sexualmoral und die moderne Nervosität*, GW VII
—— (1909a [1908]) *Allgemeines über den hysterischen Anfall*, GW VII
—— (1909b) *Analyse der Phobie eines fünfjährigen Knaben* [Der Kleine Hans], GW VII
—— (1909d) *Bemerkungen über einen Fall von Zwangsneurose* [Der Rattenmann], GW VII
—— (1910a [1909]) *Über Psychoanalyse*, GW VIII
—— (1910c) *Eine Kindheitserinnerung des Leonardo da Vinci*, GW VIII
—— (1910d) *Die zukünftigen Chancen der psychoanalytischen Therapie*, GW VIII
—— (1910h) *Über einen besonderen Typus der Objektwahl beim Manne*, in *Beiträge zur Psychologie des Liebeslebens*, GW VIII
—— (1910i) *Die psychogene Sehstörung in psychoanalytischer Auffassung*, GW VIII
—— (1910k) *Über «wilde» Psychoanalyse*, GW VIII
—— (1911b) *Formulierungen über die zwei Prinzipien des psychischen Geschehens*, GW VIII
—— (1911c [1910]) *Psychoanalytische Bemerkungen über einen autobiographisch beschriebenen Fall von Paranoia* [Schreber], GW VIII
—— (1911e) *Die Handhabung der Traumdeutung in der Psychoanalyse*, GW VIII
—— (1912a [1911]) *Nachtrag … (zum Fall Schreber)*, GW VIII
—— (1912b) *Zur Dynamik der Übertragung*, GW VIII
—— (1912c) *Über neurotische Erkrankungstypen*, GW VIII
—— (1912e) *Ratschläge für den Arzt bei der psychoanalytischen Behandlung*, GW VIII
—— (1912g) *Einige Bemerkungen über den Begriff des Unbewussten in der Psychoanalyse*, GW VIII
—— (1912–13a) *Totem und Tabu*, GW IX
—— (1913c) *Zur Einleitung der Behandlung*, GW VIII
—— (1913d) *Märchenstoffe in Träumen*, GW X
—— (1913i) *Die Disposition zur Zwangsneurose*, GW VIII
—— (1914a) *Über fausse reconnaissance («déjà raconté») während der psychoanalytischen Arbeit*, GW X
—— (1914c) *Zur Einführung des Narzissmus*, GW X
—— (1914d) *Zur Geschichte der psychoanalytischen Bewegung*, GW X
—— (1914g) *Erinnern, Wiederholen und Durcharbeiten*, GW X
—— (1915a [1914]) *Bemerkungen über die Übertragungsliebe*, GW X
—— (1915c) *Triebe und Triebschicksale*, GW X
—— (1915d) *Die Verdrängung*, GW X
—— (1915e) *Das Unbewusste*, GW X
—— (1916d) *Einige Charaktertypen aus der psychoanalytischen Arbeit*, GW X
—— (1916–17a [1915–17]) *Vorlesungen zur Einführung in die Psychoanalyse*, GW XI
—— (1916–17e) *Über Triebumsetzungen, insbesondere der Analerotik*, GW X
—— (1916–17f [1915]) *Metapsychologische Ergänzung zur Traumlehre*, GW X
—— (1916–17g [1915]) *Trauer und Melancholie*, GW X
—— (1917a [1916]) *Eine Schwierigkeit der Psychoanalyse*, GW XII
—— (1918b [1914]) *Aus der Geschichte einer infantilen Neurose* [Der Wolfsmann], GW XII
—— (1919a [1918]) *Wege der psychoanalytischen Therapie*, GW XII
—— (1919e) *Ein Kind wird geschlagen*, GW XII
—— (1919h) *Das Unheimliche*, GW XII
—— (1920g) *Jenseits des Lustprinzips*, GW XIII
—— (1921c) *Massenpsychologie und Ich-Analyse*, GW XIII
—— (1922b [1921]) *Über einige neurotische Mechanismen bei Eifersucht, Paranoia und Homosexualität*, GW XIII
—— (1922c) *Nachschrift zur Analyse des Kleinen Hans*, GW XIII
—— (1923a [1922]) *Libidotheorie – Psychoanalyse*, GW XIII
—— (1923b) *Das Ich und das Es*, GW XIII
—— (1923e) *Die infantile Genitalorganisation (eine Einschaltung in die Sexualtheorie)*, GW XIII

―――― (1924b [1923]) *Neurose und Psychose*, GW XIII
―――― (1924c) *Das ökonomische Problem des Masochismus*, GW XIII
―――― (1924d) *Der Untergang des Ödipuskomplexes*, GW XIII
―――― (1924e) *Der Realitätsverlust bei Neurose und Psychose*, GW XIII
―――― (1925d [1924]) *Selbstdarstellung*, GW XIV
―――― (1925h) *Die Verneinung*, GW XIV
―――― (1925j) *Einige psychische Folgen des anatomischen Geschlechtsunterschieds*, GW XIV
―――― (1926d [1925]) *Hemmung, Symptom und Angst*, GW XIV
―――― (1926e) *Die Frage der Laienanalyse*, GW XIV
―――― (1926f) *Psycho-Analysis: Freudian School*, GW XIV
―――― (1927a) *Nachwort zur Frage der Laienanalyse*, GW XIV
―――― (1927e) *Fetischismus*, GW XIV
―――― (1930a [1929]) *Das Unbehagen in der Kultur*, GW XIV
―――― (1931b) *Über die weibliche Sexualität*, GW XIV
―――― (1933a [1932]) *Neue Folge der Vorlesungen zur Einführung in die Psychoanalyse*, GW XV
―――― (1937c) *Die endliche und die unendliche Analyse*, GW XVI
―――― (1937d) *Konstruktionen in der Analyse*, GW XVI
―――― (1939a [1934–38]) *Der Mann Moses und die monotheistische Religion: Drei Abhandlungen*, GW XVI
―――― (1940a [1938]) *Abriss der Psychoanalyse*, GW XVII
―――― (1940b [1938]) *Some Elementary Lessons in Psycho-Analysis*, GW XVII
―――― (1940e [1938]) *Die Ichspaltung im Abwehrvorgang*, GW XVII
―――― (1950c [1895]) *Entwurf einer Psychologie*, GW Nachtrag
―――― (1960a [1873–1939]) *Briefe*, Fischer, 1980
―――― (1985c [1887–1904]) *Briefe an Wilhelm Fliess*, Schröter, M. Hrsg., Fischer, 1986
Fromm-Reichmann, F. (1950) *Principles of intensive psychotherapy*, Univ. Chicago Press
―――― (1978) *Psychoanalyse und Psychotherapie*, Klett-Cotta
Frosch, J. (1983) *The psychotic process*, IUP
Gardiner, M. (1972) *Der Wolfsmann vom Wolfsmann*, Fischer
Gay, P. (1988) *Freud, a life for our time*, Norton
Gill, M. M. (1954) *Psychoanalysis and exploratory psychotherapy*, JAPA 2:771–797
Glover, E. (1954) *The indications for psychoanalysis*, J. ment. Sci. 100:393–401
Goethe, J. W. von (1958) *Faust*, Insel
Green, A. (1973) *L'enfant de ça*, Minuit
―――― (1974) *L'analyste, la symbolisation et l'absence dans le cadre analytique*, NRP 10
―――― (1990) *La folie privée. Psychanalyse des cas-limites*, Gallimard
―――― (1993) *Le travail du négatif*, Minuit
―――― (2002) *Idées directrices pour une psychanalyse contemporaine*, PUF
Green, H. (1978) *Ich hab dir nie einen Rosengarten versprochen*, Rowohlt
Greenson, R. R. (1965) *The working alliance and the transference neurosis*, Psychoanal. Quart. 34:155–181
―――― (1975) *Technik und Praxis der Psychoanalyse*, Klett
Grinstein, A. (1983) *Freud's rules of dream interpretation*, IUP
Groddeck, G. (1925) *The meaning of illness: selected psychoanalytic writings*, Hogarth, 1977
―――― (1926) *The book of the It*, Vintage, 1949
Grunberger, B. (1975) *Le narcissisme*, Payot
Grunert, U. (1981) *Die negative therapeutische Reaktion als Wiederbelebung eines gestörten Loslösungsprozesses in der Übertragung*, Bull. EPF 16:22–39
Guillaumin, J. (1987) *Entre blessure et cicatrice. Le destin du négatif dans la psychanalyse*, Champ Vallon
―――― (1988) *Pouvoir du négatif dans la psychanalyse*, Dunod
Harley, M. (1974) Ed. *The analyst and the adolescent at work*, Quadrangle
Hartmann, H. (1972) *Ich-Psychologie*, Klett
―――― (1975) *Ich-Psychologie und Anpassungsproblem*, Klett

Hartmann, H., Kris, E., Loewenstein, R. M. (1946) *Anmerkung zur Entwicklung der psychischen Struktur*, in Kutter, P., Roskamp, H. (1974) *Psychologie des Ich*, WGB Darmstadt
Haynal, A. (1995) *Psychoanalytische Erkenntnis*, Kohlhammer
────── (1996) *La psychanalyse: 100 ans déjà*, Georg
Heimann, P. (1950) *On counter-transference*, Internat. J. Psycho-Anal. 31:81–84
────── (1956) *Dynamics of transference interpretations*, Internat. J. Psycho-Anal. 37:303–310
Holderegger, H. (1993) *Der Umgang mit dem Trauma*, Klett-Cotta
Horney, K. (1936) *The problem of negative therapeutic reaction*, Psychoanal. Quart. 5:29–44
────── (1977) *Die Psychologie der Frau*, Kindler
Jacobson, E. (1967) *Psychotic conflicts and reality*, IUP
────── (1973) *Das Selbst und die Welt der Objekte*, Suhrkamp
────── (1978) *Depression*, Suhrkamp
Jones, E. (1927) *The early development of female sexuality*, Internat. J. Psycho-Anal. 8:459–472
────── (1935) *Early female sexuality*, Internat. J. Psycho-Anal. 16:263–273
────── (1932) *The phallic phase*, Internat. J. Psycho-Anal. 14:1–33
────── (1960/62) *Das Leben und Werk von Sigmund Freud I–III*, Huber
Joseph, E. D. (1967) Ed. *Indications for psychoanalysis*, in Kris, E. study group of the New York Psychoanalytic Institute, Monogr. 2, IUP
Jung, C. G. (1907) *Über die Psychologie der Dementia praecox*, Frühe Schriften II, Studienausgabe, Walther, 1972
────── (1911/12) *Wandlungen und Symbole der Libido*, Jahrbuch f. Psychoanal. u. Psychopatholog. Forschungen III
Keilson, H. (1979) *Sequentielle Traumatisierung bei Kindern*, Emke
Kernberg, O. F. (1981) *Objektbeziehungen und Praxis der Psychoanalyse*, Klett-Cotta
────── (1997) *Wut und Hass*, Klett-Cotta
Kestenberg, J. (1961) *Menarche, Adolescence*, Lorand, S., Schneer, H. J. Ed., Hoeber
Khan, M. (1977) *Selbsterfahrung in der Therapie*, Kindler
────── (1979) *Alienation in perversions*, Internat. Psychoanal. Library 108, Hogarth
King, R. A., Apter, A. (1996) *Psychoanalytic perspectives on adolescence suicide*, The Psychoanalytic Study of the Child 51:491–511
Klauber, J. (1980) *Schwierigkeiten in der analytischen Begegnung*, Suhrkamp
Klein, M. (1935) *Beitrag zur Psychogenese der manisch-depressiven Zustände*, in *Gesammelte Schriften I-2*, frommann-holzboog, 2000
────── (1946) *Bemerkungen über einige schizoide Mechanismen*, in *Gesammelte Schriften III*, frommann-holzboog, 2000
────── (1955) *On identification*, in Klein, M., Heimann, P., Money-Kyrle, R. *New directions in psycho-analysis*, Tavistock
────── (1957) *Neid und Dankbarkeit*, in *Gesammelte Schriften III*, frommann-holzboog, 2000
────── (1959) *Se sentir seul*, in *Envie et gratitudes et autres essai*, Gallimard 1968
────── (1975) *Der Fall Richard*, Kindler
────── (1979) *Die Psychoanalyse des Kindes*, Kindler
────── (1981) *Ein Kind entwickelt sich*, Kindler
────── (1983) *Das Seelenleben des Kleinkindes*, Klett-Cotta
Knapp, P. H., Levin, S., McCarter R. H., Werner, H., Zetzel, E. (1960) *Suitability for Psychoanalysis: A review of 100 supervised analytic cases*, Psychoanal. Quart. 29:459–477
Knight, R. P. (1954) Ed. *An evaluation of psychotherapeutic techniques, psychoanalytic psychiatry and psychology*, IUP
Kohut, H. (1971) *The analysis of the self*, IUP
────── (1979) *Die Heilung des Selbst*, Suhrkamp
Krüll, M. (1979) *Freud und sein Vater*, Beck
Kuiper, P. C. (1968) *Indications and contraindications for psychoanalytic treatment*, Int. J. Psycho-Anal. 49:261–264

Kurzweil, E. (1995) *Freud und die Freudianer*, DTV
Kutter, P. (1995) Hrsg. *Psychoanalysis international*, frommann-holzboog
Laufer, M. E. (1996) *The role of passivity in the relationship to the body during Adolescence*, The Psychoanalytic Study of the Child 51:348–364
Laufer, M., Laufer, M. E. (1984) *Adolescence and developmental breakdown*, Yale
Laufer, M. (1996) *The psychoanalyst of the adolescent*, The Psychoanalytic Study of The Child 51:512–521
Lampl-de Groot, J. (1985) *Collected papers*, Man and Mind, IUP, Van Gorcum
Laplanche, J., Pontalis J.-B. (1973) *Das Vokabular der Psychoanalyse*, Suhrkamp
Lebovici, S., McDougall, J. (1979) *Eine infantile Psychose*, Kindler
Loch, W. (1968) *Identifikation – Introjektion. Definition und genetische Determinierung*, Psyche 22
Loewald, H. W. (1961) *Das Ich und die Realität*, in Psyche 36, 1982
Loewenstein, R. M. (1982) *Practice and precept in psychoanalytic technique*, Selected papers of Rudolph M. Loewenstein, Yale University
Lussier, A. (1983) *Les déviations du désir. Etude sur le fétichisme*, in La perversion, PUF, 47(1):40–132
Mack Brunswick, R. (1972) *Ein Nachtrag zu Freuds «Geschichte einer infantilen Neurose»*, in Gardiner, M. (1972) *Der Wolfsmann vom Wolfsmann*, Fischer
Mahler, M., Pine, F., Bergman, A. (1975, deutsch 1978) *Die psychische Geburt des Menschen*, Fischer
Marty, P. (1976) *Les mouvements individuels de vie et de mort I*, Payot
——— (1980) *L'ordre psychosomatique II*, Payot
Marty, P., M'Uzan, M. de (1978) *Das operative Denken*, in Psyche 32
Marty, P., M'Uzan, M. de, David, C. (1963) *L'investigation psychosomatique*, PUF
Marty, P., Nicolaïdis, N. (1996) *Psychosomatique*, L'Esprit du Temps
McDougall, J. (1972) *Primal scene and sexual perversion*, Int. J. Psycho-Anal. 53
——— (1985) *Plädoyer für eine gewisse Anormalität*, Suhrkamp
——— (1991) *Affektzerstreuung oder die Lösung durch Süchte*, in Theater des Körpers, Internat. Psychoanalyse, 108ff
——— (1991) *Theater des Körpers*, Internat. Psychoanalyse
——— (1996) *Eros aux mille et un visage*, Gallimard
Meerwein, F. (1979) *Reflexionen zur Geschichte der Schweizerischen Gesellschaft für Psychoanalyse in der deutschen Schweiz*, Bull. Schweiz. Ges. f. Psychoanal. 9:25–39
Meltzer, D. (1966) *The relation of anal masturbation to projective identification*, Int. J. Psycho-Anal. 47:335–342
——— (1988) *Traumleben. Eine Überprüfung der psychoanalytischen Theorie und Technik*, Internat. Psychoanalyse
——— (1995) *Der psychoanalytische Prozess*, Internat. Psychoanalyse
Menninger, K. A., Holzman, P. S. (1977) *Theorie der psychoanalytischen Technik*, Problemata 52, frommann-holzboog
Mentzos, S. (1995) *Depression und Manie*, Vandenhoeck & Ruprecht
——— (1995) Hrsg. *Psychose und Konflikt*, Vandenhoeck & Ruprecht
Mijolla, A. de, (2002) Ed. *Dictionnaire International de la Psychanalyse I/II*, calmann-lévy
Milner, M. (1969) *The hands of the living god*, Hogarth
——— (1979) *Rôle de l'illusion dans la formation du symbole*, RFP XLIII:5f
Montgomery, J. D., Greif, A. C. (1989) *Masochism, the treatment of self-inflicted suffering*, Library of Congress
M'Uzan, M. de (1994) *La bouche de l'inconscient*, Gallimard
Morgenthaler, F. (2004) *Homosexualität, Heterosexualität, Perversion*, Psychosoz. Verlag
Nagera, H. (1975) *Female Sexuality and the Oedipus Complex*, Jason Aronson
——— (1976) *Psychoanalytische Grundbegriffe*, Fischer TB
Neyraut, M. (1976) *Die Übertragung*, Suhrkamp
Nicolaïdis, N. (1984) *La représentation, Essai psychanalytique*, Dunod
Nunberg, H. (1975) *Allgemeine Neurosenlehre*, Huber
Nunberg H., Federn E. (1976–1981) *Protokolle der Wiener Psychoanalytischen Vereinigung I–IV*, Fischer

Obholzer, K. (1980) *Gespräche mit dem Wolfsmann*, Rowohlt
Quinodoz, J.-M. (1991) *La solitude apprivoisée*, PUF
Pankow, G. (1974) *Gesprengte Fesseln der Psychose*, Kindler
——— (1984) *Familienstuktur und Psychose*, Ullstein
——— (1990) *Schizophrenie und Dasein*, Problemata, frommann-holzboog
Parin, P. (1958) *Die Indikation zur Analyse*, Psyche 12
Racamier, P.-C. (1982) *Die Schizophrenen*, Springer
——— (1989) *Antoedipe et ses destins*, APSYGEE
——— (1992) *Le génie des origines*, Payot
Racker, H. (1978) *Übertragung und Gegenübertragung*, Reinhardt
Rank, O. (1924) *Das Trauma der Geburt*, Psychosoz. Verlag, 1998
Ranke-Graves, R. von (1989) *Griechische Mythologie*, Rowohlt
Reich, W. (1928) *On character analysis*, in *The psychoanalytic reader*, IUP, 1948
——— (1933) *Character Analysis*, Orgone Institute Press N.Y., 1945
Riviere, J. (1936) *A contribution to the analysis of the negative therapeutic reaction*, Int. J. Psychoanal. 17:304–320
Roheim, G. (1979) *The gates of the dream*, IUP
Roiphe, H., Galeson, E. (1981) *Infantile origins of sexual identity*, IUP
Rolland, J.-C. (2006) *Avant d'être celui qui parle*, Gallimard
Rosenberg, B. (1991) *Masochisme mortifère et masochisme gardien de la vie*, RFP, PUF
Rosenfeld, H. (1975) *Negative therapeutic reaction*, in Giovacchini, P. L. Ed. *Tactics and techniques in psychoanalytic therapy II*, Aaronson
——— (1981) *Über Rauschgiftsucht*, in *Zur Psychoanalyse psychotischer Zustände*, 149ff, Suhrkamp
——— (1987) *Impasse and interpretation*, Tavistock, deutsch *Sackgassen und Deutungen*, Internat. Psychoanalyse, 1990
Roudinesco, E., Plon, M. (1997) Ed. *Dictionnaire de la Psychanalyse*, Fayard
Rycroft, C. (1979) *The innocence of dreams*, Hogarth
Sachs, H. (1947) *Observations of a training analyst*, in Psychoanal. Quart. 16(2):157–168
Sandler, J. (1980) *Zur Einführung der negativen therapeutischen Reaktion*, Bull. EPF 15:16–22
Sandler, J., Holder, A., Dare, C. (1970) *Basic psychoanalytic concepts II. The treatment alliance*, Br. J. Psychiat. 116:555–558
Sandler, J., Dare, C., Holder A. (1973, deutsch 1986) *Die Grundbegriffe der psychoanalytischen Therapie*, Klett-Cotta
Sandler, J., Kennedy, H., Tyson R. L. (1980, deutsch 1982) *Kinderanalyse. Gespräche mit Anna Freud*, Fischer
Sarnoff, C. (1976) *Latency*, Aronson
Saul, L. J. (1958) *Technic and practice of psychoanalysis*, Lippincott N.Y.
Saussure, J. de (1981) *Narzisstische Elemente in der negativen therapeutischen Reaktion* Bull. EPF 16:40–56
Schur, M. (1982) *Sigmund Freud*, Suhrkamp
Searles, H. F. (1974) *Der psychoanalytische Beitrag zur Schizophrenieforschung*, Kindler
——— (1986) *Collected papers on schizophrenia and related subjects*, Hogarth
Sechehaye, M. (1973) *Tagebuch einer Schizophrenen*, Suhrkamp
Segal, H. (1969) *Introduction à l'oeuvre de Melanie Klein*, PUF
——— (1979) *Melanie Klein, développement d'une pensée*, PUF, 1982
——— (1992) *Wahnvorstellungen und künstlerische Kreativität: Ausgewählte Aufsätze*, Klett-Cotta
——— (1984) *Traumanalyse*, Klett Cotta
Shengold, L. (1989) *Soul murder*, Yale
Spillius, E. (1980) *Klinische Überlegungen zur negativen therapeutischen Reaktion*, Bull. EPF 15:37–47
Spitz, R. A. (1976) *Vom Säugling zum Kleinkind*, Klett
Sterba, R. (1929) *The dynamics of the dissolution of the transference resistance*, Psychoanal. Quart. 9:363–379, 1940
Stoller, R. J. (1974) *Splitting (A case of female masculinity)*, Int. Psycho-Anal. Library 97, Hogarth

―――― (1979) *Perversion (Die erotische Form von Hass)*, Rowohlt
Stone, L. (1954) *The widening scope of indications for psychoanalysis*, J. Am. Psychoanal. Ass. 2:567–594
―――― (1973) *Die psychoanalytische Situation*, Fischer
Strachey, J. (1934) *The nature of the therapeutic action of psycho-analysis*, Internat. J. Psycho-Anal. 15:127–159
Sugarman, A. (1994) Ed. *Victims of abuse*, IUP
Taylor, G. J. (1989) *Psychosomatic medicine and contemporary psychoanalysis*, IUP
Torok, M. (1983) *Trauer, Krankheit und Phantasma des «Cadavre exquis»*, Psyche 37
Viderman, S. (1982) *La construction de l'espace analytique*, Gallimard
Weber, K. (1991) *Aus den Anfängen der Psychoanalyse in Bern*, Bull. der Schweiz. Ges. f. Psychoanal. 32:67–72
Wildbolz, A. (1995) *Sexualität in der Psychotherapie?*, Der Bund 04.07.1995
―――― (1996) *Eine Methode revolutioniert die Gesellschaft (Freud)*, Der Bund 12.12.1996
―――― (1998) *Wahrheit ist so wichtig wie Brot (Bion)*, Der Bund 10.01.1998
Wildbolz, H. (1989) *Sigmund Freuds Bedeutung aus heutiger Sicht*, Der Bund 30.12.1989
―――― (2008) *Sigmund Freud und Paul Klee – eine asymptotische Annäherung*, Bull. Der Schweiz. Ges. f. Psychoanal. 66:86–92
―――― (2008) *Wurzeln und Fesseln der Perversion*, Zschrft. für psychoanal. Theorie und Praxis 23(3):283–309, Stroemfeld
Winnicott, D. W. (1951) *Übergangsobjekte und Übergangsphänomene*, in *Von der Kinderheilkunde zur Psychoanalyse*, Kindler, 1976
―――― (1965) *Reifungsprozesse und fördernde Umwelt*, Kindler, 1974
Wurmser, L. (1987) *Die zusammenschlagende Falle, Psychodynamik der Toxikomanie*, in *Flucht vor dem Gewissen*, 221ff, Springer
―――― (1993) *Das Rätsel des Masochismus*, Springer
―――― (1997) *Die verborgene Dimension, Psychodynamik des Drogenzwangs*, Vandenhoeck & Ruprecht
Zetzel, E. R. (1965) *The theory of therapy in relation to a developmental model of the psychic apparatus*, Int. J. Psycho-Anal. 46:39–52
―――― (1968) *The so-called good hysteric*, Int. J. Psycho-Anal. 49:256–260
―――― (1974) *Die Fähigkeit zu emotionalem Wachstum*, Klett
Zwiebel, R. (1984) *Zur Dynamik des Gegenübertragungstraumes*, in Psyche 38

Personen

Abelin, Ernst 241
Abraham, Karl (1877–1925) 16f, 19f, 25, 55, 129, 157f, 180, 196
Adler, Alfred (1870–1937) 8, 16, 18f, 97, 219
Alexander, Franz (1891–1964) 194f
Andersen, Hans Christian (1805–1875) 152
Anna O. 2f, 9, 15, 28, 33, 214
Anzieu, Didier (1923–1999) 81, 169
Argelander, Hermann (1920–2004) 4, 21
Balint, Alice (1898–1939) 54
Balint, Michael (1896–1970) 179, 279
Bateson, Gregory (1904–1980) 167, 177
Bauer, Hubert (1931–2002) 20
Beethoven, Ludwig van (1770–1827) 184
Bégoin, Florence 127
Bégoin, Jean 127
Beland, Hermann 80
Benedek, Therese (1892–1977) 285
Benedetti, Gaetano 172, 178
Benedikt, Moritz (1835–1920) 16
Bernays, Martha (1861–1951) 9
Bernheim, Hippolyte (1840–1919) 9, 16, 28, 122
Bick, Esther (1901–1983) 41
Binswanger, Ludwig (1881–1966) 17
Bion, Wilfred R. (1897–1979) 13, 24, 30f, 36, 40f, 62, 80ff, 120, 172f, 175f, 196, 239, 241
Bléandonu, Gérard 176
Bleger, José (1923–1972) 37, 41
Bleuler, Eugen (1857–1939) 8, 17f, 97, 160, 166
Bleuler, Manfred (1903–1994) 178
Blos, Peter (1904–1997) 273
Blum, Ernst (1928–1981) 20
Blum, Harold P. 223f
Bollas, Christopher 80, 82f
Bonaparte, Marie (1882–1962) 7, 97, 222
Boothe, Brigitte 82
Breuer, Josef (1842–1925) 1f, 9, 11, 15f, 28, 33, 45, 108, 195
Brill, Abraham (1874–1948) 17, 180
Britton, Ronald 68
Bruch, Hilde (1904–1984) 178
Brücke, Ernst Wilhelm (1819–1892) 9
Brüstlein, G. 20
Burlingham, Dorothy (1891–1979) 260
Cahn, Raymond 273
Charcot, Jean-Martin (1825–1893) 2, 9, 15f, 28, 205
Chasseguet-Smirgel, Janine (1928–2006) 115, 151f, 156, 221f, 227ff
Claparède, Edouard (1873–1940) 17

Coleridge, Samuel Taylor (1772–1834) 194
Cullen, William (1710–1790) 140
Dare, Christopher 124
Darwin, Charles (1809–1882) 123
David, Christian 187
Deserno, Heinrich 80f, 83
Deutsch, Felix (1884–1964) 143, 195f, 212f
Deutsch, Helene (1884–1982) 41, 221ff, 269, 273
Dickens, Charles (1812–1870) 262
Dora 52, 142f, 199ff
Dostojewski, Fjodor Michailowitsch (1821–1881) 122
Dowling, Scott 179ff
Dunbar, H. Flanders (1902–1959) 194f
Eicke, Dieter (1927–2004) 178
Eissler, Kurt (1908–1999) 24, 216
Eitingon, Max (1881–1943) 16f, 19
Emmy v. N. 3, 71
Engel, Georg L. (1913–1999) 196
Erikson, Erik H. (1902–1994) 273
Etchegoyen, R. Horacio 29ff, 33, 37f, 40f, 279, 282
Fain, Michel (1917–2007) 187
Fairbairn, William Ronald (1889–1964) 83, 179
Federn, Ernst (1914–2007) 16
Federn, Paul (1871–1950) 17
Fenichel, Otto (1897–1946) 25, 181, 196
Ferenczi, Sándor (1873–1933) 16f, 19, 54, 56f, 63, 170, 177, 196, 255, 263, 267, 279
Firestein, Stephen K. 281
Fleischl, Ernst (1846–1891) 181
Fleming, Joan (1904–1980) 285
Fliess, Wilhelm (1858–1928) 9, 11, 15f, 62, 65f, 103, 134, 141, 166, 182, 193, 199, 233, 239, 255, 261
Flournoy, Olivier (1925–2008) 5, 279
Freeman Sharpe, Ella (1875–1947) 26
French, Thomas Morton 195
Freud, Anna (1895–1982) 7, 23, 27, 59, 64, 185, 195, 242f, 245ff, 257, 260, 273, 279
Freud, W. Ernest (1914–2008) 13, 59
Frey, H. 20
Fromm, Erich (1900–1980) 18, 177
Fromm-Reichmann, Frieda (1889–1957) 28, 172, 177f
Furlan, Pier Maria 178
Fürst, E. 20
Galenson, Eleanor (1916–2011) 223ff
Gardiner, Muriel (1901–1985) 24, 214, 216
Gay, Peter 182
Gill, Merton M. (1914–1994) 29
Glover, Edward (1888–1972) 24f, 181
Goethe, Johann Wolfgang von (1749–1832) 119

Gogol, Nikolai Wassiljewitsch (1809–1852) 122
Green, André 6, 39, 82, 119f, 122, 147, 190, 241, 280
Green, Hannah 178
Greenson, Ralph R. (1911–1979) 24, 27, 42, 44, 46, 48
Grinberg, León (1921–2007) 279, 281
Groddeck, Georg (1866–1934) 112, 177, 193, 195
Grunberger, Bela (1903–2005) 12
Grunert, Ursula 128
Guiard, Fernando 282
Harley, Marjorie (1914–1991) 273
Hartmann, Heinz (1894–1970) 12, 14, 58, 179, 195, 257, 279
Haynal, André 3, 5
Heimann, Paula (1899–1982) 33, 54, 287
Hitler, Adolf (1889–1945) 7, 184, 216
Hoffmann, Ernst Theodor Amadeus (1776–1822) 122
Hoffmann, W. 20
Holder, Alex 124
Holderegger, Hans 254
Horney, Karen (1885–1952) 125, 222ff, 231
Hurst, David M. 179, 183
Ibsen, Henrik (1828–1906) 184f
Irma 54, 71ff, 76, 79, 81
Jacobson, Edith (1897–1978) 23, 56, 58, 153, 159ff, 179, 273
Janet, Pierre (1859–1947) 2, 28
Jones, Ernest (1879–1958) 7, 16ff, 25, 62, 71, 73, 97, 181, 183, 214, 223f, 227f, 230f, 255
Joseph, Edward D. (1919–1991) 24
Jung, Carl Gustav (1875–1961) 8, 17ff, 219
Kächele, Horst 39
Kahane, Max (1866–1923) 16
Kant, Immanuel (1724–1804) 106f
Katharina 3ff, 214
Keilson, Hans 254, 259f
Kennedy, Hansi 242
Kernberg, Otto F. 12, 59
Kestenberg, Judith (1910–1999) 269
Khan, Masud (1924–1989) 254f, 257
Kielholz, Arthur (1879–1962) 20
Klee, Felix (1907–1990) 59
Klee, Paul (1879–1940) 59
Kleiner Hans 67, 86, 93, 135f, 142, 144, 214, 242, 285
Klein, Melanie (1882–1960) 13, 33, 40, 51, 55, 57, 60ff, 70, 125ff, 158f, 170ff, 175, 196, 222f, 227f, 230f, 237, 240, 253, 266, 269ff, 280, 282
Klimovsky, Gregorio (1922–2009) 38
Knapp, Peter Hobart (1916–1991) 23
Knight, Robert P. (1902–1966) 25, 181
Kohut, Heinz (1913–1981) 12, 57, 81, 179, 197
Kolk, Bessel van der 183

Koller, Carl (1857–1944) 181
Königstein, Leopold (1850–1924) 181
Kopernikus, Nikolaus (1473–1543) 123
Koukkou, Martha 82
Kraepelin, Emil (1856–1926) 166, 215
Krafft-Ebing, Richard von (1840–1902) 16, 99
Kramer, Selma (1920–2000) 262ff
Kris, Ernst (1900–1957) 195, 224
Krüll, Marianne 9
Krystal, Henry 179, 182f
Lacan, Jacques (1901–1981) 6, 121, 169, 279
Lampl-de Groot, Jeanne (1895–1987) 221
Laplanche, Jean 1, 55ff, 59, 99, 140, 166
Laufer, M. Eglé 273
Laufer, Moses (1928–2006) 273
Lehmann, Dietrich 82
Lévy, Lájos (1875–1961) 180
Lewin, Bertram D. (1896–1971) 81
Liberman, David (1920–1983) 281f
Liébeault, Ambroise-Auguste (1823–1904) 28
Loch, Wolfgang (1915–1995) 56
Loewald, Hans W. (1906–1993) 38
Loewenstein, Rudolph M. (1898–1976) 31, 58, 195
Mack Brunswick, Ruth (1897–1946) 24, 29, 214, 216, 222
Maeder, Alfons 17
Mahler, Gustav (1860–1911) 18
Mahler, Margaret (1897–1985) 14, 128, 179, 240f, 268
Marty, Pierre (1918–1993) 159, 182, 187, 190ff
Maupassant, Guy de (1850–1893) 122
McDougall, Joyce 150, 152, 182, 196, 227, 233ff, 237
Meerwein, Fritz (1922–1989) 20
Meier, Barbara 82
Meltzer, Donald (1922–2004) 13, 39, 41, 80, 152, 241
Meng, Heinrich (1887–1972) 196
Mentzos, Stavros 99
Meynert, Theodor (1833–1892) 9
Mijolla, Alain de 143, 145, 166, 213
Milner, Marion (1900–1998) 172, 176
Montgomery, Jill D. 98
Morgenthaler, Fritz (1919–1984) 147, 152
Müller, Christian 166, 169, 178
Müller-Ebsen, Josine (1884–1930) 222, 231
Müller, Marie-Henriette 169
Müller, Max (1894–1980) 20
M'Uzan, Michel de 34, 187, 191
Nachmansohn, Max (1887–1937) 20
Neuenhofer, E. 20
Neyraut, Michel 53
Nicolaïdis, Nicos 3, 6, 169
Nietzsche, Friedrich (1844–1900) 112, 185

Nunberg, Hermann (1884–1970) 16, 24
Oberholzer, Emil (1883–1958) 20
Oberholzer, Mira (1884–1949) 20
Obholzer, Karin 214
Orwell, George (1903–1950) 262
Pankow, Gisela (1914–1998) 172, 176f
Pfister, Oskar Robert (1873–1956) 20
Plon, Michel 213
Pollock, George H. (1923–2003) 195
Pontalis, Jean-Bertrand 1, 55ff, 59, 81, 99, 140, 166
Putnam, James J. (1846–1918) 18
Quinodoz, Jean-Michel 14, 139, 238f, 241, 279ff
Racamier, Paul-Claude (1924–1996) 1, 167ff, 178
Racker, Heinrich (1910–1961) 50f, 53f
Rádo, Sándor (1890–1972) 180, 182f
Rank, Otto (1884–1939) 17, 19f, 139, 156, 279
Ranke-Graves, Robert von (1895–1985) 66
Rattenmann 29, 142, 144f, 147, 262
Reich, Annie (1902–1971) 280
Reich, Wilhelm (1897–1957) 53f
Reitler, Rudolf (1865–1917) 16
Rickman, John (1891–1951) 281
Riklin, Franz (1878–1938) 17
Riviere, Joan (1883–1962) 125, 129
Roiphe, Herman (1924–2005) 223ff
Rolland, Jean-Claude 170
Rorschach, Hermann (1884–1922) 20
Rosenberg, Benno 102
Rosenfeld, Herbert (1910–1986) 12f, 125, 172, 174f, 185, 241
Roudinesco, Elisabeth 213
Sabshin, Edith (1924–1992) 179ff
Sachs, Hanns (1881–1947) 17, 19f, 23, 177
Sadger, Isidor (1867–1942) 17
Sandler, Joseph (1927–1998) 124, 126, 185, 242, 248
Sarnoff, Charles 266ff
Saul, Leon J. (1901–1983) 25f
Saussure, Janice de 129ff
Saussure, Raymond de (1894–1971) 165
Savitt, Robert A. 181
Schneider, Ernst (1878–1957) 20
Schreber 11f, 62f, 89, 166, 174, 180
Schur, Max (1897–1969) 7, 195
Searles, Harold F. 168, 172, 178
Sechehaye, Marguerite (1887–1964) 164ff, 169
Segal, Hanna 13, 61, 172f, 196, 240, 280
Shengold, Leonard 261f
Simmel, Ernst (1882–1947) 181
Sperling, Melitta (1899–1973) 196
Spillius, Elizabeth 126f
Spira, Marcelle (1910–2006) 238

Spitz, René A. (1887–1974) 56, 159, 191
Steele, Brandt F. (1907–2005) 264
Stekel, Wilhelm (1868–1940) 16, 19, 23
Sterba, Richard (1898–1989) 26
Stern, Daniel 183
Stoller, Robert J. (1925–1991) 148ff
Stone, Leo (1904–1997) 23
Strachey, James (1887–1967) 32f, 250
Sugarman, Alan 262, 264
Sullivan, Harry Stack (1892–1949) 177
Tausk, Viktor (1879–1919) 170
Taylor, Graeme J. 194, 196
Thomä, Helmut 39
Torok, Maria (1925–1998) 227, 230ff
Tyson, Robert L. 242
Weber, Arnold (1894–1976) 20
Weber, Kaspar 20
Weinshel, Edward (1919–2007) 39
Wildbolz, Alexander 20, 176
Wildbolz, Hannelore (1943–2009) 20
Winnicott, Donald Woods (1896–1971) 21, 38ff, 83, 169f, 176, 179, 183, 196, 236, 239, 241, 280
Wolfsmann 24, 85, 122, 136, 214ff, 219
Wurmser, Léon 179ff, 183ff
Zulliger, Hans (1893–1965) 20
Zweig, Stefan (1881–1942) 7

Stichworte

Abstinenz 29, 36, 265, 286
Abwehr 21, 60, 121, 140, 168, 185, 242, 265f
Adoleszenz 273ff
Affekt 117, 146, 182
    -betrag 96, 115f
    -regression 182
    -theorie 10, 14
    -zustand 91
Agieren 45, 152, 169, 174, 244, 247
Alexithymie 180, 182, 197
Allmacht 60, 160, 170
    -sgefühl 159
Alpha-Element 62, 82, 175
    -Funktion 62, 175
Ambivalenz 97, 221
    -konflikt 169
Analität/anal 11, 60, 148, 221, 225, 232
    -e Masturbation 41, 152
    -e Phase 86
    -er Penis 230
    -sadistisch 152
Analysierbarkeit/analysierbar 23
Angst 8, 14, 133ff, 172f, 188, 218, 223, 225, 233, 252, 256, 265, 269, 271, 286
    -hysterie 134f, 144
    -traum 79
    1. -theorie 133
    2. -theorie 14, 136
    3. -theorie 14, 139, 239
    automatische 14, 239
    neurotische 133, 137f
    Gewissens- 137
    Real- 133, 137f
    Signal- 8, 14, 137, 239
    Verfolgungs- 60
Anorexie 121, 178
Aphanisis 223
Arbeitsbündnis 21, 286
Assoziation/assoziieren 5f, 9, 21, 28, 71ff, 188, 245, 271, 286
    des Träumers 74
attacks on linking 120, 176
Aussenwelt 13, 108, 137, 167
Autismus/autistisch 121, 183
    -e Phase 240
    -es Objekt 185
auto-engendrement 1, 170
Autoerotismus 12
Autonomie 128, 274f

Besetzung 115, 117, 188
    Gegen- 117, 228, 275
Beta-Element 62, 175
Bewusstsein/bewusst 10, 77, 104f, 107, 111, 169
Borderline 23, 39, 141, 179, 265
Container/Contained 41, 62, 175, 239
Dementia praecox 17, 23, 166
Denken 120, 123, 176
    -apparat 173, 176
    konkretistisches 173, 178
    operatives 121, 159, 182, 190f, 197, 267
Depersonalisierung 165, 185
Depression/depressiv 153ff, 170, 180, 188, 225, 233, 256, 259, 265, 276, 279
    -e Position 13, 158, 170, 172, 240, 280
    anaklitische 159, 191
    essentielle 121, 159, 190
desobjektalisierende Funktion 120f
Desorganisation 159, 187f, 190
Destrudo 12
Destruktivität/destruktiv 7, 87, 129, 229, 250
    -er Impuls 172, 175
deuil originaire 170
Deutung 21, 28f, 32, 52, 75, 174, 177, 248f, 255, 287
    adaptive 21
    mutative 250
double bind 167
Energie 115
    freie 115
    gebundene 115
    verschiebbare 96
Ersatzbildung 117
Es 13, 111f, 136f, 159, 167, 193, 195, 275
Fetischismus/Fetisch 121, 147, 150f
    infantiler 225f
Fixierung 89, 146, 159, 172, 179
Fluidität 192
forclusion 121
Frustration 21, 37, 40, 130, 173, 175f, 180, 190, 281
Geburt 137, 139
    -sakt 133
    biologische 240
    psychische 169, 240
Generationsunterschied 69, 151
génie des origines 1, 170
Genitalität/genital 11, 89, 151, 232
    -e Phase 85, 224
Geschlechtsunterschied 5, 67, 147f, 151, 225f
gleichschwebende Aufmerksamkeit 2, 11, 36, 286f

Grundregel 2, 11, 28, 35
H (Hate) 120, 176
Hilflosigkeit 139, 241
Holding 40, 239
Hypnose 9, 16, 28
Hypochondrie 134, 193
Hysterie/hysterisch 2, 7, 15, 22f, 134, 141f, 199, 255
Ich 13, 111f, 136f, 146, 160, 167f, 192, 275
    -Entwicklung 258
    -Funktion 258
    -ideal 12f, 58, 114f, 151, 156, 180, 192, 256
    -libido 90, 256
    -Psychologie 18, 179
    -Schwäche 153
    -Spaltung 147, 237, 258, 280
    -Stärke 21
    -Struktur 266
    -verarmung 155
    -verlust 155
    Haut- 81
    synthetische Funktion des 21
    Veränderbarkeit des 21
Idealich 159, 192
Idealisierung 60, 172, 175, 228, 276
Identifizierung 2, 55ff, 85, 114, 161, 256, 275, 287f
    adhäsive 41
    depressive 57
    mit dem Angreifer 59, 149
    narzisstische 57, 156
    primäre 56
    projektive 41, 60, 168, 174f, 258
    sekundäre 57
Identität 150, 170, 177
    Denk- 116
    Wahrnehmungs- 116
Imagination/imaginär 191, 279
Indikation 21ff
Individuation 238, 240
infantile Amnesie 87
Inkorporation 55
Internalisierung 58
Introjektion 56, 60, 172, 256, 275
Inzest/inzestuös 152, 169
    -es Äquivalent 170
    -phantasie 10
    -schranke 88
    -wunsch 19
Isolieren 146
Kastration 141, 147, 169, 220, 233, 256
    -sangst 151, 239, 241, 278
    -skomplex 68, 87, 146, 218, 220ff, 224

    -sreaktion 225f
    -sschreck 148
    weibliche 218
Katharsis 2, 9
Kerngeschlechtsidentität 149
Kinderanalyse 242ff, 248ff
K (Knowledge) 120
Kognition/kognitiv 267
Kollusion/kollusiv 152
Kompromissbildung 140
Konflikt 21, 142, 167, 179
    -lösungsversuch 135
    -neigung 142
    -spezifität 194
Konfusion 169, 175
Konkretes/konkret 188, 191
Konstruktion 31
Kontaktschranke 81f
Konversion 2
    -shysterie 8, 135, 144, 195
    -ssymptom 135
Konzept/-ion 176, 191
Krankheitsgewinn 50
    primärer 142, 199
    sekundärer 26, 142, 199
Kränkung
    1./kosmologische 123
    2./biologische 123
    3./psychologische 123
Latenz/latent 87, 266ff, 287
Leidensdruck 26
Libido/libidinös 2, 11f, 19, 143, 157, 179
    -e Befriedigung 142
    -fixierung 142
    -theorie 256
    Abzug der 155
L (Love) 120, 176
Mangel 123, 187
Manie/manisch 153, 156ff, 160
    -depressive Erkrankung 1, 154, 172
Masochismus/masochistisch 22, 26, 93f, 98ff, 120, 125, 256
    erogener 94, 101f
    femininer 94, 98, 101f
    moralischer 94, 99, 101f
    primärer 101f
médium malléable 176
Melancholie/melancholisch 58, 120f, 154, 157, 256
Metapsychologie 5, 103ff, 111ff
mosaïque première 191
Nachträglichkeit/nachträglich 10, 39, 219, 264

Narzissmus/narzisstisch 12, 114, 125, 129, 131, 151, 156, 161, 168, 215, 238, 275
   -e Befriedigung 130
   -e Kränkung 192
   -e Persönlichkeitsstruktur 12
   -es Organ 169
   -e Verführung 169
   -e Verschmelzung 170
   -e Verwundbarkeit 180
   analer 12
   Erbe des primären 115
   maligner 12
   negativer 120f
   oraler 12
   phallischer 12
   primärer 12, 156, 166, 256
   sekundärer 12, 167
Negatives/negativ 123
   -e Halluzination 122
   -e psychische Arbeit 6, 119ff
   -e therapeutische Reaktion 22, 50, 95, 124ff, 282
Neid 125, 127
Neurasthenie 134, 193
Neurose/neurotisch 1, 22, 140ff, 177, 265
   -er Konflikt 179
   -modell 141f
   -wahl 142, 146
   Aktual- 133f, 138, 140, 193
   Angst- 133f, 193
   Charakter- 159, 187
   Organ- 193, 196
   phobische 135
   traumatische 92
   vegetative 195
   Verhaltens- 187
   Zwangs- 22f, 135, 141f, 144, 215, 255
Neutralität 36, 265, 286
Objekt/objektal 12, 156, 161, 168, 170, 172, 237ff
   -besetzung 156
   -beziehung 175, 179f, 188, 196, 275
   -konstanz 188, 240, 244
   -libido 90
   -liebe 12, 157
   -repräsentanz 128, 160
   -verlust 155, 190, 225, 239
   -wahl 114, 156
   -wechsel 221, 227f
   bizarres 62, 176
   böses 173, 228, 237
   ganzes 158, 172
   gutes 158, 173, 228, 237
   inneres 188
   Teil- 158, 172
Ödipuskomplex 10, 15, 18, 28, 52, 57, 65ff, 87, 114, 141, 146, 151, 156, 170, 219f, 227, 256, 266f
   Erbe des 115
   früher 70, 172, 222
   negativer 69, 143, 151, 212
   positiver 69, 151, 212, 223
   weiblicher 227
Ödipus/ödipal 11, 144, 148, 262, 270, 279
   -e Enttäuschung 69, 223
   -er Konflikt 141, 147
   -es Scheitern 151
   -mythos 65, 130
   Ant- 170
   frühe -e Phantasie 130
   prä- 221, 224
Ökonomie/ökonomisch 9, 117
Oralität/oral 11, 60, 157, 180, 221, 270
Paradoxie/paradox 167ff
Paranoia/paranoid 23, 62, 166
   -schizoide Position 13, 60, 158, 172, 175, 240, 280
Paraphrenie 12, 166
Penisneid 22, 220ff, 230, 236, 241, 278
personality as if 41
   factual 41
Perversion/pervers 1, 22f, 99, 141, 147ff, 265, 276
Phallus/phallisch 11, 169, 221, 233
   -e Phase 85, 87, 220f, 223
Phantasie 141, 266f, 269ff
Phobie/phobisch 8, 22, 134, 144, 219, 265
portance 241, 281
Prägenitalität/prägenital 151
   -e Konversion 195f
   -e Phase 85ff
Präkonzeption 175
Primärprozess/-vorgang 10, 78, 82, 105, 108, 112, 115f, 190
Prinzip der Automatisierung 191
   der Programmierung 191
   Konstanz- 101, 138
   Lust- 13, 92, 101, 108, 113, 116, 122, 137
   Realitäts- 13, 108, 113, 116, 122
Progression/progressiv 147
   -e Desorganisation 121, 191
Projektion 60, 62, 172, 256, 275
pseudomaturity 41
Psychiatrie 167
Psychoanalytische Technik 28ff
   -er Prozess 36ff
   -er Rahmen 35f

Psychoneurose 134f, 138, 140, 193
Psychose/psychotisch 1, 22, 121, 141, 147, 160, 164ff,
    172ff, 181, 216, 240, 259, 265, 275ff
    -er Zusammenbruch 160
    -e Übertragung 178
    blanche 39
    schizophren-paranoide 160
Psychosomatik/psychosomatisch 1, 23, 135, 141, 182,
    187ff, 193ff, 259
Reaktionsbildung 117, 266
Realisation 176
réalisation symbolique 165
Realität/real 267, 269f, 275, 279, 282
    -sbezug 175
    -skontrolle 180, 263
    -sprüfung 13
    -sverlust 122, 175
    psychische 108, 141
Regression/regressiv 39f, 77, 89, 146f, 151, 160, 165,
    172, 188, 195, 223, 242
    formale 40, 77
    topische 40, 77
    zeitliche 40, 77f
Reiz/-schutz 90, 189, 256f
Sadismus/sadistisch 93f, 97, 100, 120, 149f, 161, 175,
    222, 228, 234
    -anal 146, 221, 228, 233
Sadomasochismus/sadomasochistisch 268
Scham 184f, 267, 275
Schizophrenie/schizophren 17, 153f, 164, 166f, 169,
    172, 177f
Schuld/-gefühl 95, 124ff, 172, 184f, 267f, 275
    weibliches 227
Sekundärprozess/-vorgang 10, 78, 82, 105, 108, 112,
    115f, 190
Selbst 12, 161, 240
    -analyse 16
    -gefühl 125
    -imago 154
    -konstanz 240
    -objekt 57, 197
    -psychologie 179, 197
    -repräsentanz 128, 160
    -wertschätzung 179
    falsches 41
Separation 128, 238ff, 280
    -sangst 21, 39f
    -skonflikt 282
Sexualentwicklung 88
    -objekt 142
    -organisation 85ff
    -theorie 19, 220
    -verdrängung 143
Sexualität/sexuell
    -er Missbrauch 89, 261ff
    -er Monismus 68, 220
    infantile 15, 18, 28, 140, 151, 219, 256
    Neo- 150
Signifikant 121
Somatik/somatisch 140, 188, 190, 192
    -e Desorganisation 191
    -e Erinnerung 262, 264
    -es Entgegenkommen 143
    -es Symptom 135
    Kette -er Funktionen 187
somatisation 192
Spaltung 60, 172, 174f, 228, 237
    therapeutische 21
Sphinkter-Moralität 267
Strafbedürfnis 79, 95, 125f
Strukturtheorie 10, 13f, 111
Sublimierung 12, 88, 96, 142, 219
Sucht 179, 185
    -objekt 183
    -verhalten 179
    Drogen- 1, 179ff
Supervision 144, 283ff
Symbiose/symbiotisch 177, 180, 240, 263
Symbol/symbolisch 140, 188, 191, 226, 271, 279
    -bildung 173
    -darstellung 77
    -e Bedeutung 135
    -e Gleichsetzung 173
    -es Denken 178
    -e Wunscherfüllung 165
    -isierung 135, 173, 196, 267
szenische Darstellung 75f, 143
Termination 215, 241, 278ff
Tertiärprozess 82, 190
1. Topik 9, 77f, 81, 107ff, 241, 256, 278
2. Topik 10, 13, 80f, 111ff, 136, 188, 241, 256, 278
Trauer 154, 157, 172, 190, 274, 279
    -arbeit 25, 123, 155, 170, 241, 278f, 282
    originäre 170, 172
Traum 71ff, 80ff, 188, 281, 286
    -arbeit 75
    -entstellung 74f, 78
    -quelle 75
    -zensur 74
    Alpha-Funktion-Theorie des 82
    latenter -inhalt 73f
    manifester -inhalt 73ff, 287

Trauma/traumatisch 9, 138, 148f, 159, 185, 188ff, 254ff
   -tophilie 183
   infantiles 182
   kumulatives 257
   sequentielles 254, 259f
   sexuelles 150
Trennung 139, 256
   -sangst 238f, 280
   -swunsch 128
Trieb 11, 90ff, 113, 266
   -analyse 185
   -Drang 91
   -entmischung 97, 120, 228
   -entwicklung 11
   -lehre 90
   -mischung 12, 94, 97
   -neutralisierung 12
   -Objekt 11, 91
   -Quelle 11, 91
   -repräsentanz 96
   -schicksal 11, 95
   -theorie 9
   -verdrängung 96
   -Ziel 11, 91
   1. -theorie 11, 91
   2. -theorie 13, 92, 167, 256
   Bemächtigungs- 86, 93, 228, 268
   Destruktions- 92
   dualistisches -modell 90
   halluzinatorische -befriedigung 123
   Ich- 11, 90f
   Lebens- 13, 90, 92, 120, 167, 187
   sadistische -regung 172
   Selbsterhaltungs- 11, 91, 167
   Sexual- 11, 90, 167, 256
   Todes- 13, 22, 90, 92f, 120, 167, 187f, 256
Überbesetzung 108, 115
Übergangsobjekt 83, 176, 183
   -raum 83
Über-Ich 12f, 58f, 111ff, 115, 124f, 136f, 139, 156, 160, 180, 192, 220, 223, 234, 256, 267, 275
Übertragung/übertragen 2, 21, 27f, 50ff, 168, 185, 212, 238, 242, 248, 258, 265, 278f, 286f
   -sneurose 29, 38, 179, 279
   -spsychose 174, 178
   -straum 79
   Gegen- 2, 21, 53f, 174, 188, 212, 265, 278f, 286f
   pervertierte 152
Unbewusstes/unbewusst 2, 10, 28, 77, 104f, 107, 112, 116, 188, 192, 269, 278
   deskriptives 10, 104

   dynamisches 10, 104
   Gegenwarts- 79
   Königsweg zum 80
   systematisches 10, 104
   Vergangenheits- 79
   Zeitlosigkeit des 80
Urethralität/urethral 11, 60
Urphantasie 199
   -szene 69, 141, 151, 218, 232, 234
   -verdrängung 117
Vagina/vaginal 151, 220ff, 228f, 231, 268
Verdichtung 10, 76, 116
Verdrängung 2, 13, 18, 109, 111, 116f, 121, 143, 146, 228, 232, 242, 266f, 269, 271, 275
Verführung 141
   -stheorie 5, 8, 141, 199
   -strauma 10
Verkehrung ins Gegenteil 95
Verleugnung 60, 121, 149, 159, 172, 275, 279f
Verneinung 121
Versagung 142
Verschiebung 10, 76, 116
Verwerfung 121
Vorbewusstes/vorbewusst 10, 77, 104, 107, 112, 116, 188, 192
   Dicke des 192
   Pathologie des 121
Vorstellung 91, 116f, 123, 146, 192
   -srepräsentanz 96
   Sach- 10, 108, 115, 192
   Wort- 10, 108f, 112, 115, 188, 191f
Wahn 165, 170
Wahrnehmung 109, 113, 168
Weiblichkeit 220ff, 227ff
Wendung gegen die eigene Person 95
Widerstand 13, 26, 28, 42ff, 111, 125, 169, 187, 242f, 287
Wiederkehr des Verdrängten 117
Wunsch 140
   -erfüllung 73f, 79, 173
   -traum 79
Zensur 78, 108
Zwang/zwanghaft 135
   -er Drogenkosum 183
      Wiederholungs- 13, 92ff, 119, 182f, 256, 265